상담면접의 기초 ^{2판}

마음을 성장시키는 대화

김환 · 이장호 공저

학지사

2판 머리말

한국 상담심리학의 선구자인 이장호 교수가 1982년 저술한 이래, 이 책은 이장호의 석사 과정 지도제자였던 저자(김환)와의 공동작업으로 2006년 한 차례 대폭 개정되었다. 2015년 이장호 교수께선 작고하셨으나, 저자는 이 책을 다시 개정하여 이장호 교수님의 뜻을 이어 가려고 한다. 이 책의 본래 취지는 소수 전문가 집단의 전유물로 여겨졌던 심리상담을 많은 사람에게 알리고자 함이었다. 그래서 가급적 전문 용어를 배제하였고, 면담의 진행이나 면담기법 구사 양상을 담은 대화 예를 많이 제시하였었다. 이 책이 다른 이론서와 차별화되는 지점이 바로 면담기법의 적용에 초점을 맞추었다는 것인데, 대화 예를 통해 실제 면담장면의 느낌을 생생하게 전달하려고 노력하였다.

이번 개정판에서 저자가 노력을 집중한 부분을 몇 가지로 설명하면 다음과 같다.

첫째, 이 책 본래의 취지를 살리기 위해, 전문적 심리상담의 면담 진행을 보여 주는 가상 대화 예를 더 많이 제공하였다. 면담기법이 생생히 구사되는 대화 예를 읽고 따라 하다 보면 저절로 면담기법 연습이 될 수 있을 것이다.

둘째, 심리상담자의 태도에 대해서도 많은 지면을 할애해 설명하였다. 심리적 문제나 증상에 대한 치료 이론들은 해를 거듭하며 발전하지만 결국 내담자와의 대화에서 구현될 수밖에 없는데, 이때 중요한 것이 바로 상담자의 태도와 면담기법의 유연한 적용일 것이다. 심리상담 전문가의 일치적 태도, 존중하는 태도, 공감적 태도뿐 아니라 치료적 관계를 지키려는 태도에 대해서도 설명하였다.

셋째, 개념적으로 심리상담이 여타 상담들과 어떻게 다른지를 명확히 하였다. 이장호 교수께서 제시한 심리상담 정의에 '심리학적 이론과 틀로 내담자를 이해하고 전문 상담기법을 구사한다.'라는 문구를 덧붙여 개념을 명료화하였고, 치료적 심리상담의 '내면탐색적 작업'에 초점을 맞추어 자문식 상담과의 차별성을 강조하였다. 범용적으로 쓰이는 '상담'이란 용어로 인해 자칫 직업 간 경계가 무너지지 않도록 보강 작업을 한 것이다.

넷째, 저자의 현장 경험을 바탕으로 상담자의 면담기법을 분류하는 새로운 유형을 제시하였다. 사실 대화기법의 분류에 대해서는 많은 저명한 학자가 이미 시도한 바 있다. 기존의 분류를 존중하되, 심리상담의 핵심 작업인 '내면탐색' 관련 기법들을 탐색 준비 기법과 탐색기법으로 좀 더 세분화하였다. 가상 대화 예를 제시하였으므로, 이를 읽다 보면 기법들의 분류가 확연히 눈에 들어올 것이다.

이 밖에도 기존 판에서 아쉬웠던 '비자발적 내담자'에 대한 내용을 보강하였고, 최근 점점 더 중요해지는 '사례개념화'에 대해서도 저자만의 방식을 제시해 보았다. 책 전반에 걸쳐 가급적 쉬운 용어를 사용하였으므로 독자들이 쉽게 읽을 수 있으면서 동시에 전문 기법을 배울 수 있는 자료로 널리 활용되길 희망한다.

끝으로, 심리학 분야에서 독보적인 입지를 굳힌 학지사의 김진환 사장님께 감사드린다. 안식년으로 미국에서 지내던 어느 날 새벽에 전화를 주시고 개정판을 강력히 권유해 주셨다. 편집 작업을 꼼꼼히 진행해 주신 김지수 선생님께도 감사드린다. 이 개정판을 통해 이장호 교수님의 뜻을 잇고 발전시킬 수 있어 다행이다.

미아동 연구실에서
김환

1판 머리말

『상담면접의 기초』는 저자 중 한 명인 이장호가 1982년 처음 아이디어를 내어 집필한 책이다. 당시를 회고해 보면 상담에 대한 이론이나 전문적인 용어를 많이 알고 있으면서도 실제로는 효과적인 상담을 하지 못하는 경우가 많았는데, 이것은 면접에 대한 실제적인 지침이 부족하였기 때문이었다. 따라서 가급적 전문 용어나 이론적 개념들 그리고 어려운 외래어 표기를 피하면서 실제 면접 장면의 느낌을 전달하려고 노력하였다.

오랜 시간이 지나면서 저자들은 본래의 취지에 더하여 몇 가지 소망을 이 책에 담았다. 지난 사반세기 동안 우리 사회가 많은 발전과 변화를 겪어 오면서 상담에 대한 일반인의 요구도 확대되었다. 기존의 개인적 고통이나 사회부적응, 권위와의 갈등 등의 문제영역 외에도 마약퇴치, 성폭력, 외국인 노동자 고충상담 등 다양한 장면으로 그 영역이 넓어지고 있는 것이다. 이러한 상황에서 저자들은 전문적인 이론이나 개념을 강조하며 심리상담의 문턱을 높일 것이 아니라 더 많은 사람이 상담에 대해 친숙해지고 상담을 실시할 수 있는 자원이 늘어나야 한다고 보았다. 이 책이 그 역할을 할 수 있기를 저자들은 기대한다.

이와 관련하여 저자들은 많은 사람이 '상담적 대화'에 관심을 갖기를 바란다. 우리 사회는 아직 미완의 정치개혁, 조정 부실의 경제체제, 경쟁적인 사회분위기 등으로 말미암아 상호 존중하고 타협하는 대화 풍토가 매우 결핍되어 있다. 이런 상황일수록 보다 바람직한 대인관계와 사회 평화를 위한 대화교육 및 인성교육이 꼭 필요하다고 본다. 경쟁과 갈등이 팽배한 장소일수록 이 책에서 소개하는 '서로 존중하는 상담적 대화'가 도움이 될 것이다. 저자들의 소망이겠지만 이러한 류의 책들이 화합적 노사관계나 남북 공동체 시대에서도 큰 도움이 될 수 있을지 모른다. 왜냐하면 상담면접의 기본 태도는 과거보다는 현재를, 방어보다는 개방을, 이념보다는 유익을, 개념보다는 감정을, 권위적 지시보다는 상호 존중적 교류를 앞세우기 때문이다.

본래 『상담면접의 기초』는 1982년 '중앙적성출판사'에서 출간되었다. 20여 년이 훌쩍 지나 버린 현재 기존의 원고에서 부족한 내용을 보완하고, 시대에 맞지 않는 자료와 통계를 삭제하는 등 더욱 읽기 쉽도록 윤문할 필요가 있었다. 저자 중 다른 한 명인 김환이 이 작업을 맡았다. 저자들은 이번 개정증보판의 출판을 '학지사'에 부탁하였는데, 그것은 심리학 관련 내용을 전문적으로 다룰 수 있으리라는 믿음 때문이었다. 저자들의 부탁을 흔쾌히 수락해 주신 김진환 사장님께 깊은 감사를 드린다.

2006년 2월

저자 일동

차례

∽◦◦∽

제1장 심리상담이란 무엇인가 / 13

제2장 상담자는 어떤 태도로 내담자를 맞이하는가 / 31

제1장

심리상담이란 무엇인가

심리상담 또는 심리치료는 어렵지만 매력적인 작업이다. 이 책의 도입 부분으로 이 장에서는 심리상담이 무엇인지 정의하고, 전문적 심리상담과 일반적 상담의 차이점에 대해 설명할 것이다. 그리고 심리상담에서 어떤 작업이 이루어지는지, 심리상담의 형식과 진행과정은 어떠한지 등을 가급적 쉽게 설명하고자 한다. 심리상담을 통해 마음을 성장시키고 심리적 문제를 해결하는 원리는 과연 무엇일까? 이 책을 통해 궁금증을 해결할 수 있기를 바란다.

1. 심리상담 정의하기

'심리상담(psychological counseling)'이란 용어는 우리에게 많이 익숙해졌으면서도, 그 익숙함으로 인해 오히려 명료하게 정의하기가 어렵다. 여러 학자가 심리상담에 대한 학술적 정의를 시도하였는데, 그중 하나를 소개하면 다음과 같다.

> 도움을 필요로 하는 사람(내담자)이 전문적인 훈련을 받은 사람(상담자)과의 대면관계에서 생활과제의 해결과 사고, 행동, 감정 측면의 인간적 성장을 위해 노력하는 학습과정이다(이장호, 2005).

저자는 여기에 한 줄을 덧붙여 심리상담의 고유한 특징을 강조하고자 한다.

> 상담자는 심리학적 이론과 틀로 내담자를 이해하고 전문적 상담기법을 동원하여 문제해결 및 인간적 성장을 돕는다.

그런데 이렇게 글로 정의하는 것만으로는 부족하며, 저자의 경험으로는 말이나 글로 설명한다고 해서 독자나 학생들에게 전문적 심리상담을 정확하게 이해시킬 수 없었던 것 같다. 몇 가지 이유가 있을 것이다.

첫째, 심리상담이란 용어를 많이들 들어 봤지만 실제 경험해 보지는 않았기 때문이라고 생각한다. 우리들 중 사설 심리상담센터나 공공 심리상담센터를 방문해서 심리상담을 받아 본 사람이 얼마나 될까? 사람들은 고민이 생기면 주변에 조언을 청하지만, 조언으로 해결된다면 결코 심리상담센터를 방문하지는 않는다. 모든 조언이 통하지 않을 때에야 비로소 심리상담센터를 방문하려고 한다. 특히 전문가가 운영하는 사설 심리상담센터의 높은 비용도 심리상담 참여를 막는 현실적인 장벽이다.

둘째, '상담'이란 용어가 광범위하게 사용되다 보니 질의응답이나 조언하기 등을 상담이라 여기는 오해가 생기기 때문일 것이다. '상담'이란 용어가 결혼상담, 주택상담, 법률상담, 연애상담, 인생상담 등에서 널리 쓰이지만, 이때의 상담은 자문(consulting) 활동이다. 자문은 경험과 식견을 갖춘 전문가가 그렇지 못한 사람에게 관심사나 문제가 해결되는 방향으로 정보제공 및 조언을 통해 도와주는 활동을 의미한다. 저자에게도 상담 좀 해 달라고 요청하는 사람들이 많은데, 대개 1회성 자문을 원하였다. 저자가 보기에 1회성 자문으로는 부족하여 본격적으로 10회 정도 심리상담을 해 보자고 권유하면 망설이는 경우도 많았다. 심리상담은 자문과는 결이 다른데, 정기적으로 만나서 마음 내면을 탐색하며, 해결책이 아니라 인간 자체에 초점을 맞춘다. 심리상담에서 호소하는 고민들은 마음속 갈등이나 모순으로 인해 정보제공이나 조언만으로 해결되지 않는 경우가 많다. 외부의 조언대로만 문제를 해결해서는 소용이 없고, 내면탐색과 통찰을 기반으로 한 인간적 성장이 필요하다. 인간적 성장 없이 외부 조언에 따르기만 한다면 그것은 내담자의 의존성만 키울 뿐이다. 이것에 대해서는 후에 더 자세히 다루겠다.

심리상담이 무엇인지 정의하고 설명하고자 한다면 좀 더 많은 노력이 필요할 것 같다. 딱딱한 학문적 정의 외에 비유나 예시를 들어 설명하는 것도 도움이 될 것이다. 일단 여기서는 학자들의 정의를 몇 가지 더 소개하고, 다음 절에서 비유를 들어 설명하거나 심리상담의 요소들을 하나씩 뜯어 살펴보도록 하겠다. 이 절에서는 먼저 심리상담이 일상의 수다나 친목 목적의 대화가 아니라, 개인의 문제를 해결할 뿐만 아니라 정신적으로 성장하도록 돕는 전문 작업이라는 학문적 정의로 시작한다. 즉, 이 책을 읽는 독자는 다음의 사항을 주지하여야 한다.

＊ 이 책에서 다루는 심리상담은 상담심리학을 기반으로 한 전문적 심리상담을 의미한다.

> ✄ 상담심리학 분야의 주요 학자들의 정의
>
> 상담심리학 분야의 주요 학자들이 심리상담을 어떻게 정의했는지 추가로 살펴보면 도움이 될 것이다. 심리상담에서 무엇이 이루어지는지, 무엇을 목표로 삼고 있는지 살펴보자.
>
> • 로저스(Rogers, 1951): 상담자와의 안전한 관계에서 내담자가 과거에 부정했던 경험을 다시 통합하여 새로운 자기로 변화하는 과정. 상담에서 상담자는 내담자의 감정을 수용하고,

명료화하고, 허용하며, 내담자가 스스로 자기를 이해하고 발전적인 수준으로 나아가도록
돕는다.
- **타일러(Tyler, 1969):** 개인적 발달의 방향으로 현명한 선택이 이루어지도록 촉진하는 것
- **피에트로페사(Pietrofesa) 등(1978):** 내담자의 자기이해, 의사결정 및 문제 해결이 이루어
지도록 상담자가 전문적으로 도와주는 과정
- **힐(Hill, 2004):** 한 사람이 다른 사람을 도와 감정을 탐색하고 통찰을 얻게 하고, 그 사람의
삶에서 변화를 이끌어 내도록 하는 것

2. 영화 속의 심리상담

흔히 사용하는 상담이란 용어의 혼란을 피하면서, 심리상담의 고유한 의미를 전달하기
위해 저자는 몇 가지 방법을 동시에 사용하려고 한다. 먼저 심리상담을 다룬 영화 두 편
을 소개할 텐데, 영화에 나온 심리상담의 장면을 떠올리면 심리상담이 무엇인지 대략적
인 모습을 그릴 수 있을 것이다.

심리상담을 다룬 영화가 그렇게 흔하진 않지만, 영화 도중 주인공이 심리상담에 참여
하는 장면이 나오는 것들도 있다. 그중 〈왓 위민 원트(What Women Want)〉가 기억나는데,
이 영화에서 남자 주인공은 어느 날 감전사고 후 여자들의 마음속 이야기를 들을 수 있게
된다. 이후 주인공은 고통을 겪게 되는데, 지나가는 여자들의 속마음이 다 들리게 되어
시끄러울 뿐만 아니라, 주변 여자들이 자신에게 좋지 않은 감정을 가지고 있었다는 사실
을 알게 되어 속상해한다. 주인공은 고통을 견디다 못해 심리상담센터를 찾아가는데, 조
용한 주택가 한 켠에 위치한 사설 상담센터에 예약을 하고 방문한다. 상담자는 주인공의
고민을 경청해 주고 나서 이렇게 말한다.

"그런데 그것 정말 좋은 것 아닌가요? 속마음을 들을 수 있다니 얼마나 환상적인가!"

이 장면에서 상담자의 대사 이전에 먼저 살펴볼 사항들은 다음과 같다.

* 전문적 심리상담은 정해진 시간에 정해진 장소에서 이루어진다.

* 전문적 심리상담은 취미생활이 아닌 직업이다.

어떤 사람들은 심리에 대해 대화를 나누면 모두 심리상담이고, 이것은 편한 장소에서 편한 시간에 무보수로 가볍게 할 수 있는 것이라 오해한다. 그러나 전문적 심리상담은 직업적 활동으로, 이론적 지식을 바탕으로 정해진 틀에서 정해진 기법을 통해 이루어짐을 알아야 한다.

또 한 편이 생각나는데, 그것은 〈굿 윌 헌팅(Good will Hunting)〉이란 영화다. 이 영화의 주인공은 천재적 재능을 발휘하지 못하고 늘 말썽에 휘말리는 청년이다. 어느 날 그는 자신의 재능을 알아주고 그의 진심을 믿어 주는 심리학자를 만나게 된다. 심리학자와 일주일에 한 번 정해진 시간에 만나 고민과 갈등을 털어놓으며 주인공은 조금씩 변화해 간다. 사람들을 믿지 못하고 늘 말썽을 부리도록 만드는 과거의 트라우마도 극복해 나간다. 이 영화에서 상담자는 내담자와 함께 산책을 가거나 술집에서도 대화를 나누는데, 이런 장면은 다소 극적이고 과장된 것이다. 실제 전문 상담가는 내담자의 일상생활에 과도하게 참여하지 않고 생활의 경계를 지키기 때문이다. 그럼에도 불구하고 이 영화에서는 심리상담이 정기적으로 진행된다는 점, 그리고 표면적인 문제 해결에 그치는 것이 아니라 내면의 성숙과 성장에 초점을 맞춘다는 점이 잘 나타나 있다.

여기서 기억해야 할 사항들은 다음과 같다.

* 심리상담은 한 번의 만남으로 끝나지 않고 정기적인 만남을 통해 진행된다.
* 심리상담은 표면적인 문제 해결에 그치는 것이 아니라 근본적으로 마음을 치유하고 성장시키는 데 초점을 맞춘다.

3. 자문식 상담과 심리상담에서 다루는 문제의 차이

심리상담이 무엇인지 알기 위해 이번에는 심리상담과 유사하면서도 차이가 있는 것들을 살펴보자. 사물이나 사건을 정의할 때 그와 유사한 것을 생각하면 개략적으로 그것을 이해할 수 있지만, 다른 사물이나 사건과의 차이를 비교함으로써 특정한 면 또는 세부적인 측면에 대한 이해를 넓혀 갈 수 있을 것이다.

먼저, 자문식 상담을 보자. 앞에서도 언급하였듯이 법률상담, 주택상담, 진로상담, 결혼

상담, 투자상담 등의 상담에서는 문제를 가진 사람이 찾아오고, 그 사람이 자신의 고민과 한계점을 이야기하면 그것을 들은 상담자가 어떤 해법(solution)을 제시한다. 즉, 내담자는 자신의 경우에 해당하는 해결책을 듣게 되는 것이다. 이런 과정을 자문(consultation)이라고 한다.

이런 자문식 상담도 내담자가 자기 고민을 호소하고 그것을 상담자가 들어 준다는 점 그리고 문제를 해결해 나간다는 점에서는 심리상담과 유사하다. 그러나 자문식 상담과 심리상담에는 차이점도 많은데, 우선 상담에서 다루는 문제의 특성에서부터 차이가 있다. 예를 들어, 법률상담이나 투자상담 같은 경우 주로 지적 문제나 정보의 문제가 있으며 감정이 개입될 여지가 별로 없다. 그러나 심리적 문제는 감정적 특성이 있어 객관적인 조건은 양호하더라도 본인이 주관적으로 큰 고통을 호소할 수 있다.

그리고 심리상담에서 다루는 문제는 대개 해답을 몰라서 생기는 문제가 아니라 해답은 알지만 실천할 용기가 없다거나, 실천을 가로막는 또 다른 심리적 장애물이 있다거나 하는 경우이다. 심리상담에서 다루는 문제들은 인간의 사고와 정서, 의지, 행동이 복합적으로 작용하여 생겨난 문제이며, 법률적인 문제나 투자 관련 문제보다는 훨씬 복잡하다. 예를 들어, 안 그러고 싶지만 어머니에게 욕하고 화내는 내담자의 경우를 보자. 이 내담자가 상담센터에 찾아온 계기는 어머니에 대한 미움과 죄책감이 동시에 있었기 때문이다. 죄책감 없이 미움만 있거나 반대로 죄책감 때문에 아예 화를 내지 않았다면 심리상담센터에 오지 않았을 것이다. 게다가 이 내담자가 독립하지 못한 채 어머니와 한집에서 사는 것은 문제를 키우는 측면이었다. 따라서 독립하면 문제 해결이 되겠지만, 마음속 깊은 곳에서 어머니를 버리고 떠나는 것에 대한 죄책감이나 무의식적 공포가 있을 수 있다. 이런 식으로 감정과 욕구가 복잡하게 얽힌 문제는 정보를 제공하거나 충고나 조언만으론 해결되지 않고, 마음의 여러 측면을 종합적으로 헤아려 주는 것이 필요하다.

심리상담에서 다루는 문제의 또 다른 특징은 문제와 인간이 뒤섞여 있다는 것이다. 앞에서 언급한 진로문제, 투자문제, 법률문제 등과 달리 심리적 문제는 개인의 인격과 잘 분리되지 않는다. 즉, 심리적 문제가 있다는 사실은 그 사람이 인격적으로 못났거나 약하거나 미성숙하다는 식으로 판단될 수 있다는 것이다. 사람들은 경제나 법률문제에 대해서는 기꺼이 충고나 조언을 들으려 하지만 심리적 문제에 대해서는 충고나 조언 듣기를 꺼린다. 충고나 조언을 듣는다는 것 자체가 자신이 인격적으로 못났고 약한 존재라는 것을 증명한다고 믿기 때문이다. 따라서 전문 상담자는 내담자의 문제를 진단하고 분석하기보다는 인간적 관계 속에서 그가 성장하여 스스로 문제를 해결할 수 있도록 분위기를 만드는 데 집중한다. 즉, 심리상담자는 내담자가 문제의 해결책에 접근할 수 있게 방향을 제시하고 이끌어 주는 역할도 하지만, 지켜봐 주고 기다려 주는 역할, 부족하더라도 참아 주는 역할, 그러면서도 솔직하고 투명하게 반응해 주는 역할을 맡는 경우가 많다. 이 점은 중요하므로 다시 한번 강조하면 다음과 같다.

> * 상담자(counselor)는 충고나 조언을 삼가며, 내담자가 스스로 문제를 해결해 나갈 수 있도록 돕는다.

이와 관련하여 자문식 상담과는 또 한 가지 중요한 차이점이 생기는데, 그것은 진행 형식의 차이다. 정서적이고 인격적인 문제를 다루는 심리상담은 자문식 상담과 달리 1~2회로 끝나는 경우가 드물며, 시간을 정해서 수십 차례 이상 진행된다는 특징이 있다. 마음을 종합적으로 헤아리고 내담자 정신세계의 근본적인 변화를 만들어 내기 위해서는 오랜 시간이 필요하기 때문이다.

4. 심리상담에서는 어떤 작업이 이루어지는가

심리상담을 이해하기 위해 이번에는 심리상담에서 어떤 작업이 이루어지는가를 살펴보자. 심리상담을 직접 경험해 본 사람이라면 심리상담에서 무엇이 이루어지는지 쉽게 알 수 있을 것이다. 그러나 실제로 심리상담을 경험한 사람의 수는 많지 않은 것이 현실이고, 내담자 비밀보장 원칙으로 인해 대중에게 작업 장면이 공개되지 않는다.[1] 이것은 심지어 심리상담을 배우려는 수련생들의 경우에도 마찬가지다. 병원 장면과 비교하여 예를 들어 보자면, 수련의는 전문의의 수술을 도우면서 참관할 수도 있고 수술과 관련된 영상 자료를 찾을 수도 있다. 그러나 심리상담 분야의 수련생은 내담자 비밀보장의 윤리 때문에 전문가가 상담 시간에 무엇을 하는지 직접 볼 수가 없고, 단지 말과 글로 설명을 들을 수 있을 뿐이다. 또 인간의 대화에는 그 순간에만 존재하는 미묘한 감정이 있는데,

---

1) 이와 관련하여 심리상담 장면을 영상으로 소개하려는 많은 시도가 있어 왔다. 그럼에도 불구하고 이 영상들은 실제 상담을 생중계하는 것이 아니라 시나리오에 따라 제작되고 편집된 영상이 대부분이다. 최대한 실제 모습을 보여 주기 위해 기획한 것도 있는데, 대표적으로 1965년 칼 로저스와 프릿츠 펄스, 알버트 앨리스가 참여한 'Three Approaches to Psychotherapy'가 있다.

이를 말이나 글로 설명하는 데는 한계가 있다. 따라서 책을 통한 설명도 한계가 있을 것이지만, 이 책에서는 최대한 심리상담의 전문적 작업을 쉽고 생생하게 설명하고자 노력할 것이다.

그러면 내담자 측면의 작업부터 시작해 보자. 심리상담에서는 제일 먼저, 고민의 호소가 이루어진다고 볼 수 있다. 내담자는 여러 가지 삶의 고민을 갖고 있고, 그것을 해결하려 하지만 도저히 혼자 감당하지 못하고 심리상담센터를 찾아왔을 것이다. 고부간의 갈등, 부부간의 갈등, 직장에서의 적응 실패, 학교에서의 학업 부진 등 다양한 삶의 문제가 사람들을 심리상담센터로 이끈다. 어떤 사람은 강박증, 공황증, 불안증과 같은 정신과적 증세를 가지고 찾아올 수도 있다. 앞에서도 언급했지만 주변인들로부터의 조언이 효과적이라면 찾아오지 않을 것이며, 모든 조언이 통하지 않을 때에야 비로소 심리상담 전문가를 찾는다.

* 내담자(client)는 삶의 문제를 혼자 감당하지 못하고 심리상담 전문가를 찾아와 고민을 호소한다.

내담자가 고통스럽게 고민을 호소하면, 상담자는 먼저 경청과 공감을 시도한다. 즉, 잘 듣고 마음을 헤아려 주는 것이다. 내담자의 고민을 들으면서 즉각적인 충고나 조언을 주고 싶은 마음도 생기겠지만, 먼저 충분히 듣지 않는다면 문제를 제대로 이해하지 못하게 되며 내담자에게도 부정적인 느낌을 주게 된다. 예를 들어, 고민을 듣고 상대방이 "그런 걸로 왜 고민해? 그건 이렇게 하면 되잖아."라는 식으로 즉각적인 해결책을 제시한다든지, "네가 성격을 좀 고쳐야 해."라고 비판 섞인 설명을 늘어놓는다면 해결책이나 설명에 대해 고마워하기보다는 '너는 나를 이해하지 못해.'라고 속으로 생각하며 거부감을 가질 것이다.

* 상담자는 비판이나 충고를 삼가며, 내담자의 이야기를 경청하고 공감한다.

상담자는 경청과 섬세한 공감을 바탕으로 내담자의 어려움을 이해하고 따뜻한 위로를 건넨다. 그러나 무턱대고 잘했다고 지지하거나 위로만 해 주는 것만은 아니다. 특히 편들어 주기는 조심해야 한다. 예를 들어, 초보자라면 "그래 너는 잘못한 것 없어. 네 남편이(또는 아내나 시어머니가) 참 못됐구나."라고 편들어 줄 수도 있다. 그러나 편들어 주기는 듣는 사람의 기분을 일시적으로 좋게 해 줄지는 몰라도, 더 깊은 내면으로 진입하는 것을 막을 수 있다. 즉, 편들어 주기를 통해 기분이 좋아지는 것으로 끝내서는 안 되며 마음 속의 생각과 감정, 동기 등을 종합적으로 이해하고 공감하는 것이 더 중요하다는 것이다. 편들어 주기는 한두 번 정도만 하면 충분하다.

다음으로, 전문 심리상담자는 내담자의 고민을 경청하면서 호소 내용을 깊이 있게 이해하고 궁극적으로 자아의 깊은 부분에 닿으려고 노력한다. 이 지점이 일반적인 자문식 상담과 가장 큰 차이일 것이다. 심리상담은 해결책 위주의 상담이 아니라 인간의 깊은 부분을 탐색하고자 한다. 따라서 제대로 이해하지 못하겠다면 다시 말해 달라고 요청하거나 어려운 부분에 대해 추가 질문과 탐색을 시도하게 된다. "~에 대해 좀 더 말해 주세요."라는 식으로 하는 것이 가장 일반적이다. 그리고 상담자는 자신이 이해한 바, 느낀 바를 내담자에게 언어적으로 되돌려 주며 점차 깊은 부분으로 들어간다. '언어적으로 되돌려 준다'는 것은 상담자가 이해하고 느낀 바를 다시 내담자에게 말로 전달한다는 뜻이다. 이 작업은 매우 중요한데, 대개 내담자는 표면적인 문제 또는 심리적인 고통에만 집착한 나머지 마음 깊은 곳을 찬찬히 들여다볼 기회를 갖지 못하기 때문이다. 많은 내담자가 내면의 감정이나 욕구에 대해 잘 모르고 있기 때문에 상담자가 말로 되돌려 주는 것이 중요하다. 사람들이 대화할 때는 본인이 느끼지 못한 바를 상대방이 알아차릴 수도 있다. 상담자는 이러한 것들을 '언어적으로 되돌려 줌'으로써 내담자가 자신을 더 깊이 들여다보는 기회를 제공한다. 그러면 내담자는 이전에는 고통스러워서 들여다보기 싫었던 내면의 욕구나 소망, 그 욕구나 소망이 빚어내는 갈등과 모순, 그리고 자신의 부정적이고 왜곡된 모습 등을 천천히 자각하게 된다.

* 상담자는 내담자를 깊이 이해하고, 대화 도중 내담자가 자신의 깊은 부분을 만날 수 있도록 돕는다.

이러한 작업은 '내면에 대한 탐색(exploration, 탐구)'이라고 부를 수 있다. 쉽게 말하자면 자기 마음을 보는 것이다. 외부 정보나 환경에 대한 탐색이 아니라 마음을 탐색하는 것이므로 내면탐색이라고 부르는 것이며, 내가 모르는 마음의 깊은 곳을 탐구한다는 의미이기도 하다. 그런데 이 작업이 항상 쉬운 것은 아니다. 어떤 내담자들은 내면탐색 같은 고상한 작업보다는 무슨 방법을 써서라도 당장 괴로움에서 벗어나게만 해 달라고 호소할 수 있다. 또 창피하거나 위협적으로 느껴지기에 마음 깊은 곳에 있는 것들을 보고 싶어 하지 않을 수도 있다. 또 내담자가 겪는 심리적 증상들은 매우 견고하게 굳어져 그것에 압도되고 무기력하게만 있을 수도 있다. 강박증, 무기력감, 자살 또는 자해 시도 등 많은 증상은 내담자뿐 아니라 초보 상담자를 압도하기에도 충분하다. 그러나 상담자는 겉으로 드러나는 증상에 당황하지 않고 그 이면에 숨어 있는 의미, 내면의 욕구와 소망, 갈등에 집중한다. 상담자가 중심을 잡고 버텨 줄 때 내담자도 안정되고, 상담자를 따라 용기를 내어 내면탐색을 시도하게 된다. 물론 탐색의 과정에서 내담자가 때로는 용기를 잃기도 하고, 또는 탐색을 거부하며 저항하기도 한다. 이때 상담자는 내담자의 변화나 저항을 다시 '언어적으로 되돌려 주며' 내면탐색의 '여행'을 계속하도록 부드럽게 격려해 준다.

다음 가상의 짧은 대화 사례를 만들어 제시해 보았다. 앞에서 설명한 작업들이 어떻게 드러나는지 살펴보자.

내담자: 선생님, 제가 지금 진로가 고민인데요. A를 택할지 B를 택할지 모르겠어요.

상담자: (충분히 말할 수 있도록 하며) 아, 진로에 대한 고민이란 말이죠. 좀 더 자세히 말해 주세요.

내담자: A는 제가 쉽고 재미있게 할 수 있는 것인데, B는 좀 더 어렵지만 가치 있는 일이에요.

상담자: (공감하며) 아유, 정말 선택이 쉽지 않겠어요.

내담자: 이 고민 때문에 밤에 잠을 못 잘 지경이에요. 6:4 정도만 돼도 선택할 수 있을 텐데, 정확히 5:5라서 어찌할지 모르겠어요.

상담자: (공감하며) 아, 두 가지 다 ○○ 씨에게 똑같이 끌리나 봐요.

내담자: 네, 그러게요. B를 할 수 있다면 정말 대단할 것 같아요. 저 자신이 성취감도 생기고, 사회적으로 인정도 받고요. 그런데 B분야에서 성공하려면 너무 오랜 시간이 걸려요. 하지만 A는 당장 잘할 수 있어요. 주변에서도 소질이 있다 하더라고요. 돈도 조금 벌 수 있어요.

상담자: (갈등을 정리해 주며) 음…… 오래 걸리지만 가치 있는 일과 쉽게 할 수 있고 경제적으로도 도움이 되는 것 사이의 갈등이네요.

내담자: 네…….

상담자: 좋은 선택은 항상 어렵지요. 하나를 선택한다는 것이 다른 것을 포기한다고 생각하면 더욱 어려울 것 같아요.

내담자: 맞아요.

상담자: (내면탐색을 촉구하며) 그런데 ○○ 씨, 어떤 결정을 내리기에 앞서 먼저 자신이 어떤 사람이고 평소 무엇을 원했는지 되돌아보면 어떨까요? ○○ 씨가 자신을 더 잘 알면 선택을 할

수 있게 될 것 같아서요.

내담자: 음…… 저는…….

이 짧은 가상의 대화를 보면 알 수 있지만, 심리상담자의 역할은 해결책을 제시해 주는 것이 아니라 내담자가 스스로 그것을 찾아내도록 도와주는 것이다. 내담자가 자신을 되돌아보고 확신감을 되찾는다면 어떤 선택이든 가능할 것이다. 다음과 같이 서로 다른 두 선택이 모두 가능할 것이다.

A를 선택한 내담자: 음…… 저는…… 어렵고 가치 있는 일을 해야 한다는 말이 너무 무겁게 느껴져요. 부모님은 항상 말씀하시죠. 젊어서는 고생해야 한다, 당장 돈 안 벌어도 좋으니 미래를 위해 투자해라 등등…… 그 말이 맞는 건 알지만, 그런 말을 듣다 보면 재미있게 놀다가도 죄책감이 들어요. 쉬운 것만 하면 안 되고 뭔가 더 어려운 것을 해야 한다는 강박관념에 시달려서 우울하기도 해요. 어려운 걸 한다면서 적성에 안 맞는 걸 하다 보니 자신감도 떨어지고요. 저는 어렵고 쉽고를 떠나서 제가 좋아하고 즐겁고 자신감을 찾을 수 있는 그런 일을 해 보고 싶어요. 저는 A를 선택할 거예요.

B를 선택한 내담자: 음…… 저는…… A를 선택한다면 나중에 후회할 것 같아요. 저를 돌아보면, 저는 승부욕이 강한 사람이에요. 저는 남들이 하지 못하는 어려운 일을 해내는 것을 꿈꿔요. 지금 당장 재미있고 돈도 벌면 좋겠지요. 그러나 저는 남들이 놀 때 꾸준히 노력하고, 훗날 사람들이 저를 알아주고 인정해 주고, 많은 사람에게 도움을 줄 수 있다면 그런 일을 택할 거예요. 저는 B를 선택할 거예요.

흔히 내담자가 잠재력을 발휘하지 못하게 만드는 여러 가지 방해요인이 있다. 상담자와 내담자는 이 방해요인이 무엇인지 함께 찾아낸다. 방해요인들 중에는 경제적 한계, 신체적 한계, 능력의 한계 등 어쩔 수 없는 요인들도 있지만, 내담자 자신이 그럴 것이라고 가정하고 스스로 만든 한계들도 있다. 예를 들어, '부모님을 미워해선 안 된다.'라는 엄격한 도덕관념을 가진 사람이라면, 자신을 부당하게 대하는 부모님께 미움이 생길 때 죄책감이 들며 오히려 자신을 자책하게 될 것이다. 여기서 이 사람의 한계는 '부모님을 미워해선 안 된다.'라는 자신의 도덕관념이다. 또 다른 예로, '어차피 사람은 믿을 수 없다.' '사람을 믿었다가는 배신당할 것이다.'라는 신념을 가진 사람이라면, 자신에게 호의로 다가오려는 사람도 의심하며 친밀한 관계를 맺지 못하게 될 것이다. 그는 외로움을 호소하며 신뢰할 수 없는 사람들을 원망하겠지만, 결국 친밀한 인간관계를 가로막는 것은 자신의 의심과 냉소주의 또는 친밀감에 대한 공포인 것이다.

상담 회기가 거듭될수록 상담자와 내담자는 마음 내면을 탐색하는 여행을 함께하고, 내담자는 점점 자신의 문제에 대해 통찰을 얻게 된다. 상담자는 초반에는 내담자의 괴로움을 공감하고 경청하다가 기회가 되면 내담자가 스스로의 한계를 돌아볼 수 있게 한다. 상담자가 내담자에게 한계를 보여 준 후, 보다 정확하게 말하면 내담자가 자신의 한계를 마주한 후 내담자는 자신을 가로막고 있었던 것, 자신을 괴롭게 만들었던 것이 무엇인지 알게 된다. 그리고 용기를 내어 한계를 뛰어넘는다. 상담자와 함께 작업하면서 보다 적응적이고 기능적인 방향으로 변해 간다. 예를 들어, 앞에서 말한 엄격한 도덕관념의 경우, '사람이 누군가를 미워하는 마음이 드는 것은 정상이며, 미워할 부분은 미워하고 존경할 부분은 존경할 수 있다.'라는 새로운 가치관으로 대체할 수 있다. 그러면 내담자는 죄책감에서 벗어나고, 자신을 더 존중하고, 자신의 능력을 더 발휘할 수 있게 될 것이다.

앞의 작업 과정을 다음과 같이 간략하게 요약할 수 있다.

앞에서 잠깐 심리상담을 '내면을 탐색하는 여행'으로 비유하였다. 우리들은 일상을 살아가다가 간혹 여행을 떠날 때가 있다. 재충전의 기회가 되기도 하고, 여행 중에 새로운 경험을 하고 새로운 사람들을 만나면서 성장하기도 한다. 내담자들은 익숙한 삶의 쳇바퀴 속에서 자신을 충분히 되돌아보지 못한 채 살아간다. 특히 마음속 결핍이나 갈등은 덮어 두고 지내다가 문제나 증상을 키우는 경우가 많다. 따라서 심리적 문제를 해결하려면 마음 내면으로 여행을 떠나야 한다. 운동을 하는 것도 좋고 맛있는 음식을 먹는 것도 좋고 친구들과 수다를 떠는 것도 좋은데, 궁극적으로는 내면탐색 여행을 통해 재충전 및 정신적으로 성장하는 것이 필요할 것이다. 다시 한번 심리상담에서 내면탐색을 강조하는 이유를 정리하면 다음과 같다.

* 사람들은 평소 외부요인(예: 돈, 음식, 외모, 성공 등)에 대해서는 많이 생각해 보지만, 마음속 내면을 들여다보는 것은 오히려 어색하고 익숙하지 않다.

* 심리적 문제 해결 및 정신적 성장을 위해서는 내면의 취약성을 탐색하고 마주해야 한다.
* 내면을 탐색한다는 것은 마음 깊숙이 자리 잡은 결핍, 갈등, 충동, 욕구, 상처, 공상 등 취약성을 충실히 검토한다는 뜻이다.

그리고 내면탐색 여행을 하다 보면 과거로 거슬러 올라가는 경우도 많다. 즉, 어릴 적 겪었던 일과 관련된 생각, 느낌, 갈등, 상처 등에 대해서도 이야기하게 된다. 그러나 이것이 심리상담에서 과거 성장과정에 대한 모든 것을 말해야 한다는 의미는 아니다. 상담에서 초점을 맞추는 것은 내담자의 '지금 여기(here & now)'의 삶, 즉 현재의 생각과 느낌이다. 과거의 성장 경험에 대한 이야기는 현재의 삶에 미치는 영향을 발견하는 데 도움을 줄 때 가치가 있을 것이다.

지금까지 심리상담에서 어떤 작업이 이루어지는가를 간략히 설명하였다. 학문적인 설명을 곁들이자면, 힐(2004)은 상담의 진행을 '탐색(exploration)-통찰(insight)-실행(action)'의 3단계 모델로 요약 정리하였다. 이는 심리상담에서 내면을 탐색하고, 문제의 원인과 마주하며, 새로운 삶의 방식을 시도하여 이를 편안하게 적용할 수 있게 되면 상담은 종결을 맞이하게 된다는 것이다. 참고로, 종결 이후 상담자는 내담자가 일상생활에 잘 적응하는지 살펴보기 위해 한 달이나 3개월 또는 6개월 이후에 다시 한번 보자고 약속할 수 있다. 이를 사후관찰 세션(booster session) 또는 추수면접(follow-up interview)이라고 한다.

5. 심리상담의 진행 형식

앞에서 심리상담이 진행되는 과정을 간략히 소개하였는데, 여기서는 그 형식적 측면을 강조해 보겠다. 심리상담을 진행할 때는 형식이 있고, 전문 심리상담이라면 더욱더 이 형식을 따른다.

가장 먼저 언급해야 할 중요한 점으로는 심리상담은 전문 상담자와 내담자가 '만나서' 진행한다는 것이다.[2] 혼자 하는 것은 심리상담이 아니다. 독서를 하거나 강의를 들으면서 마음공부를 할 수도 있겠지만 이것은 심리상담이 아니다. 혼자서 마음을 보는 것에는 근

---

2) 최근에는 기술의 발달로 직접 대면(face-to-face)하지 않고도 온라인상에서 만날 수 있다. 전화나 화상통신을 활용하면 서로 직접 만나지 않고도 각자의 공간에서 편하게 '접촉'할 수 있다.

본적인 한계가 있기에(인간의 마음에는 남에게는 보이지만 자신은 볼 수 없는 무의식적 측면이 있다.) 심리상담 전문가가 필요한 것이다. 참고로 TV나 라디오에서 전문가가 시청자나 청취자의 사연을 듣고 조언해 주는 것도 심리상담은 아니다. 이것은 직접 만나서 진행하지 않기 때문이기도 하지만, 기본적으로 심리상담이라기보다는 자문(컨설팅, consulting)에 가깝기 때문이다. 앞에서 언급했듯이, 우리나라에서 consulting(컨설팅)과 counseling(카운셀링)을 모두 '상담'으로 번역하기에 생기는 혼란이다.

그리고 심리상담에서 상담자는 내담자에게 직접적인 정보제공이나 조언, 충고를 하기보다는 내담자가 스스로 해결책을 찾아낼 때까지 옆에서 지원하며 기다린다. 그러다 보니 상담은 한두 번만으로 끝나지 않고 여러 차례의 반복적인 만남이 필요하게 된다. 대개 심리상담은 10여 회 이상 진행되므로, 매주 만난다면 짧게라도 3개월 정도 소요될 수 있다. 수십 회기를 진행한다면 수년씩 걸리기도 한다. 그런데 이때 상담자는 해답을 다 알면서도 일부러 여러 차례의 만남을 유도하는 것이 아니다. 모든 상담 사례는 다 다르며, 인간의 복잡한 문제를 한 번에 꿰뚫어 볼 수 있는 상담자는 흔치 않다. 깊은 곳에 숨어 있던 것이 드러나는 데는 시간이 걸리기 때문이다. 또 용기를 내어 새로운 시도를 하고 변하는 데도 시간이 필요하다. 사람의 심리적 결핍이 간단히 채워지고 짧은 시간에 정신적 성장을 이루어 낸다면 그게 오히려 이상할 것이다.

대개 심리상담은 일주일에 한 번, 한 번에 대략 1시간 이내의 면접(또는 면담)으로 진행된다. 이때 한 번의 면접을 다른 용어로 한 회기 또는 세션(session)이라고 한다. 심리상담이 일주일에 1회 정도 이루어짐을 고려해 볼 때, 수개월이 걸린다 해도 실제로는 몇 회기되지 않음을 알 수 있다.[3] 전문 심리상담자는 10회 정도의 만남으로는 충분하지 않음을 잘 알고 있기에, 회기를 더 마련하기 위해 일주일에 2회 정도 상담을 하는 경우도 있다.[4] 심리상담의 기간은 내담자의 문제 및 상담자의 이론적 지향에 따라 다른데, 10여 회 정도로 마치는 경우도 있지만 100회 이상을 하는 경우도 있다. 참고로, 한 사람을 돕기 위해 100회 이상 만나는 것이 효율적이냐는 의문도 있겠지만, 한 사람이 변화해야 가족이 변화하고 주변 공동체가 변화하며 마침내 온 세상이 바뀌는 것이다.

심리상담이 무엇인지에 대해 알아볼 때, 진행 형식의 중요성은 아무리 강조해도 지나치지 않다. 이와 관련해서는 추후 심리상담의 '구조화'에서 다시 자세히 설명할 것이다.

---

3) 주 1회로 진행한다고 하면 3개월 동안에는 대략 12회, 6개월 동안은 대략 24회를 진행할 수 있다. 1년 정도면 대략 50여 회가 된다.
4) 심리상담 이론 중 정신분석적 접근 같은 경우에는 주 3회 이상 만나기도 한다.

6. 심리상담은 어디서 이루어지는가

심리상담이 어디서 이루어지느냐는 상담 공간 또는 장소에 대한 질문이다. 상담이 이루어지는 공간은 주변 분위기가 조용하고 안전한 느낌을 주는 곳이라면 어디든지 가능하다. 흔히 심리상담센터를 개업할 때 타인의 이목을 끌지 않고 내담자가 편안하고 안전하게 다닐 수 있는 장소를 선택한다. 이것은 상담자와 내담자가 내면탐색에 집중하는 것을 방해받지 않기 위해서다. 실내 공간을 꾸밀 때도 마찬가지다. 실내 가구나 장식을 놓을 때, 소파나 의자를 선택할 때, 시계의 위치를 선택할 때 등 여러 가지를 고려할 수 있겠지만, 중요한 것은 내담자의 주의가 분산되지 않고 내면탐색에 집중할 수 있도록 돕는 것이다. 사생활 보장을 위해 방음 처리는 특히 중요하며, 만약 상담실이 다른 방과 인접해 있다면 방음벽이나 방음커튼을 설치하는 것이 필요하다.

상담의 장소와 관련하여 한 가지 더 언급하자면, 최근 인터넷과 기타 통신기술의 발달로 점차 공간의 제약이 없어질 수 있다는 것이다. 물론 상담은 대면 접촉으로 이루어지는 것이 일반적이며, 그것은 서로 얼굴을 마주하고 대화할 수 있을 때 상대방의 생각뿐 아니라 감정, 행동 등을 예민하게 관찰할 수 있기 때문이다. 그런데 내담자의 감정, 행동, 비언어적 태도 등을 관찰할 수만 있다면 굳이 상담자와 내담자가 직접 한 장소에서 만날 필요성은 줄어들 수 있다. 최근 화상상담 기술의 발달로 완벽하지는 않지만 내담자의 행동을 관찰할 수 있기에 실시간 온라인상담이 점점 더 활성화되고 있다. 온라인상담은 시간, 공간 및 이동의 제약을 극복하게 해 주므로 앞으로 더 활성화될 것으로 기대한다. 다만 이때 내담자의 안전과 사생활 보장을 위해 기존과는 다른 새로운 조치들, 예를 들어 온라인상담에 활용하는 컴퓨터의 비밀번호 관리, 내담자 자료의 관리, 온라인 보안 접속 등에 특별히 신경 써야 할 것이다.

7. 심리상담과 면담기법

앞에서 심리상담의 여러 가지 측면을 설명해 보았다. 설명을 듣고 나면 초반에 제시했던 심리상담에 대한 딱딱한 정의가 좀 더 구체적으로 이해될 것이다. 그런데 심리상담의 정의에서 핵심적인 부분이고 이 책에서 주로 다루고자 하는 내용이 한 가지 더 있는데, 그것은 다음과 같다.

* 심리상담은 내담자와 상담자가 마주하는 대면관계에서 주로 언어적 교류를 통해 이루어
진다.

상담이 언어적 교류를 통해 이루어지기 때문에 말하는 기술, 즉 면담기법이 중요해진
다. 심리상담에서 상담자는 내담자의 문제와 느낌에 대해 이해하고 공감할 뿐 아니라 이
것을 다시 내담자에게 언어로 되돌려 주어야 한다. 예를 들면 이런 식이다.

내담자: (무덤덤한 말투로) 어제 시험 결과가 나왔는데요. 떨어졌어요.

상담자: 아유 저런……

내담자: 열심히 준비하긴 했는데……. (침묵 15초)

상담자: 정말 실망스럽고 속상하겠어요.

내담자: (침묵 25초)

상담자: 이번 시험에 모든 것을 걸었는데, 그걸 망쳐 버렸군요.

내담자: 이제 뭘 해야 할지 모르겠어요.

상담자: 그렇겠어요. 너무 지쳤고…… 좌절했군요.

이 공감적 대화 도중 상담자는 표층의 실망감에서 시작해 점점 더 깊은 마음들을 헤아
려 주고 있다.

그리고 공감뿐 아니라 통찰이나 변화로 이끄는 결정적인 작업들 역시 언어를 통해 이
루어진다. 때로 상담자는 내담자의 의견과 반대 입장을 전달해야 할 때도 있고, 내담자의
마음을 아프게 하는 말을 해야 할 때도 있다. 이때 면담기법의 진가가 발휘될 것이다. 상
담자의 좋은 언어 반응은 내담자가 좀 더 깊은 수준에서 자신을 돌아보게 하며, 내담자
를 비난하지 않으면서 용기를 줄 것이다. 반면 서투른 언어적 반응은 내담자의 내면탐색
을 방해하고, 때로는 오히려 내담자를 겁주고 상처 입혀 뒤로 물러서게 할 수도 있다. 따
라서 심리상담자는 이에 맞는 언어반응 방식, 즉 면담기법을 배우고 익혀야 한다. 물론
비언어적인 소통도 포함될 것이다. 상담자는 내담자에게 진실한 태도와 존중하는 태도를
보여 줄 수 있어야 하며, 비언어적인 방식으로 관심과 애정을 전달하는 것도 중요하다.
내담자가 이야기할 때 지루해한다거나 내담자가 한 이야기를 기억하지 못한다면 내담자
는 상담자를 신뢰하지 않을 것이다.

심리상담에서 필요한 면담기법은 일상생활의 대화와 다른 점이 있기 때문에 상담자는

이를 배우고 익히는 데 많은 노력을 기울여야 한다. 면담기법에 대한 것은 이 책의 주요 내용이므로 이후에 자세히 설명하겠다. 다음에 더 생각해 볼 거리들을 제시하면서 이 장을 마친다.

생각해 보기

이 장에서 심리상담이 무엇인지 설명하려고 하였다. 심리상담은 문제에 초점을 맞추기보다 인간에 초점을 맞춘 상담이며, 마음 깊은 곳을 탐색하여 성장으로 이끄는 작업이다. 이 점을 잘 이해하였다면, 이제 주변 사람들에게 심리상담에 대해 쉽게 알려 줄 수 있겠는가? 저자의 경험으로는 결코 쉽지 않았다. 상담(相談)은 '서로 대화를 나눈다.'라는 뜻이므로 사람들은 심리상담을 그냥 '대화를 나누는 것'으로 인식하는 경우가 많고, 상담(counseling)과 자문(consulting)을 혼동하며 모두 '상담'이라고 부르니 더욱 혼란스럽다. 또 어떤 학생들은 "상담과 면담은 어떻게 다른가요?"라고 묻기도 한다. 이에 대해 쉽게 설명해 줄 수 있겠는가? 스스로 생각해 보고 동료와도 의논해 보자. 심리상담은 어떤 작업인가? 질의응답이나 자문과는 어떻게 다른가? 상담과 면담은 어떻게 다른가? 인공지능이나 자동화된 프로그램으로 상담하는 것은 가능할까?

제2장

상담자는 어떤 태도로
내담자를 맞이하는가

심리상담에서 상담자(counselor)와 내담자(client)는 정기적으로 여러 차례 만난다. 개인의 내밀한 얘기가 오가므로 사적이고 친밀한 특징도 있지만, 가족이나 친구처럼 너무 경계 없이 대해서도 안 될 것이다. 독자라면 어떡하겠는가? 당신만의 안락한 상담실에서 내담자를 맞아들이는 상상을 해 보자. 그를 어떠한 태도로 대하겠는가? 심리상담자가 내담자를 대하는 태도는 일상의 가족이나 친구를 대할 때나 다른 전문직 컨설팅 상황에서 클라이언트를 대할 때와도 다른 특별한 점이 있다. 이 장에서는 그 특별한 점이 무엇인지 알아보고자 한다. 먼저 용어 정리부터 시작해 보자.

1. 용어 정리

심리상담에 대한 학문 분야는 상담심리학(counseling psychology)이다. 흔히 대학원 과정에서 본격적으로 공부를 시작하는데, 이를 상담심리 전공이라고 부른다.[1] 그런데 상담심리학은 미국에서 발달하였기 때문에 관련 용어가 여과 없이 도입되어 사용되는 경향이 있다. 그러나 서구 사회의 문화적 맥락에서 번역된 용어가 우리나라에 반드시 적합하지는 않기 때문에 주의가 필요하다. 또 외래어를 그대로 사용하는 것은 영어를 아는 지식층만의 통용어로 제한될 수 있기 때문에 상담의 의미 및 광범위한 활용 범위를 충분히 살리지 못하게 하는 단점도 가져올 수 있다. 그러므로 이 책에서는 다음과 같은 용어를 사용할 것임을 미리 밝힌다.

■ 상담

이 책에서 상담이라고 하면 '카운슬링(counseling)'을 번역한 용어다. 카운슬링이라는 외래어를 직접 사용할 수도 있지만 여기서는 '상담'으로 통일하되, 심리상담(psychological counseling)을 의미한다. 심리상담은 심리학적 이론과 틀로 내담자를 이해하고 전문적 상담기법을 동원하여 내담자의 문제 해결을 돕는 작업으로 정의할 수 있다. 법률상담, 세무상담 등 타 영역의 상담과 구별이 필요할 경우에는 직접 '심리상담' 또는 '전문적 상담'으로 표현할 것이다.

---

1) 학과에 따라 상담학 전공이라고도 한다.

■ 치료적 상담

앞에서 심리상담이 깊은 상담이고 인간적 성장을 추구한다고 하였는데, 이 책은 심리적 문제를 호소하는 사람들을 위한 치료적 상담(therapeutic counseling)에 초점을 맞추고 있다. 일회성의 조언이나 충고를 주는 자문식 상담과 달리, 치료적 상담은 심리적 문제의 근본적인 해결을 지향한다. 대화를 통해 심리적 문제 해결에 도움을 주려는 시도이다 보니 대화치료(talk therapy)라는 표현도 있다.

■ 상담자

대개 '카운슬러(counselor)'를 '상담자'로 번역한다. 적용 장면과 상담자의 기호에 따라 '상담사' 또는 '상담원'으로도 쓸 수 있겠다. 그러나 '상담자'라는 용어가 가장 적절할 것 같고, 특히 치료적 상담 상황을 기술할 때는 더욱 그렇다고 생각한다. 일상생활에서 코치(coach), 매니저(manager), 코디네이터(coordinator), 컨설턴트(consultant) 등도 상담자로 번역되는 경우가 자주 있으므로, 이 책에서 상담자는 카운슬러(counselor)에 해당하는 용어임을 잊지 말아야 할 것이다.

■ 내담자

'내담자(client)'는 상담 장면에 도움을 청하러 찾아온 사람을 말하는데, 이 분야에서 지금까지 큰 혼돈 없이 사용되어 왔다. 그런데 정신과 장면에서 정신치료를 하는 의사들은 내담자라는 용어보다는 환자(patient)라는 용어에 더 익숙해져 있다. 영어 그대로 '클라이언트'라고 표기하기도 한다.

■ 면접 또는 면담

면접 또는 면담은 영어 'interview'를 번역한 말이다. 면담은 상담이 실제로 이루어지는 대면관계 속의 만남, 즉 상담자와 내담자의 만남을 의미한다. 보다 정확히 말하자면 1회의 만남을 의미하며, 심리상담은 수차례의 정기적 면접(면담)을 통해 완성된다. 경우에 따라 상담과 면접을 혼용하기도 하는데, 심리상담을 할 때 몇 번 만나느냐, 즉 면접의 횟수가 중요하다. 따라서 본문에서 의미가 명확하지 않을 때는 면접 대신 회기(session)란 표현을 사용하여 몇 회기인지 표시하도록 하겠다.

■ 자문

법, 세무, 투자 등 특정 분야에서 해당 분야 전문가가 문제에 대한 전문적 조언(advice)이나 해결책(solution)을 제시해 주는 작업을 자문(consultation)이라고 한다. 흔히 자문은 1~2회의 비정기적 면접으로 이루어진다. 심리적 문제라 하더라도 공감적 내면탐색보다 해결책 제시에 초점을 맞추는 경우 심리 자문이 된다. TV나 라디오 등 방송에서 심리 분야 전문가가 맞춤 해결책을 제시하는 경우를 종종 볼 수 있는데 이런 작업들이 바로 자문 활동이다.

■ 탐색

본래 영어 'exploration'을 번역한 말로, 이 책에서 탐색은 사실관계를 조사한다는 의미가 아니라 마음의 탐색(또는 탐구), 즉 내면탐색을 의미한다.[2] 심리상담이 자문과 차별화되는 핵심 특징으로, 심리상담에서는 마음을 깊이 탐색하여 억압되었거나 차단된 것을 통찰하고 해소하는 식으로 심리적 문제를 해결해 나간다. 이때 내면탐색의 주체는 내담자이며 상담자는 돕는 역할을 한다는 점이 중요하다.

■ 기법

영어 'skill'을 '기법'으로 번역하였다. 흔히 상담기법(counseling skill) 또는 면담기법(interview skill)은 매 면접을 원활하게 이끄는 상담자의 언어적 반응(기술 또는 방법)을 의미한다.

■ 비자발적 내담자

내담자 중에는 비자발적(involuntary) 내담자도 있다. 즉, 본인이 도움을 청하지 않았음에도 불구하고 주변인에 이끌려 억지로 상담 장면에 오게 된 사람을 말한다. 심리상담에서는 내담자의 자발성이 매우 중요하며, 비자발적 내담자를 대하는 일은 상담자에게 감정적으로 매우 힘든 일이 될 수 있다. 이 책에서는 주로 자발적인 내담자의 경우를 다루지만 중간에 비자발성에 대해서도 잠깐 언급할 것이다.

---

2) 일상생활에서 기초적인 정보에 대해 알아보는 것도 '탐색한다'고 표현할 수는 있다. 그런데 심리상담에서의 '탐색'은 영어 'exploration'을 번역한 말로 마음을 탐구한다는 의미에 가깝고, 기초 정보를 탐색한다는 것은 영어 'investigation', 즉 조사한다는 의미에 가깝다.

■ 상담관계

상담관계(counseling relationship)는 상담자와 내담자가 맺는 관계를 의미한다. 상담관계는 심리상담 작업의 특수성을 담은 매우 독특하고 전문적인 관계다. 상담자가 내담자의 상처를 어루만지고 치유하며 성장을 돕는다는 의미에서 치료적 관계(therapeutic relationship)라고도 한다.

■ 라포

'라포(rapport)'라는 말은 상담자와 내담자 사이의 서로 신뢰하는 관계를 말한다. 외래어이므로 '라포'라는 용어 이외에 '신뢰관계' '촉진적 관계'라는 용어를 사용하기도 하는데, 이는 내담자의 문제 해결을 촉진해 줄 수 있고 신뢰할 수 있는 관계라는 의미다.

■ 심리치료

심리치료는 영어 'psychotherapy'에 해당하는 용어다. 심리치료는 주로 정신과 의사나 임상심리전문가들이 '환자'를 대상으로 상담할 때 사용하는 용어인데, 특히 정신과 의사들은 '정신치료'라고도 부른다. 심리치료를 시행하는 사람을 '심리치료사' 또는 '심리치료 전문가'라고 부를 수 있다. 최근에는 정신과 의사나 임상심리전문가도 병원에서 환자만을 상담하는 것이 아니라 일반인도 상담하며, 심리상담 전문가들도 정신과적 어려움을 호소하는 내담자를 상담하므로 심리치료와 심리상담 간의 용어 구분이 점차 희미해지고 있다. 따라서 '심리치료'라는 용어와 '심리상담'이라는 용어가 종종 혼용되기도 한다.

■ 개인상담과 집단상담

심리상담에는 상담자와 내담자가 1:1로 만나는 개인상담 외에도 상담자와 커플이 만나는 커플상담, 여러 명의 내담자를 동시에 만나는 집단상담의 형식도 가능하다. 이 책에서는 상담자와 내담자가 1:1로 만나는 장면 및 이때 구사할 수 있는 면담기법에 초점을 맞추며, 따라서 이 책에서 상담이라고 하면 개인상담을 의미한다.

■ 코칭

참고로 코칭(coaching)은 개인이 지닌 능력을 최대한 발휘하여 목표를 이룰 수 있도록 돕는 일을 가리키는 말이다. 이는 잠재력을 발휘하도록 성장을 돕는다는 점이나 지속적인 만남을 통해 이루어진다는 점에서 심리상담과 비슷하다. 하지만 심리상담이 심리적 문제로 힘들어하는 내담자를 도우려고 하는 것인 반면, 코칭은 건강한 개인을 대상으로 목표 달성에 초점을 맞추는 것이라는 점에서 차이가 있다.

2. 상담자 태도 및 치료적 상담관계의 중요성

상담자와 내담자가 맺는 상담관계는 상담자가 내담자의 상처를 어루만지고 치유하며 성장을 돕는다는 의미에서 치료적 관계라고도 부른다. 이 관계는 일회성의 만남이 아니라 정기적인 만남을 통해 형성된다.

앞에서도 언급했듯이 심리상담에서 다루는 심리적 문제는 인간 내면의 모순과 갈등의 산물이므로, 단순한 조언만으로 심리적 고통에서 벗어나기가 쉽지 않다. 전문가의 조언이 정확하고 효과적인 것이라 할지라도 내담자는 이를 받아들이지 않고 주저할 수도 있고, 머리로는 알면서도 실천에 옮기지 못할 수도 있다. 이때 전문가와 내담자의 관계가 오랜 기간을 함께하며 신뢰를 쌓은 관계라면 어떨까? 낯설고 딱딱한 관계가 아니라 친밀하고 신뢰하는 관계였다면 달라졌을 수 있다.

타인의 요구를 거절하지 못하며 부모에게 양가감정을 가진 내담자의 호소를 예로 들어 설명해 보자. 내담자는 현재 하고 있는 일이 많은데도 주변 사람들의 요구를 거절하지 못하여 일은 더 많아지고 스트레스를 받는다. 상담을 하다 보니 이러한 관계의 뿌리를 부모와의 관계에서 찾을 수 있었다. 부모는 내담자를 과도하게 간섭하고 통제하였고, 내담자는 자신보다 부모의 생각과 감정, 요구를 더 우선하게 되었다. 간혹 독립적으로 행동하려고 하면 죄책감이 들었고 늘 부모의 눈치를 보았다. 심리학 이론에 따르면 내담자는 부모와 정신적으로 밀착되어 있는 상태이며, 따라서 다음과 같은 해결책을 제시할 수 있다.

상담자: 당신은 부모님에게 너무 밀착되어 있어요. 부모님과 떨어져 사는 게 좋겠어요.

이 해결책은 일반적이고 그럴 듯하게 보인다. 그러나 선택은 내담자의 몫이고, 차라리 이 대사를 상담자가 아닌 내담자가 했다면 더 좋았을 것이다. 내담자는 부모로부터 독립하는 것이 해결책임을 알게 되겠지만 여전히 내적 갈등으로 인해 실천에 옮기지 못할 수 있다. 어쩌면 상담자의 조언이 또 다른 간섭처럼 느껴져 반발심과 죄책감만 더욱 강해질 수도 있다.

심리적 어려움을 호소하는 내담자에게 사람들은 다양한 위로나 격려, 조언의 말을 할 수 있다. 그러나 내담자가 마음을 열어 이런 말들을 받아들이게 하려면 말의 내용도 중요하지만 그 말을 전달하는 이의 태도도 중요할 것이다. 만일 너무 형식적이고 가볍게 말을 전한다면 무기력한 내담자는 더 상처를 받을 것이다. 남의 일이라고 쉽게 말한다고 생각하면서 자신을 위로해 준 사람을 속으로 더 멀리할지 모른다. 다음 대화와 같은 식이다.

상담자: 희망을 가져요. 긍정적으로 생각해 봐요. 인내하고 견뎌 냅시다. 너무 의존적이 되지는 마세요. 운동을 해 봐요. 해로운 습관을 끊고 좋은 습관을 만드세요. 좋은 대인관계를 만드세요. 힘내세요!

내담자: …… (속마음) '나도 알아요, 나도 그러고 싶은데, 안 되는 걸 어떡해요?'

그렇다면 어떻게 해야 할까? 상담자는 내담자를 만나 치료적 관계를 맺는 자신의 태도를 점검해야 할 것이다. 앞에서도 언급했듯이 심리상담에서는 해결책을 제시하는 것보다 내면의 모순과 갈등을 탐색해 가는 과정이 더 중요하다고 하였다. 따라서 서둘러 조언하려는 태도보다 충분히 공감하고 이해하려는 태도가 우선이 된다. 내담자의 문제행동을 답답하게 여기지 않고, '왜 그렇게 하게 되었을까, 왜 그렇게밖에 할 수 없었을까'를 이해하려고 하는 것이다. 내담자는 자신의 마음이 이해받을 때, 행동의 변화를 시도할 수 있다.

심리상담자의 태도에 대해서는 상담 및 심리치료 분야의 선구자 중 한 사람인 칼 로저스(Carl Rogers)가 자세히 언급한 바 있다. 로저스는 상담자와 내담자가 맺는 치료적 관계에 주목하며 내담자의 치유와 성장을 위해 상담자가 특별한 분위기를 만들어야 한다고 하였는데, 여기서 상담자가 취해야 하는 태도를 언급한 것이다. 로저스는 상담자 측면에서 갖추어야 할 세 가지 태도를 일치성(congruence), 비판단적 존중(unconditional positive regard),[3] 공감적 이해(empathetic understanding)라고 하였고, 내담자가 이러한 태도를 느낄 수 있을 때에 비로소 상담자의 말을 받아들이고 자신을 더 열어 보여 주며 치유와 성장으로 나아갈 수 있다고 보았다.

이제부터 이들 각각을 차례대로 살펴볼 것이다. 전문적이고 추상적인 용어들은 일반

---

3) 로저스가 두 번째로 언급한 'unconditional positive regard'는 우리말로 직역하면 '무조건적 긍정적 존중'이나, 여기서는 의미를 명료하게 전달하기 위해 편의상 '비판단적 존중'으로 의역하였다.

독자가 이해할 수 있도록 쉽게 풀어 쓸 것이다. 그리고 로저스가 제시한 것 외에도 추가할 것이 있는데, 그것은 경계(boundary)와 관련된 것이다. 편의상 비판단적 존중, 경계의 존중, 공감적 이해, 일치성의 순서로 다룰 것인데, 이 네 가지 태도를 쉬운 말로 풀어 보면 다음과 같다.

* 내 방식으로 섣불리 판단하지 않는 태도
* 내담자와의 치료적 관계를 지키려는 태도
* 더 깊고 섬세하게 이해하려는 태도
* 내담자를 혼란스럽게 만들지 않는 태도

3. 내 방식으로 섣불리 판단하지 않는 태도

만약 당신이 법률 분야나 세무 분야 등의 전문가라고 할 때, 당신을 찾아온 클라이언트가 자신의 어려움을 이야기한다면 어떤 자세로 듣겠는가? 물론 클라이언트의 어려움을 경청할 것이다. 어려움이 언제부터 어떻게 생겼는지, 누구와 갈등이 있는지 등 필요 정보도 파악하면서 말이다. 그런데 이때 당신은 자동적으로 두 가지 작업을 동시에 수행하게 된다. 첫 번째는 문제에 대한 해결책을 찾는 것이고, 두 번째는 문제와 해결책에 대해 판단을 하는 것이다. 사실 특정 분야의 전문가뿐 아니라 인간은 누구나 타인의 이야기를 들을 때 자동적으로 판단을 하게 된다. 잘했는지, 못했는지, 올바른지, 틀린지, 유익한지, 해로운지 등을 자동적으로 판단하는 것이다. 이것은 살아오는 동안 판단이 적응과 생존경쟁에 도움이 되었기 때문에 자동화된 것이다. 간혹 판단이 어려울 때가 있지만 이 경우에도 계속 판단을 시도하는 것은 다르지 않다. 빠르고 정확하진 않더라도 판단을 하는 것자체는 인간에게 필요하게 느껴진다.

그런데 깊은 탐색을 시도하는 심리상담에서는 반대다. 심리상담에서 내담자가 마음을열고 더 깊이 탐색해 들어가기 위해서는 판단하지 않고 들어만 주는 대상이 필요하다. 이것이 상담자의 비판단적 태도다. 물론 상담자가 내담자의 상태를 파악하고 올바른 해결책을 찾기 위해 여러 가지를 판단할 수는 있다. 그러나 근본적으로 상대방을 판단하는 것은 나의 잣대임을 기억하며, 다른 잣대를 가진 내담자를 이해하기 위해 나의 잣대를 잠깐내려놓는 것이다. 이렇게 될 때 칼 로저스는 내담자가 '수용적으로 존중받는다.'라고 느끼게 된다고 하였다. 여기서 '수용적 존중'과 관련된 내용을 여러 각도로 설명해 보겠다.

1) 내담자는 나와는 다른 고유한 인간이다

'울면 약한 사람이니 울지 말아야 한다.'라는 사고방식을 가진 사람과 '우는 것은 솔직한 감정의 표현이니 울고 싶을 땐 울어야 한다.'라는 사고방식을 가진 사람이 만났다. 누가 옳은가? 수용적 존중이라는 말은 수용과 존중을 함께 묶어 표현한 것이다. 타인이 나와 다른 잣대를 가지고 있음을 수용한다는 것은 그를 존중한다는 것과 맥락이 통한다. 그러나 말이 쉽지, 실제 대인관계에서 나와 다른 잣대를 가진 사람을 만나면 갈등이 생기기 쉽다. 사람들은 서로 답답해하면서 내 잣대만이 옳고 상대의 잣대는 틀렸다고 다투기도 한다. 또 다른 예를 들어 보자. '서로 불편할 땐 만나지 않는 것이 좋다'고 믿는 사람과 '서로 불편하더라도 자주 만나서 불편함을 풀어야 한다'고 믿는 사람이 있다면, 과연 누가 옳은가?

앞에서 잣대라고 하면 사고방식으로 이해할 수도 있지만, 좀 더 근본적으로는 세상을 바라보고 이해하는 틀이라 할 수 있다. 심리상담자도 인간이기에 자신만의 잣대를 가지고 있으며, 자신의 잣대로 볼 때 좋은 인성을 갖추고 훌륭하게 성취한 사람을 만난다면 그를 부러워하거나 존경할 것이다. 반대로 인성이 좋아 보이지도 않고 업적도 없는 것 같은 내담자를 만났을 때, 심지어 그가 주변 사람들에게 불편만 끼치는 존재라고 판단했다면 당연히 그를 존경할 수는 없을 것이다. 그렇다면 존경은 못해도 존중은 할 수 있는가?

인성이 좋지 않고 타인에게 불편만 끼친다는 것은 나의 판단일 것이다. 만일 이런 판단을 내린 채 내담자를 만난다면 그를 이해하기가 어려워지고, 내담자 입장에서도 상담자와 좋은 관계를 맺기 어렵다고 느낄 것이다. 내 잣대로 보면 인성이 좋지 않아 보이지만 그 사람의 잣대에서는 다를 수 있다. 내 판단으로는 불편만 끼치는 것 같지만, 그 사람의 입장에서는 잘해 보려고 애쓰는 것일 수도 있다. 따라서 상담자와 내담자가 상호 좋은 관계를 맺기 위해서는 먼저 상담자 측에서 내담자를 섣불리 판단하지 않고, 내담자가 가지고 있는 고유한 잣대를 수용하고 존중하는 태도를 보여야 할 것이다. 그와 내가 다른 잣대를 가진 별개의 사람이라는 것을 인정하는 것은 그와 내가 분리된(separated) 존재임을 아는 것인데, 사람들은 너무나 자주 그것을 잊어버린다. 상대를 나의 세계에 구속되어 있는 존재로 보는 것이다.

존중과 존경을 구별할 때, 사람은 누구나 자신을 긍정적인 존재로 여기며 관계 속에서

'존중'받고 싶어 할 것이다. 이때 대단하다며 존경받고 싶다는 의미도 있지만, 그냥 한 인간으로서의 존재 자체가 존중받는다는 측면이 중요할 것이다. 다시 말해, 나의 고유한 세계가 있음을 존중받고 나만의 잣대가 있음을 존중받는 것이다. 대개 심리상담센터에 찾아온 내담자는 타인에게 존경받지 못하고 자존감도 낮은데, 이와 동시에 고유한 한 인간으로서 존중받는 경험도 부족하다. 부모나 주변 사람들이 자신들의 잣대를 내담자에게 강요했을 수 있다. 또는 내담자 스스로가 자신도 모르게 부모나 주변 사람들의 잣대를 받아들였을 수 있다. 어느 경우든 내담자는 주체적인 존재가 되지 못하고 타인의 눈치만 살펴 왔던 것이다. 이런 내담자에게 치료적 상담관계는 특별한 경험을 제공할 수 있다. 상담자는 친구나 부모님과는 다른 방식으로 대화하며 내담자와 독특한 관계를 맺는다. 숙련된 심리상담자는 겉으로 드러난 행동이나 사건의 결과로 판단하는 것을 멈출 수 있다. 대신 내담자가 왜 그렇게 행동하는지에 대해 더 경청하려 한다.

2) 겉으로 드러난 행동이 아니라 인간 자체를 존중한다

겉으로 드러난 행동이 아니라 인간 자체를 존중한다는 의미는 무엇인가? 우리가 타인의 행동을 나의 잣대로 판단할 때 흔히 그의 행동을 인격과 혼동한다. 예를 들어, 공공질서를 지키지 않거나 습관적으로 거짓말하는 사람을 보았을 때 그 사람이 인격적으로 나쁜 사람이기 때문에 그렇게 한다고 보는 것이다. 그 사람이 그런 행동을 할 수밖에 없는 피치 못할 상황이나 환경이 있었을지도 모르는데, 우리는 그런 상황이나 환경을 고려하기보다는 성격이나 인간적 됨됨이 자체에 원인을 돌리는 것이다. 사회심리학에서는 이것을 기본적 귀인 오류(fundamental attribution error)라고 부른다. 그만큼 쉽게 경험하는 실수라는 뜻이다.

물론, 행동은 그 사람의 인간성을 드러내 주며, 상담자의 일반적 판단이 틀리지 않을 수 있다. 그러나 심리상담자는 가급적 겉으로 드러난 행동으로 내담자를 평가하기보다는 왜 그렇게밖에 할 수 없었는지를 이해하고자 한다. 예를 들어, 마약에 빠진 애인의 권유로 마약에 손을 대게 된 내담자가 있다고 해 보자. 그는 사랑하는 사람을 잃어버릴까 두려워서 그 사람이 권유한 대로 마약에 손을 대었지만 이 때문에 심한 죄책감을 느끼고 상담센터에 찾아왔다. 상담자는 이 사람을 어떻게 볼까? 물론, 마약에 손을 댄 것은 문제가 있는 행동이며 상담자도 이 점은 잘 알고 있다. 하지만 대다수의 상담자는 그 사람이 마약을 하고 있다는 점 외에도 그것 때문에 괴로워하고 있다는 점, 이 상황을 해결하기 위해 애쓰고 있다는 인간적인 점을 함께 봐야 할 것이다.

　그리고 상담자의 태도는 언어로 전달되는 것이 중요하다. 그래야만 내담자가 자신이 존중받는다고 느낄 수 있기 때문이다. 겉으로 드러난 행동뿐 아니라 내면의 갈등에 대해 관심을 갖는 것을 어떻게 말로 표현할 수 있을까? 앞의 예를 적용하여 설명하면, 내담자가 자신의 문제를 이야기할 때 상담자가 "아무리 그래도 그렇지, 그래도 마약은 나쁜 거 잖아요."라고 말하기보다는 "그렇게 죄책감을 느끼면서도 애인의 권유를 뿌리치지 못했다니 정말 그를 많이 사랑한 모양이군요."라고 말할 수 있을 것이다. 즉, 겉에 드러난 행동이 아니라 인간적인 갈등이나 욕구에 초점을 맞춘 것이다. 이런 말을 들을 때 내담자는 상담자가 자신을 이해하려고 노력하고 있다고 여길 것이며, 자신을 도덕적 가치나 규범에 따라 비판하지 않고 인간 자체로서 존중해 주고 있다고 느낄 것이다.

　또 다른 예를 들어 보자. 30대 남자 내담자가 자신이 젊었을 때 아무도 모르게 어린 아동을 성추행하였다고 고백한다. 내담자는 "선생님, 저는 이 얘기를 아무에게도 하지 못했어요. 정말 부끄러워 죽겠습니다."라고 말을 할 때 상담자는 어떻게 응답해 줄 것인가? 물론, 난감하다고 생각되어 아무런 말을 하지 않을 수도 있다. 하지만 이런 경우 내담자는 상담자가 자신에 대해 어떻게 생각할지 혼란스러워지며, 상담을 마치고 갈 때쯤 괜히 이야기했다는 마음이 들 수도 있고, 이후 상담에서 자신을 드러내는 데 더 조심스러워질 것이다. 그런데 상담자가 그런 이야기를 듣고 나서 "이 얘기를 꺼내기에 참 힘들었지요? 당신은 참 용기 있는 사람이군요."라고 말을 해 주었다고 하자. 그럴 때 내담자는 상담자가 겉으로 드러나는 행동이나 사건의 결과가 아니라 내면에 가치를 두고 있음을 느끼게 된다.

　앞의 예들에서 보면, 상담자가 내담자를 인간으로서 존중하기 위해서는 한두 가지 가치에 매이지 않는 것이 필요함을 알 수 있다. 이 말은 상담자가 어떤 가치관을 가져서는 안 된다는 뜻은 아니다. 앞의 사례에서 언급한 마약이나 성추행은 분명 법적, 도덕적으로 올바르지 못한 행위다. 그러나 상담자가 그런 가치관을 절대시하여 내담자의 행동을 결코 용납할 수 없다고 전제하고 상담을 진행한다면 어떻게 될까? 내담자는 은연중에 상담자의 거부적 태도를 느낄 것이고, 상담센터에 올 때마다 매우 긴장하고 스트레스를 받게 될 것이다.

　'~하면 ~한다.'라는 식으로 어떤 조건을 충족시켰을 때만 존중해 주는 것을 '조건부 가치(conditioned value)'라고 부르는데, 예를 들어 짜증을 내면 미운 사람이고 울지 않고 참으면 착한 사람이라는 식이다. 어렸을 때 조건부 가치에 과도하게 노출된 사람은 부모의 조건을 만족시키기 위해 자신의 깊은 감정이나 욕구를 억압하게 된다는 점에서 문제가 있다. 부모에게 맞춰 주려다 보니 자신의 것을 잃어버리게 되고 느끼지 못하게 된다. 속상하거나 슬퍼도 감정을 억누르고 아무렇지 않다는 식으로 행동한다. 이런 내담자는 상담 시간에도 상담자의 눈치를 보며 상담자의 가치관에 맞는 이야기만 하고, 상담자에게 비판받을까 봐 속 얘기는 감추게 될 것이다. 따라서 한 사람을 인간 자체로 존중하기 위해서 조건을 달지 않는 비난단적 태도를 보일 필요가 있다. 상담자가 이런 태도를 보여줄 수 있다면 내담자는 자신이 어떤 부끄러운 행동이나 못난 생각을 얘기하더라도 상담자가 비난하지 않을 것임을 믿고 추후 더 깊은 자기탐색과 고백을 하게 될 것이다.

한 가지 더 언급하고 싶은 것이 있는데, 그것은 상담자가 내담자의 의견에 동의하지 않는 것과 내담자를 거부하는 것은 구별되어야 한다는 것이다. 즉, 내담자의 의견에는 동의하지 않을 수 있지만 내담자를 하나의 인격체로서 존중할 수는 있어야 한다. 이의를 제기하면 내담자를 존중하지 않는 것이라고 생각해서 내담자의 말을 덮어놓고 받아들여서는 안 될 것이다. 앞의 예에서 마약을 한다는 것을 알게 되었을 때 내담자를 존중한다고 하여 무조건 그런 행동을 용납해서는 안 되는 것이다. 상담자는 반대 의견을 전달할 수 있으며, 이 사례의 경우 법적인 문제가 걸려 있으므로 분명히 그렇게 해야 한다. 이는 다음과 같이 말할 수 있을 것이다.

> 상담자: 약에 취해서라도 고통에서 벗어나고 싶었나 봐요. 정말 괴로웠나 봐요. 그런데 법적으로 처벌될 가능성을 고려하지 못한 점은 아쉽네요.

다시 말하지만 상담자와 내담자 간의 의견 불일치와 내담자를 존중하지 않는 것과는 구별해야 한다. 만일 두 사람 간 이러한 구별이 확실히 이해되고 공유되고 있다면 반대 의견을 표현하더라도 인격적으로 존중한다는 태도를 전할 수 있다. 그러나 아직 서로 신뢰하는 단계가 아니라면 반대 의견을 전하기 전에 이러한 구별을 내담자에게 분명히 가르쳐 주어야 할 것이다. 반대 의견의 표현과 인격적 거부는 서로 다르다는 점을 내담자가 배운다면 그 자체가 내담자의 성장이 될 것이다. 그리고 반대 의견을 전달할 경우라도 부드러운 음성이나 기타 비언어적 단서로써 인격적으로 수용하고 있다는 것을 내담자에게 전달할 수 있어야 할 것이다. 상담자는 따뜻하고 수용적인 느낌으로 말하며, 이런 느낌 속에서 내담자는 존중받는 경험을 한다. 즉, 상담자가 내담자의 의견에 동의하지 못할 경우 동의하지 않음을 분명히 전달하되 그 표현이나 자세는 어디까지나 온화해야 한다는 것이다. 만약 너무 비판적인 태도로 말한다면 내담자는 야단맞는다고 느끼며 위축되거나, 상담자가 자신을 이해하지 못한다며 방어적이 되거나, 심지어는 추후 상담을 거부할수도 있을 것이다.

4. 내담자와의 치료적 관계를 지키려는 태도

이번에는 좋은 치료적 관계를 맺고 유지하기 위해 상담자에게 치료적 관계를 지키려는태도가 필요함을 언급하고 싶다. 앞에서 섣불리 판단하지 않는 태도로 좋은 관계를 만들었다면 이후 이러한 관계를 지켜 내는 것도 중요하다. 관계를 맺었으면 그대로 유지되는것이 아닌가 생각하겠지만, 심리상담에서는 상담자와 내담자가 한두 번이 아니라 수십회 이상 만나게 된다는 점을 기억해야 할 것이다. 이때 중간에 위기가 생길 수 있다. 일상생활에서도 가족이나 친구와 오래 함께 지내다 보면 좋을 때도 있지만 불편할 때도 있게된다. 그런데 가족이나 친구는 서로 다툰 후에도 화해하고 용서하면 다시 관계가 지속될수 있는데, 그것은 서로 '가족' 또는 '친구'로 먼저 만났기 때문이다. 그러나 심리상담의 관계는 전문적 작업을 위해 맺은 계약 관계이므로 만일 심리상담이 아닌 다른 작업이 이루어진다면 관계는 변질되거나 소멸될 수 있다.

여기서 중요한 것은 두 사람, 즉 상담자와 내담자 사이에 적절한 심리상담 작업이 이루어지느냐 하는 것이다. 때때로 상담자와 내담자 사이에 심리상담 작업이 아닌 다른 작업이 이루어질 수 있으며, 이것은 상담관계를 위태롭게 한다. 예를 들어, 서로 감정 싸움을한다든가, 서로 사랑에 빠진다든가 한다면 이때는 더 이상 심리상담 작업이 이루어지기어렵고 결과적으로 치료적 관계는 깨어질 것이다. 따라서 전문 상담자는 이러한 분위기로 변질되기 전에 예리하게 알아차리고 미연에 방지하려고 할 것이다. 이것을 '치료적 관계를 지킨다'고 한다.

좋은 치료적 관계를 유지하기 위해서는 상호 사생활의 경계(boundary)를 존중하고 지켜 주는 것이 특히 중요하다. 물리적 공간의 경계를 비유로 설명하자면, 이웃집과 경계선을 존중하고 지켜 줄 때 좋은 이웃이 되는 것처럼 말이다. 경계선이 있어야 서로 침범하지 않도록 조심할 수 있고 평소에 각자의 공간에서 안정과 평화를 찾을 수 있다. 혹자는경계선이 없을 때 네 땅 내 땅 가리지 않고 친하게 지낼 수도 있다고 생각할지 모르나 오히려 갈등이 생기기 십상이다. 만일 서로 갈등이 생긴다면 경계선이 있는 것이 오히려 기준을 세우고 타협하는 데 도움이 된다. 몸, 즉 신체의 경계도 마찬가지다. 남의 몸을 허락 없이 만지지 않는 것이 중요하며, 남의 몸을 내 맘대로 만진다면 그것은 경계를 침범하여 안정을 위협하는 것이 된다. 만일 내가 상대의 경계를 제멋대로 침범한다면 그가 자신을 지키기 위해 반격한다 해도 할 말이 없을 것이다. 타인의 경계를 존중하고 지켜 주는 것은 앞에서 언급한 타인과의 분리(separation)와도 맥락이 통한다. 타인은 나와 분리된 개별적인 존재임을 알아야 경계를 지켜 주는 것이다. 적절하게 분리-개별화된 성인은 스스로 자율적이고 독립적이면서 동시에 타인의 자율성도 존중할 것이다.

그런데 심리상담에 찾아오는 내담자들은 경계의 문제에 취약한 경우가 많다. 경계가 너무 느슨하거나 애매한 경우도 있고 반대로 경계가 너무 경직된 경우도 있다. 경계가 너무 느슨하거나 애매한 예를 들자면, 한두 번 만난 사이에 육체적 관계를 맺는 등 무분별하게 관계를 맺고 혼란스러워하는 경우를 들 수 있다. 경계가 너무 경직된 예를 들자면, 타인으로부터 간섭받고 이용당할까 봐 두려워 전혀 마음을 열지 않고 폐쇄적으로 지내는 경우를 들 수 있다. 경계의 문제는 이 두 가지 모두이며 자주 양극단을 오가게 된다. 심리상담 전문가는 경계의 문제가 발생할 때 이를 예리하게 알아차린다. 예를 들어, 내담자가 다음과 같이 말했다고 해 보자.

내담자: 선생님, 다음번 상담 때 끝나고 저랑 저녁식사할 수 있으세요?

이러한 제안을 받으면 어떤 쪽으로 대답하더라도 만족스럽지 않을 수 있다. 심리상담자는 내담자의 취약한 경계를 이용하여 이익을 취하지 않는다는 윤리적 지침에 따라 제안을 거절할 것이지만, 냉정하게 거절하는 느낌을 준다면 내담자는 상처받고 다시 상담 장면에 나타나지 않을 수도 있다. 따라서 이런 문제가 발생하기 전에 미리 예방하는 것이 중요하며, 이에 대해서는 이후 심리상담의 초기나 첫 면접을 다룰 때 더 자세히 설명할 것이다. 다만 궁금해하는 독자를 위해 상담자 대사 예시를 하나 들자면 다음과 같다.

상담자: 그 제안을 ○○ 씨가 어떤 마음으로 한 건지 궁금합니다.

비록 내밀한 부분을 나누는 심리상담이지만 각자의 사생활은 겹치지 않도록 해야 한다. 내담자에 대한 사사로운 마음이 커진다면 오히려 공감적으로 이해하기 어려워지게 되기 때문이다. 공감적 이해는 심리상담의 핵심 작업으로 다음 절에서 더 자세히 설명할 것이다. 일단 여기서는 상대를 나의 세계에 구속하면 상대의 입장보다 내 입장을 먼저 생각하게 될 수밖에 없음을 말하고 싶다. 사사로운 마음이 커지면 상대를 나의 세계 속에 두게 되는데, 대표적인 것이 가족이다. 가족의 경우 나의 아내, 나의 남편, 나의 자녀, 나의 부모가 되는 것이지, 독립된 한 인간으로 보기 어렵게 된다. 이런 이유로 전문 상담자라도 가족을 상담하지는 않는다.

따라서 경계의 문제가 생기지 않도록 첫 번째 방문했을 때 심리상담의 틀을 잘 소개하는 것이 중요하다. 약속된 시간만큼 정해진 장소에서 심리상담의 작업이 이루어지는 것이 가장 기본적인 틀이다. 상담자는 상담자의 역할을 맡고 내담자는 내담자의 역할을 맡는다. 시간이나 장소를 바꾸거나 심리상담이 아닌 다른 것을 하려고 하는 것은 기본 틀을 벗어나는 것이 되며 경계 문제가 생기는 조짐으로 볼 수 있다. 약속한 비용 외에 선물을 가져와 특별한 관계를 맺고자 하는 것도 경계 문제의 조짐이 될 수 있다. 만일 기본 틀을 벗어나려는 시도가 관찰된다면 상담자는 부드럽게 틀을 따르는 것의 의미, 즉 시간과 장소를 지키고 각자의 역할에 충실하며 경계를 존중하는 것에 대해 설명해 주어야 할 것이다.

그리고 경계의 문제는 내담자에게서만 비롯되는 것이 아니라 상담자 자신으로부터 비롯될 수도 있음을 알아야 한다. 상담자도 인간이기 때문에 내담자에 대한 사적인 감정이 생길 수 있다. 예를 들어, 내담자의 사연이 너무 안쓰러워 언어적 위로를 넘어 쓰다듬거나 손을 잡아 주고 싶은 마음이 생길 수 있다. 또 다른 예로는 학업을 따라가지 못한다고 말하는 내담자의 공부를 도와주고 싶은 마음이 들 수도 있고, 경제적으로 어렵다고 말하는 내담자에게 상담 비용을 받지 말자는 마음이 들 수도 있다. 그러나 내담자가 부탁해 올 때 한두 번 도와주는 것은 가능하겠지만, 부탁하지 않았는데도 도가 지나치게 내담자를 도우려고 한다면 그것은 경계의 문제가 생길 여지를 만드는 것이다. 상담자는 상담이 아닌 다른 작업을 내담자와 하려는 것인데, 자신도 모르게 내담자를 자기 세계의 등장인물로 구속시키고 있다. 추후 설명하겠지만 이를 '역전이'라고 하며, 이것은 상담자 자신의 내적 결핍이나 상처에서 비롯되었을 것이다. 따라서 전문 상담자가 되기 위해서는 자기 자신부터 점검해야 할 것이며, 이를 위해 수련 단계에서 본인부터 심리상담을 받아 볼 것을 권장하기도 한다.

5. 더 깊고 섬세하게 이해하려는 태도

앞에서 자신을 돌아보는 것, 즉 내면탐색이 심리상담의 가장 핵심적인 작업이라고 한 바 있다. 그것은 내면탐색이 내담자를 자기자각(self-awareness), 자기이해(self-understanding), 자기수용(self-acceptance)으로 이끌어, 더 성장하고 변화하고자 하는 마음을 불러일으키기 때문이다. 유사한 개념을 동원하여 말하자면 자기반성(self-reflection)을 통해 통찰(insight)을 얻는다는 것인데, 많은 학자나 영적 지도자들도 치유와 성장을 위해선 반드시 자신에 대한 큰 깨달음이 필요하다고 강조한다.

그런데 인간은 내면을 들여다볼 수 있는 능력을 가진 유일한 존재이기도 하지만, 반면 내면의 복잡성과 방어기제로 인해 깊은 곳까지는 쉽게 접근하지 못하는 한계도 지닌다.[4] 예를 들어, 독자 여러분도 자신이 어떤 행동을 했을 때 정확히 어떤 생각과 감정과 욕구가 행동으로 연결된 건지 쉽게 설명하지 못할 수 있다. 또 다른 사람들은 다 아는데 나만 모르는 나의 어떤 면이 있을 수도 있다. 이러한 한계로 인해 독자적 내면탐색이 쉽지 않아 심리상담에서는 전문가의 조력을 통해 내면탐색을 함께 시도하는 것이다.

이때 심리상담자가 내담자에게 가르치는 식이 아니라 함께 탐색해 나가는 것이 중요할 것이다. 두 사람이 한 배를 타고 가면서 한 사람(내담자)은 노를 젓고 다른 사람(상담자)은 키를 잡는 격이다. 노를 젓지 않으면 배가 나갈 수 없고 키를 잡지 않으면 배가 엉뚱한 곳으로 갈 것이다. 여기서 함께한다는 말이 중요한데, 심리상담은 결코 어느 한쪽만의 노력으로 되는 것은 아니라는 뜻이다. 이는 상담자뿐 아니라 내담자도 중요한 작업을 해야 한다는 것으로, 내담자는 부족하고 결핍되며 때로는 악한 것 같은 속 모습을 마주하더라도 내면탐색 작업의 노를 계속 저어 나가야 함을 의미한다.

1) 진지하게 듣고 공감적으로 이해한다

누군가 내 얘기를 진지하게 듣고 공감해 준다면 얼마나 좋을까? 내담자를 깊고 섬세하게 이해하기 위해서는 항상 먼저 잘 듣는 것이 중요할 것이다. '진지하게 듣는다'는 것은 심리상담에서라면 매우 당연한 것이고 기본적인 태도일 것이다. 진지하게 듣는다는 것을

---

4) 방어기제(defense mechanism)는 불안이나 두려움을 피하기 위해 자아가 사용하는 무의식적 방식을 말한다. 깊은 내면에 무엇이 있을지 몰라 내면을 들여다보는 것만으로도 위협적으로 느껴질 수 있으므로 방어기제가 작동하여 내면탐색을 막을 수 있다.

좀 더 설명해 보자면, 먼저 내담자의 말과 행동에 주의를 기울이며 집중한다는 의미일 것이다. 이를 위해 상담자는 내담자를 만나기 전 잠깐의 시간을 내어 휴식을 취하고 개인적고민이나 걱정을 털어 내며 내담자에게 집중할 수 있는 최상의 컨디션을 만들어야 할 것이다.

막상 상담이 시작되고 나면 상담 장면에서 드러나는 말과 행동 하나하나는 내담자의 문제를 이해하고 해결해 주는 데 필요한 자료가 된다. 가령, 면접 중에 내담자가 긴장된자세를 취한다든가, 얼굴을 붉히거나 주저한다든가, 갑자기 말이 많아진다든가, 면접 약속 시간을 지키지 못하고 지각한다든가 하는 행동 등 모든 것이 내담자를 이해하는 데 필요한 자료가 될 것이다. 말도 마찬가지다. 내담자가 사용하는 언어를 정확하게 듣는 것이중요하다.

그런데 초심자의 경우, 진지하게 듣는 것의 취지를 정확히 이해하면서도 실제로 대화할 때 아주 기본적인 것부터 놓치는 경우가 있다. 예를 들어 설명해 보자. 상담자-내담자 역할 실습에서 내담자가 자신을 오해하는 부모님에 대한 억울함과 원망감을 표현했을때, 초심자가 다음과 같이 반응하고 있다.

> 내담자 역할 수련생: (주먹을 쥐고 흥분하며) 어머니는 제가 동생에게 화풀이를 했다고 하시는데, 저는 동생이 위험한 행동을 하니깐 큰 소리로 못하게 한 것뿐이에요. 너무 억울해요. 이런 적이 한두 번이 아니에요.
>
> 상담자 역할 수련생: 부모님에게 오해를 받아 많이 속상하셨겠어요.

전반적으로 잘못된 반응은 아니나, 내담자는 '속상하다'는 표현을 쓴 적이 없고 대신'억울하다'고 했다. 초보 상담자는 비슷하다고 생각할지 모르지만, 속상함은 내담자가 직접 표현한 억울함보다 약한 느낌이다. 상대가 사용한 단어를 정확하게 듣는 것은 기본 중의 기본이나, 이처럼 기본이 지켜지지 않는 경우도 많다. 내담자가 표현한 감정은 억울하고 분한 마음이므로 다음과 같이 말해야 할 것이다.

> 상담자 역할 수련생: 많이 억울했군요. 얼마나 억울했으면 주먹을 꽉 쥐고 있을 정도네요.

진지하게 듣는 것은 정확한 공감(empathy)으로 이어지고, 내담자는 공감을 통해 한층더 깊은 내면을 개방하게 되며, 상담자는 내담자를 더 깊이 이해하게 된다. 이해를 바탕으로 다시 또 정확한 공감, 깊은 내면의 개방, 더 깊은 이해로 이어지는 선순환이 유지된다. 물론 내담자도 이 과정에서 자신에 대한 이해와 통찰을 얻게 될 것이다.

2) 상담자의 가치판단을 내려놓고 듣는다

정확한 공감을 위해서는 진지하게 듣는 것 외에도 상담자의 가치판단을 내려놓고 듣는 것이 필요하다. 정확히 공감한다고 하면 내담자의 입장에 서서 내담자와 보조를 맞춘다는 의미가 있다. 상담자는 내담자의 생각과 감정에 머무르며, 그보다 조금 앞에서 또는 살짝 뒤에서 보조를 맞추며 따라간다. 하지만 내담자의 생각과 감정보다 훨씬 더 앞서간다거나 반대로 상담자가 자기 생각에 매몰되어 버리면 제대로 된 공감을 할 수 없고 섣부른 공감이 될 것이다. 예를 들어 보자. 어린 여자 중학생이 자기보다 열다섯 살이나 많은 남자와 사랑에 빠졌다며 그에게 고백하고 싶다고 말한다. 이때 상담자가 "아무리 그래도 열다섯 살 차이는 좀 너무한 것 같구나."라고 말한다면 그것은 비록 내담자를 위해서 그렇게 말한 것이겠지만 이는 내담자의 마음보다 훨씬 앞서가 있는 것이며, 또한 상담자의 잣대를 들이대고 있는 것이다.

앞에서 언급했듯이, 상담자는 내담자의 내면세계로 들어가기 위해 자신의 견해나 가치관을 잠시 내려놓을 수 있어야 한다. 어쩌면 학생은 열다섯 살 차이가 너무 크다는 것을 머리로는 알고 있을 수 있고, 다만 당장은 자신의 욕구에 가려 현실적인 판단을 하지 못하고 있는 것일 수 있다. 이때 상담자는 자신의 가치판단을 내려놓고, "그 사람이 정말 좋은가 보구나. 무엇이 그렇게 좋으니?" 정도로 반응한다면 내담자의 생각과 감정에 비교적 보조를 맞추고 있다고 볼 수 있다. 물론 자신의 가치판단을 내려놓는 것이 결코 쉽지 않겠지만 말이다. 일상생활에서 사람들은 판단적 이해력을 키우도록 연습하며, 사는 동안 옳다, 그르다, 유리하다, 불리하다, 착하다, 나쁘다 등의 판단은 순식간에 이루어지게 되었다. 그러다 보니 판단을 배제한 경청이나 이해가 오히려 어렵게 되었다. 그러나 심리상담자는 판단적 이해보다는 공감적 이해를 시도해야 한다. 그래야 내담자가 마음을 열어 더 깊은 내면으로 여행을 떠날 수 있기 때문이다.

독자들은 공감적 이해가 앞에서 언급한 인간적 존중과 밀접하게 연결되어 있음을 알아차릴 것이다. 상담자가 비판단적인 태도로 경청하고 내담자의 생각과 느낌에 대해 이해한 바를 다시 언어적 반응을 통해 내담자에게 되돌려 줄 때, 내담자는 자신이 관심받고 존중받는다고 느끼게 된다. 옳다 그르다를 판단하지 않고 항상 관심을 보여 주며 이해하려고 노력하는 것은 상대방이 그만큼 소중하기 때문이 아닐까? 이 과정은 마치 어린 유아에게 부모님이 순수한 관심과 반응을 보여 주는 것과 유사하다. 어린 유아가 옹알이를 하거나 몸을 뒤집거나 할 때 부모는 얼마나 순수하게 관심을 보이고 반응해 주었던가. 어떤 몸짓을 보였을 때 부모가 이를 무시하거나 관심을 보이지 않으면 유아는 자신의 말이나 행동이 아무런 의미가 없다고 여기게 될 것이다. 반대로 부모가 관심을 가지고 반응하면 유아는 자신이 가치 있는 존재라고 여기게 될 것이고 새로운 것을 시도하려고 할 것이다.

한가지 더 언급하자면, 자신의 견해나 태도를 내려놓는 것이 결코 내공이 부족하고 줏대 없는 것이 아니라는 것이다. 내면의 힘이 부족하고 중심이 없는 사람은 상대의 말에 휘둘리기만 할 뿐이다. 인간중심적 접근의 선구자인 칼 로저스는, 상담자가 내적 안정감과 힘이 있을 때 자신의 가치판단을 내려놓고 내담자의 내면세계로 들어갈 수 있으며, 내담자의 혼란과 고통 속에서 길을 잃지 않고 다시 자신의 세계로 되돌아올 수 있다고 하였다. 상담 수련생들은 이 말을 곱씹어야 할 것이다. 즉, 내담자를 공감적으로 이해하기 위해서는 상담자 자신부터 충분히 성숙하고 안정된 내면의 소유자가 되어야 한다.

3) 질문을 통해 깊이 탐색한다

앞에서 소개한 심리상담의 기본을 다시 언급해 보자. 심리상담은 대화를 통해 진행되므로 상담자는 언어를 통해 반응해야 한다.

* 심리상담에서는 공감적으로 이해한 바를 말로 되돌려 주어야 한다.

심리상담에서 말로 되돌려 주는 구체적 방법(기술)은 여러 가지가 있다. 예를 들어, 재진술하기, 반영하기, 직면하기 등 다양한 기술이 있는데, 이런 구체적 기법들에 대해서는 추후에 좀 더 자세히 살펴볼 것이다. 여기서는 한 가지만 더 언급하겠는데, 그것은 공감적 언어 반응을 통해 내담자의 내면탐색이 점점 깊어진다는 점이다. 다음 대화의 예를 보자.

> **내담자:** 시어머니께 용돈을 드렸는데 고맙다는 말을 한마디도 안 하세요.
>
> **상담자:** 용돈을 드렸는데 아무 말도 안 하시다니, 정말 섭섭하셨겠어요.
>
> **내담자:** 네, 항상 그러세요. 당연하다고 생각하시는 것 같아요. 저는 없는 살림에 쪼개면서 드리는 건데……

상담자: 아유. 엄청 신경 쓴 거네요. 고맙다 한마디라도 해 주면 좋으련만.

내담자: 저는 정말 잘한다고 하는 건데, 전혀 인정을 안 해 주세요.

상담자: 아. 인정받는 것이 ○○ 씨에겐 중요한 것이군요.

이 대화에서 보면, 처음 얘기를 꺼낼 때의 문제는 시어머니에 대한 섭섭함이었지만 점차 마음속 깊이 자리한 인정욕구에 대한 탐색으로 이동하고 있다. 대화의 초점이 타인으로부터 자기 자신으로 옮겨졌다. 어쩌면 내담자의 마음 깊은 곳에서는 '인정받고 싶다!'라고 외치고 싶었을지 모른다. 상담자는 내면 깊은 곳의 외침을 듣고 이를 다시 언어로 되돌려 주고 있다. 내담자는 이후 대화에서 더 깊은 탐색을 시도하여 인정욕구가 시작된 뿌리를 과거사에서 찾을 수도 있고, 인정욕구가 자신의 삶과 행동을 얼마나 지배하고 있는지 통찰할 수도 있을 것이다.

그런데 이 대화 예에서처럼 내면탐색을 잘하는 내담자도 있지만, 평소 내면탐색을 잘하지 않았거나 또는 방어기제를 동원하여 탐색을 피하려는 사람도 있을 것이다. 이들은 유치하거나 부끄러운 소망, 떠올리기에 너무 고통스러운 트라우마, 억압을 강요당한 충동 등을 마음속 더 깊은 곳으로 밀어 넣고 보지 않으려 한다. 따라서 이러한 깊은 내면을 탐색하기 위해서 상담자는 질문을 던지게 된다. 앞의 대화 예를 따라가면서 다음과 같이 질문할 수 있을 것이다.

상담자: ○○ 씨에겐 인정받는 것이 왜 그렇게 중요한가요?

일단 이 장에서는 좋은 치료적 관계를 만드는 상담자의 태도에 대해 설명하고 있으며, 깊고 섬세하게 이해하려는 태도가 중요하다는 점만 짚고 넘어갈 것이다. 내면탐색을 위한 질문 기법은 추후 상담기법을 다룰 때 다시 소개할 것이다. 다만 내면탐색을 시도할 때 적절한 타이밍의 중요성은 강조하고 싶다. 내담자가 충분히 준비되지 않은 상태에서 너무 깊은 탐색을 시도하면 내담자가 당황하거나 부담스러워서 오히려 역효과가 날 수도 있다. 전문가가 된다는 것은 적절한 타이밍에 적절한 질문을 던질 수 있게 된다는 의미이기도 하다.

6. 내담자를 혼란스럽게 만들지 않는 태도

칼 로저스가 언급한 일치성(congruence)은 겉과 속이 일치한다고 이해하면 쉽다. 로저스는 '투명하다(transparent)'고 표현하기도 하였고, 상담자가 진실한(real) 자신의 모습을 보이는 것이라고도 하였다. 쉬운 표현으로 솔직성이라고 하는 경우도 있다. 풀어서 말하자면, 내담자에게 가식 없는 진실한 모습을 보인다고 할 수 있다. 로저스는 상담자의 태도를 언급할 때면 일치성을 가장 먼저 언급하곤 했다. 그만큼 중요하게 생각한 것이다.

내담자는 상담자가 늘 진실하며 투명하게 자신을 보여 줄 때 '저 상담자의 말은 있는 그대로 받아들일 수 있다.' '저 상담자는 나를 속이지 않을 것이며 나를 이용하지 않을 것이다.'라는 믿음을 가지게 된다. 상담자가 투명하게 내담자를 대하면 내담자 역시 투명하게 자신의 모습을 있는 그대로 가식 없이 보여 주게 된다. 이것이 가능할 때 두 사람 사이의 신뢰(촉진적 관계, 또는 라포)는 더욱 깊어질 것이다. 상담자의 투명성을 보여 줄 수 있는 간단한 대화의 예를 보자.

내담자: 선생님, 상당히 젊어 보이시는데요?

상담자: (침착하게) 네, 실제로 젊습니다.

이 단순한 예를 든 것은 우리의 삶 속에서 겉과 속을 일치시키지 못하게 만드는 상황들이 있음을 보여 주기 위해서다. 일상생활 속에서 지위나 역할, 체면 때문에 약점이나 실수를 감추고 투명하지 못하게 되는 경우는 매우 많다. 앞의 대사와 같은 질문을 받는다면 초보 상담자는 젊어 보인다는 것 때문에 내담자의 신망을 얻지 못하는 것이 아닌가 스스로에게 의구심이 들어 불편하거나 긴장하게 될 수도 있다. 그러면서 대답을 회피할 수도 있고 오히려 불편한 질문이라며 짜증을 낼 수도 있다. 그러나 가식 없는 진실한 모습을 보인다는 것이 무엇이겠는가? 앞의 대사에서처럼 사실을 있는 그대로 담담하게 말하면 된다. 상담자 역시 내담자와 마찬가지로 한 인간이며, 따라서 인간이 지니는 여러 가지 약점을 가질 수도 실수를 할 수도 있다. 상담하다가 피곤해서 졸릴 수도 있고 다른 걱정으로 내담자에게 집중하지 못할 수도 있다. 이때 상담자가 권위를 세우며 이러한 모습을 감추고 부인하려고만 한다면 어떻게 되겠는가? 상담자라는 역할이나 의무 때문에 약점을 감추고 실수를 부인하려고만 한다면 내담자는 혼란스러울 수 있고 존중받지 못한다는 느낌을 받을 수도 있다.

내담자가 혼란스러울 수 있다는 것을 설명하기 위해 로저스가 든 사례를 하나 소개하겠다. 갑자기 집안일로 근심 걱정이 생긴 상담자가 당일 상담을 취소하고 싶었다고 한다. 그러나 바로 다음 예약에 멀리서 찾아온 내담자가 있어 이분까지만 만나고 귀가하려고 했는데, 상담 도중 내담자의 말에 전혀 집중을 못하였다. 그런데 상담자는 겉으로는 침착한 태도를 유지하였으며 그러다 보니 내담자는 뭔가 혼란스럽게 되었다. 상담자가 잘 듣고 있는 것 같으면서도 정작 공감을 못하는 것 같은 느낌을 받은 것이다. 내담자는 자기가 뭔가 잘못 말한 것이 아닌가 하고 의구심을 갖기 시작했다. 나중에 상담자가 솔직하게 자신의 근심을 털어놓았을 때, 내담자는 그제야 혼란스러움과 의구심이 풀어졌다고 한다. 이처럼 로저스는 투명하지 못한 태도를 경계하였으며, 좋은 치료적 관계를 맺기 위해서는 겉과 속을 일치시키도록 노력해야 한다고 하였다.

일치성은 인간이 맺는 다른 관계들과 치료적 상담관계를 구별해 주는 중요한 특징이다. 그런데 초심자들은 마음속의 부정적 감정을 다 표현하는 것이 좋은지 질문을 던지기도 한다. 솔직하게 말하는 것이 내담자에게 상처를 줄 뿐 아니라 상담관계에도 부정적 영향을 미칠까 염려된다는 것이다. 그것은 타당한 의문일 것이다. 솔직하다는 것을 핑계로 섣부른 판단이나 비난, 부정적인 감정을 쏟아내는 것은 결코 좋지 않다. 예를 들어, 상담자가 용기를 불어넣으려 할 때마다 "아무 소용도 없어요. 저는 결코 좋아지지 않을 거예요. 사람들도 모두 제가 문제라고 말해요."라며 상담자를 지치게 하는 내담자가 있다고 해 보자. 그는 뿌리 깊은 부정적인 사고방식(또는 자아도식) 때문에 늘 부정적인 결과만을 예측하고 투덜대기만 하였는데, 이런 모습을 본 주위 사람들은 그를 답답해하거나 짜증을 냈다. 이 내담자가 주변 사람들에게 짜증을 유발하는 것은 상담면접 장면에서도 그대로 재연(reenactment)될 수 있다. 아마도 상담자 역시 짜증을 느끼게 될 것이며, "당신의 그런 태도 때문에 짜증이 나는군요."라고 말하고 싶어질 것이다. 그런데 실제로 그렇게 말한다면 어떻게 될까? 아마 내담자는 자신을 못마땅하게 여기는 주변 사람들과 상담자를 똑같다고 여기게 되고, 세상 모든 사람이 자신을 싫어한다고 더 확신을 갖게 될 수도 있다.

그렇다면 반대로 상담자가 짜증나는 마음을 감추고 듣기 좋은 달콤한 말만 할 것인가? 상담자가 자신의 느낌을 감추고 내담자에게 "당신은 아무 문제가 없어요. 당신이 문제라고 말하는 사람이 나쁘죠."라고 말한다면 어떻게 되겠는가? 세상을 부정적이고 극단적이며 이분법적으로 보는 내담자는 이 같은 말을 듣고 상담자를 자신의 동지로, 그리고 주변의 타인들을 적으로 돌리는 분열적(splitting) 행태를 반복하게 될 것이다. 그러나 언젠가는 상담자가 자신의 감정을 차마 숨기지 못할 때가 올 텐데, 그때 내담자는 상담자를 적으로 돌리며 자신의 모든 문제를 상담자에게 덮어씌우려 할지도 모른다.

따라서 만일 상담자에게 부정적인 감정이 생겼고 이를 전달하려고 한다면 기회가 올 때까지 기다리는 것이 좋다. 흔히 내담자가 물어볼 때가 그 기회가 될 수 있다.

내담자: 선생님, 선생님은 저에게 짜증나지 않으세요?
상담자: 실은 저도 짜증이 났지만, 물어 오실 때까지 꾹 참고 있었습니다.

투명하고 진실한 관계를 만들고 유지하기란 매우 어렵다. 투명성의 관점에서 볼 때, 상담자가 내담자에게 나쁜 영향을 주는 경우는 내담자에게 진실하지 않고 속마음과 겉 행동이 일치하지 않음을 내담자가 발견할 때다. 이렇게 되면 과거에 아무리 좋은 영향을 끼쳤더라도 촉진적 관계는 깨어지고 만다. 주위 사람을 믿지 못해서 상담실에 온 내담자가 모처럼 상담자를 믿기 시작했다가 자신에게 솔직하지 않았음을 알게 되었을 때 받는 실망감은 얼마나 크겠는가? 그러므로 부정적인 반응을 가져올 것이라는 예측으로 거짓말을 한다거나 사실을 회피하는 것은 솔직히 말해 주는 것보다 더 나쁜 결과를 초래할 수 있음을 명심해야 한다. 부정적인 내담자의 반응이 예상된다면 상담자는 자신의 느낌을 좀 더 건설적으로 받아들일 수 있게 하는 방식으로 내담자에게 전달해야 할 것이다. 앞의 대화에서처럼 상담자는 조금 참고 기다렸다가 내담자가 물어볼 때 "저도 짜증이 나지만 꾹 참고 있었습니다."라고 말하거나 "저도 짜증은 났지만, ○○ 씨가 위로와 격려를 받아들이지 않는 이유가 무엇일까 궁금해하고 있었습니다."라고 말해 줄 수 있다. 이 경우 상담자는 짜증이 난다는 부정적인 느낌뿐 아니라 내담자를 걱정하는 마음을 동시에 진실하게 전달할 수 있고, 내담자를 추가적인 내면탐색으로 이끌 수 있다.

참고로 상담자의 일치성과 내담자에 대한 무조건적 긍정적 존중의 연결에 대해 생각해 볼 수 있다. 겉과 속이 일치하는 태도에서 우리는 심리상담자가 자기 내면에 부끄럽거나 부족한 부분도 솔직하게 말할 것임을 알 수 있는데, 예를 들어 긴장되면 긴장된다 말하고 어려울 땐 어렵다고 말하는 것이다. 내담자 앞에서 긴장되었음에도 긴장을 억지로 감추려 하거나, 이해하지 못하였는데도 이해한 것처럼 가장하지 않는다는 것이다. 또 자신의 부족함을 인정했기에 이를 내담자 탓으로 돌리려 하지도 않을 것이다. 이런 의미에서 일치성(congruence)을 솔직성, 진솔성이라고도 한다. 아이러니하게도 정말 자신을 소중히 여기고 존중하는 사람은 내면에 힘이 있기에 부족한 점이나 부끄러운 점도 솔직하게 인정할 수 있다. 상담자가 스스로를 존중한다는 것은 특정 조건을 달지 않고 내담자를 긍정적으로 존중한다는 '무조건적 긍정적 존중의 태도(unconditional positive regard)'와 일맥상통한다. 즉, 상담자부터 자기 자신을 존중해야 내담자에게 특정 조건을 달지 않고 긍정적으로 존중할 수 있는 것이다.

7. 전문 상담자의 자격 갖추기

앞에서 상담자와 내담자가 맺는 치료적 관계의 특징 및 그러한 관계를 만드는 데 기여하는 상담자의 태도에 대해 살펴보았다. 이 장에서 마지막으로 전문직 상담자의 자격에 대해 좀 더 살펴보고자 한다. 심리상담의 목표는 내담자가 호소하는 심리적 불편이나 증상이 경감되는 것과 이 과정에서 내담자가 인간적으로 좀 더 유연하고 합리적이며 성숙한 사람이 되는 것이다. 얼핏 표면적 목표와 심층적 목표 두 가지로 들리는데, 두 목표는 서로 상호작용할 것이다.

상담자는 이 같은 목표를 달성하기 위해 필요한 전문지식과 경험을 미리 갖추어야 할 것이다. 이때 전문지식이라 하면 다양한 심리학적 이론과 정신병리 지식이 포함된다. 뇌신경계의 기능과 구조, 정신과적 진단, 다양한 증상과 징후, 성격의 구조, 방어기제, 심리측정과 통계, 관련법과 윤리 등 다양한 지식을 갖추어야 할 것이다. 인생의 경험만 풍부하다고 심리상담 전문가가 될 수 있는 것은 아니며, 내담자의 심리적 불편이나 증상을 경감시키기 위해서 내담자가 왜 그런 문제를 경험하는지, 그런 문제를 효율적으로 해결하는 방법과 절차는 어떤 것이 있는지에 대한 충분한 이론적 지식을 갖추고 있어야 한다. 그리고 이론적 지식을 실제로 적용해 본 풍부한 경험도 필요할 것이다. 그러나 너무 어렵게 생각해서 지레 포기할 필요는 없다. 수련을 거치면서 지식과 경험을 쌓아 간다면 충분히 전문 상담자가 될 수 있을 것이다.

대개 전문 상담자는 공인 자격 시스템을 통해 자격증을 취득함으로써 심리상담에 필요한 지식과 경험을 갖추고 있음을 법적, 제도적 차원에서 인정받는다. 이때 공인된 자격 시스템은 상담자가 최소한의 자질을 갖추고 있는지 보증해 주고, 보수교육을 통해 상담자의 질을 일정 수준 이상으로 유지할 수 있도록 도와준다. 공인 자격 시스템은 또 내담자를 보호하는 엄격한 윤리적 지침을 제공한다. 우리나라의 경우 다양한 민간 학회나 협회에서 자격증 시스템을 운용하는데, 이들 중 한국상담심리학회의 상담심리사, 한국상담학회의 전문상담사, 한국임상심리학회의 임상심리전문가 등이 알아줄 만하다. 특히 2급에 비해 1급 자격증의 경우 수련 요건이 훨씬 까다로워 1급 자격증 소지자라면 심리상담 분야의 전문가로서 인정받을 만하다.[5]

앞에서 상담자의 자격과 관련하여 강조한 바를 요약하면 다음과 같다.

* 전문 심리상담자는 상담심리학(상담학, 심리치료학) 이론 및 기법에 대한 지식을 갖춘다.
* 공인된 자격증을 취득하는 것이 중요하다.
* 공인 자격 시스템에서는 정해진 수련 요건 충족 및 자격시험 통과를 요구한다.

심리상담 분야에서 전문가가 된다는 것은 결코 쉽지 않지만 많은 사람이 꾸준히 도전하고 있다. 사람의 마음을 어루만지는 일은 어렵지만 그만큼 보람이 있기 때문인 것 같다. 기법만 배우는 것이 아니라 사람을 대하는 태도가 조화를 이루어야 한다. 이를 위해 심리상담 전문가는 수련 과정에서 자신부터 깊이 이해하고 성장하고자 할 것이다. 내담자 마음의 깊은 부분을 어루만지려면 자기 자신부터 '깊은 사람'이 되어야 한다. 그리고 과거의 심리적 상처가 있는 수련생이라면 상처를 치유하고 회복하는 것이 내담자를 위해 꼭 필요한 일임을 기억해야 할 것이다. 통계에 의하면 70%가 넘는 상담 관련 직종 종사자들이 어릴 적 상처를 경험한 적이 있는 '상처 입은 치유자(wounded healer)'라고 하는데, 상처 입은 사람들은 내담자를 안타깝게 여기는 자비심이 더 있을 수 있지만 동시에 내담자의 상처에 마음이 흔들려 내담자를 제대로 돕지 못할 수도 있다. 따라서 자기 자신부터 존중하고 상처로부터 치유될 때 내담자를 존중하고 치유 과정을 조력할 수 있게 될 것이다.

---

5) 여기서 소개한 것들은 자격 수여 및 관리 주체가 다르지만, 비교적 공신력 있는 자격증들을 소개하였다. 동일 명칭 상담심리사도 있으니 자격관리 주체를 꼭 확인해야 한다. 그리고 청소년상담사와 같은 국가자격증도 있으나 실습수련 없이 시험만으로 자격을 부여한다는 한계가 있다. 다양한 자격증이 있지만 엄격한 실습수련을 요구하는 자격증이 더 신뢰할 수 있는 자격증이다.
　심리상담을 심리치료와 연결 지어 볼 때 정신과 전문의도 이 분야의 전문가로 볼 수 있다. 신경정신의학회에서도 정신과 전문의의 실습 수련 요건을 마련하여 권고하며, 윤리적 지침을 갖추고 있다.

생각해 보기

심리상담에서 맺는 치료적 관계는 내담자가 치유되고 성장할 수 있는 기반이 된다. 이런 치료적 관계를 만들기 위해 상담자는 이론과 기법을 숙지할 뿐만 아니라 인격적으로도 성숙해야 할 것이다. 그렇다면 과연 상담자는 완벽한 인격의 소유자여야 하는가? 그것은 아닐 것이다. 상담자도 인간으로서의 약점과 결핍이 있을 것이기에 완벽한 인격이라는 것은 이상에 가까울 것이다. 다만, 자기 자신부터 결핍으로부터 자유로워지며 약점을 딛고 성장하려고 노력하는 것이다. 심리상담자에게 필요한 인성에는 어떠한 것들이 있을지 생각해 보고, 동료들과도 의견을 나누어 보자. 수련 과정에서 본인부터 상담을 받아 보는 것이 꼭 필요할지에 대해서도 생각해 보자.

제3장

상담자는 어떤 문제를 다루는가

심리상담에서 다루는 문제는 무엇일까? 쉽게 말하자면 우울, 불안, 갈등 등과 같은 심리적 문제일 것이다. 심리적 문제는 내담자의 호소로 드러나는데, 정서적인 고통일 수도 있고 행동적인 문제일 수도 있으며 관계나 적응의 어려움일 수도 있다. 그런데 심리상담에서 심리적 문제를 다룰 때는 표층 아래 심층이 있음을 간과해서는 안 된다. 또 외부 스트레스에만 초점을 맞추어도 안 될 것이다. 상담자는 표층의 문제 아래 심층에 존재하는 생각, 감정, 욕구를 다루며, 개인의 취약한 자아를 다루고, 지금 이 순간과 연결된 과거와 역사를 다룬다.

1. 내담자가 호소하는 심리적 문제

우리가 다룰 문제는 경제적 문제나 법적 문제가 아닌 심리적 문제이며, 이는 심리상담 센터에 찾아오는 내담자가 호소하는 문제라고 보면 될 것이다. 내담자들은 다음과 같이 호소할 수 있다.

- "부모님과 갈등이 너무 심해요."
- "회사에서 스트레스를 너무 많이 받고 있어요."
- "자녀가 하루 종일 게임만 하고 밖에 나가질 않아요."
- "사람들이 나를 비웃는 소리가 들려요."
- "마음이 불안하고 미칠 것 같고 곧 죽을 것 같아요."
- "아이가 너무 산만한 것 같아요."
- "사는 게 아무 의미가 없어요. 죽어 버리고 싶어요."

앞의 호소를 간략하게 '문제'나 '증상'으로 정리하면 다음과 같다.

* 가족 갈등/ 부모-자녀 갈등 문제
* 직장 적응 문제
* 게임 중독 문제
* 피해망상과 환청 증상
* 불안, 공황 증상
* 주의력 결핍 및 과잉행동 문제
* 우울증과 자살사고 문제

내담자가 정신적으로 문제가 있다는 식으로 낙인(stigma)찍지 않기 위해 '문제'라는 용어를 사용하지 않을 수도 있다. 그래도 설명을 위해 어떤 개념을 동원할 필요가 있어서 여기서는 '문제'라는 표현을 사용하였다. 그냥 내담자가 '호소하는 바'라고 할 수도 있는데, 정신과 장면에서는 이를 주 호소(chief complaint)라고도 부른다. 주 호소는 내담자가 병원이나 심리상담센터를 찾게 된 주요한 이유 또는 증상을 의미한다. 한 내담자에게 하나의 어려움만 있는 것은 아니기에 다른 어려움이 있는지 더 들어 봐야 하겠지만, 주 호소를 통해 내담자가 가장 염려하는 바가 어떤 부분인지 알 수 있고, 여기서부터 내담자의 이야기가 시작된다.

내담자에 따라 주 호소에서 정서적인 고통을 강조하기도 하고 행동적인 문제 또는 관계의 어려움을 강조하기도 한다. 이들은 서로 상호작용하며 얽혀 있지만, 주 호소에 따라 어느 한 측면을 좀 더 강조하는 경향이 있다. 먼저 정서적인 고통의 경우, 내담자들은 "불안해요." "우울해요."라는 식으로 호소하며 상담센터를 찾는다. 이들은 정서적 고통에 압도되어 있으며 이 고통으로부터 벗어나기를 원한다. 행동 문제의 예를 들면 중독이 있다. 술이나 담배, 도박, 게임 등이 신체와 정신에 해로운 줄 알면서도 계속 집착하는 것을 중독이라 하는데, 중독은 행동적 문제다. 자신의 몸에 상처를 내는 자해나 자살하려는 시도 역시 마찬가지다. 이런 행동 문제들은 정서적 고통에 동반하여 나타나는데, 자해행동에는 외로움이나 불안, 공허감 등이 동반되고, 자살시도에는 심한 우울감이나 무기력함, 아무런 희망이 없는 느낌 등이 동반된다.

상담센터에 찾아오게 만드는 주 호소 중 대인관계 갈등도 꽤 많이 있다. 어떤 내담자들은 정서나 행동 문제보다는 부모-자녀 갈등, 부부 갈등, 직장 동료나 친구들 사이에서의 갈등으로 심리상담센터에서 도움을 얻으려고 한다. 현대인은 대인관계에서 느끼는 좌절이나 스트레스가 상당한 것 같다. 대인관계 문제는 묻지마폭력, 왕따, 자살과 같은 파괴적 행동으로 이어지기도 하고, 우울이나 불안과 같은 정서적 고통을 유발하기도 한다. 즉, 대인관계 갈등은 정서나 행동 문제로 이어지며 악순환을 만든다. 그리고 다양한 장면의 적응, 예를 들어 학업이나 직업 장면에서의 적응 문제에도 악영향을 끼친다.

1) 심리적 문제의 분류

내담자가 호소하는 문제는 개인마다 천차만별이기에 일일이 나열하기는 어려울 것이다. 그런데 심리상담의 학문 분야인 상담심리학 및 기타 인접 학문 분야들에서는 어떤 식으로든 호소 문제들을 유형별로 분류하려고 한다. 예를 들어, '우울해요.' '무기력해요.' '사는 게 의미가 없어요.' 등을 '우울증'이라는 진단으로 분류하는 식이다. 이렇게 하는 이유는 심리적 문제들을 분류하는 것이 이론의 수립 및 발전에 도움이 되기 때문이다. 비슷한 호소나 증상들을 한 범주로 묶어 놓으면 연구를 통해 그 증상들의 원인을 찾거나 치료법을 찾는 데 도움이 될 수 있다. 또한 전문가들이 서로 효율적으로 의사소통할 수 있게 된다. '우울증'이라는 진단명을 통해 내담자의 호소나 특징들을 재빨리 파악하고 전달할 수 있게 되는 것이다. 이러한 증상 분류에 관심이 있는 독자는 『정신질환의 진단 및 통계 편람(Diagnostic and Statistical Manual of Mental Disorders: DSM)』을 참고하면 좋을 것이다.[1] 다만 정확하게 진단하는 것이 반드시 내담자의 내면탐색을 돕는 것은 아니며 오히려 자칫 낙인을 찍는 부작용으로 이어질 수도 있고, 내담자가 진단명만 찾아다니며 내면탐색을 회피하는 구실을 만들어 줄 수도 있으니 주의해야 할 것이다.

2) 자발적 내담자의 호소

한 가지 더 '내담자'가 호소한다는 점을 추가로 설명하고 싶다. 즉, 심리상담에서 다루는 문제는 제3자가 호소하는 것이 아니라 내담자가 호소하는 문제라는 것이다. 간혹 당사자가 아니라 제3자가 대신 문제를 호소하며 내담자를 심리상담센터로 보내려고 하는 경우가 있는데, 이렇게 되면 상담자는 비자발적 내담자를 만나는 셈이 된다. 흔한 예로 청소년 자녀의 게임중독 문제를 호소하는 부모가 있는데, 부모는 자녀를 심리상담센터로 데려오려고 하지만 자녀는 게임중독이 아니라 부모의 과도한 간섭이 더 문제라고 생각하는 경우다. 이때 만일 자녀의 게임중독을 주 호소로 보고 심리상담을 시도한다면 그 청소년과 라포, 즉 좋은 치료적 관계를 맺기는 어려울 수 있다. 라포를 형성하기 위해서는 청소년 내담자가 호소하는 부분에 먼저 초점을 맞추어야 할 것이다.

심리상담을 공부하려는 사람이 있다면 이 점을 잘 구별해야 할 것이다. 비자발적 내담자를 상담하는 것은 매우 힘든 일이다. 억지로 끌려왔다고 생각하는 내담자는 쉽게 마음

을 열고 내면탐색을 시작하지 않을 것이다. 비자발적 내담자의 마음을 여는 비법이 있냐고 물어 오는 독자들이 있는데, 냉정하게 말하자면 그런 비법은 없다. 비자발적 내담자들은 변화의 동기가 부족할 뿐만 아니라, 억지로 상담을 시도하면 오히려 거부적인 태도를 보이며 저항한다. 해님과 바람이 나그네의 옷을 벗기려 시합했다는 유명한 동화에서처럼, 억지로 옷을 벗기려고 세찬 바람을 불어 대면 나그네는 옷깃을 더 꽉 부여잡을 뿐이다.

따라서 심리상담자는 가급적 자발적 내담자를 만나는 것이 좋다. 만일 비자발적 내담자를 대하게 된다면, 제3자의 요구를 그대로 따르기보다는 내담자가 호소하는 바가 무엇인지부터 찾아야 할 것이다. 제3자의 요구에 압박감을 느껴 정작 내담자의 호소를 경청하지 못하는 실수를 범하지 말아야 할 것이다. 그리고 내담자의 호소와 제3자의 요구가 상충된다면 두 사람 모두에게 심리상담을 권할 수 있을 것이다. 각자 자신의 어려움에 집중하는 것이 해결의 첫걸음이 되기 때문이다. 내 문제를 덮어 두고 다른 사람부터 고치라고 한다면 결코 해결의 실마리를 찾을 수 없을 것이다.

2. 심리 작용이 개입된 문제

앞에서 여러 가지 심리적 호소 문제를 예시로 제시하였는데, 심리상담에서 다루는 문제라면 가장 대표적인 것으로 불안과 우울을 들 수 있다. 불안과 우울에는 외부 사건이 개입하기도 하고 개인 내적인 심리 작용이 개입하기도 한다. 예를 들어, 구직 실패나 시험 실패와 같은 사건은 내담자를 우울하게 만들고 향후 구직이나 시험 상황에 대한 예기 불안을 초래할 수 있다. 그러나 어떤 사람들은 '살다 보면 실패할 수도 있지. 실패는 성공의 어머니라 했으니 다시 도전해 보자.'라고 유연하게 생각하며 큰 영향을 받지 않을 수도 있다. 한편 이들과 반대로 '반드시 100점을 맞아야 해. 이번에 실패하면 나는 낙오자가 될 거야.'라고 극단적으로 생각하는 사람은 똑같은 실패에도 더 많이 좌절하고 우울해하며, 향후 시험에 대한 불안도 증폭될 것이다. 여기서 외부 요인뿐 아니라 개인의 심리 내적 요인도 우울과 불안에 개입함을 알 수 있는데, 심리상담에서는 특히 부적응적이고 역기능적인 심리 작용이 개입된 문제를 다루게 된다.

심리 작용의 반대말은 물리 작용이나 신체 작용이 될 것이다. 만일 내담자가 호소하는 심리적 문제가 물리적 요인, 신체적 요인, 경제·환경적 요인 등 심리 외적인 요인에 의해 생긴 것이라면 이 경우 심리상담보다 다른 방법이 더 효과적일 수 있다. 예를 들어, 어떤 사람이 알코올 남용으로 인한 불안 증상을 겪고 있다면 이때는 심리상담보다는 알코올을 끊는 것이 더 효과적이고 근본적인 접근법이 될 것이다. 또 잠들기 전 다리에 불편한 감각이 나타나 잠을 이루지 못하게 되는 경우가 있는데, 이 경우에는 불면증에 대해 심리상담 접근보다 하지불안 증후군에 대한 의학적 치료가 더 알맞은 치료법이 될 것이다. 또 가정폭력으로 불안과 공포를 호소하는 사람이라면 당장 심리상담보다는 폭력 가해자로부터 벗어날 수 있는 사회복지적 지원이나 법적 지원이 더 알맞을 수 있다.

부적응적이고 역기능적인 심리 작용을 일컫는 다른 개념으로 심리적 취약성(vulnerability)이 있다. 심리상담 이론들에서는 심리적 문제의 원인으로 외부 스트레스 요인을 강조하기보다는 개인적 취약성을 강조한다. 비유하자면, 어떤 병원균이 침투하더라도 신체나 면역체계가 얼마나 건강하냐에 따라 반응이 다르게 나타날 수 있듯이, 똑같은 스트레스 요인에도 건강한 정신의 소유자는 덜 영향받거나 더 쉽게 회복하는 반면 그렇지 못한 사람도 있다는 것이다. 심리상담의 초점은 외부 스트레스 요인의 감소라기보다는 심리적 면역체계의 강화, 또는 개인의 취약성을 개선하는 것이라 할 수 있다. 그리고 이때, 정신적 취약성에도 여러 가지가 있을 것이다. 타고나기를 정서적으로 예민한 취약성이 있을 수 있고(선천적 취약성), 스트레스를 받을 때 내가 할 수 있는 것은 없다는 식으로 '생각'하는 취약성이 있을 수도 있다(일반화된 취약성). 또한 살아오면서 겪은 혼자만의 특별한 경험으로(특수한 심리적 취약성) 인해 특정 스트레스에만 취약할 수도 있다. 학자들은 이러한 취약성들을 찾고 주제별로 분류하며 상담심리학적 이론에 적용하고자 하였다. 여기서 저자는 취약성을 감각, 인지, 동기, 정서, 행동의 차원으로 구별하여 소개해 보겠다. 감각, 인지, 동기, 정서, 행동의 심리 작용들은 상호 복합적으로 작용하는 것이 일반적이겠지만, 설명을 위해 하나씩 간단히 살펴보자.

1) 감각

심리학에서는 물리적, 신체적 자극을 대뇌로 전달하는 감각(sensation) 작용에 관심을 가지는데, 이때 예민한 감각 작용이 심리적 문제 발생의 원인이 될 수도 있다. 선천적으로, 즉 어떤 사람은 감각 작용이 예민할 수 있는데, 시각이나 청각이 과도하게 예민한 경우를 예로 들 수 있다. 자폐증의 경우 과도하게 예민한 청각으로 고통스러워함이 알려져 있다.

물론 감각 작용이 단독으로 심리적 문제를 일으킨다기보다는 다른 차원들, 즉 인지, 동기, 정서, 행동들과 복합적으로 작용할 것이다. 예를 들어, 사람들은 간지럽다는 감각을 느끼면 그 부분을 긁으려고 하는데, 만일 간지러운 감각을 큰 질병의 신호라고 해석(인지)하게 되면 어떻게 될까? 또 가슴을 콕콕 찌르는 통증을 심혈관 질환의 증거라고 해석한다면 어떻게 될까? 사람들은 그때부터 엄청난 불안(정서)을 느끼게 되고 자기 생각을 지지해 줄 병원을 이곳저곳 찾아다니게(행동) 될지 모른다.

인간의 감각은 적응에 필요한 의미 있는 정보들을 전달하지만, 간혹 불필요하거나 무의미한 감각 정보가 전달되는 경우도 있다. 그럴 때는 그냥 흘려보내는 것이 최선이다. 물론 염려가 된다면 주변 사람들에게 물어보거나 병원에 가서 검진을 받는 것도 좋을 것이다. 일시적인 감각이라면 그냥 흘려보내고, 정말로 질병의 증상이라면 그때부터 차근차근 대처하면 될 것이다. 그러나 내부감각에 대한 예민성이 타고난 사람에게 가볍게 흘려보내기란 어려울 것이다. 어떤 감각들은 너무나 심각하게 여겨지고 순식간에 불안이 증폭될 것이다. 호흡이 어렵고 어지러운 느낌이 순식간에 죽을 것 같은 공포로 확대되는 공황 발작은 대표적인 예가 될 것이다.

2) 인지

심리학에서 인지(cognition)는 인간의 지적 작용 또는 지적 작용의 산물을 포괄적으로 의미한다. 감각의 경우와 마찬가지로 인지의 경우도 사람마다 선천적으로 다르게 타고나며, 흔히 인지적으로 뛰어나면 취약성이라기보다는 재능으로 여겨진다. 그러나 동전에 양면이 있듯이 뛰어난 인지가 특정 문제를 일으키기도 하는데, 예를 들어 생각을 많이 하는 경향성은 걱정이나 강박, 우울, 결단력 부족 등과 관련이 있다.

인지적 해석 방향, 즉 긍정적인 방향이 아니라 부정적인 방향으로 인지를 활용하는 것도 취약성이 될 것이다. 인간은 감각 정보를 받아들일 때 곧바로 인지를 동원하여 이를 해석한다. 일상생활의 예를 들어 보면, 직장 동료에게 물어볼 것이 있어 이름을 불렀는데 그가 대답을 하지 않았을 때 그 즉시 '내 말을 듣지 못했구나.'와 같이 인지가 작동할 수 있다. 그러면 동료의 이름을 다시 한번 더 크게 부를 것이다. 한편 '왜 대답을 안 하지? 나를 무시하나?'와 같은 방식으로 인지가 작동하게 되면 이후 수반되는 감정과 행동은 '못들었다'고 판단했을 때와 다를 것이다. 부정적인 감정 및 대인관계 갈등이 생겨날 수 있고 우울증이나 대인관계 부적응 문제로 발전할 수도 있을 것이다. 이처럼 심리적 문제들 중 어떤 것은 부정적인 인지 작용으로 인하여 생기는데, 인지가 부정적인 방향으로 작용하는 것은 내면 깊은 곳에 무시무시한 부정적 생각들이 자리 잡고 있기 때문일 수 있다. 사람들은 평소에 '나는 쓸모없는 존재다.' '나는 사랑받을 가치가 없다.'와 같은 생각을 의식하지는 않지만, 자신도 모르게 마음 깊은 곳에 이것들이 자리 잡고 앉아 일상의 판단이나 감정, 행동에 영향을 미치고 있을 수도 있다.

3) 동기

동기(motive)는 개인의 욕구나 소망을 의미한다. 인간에게는 다양한 욕구가 있는데, 에이브러햄 매슬로(Abraham Maslow)는 이를 생리적 욕구, 안전의 욕구, 소속과 사랑의 욕구, 자기존경의 욕구, 자아실현의 욕구로 위계적으로 구별하였고, 앞 단계의 욕구가 충족될 때 그다음 욕구 단계로 올라갈 수 있다고 하였다. 자아실현의 욕구를 제외한 다른 욕구들의 경우 흔히 결핍과 관련이 있다. 무언가 채워지지 못했을 때 그것을 채우려는 욕구가 생기는 것이다. 배가 고프면 먹고 싶은 욕구가 생기고, 부모가 관심을 주지 않으면 관심받고 싶은 욕구가 생긴다. 따라서 만일 결핍이 채워진다면 이런 욕구는 자연스럽게 해소될 것이다. 그러나 결핍이 채워지지 못한 채 오래 지속된다면 이런 욕구는 강렬한 갈망이나 충동으로 변질되어 통제하기 어렵게 되고 다양한 정서적, 행동적 문제로 발전할 수 있다. 쉬운 예로, 음식을 먹고 싶은 욕구가 좌절되어 쌓이면 어느 순간부터 음식에 대한 갈망이 커지면서 체중관리 문제가 발생하게 될 것이다. 좀 더 복잡한 예로는, 사람들의 인정을 얻고자 하는 마음이 너무 커져 자신의 권리도 포기하고 과도하게 희생하고 이용만 당하는 대인관계 문제가 발생할 수도 있다. 그리고 인정받고자 하는 갈망과 함께 '나는 사랑받을 가치가 없는 존재'라는 신념도 점차 강해지고 굳어지게 될 것이다. 이렇듯 과도한 인정욕구는 대인관계 피해의식 및 갈등 문제로 연결되는 주요한 취약성이 될 수 있다.

4) 정서

정서(emotion)는 쉽게 말하자면 감정을 의미한다. 인간은 개인에게 의미 있는 경험에서 감정을 느낀다. 이때 의미 있는 경험이 무엇인지는 개인마다 다를 것이지만, 대체로 긍정적인 경험은 긍정적인 정서로 이어질 것이고 부정적인 경험은 부정적인 정서를 남기게 된다. 과도한 부정적 정서는 그 자체로 심리적 문제이므로 사람들은 다양한 방식으로 부정적인 정서를 해소하려고 한다. 흔히 안에 있는 감정을 밖으로 내보내는 방식, 예를 들어 울거나 수다를 떠는 것은 좋은 방법이 된다. 그런데 만일 미처 충분히 해소하지 못했는데 계속 부정적인 정서가 쌓이면 어떻게 될까? 또 매우 충격적인 사건으로 인해 엄청난 양의 부정적 정서가 한 번에 생긴다면 어떻게 될까?[2] 또 개인적으로 감정 표현에 서툴러서 부정적 정서를 계속 쌓아 두거나 억압하기만 한다면 어떻게 될까? 또 선천적으로 부정적 정서를 강하게 느끼는 기질을 타고났다면 어떻게 될까? 이런 경우들 모두가 심리적 문제에 개입하는 취약성이 될 것이다.

참고로, 앞에서 의미 있는 경험을 했을 때 감정을 느낀다고 하였는데, 이를 거꾸로 표현하면 어떤 감정을 느꼈다면 그 경험에는 개인적인 의미가 있다는 뜻이다. 개인마다 의미가 달라서 타인에겐 사소해 보이는 것이 자신에겐 무척 의미 있는 경험이 될 수 있다. 따라서 심리상담자는 내담자의 경험을 사소하다고 섣불리 판단하지 말고, 그에 담긴 의미를 탐색해 나가야 할 것이다. 이때 상담자의 학문적 배경이나 이론에 따라 정서와 의미 중 어떤 부분을 먼저 다루는지는 조금씩 다를 수 있다. 정서를 강조하는 상담자라면 보다 깊은 정서에 접촉하는 방식으로 대화를 시도하며, 내담자는 깊이 억압된 정서를 표현하여 카타르시스를 느끼게 되고 그에 담긴 의미를 스스로 깨닫게 된다. 한편 의미(인지)를 강조하는 상담자라면 숨겨진 의미를 탐색하는 데 더 초점을 맞출 것이고, 내담자는 어느 순간 그것을 깨달은 후 억압된 정서를 해소할 수 있게 될 것이다.

5) 행동

인간의 행동은 인지, 정서, 동기와 밀접한 관련을 맺고 있는데, 인지, 정서, 동기로 인해 행동이 시작될 수도 있지만 때로는 행동이 먼저이고 다른 것들이 뒤따라올 수도 있다. 예를 들어, '기뻐서 웃는다'고들 말하지만 '웃어서 기쁘다'고 보는 입장도 있다. 심리학에서 행동주의는 행동이 먼저임을 강조하였는데, 행동주의의 선구자였던 윌리엄 제임스(William James)와 칼 랑게(Carl Lange)는 신체감각의 변화가 먼저 생기고 그것이 정서 경험으로 이어진다고 주장하였다. 즉, '웃어서 기쁘다'는 것이다. 행동의 우선성을 강조하는 입장에서는, 인지나 정서의 변화에 집중하기보다는 행동의 변화를 먼저 시도하여 인지나 정서의 변화가 따라오게 한다. 따라서 행동주의에서는 행동 실험을 강조한다. 예를 들어,

---

2) 흔히 죽음이나 상해의 목격 및 성폭력 피해 경험 등은 매우 충격적인 사건으로, 쉽게 지워지지 않는 심리적 트라우마를 남긴다고 한다.

사람들이 자신을 싫어할 것이라는 부정적 생각을 가진 내담자가 있다면 생각을 긍정적으로 바꾸도록 격려하기보다는, 일단 주변 사람에게 가벼운 부탁을 해 보도록 제안한다. 만일 부정적 예측과는 달리 상대방이 자신의 부탁을 들어준다면, '사람들이 나를 싫어하지만은 않는구나.'라는 생각을 갖게 될 것이다.

심리상담에서 다루는 많은 문제에는 취약한 행동 작용이 개입되어 있는데, 대표적인 것이 회피(avoidance)다. 무언가 부담스럽거나 두려운 것들을 회피하면 일시적으로는 마음이 편해지는데, 그러므로 이런 회피가 습관으로 자리 잡게 되는 것이다. 또는 선천적으로 남들에 비해 위험회피 경향이 큰 사람도 있다. 그러나 일시적으로 마음이 편해지는 단기 효과보다 부담스럽고 두려운 마음이 더 커지는 장기적 악영향이 더 크다. 이런 회피의 역설을 깨뜨리기 위해 행동주의적 접근에서는 회피하지 않고 맞닥뜨리도록 격려하며, 두려워하는 대상이나 상황에 '노출(exposure)'시키는 방법을 자주 사용한다. 앞에서 행동실험을 시켜 보는 근거 원리가 바로 '노출' 원리다.

앞에서 다양한 심리적 호소 문제에 개입하는 심리 작용들을 살펴보았다. 학자들의 연구 노력으로 많은 문제에 공통적으로 나타나는 심리적 취약성들이 정리되었는데, 예를 들어 부정적이고 경직된 사고 방식, 정서조절의 실패, 부적응적 대처 방식, 부정적 경험을 회피하려는 경향 등과 같은 것들이 있다. 연구 노력으로 검증된 것을 다룰 때 '근거기반(evidence based)'이라고 표현하며, 여기서 언급한 대부분의 심리적 취약성은 근거기반을 갖추고 있다. 그런데 연구자나 심리상담 이론가에 따라 어느 한 심리적 취약성을 다른 것에 비해 더 강조하기도 한다. 즉, 심리적 문제를 해결하려고 할 때 취약한 인지 과정에 초점을 맞추는 접근법도 있겠지만 정서 과정이나 동기 과정, 행동 과정을 강조하는 접근법도 따로 있는 것이다. 다만 심리적 요인들은 서로 복잡하게 상호작용하기에, 심리상담을 공부하는 학생의 입장에서는 여러 이론을 두루 배워 두어야 할 것이다.

3. 자아의 문제

흔히 자아라 하면 '나'를 의미한다.[3] 앞에서 외부 환경 요인이 개입된 부분보다는 내적

---

3) 심리학에서는 이론가들에 따라 자아(自我)라는 용어를 조금씩 다르게 사용한다. 성격심리학에서는 자아를 자

심리 작용이 개입된 부분에 초점을 맞춘다고 하였는데, '자아의 문제'라는 표현도 유사한 맥락이다. 외부 환경에 초점을 맞추는 것이 아니라 '나'에게 초점을 맞춘다는 의미다. 또 '나'의 문제라 하였으므로 '타인'의 문제가 아니라는 의미도 있다. 이렇듯 심리상담은 내적 심리 작용이 개입된 자아의 문제에 초점을 맞춘다.

그런데 특별히 '자아'라는 표현을 사용하는 것은 몇 가지 이유가 있기 때문이다. 첫째는 인간의 총체적이고 통합적인 면을 강조하기 위해서다. 사람들은 자신의 감각, 인지, 동기, 정서, 행동의 측면을 따로 의식하지 않고 하나의 통합된 '나'로 의식한다. 학문적으로도 자아는 '사고, 감정, 의지 등의 여러 작용의 주관자로서, 이 여러 작용에 수반하면서 동시에 이를 통일하는 주체'를 의미한다. 둘째는 인간의 발전적인 측면을 강조하기 위해서다. 자아는 어릴 적 미성숙한 상태지만 여러 경험을 통해 성숙한 자아로 발전해 나간다. 그런데 일부 사람들은 미성숙한 상태에 고착되어 더 발전하지 못하기도 한다.

이렇게 볼 때, 심리상담자가 다루는 문제를 단지 스트레스로 인해 생겼다기보다는 개인 자아의 미성숙에서 비롯된 문제로도 이해할 수 있을 것이다. 상담자는 단지 스트레스 해소법에 대해 조언하는 것이 아니라 근본적으로 자아를 성장시키는 작업을 함께하는 것이다.

1) 미숙한 자아와 성숙한 자아의 차이

그렇다면 미숙한 자아와 성숙한 자아의 차이를 살펴보자. 예를 들어 설명하면, 시험에 낙방했을 때 성숙한 자아는 낙담하지 않고 스스로를 위로하며 다시 도전할 수 있게 할 것이다. 또 갑자기 어떤 걱정이나 두려움이 내부에서 올라올 때 성숙한 자아는 침착함을 유지하고 현실적으로 판단하려고 할 것이다. 이렇듯 성숙한 자아는 삶의 적응을 도와주는 여러 기능(능력)을 갖추고 있다.

좀 더 전문적으로 분류한 자아의 능력들을 살펴본다면, 대표적으로 자각 능력, 자기위로와 진정, 충동조절, 분별력 등이 있다. 자아 능력에는 시각이나 청각 등 감각 능력은 포함되지 않으며, 암기, 계산, 이해, 추리 등 인간의 지능과 관련된 능력을 말하는 것도 아니다. 그보다는 오히려 성숙한 성격이나 지혜와 가까울 것이다. 전문 이론 서적에서는 자

기(self)와 구별하기도 하고, 정신분석에서는 자아(ego)를 원초아(id, 원본능)나 초자아(superego)의 개념과 구별하여 소개하기도 한다. 여기서는 특정 이론에서 언급하는 개념이라기보다는 개인의 정신을 의미하는 보편적인 의미로 사용하였다.

아의 능력을 십여 가지 이상으로 세분화하여 설명하는데,[4] 여기서는 중요하고 쉬운 것 위주로 간략히 소개해 보겠다.

(1) 자각 능력

먼저, 자각(awareness)은 '내가 알아차린다' 또는 '나에 대해 알아차린다' 정도의 의미다. '~에 대해 의식하다(be conscious)'와 유사하지만, 물리적·신체적인 측면보다 정신적인 측면에 더 적용된다. 일상적으로는 '느낀다(feel)'와 혼용될 수 있지만, 단지 감각(예: 배고픔)이나 감정(예: 슬픔) 차원에 국한되지 않고 대인관계에도 적용할 수 있다(예: 나는 그를 좋아한다 또는 그가 나를 좋아한다). 성숙한 자아는 자각 능력이 살아 있다. 자신이 배고픈지 배부른지, 슬픈지 행복한지, 도움이 필요한지 아닌지 등을 잘 알아차린다. 혹자는 이런 능력은 누구나 갖추고 있다고 주장할 수 있으나, 어떤 이유에서인지 자신의 상태나 감정, 욕구 등을 잘 알아차리지 못하고 둔감한 사람도 있다. 예를 들어, 잔뜩 긴장한 채로 사는 사람들은 통증에 둔감할 때가 있다. 특히 심리적인 결핍이나 과거의 상처에 집착하며 오로지 그것에만 매여 있는 사람들은 의학적인 문제가 없음에도 불구하고 자신의 감정이나 동기에 둔감해지기도 한다. 자신이 얼마나 배고픈지, 슬픈지, 도움이 필요한지도 모르는 것이다.

그런데 아픔이나 슬픔 같은 부정적 감정은 차라리 모르는 게 낫지 않을까? 어떤 감정들은 자각하지 않고 차라리 몰랐으면 좋겠다 싶기도 할 것이다. 그러나 아픔이나 슬픔은 인생을 살아가면서 자연스럽게 겪는 일이다. 몸에 상처가 난 것을 알아야 치료할 수 있듯이, 정서적 아픔이나 슬픔도 잘 알아차려 주는 것이 필요하다. 그리고 자각 후의 대처도 중요하다. 아픔과 슬픔을 있는 그대로 받아들인다면 시간이 흐르면서 자연스럽게 사라진다. 강도도 약해지고 빈도도 줄어들 것이다. 그런데 당장의 아픔과 슬픔을 즉각 없애고 싶은 마음에 무조건 억누르려고 하거나, 부정적 감정을 잊으려고 중독 행동에 빠진다면 오히려 고통과 괴로움으로 변질될 수 있다. 강도는 더 강해지고 빈도도 잦아질 것이다.

간혹 상담 장면에서 상담자가 "지금 이 순간에 머물러 보세요." "자신의 몸에 집중해 보세요."라고 말하거나 "주먹을 꽉 쥐고 있는데, 어떤 마음을 표현하고 있을까요?"라는 식으로 탐색적 질문을 던질 때가 있는데, 이것들은 내담자로 하여금 자기 자신에 대해 자각하

---

4) 벨락과 골드스미스(Bellak & Goldsmith, 1984)는 자아기능을 '현실검증력과 현실감각, 판단력, 관계 능력, 감각자극 관리, 불안 내성, 충동조절, 놀이 능력, 자기 인식, 자존감 관리, 인지 기능, 방어' 11개의 기본적인 능력으로 나누었다.

도록 만드는 상담기법이 된다.

참고로 유사한 용어들인 반성(reflection) 및 통찰(insight)과의 관계와 차이점을 생각해 보자. 반성 역시 내면을 알아차리는 것인데, 특히 자신의 행동과 관련하여 마음을 되돌아 보는 것을 말한다. 자기반성 능력은 자신이 왜 그렇게 행동했는지 설명할 수 있고 타인과 의 관계도 되돌아볼 수 있다는 뜻이다. 자각이 간혹 깨닫는다는 의미로도 확장되며, 깨달음은 통찰과 의미가 유사하다.

통찰은 미처 몰랐던 자신의 파편들을 객관적 시점에서 깨닫고 통합하는 작업 또는 그렇게 된 상태를 의미하는 용어다. 이 책에서는 혼동을 피하기 위해 자각은 '알아차린다'는 의미로 사용하고, '깨달음'이란 표현의 경우 가급적 '통찰'이란 용어로 대체할 것이다.[5] 심리상담에서는 자각보다 통찰이 더 궁극적인 목표다. 인본주의적 접근의 칼 로저스는 내담자가 자신에 대해 자각을 넓혀 가면 결국 통찰에 이르게 된다고 하였다(Rogers, 1942).

(2) 자기위로와 진정

성숙한 자아의 두 번째 특징은 자기위로와 진정 능력이다. 이 능력에 가장 적합한 영어 단어는 수딩(soothing)이란 표현일 것이다. 수딩은 달랜다, 위로한다, 누그러뜨린다, 진정 시킨다는 뜻이다. 인간의 마음은 스트레스를 받을 때 불안정해지며, 특별한 일이 없어도 주기적으로 불안정해질 수 있다. 또 살아가다 보면 누구나 실수하고 실패할 때가 있다. 이때 자신의 마음을 진정시켜 다시 안정 상태로 되돌리는 것이다. 수딩을 위해서는 내면을 잘 자각할 수 있어야 하고, 시간의 흐름에 따라 마음도 흐른다는 지혜를 갖추어야 하며, 자신을 비난하거나 좌절하기보다는 격려와 응원이 더 가치 있음을 알아야 한다. 그리하여 갑자기 불안해질 때 스스로에게 마음속으로 '곧 괜찮아질 거야.' '지나갈 거야.'라고 말할 수 있고, 실패했을 때도 '괜찮아, 넌 최선을 다했어.' '이번엔 안 됐지만 다음엔 꼭 될 거야.'라고 말할 수 있게 된다.

그런데 왜 어떤 사람들은 마음을 잘 달래고 진정시킬 수 있는 반면 다른 사람들은 그런 능력이 부족한 걸까? 아마도 현실 속의 대인관계가 반영된 표상이 아닐까 생각된다. 즉, 어릴 때 성장 과정에서 누군가 자신을 달래고 진정시켜 준 경험이 있는 사람은 어른이 되어서 타인을 달래 줄 수도 있고 자기 마음도 달래 줄 수 있다는 것이다. 예를 들어, 어린

---

5) 깨달음은 명상 분야에서 흔히 등장하는 용어이기도 하다. 명상 분야에서 깨달음의 의미는 심리상담에서의 의미와 조금 차이가 있으므로, 여기서는 깨달음보다 통찰이란 표현을 주로 사용할 것이다.

아이가 장난감 블록을 쌓다가 무너뜨렸을 때 옆에서 지켜보던 부모가 "괜찮아, 잘하고 있어, 다시 해 보면 잘될 거야."라고 말해 주는 경험이 내재화되었을 것이다. 그런데 부모가 "쳇, 그럴 줄 알았다, 조심했어야지!"라고 말한다면 어떻게 될까? 아이는 수치심을 느끼게 되고, 어른이 되어서도 실수나 실패에 대해서 스스로를 달래기보다는 오히려 비난하게 될 수 있다. 이런 사람들은 자신을 달래고 위로하는 것을 어색해하며 심지어는 합리화한다고 더 비난하기도 한다.

자기를 덜 비난한다는 점에서 수딩은 자존감과 밀접한 관련이 있다. 자존감이 높은 사람이 자신을 더 잘 달래기도 하고 그 반대도 성립한다. 살아가다 보면 누구나 실수하고 실패할 때가 있으며, 그 한 번의 실수나 실패가 그 사람의 가치를 결정하지 않을 것이다. 또 실수나 실패를 딛고 일어선다는 의미에서 좌절인내력, 회복탄력성 등의 개념으로도 연결된다. 다음에 설명할 충동조절과 함께 큰 의미에서 인내심이라 부를 수 있는 능력의 기초가 된다.

(3) 충동조절

성숙한 자아의 또 다른 특징으로 충동조절(impulse control)이 있다. 충동조절을 잘하는 사람은 자신의 행동이나 느낌, 욕구, 소망 등을 절제된 방식으로 표현하고 충족시킬 수 있다. 또한 충족 가능한 상황이 아닐 때는 기다릴 줄도 안다. 심리학 분야에서 만족지연(滿足遲延, delay of gratification)이란 표현이 유사하게 사용된다. 즉, 욕구나 충동을 즉각 만족시키는 것이 아니라 충족 가능한 상황이 올 때까지 지연시킬 줄 아는 능력이란 뜻이다. 만족지연 능력은 아동발달 분야에서 자주 등장하는 주제인데, 보호자가 올 때까지 달콤한 마시멜로를 먹지 않고 기다리라는 지시를 따를 수 있는 아동이 훗날 더 우수한 성취를 보인다는 연구 결과를 들어 보았을 것이다.

그리고 충동조절은 단순히 욕구만족을 지연시키는 것만이 아니라 상황에 맞는 방식으로 충동을 표현하거나 충족시키는 것도 포함된다. 예를 들어, 누군가를 때리고 싶은 충동은 사회적으로 용납되지 않기 때문에 말로 대체해야 할 것이다. 이런 충동을 공부나 운동, 예술 등의 영역에서 상대방을 이기는 것으로 대체하는 사람도 있다. 충동조절능력이 부족한 사람은 성급하게 행동하고, 버럭 화를 내며, 폭식이나 무분별한 성관계 및 자해와 같은 해로운 행동을 하기 쉽다.

충동조절능력은 그냥 무조건 참고 억압하는 것만으로 길러지는 것은 아니다. 대개 억압된 충동은 더욱 강력해져 점점 참기 어렵게 되기 때문이다. 이를 억압의 역설(paradox of repression)이라고 한다. 내면의 느낌이나 욕구는 말로 충분히 표현하는 것이 좋다. 예를 들어, 미운 마음이 들 때 밉다고 말하는 것은 괜찮을 것이다. 밉지만 때리지 않는 것은 성숙한 사람의 특징이기 때문이다. 그리고 충동을 현실적 상황에 맞게 해소하는 방식을 찾아야 할 것이다.

(4) 분별력

분별력은 변별력과 유사한 말이지만 단순한 변별보다 지혜로운 변별을 의미한다고 하겠다. 저자가 분별력에 딱 맞는 영어 표현을 정확히 제시하지는 못하지만, 나와 관련된 지혜로운 판단 정도로 이해하면 좋겠다. 분별력은 심리적 문제를 해결하고 안정을 되찾기 위해 꼭 필요한 종합적 능력이다. 살아가면서 우리는 다음과 같은 것들을 분별해야 한다.

* 나의 것과 남의 것의 분별
* 나의 생각과 현실의 분별
* 내가 바꿀 수 있는 것과 바꿀 수 없는 것의 분별
* 과거 나와 현재 나의 분별

여기에 제시하는 것들은 다 물질적인 측면이 아니라 정신적인 측면을 언급하는 것이다. 물질적인 것은 나의 것과 남의 것의 분별이 쉽지만 정신적인 측면에서는 의외로 어려울 수 있다. 사람들은 자신도 모르게 자신의 것과 상대의 것을 섞는다. 구체적인 예를 하나 들어 설명하면, 자녀가 공부에 소홀히 하고 외모만 꾸밀 때 부모는 걱정하게 되고 그러다 보면 자녀를 꾸짖거나 비난할 수 있다. 그런데 공부를 열심히 해야 성공한다는 생각은 부모의 세계에는 맞지만 자녀들은 다르게 생각할 수도 있다. 부모는 자신도 모르게 자신과 자녀의 생각이 같아야 한다고 믿고 있는데, 겉으로는 비슷해 보여도 세부적으로는 다를 수 있으므로 '공부해야 성공한다'는 자신의 것(생각)임을 알아차려야 할 것이다. 감정도 마찬가지다. 특히 가깝게 여기고 좋아하는 사람이라면 나와 같은 감정을 느낄 거라고 무의식적으로 믿게 된다. 그러나 같은 상황에 처해도 사람들마다 다른 감정을 느낄 수 있다. 상대가 나와 똑같은 감정을 느낄 거라는 착각이 때로는 갈등의 씨앗이 되기도 한다.

그리고 앞에서 언급한 자각이 부족한 경우, 즉 자신의 마음을 자각하지 못하는 경우에는 자신의 것과 타인의 것을 구별하기가 더 어려워진다. 앞의 예를 좀 더 확장하면, 공부하라 간섭해도 자녀가 말을 듣지 않자 부모는 화가 날 수 있다. 그러나 화를 내는 것은 좋은 부모가 아니라고 믿는 사람들은 화를 꾹 참게 된다. 그런데 어느 날부터 자녀가 부모와 거리를 두려 하고 대화를 안 하려 하고 인사도 안 하게 되자, 부모는 자녀가 화가 났고 자신을 무시한다고 생각하기 시작하였다. 그러나 화가 난 것은 자녀가 아니라 부모 자신이다. 부모는 화가 누구의 것인지 분별하지 못하고 있는 것이다. 또 부모는 자녀가 무시한다고 생각하게 되는데, 이것은 자신의 생각을 현실과 혼동하는 것이다. 즉, 자신을 무시한다는 것은 부모의 생각인데, 실제로 자녀가 그렇다고 믿는 것이다. 자녀가 그런지 안 그런지는 자녀의 말을 들어 봐야 알 것이다. 이런 식으로, 많은 내담자는 자신의 문제를 타인의 탓으로 여기고 원망한다. 남 탓을 하기 전에 내 안의 것을 알아차리고 부족한 점이 있다면 발전시키도록 해야 할 것이다.

참고로, 정신증 환자가 망상(delusion)과 현실을 분별하지 못하는 경우도 있는데, 이런 경우를 자아의 현실검증력(reality testing)이 손상되었다고 표현한다. 그러나 이 정도로 심각한 수준이 아니더라도 사람들은 생각과 현실을 분별하지 않을 때가 많은데, 예를 들어 상대방이 문자에 답장을 하지 않았을 때 그가 나를 싫어한다고 생각하는 식이다. 아마 다른 이유가 있을 수 있는데, 사람들은 실제 이유를 알아보기보다 자기중심적으로 생각하고 속상해한다.

이번에는 내가 바꿀 수 있는 것과 바꿀 수 없는 것의 분별을 살펴보자. 앞에서 공부에 관심 없는 자녀의 예를 다시 적용해 볼 때, 부모는 자녀를 잘 설득하면 공부에 흥미를 가질 것으로 기대할 수 있다. 그러나 자녀의 마음은 부모가 바꿀 수 있는 것이 아니며, 오로지 자녀에게 달려 있음을 알아야 할 것이다. 만일 부모가 이것을 분별하지 못하고 계속 강요한다면, 부모의 말은 점점 잔소리처럼 들려 자녀는 결국 공부에 대한 흥미를 잃고 말 것이다. 즉, 부모가 바꿀 수 있는 것은 자신의 생각과 감정, 행동이므로 자신부터 무엇을 바꿔야 할지 고민하는 것이 더 나을 것이다. 이후 부모는 공부하라고 계속 강요할 수도 있지만 생각을 바꿔 자녀가 하고 싶은 것을 응원해 줄 수 있다. 자녀가 외모를 꾸미는 데 관심이 있다면 그 분야로 나갈 수 있도록 응원해 주는 것이다.

이러한 분별은 인간관계에서 갈등을 줄이고 나와 상대방을 보호할 수 있게 해 준다. 내가 해야 할 것인지 상대방이 해야 할 것인지를 분별하면 훨씬 마음에 여유가 생기고 상대에 대한 배려가 가능해질 것이다. 예를 들어, 잘못했을 때 "미안해."라고 말하는 것은 나의 몫이지만, 용서해 주는 것은 상대방에게 달려 있다. 따라서 "미안해."라고 말하면서 "괜찮아."라는 대답이 바로 돌아오길 기대하면 안 될 것이다. 상대방의 마음이 풀리려면 시간이 더 필요할 수도 있다.

과거 나와 현재 나의 분별도 중요하다. 심리적 고통 속에 있는 사람들은 그 고통이 생긴 시점에 발목이 잡혀 있는 것으로 볼 수 있다. 이제는 어른이 되어 다른 선택을 할 수 있음에도 불구하고 과거와 같은 방식으로 생각하고 행동하다 보니 고통을 겪는 것이다. 왜 과거에서 벗어나지 못하는 것일까? 한 가지 이유는 여전히 과거의 결핍에 미련이 남아 있기 때문일 것이다. 또 다른 이유로는 과거의 경험 및 그 반응이 무의식 속에 저장되어 있고 습관화되어 있기 때문일 것이다. 심리치료 분야의 선구자인 프로이트는, 의식하지는 못하지만 과거 고통스러운 감정과 연합된 기억이 문제를 일으킨다고 하였다. 그래서 프로이트는 무의식에 억압된 기억을 의식으로 끄집어내야 변화를 만들어 낼 수 있다고 보았다.

과거 나와 현재 나를 분별하는 것은 다르게 표현하면 '지금 여기(here & now)'에 충실한 것이라 할 수 있다. 많은 사람이 과거로부터 이어져 온 고통 속에 있다 보니 지금 이 순간 만나는 사람들과의 교류나 지금 이 순간의 감정에 충실하지 못하고 있다. 성숙한 자아는 고통 속에 있다가도 거기에서 헤어나 지금 이 순간에 충실할 수 있는 능력을 갖춘다.

앞에서 성숙한 자아의 특징을 살펴보았는데, 아마 이것이 전부는 아닐 것이다. 성숙한 사람이라면 자신의 능력 및 한계를 정확히 인식할 것이며, 적절히 자기주장을 하면서도 타인을 배려하는 균형감(balance)을 갖추었을 것이다. 균형감은 자아 능력들 사이에서도 중요하다. 어떤 능력이든 과하면 부작용이 생길 수 있기 때문이다. 앞에서 언급한 자각이나 충동 통제 역시 너무 극단적으로 치우치지 않고 적당한 정도를 유지하는 것이 필요할 것이다. 그리고 성숙한 자아는 일과 놀이에 있어서도 균형을 이루고 있을 것이다.

2) 자아의 구조

이번에는 자아 구조라는 표현을 살펴보자. 자아는 물질적인 것이 아니므로 형태로 보여 줄 순 없을 것이나, 사람마다 성격이나 자아가 다르다는 것을 '구조'로 설명할 수 있다. 구조라고 할 때 집의 구조를 떠올리면 이해하기 쉽다. 모든 집은 고유한 구조가 있는데, 집마다 지붕, 기둥, 벽체, 지하실 유무, 재질 등 구조가 다 다를 것이다. 이처럼 모든 사람도 저마다 자아 구조가 다를 수 있다.

그런데 좋은 구조를 지닌 집은 기능도 우수하고 오래갈 것이다. 좋은 구조를 가진 집은 적당한 충격을 견뎌 내며 거주자를 잘 지켜 낼 것이다. 예를 들어, 지진이나 태풍, 폭설이 오더라도 잘 견딜 것이다. 반면 취약한 구조를 지닌 집은 사소한 충격에도 심하게 흔들릴 수 있다. 평소엔 괜찮아 보이지만 악조건 속에서 결로, 곰팡이, 흔들림, 소음, 열손실 등 다양한 증상이 생길 수 있다. 만일 이런 집의 증상을 심리적 문제라고 한다면 심리적 증상과 취약한 자아의 관계를 쉽게 이해할 수 있을 것이다. 즉, 우리는 집에 생긴 여러 가지 증상을 통해 집의 구조가 취약함을 알 수 있다. 마찬가지로, 심리적 문제가 생긴다면 자아 구조가 취약함을 알 수 있는 것이다. 평소에는 괜찮아 보이더라도, 심리적 증상을 통해 자아 구조의 취약성이 드러나게 된다.

여기서 집 구조의 비유를 든 것은 전체 구조가 중요함을 설명하기 위해서다. 대개 집에 어떤 증상이 생겼을 때, 정확히 어디가 문제인지 찾아내지 못할 수 있다. 그런데 어느 부분인지 모르지만 전체 구조는 취약해진다. 집의 경우와 마찬가지로, 자아에 취약성이 있는 것은 분명한데 정확히 어디인지 콕 짚어 말하기는 어려울 수 있다. 그러나 겉으로 드러나는 증상의 이면에는 취약한 구조가 있음을 이해하면 될 것이고, 구조를 보강하는 작업을 하면 증상이 사라질 수 있다는 것이다. 달리 말하자면, 증상을 고치기 위해서는 증상에만 초점을 맞출 것이 아니라 자아 구조를 건강하게 만들도록 도와주어야 한다는 뜻이다.

4. 심층으로 이어진 문제

심리학에서는 인간 정신의 깊이를 강조한다. 행동은 겉으로 드러나는 것이지만, 그 행동에는 여러 가지 생각과 감정과 욕구가 담겨 있다. 이때 표면적인 생각과 감정, 욕구도 있겠지만 훨씬 더 깊은 마음들도 있다. 그리고 깊은 마음에는 의식할 수 있는 것도 있겠지만, 무의식에 묻혀 본인은 전혀 의식하지 못하는 것도 많다. 자아는 보고 싶지 않은 마음속 무언가를 무의식 속으로 밀어 넣는 방어기제를 작동시킨다. 따라서 표면의 문제가 심층으로 이어져 있음을 명심하며, 심리상담자는 내담자가 호소하는 문제들을 겉으로만 판단하지 말고 심층으로 연결되는 지점을 찾을 수 있어야 할 것이다.

심리상담에서 다루는 문제는 표면적으로는 내담자가 주관적으로 호소하는 문제이거나 겉으로 드러나는 증상일 것이다. 그러나 이들은 심층의 욕구, 방어기제, 모순과 갈등이 만들어 낸 결과물일 것이다. 기억나지 않는 과거의 사건 경험이나 해소되지 않은 감정이 표층의 호소 문제에 영향을 줄 수도 있다. 그런데 심층이 너무 깊어서 개인들은 정작 자기 마음 깊은 곳에 무엇이 있는지 잘 모른다. 마치 지하 깊은 곳처럼, 마음 깊은 곳이 너무 어두워서 잘 보이지 않는 것 같다. 이를 무의식의 영역이라고 할 수 있는데, 무의식의 영역은 생각보다 광대하고 중요할 수 있다. 심리상담 및 치료 분야의 선구자인 프로이트가 빙산을 비유로 설명한 것처럼, 인간은 수면 위에 떠 있는 작은 영역만 의식할 수 있을 뿐이다. 수면 아래 가라앉아 있는 빙산의 부분이 얼마나 큰지 알지 못하는 것이다. 참고로 저자는 빙산의 하부뿐 아니라 그 아래 심해의 모든 부분까지 포함시키고 싶은데, 그만큼 표면 아래 잠긴 무의식 영역이 광대하다는 것이다. 심리상담자는 광대한 무의식의 바다 속에 묻혀 있는 무언가를 함께 찾아 주는 사람인 것 같다.

표면적인 문제는 심층으로 이어진다고 하였는데, 심리상담에서 마음 깊은 곳을 탐색하며 표층과 심층의 연결지점을 찾을 수 있다면 좋겠다. 개인 심리상담이나 집단상담 도중 내담자가 눈물을 흘리면서 "눈물이 나는데, 왜 나는지 모르겠어요."라고 할 때가 있는데, 이때가 바로 표층의 행동을 심층의 감정이나 기억과 연결시킬 기회가 된다. 이때 심리상담자는 부드럽게 "떠오르는 것은 무엇이든 말해 보세요."라고 하면서 내담자를 심층으로 인도한다. 적절한 타이밍에 적절한 대사는 내담자가 자신을 되돌아보게 돕고, 내담자는 묻어 두었던 마음들을 꺼내 보기 시작할 것이다.

그리고 무의식적인 방어기제와 같은 것이 마음속 깊은 곳을 보지 못하게 막을 수 있으므로, 방어기제 자체를 알아차리는 것도 중요하다. 고통스러우면서도 정작 마음속 깊은 곳을 들여다보는 것이 두려워 사람들은 술이나 약물과 같은 자극적인 물질로 위안을 찾거나, 자기 마음 탐색보다는 타인을 비난하고 원망만 하거나, 또는 아무렇지도 않다고 스스로 합리화하기도 할 것이다. 시간이 흐를수록 이런 방어기제들은 더욱 강력해져 표층에서 심층으로 이어지는 길을 차단하게 된다. 그러나 이런 식으로 마음속 깊은 곳에 있는 것을 자꾸 외면하면 심리적 고통은 해결될 길이 없다. 마음속 깊은 곳에 무엇이 있는지 마주해야 그 이유를 알게 되고 시간이 흐르면서 오히려 고통이 가벼워지게 될 것인데 말이다.

앞의 내용을 정리하면, 심리상담에서 다루는 문제들은 표층 아래 심층에 뿌리가 있어 심층으로 찾아 들어가야 해결의 실마리를 찾을 수 있는 것들이 주가 된다. 자신이 만들어 놓은 방어기제로 인해 스스로 무의식의 심층으로 찾아 들어가기란 어려울 수 있다. 따라서 상담 전문가가 내담자를 도와 말과 행동에 묻어 있는 감정의 흔적들을 따라 심층으로 가는 길을 밝혀 주어야 할 것이다.

5. 개인의 역사가 담긴 문제

앞에서 대표적인 심리적 문제로 불안과 우울이 있다고 하였고, 취약한 자아가 더 쉽게 불안해지고 우울해진다고 설명하였다. 자아는 어린 시절부터 여러 경험을 통해 형성되어 오는 것이며, 따라서 만일 어떤 자아가 더 쉽게 불안해지거나 우울해지는 취약성을 갖게 되었다면 나름대로 이유가 있을 것이다. 즉, 과거에 어떤 일들이 있었던 것이다.

예를 들어, 사소한 일에도 쉽게 우울해지고 무기력해지는 사람이 있는데, 그가 아침 7시 시계 알람을 놓쳐 7시 30분에 일어나게 되었다. 그는 이때부터 기분이 우울해졌는데, 다른 사람들이라면 쉽게 할 수 있는 것을 자신은 못했다고 생각하니 자신이 쓰레기처럼 여겨졌다. 심지어 오늘 하루를 망친 것 같아 처음부터 다시 시작했으면 좋겠다고 생각했고, 이 생각에 사로잡혀 아무런 의욕이 생기지 않았으며, 결국 하루를 무기력하게 보내게 되었다. 저녁 무렵에는 오늘 하루를 망친 것 같았고, 인생을 다시 시작하려면 죽는 것밖에 방법이 없다는 생각으로 이어졌다. 이렇게 우울한 사람의 생각과 행동은 일반인이 보기에는 너무 과하고 비합리적이며 극단적인 것으로 보인다. 그러나 그에게는 나름의 이유가 있었다. 그의 부모님은 매우 부지런하고 시간을 소중히 여기는 분들이었다. 어느 날 아침에 잠에서 깨면서 부모님이 대화하는 소리를 얼핏 들었는데, "저렇게 게을러서 어떡해!"라고 말하는 것 같았다. 그 이후 원래부터 잠이 많은 자신을 싫어하기 시작했고, 조금이라도 늦잠을 자는 날이면 하루 종일 기분이 좋지 않았다.

또 다른 예를 들면, 어떤 사람이 시험이나 발표회를 앞두고 심하게 긴장된다고 할 때 이를 시험불안이나 발표불안이라 한다. 이런 불안 증상이 있는 사람들은 평소에는 능력을 잘 펼치다가도 시험이나 발표회만 되면 너무 긴장하여 전혀 실력 발휘를 못하게 되고 결국 진학이나 취업에서 불이익을 겪게 된다. 이들은 속으로 '시험에서 반드시 100점을 맞아야 한다.' '연주는 완벽해야 한다.' '조금이라도 떨리는 모습을 보이면 안 된다.'와 같은 완벽주의적 신념을 갖고 있을 수도 있는데, 이런 완벽주의적 신념은 오히려 자신을 더욱 압박하고 긴장도를 높일 뿐이다. 또 이들은 조금만 긴장되는 감각이 느껴지면 '망했다'고 생각하며 머릿속이 하얘지는 느낌을 받기도 한다. 이러한 완벽주의적 신념과 파국적인 감각 해석은 보통 사람이 보기에는 지나친 것 같지만, 그들이 그런 생각과 습관을 갖게 된 데는 앞의 사례와 마찬가지로 나름대로 이유가 있을 것이다. 예를 들어, 부모가 너무 엄격했다거나 그로 인해 기대가 너무 높았다거나 하는 그 사람의 과거 경험이 담겨 있을 수 있는 것이다.

이런 이유로 심리상담에서는 흔히 과거의 경험을 탐색한다. 현재 증상의 뿌리가 되는 시작점을 되돌아보면서 문제 해결의 실마리를 찾아가는 것이다. 과거의 경험 중 흔히 가족과의 관계 경험이 다루어지게 된다. 인간은 부모와의 관계를 가장 처음 맺게 되고 어린 시절의 대부분은 부모의 영향에서 자유로울 수 없다. 이때 충분한 안전과 수용을 제공하는 부모라면 다행이겠지만, 현실적으로 어린 자녀를 방치하거나 심지어 비난하고 학대하는 부모들도 많다. 자녀들은 어떻게든 자라겠지만, 부정적 양육 환경에서 '나는 쓸모없는 존재다.' '아무도 나를 좋아하지 않는다.'라는 생각이 싹트고 죄책감이나 불안, 우울과 공허감의 감정이 스며들게 된다. 이러한 싹들이 훗날 어떤 스트레스 상황에서 심리적 문제로 드러나게 되는 것이다.

한편, 개인의 역사가 담긴 문제라고 할 때 어린 시절 가족 내 경험 외에도 다른 개인적 경험들이 있을 수 있다. 타고난 기질이나 신체적 조건도 개인에겐 중요할 수 있으니 상담자는 이런 부분도 고려할 수 있다. 또 행복한 가정에서 자라난 사람도 우발적으로 충격적 사건 경험에 노출될 수 있다. 거의 죽을 뻔할 정도의 심각한 상해, 성폭력, 전쟁, 재난이나 대형참사 피해를 겪었다면 이로 인한 트라우마는 정신에 깊이 새겨져 평생 그 영향에서 벗어나기가 어렵다. 상담자가 현재의 문제 해결에만 매몰되지 않고 어느 지점에서 과거와 연결되는지 살핀다면 내담자를 더 전체적으로 이해하고 근본적으로 도와줄 수 있을 것이다.

📑 생각해 보기

이 장에서는 심리상담에서 다루는 심리적 문제에 대해 살펴보았는데, 성장 과정의 부정적 경험들이 자아에 스며들어 취약성으로 자리 잡아 생겨난 문제들은 해결이 결코 쉽지 않을 것이다. 결국 겉으로 드러난 문제만 해결하는 것이 아니라 근본적으로 자아를 성장시키는 치료적 접근이 필요하며, 이를 위해서 수십 회 이상의 만남이 필요할 수 있다. 그러나 자아가 성장한다는 것은 어디까지를 말하는 것일까? 얼마만큼의 만남이 필요한 것일까? 만일 내담자가 이 정도면 충분하다며 상담을 마치자고 하는데 상담자는 아직 부족하다고 여긴다면 어떻게 해야 할까? 이에 대해 충분히 생각해 보고 동료들과 논의해 보자.

제4장

상담자는 어떻게 문제를 해결하는가

이 책은 상담면접에 대한 기본서로서 어려운 이론이나 개념을 가급적 배제하려고 했지만, 전문가가 되기 위해서는 심리적 문제 해결의 원리나 이론을 공부할 필요도 있을 것이다. 이 장에서는 심리상담의 3대 주요 접근법이라 할 수 있는 정신역동적 접근, 인본주의적 접근, 인지행동적 접근을 개략적으로 소개할 것이다. 흔히 특정 이론은 여타 이론들과의 차이점을 부각시키는데, 이 세 이론들도 심리적 문제나 증상이 생기는 원리 및 치료 원리에서 조금씩 차별화가 된다. 그런데 저자는 차이점을 설명하기에 앞서 이론들 간 공통점 및 일반 원리도 강조하고 싶다. 아마도 공통점은 자신을 되돌아보고 자아를 성장시킨다는 것이 될 것이다.

1. 문제 해결의 일반 원리

심리적 호소 문제를 해결하기 위해 심리상담에서는 어떻게 접근하는가? 심리적 증상이나 문제를 해결하기 위해서는 심리상담 외에도 다양한 접근이 가능할 수 있다. 예를 들어, 의학적 접근에서는 약물을 처방하여 우울이나 불안을 경감시키며, 사회복지학적 접근에서는 환경을 개선해 줌으로써 스트레스를 줄여 주는 식으로 접근하기도 한다. 한편 심리상담에서는 겉으로 드러나는 문제 증상이 아니라 내적 취약성에 초점을 맞추어, 취약성을 치유하고 내면의 힘을 길러 문제를 해결하려고 한다. 즉, 자아를 성장시켜 문제를 해결하려고 한다. 인지적, 정서적, 행동적 취약성들을 하나씩 치유해 나가면서 자아는 더 유연해지고, 개방적이 되고, 너그러워지면서도 강인해진다. 이런 식으로 건강해진 자아는 당면 문제를 해결할 방법을 스스로 찾아낼 수 있고, 향후 비슷한 문제가 발생한다 해도 스스로 대처할 수 있게 될 것이다. 그렇다면 내적 취약성을 치유하고 자아를 성장시키기 위해 상담자와 내담자는 무엇을 해야 할까?

1) 심리상담에서 자아를 성장시키는 일반 원리

앞에서 언급했듯이 자아는 어린 시절부터 오랜 시간에 걸쳐 자연스럽게 형성된다. 그리고 심리상담센터에 오기 전 사람들의 자아는 이미 형성되어 있다. 따라서 심리상담에서 자아를 성장시킨다고 한다면 이미 형성된 자아를 한 단계 더 성장시키는 것을 의미할 것이다. 개인의 특성 및 성장 환경에 따라 자아의 어떤 기능은 미성숙한 상태로 고착되었을 수 있는데, 심리상담에서 이를 한 단계 더 성장시키는 것이다. 그렇다면 어떻게 그것을 할 수 있는 것일까? 가장 첫걸음은 자신을 되돌아보는 것이다. 자신을 되돌아보고 어떤 점이 부족한지부터 알아야 한다. 즉, 심리상담에서 자아를 성장시키는 일반 원리라면 자신을 되돌아보게 한다는 것이다.

『현대 심리치료』라는 저서에 보면 심리학자인 코시니(Corsini)가 교정기관에서 한 수감자를 만난 에피소드가 나온다. 코시니는 수감자에게 지능검사를 실시하고 지능지수가 '우수' 수준인 결과가 나왔다고 말해 준 후 다시 만나지 못했다. 그러나 이 한마디 말은 수감자에게 큰 영향을 미쳤다. 그는 이전에는 자신을 바보라고 믿었기에 코시니 박사의 말을 듣고 크게 반성하였고, 이후 열심히 노력하여 가석방으로 출소하게 되었다. 이 사례의 시사점이라면 칭찬의 중요성일 수도 있고, 한 번의 만남으로도 사람을 변화시킬 수 있음을 보여 주는 증거일 수도 있다. 그런데 본질적인 과정은, 수감자가 코시니 박사의 말을 듣고 자신을 되돌아보았다는 것이다. 자신을 되돌아보고 무엇이 문제였는지 깨달은 것이다. 그가 자신의 가치를 과소평가하고 자신을 소중히 여기지 않은 채 살아왔음을 깨달았고, 그 순간부터 그는 변하기 시작하였다.

앞으로 다양한 심리상담의 이론을 소개하겠지만, 심리상담에서 자아를 성장시키는 일반 원리라고 하면 다음을 기억하면 좋을 것이다.

* 변화와 성장의 출발점은 자기 자신을 되돌아보는 것이다.

앞의 에피소드에서 코시니 박사가 심리상담을 시도한 것은 아니었지만, 심리상담에서는 상담자와 내담자의 대화 속에서 이러한 일반 원리를 구현하고자 한다. 상담자는 내담자에게 자기 자신을 되돌아보도록 기회를 주는데, 특히 마음 깊은 곳을 들여다볼 수 있도록 돕는다.

* 심리상담은 마음을 '들여다보게' 하는 작업이다.

앞에서 이것을 내면탐색의 여행을 비유한 적이 있다. 물론 이 작업이 쉬운 것은 아니며, 특히 혼자서 실행하기에는 더욱 그렇다. 인간의 마음은 자기 것이지만 자신도 모르는 부분, 즉 무의식적 영역이 방대하기 때문이다. 그리고 마음속 감정과 욕구들은 복잡하게 얽혀 있어, 들여다볼수록 오히려 거기에 빠져 헤어 나오지 못하게 될 수도 있다. 따라서 마음을 들여다보도록 부드럽게 격려해 주면서 때로는 제대로 방향을 안내해 주는 전문가가 있으면 훨씬 바람직할 것이다. 흔히 상담자를 내담자의 마음을 비춰 주는 거울로 비유하는데, 저자는 내면탐색 여행을 돕는 가이드로 비유하는 것도 좋은 것 같다.

제대로 내면탐색을 하면 그 이후 과정은 이렇게 흘러갈 것이다. 먼저 통찰이다. 내면의 깊은 곳을 탐색하면서 내담자는 자신의 취약성, 즉 미충족된 욕구, 상처, 결핍, 트라우마를 만나게 되고, 이것들이 현재의 심리적 문제와 증상에 어떤 영향을 미쳤는지 깨닫게 되는 것이다. 방어기제에 대한 통찰도 있다. 더 상처받지 않기 위해 얼마나 자신을 억누르고, 감추고, 상황을 왜곡하고, 회피했는지를 깨닫는 것이다. 그러고 나면 있는 그대로의 자기수용이다. 더 이상 상처받지 않기 위해 애쓸 필요가 없고 있는 그대로도 괜찮다고 여기게 된다. 그리고 통찰과 수용 후 용기를 내어 이전과 다른 새로운 시도를 하게 된다. 기존과 다르게 생각해 보고, 다르게 느껴 보고, 다르게 행동해 보는 것이다. 이때 기존의 습관이나 사고방식, 두려움을 뛰어넘는 새로운 첫 번째 시도가 중요하다. 따라서 상담자는 새로운 시도와 관련된 생각과 감정을 수용해 주면서 동시에 앞으로 나아가도록 격려할 것이다. 그러면 내담자는 좀 더 자신감을 갖고 계속 새로운 시도를 하면서 정신적으로 더욱 성장할 수 있게 될 것이다. 앞의 내용을 정리하면 다음과 같다.

* 자기 마음을 통찰하고 새로운 시도를 하면서 인간은 변하고 성장한다.

2) 일반 원리와 전문 이론의 조화

이제부터 심리적 문제 해결 및 자아 성장에 대해 좀 더 전문적인 이론 및 개념들을 소개할 것이다. 다른 분야와 마찬가지로 심리상담 이론 분야 역시 선구자들의 노력으로 발전해 왔는데, 선구자들마다 강조하는 부분이 조금씩 달랐으며 기법도 다양하게 발전시켜 왔다. 앞에서 저자는 심리상담이 마음을 들여다보게 하는 작업이라고 개략적으로 설명하였는데, 마음을 들여다보는 작업에서도 이론마다 강조하는 측면이 다를 수 있다. 크게 정신역동이론, 인간중심이론, 인지행동이론이 심리상담의 3대 주요 이론이다. 이 이론들 외에도 게슈탈트 상담, 실존주의이론, 정서초점이론, 해결중심이론, 수용전념치료 등 수많은 이론이 있으나, 세부 이론들을 다루는 것은 이 책의 취지를 벗어나므로 여기서는 3대 주요 이론만 간단히 설명할 것이다.[1]

첫째, 심리상담 분야에 처음 정립된 정신역동이론 또는 정신역동적 접근에서는 인간의 정신 영역에 무의식적인 측면이 많으며, 따라서 이런 무의식적 측면을 의식화하는 작업을 강조하였다. 특히 자아를 병들게 만든 무의식적인 기억이 있는데, 그 기억을 찾아 그것에 얽혀 있는 감정이나 충동, 환상에서 자유로워져야 건강하게 될 수 있다고 본 것이다.

둘째, 인간중심이론이라고도 알려진 인본주의적 접근에서는 사람이 타인의 기대에 맞추기 위해 감정이나 욕구를 억압하며 자신을 왜곡시켰으므로 자기 자신을 있는 그대로 수용하여 온전한 존재가 되도록 돕고자 하였다.

셋째, 인지행동적 접근에서는 기존에 형성한 생각의 틀(도식, schema)에 오류와 왜곡이 많으므로 이를 점검하고 수정하여 자아를 성장시키고자 하였다. 또 기존의 문제행동 대신에 새롭고 건설적인 행동을 시도하는 것도 중요하게 여겼다. 이제 각 이론적 접근을 좀 더 자세히 살펴보자.

2. 정신역동적 접근

심리상담의 선구자인 프로이트는 내담자의 마음을 분석한다는 의미로 자신의 작업을 '정신분석(psychoanalysis)'이라고 명명하였다. 이후 프로이트를 따르는 정신분석가(psychoanalyst)들이 대거 등장하여 정신분석 학파가 생겨났고, 이들이 정립한 이론을 정신분석이론이라 한다. 이들이 심리적 문제 해결에 접근하는 방법을 정신분석적 접근이라고 부를 수도 있는데, 인간 정신의 역동성을 강조한다는 의미에서 정신역동적(psychodynamic approach) 접근이라고도 부르기도 한다. 프로이트 이후 정통 정신분석과 차별화를 시도하는 자아심리학(ego psychology), 대상관계이론(object relation theory), 애착이론(attachment theroy), 자기심리학(self psychology), 관계 정신분석학(relational psychology) 등이 등장하였으나, 인간의 초기 경험을 강조하고 무의식의 내용을 분석하려고 시도한다는 점에서 이들을 모두 정신역동적 접근이라 부를 수 있다.

정신역동적 접근에서는 인간의 마음에 의식하기 어려운 무의식적인 영역이 방대하고, 이 영역에 있는 것들이 문제행동이나 증상에 영향을 미친다고 본다. 어떤 기억이나 감정, 충동이 무의식의 영역에 들어가 버렸는데, 물론 그 나름의 이유야 있겠지만 알 수 없게 되었으니 해결할 길도 없게 된 것이다. 따라서 무의식적인 부분을 깨닫도록 도와준다면

---

1) 참고로 주요 이론들을 공부할 때 순서를 고려할 수 있을 것이다. 심리적 문제에 영향을 미치는 취약한 심리작용을 차례로 공부하면 좋은데, 그렇다면 인지적 취약성을 다루는 인지이론, 정서적 취약성을 다루는 정서초점이론, 행동적 취약성을 다루는 행동주의이론 등을 차례로 공부해 나가면 좋을 것이다. 그러나 유감스럽게도 심리상담 이론들은 순서대로 등장한 것이 아니며, 따라서 역사적으로 먼저 등장한 순서대로 공부를 하게 된다. 이 책에서도 일반적인 순서를 따를 것이다.

개인은 해결의 실마리를 찾을 수 있게 될 것이다. 이유도 모르고 힘들어하였지만 이제 이유를 알게 되었기에 변화도 가능하고 좀 더 적응적인 방식으로 행동할 수 있게 된다는 것이다. 즉, 정신역동적 접근의 기본 전제는 다음과 같다.

* 사람은 자기 마음을 잘 모른다.
* 마음 내 무의식적인 부분이 증상과 행동에 영향을 미친다.

따라서 정신역동적 접근의 상담자는 개인이 무의식적인 측면을 의식하고 통찰(insight)하도록 도우려고 할 것이다. 이때 통찰은 자신의 생각, 행동, 감정, 욕구, 관계 패턴 등에 대한 새롭고 폭넓은 이해(understanding) 또는 관점(perspective)을 갖게 되는 것을 의미한다. 무의식 영역에 숨어 있는 것들을 찾아내기란 쉽지 않은데, 그 이유로는 그것들을 감추는 장치가 있거나 그것들이 투명하게 드러나지 않기 때문이다. 따라서 정신역동적 접근에서는 특히 무의식적인 갈등과 소망이 담겨진 전이(transference)[2] 현상을 분석하거나 무의식이 의식화되는 것을 막는 방어기제(defense mechanism)[3] 분석을 강조한다.

1) 무의식의 의식화와 통찰

통찰(insight)을 얻었다는 것은 자신의 문제가 왜 생겨났는지에 대해 이해했다는 것이며, 동시에 문제를 해결하고 변화할 수 있는 기회를 포착했다는 뜻이다. 통찰을 통해 개인은 '왜 그럴까?'라는 의문에 대한 답을 얻는다. 대부분의 경우 내담자는 상담 도중 어느 한 순간 '아! 내가 이랬구나. 이래서 내가 그럴 수밖에 없었구나.' 하는 통렬한 깨달음(통찰)을 얻게 된다.[4] 통찰의 구체적인 내용이라고 한다면 내 안에 무엇이 감춰져 있었는지, 그것이 어떻게 문제를 만들었는지, 문제 해결을 가로막는 내 안의 장애물은 무엇인지, 그 문제가 자신에게 어떤 의미가 있는지 등을 모두 포함할 것이다.

---

2) 전이(transference): 내담자가 자기 주변의 주요 인물에게 느끼는 감정과 욕구를 상담자에게 옮기는 것을 말한다. 예를 들어, 이유는 모르겠지만 부모와의 관계에서 느끼는 감정을 상담자에게서도 느끼는 식이다.
3) 방어기제(defense mechanism): 마음이 불안의 위협에서 자신을 보호하기 위해 사용하는 무의식적 방식을 말한다. 자세한 내용을 공부하고 싶다면 정신분석 전문 이론서를 참고하여야 한다.
4) 깨달음 역시 이해하게 된다는 우리말이므로 통찰과 같은 의미다. 그런데 앞에서 언급한 것처럼 혼동을 피하기 위해 가급적 통찰이란 용어를 사용할 것이다.

심리상담에서 통찰을 강조하는 이유는, 사람이란 자신에게 어떤 일이 일어나는지 알고 싶어 하고, 또 그것을 아는 것은 자기의 문제 해결과 직결되기 때문이다. 속담으로 표현하면 '아는 것이 힘이다'의 의미를 생각할 수 있다. 사람은 자신의 행동이나 감정의 원인을 알게 될 때 자신을 더 잘 다룰 수 있게 된다. 그러나 많은 사람은 정작 자기 마음 안에서 일어나는 일을 잘 모르고 있다.

사실 통찰은 정신역동적 접근뿐만 아니라 다른 이론적 접근들에서도 모두 강조한다. 이후 다룰 인본주의적 접근의 선구자인 로저스 역시 치료가 통찰로 나아간다고 하였고, 인지주의적 접근의 선구자인 벡(Beck)도 인지치료를 '통찰지향적' 치료라고 하였다. 아마도 언어적 교류를 통한 심리상담은 모두 궁극적으로는 자신 및 문제에 대한 통찰을 지향할 것이다. 다만 각 이론마다 통찰의 초점이 다를 뿐인데, 정신역동적 접근에서는 특히 내담자 본인이 전혀 생각지도 못한 무의식적 측면의 통찰을 강조한다.

예를 들어, 어떤 중년 부인이 어느 날 갑자기 오른손이 마비되었는데 병원에 가 보니 신경학적으로 아무런 원인을 찾지 못했다고 해 보자. 부인은 자신의 증상이 왜 생겨났는지를 전혀 이해할 수가 없었다. 그런데 상담 도중 시어머니와의 갈등을 보고하였는데, 이때 상담자가 "시어머니를 때리고 싶을 때도 있겠네요."라고 말하였다. 내담자는 그 정도는 아니라고 변명하려고 했지만 순간 마음속 깊은 곳에서 시어머니를 때리고 싶은 욕구를 가지고 있다는 것을 알게 되었다. 그 전까지만 해도 시어머니에게 불손하고 나쁜 행동을 한다는 것은 상상할 수도 없었고, 시어머니와 사이가 좋을 때도 있었기에 이런 욕구가 있다는 것은 충격이었다. 결국 부인은 시어머니를 때리고 싶은 마음과 그러면 안 된다는 마음이 서로 갈등하면서 손이 마비되는 증상이 생겼음을 알게 되었고, 추후 상담을 통해 누군가를 미워하는 것이 꼭 나쁜 것은 아니고 자연스러운 마음이라는 것을 받아들이면서 증상은 자연스럽게 사라졌다. 이런 경우를 볼 때 무의식 속의 욕구나 감정을 통찰하는 것이 문제 해결에서 중요함을 알 수 있다.

2) 깊은 통찰의 중요성

앞 사례의 내담자는 시어머니를 때리고 싶은 무의식적 충동을 통렬하게 깨달았다. 더 정확히 말하자면 그런 무의식적 충동을 강하게 억압했음을 깨달은 것이다. 그런데 이렇게 되기 위해서는 이미 이전에 수차례의 면담 동안 자신의 마음을 깊이 들여다보는 과정을 거쳤을 것이다. 만일 한두 번의 만남에 상담자가 그렇게 말했다면 내담자는 통렬하게 깨닫기보다는 '내가 정말 그런가?' 하면서 의구심을 갖게 될지도 모른다. 어떤 사람들은 한두 번의 면담 후에 무엇 때문에 고통을 겪는지 알게 되었다고 말하지만 그 말이 피상적으로 느껴질 때가 있다. 만일 감정의 토로가 부족한 채 담담하고 아무렇지도 않은 듯 말한다면 심도 깊은 뼈저린 통찰이 아니라 머리 수준으로 이해하는 표면적인 통찰인 경우가 많다.

당연히 얕은 수준의 통찰은 내담자의 증상 해소에 도움이 되지 않을 것이며, 깊은 수준의 통렬한 통찰이 필요할 것이다. 예를 들어, 늘 목의 통증이나 두통을 호소하는 내담자는 자신이 어렸을 때부터 책임감이 너무 강하고 예민한 점이 있기 때문에 이런 신체적인 증상을 겪는 것이라고 막연하게 이해는 하고 있다. 그러나 이런 수준의 막연한 이해가 자신의 증상을 호전시키지는 못하였다. 그런데 어느 날 상담 도중 내담자는 어렸을 때 부모님이 서로 싸우던 날을 떠올렸고, 자신은 이러지도 저러지도 못한 채 두 분 사이의 팽팽한 긴장을 그대로 느끼다가 머리가 아팠음을 기억해 냈다. 이로 인해 내담자는 갈등으로 인해 생기는 긴장감 그리고 자신의 무력감이 신체증상으로 전환된다는 점을 순간적으로 통렬히 깨달았다. 신기하게도 이 면접 후 내담자는 천천히 마음이 편해지고 여유가 생겼으며, 좀 더 적극적으로 자기주장을 하게 되었다. 목의 통증이나 두통이 좋아졌음은 당연한 일이다. 자신에 대한 피상적인 수준의 통찰에서 좀 더 깊은 수준의 통찰을 얻었기에 가능한 것이다.

다시 강조하자면, 깊은 수준의 통찰을 얻기 위해 내담자는 증상의 원인이 나에게 어떻게 영향을 미치게 되었는지를 머리와 가슴, 온몸으로 깨달아야 한다. 이런 것을 한자식 표현으로 하면 '대오각성(大悟覺醒)'이라고 하며, 영어로는 'AHA-experience'라고 표현하기도 한다. 뭔가 깨달았을 때 우리가 "아하!"라는 말이 절로 나오는 것을 떠올리면 이해하기 쉬울 것이다. 그리고 통찰은 이성적인 것뿐 아니라 행동적이고 감정적인 것이기도 하다. 많은 통찰의 순간에는 감정의 분출 및 카타르시스가 동반되기도 한다.

3) 통찰로 이끄는 면담기법

통찰로 이끄는 면담기법을 너무 어렵게만 생각할 것은 아니다. 마술을 부리거나 즉문 즉답을 요구하는 것은 아니며, 사람들로 하여금 내면을 더 들여다보게 기회를 주면 된다. 앞에서 언급했듯이 모든 심리상담은 통찰지향적인 측면이 있으므로, 반복적인 면담을 통해서 자신에 대해 더 많이 말하게 하고 느끼게 도우면 될 것이다. 기법적으로 본다면 통찰로 이끌기 위해 자각을 증진시키는 면담기법이라는 표현이 더 정확할 것이다. 마음 들여다보기를 반복할수록, 내담자는 마음속에 있는 것들을 더 잘 느낄 수 있게 된다. 즉, 자각을 넓게 되는 것이다. 통찰은 이 모든 자각이 연결될 때 한순간에 온다. 조금씩 자각이 넓어지다 보면 어느 순간 갑자기 통렬한 통찰을 얻게 되는 것이다.

그런데 이를 위해서는 상담자가 먼저 충고하거나 훈계, 설교, 조언하는 태도부터 버려야 할 것이다. 흔히 사람들은 충고나 훈계를 들으면 마음을 깊이 느끼려고 하기보단 거부감으로 반항적인 태도를 보이거나, 충고에 수동적으로 따르거나, 또는 한 귀로 듣고 흘리며 그 상황만 모면하려고 하기 때문이다. 따라서 내담자에게 경청하는 태도는 기본이 될 것이며, 상담자가 말을 많이 하기보다는 내담자가 말할 수 있는 시간과 기회를 충분히 주어야 할 것이다.

좀 더 구체적으로 기법을 살펴보면, 첫째 내면을 탐색하는 것이 필요함을 설명하는 것부터 시작할 수 있다. 이것은 내담자에게 치료 원리 '마음을 들여다본다'를 교육하는 것으로 생각하면 된다. 일반적으로 다음과 같이 말할 수 있다.

- "마음속 무의식적인 것들이 인간의 감정과 행동에 영향을 미칩니다. 따라서 당신 마음속 무의식을 탐색하면 해답을 찾을 수 있을 것입니다."

앞의 지시는 반드시 정신분석에만 해당한다고 보긴 어렵고 다른 접근법을 지지하는 상담자들도 사용할 수 있지만, 정신분석에서는 내담자에게 일상 외에도 꿈이나 사소한 실수 등에 대해서도 얘기하도록 구체적으로 안내한다. 이를 자유연상(free association)이라고 부르며, 다음과 같이 말해 줄 수 있다.

- "마음속에 떠오르는 것들을 자유롭게 얘기해 보세요. 검열하거나 편집하지 말고 무엇이든 얘기해 보세요."

정신역동적 접근에선 자유연상이 무의식으로 안내하는 역할을 한다고 본다. 그런데 모든 사람이 자유연상을 잘하는 것은 아닐 수 있기에, 때로는 특정 주제에 초점을 맞추어 보도록 상담자가 연상을 요청할 수 있다. 또는 무의식이 너무 방대하기에 내면탐색 도중 길을 잃고 헤매지 않도록 좀 더 방향을 잡아 줄 수 있다.

- "~에 대해 좀 더 얘기해 보시겠어요?"
- "~에 대해 떠오르는 것들을 더 얘기해 보세요."

앞에서도 언급했듯이, 심리상담에서는 내담자가 자유롭게 이야기를 꺼내고 마음 깊이 탐색해 들어가는 것은 중요하기에, 이와 같은 설명은 정신역동적 접근에만 국한되지 않고 모든 접근법에서 널리 활용될 수 있다. 다만 다른 접근법에서는 '검열'이나 '자유연상'과 같은 용어나 개념을 사용하지 않을 뿐이다. 내담자가 특히 중요한 부분에 다가가고 있다고 느껴질 때 상담자는 해당 부분에 좀 더 집중하도록 다음과 같이 말할 수 있다.

- "그때 어떤 것을 느꼈나요?"
- "어떤 생각이 드나요?"

그런데 무의식으로 들어가기 위해 연상을 시도하다가 간혹 무언가에 의해 막히는 지점이 있다. 이 지점에서 방어기제가 작동하고 있다고 보고 방어기제의 흔적을 직면(confrontation)시키기도 한다.

- "지금 당신이 갑자기 말을 멈추었습니다. 말이 막힌 것 같네요. 무슨 일이 생긴 걸까요?"
- "아버지 이야기를 하면서 다리를 흔들며 안절부절못하고 있네요."

방어의 흔적을 직면시키는 것보다 더 분명하게 무의식적인 의도나 환상을 설명하기도 하는데, 이것을 해석(interpretation)이라고 한다.

- "지금 당신의 행동은 무의식적인 ~을 방어하기 위한 것 아닌가요?"
- "당신의 불안은 무의식 속의 ~ 때문인 것 같군요."

해석이나 직면 역시 반드시 정신역동적 접근에서만 사용되는 기법은 아니며, 이들 기법의 구체적 내용에 대해서는 추후 더 자세히 다루도록 하겠다. 다만 정신분석적 접근에서는 무의식적 욕구나 환상을 강조하며, 따라서 내담자가 전혀 생각지도 못했던 원초적 충동(예: 성욕이나 공격적 충동 등)에 대해서도 직면시키고 해석한다는 점이 다른 이론들과의 차이점임을 이해하면 된다.[5]

4) 정신분석에서 해석의 태도와 타이밍

앞에서 언급한 해석(interpretation)은 정신분석가들이 무의식적 역동(dynamic)을 설명하는 것이라 할 수 있다. 정신분석의 전문가들이라면 내담자와의 대화를 통해 증상의 뿌리가 되는 무의식적 갈등을 예리하게 분석해 낼 수 있을 것이다. 예를 들어, 부모님이 돌아가실까 봐 끊임없이 걱정하며 힘들어하는 내담자에게 "부모님이 돌아가시길 바라는 마음이 있을 수도 있겠네요."라고 말한다면, 이것은 끊임없이 걱정하는 행동이 방어하는 무의식적 충동을 정확히 짚었을 수도 있다. 그러나 이러한 설명이 과연 내담자에게 얼마나 받아들여질 수 있을까? 만일 내담자와 분석가가 오늘 처음 만난 사이라면 이런 과감한 해석을 열린 마음으로 받아들이긴 어려울 것이다. 즉, 해석을 시도할 때는 그것을 전달하는 태도와 타이밍을 고려해야 할 것이다.

먼저 태도에 대해 언급하면, 상담자는 너무 딱딱한 것보다는 부드러움을 견지하는 것이 필요할 것이다. 냉소적인 태도로 전달하는 설명(해석이나 직면)은 거부감을 유발하거나 또는 내담자가 상처받을 수 있다. 그리고 장황한 설명으로 내담자를 기죽이는 것도 바람직하지 않다. 해석은 간결하게 제시하고 내담자가 어떻게 받아들이는지 그의 입장에서 다시 얘기를 들어 보는 것이 좋을 것이다. 그리고 타이밍에 대해서는, 상담자와 내담자 간에 신뢰감이 충분히 형성된 후가 좋을 것이다. 내담자가 상담 장면을 편안하게 느끼며 정신분석적 해석이 자신을 위한 것임을 알 만한 때가 되었을 때 본격적으로 통찰로 이끌 수 있다. 너무 섣부르게 "당신의 무의식에는 이러저러한 욕구가 있습니다."라는 식의 단정적 설명을 한다면 내담자는 속으로 '나를 얼마나 안다고 저런 소리를 하나?' 하면서 진지하게 받아들이지 않을 것이다.

그럼에도 불구하고 정신역동적 접근을 취하는 상담자에게는 무의식에 묻혀 있는 것을 꺼내려는 태도가 기본 태도다. 자발적으로 찾아온 내담자를 대하는 정신분석가는, 내담자의 슬픔이나 불안에 대해 속으로는 안타깝게 여기더라도 겉으로는 위로나 지지를 삼가는 것이 좋을 수 있다. 위로와 지지가 내담자 무의식에 묻혀 있는 것을 꺼내는 데 도움이 되지 않는다고 보기 때문이다. '괜찮을 거야.' '잘 될 거야.'라는 식으로 말하는 것은 무의식에 묻혀 있는 것을 그대로 덮어 두는 것이다. 비록 내담자가 따끔하고 아프게 느끼더라

5) 직면과 해석은 이 책의 제7장과 제12장을 참고하라. 그리고 정신분석의 면담기법에 대해 더 자세히 알고 싶다면 데보라 카바니스(Deborah Cabaniss) 등이 저술한 『정신역동적 정신치료』(박용천, 오대영 역, 2015, 학지사)를 추천한다.

도, 정신분석적 입장의 상담자는 항상 덮어 둔 것을 꺼내어 표현하며 보여 주려고 한다.

5) 통찰과 시간

통찰에 대해 설명할 때 마지막으로 언급할 사항은 바로 시간에 대한 것이다. 통찰을 얻는다는 것은 결코 쉬운 작업이 아니며, 단기간에 이루어지는 것도 아니다. 깨달음을 얻기 위해서 수십 년간 벽을 쳐다보며 수련하는 구도자의 경우를 생각해 보라. 꼭 이에 비유할 바는 아니더라도 상담에서 내담자가 통찰을 얻기 위해선 자기 자신에 대해 집중하는 수많은 시간이 필요한 것이다. 이런 시간과 노력의 과정 없이 오는 통찰은 어쩌면 피상적인 수준일 것이며, 가슴이 빠진 머리로만 이해하는 통찰이 될 것이다. 그래서 정신분석의 경우 매주 1회 이상을 만나면서도 수년간 소요되기도 한다.

암탉이 달걀 위에 앉아서 병아리를 부화시키려면 어느 정도 시간이 필요한데 그 기간을 부화기라고 하듯이, 내담자가 상담자의 설명을 듣고 '정말 내가 그랬구나!'라고 온몸으로 깨달으려면 준비 시간이 필요하다. 이 부화기 동안 내담자는 자신의 경험들을 차곡차곡 정리하고 생각들을 조직화한다. 그래서 통찰이라는 것은 얼핏 보면 갑자기 생기는 것 같지만, 실은 길고도 지루한 과정 속에서 생기는 것이라 할 수 있다. 상담자의 해석을 처음 들었을 때는 당장 이해하지 못했다 하더라도 집에 가서 곰곰이 더 생각해 보았을 것이다. 즉, 통찰은 내담자가 자신의 마음을 수십 번, 수백 번 들여다보며 탐색한 후에야 생긴다. 그러다가 어느 순간 갑자기 온다! 독자는 아마 고대 수학자인 아르키메데스의 이야기를 알고 있을 것이다. 어떤 사람에게 의뢰자가 금덩이를 주고 왕관을 만들게 하였는데, 그는 금을 착복하고 은으로 왕관을 만들어 놓고 대신 무게를 똑같이 하였다. 아르키메데스는 그것이 은으로 만들어졌음을 밝히기 위해서 애썼으나 잘되지 않았다. 그는 그 생각을 머릿속에 담고 몇 날 며칠을 보내다가 어느 날 목욕탕에서 목욕통 속에 몸을 푹 담그면서 해답을 찾게 된다. 순간적으로 통찰이 온 것인데, 그것은 아르키메데스가 며칠 동안 계속 이 문제를 풀기 위해 고민하고 있었기 때문에 가능하였다. 심리상담의 통찰도 이와 마찬가지일 것이다. 아무것도 안 하면서 어느 날 갑자기 통찰이 일어나지는 않는다. 자기 자신에 대해서 늘 고민하고 생각해 보고 탐색하다 보면 어느 날 갑자기 통찰이 오게 되는 것이다.

통찰에 시간이 필요하다는 것은 내담자뿐 아니라 상담자도 꾸준한 노력을 해야 한다는 말과 같으며, 이는 심리상담 접근법에 따라 다르지 않다. 정신역동적 상담자는 해석을 통해, 인간중심적 상담자라면 깊은 공감을 통해, 인지행동적 상담자라면 생각의 점검을 통해 내담자를 통찰로 유도할 것이다. 그러나 이러한 시도가 단번에 성공을 거두는 것이 아니다. 적절한 설명을 제공하였음에도 내담자가 그것을 소화시키기에 시간이 더 필요할 수 있음을 인정하고 인내심을 가져야 할 것이다. 얼핏 통찰을 얻은 것 같아도 호소 문제가 바로 해결되지 않고 내담자의 행동 변화가 나타나지 않을 수도 있다. 아마 더 시간이 필요할 것이다. 상담자는 이 길고도 지루한 과정을 함께하는 동반자다. 내담자가 빠르게 성장하지 못한다고 해서 실망하거나 화를 내기보다는, 기존 틀을 깨고 나올 때까지 옆에서 격려해 주면서 끊임없이 자극을 주어야 할 것이다.

✕ 정신역동적 접근과 프로이트

정신역동이론의 창시자는 프로이트다. 프로이트 (Sigmund Freud, 1856~1939)는 지금은 체코의 한 지역이 된 프라이버그 모라비아라는 오스트리아의 작은 마을에서 태어났다. 프로이트의 아버지는 권위적인 상인이었으며, 어머니는 프로이트에게 많은 기대를 가지고 있었고 정이 많은 사람이었다. 프로이트는 책에 많은 관심을 가지고 자랐으며, 어릴 때부터 다양한 언어를 습득하였고, 심지어는 8세 때 셰익스피어의 책을 읽기도 했다고 한다. 이처럼 어릴 적부터 프로이트는 우수한 학생이었으나 그의 가족은 경제적으로 궁핍하였고, 그가 유태인이었기 때문에 의학과 법학을 제외한 다른 직업은 가질 수 없었다고 한다. 1873년 프로이트는 의학 공부를 하기 시작하였고, 그 당시 그에게 히스테리 장애를 알려 준 브로이어(Breuer)를 만나게 된다. 프로이트는 표현되지 않은 정서와 연합된 고통스러운 기억으로 인하여 히스테리(hysteria)의 증상이 나타난다고 보았다. 박사학위를 수여받은 후 1885년 당시 유명한 신경의학자인 장 샤르코(Jean Charcot)와 함께 수개월 동안 파리에서 공부하게 되었는데, 이때 샤르코의 임상 실습과 최면술에 관심을 가지게 되었다. 1890년과 1900년 사이에 프로이트는 홀로 정신분석(정신역동이론)의 이론과 기초를 닦는 데 주력하였으며, 그의 가장 위대한 저서라고 평가되는 『꿈의 분석』을 저술하였다. 후에 프로이트는 무의식을 끌어내는 기법으로 최면술의 한계를 인식하고 자유연상기법을 도입하였다.

프로이트 이론의 핵심적인 가정은 인간은 무의식에 의해 영향을 받는 존재라는 것이다. 프로이트에 의하면 심리적 문제는 내부에 존재하는 어떤 정신적 원인이 작용한 결과이며, 이를 정신적 결정론(psychic determinism)이라고 부른다. 모든 심리상담 이론은 기본적으로 세 가지 요소를 지니고 있는데, 그것은 인간을 어떤 존재로 보느냐 하는 인간관, 증상이 왜 생기느냐 하는 원인론 그리고 증상을 어떻게 개선하느냐 하는 치료적 방법론이다. 인간관의 관점에서 볼 때 프로이트는 인간을 무의식에 의해 결정되는 존재로 본 것인데, 이는 후에 다른 이론가들의 비판의 초점이 된다. 프로이트는 개인의 과거 경험이 현재 증상에 많은 영향을 미친다고 하였는데, 비판가는 프로이트가 인간을 너무 과거에 얽매여 사는 존재로, 즉 스스로 미래를 결정할 수 있는 잠재력이 있는 존재로 보지 않았다고 주장한다. 이런 비판에도 불구하고 정신분석은 현재 여전히 가장 영향력 있는 상담 접근법 중의 하나로 남아 있다. 이것은 정신분석이 제안하는 원리나 개념들이 그만큼 타당한 측면이 많다는 것을 반증하는 것이다. 개인은 과거에서 자유로울 수 없고, 미래로 나아가기 위해서는 과거의 발판을 딛고 도약해야 한다.

프로이트의 정신분석이 위대한 평가를 받는 것은 그가 정신분석을 상담치료의 접근법에만 국한시킨 것이 아니라 인간의 성격심리학적인 이론으로 발전시켰기 때문이다. 프로이트는 인간의 성격이 세 가지 요소로 구성된다고 하였는데, 그중 첫 번째는 무의식적 소망과 충동을 나타내는 원초아(id)이고, 두 번째는 본능적 욕구와 충동을 현실세계의 조건에 맞추어 조절하는 자아(ego)이며, 세 번째는 부모나 사회에서 전해지는 가치관, 사회규범, 도덕과 양심을 나타내는 초자아(superego)다. 프로이트는 대부분의 병리 증상이 자아의 조절기능 약화에 기인하는 것으로 보았다. 즉, 건강하지 못한 자아를 지닌 사람은 원초아의 욕구를 적절하게 제어하거나 해소하지 못하여 증상이 생기게 된다는 것이다. 건강한 자아는 적절한 방어기제(defense mechanism)를 이용하여 원초아의 욕구를 통제하고 적절하게 해소시킨다. 반면 심리적으로 취약한 사람은 자아의 방어기능이 약해서 원초아의 욕구를 통제하지 못하고, 따라서 불안에 압도된다.

프로이트는 무의식적 욕구와 충동 그리고 이를 통제하려는 자아 사이의 정신적 갈등이 심리적 증상을 유발한다고 보았다. 따라서 증상의 해소를 위해서는 무의식적 욕구와 충동을 인식하고, 이를 잘 달래고 어루만지며 적절하게 해소될 수 있게 도와주어야 한다고 주장하였다. 프로이트는 무의식적 욕구와 충동을 인식하기 위해 자유연상법을 고안하였는데, 이는 과거의 경험과 감정들을 생각나는 대로 자유롭게 털어놓으며, 새로운 생각이 떠오르면 자연스럽게 연결고리를 따라 흘러가는 것이다. 그러다 보면 최종적으로 증상의 원인이 되는 무의식적 갈등에 도달할 수 있다는 것이다. 또 꿈의 분석을 통해 무의식에 접근하려고도 하였다.

프로이트의 정신분석의 최종 목표는 결국 건강한 자아를 만드는 것이다. 그러나 이는 결코 쉽지 않으며, 길고도 오랜 시간이 소요되고 인내심을 요하는 작업이 된다. 대개 정신분석은 수 개월에 걸쳐 끝나는 법이 없으며, 짧게는 1~2년에서 길게는 7~8년이 걸린다고도 한다.

3. 인간중심적 접근

칼 로저스(Carl Rogers)를 비롯한 인본주의 학파[6]에서는 정신분석에도 한계가 있다고 보았는데, 내담자가 스스로 깨닫게 기회를 주기보다는 상담자가 깨달아야 할 내용을 던져 준다고 비판하였다. 이들은 내담자가 과거와 무의식에 얽매인 존재만이 아니라 미래를 만들어 나갈 주체적인 존재라고 믿었으며, 따라서 직면이나 해석과 같은 지시적 방법보다는 경청하고 공감하는 비지시적 방법을 더 선호하였다. 한 줄기 빛 쪽으로 감자가 싹을 틔우듯, 상담자가 내담자의 잠재력을 믿어 주면서 방향만 잘 제시하면 내담자 스스로 깨닫고 문제를 해결할 수 있음을 강조한 것이다. 심리적 문제가 발생하는 원인론에서도 차이를 보였는데, 정신분석 학파에서는 무의식적 충동이나 갈등이 원인이라고 한 반면, 인본주의 학파에서는 타인의 기대에 맞추려고 자신 및 자신의 경험을 억압하거나 왜곡하는 것이 문제의 뿌리라고 보았다. 이런 억압과 왜곡은 어린 시절부터 시작되는데, 예를 들어 부모님에게 착한 아이로 인정받기 위해 질투심이나 경쟁심과 같은 '나쁜' 감정과 욕구를 억압하는 것이다. 따라서 인본주의 학파에서는 억압된 감정이나 욕구에 접촉하는 것을 강조하였고, 뿐만 아니라 그것들을 상담관계 내에서 온전히 체험하고 수용하여 있는 그대로의 자기를 존중해야 한다고 보았다. 이와 관련하여 로저스는 다음과 같이 언급하였다.

> 내담자가 그것을 바로 그 순간에 체험하고(experience), 할 수 있는 한 깊고 강하게 의식적으로 느끼며(consciously feel), 난생 처음으로(for the first time) 완전하게 체

---

6) 비지시적, 내담자중심, 인간중심, 인본주의 심리학(humanistic psychology)은 정신분석에서 소홀히 했던 인간의 잠재력, 즉 창의성, 사랑, 성장, 유기체, 자기실현 등에 관심을 가지는 학자들이 1962년 '인본주의 심리학회'를 창립하며 공식화되었다. 대표적인 인물로 로저스와 매슬로가 있으며, 이들은 '환자'라는 용어 대신 '내담자'라는 용어를 사용하였다. 참고로 로저스의 심리상담을 가리켜 인본주의적 접근을 따르는 인간중심적(human centered) 상담이라고도 부른다.

험하고, 그 체험을 환영하고(welcome) 수용한다면(accept), 상담은 전진하게 되고 통찰이 생겨난다(Rogers, 1959).

그런데 억압이 무조건 나쁜 것만은 아닐 것이다. 상황에 따라 자신의 감정이나 욕구를 억누르는 것은 필요할 수 있으며, 이는 자아능력 중 하나인 충동조절의 기초가 된다. 하지만 과도한 억압으로 참자기(true self)를 잃어버릴 정도라면 문제가 될 것이다. 예를 들어, 누군가를 미워하면서도 '나는 전혀 그를 미워하지 않아.'라고 믿는다면, 결국 억압된 미움은 심리적 증상으로 변환되어 나타날 것이다. 소화불량이나 무기력감, 우울증 등 다양한 증상으로 나타날 수 있다. 이때 그 문제 증상은 자기(self)가 왜곡되고 억압되었다는 것을 보여 주는 신호일 것이다. 인간중심적 접근에서는 미움을 조금씩 체험하고 미움도 내 안의 감정임을 받아들일 수 있도록 도와준다. 그러면 소화불량이나 무기력감, 우울증 등이 조금씩 나아질 것이다. 앞의 내용을 요약하면 인간중심적 접근의 기본 전제는 다음과 같다.

* 타인의 기대에 맞추고 인정받기 위해 자신을 억압하고 왜곡시키면 문제가 생긴다.
* 내면의 감정과 욕구를 탐색하여 있는 그대로 체험하고 받아들이는 것이 필요하다.
* 나 자신을 있는 그대로 받아들이면 변화할 수 있다.

1) 체험과 수용을 돕는 상담자의 태도

로저스의 언급에서 봤듯이, 체험은 영어 'experience'를 번역한 표현이다. 체험한다는 것은 남의 일처럼 말하는 것이 아니라, 자신의 생각이나 감정을 생생하게 경험한다는 뜻이다. 인간중심 상담에서는 특히 억압된 감정과 욕구를 자각하고 체험하는 것에 초점을 맞추었으며, 체험한 욕구나 감정을 수용(accept)하는 것도 강조하였다. 이때 수용은 나 자신의 일부로 받아들인다는 뜻이다. 어쩔 수 없이 인정한다는 뉘앙스라기보다는 기꺼이 너그럽게 받아들인다는 뉘앙스를 지니고 있다.

그런데 내담자의 체험과 수용을 위해 인간중심 상담자 측에서 할 일이 있다. 상담자가 냉정하고 분석적인 태도보다는 수용적이고 공감적인 태도를 지녀야 한다는 것이다. 일반적으로 사람들은 수용적 태도를 지닌 사람을 만날 때 자기 자신을 더 드러내게 되고 자신의 감정이나 욕구를 수용하기 때문이다. 즉, 인간중심적 상담에서는 내담자의 체험과 수용을 돕는 상담자의 태도를 강조하게 된다. 그리고 상담자와 내담자가 상호 존중하고 신뢰하는 관계를 맺을 것을 강조한다.

인간중심 상담에서는 말하는 기법보다 내담자를 대하는 태도를 강조하였다. 내담자는 독립된 인간으로 자신의 인생이나 문제의 해결책을 스스로 찾아내고 결정할 수 있다고 믿는다. 따라서 인간중심 상담자는 내담자를 과하게 간섭하지 않고, 설명이나 지시를 삼가며, 말을 하기보다는 듣는 편이다. 인간중심 상담자들은 항상 적절한 경계를 지키며 그들을 상담자의 잣대로 함부로 판단하지 않으려고 노력하는데, 이런 태도가 상담에서 내면의 생각과 감정 수용을 촉진하는 분위기를 만들어 준다. 일반적으로 인간중심 상담에서는 상담자가 먼저 내담자의 억압된 욕구와 감정에 초점을 맞춰 주면, 내담자들도 자신의 욕구와 감정에 초점을 맞출 수 있게 되고 궁극적으로 체험하고 수용할 수 있게 된다.

2) 체험과 수용으로 이끄는 면담기법

인간중심 상담에서의 면담기법은 체험과 수용을 촉진하는 쪽으로 맞춰져 있다. 내담자들은 자신이 해결하지 못하는 증상이나 심리적 괴로움을 토로하는데, 겉으로 드러나는 문제 이면에 있는 더 깊은 고통에 초점을 맞추며 공감해 나간다. 내담자가 억압한 욕구와 감정을 따라가는데, 이때 정신분석과의 차이점이라면 '공감'을 많이 활용한다는 것이다. 예를 들어, 매우 희생적이고 금욕적이면서 동시에 우울해하는 내담자가 있다고 해 보자. 그는 어린 시절을 회상하면서, 장난감을 사고 싶어 부모님께 말씀드리니 "장난감을 많이 사면 집이 가난해진다."라는 말을 들었다고 하였다. 이때 상담자는 다음과 같이 공감하며 억압된 감정을 체험하도록 도와줄 수 있다.

- "그 장난감이 정말 갖고 싶었겠구나."
- "집이 가난해지는 것은 정말 큰일이구나."
- "집이 망할까 봐 얼마나 무서웠을까……."

인간중심 상담자는 구구절절 설명하거나 충고하지 않는다. 이런 것들이 내담자의 체험과 수용을 방해하기 때문이다. 상담자는 간결하게 공감하고, 내담자가 더 많이 말하도록 기다리며 듣는다. 욕구가 죄책감으로 이어진다는 식의 설명이나 이제는 어른이 되었으니 트라우마에서 벗어나자고 격려하는 것은 나중으로 미루는 것이 일반적이다. 내담자는 스스로 자신의 감정을 소화시킨 후 문제를 해결할 길을 찾아낼 것이다.

3) 비지시적인 기법과 태도

인간중심 상담에서는 궁극적으로 내담자 스스로의 내면탐색과 체험이 중요하다. 앞에서 심리상담을 내면탐색 여행으로 비유했는데, 내담자들은 대개 상담 도중 과거의 어떤 사건이나 경험에 대해 얘기하게 된다. 이때 상담자는 내담자가 우연적인 요소나 타인의 생각과 행동보다는 자신의 내면에 초점을 맞추고 더 깊이 들어가도록 도와야 한다. 내담자가 타인이나 과거의 얘기로 상담 시간을 보낸다면, 대화는 더 깊이 들어가지 못하고 제자리에서 뱅뱅 돌다가 끝나게 된다. 그렇다면 어떻게 더 깊이 들어가도록 할 것인가? 아이러니하게도 인간중심 상담자는 어떤 지시를 내리기보다 비지시적인 기법과 태도를 활용한다. 이에 대해 살펴보자.

먼저 억압된 감정과 욕구의 체험과 수용이 중요하다는 설명부터 시작할 수 있다. 일반적으로 다음과 같이 시작할 것이다.

- "마음에 떠오르는 것들을 자유롭게 얘기해 보세요. 제가 물어보면 대답하는 것이 아니라 자신이 원하는 것을 말하는 것입니다."

대개 사람들은 그동안 얼마나 어떻게 괴로웠는지 얘기할 것이다. 힘들었던 사건이나 갈등 관계에 있는 타인에 대해 말할 수도 있다. 적절한 때에 내면의 생각, 감정, 욕구에 접촉할 수 있도록 안내한다.

내담자: (현재 갈등 관계에 있는 상대방에 대해 주저리주저리 이야기한다.)

상담자: 네, 얘기를 잘 듣고 있습니다. 그런데 ○○ 씨의 마음에 대해서도 알고 싶어요. ○○ 씨의 마음에 대해서도 좀 말씀해 주시겠어요?

또는 내담자가 사건이나 상황을 설명하는 도중에 다음과 같이 질문할 수 있다.

- "그땐 어떤 마음이 들었나요?"
- "그때 심정은 어땠나요?"

이렇게 질문한 후에 상담자는 기다린다. 기다리는 것이 포인트다. 만약 내담자가 단답형으로 대답한다면 계속 얘기해 보라고 하며 또 기다린다. 상담자가 기다리며 말을 아껴야 내담자가 말을 충분히 할 수 있기 때문이다. 이후 대화가 이어질수록 내담자는 자신의 감정이나 욕구를 말로 표현하며 체험하기 시작할 것이다. 그것들을 느끼고 말로 표현하는 것이 일종의 체험인 것이다. 이 과정은 진지한 분위기에서 정성스럽게 이루어지므로 잠시 침묵이 흐르거나 시간이 지체되는 것은 자연스러운 현상이다. 많은 초심자가 침묵을 어색해하며 스스로 견디지 못하는데, 상담자가 침묵을 먼저 깨뜨리면 내담자가 자신의 감정과 욕구를 체험할 기회를 박탈하는 것과 같다. 어색한 침묵을 깨기 위해 이것저것 질문하는 것을 특히 조심해야 할 것이다.

일반적으로 상담자가 충분히 기다려 주면 내담자들은 자신의 이야기를 펼쳐 놓지만, 어떤 내담자는 내면을 보는 것 자체가 고통스러워 주저할 수 있다. 그러면 내담자가 준비될 때까지 더 기다릴 수도 있고 또는 좀 더 권유할 수도 있다. 이때 중요한 것은, 고통스런 생각과 감정을 피하는 것보다는 체험하는 것이 궁극적으로 도움이 됨을 알리는 것이다. 상담이 진행되면서 내담자가 자신의 고통스러운 부분과 마주하여 이를 피하지 않고 충분히 언어로 표현하면서 체험하면 견딜 만한 것이 될 수 있고 더 수용할 수 있게 된다. 따라서 상담자는 다음과 같이 설명해 줄 수 있다.

상담자: 그땐 어떤 마음이 들었나요?

내담자: …… (계속 침묵을 지키고 있다.)

상담자: 음…… 속마음에 대해 얘기한다고 해서 문제가 당장 해결되는 것도 아니고 마음의 얘기를 하는 것이 힘들 수도 있지요. 하지만 뭐라도 말을 꺼내는 것이 지금 상황을 해결하는 첫걸음이 될 거예요. 고통스런 생각과 감정은 덮어 둔다고 사라지지는 않아요. 그것들은 언제든 우리를 다시 찾아오니까요. (다시 기다리기 시작한다.)

만일 내담자가 어떤 상황이나 사건에 대해 얘기한다면, 상담자는 가급적 구체적이고 생생하게 말할 수 있도록 이끌어 주는 것이 좋다. 누가, 언제, 어디서, 무엇을, 어떻게, 왜의 육하원칙에 따라 얘기하는 것은 아니더라도, 누구와 무엇을 했다는 식으로 구체적으로 얘기할수록 그 순간의 생각과 감정, 욕구가 생생하게 느껴지기 때문이다. 그 후 앞에서 설명한 것처럼, "그때 어떤 마음이었어요?"라는 식으로 질문하고 기다리면 내담자는 자기 마음을 본격적으로 들여다볼 것이다. 그리고 내담자가 내면의 생각, 감정, 욕구를 본격적으로 표현하면 상담자는 더 깊게 공감하며 수용해 준다.

- "~하다니 무척 속상했겠네요."
- "배신감을 느꼈군요. 하늘이 무너지는 것 같았겠어요."
- "아유, 얼마나 억울했을까!"
- "그토록 인정받고 싶었군요."

참고로, 내면탐색은 과거의 사건에 대해서만 이루어지는 것은 아니다. 내면탐색 그 자체가 중요하기에, 상담자는 기회가 될 때마다 내면탐색을 요청할 수 있다. 지금 여기(here & now)에 초점을 맞추어, 상담 도중 침묵이 흐르거나 신체적인 긴장이 느껴지거나 중요한 이야기를 막 마쳤을 때 등 다양한 순간에 내면탐색을 시도할 수 있다.

- "지금 이 순간, 무엇이 떠오르나요?"
- "지금 어떤 마음이 드나요?"
- "지금 심정은 어떤가요?"

인본주의적 접근에서 상담자는 내담자의 대화 속에 담겨진 생각, 감정, 욕구를 반영해 주면서 보조적이고 비지시적인 역할을 취한다. 면담기법적 측면에서는 생각, 감정, 욕구를 포착하여 말로 표현해 주기만 하는 비지시적 기법들, 즉 재진술이나 요약 또는 반영기법 등으로 충분하다. 비지시적 기법들을 사용하는 것은 내담자를 상담자의 잣대로 판단하지 않고 있는 그대로 존중한다는 태도의 발로일 것이다. 이것이 내담자에게도 옮겨져 내담자는 자신의 생각, 감정, 욕구를 비판단적으로 대하기 시작할 것이다. 예를 들어, 부모님을 미워하면 안 된다는 가치관으로 괴로워하거나 인정받고 싶은 마음에 화를 억눌렀던 내담자가 미움이나 분노를 조금씩 체험하며 수용하기 시작하는 것이다. 이 과정에서 흔히 억압하고 쌓아 두었던 감정의 분출이 일어나기도 하고, 감정의 정화와 함께 다른 사람에게 인정받지 않아도 자신은 괜찮은 사람이라는 확신을 얻게 되기도 한다. 애쓰거나 속이지 않아도 있는 그대로 괜찮은 사람임을 알게 되는 것이다.

때로는 이 과정을 촉진하기 위해, 내담자를 존중한다는 것을 직접 말로 표현해 주거나 내담자의 감정이나 행동을 타당화해 줄 수도 있다.

- "정말 미웠겠네요, 그럴 만하겠어요. 그렇게 노력했는데도 인정받지 못한다면 충분히 화가 날 수 있겠어요."

- "누구를 질투하는 것이 나쁜 것은 아니지요. 질투도 자연스러운 감정이니까요."
- "그 사람에게 인정받지 못한 게 ○○ 씨 잘못은 아니지요. ○○ 씨는 최선을 다했잖아요."

상담자의 비지시적이고 무비판적인 태도와 반응은 내담자의 체험을 공유하면서 동시에 내담자를 있는 그대로 수용해 주려는 시도다. 인간중심적 접근의 상담자는 항상 진실한 태도로 내담자를 대하려고 하며, 내담자의 현상학적 세계를 있는 그대로 공감하여 생각과 감정을 반영해 줄 것이다. 다만 이렇게 생각과 감정을 반영하는 것도 깊이 있게 해야 하기에 꼭 쉬운 것만은 아니다. 내담자가 자각하고 표현한 것보다 더 깊이 들어가서 공감하고, 또 공감한 바를 언어로 적절하게 표현하는 것은 상담 수련생들에게 항상 어려운 작업이다. 이를 위해 다각도의 노력이 필요하다. 공감의 수준 및 수준에 따른 적절한 언어 반응의 구별에 대해 공부하고 싶다면 연습 교재를 참고하면 좋을 것이다.[7] 더 본질적으로는 상담자 자신부터 내면의 더 깊은 부분에 접촉하여야 할 것이다. 다양한 대인관계 경험에서 재연되는 내면의 감정들을 외면하지 말고 진실하게 접촉하고 표현하는 것이다. 도움이 더 필요하다면 경력이 풍부한 전문 상담자를 찾아가 직접 상담을 받는 것도 한 방법이 될 것이다.

4) 표면욕구와 심층욕구

인본주의적 접근에서 내담자는 내면의 욕구와 감정을 체험할 수 있게 되고 궁극적으로 수용하고 존중할 수 있게 된다. 그런데 이때 체험과 수용이 표면적인 욕구 충족을 의미하는 것은 아니라는 점을 알아야 한다. 예를 들어 어떤 상담 사례에서, 어머니와 심한 갈등을 보이던 남자 내담자는 월급날이 되면 어릴 적 갖고 싶었던 장난감이나 만화책을 잔뜩 사는 행동을 반복하곤 했다. 그는 어렸을 적에 어머니가 무척 엄하게 대하면서 장난감을 사 주지 않았던 것을 원망하였는데, 그때를 보상하기 위해 어른이 된 지금도 장난감을 사는 것이었다. 그러나 그런 행동이 내면의 공허함과 결핍감을 완전히 해소하지는 못하였다. 그가 바랐던 것은 장난감을 사는 것이 아니라 어머니가 자신에게 따스하게 대해 주는 것이었기 때문이다. 즉, 장난감에 대한 소유욕은 표면욕구이며, 사랑받고 싶은 마음은 심

---

7) 이장호와 금명자(2014)의 『상담연습교본』이 대표적이다. 이 밖에 다른 연습 교본들도 최근에 다양하게 출간되었다.

층욕구인 것이다. 따라서 상담자는 장난감을 사지 못해 억울한 부분에 대해 공감해 줄 수도 있지만, 상담을 이어 가면서는 어머니로부터 사랑과 인정 욕구로 초점을 옮겨 가는 것이 바람직할 것이다.

5) 공감을 통한 통찰과 수용

앞에서 모든 심리상담 이론은 기본적으로 통찰을 강조한다고 하였다. 이것은 인간중심적 상담에서도 마찬가지다. 내담자가 통찰을 얻는다면, 그는 표면적인 문제행동에서 벗어나고 동시에 더 넓은 관점으로 자신과 세상을 볼 수 있게 될 것이다. 내담자의 깨달음을 글로 표현하자면 다음과 같을 것이다.

- '아! 인정받지 못할까 봐 너무 많이 두려워했구나.'
- '아! 어머니가 내 인생에 많은 영향을 끼쳤구나.'

그런데 인간중심적 상담에서는 통찰과 수용을 연결시킨다. 즉, 억압된 감정이나 욕구가 문제 증상을 만들어 냈음을 통찰한 순간부터 더 이상 감정이나 욕구를 억압하지 않고 자신의 일부분으로 받아들인다는 것이다. 내담자의 수용을 글로 표현하자면 다음과 같을 것이다.

- '아! 이런 모습도 부끄러운 것이 아니구나.'
- '이런 마음도 자연스러운 것이구나. 굳이 억누를 필요는 없구나.'

물론 깨달음이 항상 수용으로 이어지는 것은 아니다. 예를 들어, 내담자가 '아, 내 인생에 돌아가신 어머니의 영향이 여전히 남아 있구나.'라고 깨달았을 때, 자신을 너그럽게 수용한다면 '그래도 괜찮아, 깨달았으니 다행이야.'라는 식의 생각과 느낌으로 이어질 수 있지만, 수용하지 못하는 사람이라면 '아, 지긋지긋하다! 여전히 나는 내 인생의 주인공이 아니구나!'라는 식의 생각과 느낌으로 이어질 수 있다. 또 '아, 나 자신이 참 불쌍하다.'라는 식의 자기연민이 더 강화될 수도 있다. 아마도 통찰이 아직 표면적이고, 통합적인 수준에 이르지 못했을 것이다.

통찰과 수용을 연결하는 이론적 입장에서는 이 둘을 동전의 양면으로 보는 것 같다. 통찰은 단지 표면적인 원인과 결과를 깨닫는 것이 아니며, 자신의 감정과 욕구를 부정하지 않고 스스로 존중하는 '수용'과 맞닿아 있다. 물론 이런 변화가 한순간에 완성되지는 않을 것이다. 심리상담이 진행되는 동안 내담자는 자각이 쌓이면서 어느 순간 통렬한 통찰로 이어지고, 그와 동시에 조금씩 자신을 덜 억압하고 덜 부끄러워하며 행동은 더 자연스럽고 당당하게 변해 가게 된다.

참고로 알아 두면 좋을 것은, 심리상담의 이론들이 모두 통찰을 지향하면서도 통찰에 이르는 구체적인 방법은 조금씩 다르게 제시한다는 것이다. 정신역동적 접근이나 인지행동적 접근에서는 상담자가 새로운 관점과 틀을 좀 더 적극적으로 제시하지만, 인간중심적 상담에서는 내담자가 스스로 통찰을 얻을 때까지 공감적 자세로 충분히 기다린다.

인간중심적 접근에서 공감을 강조하는 것에 대해 더 설명해 보자면, 먼저 공감(empathy, 共感)이란 상담자가 내담자의 감정과 경험을 정확하고 민감하게 이해하는 것을 말한다. 어떤 내담자는 자신의 생각이나 느낌을 분명하게 알지 못하는데, 이를 다른 말로 표현하면 앞에서 언급한 것처럼 '자각'하지 못하거나 또는 자각이 부족한 것이다. 그런데 본인은 자각하지 못한 마음을, 훈련받은 상담자는 더 잘 느낄 수 있다. 즉, 상담자가 내담자의 깊은 마음에 접촉한 것이다. 그리고 상담자가 공감한 바를 내담자에게 언어로 들려주면, 내담자는 자신의 생각과 느낌에 좀 더 명확하고 구체적으로 접근할 수 있게 된다. 자신의 생각과 느낌을 명확하게 알아 가는 과정에서 내담자는 자신의 억압된 욕구나 감정과 마주하게 되는데, 이들을 연결할 때 통찰이 생긴다. 통찰이 제대로 이루어졌다면 억압된 감정 및 욕구와 관련된 다른 감정이나 기억들도 동시다발적으로 연결될 것이다.

예를 들어 설명해 보자. 한 여학생이 상담자에게 와서 무심하게 "부모님이 이혼하게 되었어요."라고 말하고 침묵을 이어 갔다. 상담자는 침묵이 담고 있는 거부당하고 버림받은 마음을 느낄 수 있었다. 그래서 상담자는 "이번 일은 너에게 매우 충격이 크겠구나. 부모님이 너를 돌보지 않은 채 떠나 버릴 것 같아 불안한가 보구나."라고 반응하였다. 내담자는 상담자의 말을 듣고 자신이 부모님의 이혼에 대해 얼마나 충격받았는지를 새삼 깨닫게 되었다. 상담자의 공감 반응 이전에는 그 정도인지 몰랐지만, 상담자의 깊은 공감을 통해 내담자는 자신의 고통을 더 깊이 자각하고 체험하게 된 것이다. 순간 내담자는 어렸을 때 부모님이 서로 싸우고 자신은 혼자 집 밖에서 배회했던 기억을 떠올렸다. 이것은 감정의 체험이 내담자를 유사한 감정을 느꼈던 과거로 인도한 것이다. 내담자는 홀로 남게 되는 것을 자신이 얼마나 두려워하는지 새삼 깨닫게 되었고, 이후 타인에게 의존하고 집착하는 자신의 대인관계 패턴에 대해서도 깨닫게 되었다.

여기서 인간중심적 상담자의 공감 반응의 힘을 볼 수 있다. 숙련된 상담자는 직접 경험하지 않았음에도 내담자의 생각이나 감정을 거의 같은 내용과 수준으로 이해하고 느낄 수 있다. 그런데 앞의 예에서 좀 더 정확히 말하자면, 상담자가 공감한 바를 내담자에게 '말'로 전달하는 것이 자각과 통찰로 이끈다는 것을 알 수 있다. 생각과 느낌을 '언어'로 다시 되돌려 주어야 내담자가 자신의 감정이나 욕구를 명료하게 알게 된다는 것이다. 즉, 정확히 '공감'하는 것뿐 아니라 정확하게 '전달'하는 것도 중요한 것이다. 흔히 공감 작업을 거울로 비유하는데, 내담자가 자기 자신을 돌아볼 수 있도록 상담자가 거울이 되어 준 것이라 할 수 있다. 그런데 저자는 이 거울이 말하는 거울이 아닐까 생각해 본다. 거울을 보며 스스로 더 깊은 내면을 탐색하고 깨달을 수 있으면 좋겠지만, 많은 내담자는 괴로운 감정과 생각에 빠져 이 작업을 혼자 해내기 어려워한다. 따라서 상담자는 좋은 거울이 되도록 평소에 마음을 잘 닦아 두어야 할 것이며, 거울에 비춰지는 것을 되돌려 줄 수 있도록 언어 표현 연습을 해 두어야 할 것이다.

✂ 섬세하고 정확한 공감

학자들이 공감을 연구한 바를 살펴보면, 상담자의 공감적 이해능력에는 두 가지 기초적인 요소가 있다.

첫째, 상담자가 내담자의 말 속에 깔려 있는 중요한 감정, 태도, 신념, 가치기준을 포착하는 것이다. 이것은 감수성의 차원이다.

둘째, 상담자가 공감한 바를 내담자에게 전달하는 것이다. 이것은 전달과 소통, 즉 커뮤니케이션의 차원이다. 아마도 전달의 과정보다는 감수성의 차원이 상담자로서는 더 어려운 부분일 것이다. 전달과 소통의 방식은 배우고 연습하면 어느 정도 가능하지만, 감수성의 문제는 어린 시절부터 꾸준히 키워야 하고 또 어느 정도는 선천적인 부분도 영향을 주기 때문이다.

공감은 섬세하고 정확해야 한다. 대충 공감하는 것으로 만족해서는 안 되는데, 내담자는 '대부분' 공감받은 느낌보다는 '한두 부분' 공감받지 못한 느낌에 더 집중하기 때문이다. 상담자는 내담자의 감정을 감지하고 인식할 수 있는 단서를 놓치면 안 된다. 내담자를 이해하는 데 도움이 되는 단서는 당연히 내담자의 말과 행동이다. 말은 감정을 전달하는 수단이므로 상담자는 우선 내담자의 감정과 경험의 강도를 나타내는 말을 자세히 청취함으로써 내담자의 감정에 초점을 맞출 수 있다. 어떤 단어와 구절은 '신호등'처럼 불안 감정이 분명히 표시되기도 한다. 예를 들어, 내담자가 '화가 났어요.' '우울해요.' '신경이 날카로워졌어요.' '죄책감을 느껴요.' 등의 표현을 하였다면, 이는 감정을 분명히 표현한 것이다. 예민한 상담자는 이런 표현을 놓치지 않으며, 해당 감정의 내용을 이해하고 있음을 되돌려 주는 반응을 한다.

그런데 감정의 기본 성질은 같지만 조금씩 강도가 다른 표현들이 있음을 유념해야 한다. 가령, '신경이 쓰인다' '긴장된다'와 '화가 난다' '기분이 나쁘다' '불쾌하다' 등은 감정의 방향은 같지만 강도가 다르다. 따라서 상담자는 "신경이 꽤 쓰이는가 보군요." "약간 긴장을 느끼는 모양이죠?"라든가 "기분이 아주 나빴겠군요." "상당히 불쾌했었구나." 등의 다양한 강도로 전달하는 것이 바람직하다. 말하는 억양도 감정을 나타내는 또 다른 단서다. 화가 났을 때의 목소리는 크게 발성되는 반면에 의기소침한 사람의 목소리는 흔히 가라앉기 마련이다. 그리고 불안한 내담자는 말을 더듬거나 같은 말을 반복하며, '어, 어……' 하는 망설이는 말을 자주 한다. 내담자의 동작도 중요한 단서가 될 수 있다. 즉, 얼굴 표정, 눈의 초점, 손의 움직임, 의자에 앉아서 우물쭈물하는 것 등은 모두 내담자의 감정을 이해하는 데 도움을 주는 단서들이 된다. 의기소침해 있는 사람은 보통 머리를 푹 숙이고 땅바닥을 쳐다보고, 불안하고 긴장되어 있는 내담자는 손을 꽉 쥐고 있거나 가만히 앉아 있지 못하고 자주 들썩거린다.

한 가지 주의할 것은 내담자에 따라 같은 감정이라도 표현에서는 다른 어휘를 사용하기도 하고, 목소리의 억양이나 동작이 감정과는 다른 방향으로 나타날 수도 있다는 점이다. 예를 들어, 어떤 내담자는 화가 나 있으면서도 큰 소리를 내지 않고 낮은 목소리로 말하며, 조용히 입을 꼭 다문 채 눈만 이글거리며 앉아 있다. 이렇게 분명히 관찰되는 감정과 언어 반응이 모순되는 것은 내담자에게 별도의 감정이 있거나 자기방어적인 심리가 작용하기 때문이다. 예를 들어, 아버지에게 확실히 적개심을 느끼고 있는데도 그런 감정이 없다고 부인하는 내담자의 경우는 부모를 증오하는 자기 자신을 수용할 수 없기 때문일 것이다. 이때 상담자는 내담자가 부모에게 증오심을 나타내는 것에 대한 죄책감을 느낄지도 모른다고 가정할 수 있다. 상담자는 "당신이 부모에게 많이 화가 난 모양이군요."라고 말할 수 있으며, 이 말에 내담자가 당장은 부인하더라도 상담자의 공감 시도는 추후 결실을 맺을 기회가 올 것이다. 상담자는 좀 더 섬세하게 "당신은 부모님께 화가 난 자신을 용납할 수 없나 보군요."라고 말할 수도 있다.

내담자를 공감적으로 이해하기 위해서 상담자는 우선 내담자의 입장에서 보려고 노력해야 한다. 내담자의 불안, 좌절, 환경적 압력 등에 관하여 상담자는 내담자의 위치에서 느껴 보려고 노력한다. 이 과정에서 상담자는 자신의 생각이나 감정이 개입되지 않게 주의해야 한다. 즉, 상담자가 섣불리 자기 방식으로 이해하는 것이 아니라 내담자의 문제를 있는 그대로 이해해야 한다는 것이다. 그리고 동시에 상담자는 내담자의 문제에 동화되어 빠져 버리는 것이 아니라 이를 다시 내담자에게 되돌려 주어야 한다.

6) 관계 원리와 체험-수용 원리의 연결

앞의 제2장에서 언급했듯이, 심리상담에서는 상담자와 내담자의 '관계' 자체가 주요 역할을 한다는 인식이 공유되고 있다. 좋은 관계의 중요성을 강조하기 위해 '관계 원리'라는 표현도 있는데, 좋은 관계가 심리치료의 효과를 만들어 낸다는 뜻이다. 좋은 관계를 맺는다는 것을 동맹(alliance)을 맺는다고 표현기도 하며,[8] 외래어 라포(rapport)라는 용어를 사용하여 '라포를 형성한다.'라고도 한다.

인간중심 상담의 칼 로저스는 일치성, 비판단적 존중, 공감적 이해의 세 가지 관계 원리를 특히 강조하였다. 전통적인 정신분석에서는 무의식의 작동을 놓치지 않고 그 의미를 해석할 수 있는 상담자의 분석 능력을 강조했다면, 인간중심 상담에서는 상담자의 분석 능력보다 상담자와 내담자의 상호작용을 더 강조한 것이다. 인간중심 상담에서는 억압된 감정이나 욕구를 체험하고 받아들이며 잠재력을 펼치는 것을 강조했는데, 이것은 진실하고 비판단적이며 공감하려는 태도를 지닌 상담자와 만날 때 이루어질 수 있다고 보았다. 이런 차이는 상담자와 내담자의 자리배치에서도 드러났는데, 정신분석에서는 내담자와 상담자가 마주 보지 않았지만[9] 인간중심 상담에서는 마주 보는 자리배치를 선호한다.

관계 원리와 앞에서 언급한 체험-수용 원리의 연관성을 좀 더 설명해 보자. 욕구의 체험 및 수용 과정에서 중요한 점은 이 과정이 내담자 혼자만으로 이루어질 수 없고 반드시 상담자라는 대상이 필요하다는 것이다. 그것은 대개 인간의 욕구가 대상에 대해 생기기 때문이다. 애정욕구, 인정욕구, 지배욕구, 통제욕구 등 많은 욕구는 타인을 대상으로 하여 생긴 것이다. 내담자 입장에서, 상담자는 일시적으로 내담자의 욕구를 받아 주는 대상이 될 수 있다. 이때 '일시적으로'라는 표현이 중요한데, 궁극적으로 자기를 수용하는 것

---

8) 상담자와 내담자가 맺는 동맹을 작업동맹(working alliance) 또는 치료적 동맹(therapeutic alliance)이라고도 한다. 동맹이란 용어는 정신역동적 접근에서 주로 사용한다.

9) 일반적으로 정신분석에서는 장의자(카우치)의 사용을 권장하며, 내담자는 비스듬하게 누워 허공을 향해 말하고, 상담자는 내담자의 머리맡 부근에 앉아 있다. 이에 반해 인간중심 상담에서는 내담자와 상담자가 서로 마주 보고 상담할 수 있도록 자리를 배치한다.

은 내담자 자신이 되어야 하기 때문이다. 상담자는 내담자 과거 대상의 대체물이 아니며, 내담자가 과거 대상과 맺었던 조건적 관계를 반복하지 않는다. 상담자는 자유롭고 독립된 인격체로 기능하며 상호존중하는 관계를 맺는다. 섣불리 판단하지 않고 내담자를 인격적으로 존중하며 겉과 속이 일치하는 모습을 보이는 상담자와 새로운 관계를 맺으면서 내담자도 자신의 감정이나 욕구를 솔직하게 표현할 수 있게 되고, 타인으로부터 인정을 갈구하지 않고도 자신을 수용하고 인정할 수 있게 될 것이다.

7) 정서적 긴장의 방출: 카타르시스

이번에는 정서적 긴장의 방출, 즉 카타르시스(catharsis, 정화)에 대해 살펴볼 것이다. 본래 카타르시스는 정신역동적 접근에 뿌리를 둔 개념이었다. 정신분석의 창시자 프로이트는 과거의 기억에 묶여 있는 해소되지 않은 감정이 히스테리 증상을 일으킨다고 보았다. 따라서 과거의 기억에 대한 자유연상에서 분석을 시도하여 억압된 감정을 해방시키는 것이 치료적 작용을 한다고 보았다. 이렇게 억압되었던 감정이 해소되며 마음이 안정을 찾는 것을 카타르시스라고 한다. 그런데 카타르시스가 정신역동적 접근에 뿌리를 두었다 해도, 현대의 심리상담 이론들에서는 모두 정서의 표현과 해소를 강조한다. 인간중심 상담에서도 마찬가지다.

대개 내담자들은 마음속 괴로움을 허심탄회하게 털어놓고 싶지만 그럴 만한 대상을 찾지 못했을 수 있다. 또는 그럴 대상이 있다 하더라도 스스로 억압하다 보니 솔직하게 털어놓지 못하기도 한다. 그러다 보면 감정은 해소되지 못한 채 점점 쌓이게 된다. 억압해 놓은 감정이 쌓일수록 그것을 해소하고자 하는 충동 역시 커져 가며, 이 둘 사이에 긴장은 점점 증가한다. 정서적 긴장의 증가는 결국 신체나 행동에도 영향을 미칠 수 있다. 카타르시스 원리에 의하면, 쌓아 둔 감정을 토로할 때 내담자는 속이 시원한 느낌을 받을 뿐만 아니라 신체적으로도 이완되고 컨디션이 회복될 것이다.

카타르시스 원리가 시사하는 바는, 심리상담자가 내담자를 편안하게 대하여 쌓인 감정이나 긴장을 풀어낼 수 있게 면담을 진행해야 한다는 뜻이다. 그런데 속에 쌓아 둔 감정을 마구 토로하게 하면 당연히 카타르시스를 느끼게 될까? 대답은 그럴 수도 있지만 아닐 수도 있다는 것이다. 어떤 전문가들은 큰 소리를 지르거나 과격한 몸동작을 통해 감정을 표현하도록 요청하기도 한다. 물론 이렇게 해서 효과를 보는 경우도 있지만, 준비되지 않은 상태에서 과격하게 행동한 후 오히려 죄책감이 증가하기도 한다. 따라서 심리상담자는 내담자의 상태 및 내담자가 준비되었는지 여부를 잘 살펴야 한다.

그리고 카타르시스 자체도 중요하지만 카타르시스와 통찰이 연결되는 것도 중요하다. 심리상담에서는 내담자가 감정을 표현할 수 있도록 항상 배려하며, 이를 통해 내담자들은 속마음을 털어놓고 눈물을 흘리며 카타르시스를 느끼기도 한다. 그런데 매번 면담 때마다 고통을 호소하며 울기도 하고 화를 내기도 하지만 속 시원한 느낌은 얻지 못하고 오히려 답답함이 증가하는 경우도 실제로 많이 있다. 이것은 감정을 토로하는 것만으로 충분한 것이 아니라, 쌓아 둔 감정을 공감하고 존중하는 것, 그리고 왜 감정을 쌓아 두었는지에 대한 통찰이 함께 동반되어야 함을 시사한다.

촉진적 감정 표현을 돕는 면담기법에 대해서도 언급하자면, 대부분의 심리상담에서는 내담자가 자기 문제나 고통스러웠던 과거 및 현재 사건을 이야기하면서 그때 어떤 감정을 느꼈는지를 말하게 된다. 그런데 두루뭉술하게 사건을 요약하거나 추상적으로 사건을 설명하기보다는 사건을 구체적이고 생생하게 이야기할 때 감정이 더 많이 묻어나게 된다. 즉, 카타르시스를 위해서는 다음을 명심해야 한다.

* 사건을 구체적이고 생생하게 이야기할 때 감정이 더 많이 드러난다.

따라서 내담자가 어떤 사건에 대해 구체적이지 않고 두루뭉술하게 설명할 때, 상담자는 부드러운 태도로 더 구체적이고 생생하게 표현도록 격려하면 좋다. 즉, "그래서 당신은 어떻게 했나요?" "그 다음엔 어떻게 되었나요?" "그때 어떤 감정을 느꼈나요?" "속마음은 무엇이었나요?"라는 식으로 질문할 수 있다.

그리고 감정 표현을 어색해하는 내담자도 있음을 알아 둘 필요가 있다. 이들은 대체로 표정이 굳어 있고, 무안당할 것이 두려워 감정을 표현하지 않거나 또는 감정을 표현하는 것은 나약한 일, 즉 감정을 이야기하면 약한 사람이란 사고방식을 갖고 있기도 하다. 이들은 감정을 표현하지 않고 억압하는 가족 및 사회문화에서 성장한 사람들일 수도 있다. 감정 표현에 대해 부끄러워하고 감정을 드러낼 때 죄책감이 생기는 경우는 많다. 그러나 자신의 감정을 언어화하여 차분하게 설명할 수 있는 사람이야말로 심리적으로 성숙한 사람이며, 오히려 감정을 제대로 표현하거나 처리하지 못하는 것이 많은 심리적 증상의 뿌리가 된다. 쌓인 감정이 신체를 긴장시키고 마음을 경직되게 하며, 그렇게 되면 몸이 아프거나 마음이 융통성이 부족해지고 극단적으로 생각하게 될 수 있다. 따라서 상담자는 다음과 같이 말해 주며 감정 표현을 허용해 줄 수 있다.

- "당신은 감정을 늘 쌓아 두고 살아서 참 힘들겠군요. 하지만 속에 있는 감정을 겉으로 내보내는 것은 자연스러운 것입니다."
- "미운 마음이 들었군요. 그럴 수 있습니다."
- "슬플 때 우는 것은 자연스러운 것입니다."

앞에서 언급한 감정 표현이 서투른 내담자나 급성불안 상태에 있거나 우유부단하거나 강한 죄의식의 소유자라면 감정을 심하게 억압할 수 있는데, 상담자는 지지와 격려를 통해서 내담자 자신이 막아 두었던 감정의 둑을 열 수 있게 도와주어야 한다. 이때 따뜻하고 신뢰하는 관계(라포, 촉진적 관계)가 중요할 것이다. 그리고 상담자의 '버텨 주기 (holding)' 역할도 중요하다. 내담자가 감정적으로 동요해도 상담자는 침착하게 안정감을 유지하는 것이다. 촉진적 관계 속에서 내담자는 자신이 감정을 표현해도 안전하며, 감당하지 못할 정도로 울거나 화를 내도 상담관계가 흔들리지 않을 것이라고 믿을 수 있다. 자신의 감정을 조금씩 표현하기 시작하면서 내담자는 마음의 짐을 내려놓고 자유로움을 느끼며 위안을 얻게 될 것이다.

8) 감정 표현을 촉진시키는 상담자의 태도

마지막으로, 감정 표현을 촉진시키는 상담자의 태도에 대해 다시 한번 언급하고자 한다. 상담자와 내담자가 서로 신뢰하는 따뜻한 분위기는 내담자가 자신의 감정을 표현할 수 있게 하는 바탕이 되므로, 상담자는 먼저 비판단적이고 수용적인 분위기를 조성하려고 노력해야 한다. 상담자가 내담자의 말을 비판하지 않고 수용하며 격려한다면 내담자는 감정을 감추지 않고 표현하려고 할 것이다. 또 중요한 것이 있는데, 상담자 자신도 그런 사람이 되어야 한다는 것이다. 즉, 상담자부터 먼저 감정을 자연스럽게 표현할 줄 알아야 한다는 것이다. 상담자는 늘 내담자에게 본보기가 되기 때문이다. 이때 상담자의 일치성이 중요할 것이다.

마음속 감정을 언어로 표현하는 것은 감정을 더 이상 부정하지 않는다는 의미가 있다. 일단 겉으로 드러내면 그것은 자신의 마음속에 있다는 것을 인정하는 셈이 된다. 1년 반 정도 상담에 참여하였던 내담자가 생각나는데, 그는 강박증으로 공부도 잘 못했고 준비하고 있던 시험도 자꾸 떨어지고 있었다. 그랬던 내담자가 강박증이 많이 좋아진 후 어느 날 공부를 하려는데, 강박증이 좋아져서 그런지 몰라도 갑자기 술도 먹고 싶고 사람도 만나고 싶은 마음이 든다고 이야기를 하였다. 상담자가 그럴 수도 있다고 지지해 주었더니 그는 "선생님, 제가 힘들어서 그런가 봐요. 힘들어서 사람도 만나고 싶고 힘들어서 술도 먹고 싶은가 봐요."라고 말하였다. 그는 이전에는 전혀 그런 이야기를 한 적이 없었는데, 그 이야기를 하면서 눈시울이 붉어졌다. 그는 드디어 힘든 마음, 의지하고 싶은 마음이 있음을 인정한 것이었다. 이후 내담자는 자신의 감정을 좀 더 솔직하게 표현하게 되었고, 이전에는 몰랐던 긍정적인 감정들도 느끼기 시작했다. 이처럼, 사람은 자신의 부족한 면들을 수용할 때 좀 더 편해지고 자유로워진다. 억지로 감추거나 억압하는 데 더 이상 에너지를 쓰지 않기 때문이다. 그러면 긍정적인 감정, 즉 행복이나 감사하는 마음, 유머도 느낄 수 있게 된다.

✂ 인간중심적 접근과 칼 로저스

로저스(Carl Rogers, 1902~1987)는 인간을 근본적으로 긍정적인 존재, 발전 가능성이 있는 존재로 보았으며, 내담자중심적 접근(client-centered approach)이라고도 부르는 인간중심적 상담 접근법을 발전시켰다. 로저스는 시카고의 외곽인 일리노이주 오크 파크에서 6명 중 넷째로 태어났다. 그의 아버지는 엔지니어였고 어머니는 가정주부였으며, 모두 독실한 기독교 신자였다. 로저스는 유치원에 다니기 전에 이미 글을 읽고 쓸 줄 알아서 학교를 2학년부터 시작할 정도로 똑똑했다고 한다. 로저스가 열두 살 되던 해 그의 가족은 시카고 서쪽의 농장으로 이사를 하게 되었는데, 그는 여기에서 청소년기를 보낸다. 엄격한 교육과 많은 허드렛일 때문에 로저스는 다소 고립된 생활을 하였고, 독립적이고 자기 절제가 강했다고 한다. 그는 1919년 과학적 경작법을 배우기 위해 위스콘신 대학교에 입학했다가 기독교 학생회 활동으로 6개월간 중국을 여행할 기회가 있었는데, 외국인이 자신과는 다른 종교 · 문화적 태도를 가지고 있음을 알고 종교를 포기하고 자유로운 인간관을 가지게 되었다. 이후 1924년 사학과를 졸업하고, 1931년에 가서야 임상심리학 학위를 받았다. 1942년 오하이오 대학교 교수 시절 『상담과 심리치료(Counseling and Psychotherapy)』의 저술은 그 당시 지배적이었던 정신분석 요법에 대해 처음으로 중요한 대안을 제시하는 계기가 되었다. 1951년 『내담자중심치료(Client-centered Therapy)』를 출간했고, 이후 1962~1963년 잠시 스탠포드 대학교 행동과학연구소 연구원으로 있었던 것을 제외하고는 1957년부터 1964년 교수직을 사임할 때까지 모교인 위스콘신 대학교에 재직하였다.

로저스는 인간중심적 접근에서 심리적 증상의 발생 원인으로 개인이 자신의 경험 중 일부분을 왜곡하거나 부정하였기 때문이라고 하였다. 이를 '자기-경험 간 불일치(self-experience discrepancy)'라고 한다. 로저스는 본래 사람이 자기실현경향성(self actualization tendency)을 지니며, 주변의 억압이나 조건적 양육이 없다면 사람은 잠재력을 발휘하여 최적의 성과를 이루어 낼 것이라 믿었다. 그러나 사람이 성장하는 과정에는 부모나 환경의 조건적 양육이 생기기 마련이다. 자녀들은 부모의 기분을 살피며, 부모의 맘에 들기 위해 자신의 감정이나 욕구를 억압한다. 즉, 부모의 가치나 사회적 가치 조건을 만족시키지 않는 욕구나 감정을 억압하게 되는데, 이렇게 억압을 유발하는 가치를 조건부 가치(the conditioned value)라고 한다. 물론, 개인의 억압 정도는 부모가 어떤 사람이냐에 따라 개인차가 있을 수 있다. 자기중심적이고 조건적인 부모 아래에서 자라난 자녀는 더욱더 감정이나 욕구를 억압하게 될 것이다.

앞에서 제시한 이론의 세 요소(인간관, 원인론, 치료적 방법론)를 통해 인간중심적 접근법을 고찰해 보면, 먼저 이 접근법에서 인간을 보는 기본 관점은 개인을 과거에서 분리된 존재, 스스로 자아실현을 할 수 있는 잠재력과 경향성을 가진 존재로 본다는 것이 특징이다. 이 특징은 상담자의 역할에 대해서도 시사하는 바가 크다. 개인은 자기실현경향성을 지닌 존재이므로, 상담자는 내담자 스스로가 자신의 문제를 해결해 나가게 촉진해 주는 역할을 할 뿐 무의식의 해석이나 다른 지시적 방법을 사용할 필요가 없게 된다.

인간중심적 접근의 상담자는 내담자에게 처음부터 끝까지 경험을 왜곡하거나 부정하지 않고 있는 그대로 수용할 것을 강조한다. 그러나 그 방식은 내담자에게 말로 권유하거나 지시하는 것이 아니며, 상담자가 그런 태도를 내담자에게 직접 보여 준다. 상담자는 가치판단을 하지 않고 내담자를 인격적 존재로서 받아들이며, 그가 가지고 있는 어떤 욕구나 감정도 비판하지 않는다. 또 상담자는 내담자의 의식 내면에서 진행되고 있는 감정을 거울처럼 반영하기 위해 공감 기법을 사용하고, 내담자에게 솔직하게 자기를 표현하는 본보기를 보여 준다. 로저스가 강조한 무비판적 존중, 공감적 이해, 일치성은 현대 심리상담에서 '관계 원리'라고도 부르며, 상담자가 지녀야 하는 기본 태도로 널리 알려지게 되었다.

4. 인지행동적 접근

심리상담 이론 분야의 세 번째 주요 접근법은 인지행동적 접근법이다. 앞에서 심리상담은 자아를 성장시키는 데 초점을 맞춘다고 하였는데, 인지행동적 접근법에서는 내담자의 생각을 점검하고 행동을 수정함으로써 자아를 성장시키려고 한다. 인지행동적 접근법은 인지주의적 접근법과 행동주의적 접근법이 합쳐진 것으로, 두 접근법을 함께 사용할 때 상승효과가 있다. 구체적으로 두 접근법이 지향하는 바는 약간 차이가 있는데, 인지주의적 접근법은 내담자가 자기 생각을 점검하는 작업을 해야 한다고 보는 것이며, 행동주의적 접근법은 기존에 해 보지 않았던 새로운 행동을 시도해 봐야 한다고 보는 것이다. 예를 들어, 비사교적이고 긴장이 매우 심한 내담자의 경우 사람들 앞에서 실수라도 하면 자신을 바보로 여길 것이라고 굳게 믿고 있다. 그는 결국 사교 모임에 나가지 않고 사교 모임을 두려워하는 마음이 강해지는 악순환이 생긴다. 이때 인지주의적 접근에서는 사실 사람들은 타인의 실수에 크게 관심이 없음을 알려 주며 생각을 바꿀 수 있도록 도와주고, 행동주의적 접근에서는 일단 사람들 앞에 나서서 작은 실수를 일부러 저질러 본 후 사람들이 어떻게 반응할지 직접 관찰해 볼 것을 권유한다.

그런데 새로운 행동 시도 후 기존의 생각이 잘못되었음을 깨달아 좀 더 객관적이고 긍정적인 사고방식을 얻기도 하고, 반대로 생각을 바꾸면 새로운 행동을 시도할 수도 있게 되므로 두 접근법은 상호 보완적이라 할 수 있고, 그래서 두 접근이 쉽게 합쳐질 수 있었다. 먼저 생각을 점검하는 작업부터 설명을 시작해 보자.

1) 생각의 의미와 종류

흔히 '생각하다'는 '사고하다'와 같은 말로 쓰인다. 그런데 사고란 의식 활동과 그 지적 산물 모두를 지칭한다. 즉, 생각은 생각하는 작업을 의미할 수도 있고, 생각 작업의 산출물을 가리킬 수도 있다. 다음의 두 가지 문장에서 사용되는 방식을 살펴보자.

* '어떻게 해야 이 난국을 헤쳐 나갈 수 있을지 생각해 보자.' (문제 해결적 사고 작업)
* '아무리 해도 이 난국을 헤쳐 나갈 수 없다.' (사고 작업의 산출물)

문제 해결적 사고 작업과 그 산출물은 서로 영향을 미치는데, 긍정적인 산출물을 얻은 경우 더 적극적인 문제 해결적 사고 작업을 시도할 것이고, 부정적인 산출물을 얻은 경우 추가적인 문제 해결 작업을 포기할 것이다.

인지행동적 접근에서 생각을 점검한다고 하면 후자, 즉 사고 작업의 산출물을 점검하는 쪽에 더 가깝다. 사고 작업은 생각하는(thinking) 작업 자체라면, 사고 작업으로 생긴 산출물은 신념(믿음, belief)이나 태도(attitude) 같은 것이다. 산출물들이 객관적으로 저장된다면 좋겠지만, 사람에 따라 다소 한쪽으로 편향되어 있다. 너무 기대치가 높거나 욕심이 과하거나 기준이 엄격한 경우 문제 해결적 사고 작업은 원하는 결과를 얻지 못할 수 있고, 결국 산출물에 부정적인 색채가 입혀질 것이다.

앞의 예에서 '난국을 헤쳐 나갈 수 없다.'와 같은 생각은 다분히 부정적인 산출물이다. 흔히 이런 식의 생각은 우울이나 불안과 같은 부정적 감정이 동반하므로, 이런 부정적인 생각들이 자주 떠오르는 경우 부정적인 사고방식을 갖고 있다고 한다. 그리고 부정적 사고방식의 소유자는 중립적인 사건에 대해서도 부정적으로 판단하기 쉽다. 예를 들어, 이름을 불렀는데 상대방이 대답이 없는 경우를 생각해 보자.

* '이름을 불러도 대답이 없네? 못 들었을 수도 있으니 더 큰 소리로 불러 보자.' (중립적 판단)
* '이름을 불러도 대답이 없네? 나를 싫어하는 것이 틀림없어.' (부정적 판단)

이처럼 부정적 판단은 부정적 신념으로 이어지고, 부정적 신념은 다시 부정적 판단을 강화시킨다. 이런 식으로 부정적 판단, 부정적 신념, 부정적 감정의 악순환이 생긴다. 부정적인 사고방식의 소유자는 똑같은 양의 돈이나 물건에 대해서 '겨우 이것밖에 없구나.'라며 부정적으로 판단하며 속상해할 것이다. '아직 이렇게나 많이 남았구나.'라고 긍정적으로 생각하는 사람도 있는데 말이다.

인지주의적 상담에서는 문제의 원인이 바로 습관화된 부정적인 사고방식에 있다고 본다. 습관화된 부정적인 사고방식은 겉으로 볼 때 긍정적인 사건도 부정적으로 해석하도록 작용할 수 있다. 예를 들어, 평소에 100점을 맞다가 어느 날 95점을 맞은 학생이 있다고 하자. 학생의 완벽주의적 성향이 부정적 사고방식과 결합해서 '100점이 아닌데 무슨 소용이야.'라고 생각하며 속상해하다가 자책감에 못 이겨 자해를 하게 되었다. 즉, 극단적이고 비합리적인 사고방식이 학생의 정서 및 행동 문제로 이어진 것이다.

부정적인 사고방식은 이처럼 극단적이고, 완벽주의적이며, 비합리적이고, 융통성이 부족하다는 특징이 있다. 인지주의적 접근의 상담자는 내담자에게 부정적이고 비합리적 사고방식이 문제의 원인임을 깨닫게 도와주고, 이를 좀 더 긍정적이고 합리적이며 유연한 사고방식으로 바꿀 수 있게 도와준다. 궁극적으로 볼 때, 긍정적이고 합리적으로 사고하는 자아로 성장시키는 것이다. 그런데 이 작업이 항상 쉬운 것만은 아니다. 몇 가지 이유가 있는데, 첫째, 대부분의 사람은 사고방식이 감정·행동 문제를 초래한다는 사실 자체를 모른다. 둘째, 사람들은 자신의 사고방식에 오류가 있음을 잘 받아들이려 하지 않는다. 셋째, 사고방식은 습관적이어서 이를 바꾸기가 쉽지 않다는 것이다.

그리고 생각을 긍정적인 유형과 부정적인 유형으로 구분하는 것 외에 또 다른 구분법이 있다. 인지주의적 상담에서는 표층의 자동적 사고(automatic thought)와 좀 더 심층의 신념(믿음, belief)을 구분한다. 자동적 사고는 어떤 사건을 겪을 때 즉각 떠오르는 생각이며, 신념은 비록 의식하고 있지는 않았더라도 개인이 평소에 지속적으로 갖고 있는 생각을 의미한다. 다음의 예를 보며 구별해 보자.

* '오늘 그가 아무런 연락이 없네. 혹시 날 싫어하는 게 아닐까?' (자동적 사고)
* '내가 못생겨서 그렇지 뭐.' (자동적 사고)

* '날 좋아한다면 매일 연락할 것이다. 연락하지 않는 것은 날 좋아하지 않는 것이다.' (신념)
* '나는 남들보다 매력이 부족하다.' (신념)

인지주의적 상담에서는 표층의 자동적 사고를 탐색하는 것에서 시작해서 점점 더 기저에 있는 신념으로 들어가고 그것이 합리적인지 아닌지를 점검하는 방식으로 진행된다.

참고로, 인지주의적 접근은 왜 생각을 점검하는 것에 초점을 맞추었을까? 그 이유는, 인간의 다른 정신활동, 즉 감정이나 욕구 등에 비해 생각은 더 쉽게 공유할 수 있고 점검할 수 있기 때문이다. 인간이 동물과 차별화되는 중요한 특징은 고등사고활동(생각할 수 있음)이 가능하고 고급 언어를 사용할 수 있다는 것이다. 대개 사고나 신념은 언어(말이나 문장)로 표현되는데, 그러므로 극단적인지, 비합리적인지, 오류가 있는지 등을 따질 수 있다.

또 다른 이유로 인지우선주의가 있다. 인지주의적 이론가들은 감정이나 욕구, 행동보다 생각이 더 우선한다고 본다. 앞의 예로 설명하면, 좋아하는 사람에게서 아무런 연락이 없을 때 '그가 날 싫어하는구나.'라는 생각과 우울감이 동시에 들 수 있지만, 그중에서도 '날 싫어한다.'라는 생각이 더 우선한다고 보는 것이다.[10] 따라서 내담자의 우울감을 개선하기 위해서는 '그가 날 싫어한다.'라는 생각을 다루어야 한다고 본다.

2) 생각 점검으로 이끄는 면담기법

인지주의적 상담의 경우에도 다른 상담 접근법들처럼 내면을 탐색하는 여행의 비유를 쓸 수 있다. 다만 내면이라고 할 때, 다른 접근에서는 무의식적 충동, 억압된 감정과 욕구 등을 강조했지만, 인지주의적 접근에서는 '생각'에 초점을 맞춘다. 상담자는 내담자가 자신의 생각을 탐색할 수 있도록 도와주어야 한다.

기법적인 측면을 살펴보면, 먼저 개인의 고통이 생각에서 비롯되며, 따라서 생각을 점검하는 것이 문제를 해결하는 길이 된다고 설명하는 것부터 시작할 수 있다. 일반적으로 다음과 같이 교육할 수 있다.

- "우리는 우울한 기분에 빠져 있지만, 실은 우울한 생각이 우울한 기분을 초래합니다. 당신이 할 일은 마음속에 어떤 우울한 생각들이 있는지 점검하는 것입니다."

사람들은 '생각을 바꾸면 세상이 달라진다.'와 같은 말을 흔히 들어 보았으므로, 인지주의적 상담의 기본 원리에 대해서는 비교적 쉽게 이해할 수 있다. 그런데 실제로 면담 도중에 무엇을 하는지에 대한 이해는 쉽지 않을 수 있다. 사람들은 그냥 고민을 말하는 것에 익숙하지만, 인지주의적 상담에서는 자신의 경험 속에서 생각을 분리해 내야 하기 때문이다. 따라서 상담 초반부에 상담자는 자동적 사고를 확인하는 법에 대해 교육할 수 있다.

- "지난주에 시험 결과를 확인하고 나서 매우 우울해졌다고 했지요? 그럼 시험 결과를 본 바로 그 순간 마음속에 스쳐 지나간 생각은 무엇이었나요?"

---

10) 인지와 정서의 상호 관계에 대해서는 학자들마다 주장에 차이가 있다. 정서 반응이 인지보다 우선하고, 인지와 무관하게 정서를 경험할 수 있다는 주장도 있다. 인지가 정서에 우선한다는 주장에서는 경험의 해석 (appraisal)을 강조하며, 어떤 정서를 느낄 것인가는 어떻게 생각하느냐에 달려 있다고 보았다(Frijda, 1988; Lazarus, 1991).

- "어떤 생각은 너무 순간적으로 스쳐 가기 때문에 알아차리지 못할 수도 있습니다. 단지 그것들이 만들어 내는 감정들을 느낄 뿐이죠. 따라서 그 순간 마음속에 처음 떠오른 생각을 잡아내는 것이 중요합니다. 일반적으로 우리는 그것을 자동적 사고라고 부릅니다. 예를 들어, '또 망했다.' '내 이럴 줄 알았어.'와 같은 생각이 들 수 있습니다."

인지주의적 상담에서는 내담자가 생각에 초점을 맞추도록 계속적인 교육이 필요하다. 자동적 사고(automatic thought), 역기능적 태도(dysfunctional attitude), 핵심신념(core belief), 도식(schema), 인지 오류(cognitive error) 등의 용어는 내담자가 평소에 접해 보지 않은 것들이다. 따라서 이런 용어들을 설명해 주면서 내담자로 하여금 인지주의적 상담에 익숙해지도록 도와주어야 한다. 즉, 인지주의적 상담에서는 내담자에게 인지주의의 원리 및 용어에 대해 자주 교육하는 것이 필요하다.

매회 상담 시간에 내담자는 자신에게 벌어진 여러 가지 사건에 대해 보고할 것이다. 이때마다 상담자는 내담자가 생각에 초점을 맞추도록 안내한다.

- "~에 대해 좀 더 얘기해 보시겠어요?"
- "그때 떠오른 생각은 무엇이었나요?"

내담자가 점점 자신의 생각에 초점을 맞추게 되면 자동적 사고 외에도 자신이 경험을 통해 갖게 된 여러 가지 믿음에 대해 얘기하게 될 것이다. 이때 '~하면 ~한다.'라는 식의 조건 형식으로 이루어진 생각이 있는지 잘 찾아내는 것이 중요하다. 예를 들어, '노력하면 다 이루어질 수 있다.' '도와 달라고 하면 약한 사람이다.' '나를 좋아한다면 먼저 연락해 줄 것이다.'와 같은 것들이다. 이런 믿음들을 가정, 규칙, 태도라 할 수 있고, 다른 용어로는 중간 믿음 또는 역기능적 태도라고도 부른다.

3) 생각의 점검과 직면

인지주의적 상담에서는 생각의 타당성을 내담자와 함께 점검한다. 이를 위해 내담자에게 생각을 얼마나 믿는지, 얼마나 확신하는지에 대해 반복적으로 물어보게 된다. 수치를 사용하기도 한다. 다음 대화의 예를 보자.

> **상담자:** 담임선생님이 계시잖아요. 선생님께 도움을 청해 보지 않았나요?
>
> **내담자:** 누군가에게 도움을 청한다는 것은 어려워요. 그건 제가 정말 못나고 약한 인간이란 걸 증명하는 것 같아요.
>
> **상담자:** 타인에게 도움을 청하면 약한 사람이라는 것이군요.
>
> **내담자:** 네……
>
> **상담자:** 그 생각을 얼마나 확신하는지 %로 표시해 본다면요?
>
> **내담자:** 100%요.

인지주의적 상담에서는 내담자와 함께 생각의 오류에 대해 점검하고, 상담자는 좀 더 합리적인 생각들을 제시하며 비합리적 사고방식을 직면시킨다.

> **상담자:** 타인에게 도움을 청하면 약한 사람이라는 것은 단지 당신의 생각이 아닐까요? 예를 들어, 두 명의 학생이 곤란에 처했는데, 한 친구는 혼자서 해결하려고 하다가 일을 더 악화시켰고, 다른 친구는 선생님께 도와 달라고 요청해서 상황을 개선시켰는데, 도움을 요청한 학생을 꼭 바보로 볼 순 없잖아요.
>
> **내담자:** 그건 그렇죠.
>
> **상담자:** 그럼 조금 전에 말한, '타인에게 도움을 청하면 약한 사람이다.'라는 생각에 대한 확신이 조금 달라지나요? 지금은 몇 % 정도로 확신하나요?
>
> **내담자:** 음…… 한 70% 정도요.

4) 새로운 행동과 실험

이번에는 새로운 행동 실험(Behavioral Experiment)에 대해 살펴보자. 일반적으로 심리상담에서는 자신에 대해 통찰을 얻은 후 행동 변화가 자연스럽게 잇따르는 순서를 가정한다. 그런데 인간의 사고, 감정, 행동이 상호 연결되었다고 할 때 어느 하나의 변화가 다른 것의 변화를 촉진하는 것은 충분히 가능하다. 인지행동적 접근에서는 이 점을 활용하여 내담자에게 새로운 행동 실험을 해 볼 것을 제안하기도 한다. 흔히 상담 목표 달성에 도움이 되는 행동들, 예를 들어 친구 만나기, 공공장소에 가 보기, 가벼운 부탁하기, 가볍게 거절해 보기 등 다양한 것이 가능할 것이다. 이러한 시도는 근본적으로 비합리적 신념의 타당성을 검증하기 위한 것이며, 행동 실험을 통해 닫혔던 마음이 좀 더 열리는 계기를 마련하고자 하는 것이다.

인지행동적 접근에서 행동 실험이라고 하지만 일반적으로 표현하자면 일종의 '과제'가 된다. 즉, 상담자는 내담자에게 새로운 행동을 시도해 보라고 과제를 내주는 것이다. 물론 과제를 내는 것이 인지행동적 접근에서만 시도해야 하는 것은 아니다. 다른 이론적 접근법을 공부한 상담자라 할지라도 필요에 따라 내담자에게 적절한 과제를 부여할 수 있을 것이다. 다시 말해, 인지행동적 접근 외에 정신분석적 접근이나 인간중심적 접근에서도 내담자와 협의하여 과제 목록을 작성하고 새로운 행동을 시도해 볼 수 있다. 앞에서 언급했듯이 과제는 다양한 것이 가능하며, 상담의 진행 중 필요한 시기에 부여할 수 있다.

그런데 어떤 내담자들은 새로운 행동 실험에 대해 주저하고 두려워한다. 이때 인지행동적 상담자는 새로운 행동 실험과 관련된 비합리적 생각 점검을 도와줄 수 있다. 또 상담자와 내담자 간 라포가 충분히 형성되어 있다면, 상담자의 행동 실험 권유를 내담자가 더 잘 받아들일 수도 있다. 아무튼 새로운 행동 실험은 자신의 잘못된 신념이나 생각을 점검하고 교정할 기회가 되기 때문에 인지행동적 접근에서는 적극 권장하고 있다.

과제의 활용과 관련하여 주의사항을 몇 가지 언급하자면, 먼저 심리상담에서 사용할 수 있는 과제는 제한이 없으나 과제 자체를 내담자가 중요하게 생각해야 하며, 그가 상담을 받고자 하는 어려움을 극복하기 위한 노력의 일부분으로 생각할 수 있어야 한다. 많은 사람이 '과제(또는 숙제)'라면 힘들거나 귀찮은 것으로 생각할 수 있기 때문에 할당된 과제의 적절성이나 상담 목표를 위해 과제를 하는 것의 중요성을 함께 논의하는 것이 좋다. 저자의 경우엔 과제를 먼저 내지 않고 내담자가 '어떤 과제를 내주실 것이 없나요?'라고 먼저 물어 올 때 과제를 내는데, 이렇게 하면 내담자의 과제 수행 동기가 더 강해진다는 장점이 있다.

그리고 내담자에게 부과하는 과제나 활동은 성공적으로 완수될 확률이 평균 이상이어야 한다. 항상 성공적인 경험이 보장되는 것은 아니며, 실제 실패로 인한 부정적인 결과의 가능성도 주의 깊게 고려하여야 한다. 예를 들면, 심한 대인공포증을 가진 사람에게 낯선 사람한테 말을 걸어 보라는 과제를 부과하는 것은 성공을 보장하기 어렵고, 이후 상담에 대한 비관적 태도를 증가시킬 수 있다. 대체로 상담 초기에 과제를 부과할 때는 지나치게 어려운 과제를 내서는 안 되며, 비교적 성공 가능성이 높고 안전한 과제를 부여하는 것이 좋다. 내담자가 과제 수행의 준비가 되어 있을 때는 다소 어려운 과제를 부여할 수도 있다.

상담자는 내담자가 과제를 해 오면 과제를 했는지의 여부나 성공 여부만을 확인하지 말고 과제를 하면서 어떤 느낌이 들었는지, 어떤 경험을 했는지를 구체적으로 물어보며 확인해야 할 것이다. 이 과정에서 내담자의 행동양상이나 사고방식이 더 구체적으로 드러날 수 있을 뿐 아니라 다음 과제를 위한 적절한 향후 계획을 마련할 수도 있다. 내담자가 성공적으로 과제를 수행했다면 상담자는 칭찬으로 적절히 강화해 줄 수 있다.

참고로, 새로운 행동 실험과 관련하여 행동주의의 주요 개념인 강화(reinforcement)를 알아 두면 좋겠다. 강화는 바람직한 행동을 더 증가시킨다는 뜻이다. 강화를 위해서는 보상물이 필요하며, 보상물은 물건이 될 수도 있지만 심리적인 것이 될 수도 있다. 인간이 새로운 행동이나 사고방식을 획득하는 것은 강화의 원리를 따르는 경우가 많다. 예를 들어, 어떤 어린이가 우연히 동네 어른께 인사를 했는데 그 어른이 감탄하며 "넌 참 인사성이 밝구나. 인사를 잘하는 어린이구나."라고 칭찬해 준다면 그 이후부터 이 어린이의 인사 행동은 강화될 것이다. 이 장면에서 사용된 보상물은 칭찬인데, 강화 이론에 의하면 인간 행동의 경우 물질로 보상해 주는 것보다는 마음속의 동기를 보상해 주는 것이 더 강화가 잘된다고 한다. 즉, 인사를 잘했다고 칭찬하는 것이 돈을 주는 것보다는 훨씬 효과적이라는 뜻이다.

5) 다양한 연습의 활용

한편, 인지행동적 상담에서 '과제'라고 할 때 다른 의미도 있다. 새로운 행동 실험(behavioral experiment)이 아니라, 내담자가 익숙해지도록 어떤 것을 연습(exercise)하는 것도 있다. 대표적으로 내담자 자신의 생각이나 행동을 관찰하는 연습이 있는데, 예를 들면 일기나 자기 관찰일지를 쓰게 하는 것이다. 내담자는 자기 관찰일지를 쓰면서 어떤 사건이 얼마나 자주 일어나는지, 혹은 어떤 상황이 어떤 정서 상태를 촉발시키는지 점점 더 명확하게 알게 된다. 특정 증상에 초점을 맞추어 일지를 쓸 수도 있는데, 예를 들어 섭식장애나 비만이 문제인 사람에게는 그들이 먹는 음식물의 양, 시간, 상황을 기록하게 할 수 있다. 이런 절차는 서술적 회상에 비해 정확한 자료를 제공할 수 있으며, 내담자에게 그가 얼마나 많이 먹는지를 구체적으로 보여 줄 수 있고, 일정 기간 동안 내담자에게 실제로 진전이 있었는지의 여부를 알려 줄 수 있다. 또 다른 예를 들면, 불면증이 있는 사람에게는 잠을 잔 시간이나 잠을 자지 않은 채 누워만 있던 시간 등을 기록하는 수면일지를 작성하게 하는 것이 있다. 부정적 자동적 사고가 감정과 행동에 영향을 미치는 것을 확인하도록 돕는 자동적 사고 기록지도 유명한 예다.

연습 중에는 운동이나 특별훈련 기법을 연습하는 것도 있다. 예를 들면, 불안, 긴장, 고혈압 등의 증상을 가진 사람을 돕는 방법 중에 이완훈련이 있는데, 상담 회기 내에 훈련법을 배운 내담자는 생활 속에서 이완훈련을 실시한다. 다음번 상담 시간에서는 이완훈련을 해 본 소감이나 경험을 나눌 수 있다.

6) 합리적인 사고와 새로운 관점의 제시

인지행동적 상담에서 내담자는 생각을 점검하고 새로운 행동을 실험하며 자신에 대해 돌아볼 것이다. 그러나 전문가의 도움이 있다 하더라도 기존의 생각이 틀렸음을 인정하기는 쉽지 않을 것이다. '사람들이 나를 좋아하지 않는다.'라는 믿음을 가진 사람은 어떻게든 자기 믿음을 증명하는 증거를 찾아낼 것이다. 사람들이 잠깐만 다른 곳을 쳐다봐도 그것이 자신을 싫어하는 증거라고 여기는 식이다. 이러한 핵심신념(core belief)이 너무 뿌리 깊게 자리 잡고 있기에, 인지행동적 상담자는 인내심과 여유를 가지고 차분하게 상담을 이끌어 가야 할 것이다.

인지행동적 상담에서는 자신에 대해 되돌아보고 문제를 통찰하는 내담자의 작업에서 새로운 관점을 취하고 합리적으로 사고하는 것을 강조한다. 제1장에서 소개한 영화의 한 장면에서 타인의 마음속 목소리가 들려 혼란스러운 내담자에게 상담자는 새로운 관점을 제시하였는데, 이처럼 내담자가 자신의 문제행동이나 증상, 주변 상황에 대해 새로운 관점을 취하게 되면 문제가 저절로 해결되거나 또는 문제를 해결할 열쇠를 찾을 수 있게 된다. 문제라고 생각했던 것이 실은 문제가 아닐 수 있으며, 해결책이 보이지 않던 것이 다른 관점에서 봤을 때는 해결책이 보일 수 있다. 물론 인지행동적 접근 외에 정신역동적 접근이나 인간중심적 상담에서도 상담자는 내담자에게 새로운 관점을 제시할 수 있다. 인지행동치료 이론은 새로운 관점에서 합리적으로 사고하는 것을 더 강조하는 것일 뿐이다.

그러나 내담자가 스스로 새로운 관점을 발견하고 취하기란 쉽지만은 않다. 내담자들이 문제 상황에서 스스로 새로운 관점을 취할 수 있었다면 전문 상담자의 도움을 받을 필요도 없을 것이다. 대개 세상과 사물을 바라보는 관점은 오랜 기간에 걸쳐 형성된 것이므로 바꾸기가 쉽지 않고, 또 그 나름대로 그런 관점을 취하게 된 이유나 사연이 있었을 것이고, 기존의 관점이 유용할 때도 있었을 것이다. '아무도 나를 좋아하지 않는다.'라는 믿음을 가진 내담자는, 항상 타인과 거리를 둠으로써 타인으로부터 이용당하지 않을 수 있었는지도 모른다. 따라서 상담자는 내담자를 위해 새로운 관점을 제시해 줄 필요가 있으며, 이때 무조건 새로운 관점을 강요할 것이 아니라 기존의 관점을 취하게 된 이유나 사연을 충분히 들어 주고 공감해 주는 선행 작업을 거쳐야 할 것이다.

　세상과 사물을 바라보는 관점이라는 것은 세상과 사물을 이해하는 틀이라 할 수 있고, 여기에 개인의 생각이나 행동들이 연결되어 있다. '사람들이 나를 좋아하지 않는다.'라고 여길 때 특정 생각과 감정, 행동들이 따라오게 되는 것이다. 참고로 도식(schema)이라는 표현은 생각이나 행동의 조직된 패턴을 의미하며, 인지행동적 상담의 목표는 부적응적인 인지 도식을 변화시키는 것이다. 이를 위해 상담자는 세상과 사물을 바라보는 틀은 다양할 수 있고, 내담자의 믿음과 다른 관점도 존재함을 알려 주어야 한다. 예를 들어, 어떤 사람은 '친한 사이에서는 장난치고 놀릴 수 있다.'라고 믿는 반면, 다른 사람은 '놀리는 것은 사람을 함부로 대하며 무시하는 것이다.'라고 생각할 수 있다. 상담자가 여러 관점을 보여 주면 내담자는 자신에게 도움이 되는 관점을 취하며 성장할 수 있게 될 것이다.

7) 새로운 관점 제시에서 상담관계의 중요성

　좋은 상담관계는 치료적 상담 작업의 기반이 되며, 이것은 인지 도식을 탐색하고 변화시킬 때도 마찬가지다. 인지행동적 상담자가 나름 합리적이고 기능적인 관점을 제시했다고 해도, 만일 내담자와의 관계가 좋지 않다면 내담자는 쉽게 받아들이지 않을 수 있다. 사람들은 살아가면서 고유한 관점을 형성하였기에 다른 관점을 제기하면 그것을 받아들이기보다는 틀렸다고 맞서며 저항하기 쉽다. 상담자와 라포가 충분히 형성되기 전이라면, 내담자는 오히려 자신의 관점이 맞고 상담자가 사정을 몰라서 그런다고 주장할 것이다. 따라서 관점을 바꾸려면 새로운 관점을 주입시키는 것만으로는 안 되며, 사전에 충분한 신뢰관계의 형성이 필요할 것이다.

　상담 이론들에 따라 차이가 있겠지만, 심리상담의 어느 시점에 가면 어떤 식으로든 상담자가 새로운 관점을 제시하는 것이 일반적이다. 이론적 접근에 따라 내담자가 새로운 관점을 얻을 때까지 최대한 기다릴 수도 있고, 반면 상담자가 좀 더 이른 시점에 주도적으로 새로운 관점을 제시하는 경우도 있다. 어떤 경우든 중요한 것은 내담자가 새로운 관점을 받아들일 준비가 된 상태인지 사전에 점검해야 한다는 것이다. 전혀 준비되지 않은 내담자가 새로운 관점을 접하는 것은, 비유하자면 마치 피부색이 검다고 믿고 있는데 "아냐, 너의 피부는 하얀 색이야."라는 말을 듣는 것과 같이 당황스러울 것이다.

따라서 상담자는 새로운 관점을 제시하기 전 내담자의 준비도를 파악하여 신뢰관계가 잘 맺어졌는지를 고려하고, 내담자의 생각과 감정에 대해 사전에 충분히 공감해 주어야 한다. 즉, 네가 틀렸다는 식으로 새로운 관점을 제시하는 것이 아니라, 네가 맞겠지만 이렇게 보는 것도 맞을 수 있다는 식으로 새로운 관점을 제시하는 것이다. 마음이 닫힌 상태에서는 전혀 상대방의 말이 들어오지 않으므로, 상담자는 내담자를 존중하고 공감하며 마음이 열린 상태로 유지시키다가 새로운 관점을 제시하여야 할 것이다.

8) 체계적이고 구조적인 인지행동치료

마지막으로, 여타 이론적 접근과는 차별화되는 인지행동적 접근의 한 특징을 살펴보자. 인지행동적 접근은 개인의 생각-감정-행동의 연결을 매우 체계화시켜 놓았다. 예를 들어, '나는 무능하다.'라는 생각은 '우울감'을 초래하고, 그것은 '무기력한 행동'으로 이어지는 것이다. 이렇게 하면 증상별로 정리하기도 쉬울 뿐만 아니라, 회기 구성이나 치료 매뉴얼 작성도 용이해진다. 예를 들어, 총 12회기로 진행되는 우울증 인지행동치료 프로그램을 구성할 수 있으며, 이는 상담자에 따라 차별화되지 않고 일관되게 시행될 수 있다. 왜냐하면 매 회기에 어떤 주제로 대화를 나누어야 할지, 어떤 과제를 주어야 할지 등이 미리 정해져 있기 때문이다. 이 밖에, 연구를 통한 효과 검증도 비교적 용이하다. 인지행동치료의 경우 우울증의 치료에서부터 시작해서 최근에는 불안장애와 기타 여러 심리장애로 확장, 적용되고 있으며, 연구에서 효과가 검증된 근거기반이론(evidence-based theory)으로 널리 받아들여지고 있다.

그런데 체계적이고 구조적으로 상담 프로그램을 구성하는 것에는 단점도 있을 수 있다. 모든 상담자는 개성이 다 다르며, 어떤 상담자는 체계적이고 구조적인 진행을 따르는 것을 주저할 수 있다. 이들은 인지행동치료 이론의 주요 개념 및 기법을 활용하지만, 회기의 진행에 있어서는 몇 회기로 정해 놓지 않고 상황에 따라 그리고 상담관계의 진전에 따라 유연하게 변화시키는 것을 선호할 것이다. 그래서 인지행동적 접근이 비교적 단기 상담이라고 알려져 있지만, 상담자에 따라 수십 회 이상 장기 상담으로 진행하는 것도 충분히 가능하다.

여기까지 인지행동적 접근에 대해 소개하였다. 이 책에서는 심리상담의 이론들을 개략적인 수준으로 다루었으므로 인지행동적 상담에 대한 더 전문적인 내용을 공부하고 싶다

면 관련 서적을 참고하면 좋겠다.[11]

✂ 인지주의적 접근과 벡

　최근 각광을 받고 있는 인지행동적 접근법은 스키너(Skinner), 왓슨(Watson) 등으로 대표되는 행동주의와 벡(Beck)이나 엘리스(Ellis) 등으로 대표되는 인지주의의 통합적 산물이다. 인지행동주의자의 대표적 인물이 누구인가는 아직 의견이 분분할 수 있지만, 인지적 입장을 가장 체계적으로 정리하는 데 기여한 사람은 아론 벡으로 볼 수 있다. 1921년에 태어난 벡은 형이 사망하고 어머니가 우울증에 걸려 고생하던 가족사 때문에 우울증에 관심을 갖게 되었고, 자신도 우울증의 고통을 겪었다고 한다. 본래 정신분석적 수련을 받았으나 정신분석으로 우울을 개념화하고 치료하는 데 한계를 느껴, 우울증을 치료할 접근법을 체계적으로 연구하기 시작하였다.

　인지행동적 접근법에서 강조하는 바는 사람마다 세상을 바라보는 생각의 틀(도식, schema)이 있다는 것이며, 이 도식이 건강해야 세상을 긍정적으로 바라볼 수 있고 여러 가지 생활사건에 합리적으로 대처할 수 있다는 것이다. 우울한 사람은 현실을 객관적으로 보지 않고 자신만의 부정적 틀을 적용해서 세상을 바라보기 때문에 자신에 대해서, 세상에 대해서, 그리고 미래에 대해서 항시 비관적일 수밖에 없다. 또 하나 인지행동적 접근의 주요 가정은 개인의 인지는 접근 가능하며, 적절한 기법을 통해서 재구성이 가능하다는 것이다. 즉, 흔히 말하는 '생각을 바꾸면 세상이 달라진다.'라는 원리다.

　앞서 말한 이론의 3요소(인간관, 원인론, 치료적 방법론)를 검토해 보자. 인지행동적 접근법에서는 개인을 과거의 경험에 얽매인 존재로 주장하지는 않는다. 물론, 개인의 도식은 성장과정에서 생기는 것이며, 따라서 과거 경험의 중요성을 꼭 배제한다고 말할 수는 없다. 하지만 이 접근법에서는 개인의 과거 경험을 다루는 데 초점을 두지 않으며, 오히려 현재의 생활사건들

---

11) 인지주의적 상담에 대해 더 자세히 알고 싶다면, 주디스 벡(Judith Beck)이 지은 『Cognitive Behavior Therapy』를 읽어 보길 바란다. 이 책은 국내에서 『인지행동치료: 이론과 실제』라는 제목으로 번역되어 있는 인지행동치료 분야의 고전이다.

속에서 나타나는 인지적 오류와 부정적인 사고를 찾아내는 데 초점을 둔다. 따라서 인지가 감정이나 행동을 결정한다는 인지적 결정론(cognitive determinism)은 정신분석의 결정론과는 다르며, 기법적인 측면에서는 오히려 '지금 여기'를 강조하는 입장을 취하고 있다고도 볼 수 있다. 인지행동주의자는 증상의 원인으로 부정적인 사고방식을 지적하고 있으며, 치료의 기법으로는 이런 부정적인 사고방식을 발견하고 교정하는 기법들을 사용한다. 상담자는 상담 중에 생활사건에 대해 이야기하고 내담자가 이것을 어떻게 지각하는지 구체적으로 물어보는데, 이 과정에서 개인의 인지적 오류가 드러나게 된다. 인지적 오류의 종류는 과잉일반화, 이분법적 사고, 의미의 확대 및 축소, 임의적 추론, 개인화, 선택적 추상화 등 다양하다. 또 이 접근법에서는 다양한 행동적 실험을 해 볼 것을 강조한다. 자기의 행동을 관찰하는 것에서부터 평소에 두려워하던 것을 과감히 시도하는 노출기법이나 두려운 것에 대해 익숙해지는 체계적 둔감법 등이 그것이다. 인지행동적 접근의 체계적 특징은 학자들이 연구를 통해 효과를 검증할 수 있게 하였고, 그 결과 다른 접근법들에 비해 인지행동적 접근법은 근거기반(evidence-based) 치료법으로 널리 인정받을 수 있게 되었으며, 현대에도 계속적으로 발전, 진화해 가고 있다.

5. 절충주의와 공통요인

이 장을 마치기에 앞서 심리상담에서 절충주의적 접근(eclectic approach)과 공통요인(common factor)에 대한 관심에 대해 소개하고자 한다. 먼저 절충주의란 여러 이론적 입장을 골고루 활용하는 것을 의미한다. 심리상담 이론들에는 여기서 소개한 3대 주요 이론 외에도 아들러이론, 해결중심이론, 합리적 정서적 치료, 실존적 접근, 현실치료, 게슈탈트이론, 수용-전념 치료, 변증법적 행동치료 등 수많은 이론이 있으며, 각각은 다른 개념과 용어를 사용하여 차별점을 강조하고 있다. 이렇게 다양한 이론이 있다 보니, 아마 독자들에게는 어떤 한 이론이 특별히 더 매력적으로 다가올 수 있을 것이다. 자신의 평소 신념이나 성격에 더 맞거나 추구하는 가치와 맞는 이론적 접근일 것이다. 그러나 저자는 다양한 이론 중 어느 하나만을 고집하기보다는 여러 이론을 고루 배우고 장점을 취하는 것을 추천하고 싶다. 실제 대다수의 심리상담 전문가는 특정 학파를 지향하면서 동시에 다른 학파의 장점들을 받아들이기도 한다. 따라서 어떤 한 학파만 신봉하고 다른 학파는 배척하기보다는 여러 학파의 장점을 골고루 활용하는 절충주의적 접근을 취하면 좋을 것이다.

그리고 공통요인에 대해 설명하자면, 공통요인(common factor)이란 여러 현상 속에 공통적으로 존재하는 요인을 의미하는데 심리상담 이론은 다양하지만 실제로 효과를 내는 요인을 이론들이 공유하고 있다는 뜻이다. 저자 역시, 여러 이론 접근법들 사이에 서로 배타적이지 않고 유사한 점도 많다고 생각한다. 각 이론마다 개념이나 용어는 다르지만, 실제 문제를 해결하는 원리들은 이론들에 걸쳐 널리 공통적으로 활용되는 것이다. 골드프리드(Goldfried)와 같은 학자도 치료 이론마다 사용하는 용어가 달라서 그렇지, 숙련된 전문가들은 적용하는 변화의 원리 측면에서는 공통점이 많다고 한 적이 있다.

참고로 공통요인에 대한 관심이 생기게 된 과정이 재미있다. 이미 1936년에 로젠즈윅(Rosenzweig)은 당대의 상담 및 심리치료 이론들 간의 공통점에 대해 언급한 바 있는데,[12] 공통요인이 본격적으로 관심을 받게 된 것은 훨씬 이후였다. 이렇게 된 데는 사연이 있다. 1952년 아이젱크(Eysenck)가 「심리치료의 효과」라는 논문에서 상담 및 심리치료가 대체로 효과를 내지 못한다고 주장하였는데, 이후 많은 학자가 그렇지 않음을 보여 주기 위해 연구를 진행하였고, 1970년대 이후 상담 및 심리치료의 효과가 입증될 수 있다는 연구 결과들이 줄을 이어 나타난 것이다. 루보르스키(Luborsky)와 동료들(1975)의 대표적인 연구 외에도, 스미스와 글라스(Smith & Glass, 1977), 립시와 윌슨(Lipsey & Wilson, 1993), 카(Carr, 2008) 등 많은 연구자는 대조군에 비해 심리적 치료법이 확실히 효과적임을 보여 줄 수 있었다. 그런데 이 과정에서 이론적 접근법들은 달라도 효과는 비슷하다는 결과가 나타나고, 그렇다면 결국 어떤 이론이 더 좋으냐의 문제가 아니라 여러 이론 사이에 공통적으로 효과를 내는 요인이 무엇이냐로 관심이 옮겨 가게 된 것이다.[13]

---

12) 그는 공통요인을 강조하기 위해 소설 『이상한 나라의 앨리스』에 나오는 도도새의 판결을 언급하였다. 상상의 새인 도도새는 시합의 우승자를 판결할 때 '모든 이가 승리했다.'라고 판결한다.

13) 문제 해결의 공통요인에 관심이 많은 독자는 외국의 연구 논문 중에서 로젠즈윅(Rosenzweig, 1936), 알렉산더와 프렌치(Alexander & French, 1946), 달라드와 밀러(Dollard & Miller, 1950), 피들러(Fiedler, 1950), 하이네(Heine, 1953), 로저스(Rogers, 1957), 가필드(Garfield, 1957, 1995, 1998), 와인버거(Weinberger, 1993) 등의 연구를 참고하기 바란다. 그중 가필드는 가장 포괄적으로 13가지로 정리하였는데, 이들은 각각 ① 치료 관계(therapeutic relationship), ② 통찰(insight), ③ 정화(catarsis), ④ 강화(reinforcement), ⑤ 둔감화(desensitization), ⑥ 자신의 문제에 대한 직면(confrontation), ⑦ 인지의 변화(cognitive modification), ⑧ 이완(relaxation), ⑨ 정보(information in psychotherapy), ⑩ 안심시키기와 지지(reassurance and support), ⑪ 치료에 대한 기대감(expectancies), ⑫ 시간(time), ⑬ 위약 반응(the placebo response)이다. 미국심리학회의 『Psychotherapy』라는 학술논문 51권 4호(2014년)에 심리치료의 공통요인과 관련하여 10편의 논문을 시리즈로 실었는데, 이 자료들도 도움이 될 것이다.

이미 여러 연구자가 심리상담이 효과를 내는 데 기여하는 공통 요인들에 대해 언급하였는데, 여기서는 저자가 강조하는 바를 정리하며 간단히 마치겠다.

* 관계 속에서 존중받기
* 문제와 내면에 대한 이해 및 통찰
* 억압된 감정과 욕구의 체험 및 수용
* 생각을 점검하고 새로운 관점을 취하기
* 정서적 긴장의 표현과 해소
* 새로운 행동 실험

이 밖에도 여기에 언급하지 않았지만, '문제가 해결될 수 있다는 희망을 갖는다.'라거나 '변화에는 충분한 시간이 필요하다.'라는 평범한 원리도 중요함을 염두에 두어야 하겠다. 이런 요인들은 상담자가 특정 이론적 접근에 얽매이지 않고 보편적으로 활용할 수 있을 것이다.

지금까지 심리상담자가 심리적 호소 문제를 어떻게 해결하는가와 관련하여 일반 원리 및 심리상담의 주요 이론적 접근들에 대해 알아보았다. '원리'라는 표현을 '작업'이란 표현으로 바꾸어 보면, 상담 장면에서 상담자와 내담자가 어떤 작업을 해야 하는지 알려 줄 것이다. 심리상담에서 내담자는 자신을 되돌아보고 성장하는 작업을 해 나가야 하며, 상담자는 그 과정을 도우며 함께할 것이다. 그리고 심리상담에서는 이 작업을 언어적 교류, 즉 대화를 통해 시행한다. 따라서 상담자는 자신을 되돌아보도록 돕는 구체적 대화법(면담기법)을 알아야 한다. 이에 대해서는 이 장에서도 간략히 소개하였지만 다음 장에서 더 자세히 다룰 것이다.

생각해 보기

이 장에서는 심리적 호소 문제를 해결하기 위해 상담자와 내담자가 무엇을 하는가를 살펴보았다. 아울러 상담자와 내담자의 작업을 뒷받침하는 이론적 기반을 살펴보았다. 심리상담의 이론들은 오랜 기간에 걸쳐 정교하게 발전되어 왔고, 이를 공부하는 것은 결코 쉬운 일이 아니다. 일반적으로 대학의 학부 과정에서 심리학의 기초를 다진 후 대학원 과정이 되어서야 심리상담 이론들을 공부한다. 전문 직업인의 윤리에서 볼 때, 심리학적 이론과 전문 상담의 기법을 배우지 않은 사람들은 심리상담 분야의 전문가라 할 수는 없을 것이다.

그런데 심리상담 이론을 공부하지 않고서도 사람들의 마음을 잘 어루만지는 사람들이 분명 존재한다. 그렇다면, 마음을 어루만지고 심리적 문제를 해결해 줄 수만 있다면 이론 공부를 생략해도 되는 것은 아닐까? 이에 대해 자신의 견해를 정립해 보고, 동료들과도 논의해 보자.

제5장

심리상담의 면담기법 I – 탐색 준비

심리상담은 언어적 대화를 나누는 면담의 연속으로 이루어진다. 이때 상담자는 내담자가 자신을 되돌아보고 자아를 성장시키도록 적절한 면담기법을 구사해야 한다. 이 책의 독자는 상담자가 구사할 수 있는 면담기법에 관심이 많을 것이다. 심리상담의 핵심이라고 하면 '내면탐색'이 된다. 정기적인 만남을 통해 내담자는 자기 마음을 탐색해 나가며, 그 과정에서 해답을 찾고 성장한다. 그런데 아직 서로 낯설어하는 상담 초기부터 본격적 탐색 작업을 하는 것은 쉽지 않다. 이 장에서는 본격적인 탐색에 앞서 심리상담 장면에 적응하고 탐색을 준비할 수 있도록 돕는 기법들을 먼저 살펴볼 것이다.

1. 심리상담과 거리가 먼 대화

심리상담은 대면관계에서 언어를 매개로 진행되기 때문에 효과적인 면담기법을 구사하는 것은 매우 중요하다. 특히 심리상담이 내면의 탐색을 통해 스스로 해결책을 찾도록 안내한다는 점에서 탐색적 면담기법이 중요하다. 물론 어떤 치료 접근법에서는 언어 외에도 동작이나 그림 그리기 등을 강조할 수도 있고, 내담자 문제의 심각성이나 긴급함에 따라 내면탐색보다는 실제적인 법률적 조언이나 의료적 도움이 더 중요할 때도 있을 것이다. 그러나 탐색적 면담기법은 심리상담의 고유한 특징이니 이 책을 통해 잘 익혀 두길 권한다. 이 책에서는 이번 장에서 탐색 준비 기법에 초점을 맞추고, 다음 장에서 본격적으로 탐색기법을 다룰 것이다.

탐색과 관련된 기법을 설명하기에 앞서 심리상담의 탐색 작업과 거리가 먼 대화부터 살펴보자. 즉, 마음을 탐색하는 작업이 빠진 대화를 살펴볼 것이다. 다음 대화를 보자.

내담자: 선생님, 시어머니께 용돈을 드렸는데도 고맙다는 말 한마디도 안 하세요.

상담자: 고맙다는 말이 듣고 싶어요?

내담자: 네……

상담자: 음. 그럼 이렇게 말해 보세요. 고맙다고 하지 않으시니깐 담부턴 용돈 안 드릴 거라고요.

앞에서 언급했지만, 이것은 내담자를 위한 해결책을 제시하는 것이므로 자문식 상담이라 할 수 있고, 심리상담과는 거리가 멀다 할 수 있다. 이 대화의 대사가 적절하느냐 또는 앞의 방법처럼 했을 때 과연 효과가 있을 것이냐를 떠나, 앞의 대화에서는 내담자의 고민에 대한 공감과 이해의 과정이 생략되어 있다. 만일 좋은 방법이라고 여기면 내담자가 만족해하겠지만, 내담자는 마음에 대해 돌아볼 기회는 갖지 못하는 것이다. 또 다른 대화의 예를 보자.

> **의사:** 지난 한 주 어떻게 지내셨어요?
>
> **환자:** 약을 먹으니 불안은 좀 가라앉았는데, 그래도 잠은 잘 못 자고 있어요.
>
> **의사:** 음…… 그러면 수면제를 처방해 드릴게요. 또 어려운 점은요?
>
> **환자:** 기분도 좀 가라앉아요. 의욕도 좀 없는 것 같고요.
>
> **의사:** 그럴 땐 운동이 최고예요. 마음을 편안하게 먹고, 운동을 자주 하세요.

이 대화 역시 마찬가지로 심리상담과 거리가 멀다. 내담자는 자신의 마음을 되돌아볼 수 없었을 뿐만 아니라 스스로 문제의 해결책을 찾는 기회도 갖지 못하고 있다. 어쩌면 상담 시간 부족이라는 현실적 한계로 이런 식의 대화가 진행될 수도 있다. 만일 상담 시간이 20~30분 이내라면, 내담자의 말을 충분히 듣고 마음을 이해하고 공감해 줄 여유가 없을 수 있다. 따라서 심리상담을 위해서는 각 회기마다 충분한 시간을 확보하는 것이 중요하다. 그리고 가급적 임의로 시간을 늘리거나 줄이지 않고, 50분~1시간 정도로 고정해 놓는 것이 좋다. 그래야 내담자도 시간을 계획적으로 사용할 수 있을 것이기 때문이다.

심리상담의 대화 기법을 배우려는 시점에 심리상담과 거리가 먼 대화 예를 제시한 것은 사람들의 오해를 예방하기 위해서다. 우리들은 누군가 고민을 말하면 그 해결책을 찾아 주려는 대화에 너무나 익숙해 있다. 그러다 보니 심리상담도 그런 식으로 진행될 것이라 지레짐작했을 수 있다. 또는 TV나 방송에서 많은 심리 전문가가 그렇게 하는 것을 보고 오해했을 수도 있다. 그러나 방송과 현실은 차이가 있다. 그리고 이런 오해에는 내담자의 소망도 개입되어 있을 것이다. 사람들은 자신이 고민을 꺼내 놓으면 누군가가 내 문제를 대신 해결해 주길 바라는 환상이 있는 것 같다. 그러나 이전에 언급했듯이 심리적 문제는 타인이 대신 해결해 주기 어려운데, 예를 들어 누군가와 결혼할지 말지를 고민하거나 배우자와 이혼할지 말지를 고민할 때 누가 해결책을 제시해 줄 수 있단 말인가? 타인이 내담자의 인생을 대신 책임질 수는 없는 법이다.

심리적 문제에는 개인 내면의 갈등과 모순이 자리 잡고 있으며, 심지어 그것이 무의식적이어서 알아차리지 못하는 경우도 많다. 마치 자신의 마음을 보지 못하도록 스스로에게 마법을 걸어 둔 것만 같다. 심리상담 전문가는 전문적 기법을 통해 내담자가 스스로를 되돌아보도록 돕는다. 여기서 마음 내부의 탐색, 즉 내면탐색이 중요하다.

2. 심리상담의 탐색기법을 담은 대화

그렇다면 어떤 대화가 마음을 탐색하는 내면탐색적 대화일까? 물론 심리상담에서 상담 시간 내내 내면탐색 작업만 이루어지는 것은 아니며, 탐색기법 외에도 다양한 면담기법이 있다. 본격적인 내면탐색에 앞서 공감해 주고 이해해 주는 작업이 충분히 이루어져야 할 것이다. 그러나 일단 여기서는 심리상담의 핵심을 설명하기 위해 탐색기법을 담은 대화를 살펴보자.

1) 내면탐색을 위한 기법

심리상담의 기본 원리는 내담자로 하여금 자신을 되돌아보게 한다고 하였다. 즉, 내면탐색을 촉진시키는 것이다. 이론별로 살펴보면, 정신분석의 경우 방어기제나 무의식적 공상을 탐색하는 것이고, 인본주의적 접근의 경우 억압된 감정과 욕구를 탐색하는 것이며, 인지행동적 접근의 경우 생각을 탐색하는 것이다. 기법적으로는 질문이 기본이 된다.

그런데 심리상담의 면담기법은 내면탐색을 돕는 데 특화된 방법이므로 일상생활에서 흔히 사용하는 대화법과 좀 다르게 느껴지며, 일상생활에서 심리상담의 면담기법을 사용하면 어색한 분위기가 연출될 수도 있다. 일상생활에서 자연스럽게 대화를 주도하는 능력이 있는 사람이라도 심리상담의 면담기법에 익숙하지 않다면 반복 연습을 통해 몸에 익숙하게 해야 할 것이다. 다음 예를 살펴보자.

내담자: 선생님, 시어머니께 용돈을 드렸는데도 고맙다는 말 한마디도 안 하세요.
상담자: 용돈을 드리고도 고맙다는 말을 듣지 못했을 때 어떤 심정이었나요?

앞의 예를 보면 쉽게 이해할 수 있을 것이다. 상담자의 질문은 내담자로 하여금 자신의 마음을 들여다보게 한다. 대화는 다음과 같이 이어질 수 있다.

내담자: 선생님, 시어머니께 용돈을 드렸는데도 고맙다는 말 한마디도 안 하세요.
상담자: 용돈을 드리고도 고맙다는 말을 듣지 못했을 때 어떤 심정이었나요?
내담자: 너무 섭섭했어요. 고맙다는 말 한마디 하기가 그렇게 어렵나요?
상담자: 계속 말씀해 보세요.

이 대화의 예에서 상담자는 짧게 반응하며 말을 삼가고 있다. 내담자는 섭섭함과 관련된 다른 사건, 기억, 생각, 욕구 등을 더 말할 것이다. 이처럼 상담자는 내담자가 자기 마음을 탐색할 수 있도록 계속 말하게 도와준다. 인간의 정신은 말을 따라 움직인다. 내담자가 말을 계속할 수 있도록 하면 내면의 감정, 욕구, 사고 등이 꼬리에 꼬리를 물면서 계속 흘러나올 것이다. 그러다 자신의 억압된 측면이나 무의식적 측면 등을 발견할 수 있게 되는 것이다. 이때 경청과 공감은 당연한 것이다.

2) 공감적 탐색

내면탐색을 위해 항상 질문을 하거나 계속 말하라고 요청만 하는 것은 아니다. 앞에서 관계 원리를 설명할 때 공감하는 태도에 대해 언급하였는데, 상담자는 내담자의 입장에서 생각하고 느끼면서 이를 언어로 대신 표현해 주기도 한다.

내담자: 선생님, 시어머니께 용돈을 드렸는데도 고맙다는 말 한마디도 안 하세요.
상담자: 용돈을 드리고도 고맙다는 말을 듣지 못했을 때 어떤 심정이었나요?
내담자: 너무 섭섭했어요. 고맙다는 말 한마디 하기가 그렇게 어렵나요?
상담자: 그러게요, 한마디만 하면 될 것을……

이런 식의 공감적 대화는 반드시 심리상담에서만 이루어지는 것은 아니다. 일상생활의 대화에서도 공감능력이 발달한 친구들이나 어른들은 충분히 공감적 대화를 나눌 수 있다. 그러나 심리상담에서의 대화는 공감 자체가 목적이라기보다는 공감을 통해 내담자가 내면탐색 작업을 계속할 수 있도록 돕는 것이 목적이다. 공감적 탐색 대화는 다음과 같이 이어질 것이다.

내담자: 선생님, 시어머니께 용돈을 드렸는데도 고맙다는 말 한마디도 안 하세요.
상담자: 용돈을 드리고도 고맙다는 말을 듣지 못했을 때 어떤 심정이었나요?
내담자: 너무 섭섭했어요. 고맙다는 말 한마디 하기가 그렇게 어렵나요?
상담자: 그러게요, 한마디만 하면 될 것을……
내담자: 아무래도 저를 미워하시는 것 같아요.
상담자: 미움받는다는 말이네요. 그것에 대해 좀 더 얘기해 주세요.

앞의 대화 진행을 보면 '내면탐색'의 의미를 어느 정도 이해할 수 있을 것이다. 내담자는 이후 대화에서 미움받는 느낌, 그리고 그 느낌과 관련된 생각이나 자신의 욕구, 과거의 사건 등을 점검할 수 있게 될 것이다.

사실 이런 식의 대화를 일상에서 나눈다면 우스꽝스럽게 느껴질 수 있다. 심리상담이라는 특수한 장면이기에 심리적 문제를 해결하기 위해 탐색적 대화를 나누는 것이다. 아무튼, 탐색을 하면서도 공감적으로 반응하는 것은 중요하다. 어떤 사람들은 너무나 자기중심적이어서 자신의 반응이 비공감적인지 모르는 경우도 있는데, 심리상담의 면담기법을 구사하기 위해서는 공감은 기본임을 명심해야 할 것이다. 적어도 다음 예처럼 대화하는 것은 삼가야 할 것이다.

내담자: 선생님. 시어머니께 용돈을 드렸는데도 고맙다는 말 한마디도 안 하세요.
상담자: 뭘 기대했어요? 요새 시어머니들은 다 그래요.

3) 자아성숙도와 탐색 작업의 관계

그런데 심리상담 탐색 작업은 상담자의 자아기능(ego function)과 관련이 있다는 점이 중요하다. 앞에서 성숙한 자아는 자각, 자기위로와 진정, 충동조절, 분별력 등을 갖추고 있다고 하였다. 이 밖에도 판단력, 스트레스 대처능력, 자존감을 지키는 능력 등 여러 가지 정신기능을 총체적으로 의미한다. 심리상담 면담기법이 자아기능과 관련 있다는 말은, 성숙한 자아기능을 갖춘 사람이 탐색기법을 더 잘 활용할 수 있다는 의미다. 성숙한 사람은 자각능력이 뛰어나고 자신의 내적 긴장을 다스릴 수 있으므로 타인에게 온전히 집중하고 공감할 수 있을 것이다. 예를 들어, 앞의 대화에서 상담자 본인의 시어머니가 떠올라 비교하게 되더라도, 침착하게 다시 내담자에게 집중하며 경청할 수 있는 것이다. 또 내담자가 자기중심적인 행동이나 이기적인 태도를 보여 짜증이 난다 해도, 충동조절력과 분별력을 갖춘 상담자는 이를 잘 견디고 담아 두면서 탐색 작업을 지속해 나갈 수 있을 것이다. 상담자는 짜증을 내기보다는 오히려 내담자의 입장을 이해하고, 그의 행동을 거울처럼 비춰 주며 더 깊은 탐색으로 인도할 수 있을 것이다.

만일 공감적인 탐색 작업이 잘 이루어지지 않는다면, 상담자는 적절한 타이밍을 기다렸다가 직면(confrontation) 기법을 활용할 수도 있을 것이다. 직면은 내담자가 인정하기를 거부하는 생각이나 태도, 감정에 대해 직접 언급하는 것이다. 이 역시 상담자의 자아성숙도가 중요한데, 직면을 시도하더라도 내담자에게 화를 내거나 공격적으로 대하는 것이 아니라 부드럽게 직면하고 추가 탐색을 이어 가야 하기 때문이다. 앞의 예를 들어 계속해 보자.

> **내담자:** 선생님, 시어머니께 용돈을 드렸는데도 고맙다는 말 한마디도 안 하세요.
> **상담자:** 용돈을 드리고도 고맙다는 말을 듣지 못했을 때 어떤 심정이었나요?
> **내담자:** 너무 섭섭했어요. 아무래도 저를 미워하시는 것 같아요.
> **상담자:** 아유 속상하시겠어요. 그런데 그렇게 미움을 받아도 계속 용돈을 드리는 것은 왜일까요?
> **내담자:** 그건 도리니깐 그렇죠.
> **상담자:** 그럴 수 있지요. 그런데 인정에 대한 갈망이 너무 큰 것은 아닐까요?

직면과 같은 강력한 기법을 시도할 때는 시기가 적절한지와 내담자가 받아들일 준비가 되어 있는지를 점검해야 하며, 혹시라도 상담자 자신이 못마땅해서 화를 내는 것은 아닌지를 점검해야 한다. 직면을 시킨다는 핑계로 내담자의 어려움에 공감하지 못한 채 내담자의 행동을 못마땅하게 여기고 비난하는 식으로 말한다면, 이것은 상담자 무의식 어느 곳에서 올라온 못마땅한 생각과 감정이 섞였기 때문일 것이다. 이것은 상담자의 미성숙함으로 인해 생긴 것으로 역전이(counter-transference)라고 부르며, 흔히 상담에서 탐색을 촉진시키기보다는 탐색을 방해하고 신뢰관계를 무너뜨리는 쪽으로 작동한다. 역전이에 대해서는 추후 더 자세히 설명할 기회가 있을 것이다. 일단 여기서는 심리상담의 면담기법을 익히기 위해 단지 대사를 암기하는 것뿐만 아니라 좀 더 성숙한 자아를 갖추도록 노력할 필요가 있음을 강조하고 마치겠다.

3. 심리상담 면담기법의 종류 및 유형 분류

심리상담에서 면담기법은 심리적 문제 해결, 잠재력 개발, 더 나은 삶을 위한 심리적 성숙이라는 심리상담의 목적을 달성하기 위해 상담자가 사용하는 구체적 도구다. 유사한 표현으로는 면담기법, 상담기법, 상담기술, 면담기술 등이 있겠으나, 궁극적으로는 적절하게 대화하는 기법이다. 일반적으로 심리상담의 면담기법을 소개할 때는 경청, 반복하기, 바꾸어 말하기, 반영, 요약, 명료화, 직면, 해석, 질문하기 등을 위주로 소개한다. 그런

데 이것밖에 없는 것일까? 이 밖에도 충고하기, 설득하기, 안심시키기, 설명하기, 정보 제
공하기 등 다양한 대화법이 있을 텐데, 왜 주로 이 기법들 위주로 소개하는 것일까? 그것
은 심리상담이 지식을 전달하는 접근보다는 내면을 탐색하도록 하는 접근법을 취하고 있
으며, 따라서 내면탐색을 돕는 기법 위주로 소개하였기 때문이다. 이 책에서도 그러한 전
통을 따를 것이다.

　각 면담기법들을 소개하기에 앞서 먼저 여러 기법을 몇 가지 유형으로 나누어 분류해
볼 수 있다. 먼저 인본주의적 전통에서는 경청, 요약하기, 반복하기, 바꾸어 말하기, 반영,
명료화 등을 내담자의 언어적 흐름을 방해하지 않고 따라가기만 하는 방법으로 비지시적
(비개입적) 면담기법이라고 하고, 직면이나 해석, 조언 등과 같은 방법은 내담자의 대화 흐
름을 따라가기보다는 상담자의 의견을 전달하려는 것으로 지시적(개입적) 면담기법으로
분류한다. 한편 정신역동적 접근에서는 경청이나 공감과 같은 것을 기본 기법이라 하고,
이 외에 기존의 방어를 지지하는 기법과 방어와 무의식을 드러내도록 하는 기법으로 구
별하여 분류하기도 한다.

　저자는 실제 상담 장면의 구체적 면담기법들을 다양하게 소개하고 싶은 마음이며, 특
히 내면탐색이라는 심리상담의 핵심을 살려 나름대로의 유형 구분을 제시하고 싶었다.
이에 면담기법들을 탐색 준비 유형, 탐색 유형, 도전 유형의 세 유형으로 분류하고자 한
다. 이때 심리상담에서는 내면탐색을 강조하므로 탐색 유형은 당연하지만, 내면으로 깊
이 탐색해 들어가는 부분을 강조하기 위해 이를 별도로 탐색 준비 유형과 구별해 보았다.
즉, 내담자를 공감하며 본격적인 탐색에 앞서 분위기를 조성하는 탐색 준비 유형과 본격
적이고 깊은 탐색 유형을 구별할 것이다. 그리고 내면탐색이 잘 이루어지지 않고 막혀 돌
파가 필요할 경우 사용하는 기법들을 도전 유형으로 분류해 보았다. 도전 유형 역시 궁극
적 목표는 막혀 있는 부분을 돌파하여 더 깊이 탐색하고자 하는 것이다. 앞의 내용을 정
리하면 다음과 같다.

* **탐색 준비 유형:** 내담자가 자연스럽게 자신의 생각과 느낌을 말할 수 있도록 안내하며
  탐색의 분위기를 조성한다.
* **탐색 유형:** 내담자가 더 깊게 탐색할 수 있도록 돕는다.
* **도전 유형:** 자발적 탐색이 막힐 경우 상담자가 도전적으로 더 깊은 탐색을 촉구한다.

1) 탐색 준비 유형의 기법

탐색 준비 유형의 기법들에 대해 좀 더 설명해 보자. 심리상담은 대화를 통해 이루어지며, 특히 내담자의 자발적 대화가 중요하다. 그런데 심리상담센터에 온 사람들은 아직 분위기 파악이 안 되어 무슨 말을 어떻게 해야 할지 잘 모를 수 있다. 또 상담자를 신뢰할 수 있을지 아직 판단이 서지 않은 상태에서 말을 조심할 수도 있다. 따라서 상담자는 내담자를 편안하게 대하며 가급적 많이 말할 수 있도록 도와주어야 한다. 이때 사용하는 기법들이 탐색 준비 유형의 기법들이다.

흔히 심리상담의 한 회기는 다음과 같은 대사로 시작할 수 있다.

● "만나서 반갑습니다. 저는 ○○○입니다. 저를 어떤 연유로 찾아오셨나요?"
● "제가 어떤 도움을 드려야 할까요?"
● "저에게 어떤 얘기를 해 주시겠어요?"

내담자가 얘기를 꺼내기 시작하면, 상담자는 다음과 같은 탐색 준비 기법들을 활용하여 내담자에게 신뢰감을 주면서 자유롭게 말할 수 있게 도울 수 있다.

* 말하기 요청	* 경청과 최소격려
* 침묵하며 기다리기	* 인정하기와 격려하기
* 재진술	* 요약
* 반영	* 명료화

이 기법들에 대해서는 다음 절에서 자세히 소개할 것이다. 다시 강조하자면, 이 기법들을 사용하는 목적은 내담자가 말을 자연스럽게 많이 하도록 돕는 것이다. 말을 많이 한다는 것은 그만큼 자신의 생각과 욕구, 감정 등을 더 많이 표현한다는 것이다. 이 기법들을 면담 초반에 사용함으로써 상담자는 내담자를 편안하게 상담 장면에 적응시키고, 더 깊은 탐색으로 갈 수 있도록 분위기를 조성할 수 있다.

그리고 이 기법들을 통해 얻고자 하는 또 다른 중요한 목적이 있는데, 그것은 상담자와 내담자 간 신뢰관계, 즉 라포(rapport)의 형성이다. 이 탐색 준비 기법들 대부분은 공감적 태도를 바탕으로 이루어지므로, 이 기법을 사용하면 내담자는 공감받는 느낌을 얻게 된다. 즉, 내담자는 상담자가 자신을 비판하지 않고 존중하며 마음을 이해하려 함을 느끼게 된다. 그런 이유로 공감 유형의 기법이라 할 수도 있지만, 내면탐색의 중요성을 강조하기 위해 탐색 준비 유형이라 명명하였다.

2) 탐색 유형의 기법

내담자가 상담 장면에 어느 정도 익숙해지고, 자신의 역할을 알게 되며, 상담자와 신뢰관계가 구축된 후엔 본격적으로 내면을 탐색하게 된다. 심리상담 접근법에 따라 차이가 있을 순 있지만, 내담자는 자신의 무의식적 갈등과 방어를 깨닫고, 억압된 감정과 욕구를 자각하며, 사고방식의 오류를 점검하기 위해 마음 구석구석을 탐색할 것이다. 이때 상담자는 다음과 같은 기법들을 활용할 수 있다.

* 탐색 요청
* 개방형 질문을 통한 탐색 촉진

탐색기법에 대해서는 앞에서 이미 언급하였다. 다른 대화 장면과 다르게 심리상담 장면에서는 "~에 대해 좀 더 얘기해 보시겠어요?"라고 요청하든지, "그때 어떤 것을 느꼈나요?" "어떤 생각이 드나요?" 등 개방형 질문을 활용한 탐색 촉진이 자주 사용된다. 따라서 수련생들은 이 대사가 입에 베도록 잘 익혀 놔야 할 것이다. 참고로 이 기법들을 기계적으로 구사하는 것은 전혀 어렵지 않다. 그러나 중요한 것은 기법 자체가 아니라 이 기법을 사용하는 맥락이나 타이밍의 문제다. 초보자들은 탐색을 해야 할 때와 그렇지 않을 때를 구분하기 어려워할 수 있다. 이에 대해서는 이후에 더 자세히 다루겠다.

한 가지 더 언급하자면, 상담자는 내담자의 내면탐색을 따라가기도 하고 이끌기도 하면서 다음 단계를 준비한다는 점이다. 내면탐색을 통해 긴장이 해소되고 자신감을 되찾으며 스스로 문제 해결의 열쇠를 찾는다면 더 바랄 것이 없겠으나, 어떤 내담자들은 기존의 방어나 사고방식을 고집하면서 정작 무엇이 문제인지 모르는 경우가 있다. 훈련받은 전문 상담자는 내담자의 고통을 함께 느끼면서 동시에 어떤 부분이 문제를 일으키는지도 정확히 파악한다. 내담자의 취약점을 이해하는 것은 다음 단계를 위한 준비 작업이 된다. 즉, 탐색기법을 기계적으로 활용하는 것은 쉽지만, 이 과정에서 내담자의 취약점 발견 및 사례개념화 작업이 동반되어야 하기 때문에 실제로는 상담자의 전문성을 요구하는 어려운 기법이라 할 수 있다.

3) 도전 유형의 기법

내담자가 내면탐색을 통해 감추어졌거나 억압된 자신의 일부를 보게 되면 이때가 변화의 타이밍이 된다. 그런데 일부 내담자는 아직 습관적으로 기존의 관점에 머물러 있거나, 자신만의 방어나 사고방식을 고수하려 한다. 사실 일부에 국한되는 것은 아니며, 상담이 진행됨에 따라 모든 내담자가 어느 정도는 더 깊은 부분으로의 진입을 막으며 자신의 부족한 부분을 보지 않고 외면하려고 한다. 이때 사용하는 기법들을 힐(Hill, 2009)은 도전 기법이라고 명명하였다.[1] 도전 기법의 대표적인 예는 직면(confrontation)이 있다. 다음 직면 기법의 사용 예를 보자.

- "지금까지 상담하면서, 아버지에 대해 말이 나올 때마다 자꾸 말을 다른 데로 돌리려 하는 것 같아요. 방금 전에도 그러더군요."

직면은 내담자가 인정하고 싶지 않거나 드러내기를 꺼리는 어떤 것이 있음을 상담자가 보여 주는 기법이다. 직면은 매우 강력한 기법이며, 따라서 상담자와 충분한 신뢰관계가 형성된 후에 직면 기법을 시도하는 것이 안전할 것이다. 그렇지 않다면 내담자는 비판받는 느낌, 이해받지 못하는 느낌 등으로 상담을 그만둘지도 모른다.

힐에 의하면, 도전(challenge)은 모순이나 부정방어, 내담자가 자각하지 못하거나 달가워하지 않는 비합리적 신념을 지적하는 것이다. 도전은 힐이 사용한 개념이며, 전통적으로는 직면이라는 용어가 더 많이 알려져 있다. 도전과 직면은 서로 혼용되기도 하는데, 저자는 직면을 도전 유형 기법에 속한 하위 기법으로 설명할 것이다. 도전 유형의 기법들에는 직면을 포함해 다음과 같은 하위 기법들이 있다.

* 직면(confrontation)
* 해석(interpretation)

---

1) 힐(Hill, 2009)의 『Helping Skills』라는 책은 국내에서 주은선이 『상담의 기술』(2012, 학지사)이라는 제목으로 번역하여 소개하였다.

＊ 즉시성(immediacy)[2]

앞에서 심리상담은 내면탐색을 통한 통찰을 추구한다고 하였는데, 다른 모든 기법과 마찬가지로 도전 유형의 기법들 역시 이 특징을 공유하고 있다. 도전 기법들은 매우 강력하게 내담자에게 자기 내면을 들여다보도록 촉구한다. 보고 싶지 않아 외면했던 부분을 보도록 강력하게 촉구하는 것이다. 도전 작업이 성공한다면 내담자는 자각이 증진되고 궁극적으로 통찰에 이르게 될 것이다. 비록 이 과정이 쉽지 않겠지만, 상담자는 적절한 타이밍에 도전 기법들을 사용하여 내담자를 통찰로 인도하고, 자신과 문제에 대한 새로운 관점을 취할 수 있도록 도와주어야 한다.

지금까지 다양한 면담기법을 어떻게 분류할 수 있는지 알아보았다. 이제부터는 각 분류 내에 세부 기법들에 대해 살펴보자. 먼저 이 장에서는 탐색 준비 유형의 기법들을 살펴볼 것이다.

> ⚔ **면담기법의 다양한 유형 구분**
>
> 저자가 제안하는 유형 구분 외에 다른 이론적 접근들의 유형 구분을 살펴보는 것도 유용할 것이다. 먼저 정신역동적 상담 접근법에서는 여러 대화 기법을 다음과 같이 세 가지 유형으로 나누고 있다(Cabaniss et al., 2016).
>
> - **기본 기법**: 듣기, 자유연상 요청하기, 공감 전하기 등
> - **지지하기**: 위로, 격려, 감정에 이름 붙이기, 협력 제안하기 등
> - **드러내기**: 명료화, 직면, 해석 등
>
> 정신역동적 상담기법에 대해 더 자세히 알고 싶다면 관련 전문서적을 참고하기 바란다. 여기서는 일단 정신역동적 상담에서도 면담기법들을 유형별로 구분할 수 있다는 점을 알면 충분하다. 정신분석에서는 내담자의 자아기능 상태를 점검하여, 자아기능이 손상되거나 취약한 경우 이를 회복시키기 위해 지지하기 기법을 주로 사용할 것을 권장하고, 자아가 비교적 잘 기능하고 있을 경우에는 무의식을 드러내 주는 기법을 사용도록 권장하고 있다.

---

2) 직면이나 해석 개념은 심리상담의 선구인 정신분석적 접근에서부터 사용되었으나, 즉시성(immediacy) 개념은 상대적으로 늦은 1970년대 이후에 등장하였다.

한편 내담자의 자율성과 잠재력을 강조하는 인본주의적 접근에서는 상담자가 내담자의 무의식을 드러내도록 애쓰기보다는, 스스로 내면을 탐색할 수 있도록 내담자의 언어적 흐름을 방해하지 않고 따라가는 방식(비지시적 유형)을 강조하였다. 이런 이유로 면담기법들을 다음과 같이 구분하고 있다.

- **비지시적 면담기법**: 경청, 바꾸어 말하기, 요약, 반영 등
- **지시적 면담기법**: 직면, 해석, 정보제공, 조언 등

인본주의적 모델을 발전시킨 힐(Hill, 2009)은 심리상담이 '탐색(exploration) → 통찰(insight) → 행동실행(action)'의 단계로 진행된다고 하면서 각 단계에 해당하는 면담기법을 다음과 같이 제시한 바 있다. 다음의 구분을 보면 특이하게도 탐색을 위한 질문과 통찰을 위한 질문, 실행을 위한 질문을 구별하고 있음을 알 수 있다. 또 이 책에서 주목하지 않은 실행 단계의 면담기법들도 소개하고 있으니, 더 자세히 공부하려면 힐의 저서 『상담의 기술』을 참고하길 바란다.

- **탐색**: 비언어적 반응, 재진술, 개방형 질문, 감정 반영, 감정 개방 등
- **통찰**: 도전적 직면, 통찰을 위한 개방형 질문, 해석, 즉시성 기법 등
- **실행**: 실행을 위한 개방형 질문, 정보제공, 직접 안내하기, 전략 개방 등

4. 말하기 요청

앞에서 탐색 준비 유형의 기법으로 말하기 요청, 경청, 침묵하기, 최소격려, 인정하기와 격려하기, 재진술, 요약, 반영, 명료화 등이 있다고 하였다. 먼저 말하기 요청부터 살펴보자. 독자들은 아마 '말하기 요청' 기법을 처음 들어 보았을 것이다. 그러나 용어에 익숙하지 않아서 그렇지, 이것은 심리상담에서 가장 널리 사용되는 기법 중 하나다. 이것은 말 그대로 말해 달라고 요청하는 기법이다. 이 기법에 대해서는 앞에서 이미 수차례 예시를 제시한 바 있다. 다음과 같이 할 수 있다.

- "말씀해 보세요. 제가 듣겠습니다."

말하기 요청은 상담 시간 내에 추가적이고 계속적으로 사용할 수 있다. 내담자가 자신에 대해 얘기하다 잠깐 중지한 경우, 다음과 같이 할 수 있다.

- "좀 더 얘기해 주세요."
- "계속하세요."

심리상담에선 경청이 중요하다는 상식이 널리 알려져 있어 그런지, 상담자들은 들을 준비가 되어 있다. 그런데 내담자가 말을 하지 않을 때는 난감할 수 있다. 그래서인지 간혹 내담자가 마음을 열고 말을 하게 만드는 비법을 알려 달라는 사람들도 있다. 비법이라고까지 할 것은 없고, 말을 많이 하게 만들고 싶으면 말해 달라고 요청하면 된다.

그런데 말하기 요청은 가장 기본이 되는 기법이면서도 몇 가지 이유에서 초심자들이 어려워하는 기법 중 하나다. 초심자들은 요령을 가르쳐 주어도 다른 방식으로 면담을 진행한다. 저자가 관찰한 바에 의하면, 초심자들은 말하기 요청을 한 번은 해도 두세 번은 못하는 것 같다. 아마도 한 번 요청하고 내담자가 말을 했으면, 그다음에는 상담자가 말할 차례라는 인식이 강하게 박혀 있는 것 같다. 하지만 상담자가 말을 삼갈수록 내담자가 말할 시간은 늘어난다는 기본적인 사실을 잊지 말아야 할 것이다. 어색해할 필요 없이 "계속 말씀하세요, ○○ 씨의 이야기를 잘 듣는 것이 저의 중요한 역할입니다."라고 하면 될 것이다.

또 초심자들은 내담자가 말하게 하려고 너무 일찍부터 인위적인 질문을 던지는 것 같다. 담담하게 "좀 더 얘기해 주세요."라고 하면 될 것을 자꾸만 이것저것 질문하기 시작하는 것이다. 예를 들면 이런 식이다.

사례 1

내담자: 선생님, 제 아이가 학교를 마치면 PC방에 들러 게임을 하고 집에 늦게 들어옵니다. 매일매일요. 어떡하면 좋을까요?

상담자 A: 좀 더 얘기해 보세요. (계속 말하기 요청)

내담자: 선생님, 제 아이가 학교를 마치면 PC방에 들러 게임을 하고 집에 늦게 들어옵니다. 매일매일요. 어떡하면 좋을까요?

상담자 B: 음, 언제부터 그랬나요? (말을 이끌어 내려는 인위적인 질문)

사례 2

> **내담자:** 선생님, 제가 요새 통 잠을 못 자요. 자리에 누워도 정신이 말똥말똥하고, 겨우 잠을 자고 일어나도 개운하지 않아요.
>
> **상담자 A:** 계속 얘기해 보세요. (계속 말하기 요청)

> **내담자:** 선생님, 제가 요새 통 잠을 못 자요. 자리에 누워도 정신이 말똥말똥하고, 겨우 잠을 자고 일어나도 개운하지 않아요.
>
> **상담자 B:** 자기 전에 운동 같은 건 안 하세요? (말을 이끌어 내려는 인위적인 질문)

각 사례에서 두 번째 상담자의 반응은 몇 가지 이유에서 바람직하지 않다. 먼저 내담자는 상담자에게 할 이야기가 더 남아 있을 수 있다. 어떡하면 좋으냐고 물어보긴 하였지만, 실은 더 자세한 상황을 전달하고 싶은 마음이 있을 것이다. 또는 뜸을 들이면서 사건의 이면에 있는 감정을 드러낼 준비를 하고 있을 수도 있다. 즉, 인위적으로 말을 하도록 만들지 않아도 조금만 기다리면 본인이 자연스럽게 말을 이어 갈 것이다. 이때는 단지 "계속하시죠."라고만 말해도 충분하다. 군이 언제부터 그랬냐고 묻지 않아도 조만간 스스로 얘기할 것이다. 그러나 일단 상담자가 질문을 던지기 시작하면 대화는 그 질문이 정한 방향으로 진행될 것이다. 그러면 내담자가 원래 말하고 싶었던 주제에서 벗어날 수도 있고, 상담자 역시 다음에는 어떤 질문을 던져야 하는지 고민하면서 스스로 압박감을 느낄 수도 있다.

그리고 침묵 견디기도 중요한데, 초심자에게는 이것이 어렵다. 보통 이야기를 계속 이어 나가기 전에 상대방을 한 번 보고 분위기를 점검하는 것은 자연스러운 일이다. 이때 잠깐의 침묵이 생길 수 있다. 이 잠깐의 침묵 시간에 상담자가 할 일은 기다리는 것이다. 그런데 이 순간 초보 상담자는 어색함을 참지 못하고 섣불리 질문을 던지거나 조언을 하는 방식으로 개입을 하게 된다. 이것이 왜 문제가 되냐면, 상담자가 너무 일찍 개입함으로써 내담자의 자발성을 빼앗기 때문이다. 이런 양상이 반복된다면 패턴으로 굳어진다. 향후 내담자는 자발적으로 얘기하기보다는 상담자가 질문할 때까지 기다리게 될 것이다. 즉, 이후 대화는 내담자가 말하고 상담자가 듣는 식으로 진행되는 대신에 상담자가 질문하고 내담자가 답변하는 식으로 흘러갈 가능성이 크며, 이는 내담자의 자발성은 감소시키고 의존성은 증가시키는 위험성이 있다.

요약하면, 내담자가 대화를 막 시작한 시점에서 상담자는 최대한 힘을 빼고 경청하며,

중간에 잠시 대화가 멈출 때는 좀 더 얘기해 달라고 요청한다. 그리고 침묵이 생길 때는 잠시 기다린다. 얼핏 사소한 것인데, 초심자에게는 오히려 어렵게 느껴진다. 어쩌면 힘을 잔뜩 넣고 사는 사람에게는 힘을 빼라는 것이 더 어려울 수 있다. 초보 상담자들은 내담자의 고민을 해결해 줘야 한다는 부담으로 잔뜩 힘이 들어가 있다. 그래서 빨리 문제를 파악하고 해결책을 제시하려고 이것저것 질문하는 것 같다. 그러나 해결책을 찾아 주는 것은 심리상담의 본질이 아니며, 내담자가 자신을 되돌아보도록 내면을 탐색하는 것이 본질임을 기억해야 할 것이다. 인위적인 질문을 통해 말을 이끌어 내려고 하지 말고, 그냥 "좀 더 얘기해 주세요."라고 말하고 기다리는 연습을 해야 할 것이다.

참고로 만약에 침묵이 부담스럽다면, "침묵이 길어지고 있네요. 제가 잘 들어야 되니까 좀 더 기다려 볼게요." 정도로 말하면 도움이 될 것이다. 그리고 간혹 말수가 없고 의존적인 사람의 경우 자발적으로 말을 꺼내지 않고 상담자가 뭔가 질문해 오길 기다릴 수 있는데, 이런 경우에는 내담자 역할 및 대화의 방식에 대한 교육이 필요하다. 다음과 같이 안내해 줄 수 있다.

● "심리상담에서는 내담자가 자발적으로 말을 꺼내고 이어 가는 식으로 상담이 진행됩니다. 만약 떠오르는 것이 있다면 뭐든지 억누르지 말고 말로 표현해 보세요. 저는 ○○ 씨의 말을 듣는 데 집중해야 합니다. 만약 유창하게 말하는 것이 어렵고 힘들다면 천천히 하십시오. 저는 기다릴 수 있습니다. 준비가 되면 시작해 주세요."

5. 경청과 최소격려

이번에는 경청(傾聽, listening)에 대해 살펴보자. 심리상담에서는 듣는 것을 강조하는데, 경청이라 함은 수동적으로 듣는 것이 아니라 관심을 가지고 적극적으로 듣는 것(active listening)을 의미한다. 심리상담에 관심 있는 사람이라면 누구라도 경청이 면담의 기본이 됨을 알 것이다. 앞에서 상담자가 말하기 요청 기법을 사용하면 내담자는 자신의 이야기를 이어 갈 것이다. 이때 내담자는 자신의 진심을 있는 그대로 이해받고자 하며, 자신의 말의 흐름을 상담자가 따라와 주길 기대한다. 따라서 상담자는 내담자의 이야기를 가로막지 않으면서 흐름을 잘 따라가야 할 것이다.

기본적으로 상담자가 경청한다는 것은 말하지 않고 듣는다는 것이고, 상담자가 듣는 시간만큼 내담자는 더 말할 수 있다. 실제 면담 내에 상담자가 얼마만큼 듣거나 말하는지 확인할 수도 있는데, 상담 대화를 녹음하여 분석해 볼 때 내담자의 대사는 많고 상담자의 대사는 적은 것이 일반적이다. 초보 상담자나 상담 수련생은 자신의 상담 내용을 녹음해서 지도감독(supervision)을 받는데, 이때 녹음한 내용을 그대로 종이에 옮겨 적은 것을 '축어록(verbatim)'이라고 한다. 축어록을 살펴보면, 상담자의 말이 너무 많다고 느끼는 축어록도 있고, 상담자의 대사가 굉장히 절제되어 있는 축어록도 있다. 아무래도 경청하는 상담자 대사의 양과 빈도는 내담자보다 훨씬 적을 것이다.

그리고 경청은 귀로 하는 것이 아니라 마음귀로 하는 것이 중요하다. 마음귀라는 것은, 내담자가 말한 내용을 단어나 문장 수준에서 듣는 것이 아니라 말 속에 담겨진 생각과 감정을 헤아리며 듣는다는 것을 비유적으로 표현한 것이다. 즉, 경청은 말을 삼가고 듣는 것을 중시한다는 의미 외에, 깊은 내면의 소리를 듣고 이해한다는 의미가 함께 있는 것이다.

마지막으로, 경청이 듣기만 하는 것이 아니라 내담자에게 전달하는 것도 있음을 알아 두면 좋을 것이다. 상담자는 아무런 말을 하지 않고 듣지만, 실은 내담자에게 경청하는 것이 상담자의 역할임을 알리고 있다. 즉, 상담자의 역할과 내담자의 역할을 은연중에 보여 주고 있는 것이다.

1) 경청의 요령과 주의할 점

내담자의 말을 경청한다는 것이 간단하고 쉬운 일만은 아니다. 저자는 상담자 경청 행동의 구성 요소를 크게 네 가지로 나누었다.

첫째, 시선을 통한 상담자와 내담자의 접촉이다. 다른 사람을 주목하는 것은 그에게 관심을 가지고 있음을 알리는 효과적인 방법이다. 그렇다고 고정적으로 응시할 필요는 없고, 내담자에게 진지한 관심을 가지고 자연스럽게 눈길을 보내면 된다. 이때 상담자는 내담자와 어느 정도의 거리를 두는 것이 좋은가를 고려할 필요가 있다. 어떤 내담자는 너무 가까이에서 시선을 받으면 불편해하는 경우가 있다. 그러므로 내담자가 시선을 받을 때 불편해하거나 긴장하는지를 살펴야 한다.

둘째, 상담자의 자세다. 보통 상담자는 이완된 자세로 내담자 쪽으로 약간 몸을 기울이는 것이 좋다. 상담자의 자세가 이완되지 않고 긴장된 경우는 내담자를 주목하지 못하고 상담자 자신을 더 의식하게 될 수 있다. 또한 상담자의 긴장은 내담자에게도 긴장을 유발할 가능성이 크다.

셋째, 상담자의 몸짓이다. 상담자는 몸짓을 통하여 내담자에게 많은 뜻을 전달한다. 만일 상담자가 손을 거칠게 흔들거나 팔짱을 낀다면 내담자에게 거만하게 비칠 수 있다. 상담자는 자신의 자세와 몸짓이 어떤 의미를 전달하는지 주목하고, 이것이 자신이 의도한 것인지 아니면 습관적인 것인지를 분명하게 파악해야 한다.

넷째, 상담자의 언어행동이다. 경청이라 해서 아무런 말을 하지 않는 것은 아니며, 간단하게 '음.' '그렇죠.' 등등의 표현을 할 수 있다. 그런데 여기서 중요한 것은 경청에서 상담자의 언어행동이 내담자 진술의 흐름을 방해하지 말아야 한다는 것이다. 또한 내담자가 표현한 의미에 새로운 것을 덧붙이지 말아야 한다.

힐은 경청의 요령을 아홉 가지로 제시하기도 하였는데, 외우기 쉽도록 머리글자를 따서 'ENCOURAGE'란 단어를 만들었다. ENCOURAGE는 영어로 '격려'라는 뜻의 단어인데, 하나씩 소개해 보자면 다음과 같다.

* E: 눈(Eye)을 뜻한다. 즉, 적절히 눈을 맞추며 경청한다는 뜻이다.
* N: N은 끄덕거린다(Nod)는 말이다. 내담자의 말에 고개를 끄덕이는 상담자를 연상하면 쉽게 이해가 될 것이다.
* C: 이때의 C는 경청의 방법이라기보다는 'Cultural difference'라고 하여 경청의 방법에도 문화적 차이가 있을 수 있다는 것을 말한다. 사람마다 경청하는 방법이 다르고, 서양 상담자가 동양 상담자와 경청하는 방법이 다를 것이다.
* O: 개방적이고 여유로운 자세(Open stance)를 말한다. 상담자는 허리와 가슴을 펴고 넉넉하게 포용하려는 자세로 상담하는 것이 중요하다.
* U: 'Uhm'을 뜻하는데, 이는 우리말로 "으흠, 으흠." 하고 받아 주는 것을 말한다. 사람은 타인이 자신을 받아 주며 "으흠, 그렇군."이라는 말 한마디에 큰 격려를 받는다. 학교나 직장에서 발표를 할 때 듣는 사람이 이런 한마디를 던져 주면 얼마나 자신감이 생기는가! 이런 말은 "아, 맞아요. 계속하세요."라는 의미와 똑같은 것이다.
* R: 이완(Relax)을 뜻한다고 한다. 항상 상담자는 반듯한 자세로 앉더라도 긴장하는 것보다 이완해 있는 것이 내담자에게도 마찬가지로 이완된 분위기를 전달할 수 있다.
* A: A는 피한다(Avoid)의 머리글자다. 상담자가 경청할 때는 너무 많은 웃음이나 다리를 떤다든지 하는 잡동작을 피하라는 뜻이다. 이런 행위는 내담자의 주의를 흐트러뜨리고 산만하게 만들 수 있다.
* G: G는 상담자에 따라서 사용하는 언어적 · 문법적 표현(Grammatical style)이 다르다는

말이다.

* E: E는 머리글자는 아니지만 공간(spacE)에서 따왔다. 경청을 할 때는 내담자와 적당한 공간거리를 두면서 하는 것이 중요하다는 의미다.

마지막으로, 경청할 때의 주의사항들을 살펴보자. 먼저 경청은 넋 놓고 듣는 것이 아님을 알아야 한다. 경청은 수동적이고 무기력하게 듣기만 하는 것이 아니라, 적극적으로 내담자의 말과 행동에 주목하는 것이다. 그리고 상담자의 평가적인 태도도 경청에 심각한 장애물이 될 수 있다. 평가적인 태도를 지닌 상담자는 내담자를 판단하면서 속으로 '저러면 안 되는데.' '나라면 안 그럴 텐데.'라고 생각하다 경청하지 못하게 된다. 게다가 자신의 가치관에 따라 내담자에게 충고를 하기 쉬운데, 그러다 보면 내담자의 호소를 전혀 진지하게 듣지 못할 것이다. 내담자를 동정(同情, sympathy)하는 마음도 장애물이 될 수 있다. 내담자를 돕고 싶은 마음이 너무 앞설 때, 즉 동병상련을 느낄 때의 경우다. 동정이 경청의 장애물이 되는 것은, 내담자의 이야기를 충분히 듣지 않고서도 섣불리 이해했다고 여기기 때문이다. 불충분한 이해는 불충분한 공감으로 이어질 것이다. 이 밖에, 다음할 말을 마음속에서 미리 연습(rehearsal)하는 것도 경청의 장애물이 될 수 있다. 막상 말할 순간에는 이미 대화의 주제가 다른 것으로 넘어간 후일 수 있기 때문이다.

2) 최소격려와 선택적 경청

앞의 'ENCOURAGE' 요령에서 'U'에 해당하는 부분을 보자. 내담자가 이야기할 때 상담자가 '으흠.' '아이구, 저런.' '그렇지!' 등 추임새를 넣어 계속 말할 수 있도록 돕는 것을 최소격려라고 한다. 최소격려는 경청할 때의 양념과 같다. 최소격려는 상대방 이야기에 흥미가 있음을 보여 주는 것이며, 내담자는 자신의 이야기가 받아들여지고 있기에 계속 말을 이어 가게 된다. 이때 '최소'라는 표현이 붙은 것에 주목하자. 이것은 내담자의 대화를 방해하지 않기 위해 상담자가 최소한으로 언어 반응을 한다는 의미다. 너무나 간결하고 순식간에 지나가기 때문에, 내담자는 상담자가 정확히 뭐라고 말했는지 알아차리지도 못할 것이다.

그리고 경청할 때 내담자의 모든 말을 다 기억할 수도 없고 실제로 그럴 필요도 없을 것이다. 어떤 내용은 더 중요하고, 어떤 내용은 덜 중요할 수 있다. 이때의 관건은 상담자가 상대적으로 더 비중을 두어야 할 내담자의 말과 행동을 선택하여 그것에 주목하는 것이다.

즉, 중요하고 가치 있는 내용에 선택적으로 주목함으로써 내담자가 그 주제를 계속 얘기하게 하는 것이다. 다시 말해, 내담자 말의 흐름을 방해하지 않으면서 상담자는 중요한 대목이나 관심 있는 내용이 나오면 '음음.' 하고 최소격려를 한다거나, 몸을 앞으로 숙이며 관심을 표시한다거나, 눈을 반짝인다거나 하는 방식으로 지금 말하는 내용이 중요함을 넌지시 알릴 수 있다. 흔히 내담자가 내면의 감정이나 욕구, 갈등, 공상 등을 얘기할 때 추임새를 넣으면 좋다. 반대로 사소한 일상의 이야기를 길게 늘어놓거나 할 때는 관심을 덜 기울이고 최소격려를 제공하지 않음으로써 좀 더 중요한 주제로 되돌아오게 할 수 있다.

3) 침묵하며 기다리기

심리상담에서 경청은 물론 중요하지만, 과연 언제까지 듣고 있어야 하는가? 정답은 내담자가 충분히 말을 하고 마칠 때까지일 것이다. 너무도 당연한 말이지만, 내담자의 내면 탐색을 방해하지 않는 쉬운 방법 중 하나는 침묵을 지키는 것이다. 특히 초보 상담자에게 침묵은 금이다. 대화를 이끌어야 한다는 압박감에 섣부른 질문을 던지는 것보다, 침묵하며 기다리다 보면 비록 조금 늦더라도 내담자의 내면과 만나게 되고 적합한 개입을 할 수 있게 된다. 따라서 면담 도중 침묵이 생겼을 때, 상담자의 첫 번째 선택지는 같이 침묵하며 기다리는 것이 된다. 만약 침묵이 너무 길어지면 다음과 같이 말할 수 있다.

상담자: 침묵이 길어지고 있네요. (말한 후 다시 기다림)

대화 도중 잠시 침묵이 흐를 때 무언가 말하며 개입해야 할 것 같은 압력은 강해진다. 어색한 침묵을 깨는 것이 예의이고 상대에 대한 배려라고 생각할지도 모른다. 그러나 면담 도중 내담자 말의 흐름을 방해하지 않는 것은 매우 중요하며, 현재 시점에서 개입하는 것이 이 흐름을 방해하는 것이 아닌지 항상 점검해야 한다. 또 내담자가 아니라 혹시 상담자 본인이 침묵을 어색해하는 것이 아닌가 점검해 보는 것도 좋다. 침묵이 길어진다고 면담이 잘못 진행되는 것은 아니며, 상담자와 내담자가 침묵을 편안하게 공유할 수 있다면 그것은 둘 사이에 라포가 형성되었다는 좋은 증거이기도 하다.

참고로, 침묵하며 기다리는 것은 상담 초기에 더 많이 활용될 것이다. 라포가 형성되고 상담이 중반부로 진행될수록 상담자는 내담자의 문제행동을 직면시키거나 변화를 촉구할 것이다. 이때는 굳이 침묵하며 기다릴 필요가 없으며, 만일 내담자가 반복적으로 침묵한다면 그런 행동 자체가 문제이거나 또는 상담에 대한 저항감이 침묵으로 표현되는 것일 수도 있으니 적극 개입해야 할 것이다.

6. 인정하기와 격려하기

인정하기(reassurance)는 내담자의 감정이나 행동이 불필요하거나 쓸데없지 않고 중요한 것임을 인정해 준다는 의미다. 내담자들은 자신의 문제가 사소한 것이 아니며, 마음이 힘들다는 것을 인정받고 싶어 한다. 상담자가 인정해 주면 내담자는 힘을 얻어 다시 자신의 애기를 계속 이어 나갈 수 있다. 상담자는 다음과 같은 짧막한 멘트로 내담자를 방해하지 않으면서 내담자의 괴로움을 인정해 줄 수 있다.

- "정말 어려운 상황이네요."
- "중요한 문제네요."
- "큰일이군요."
- "그럴 수 있겠네요."

이 대사들을 음미해 보면, 상담자는 내담자의 어려움을 큰 틀에서 인정하고 있다. 한 가지 더 요령을 말하자면, 짧게 끝내야 한다는 것이다.

그런데 인정하기의 핵심은 내담자의 고통을 존중한다는 것이지, 그의 생각이 옳다는 것은 아니다. 이와 관련하여 인정하기의 부작용을 언급할 필요가 있다. 구체적으로 무엇을 인정하느냐에 따라 때로는 인정하기가 이후 탐색을 방해할 수도 있기 때문이다. 예를 들어, 친구와 싸운 내담자가 자신이 옳다고 주장한다면 상담자는 이때 인정하기 기법을 사용할 것인가? 아마도 한 번은 괜찮을 수 있다. 그러나 상담자가 반복적으로 인정해 준다면, 내담자는 친구와 싸운 과정에서 자신에게도 문제가 있음을 더 이상 되돌아보지 않게 될 것이다. 즉, 자기탐색을 멈추는 것이다.

따라서 인정하기 기법을 사용할 때는 가급적 짧게 끝낸 후 침묵을 지키면서 기다리며, 만일 인정하기가 부작용을 초래하는 것 같을 땐 질문을 통해 탐색할 수 있도록 신경 써야 할 것이다. 예를 들어, 어떤 내담자가 내면탐색은 하지 않고 자꾸 상담자의 인정에만 매달린다면 다음과 같이 할 수 있다.

내담자: 선생님, 왜 저를 위로해 주지 않으세요? 제가 속상한 거를 다 말했는데, 반응이 너무 건조하신 것 같아요. 제 감정이 잘못된 건가요?

상담자: 아, 건조한 반응을 보여 미안합니다. 그런데 제가 평소처럼 위로해 주지 않았을 때 어떤 마음이 들었나요?

격려하기(encouragement) 역시 인정하기와 유사한 맥락으로, 내담자에게 잘하고 있다고 말해 주며 응원해 주는 것을 의미한다. 심리상담은 자신의 못나고 어두운 측면을 들여다봐야 하는 힘든 작업이므로 때로는 상담자의 격려가 필요할 것이다. 격려하기 그 자체로는 탐색을 촉진시키지 않지만, 내담자가 새롭고 어려운 시도를 할 수 있도록 힘을 불어넣어 줄 수 있다. 이런 측면에서 격려하기를 탐색 준비 기법의 유형으로 볼 수 있다. 인정하기에서 주의할 점과 마찬가지로 격려하기에서도 무엇을 격려하느냐가 중요하며, 더 깊은 내면을 탐색하려는 시도, 두려운 것들을 기꺼이 마주하려는 시도, 주체적으로 결정하고 행동하려는 시도 등에 대해 격려해 주는 것이다. 이는 다음과 같이 말할 수 있다.

● "감추고 싶은 기억이었을 텐데, 얘기해 줘서 고마워요."
● "당신은 드디어 오래된 상처를 마주하고 있군요!"
● "예전에는 피하려고만 했는데 이번엔 안 그랬다는 게 대단하네요."

7. 재진술

이제부터는 내담자가 사용한 언어에 집중하며 마음을 섬세하게 따라가는 기법들을 살펴보자. 이런 기법들로 재진술(restatement)과 반영(reflection)이 있다. 먼저 재진술(restatement)은 내담자가 한 말을 상담자가 따라 말해 주는 것이다. 얼마나 똑같이 따라 말하느냐에 따라 다음과 같이 세 가지로 나누어 볼 수 있다.

* 반복하기(repeating)
* 바꿔 말하기(paraphrasing)
* 요약하기(summarizing)

1) 반복하기

먼저, 반복하기(repeating)는 내담자의 말을 그냥 메아리처럼 따라 하는 것이다. 정말 단순하고 쉬운 기법이지만 효과가 있다. 내담자는 방해받지 않은 채 자신의 얘기를 계속 진행해 가며, 동시에 상담자가 자신을 잘 이해하고 있다고 믿는다. 상담자가 호응해 주고 있음을 느꼈기 때문이다. 그런데 내담자의 말을 똑같이 따라 말할 수도 있지만 중요한 부분을 압축적으로 따라 말할 수도 있다. 다음은 반복하기의 예들이다. 어떤 것도 다 가능하며, 내담자의 후속탐색을 방해하지 않도록 가급적 간결하고 짧게 마치는 것이 좋다.

> **내담자:** 어제 드디어 용기를 내서 그 친구에게 연락을 했어요.
> **상담자 A:** 드디어 용기를 냈구나.
> **상담자 B:** 드디어 연락을 했구나.
> **상담자 C:** 드디어 용기 내서 연락을 했구나.

반복하기가 별 것 아닌 것 같아 보여도, 상담자가 내담자에게 관심을 갖고 있음을 전달하는 효과적인 수단이며 후속 대화의 방향을 결정하기도 한다. 앞의 예에서 상담자 A의 후속 반응으로 내담자는 그동안 겁이 났고 용기를 내기 어려웠음에 대해 얘기할 수 있다. 반면 상담자 B의 후속 반응으로 내담자는 연락을 하고 나서 후련하고 뿌듯함에 대해 얘기할 수 있다. 또 다른 예를 보자.

> **내담자:** (아내와의 성관계에 대한 불만을 표시하며) 저와 우리 집사람이 어제 성적인 영화를 보고 다투었어요. 저는 성관계를 갖고 싶었는데 집사람은 거절하더군요.
> **상담자 A:** 성적인 영화를 보고 나서 다투셨군요.
> **상담자 B:** 성관계를 갖고 싶었는데 거절당했군요.

앞의 대사에서 상담자 A의 반응 후에 내담자는 어떤 영화를 보았는데, 어떤 상황이었는지 어떻게 다투었는지 등에 대해 더 얘기할 수 있다. 한편 상담자 B의 반응 후에는 거절당한 마음에 대해 더 얘기할 수 있다.

2) 바꿔 말하기

한편 바꿔 말하기(부언, paraphrasing)는 내담자가 진술한 내용을 반복하면서 의미는 같지만 표현은 다른 참신한 말로 바꿔 주는 것이다. 구체적 대사는 내담자의 대사와 비슷한 또는 적은 수의 유사 단어로 구성하는 것이 좋다. 다음과 같이 할 수 있다.

내담자 A: 나로서는 그 학생에 대한 판단을 잘 못하겠습니다. 어떤 때는 더할 나위 없이 좋은 학생이다가 또 어떤 때는 형편없거든요.

상담자 A: 그러니까 그 학생이 일관성이 없다는 얘기군요.

내담자 B: 그 선생님은 정말 형편없어요. 시골 학교를 졸업했고, 전문적인 교사연수도 받지 않은 것 같아요. 그리고 학생들에게 인기도 없고요.

상담자 B: 즉, 그 선생님이 무능하다는 말이군요.

바꿔 말하기에서 중요한 점은 내담자 대사의 요점을 간단명료하게 전할 수 있게 노력해야 한다는 것이다. 바꿔 말하기가 성공하면 내담자는 이해받는 느낌을 얻게 되고, 자신의 생각과 감정을 더 드러내게 된다. 요점을 명료하게 전달한다는 측면에서, 바꿔 말하기는 단순 반복하기보다 좀 더 깊은 곳을 건드리는 느낌을 준다. 즉, 상담자의 바꿔 말하기로 내담자는 애매모호하게 생각만 하던 것을 좀 더 분명하고 명료하게 정리할 수 있게 되어 한층 더 깊이 이해받는 느낌을 갖는 것이다.

■ 반복하기와 바꿔 말하기에서 주의할 점

좋은 재진술은 내담자의 대화 진행을 방해하지 않으며, 내담자는 하던 이야기를 이어가게 된다. 내담자는 상담자의 반복하기와 바꿔 말하기에 전혀 주의를 빼앗기지 않는다. 내담자 입장에서 볼 때, 상담자가 똑같은 단어를 써서 짧게 맞장구쳐 준다면 그것은 자신이 제대로 하고 있음을 확인시켜 주는 느낌일 것이다. 부지불식간에 오히려 자기 자신에 더 깊이 주의를 기울이게 된다.

반복하기와 바꿔 말하기에서 주의할 점이라면, 첫째, 앞에서 언급한 것처럼 짧게 하라는 것이다. 둘째, 항상 내담자의 생각과 감정에 주목하고 있어야 한다는 것이다. 생각과 감정을 느끼지 않은 상태에서 무미건조하고 단조롭게 따라 하면 내담자는 상담자의 재진술에 정성과 관심이 부족하다고 느끼게 된다. 상투적인 표현과 동어반복이 나왔을 때 '저 건 내가 한 말인데……'라는 생각이 들며 대화 진행이 방해받게 될 것이다. 따라서 좋은 재진술은 딱딱하고 기계적인 반복이어서는 안 되고, 내담자의 생각과 느낌을 따라가려고 노력하면서 핵심적인 부분에 초점을 맞춘 것이어야 한다. 그리고 상담자는 내담자의 대화 스타일에 따라서 재진술 빈도를 적당히 조절해야 한다. 내담자가 스스로 이야기를 잘 한다면 굳이 재진술을 자주 사용할 필요는 없을 것이다. 때로는 가만히 침묵을 지키며 기다려 주는 것만으로도 충분할 수 있다.

3) 요약하기

요약(summarizing)은 재진술의 한 범주로, 내담자가 말한 여러 가지 생각과 감정을 간략하게 정리해서 말해 주는 것이다. 물론 간략하게 정리한다 해도 반복하기나 바꿔 말하기보다는 훨씬 길다. 어떤 내담자는 쉬지 않고 계속 말하는데, 이때는 상담자가 중간에 끼어들어갈 틈을 찾기 어려울 수 있다. 이럴 때는 가만히 다 듣고 나서 대화 내용을 요약하여 몇 문장으로 표현해 준다. 즉, 요약은 대화 내용의 일반적인 줄거리와 주요 감정을 잡아내 정리해 주는 것이다.

앞에서 언급했듯이, 심리상담에서 상담자는 주로 듣는 편이기 때문에 내담자가 말을 많이 하게 된다. 그런데 내담자가 너무 많은 말을 하면 중간중간에 내담자의 이야기를 정리할 필요가 생긴다. 이때의 요약은 내담자가 중구난방으로 말하게 내버려 두지 않으려는 의도를 가진다. 즉, 은근하게 초점을 유지시킴으로써 내담자에게 더 큰 그림을 보게 하고 더 본질적인 문제를 찾게 하며, 상담 과정에서 다음 단계로 진척해 나가게 돕는 의미가 있다.

예를 들어, 내담자가 상담 장면에 와서 쉬지 않고 20여 분간 이야기를 했다고 하자. 그러면 상담자는 요약 기법을 활용하는데, 상담자는 내담자가 말한 내용들 중에서 특히 중요한 부분에 초점을 맞추어 요약해 준다. 그것은 내담자에게 '지금까지 이런저런 이야기를 많이 했는데 이제는 정리해 보고, 이 중에 좀 더 관심이 가고 본질적인 문제가 어떤 것인지 잠깐 쉬면서 살펴보라'는 메시지를 은연중에 전달하는 것이다.

이건(Egan, 1994)[3]은 요약의 목적을 네 가지로 설명하고 있다. 첫째, 요약은 다음 대화를

---

3) Egan, G. (1994). The Skilled Helper (3rd ed.). Pacific Grove, California: Books/Cole. 이 책은 국내에서 제

이끌어 나갈 수 있게 잠깐 기다리며 내담자를 준비시키는 시간이 된다. 둘째, 산발적으로 드러나는 생각과 감정에서 초점을 찾을 기회를 제공한다. 셋째, 특정 주제를 철저하게 탐색할 수 있게 자극한다. 넷째, 특정 주제를 종결짓게 한다. 저자는 요약이 이런 목적에 잘 봉사함을 느낄 때가 많다. 예를 들어, 내담자가 면담 시간에 이런저런 이야기를 하긴 하는데 상담자가 느끼기에 같은 말이 반복되어 제자리에서 맴돌고 앞으로 나아가지 못하는 느낌이 든다고 하면 이때가 요약이 필요한 순간이 될 수 있다. 내담자는 무언가에 막혀 있는 상태이고, 새로운 주제로 나아가지 못하고 있다. 따라서 이 점을 명백히 하고 돌파구를 찾기 위해 잠깐의 시간이 필요한데, 요약이 그 시간을 제공해 준다. 내담자의 대화가 제자리를 맴돌고 있다고 느낄 때 상담자는 다음과 같이 말할 수 있을 것이다.

● "잠깐 제가 요약을 해 볼게요." (이후 내담자의 말을 정리해 줌)

요약을 하면서 상담자는 그간의 흐름을 정리할 수 있고, 그 사이 내담자는 쉴 수가 있다. 즉, 상담자는 내담자가 표현한 내용을 정리해 주면서 내담자에게 잠깐 쉬는 시간을 제공해 주는 것이다. 그러면 내담자는 자신이 어느 지점에 있는지를 확인하고 잠깐 숨을 돌린 후에 새로운 주제로 나아가거나, 아니면 기존의 주제 중에서 좀 더 중요하고 의미 있는 부분에 대해 더 이야기하기 시작한다. 만일 요약 후에도 내담자가 같은 얘기를 반복하며 맴돈다면, 그만큼 그 주제가 중요하다는 의미가 될 것이다. 상담자는 요약 중에 혹시 놓친 것은 없는지 점검해 볼 필요가 있다.

그리고 요약은 다른 비지시적 면담기법과 마찬가지로 상담자가 내담자의 말에 주목하고 그를 이해하려고 노력하고 있다는 것을 암묵적으로 전달한다. 요약은 상담자에게도 유용한 것으로, 내담자가 한 말의 전체적인 면을 올바로 지각하고 있는가를 검토하게 한다.

참고로, 회기 중간중간 요약하기를 하지 않고 끝날 무렵에 한 번에 요약 반응을 시도할 때가 있다. 면담을 마치면서 한 회기의 내용을 정리하는 것이다. 그런데 이때 요약하기를 상담자가 직접 시도할 수도 있지만, 내담자가 하도록 맡겨 보는 것도 괜찮을 것이다. "오늘 어떤 이야기들이 있었는지 한번 정리해 보시겠어요?"라고 말하면서 상담자는 내담자에게 오늘 이야기한 내용을 스스로 요약할 수 있는 기회를 준다. 내담자는 스스로 요약을 함으로써 자신의 상담에 대해 더욱 책임감을 느끼게 된다. 그리고 상담자는 요약한 것을

석봉 등이 『유능한 상담자』(1997, 학지사)라는 제목으로 번역하여 소개하였다.

듣고 내담자의 이해도를 점검할 수 있으며, 내담자의 소견과 상담자의 소견에 차이가 있는지를 확인할 수 있다. 상담의 진행 정도를 파악하고 및 다음 단계에 대한 계획을 세우는 데도 도움이 될 것이다.

■ 요약의 방법과 타이밍

내담자 말의 내용을 요약하기 위해서는 말의 내용, 말할 때의 감정, 그가 한 말의 목적, 요약의 시기 및 효과에 대해서 주의를 기울여야 한다. 요약은 일종의 국면 전환적 성격이 있으므로 내담자의 이야기를 짧게 정리할 필요는 없으며, 오히려 내담자가 이야기한 것들을 차근차근 충분히 짚어 주는 것이 중요하다. 요약 반응의 예를 한 번 보자.

- "이제 시간이 한 5분 남았습니다. 오늘 우리가 이야기한 내용에 대해서 제가 요약을 하고, 그다음에 이번 시간에 대해 어떻게 느끼셨는지 소감을 한번 여쭤 보도록 하죠. 이번 주에 좀 더 희망적인 생각을 가졌고 그래서 덜 우울하다고 하셨죠? 비록, 시험에 대한 몇 가지 부정적인 생각 때문에 불안한 점도 있었지만 F를 맞을지도 모른다는 불안은 과잉불안이라고 하셨죠. 이번 시험공부를 할 때 몇 가지 좋은 대책을 생각해 보셨고, 다음부터 그 대책을 시도해 보기로 하셨죠. 그리고 만약에 다시 불안감이 든다거나 시험을 못 볼 것 같을 때는 어떻게 해야 될지도 얘기하셨고요. 자, 이 정도면 다 얘기가 됐을까요?"

상담자가 대화 내용을 차근차근 요약해 줄 때, 내담자는 '내가 오늘 이런 이야기를 했구나. 아! 내가 초점을 맞춰야 할 부분은 바로 이 부분이 되겠구나.' 하면서 정리할 수 있게 된다. 정리를 마치면 새로운 관심사가 떠오를 수도 있고, 정리한 부분 중에서 어떤 한 부분에 대해 더 이야기하고 싶어지기도 한다. 이때 시간이 충분히 남은 상태라면 상담자는 자연스럽게 대화를 기다리면 될 것이고, 상담이 끝날 무렵이라면 상담 시간을 고려해서 다음 회기에 더 이야기하기로 하고 면접을 마칠 수 있다.

내담자가 풀어낸 대화를 요약한다는 것은 상담이 어디로 진행되고 있으며, 현재 어디에 위치하고 있는지를 파악하는 것이다. 예를 들면, "당신은 지금까지 과거 직업에 대해서 좋아하는 점과 싫어하는 점, 또한 이상적인 직업이 어떤 것인지를 말씀하였습니다. 새로운 경력을 쌓으려고 계획하는 데 좀 더 고려할 바가 없을까요?"라는 반응에는 내담자의 현재 좌표가 분명하게 제시되어 있고, 좌표상에 빠진 점이 있는지를 점검하게 한다.

참고로 저자는 침묵에 대처하는 방법으로 요약을 활용하기도 한다. 이는 요약의 타이밍에 대한 부분이다. 앞에서 언급했듯이 내담자가 침묵한다는 것은 잠깐 쉰다는 의미일 수 있으며, 그럴 때는 가만히 기다려 주는 것이 가장 좋다. 그런데 초보 상담자에게는 침묵하는 시간이 생길 때 어색함에 부담을 느낄 수도 있다. 그러면 상담자는 어색함을 벗어나려고 어떤 식으로든 질문을 던지거나 화제를 제시하기 마련인데, 이것이 실제로는 불필요할 뿐만 아니라 내담자를 방해하는 것이 될 수도 있다. 왜냐하면 단지 상담자가 불편하다는 이유로 대화의 방향을 바꾸려 하기 때문이다. 전문가급 상담자가 되려면 침묵 상황에서 생기는 어색함이나 감정적 불편함을 견딜 수 있어야 하며, 필요할 땐 요약을 하면서도 대화의 방향을 임의로 바꾸지 말아야 할 것이다.

복습하자면, 요약 반응은 새로운 주제를 꺼내는 것이 아니라 기존 대화 내용을 정리해 주는 것이다. 요약의 단계 및 방법을 정리하면 대체로 다음과 같다.

첫 번째, 내담자의 말 중에서 중요한 내용과 감정에 주의를 기울인다.

두 번째, 상담자가 요약하는 것이 좋을지, 내담자가 요약하는 것이 좋을지를 결정한다.

세 번째, 파악된 주된 내용과 감정을 통합해서 전달한다.

네 번째, 상담자 자신의 새로운 견해를 추가하지 않는다.

8. 반영

1) 반영의 표현

반영(反映, reflection)은 거울처럼 비춰 준다는 의미로, 반영기법은 내담자의 말 속에 담겨진 감정을 상담자가 언급하면서 따라가는 것이다. 어떤 사람들은 일상에서 느끼는 감정들을 자연스럽게 표현하지만, 반대로 감정 표현이 익숙하지 않거나 감정을 억압하는 사람들도 있다. 이들은 사건을 설명하거나 생각 위주로 얘기할 뿐 감정을 잘 언급하진 않는다. 그런데 생각을 이해해 주는 것도 중요하지만 감정을 공유하는 것은 인간관계의 친밀감과 신뢰도 형성에서 매우 중요하다. 심리상담에서도 마찬가지이며, 라포 형성을 위해 내담자의 감정을 공감해 주는 것은 필수적이라 할 것이다. 상담 초반에 반영기법을 사용하며 내담자의 감정을 공감해 주면, 내담자는 자신이 이해받는 느낌이 들며 속마음을 더 많이 개방할 것이다.

기법상으로 볼 때 내담자의 감정을 반영한다는 것은 내담자가 대사에서 표현한 주요 감정을 상담자가 다른 참신한 말로 되돌려 주는 것이다. 앞에서 소개한 바꿔 말하기와 유사한데, 차이점은 감정을 내담자가 직접 언급하지 않은 경우에도 이를 잘 파악해서 언어로 표현해 주어야 한다는 것이다.[4] 다음과 같이 할 수 있다.

표현한 감정을 다시 반영해 주는 경우
내담자: 용돈 관리하라고 아버지가 자꾸 말하니깐 짜증이 나요.
상담자: 간섭받아 화가 나겠네.

표현되지 않은 감정을 반영해 주는 경우
내담자: 나도 챙기고 있는데, 아버지가 늦으면 안 된다고 10번도 더 말하셨어요.
상담자: 믿고 기다려 주지 않으면 속상하지.

앞에서도 언급했듯이, 어떤 사람들은 대화할 때 정보를 전달하는 데 익숙하지만 감정을 전달하는 데는 익숙하지 않다. 아마도 현대 문화에서 감정을 드러내며 대화하는 것이 일반적이지 않기 때문인 것 같다. 또 사람들은 자기 감정의 원천을 타인에게 전가시키며 표면 아래 저류에 흐르는 내면감정을 잘 인식하지 못하기도 한다. 다음 예를 보자.

- "당신 이렇게 기름진 음식만 먹고 운동을 안 하면 어쩌려고 그래?"
- "너는 왜 내가 말할 때마다 딴청을 피우니? 날 무시하는 거야?"

이 대사들 뒤에 있는 저류의 감정을 말로 표현하여 추가한다면 다음과 같을 것이다.

- '네가 아프게 될까 봐 걱정이 돼서 그래.'
- '실은 너를 변화시킬 수 없어 내 마음이 무기력하고 고통스러워서 그래.'

---

4) 에반스 등(Evans, Hearn, Uhlemann, & Ivey, 1992)이 지은 고전 『Essential interviewing』에서는 반영을 감정반영과 내용반영으로 구별하여 소개하였고, 이때 내용반영은 바꿔 말하기(부연설명)와 요약으로 할 수 있다고 보았다. 저자는 반영을 감정반영과 내용반영으로 구별하지 않았고, 반영은 본래 감정반영을 의미하는 것으로 그리고 바꿔 말하기와 요약은 재진술의 하위 기법으로 소개하였다.

상담센터에 찾아오는 내담자들 역시 자신의 감정을 처음부터 잘 표현하지는 못한다. 어떤 내담자는 자신의 느낌을 '그런 것' 혹은 '사람이 다 그렇죠……'와 같은 표현을 사용하여 자신과는 분리된 것처럼 말하기도 한다. 이렇게 자기 느낌의 소재를 애매하게 표현하는 경향은 일종의 방어기제로 볼 수 있고, 상담의 초기에 흔히 발견할 수 있는 현상이기도 하다.

감정을 표현하지 못하거나 감정에 거리를 두는 것은 추후 더 깊은 내면탐색을 방해할 수 있으므로 상담자는 감정에 초점을 맞추려고 노력해야 한다. 가령, "당신은 ~하게 느끼는 것 같아요."라는 식으로 말하며 감정을 바로 자기 자신의 것으로 받아들이도록 이끌어 주는 것이 필요하다. 이것이 반영기법의 핵심이다. 앞에서 언급한 대화 예를 활용하여 설명하면 다음과 같다.

내담자: 아내가 맨날 기름진 음식만 먹고 운동을 안 하니 짜증이 납니다.
상담자: 혹시라도 아내가 아프게 될까 봐 걱정이 되시겠어요.

내담자: 아이는 제가 말할 때마다 딴청을 피웁니다. 날 무시하는 것 같아요.
상담자: 매번 그러면 무력감이 느껴지겠네요.

반영의 표현방식은 상담자의 대화 스타일에 따라 조금씩 다를 수 있다. 그러나 정확하게 내담자의 느낌을 되돌려 줄 수 있다면 구체적인 대화 스타일은 조금 달라도 상관이 없을 것이다. 대개 일반적인 반영 반응은 다음과 같이 표현될 수 있다.

- "~ 때문에 ~를 느끼는군요."
- "~게 느끼시는 것 같네요."
- "~게 들리는데요."
- "달리 말하면 ~게 느끼고 계신다는 말씀인가요?"
- "~라고 이해가 되는데요."
- "정말 ~한가 보네요."

이 표현들을 잘 살펴보면 내담자에게 어떤 충고나 해결방법의 제시 또는 해석이나 위로를 전달하는 것과는 다름을 알 수 있다. 상담자는 반영 반응을 준비하기 위해 먼저 내담자의 대화를 잘 들어야 할 것이다. 그리고 내담자의 언어적 반응뿐만 아니라 비언어적 메시지에도 주의를 기울여야 한다. 상담자는 내담자가 말로 표현하는 것뿐만 아니라 자세, 몸짓, 목소리의 어조(語調), 눈빛 등에 의해 표현되고 있는 것도 반영해 줄 수 있다. 다음 예를 살펴보자.

> 상담자: 손이 떨리는 걸 보니, 초조하게 보이는군요.
>
> 상담자: 얼마나 분했으면 주먹을 꽉 쥐는군요.

2) 반영할 때의 어려움과 주의사항

이번에는 반영할 때의 어려움과 주의사항들에 대해 살펴보겠다. 반영은 내담자의 대사에 묻어 있는 감정을 포착하여 이를 언어적으로 되돌려 주는 작업으로, 당연히 상담자의 예민한 감수성이 요청되며, 따라서 감수성이 부족한 상담자에게는 결코 쉽지 않은 작업이 될 것이다. 반영기법을 사용하고자 할 때 다음과 같은 어려움들이 발생할 수 있다.

* 미묘한 감정의 반영
* 상투적 문구의 문제
* 반영의 타이밍
* 침묵의 반영

미묘한 감정이나 양가감정의 반영　　심리상담의 초보자가 반영기법을 익히기 위해서는 인간의 주요 감정 분류에 대한 공부가 도움이 될 수 있다.[5] 대체로 인간의 느낌이나 감정은 크게 세 가지 범주로 나누어 본다. 즉, 정적(正的)인 것, 부적(負的)인 것 그리고 정부 병존적(正負倂存的)인 것이다. 그중에서 정적인 느낌은 개성을 발휘하는 방향의 것이고, 부적인 느낌은 일반적으로 개성을 구속하거나 자기 파괴적인 성질의 것이다. 다음의 표는 정적인 느낌과 부적인 느낌을 나누어 본 예다.

---

5) 감정단어들을 공부하고자 한다면 금명자와 이장호(2014)의 『상담연습 교본』 등 연습교본을 참고하기 바란다. 개론서 외에 연습교본들은 대화 예를 제시하고 상담자 반응의 예를 구체적으로 소개하고 있어 감정단어 학습에 유리하다.

〈표 5-1〉 정적인 느낌과 부적인 느낌

정적인 느낌		부적인 느낌	
행복감	자존감	죄의식	혐오감
안심	사랑	후회	저항감
만족감	다행스러움	공포	답답함
자신감	따뜻함	우울	외로움

그런데 실제로 인간이 느끼는 감정은 이 분류에서 나타난 것보다 훨씬 다양하며, 서로 복잡하게 얽혀 있다. 또한 내담자는 자신의 감정을 숨기거나 억압하는 경우가 많기 때문에 감정 표현은 미묘하게 드러나며, 따라서 상담자가 이를 찾아내어 명쾌하게 반영해 주기란 초심자에게는 결코 쉽지 않다. 게다가 한 대사 속에 여러 가지 감정, 즉 '다중 감정'을 표현하는 경우도 있어, 이런 경우 초심자는 어디에 초점을 맞춰야 하는지 혼란스러울 수 있다. 저자의 견해로는, 내담자의 감정을 따라가려는 노력 자체가 중요하며, 내담자가 느끼는 감정을 대략적으로 받아 주면 된다고 생각한다. 완벽하고 정확한 반영이란 이상적인 것이며, 완벽하게 반영하려다가 오히려 주저하게 되고 타이밍을 놓칠 수도 있다. 대략적으로 받아 주면 충분하고, 만일 상담자가 시도한 반영이 정확하지 않다면 내담자가 "그런 느낌은 아니고, ~하게 느꼈어요."라며 수정해 줄 수 있을 것이다.

초심자에게 또 하나 어려운 점은 양가감정의 문제다. 양가감정이란 앞에서 언급한 정적인 감정과 부적인 감정이 병존하는 상태를 말한다. 심리상담 실제에선 내담자의 대인관계 속에 모호하고 양면적(兩面的)인 느낌이 깔려 있는 사례를 많이 접하게 된다. 상담자로서는 서로 일치하지 않는 행동이나 감정 상태를 발견하여 반영해 줌으로써 내담자가 동일한 대상에게 갈등적인 감정과 태도가 있음을 자각하게 도와주는 것이 중요하다. 그러나 양가감정의 반영은 쉽지 않은데, 초보 상담자는 양면적인 감정 중 어느 한쪽만을 주목하기 쉽기 때문이다. 이럴 때 역시 너무 어렵게 생각하지 말고 두 가지 감정을 모두 언급해 줄 수 있다.

상담자: 간섭당하는 것이 싫기도 하면서, 편하다고도 느끼시나 봐요.

상투적 문구의 문제　다음으로 상투적인 문구의 문제를 들 수 있다. 대개 반영의 구체적인 반응방식은 상담자마다 다르다. 그런데 자신의 스타일을 찾지 않고 교과서적인 반응을 기계적으로 남발할 때 내담자는 다소 상투적이라는 느낌을 받을 수 있다. 상담자가 "당신은 ~을 느끼시는군요."와 같은 문구를 상투적으로 쓰게 되면 내담자의 귀에 거슬리거나 상담에 대해 염증을 느낄 가능성도 있다. 그러므로 다음과 같이 다양한 표현을 사용하는 것이 필요하다.

- "그때 당신은 화가 났었겠군요."
- "당신은 ~라고 생각하는 것 같습니다."
- "당신은 ~라고 믿고 있나 봅니다."
- "당신에게는 ~처럼 보이는 것 같군요."
- "내가 이해하기에는 당신이 ~라고 느껴집니다."
- "다른 말로 하자면……."
- "나는 ~라고 추측이 되는군요."
- "~겠군요, 그런가요?"

또한 다양한 표현의 사용 외에도 억양이나 느낌의 정도를 부각시키는 것이 중요할 때도 있다. 예를 들면 다음과 같다.

내담자: 아버지에게 매 맞은 것이 억울했습니다.
상담자: 아버지에게 매 맞아서 '정말' 억울했겠군요.

반영의 시의성　　다음은 반영의 시의성(時宜性), 즉 타이밍에 대한 문제다. 반영은 언제 하는 게 가장 적절한가? 초보 상담자에게 권하는 일반적인 원칙은 내담자가 자신의 말을 충분히 다 하게 놔두라는 것이며, 그 이후에 반영하라는 것이다. 대개 내담자의 말을 중간에 끊으면 내담자의 감정의 흐름을 중단시킬 위험이 있다. 그러나 이는 원칙일 뿐, 저자의 견해로는 다분히 융통성을 발휘해도 좋을 것 같다. 상담자 스타일에 따라, 내담자 대사 중간에 끼어들어 감정을 살짝 언급해 줄 수도 있다.

　　어떤 경우에는 내담자가 말을 너무 장황하게 하여 중간에 끊지 않고서는 도저히 반영할 기회를 잡지 못할 수도 있다. 그럴 때는 내담자에게 양해를 구하며 잠깐 중단시키고 반영기법을 쓸 수 있다. 또 초보 상담자의 경우 한두 번 반영할 시점을 놓치게 되면 마음이 조급해질 수 있는데, 걱정할 필요는 없다. 대화가 진전됨에 따라 내담자에게서 많은 느낌이 계속 쏟아져 나오기 때문에 한두 번의 반영 시점을 놓쳤다고 큰 문제가 생기지는 않는다.

침묵과 반영 상담면접은 언어를 매개로 하여 이루어지기 때문에 내담자가 침묵하는 경우 상담자는 당황하기 쉽다. 내담자의 언어적 반응이 없으므로 상담자가 어떻게 반응할지 난감하기 때문이다. 그러나 경험 많은 상담자라면 침묵 속에 숨어 있는 감정도 반영할 수 있다는 것을 알 것이다.

내담자의 침묵에는 다양한 의미가 있을 수 있다. 내담자는 자신이 한 말을 곱씹어 보며 정리하는 시간을 가질 때 침묵할 수 있다. 즉, 다음에 무슨 말을 할까 생각하며 준비하는 과정인 것이다. 또는 상담자가 한 말을 받아들이기 어렵다는 수동적 거부의 표시로 침묵할 수도 있다. 또 극단적인 경우로는 상담자의 말을 제대로 이해하지 못하였을 경우에 침묵할 수도 있다. 상담자는 내담자의 침묵 속에 숨어 있는 감정이나 의미를 공감하려고 노력해야 하며, 이때 느낀 바를 내담자에게 전달할 수 있다(침묵의 의미 및 대처에 대해서는 제13장을 참고하기 바란다).

앞에서 반영의 어려움에 대해 다소 미묘한 부분까지 자세하게 살펴보았다. 그만큼 반영은 중요한 기법이기 때문이다. 그러나 반영의 어려움은 너무 정확하고 완벽하게 반영해야 한다는 부담감으로 더해지는 것 같다. 앞에서 언급한 것처럼, 상담 초기에 반영기법을 사용할 때는, 내담자의 대사를 따라간다는 느낌으로 가볍게 활용하면 좋을 것이다. 아직 내담자의 태도나 사고방식에 판단적 관여를 시도하지 않고, '아~ 그렇군요.' 정도로 내담자를 있는 그대로 이해하며 대화를 진행하면 될 것이다.

정리하자면, 상담자는 반영기법을 쓸 때 자신의 감수성을 동원하여 내담자의 대사에 묻어 나온 감정을 알아차려서 이를 언어로 되돌려 주어야 한다. 즉, 반영을 하려면 감수성과 면담기법이 동시에 필요한 것이다. 초보 상담자는 이를 위해 자신부터 평소 감정을 느끼고 자연스럽게 표현할 수 있도록 연습해야 할 것이다. 또 만약 자신에게 감정을 억압하는 태도가 있어 감정 표현이 어렵다면 이에 대해 지도감독자(supervisor, 슈퍼바이저)에게 본인부터 상담을 받을 필요가 있다.

9. 명료화

마지막으로, 명료화(clarification) 기법에 대해 언급하고 싶다. 명료화라는 용어는 의미가 불분명한 것을 확인한다는 단순한 의미에서부터, 마음 깊이 숨겨져 있고 복잡하게 얽힌 것을 풀어 명확하게 한다는 고차원적 개념까지 포함한다. 여기서는 본격적인 내면탐색 이전인 탐색 준비 유형의 상담기법으로, 내담자의 대사 중 의미가 불분명한 것을 확인한다는 단순한 의미의 명료화 기법에 대해 언급하는 것이다. 쉽게 말해, 상담자가 잘 이해하지 못한 바를 확인하는 것이다. 참고로 복잡하게 얽힌 것을 풀어 명확하게 한다는 고차원적 명료화를 정신역동적 접근에서는 '드러내기' 유형으로 분류하고 있다.

기법적으로 명료화는 어렵지 않다. 내담자가 한 말의 의미가 잘 이해되지 않았을 때, 상담자는 잘 이해하지 못하고 있음을 알리거나 의미를 되물을 수 있다. 다음과 같이 할 수 있다.

- "지금 하신 말을 제가 잘 이해하지 못하였어요."
- "조금 전 내용에서 '그 사람'을 두 번 말하셨는데, 둘이 같은 사람인가요?"

명료화 역시 마찬가지로 본격적인 내면탐색에 앞서, 내담자의 대사를 따라가며 이해하려는 시도에서 활용된다. 궁금한 사항을 질문하는 것과 명료화를 굳이 구별해 보자면, 명료화는 기존에 내담자가 말하지 않았던 것에 대해서 질문하는 것이 아니라, 내담자가 이미 자기 입장에선 설명했지만 상담자가 충분히 이해하지 못했을 때 활용한다는 것이다.

생각해 보기

　심리상담 외에도 심리적 문제 해결을 도와주는 방법들이 있는데, 예를 들어 명상과 같은 방법은 최근 각광을 받고 있다. 명상과 심리상담은 둘 다 내면탐색을 강조한다는 공통점이 있다. 그런데 명상은 매일 반복적이며 고독한 수행을 통해 이루어지는 반면, 심리상담은 상담자와 내담자 간 언어적 상호작용을 통해 이루어진다. 두 사람의 언어적 상호작용은 현실 세계의 축소판일 것이다. 이 점이 명상과 심리상담의 가장 큰 차이점이며, 심리상담에서 언어적 면담기법이 필요한 이유가 된다. 그렇다면 사회성이 좋고 언어적 교류가 풍부한 사람이 심리상담 분야의 전문가가 되는 데 유리할까? 내향적이고 말수가 작은 것은 심리상담 분야의 전문가로 성장하는 데 약점이 될까? 이에 대해 자신의 견해를 정립해 보고, 동료들과도 논의해 보자.

제6장

심리상담의 면담기법 II – 탐색

심리상담에서는 외부 사건이나 상황의 탐색보다는 마음 내면의 탐색을 강조한다고 하였다. 마음 내면을 탐색하는 것이 문제 해결의 열쇠라고 믿기 때문이다. 심리상담에서 탐색이란 내면에 접촉하여 검토하고 명료화한다는 의미로, 탐구에 가깝다. 탐구를 통해 자신에 대해 통찰(성찰)하고, 아울러 고민이나 문제가 발생한 원인이나 해결책에 대해서도 알게 되는 것이다. 이 장에서는 탐색을 돕는 면담기법에 대해 자세히 알아볼 것이다. 참고로 심리상담은 혼자서 마음을 탐구하는 것이 아니라 전문가와 함께 탐구하는 과정이며, 따라서 상호 신뢰와 친근감의 형성이 내면탐색의 전제 조건임을 명심해야 할 것이다.

1. 탐색 준비 유형과 탐색 유형의 차이점

앞에서 언급했지만, 심리상담 면담기법의 독특한 특징은 내면탐색을 촉진시키는 것이라 하였다. 이를 명확히 하기 위해 복습을 해 보자. 다음 대화의 예를 보자.

내담자: 아이가 치마를 짧게 입고 다녀서 걱정이에요.
상담자 A: (탐색 준비 유형) 아유 저런, 걱정이 많으시겠어요.

내담자: 아이가 치마를 짧게 입고 다녀서 걱정이에요.
상담자 B: (탐색 유형) 아유 저런, 그런데 걱정되는 건 어떤 건가요?

탐색 준비 유형의 기법들은 상담 초기에 내담자의 대화를 그대로 따라가는 데 활용된다. 상담자 A의 대사 예는 상담 초기에 최소격려와 재진술 기법을 활용하여 내담자의 말을 그대로 따라가고 있는 것이다. 아직까지 대화의 주도권은 내담자에게 있으며, 상담자는 내담자의 틀이나 사고방식에 개입하지 않도록 조심한다. 상담 초기 상담자의 관심은 내담자의 생각과 감정을 이해하고 공감하며 라포를 형성하는 데 있기 때문일 것이다.

그런데 회기가 거듭되고 라포가 형성되면, 이후에는 탐색 유형의 기법들을 사용하면서 상담자가 내담자를 조금씩 이끌기 시작한다. 상담자 B의 대사 예는 단지 따라가는 것에 그치지 않고, 내담자로 하여금 한 번 더 내면을 들여다보게 해 주는 것이다. 즉, 마음을 보되, 좀 더 깊이 볼 수 있게 도와준다. 앞의 대사 예에서 내담자는 표면적으로는 자녀의 치마가 짧은 것을 걱정하지만, 좀 더 깊이 들어가 보면 세부적인 관심사가 다를 수 있다. 대화는 다음과 같이 내담자의 관심사에 따라 다르게 전개될 수 있을 것이다.

공부하기를 원하는 부모

내담자 A: 아이가 치마를 짧게 입고 다녀서 걱정이에요.

상담자: 아유 저런. 그런데 걱정되는 건 어떤 건가요?

내담자 A: 너무 외모 꾸미기에만 집착하는 것 같아서요. 그 에너지를 공부하는 데 쓰면 얼마나 좋을까요.

안전하기를 원하는 부모

내담자 B: 아이가 치마를 짧게 입고 다녀서 걱정이에요.

상담자: 아유 저런. 그런데 걱정되는 건 어떤 건가요?

내담자 B: 그렇게 입고 다니다가 험한 꼴을 당하기라도 하면 어떡해요? 요즘 세상이 무섭잖아요.

앞 대사의 예를 보면, 내담자 A의 경우 '외모보다 공부가 중요하다'는 가치관을 가지고 있을 수 있으며, 그 가치관을 딸이 공유하길 바라고 있다. 아마도 이것이 내담자와 딸의 갈등 요인이 될 것이다. 한편, 내담자 B의 대사에는 위협적인 타인 및 세상에 대한 표상이 반영되어 있다. 딸이 치마를 짧게 입음으로 인해 내담자 B의 불안과 공포가 촉발되었을 수 있으며, 또는 내담자 B에게 말 못할 트라우마가 있을 수도 있다. 이후 대화에서 상담자는 각 주제를 다루며 상담을 진행할 것이다. 특히 내담자 B는 먼저 자신의 공포의 근원을 탐색하거나 트라우마로부터 벗어나는 것이 필요할 것이다.

2. 탐색 유형 기법의 종류와 본질

그렇다면 탐색 유형의 기법들에는 어떤 것들이 있을까? 심리상담에서는 내담자의 자발적 내면탐색을 촉진하고자 한다. 이를 위해 상담자가 사용할 수 있는 기법은 형식적으로 다음의 두 가지다.

* (탐색을 위한) 요청하기
* (탐색을 위한) 질문하기

사실 이들은 본질적으로 하나의 기법이지만 형식상 구분한 것뿐이다. 요청하기란 "~표현해 보세요."라는 식으로 말하는 것이고, 질문하기란 "~인가요?"라는 식으로 물어보는 것인데, 본질적으로 같은 용도로 활용될 수 있다. 다음 예를 보자.

내담자: 딸아이가 면접에 떨어져서 속상해요.

상담자 A: (요청하기) 그 심정(또는 마음)을 좀 더 표현해 보세요.

상담자 B: (질문하기) 그 소식을 들으니 어떤 마음이 들었나요?

이 대화의 예를 보면 내담자로 하여금 자신의 마음을 더 깊이 들여다보도록 요청하거나 질문하고 있는데, 본질적으로 같은 의도로 사용된 것이고 내담자도 비슷한 방식으로 반응할 것이다. 따라서 기법의 종류를 구분하는 것이 큰 의미는 없으며, 그보다 이 기법들을 활용하여 무엇을 어떻게 얼마나 깊게 탐색할 것인가가 더 중요하다. 참고로 요청하기와 질문하기의 형식적 차이점들을 다음 예를 통해 좀 더 살펴보자.

요청하기

- "당신의 감정을 느껴 보고 말해 보세요."
- "마음이 흐르는 대로 따라가 보세요. 어떤 마음이 드는지 말해 보세요."
- "그때 어떤 마음이었는지 말해 보세요."
- "어떤 생각이 드는지 얘기해 주세요."
- "지금 심정을 말로 표현해 보세요."

질문하기

- "지금 당신의 감정은 어떠한가요?"
- "어떤 마음이 드나요?"
- "그때 심정은 어땠나요?"
- "그것에 대해 어떻게 생각하나요?"
- "그것이 당신에겐 어떤 의미인가요?"

3. 탐색을 위한 요청하기

요청하기에 대해 좀 더 자세히 살펴보자. 내면탐색의 가장 기본 방법은 속마음을 들여다보라고 요청하는 것이다. 그리고 그것을 겉으로 표현해 달라고 요청하는 것도 포함된다. 다음과 같이 할 수 있다.

- "당신의 마음을 들여다보세요."
- "당신의 감정을 느껴 보고 말해 보세요."
- "마음이 흐르는 대로 따라가 보세요. 어떤 마음이 드는지 말해 보세요."
- (내담자 대사에서 평가적 단어나 감정 단어를 언급하며) "~하다고 하셨는데, ~에 대해 좀 더 얘기해 주세요."
- "그때 어떤 생각이 들었는지 말해 보세요."
- "지금 심정을 말로 표현해 보세요."

사람들은 평소 외부 요인(예: 돈, 음식, 외모, 성공 등)에 대해서는 많이 생각해 보지만, 마음속 내면에 대해서는 그렇지 않으므로 이 요청을 받으면 본격적으로 내면을 탐색하게 된다. 물론 자신의 생각과 감정을 잘 표현할 정도로 세련된 사람들도 있지만, 이들의 경우에도 생각과 감정을 좀 더 자세히 들여다보라고 요청하면 더 깊은 내면을 탐색하게 된다.

그런데 표현을 통해 내면탐색을 촉진시키는 것은 심리상담에서 고유한 것 같다. 이 기법을 일상에서의 대화에 활용하면 매우 어색하고 엉뚱하게 들릴 수 있다. 예를 들어, 배우자가 "오늘 승진심사에서 떨어졌어."라고 말할 때 "떨어진 심정에 대해 자세히 말해 보세요."라고 하지는 않을 것이다. 일반적으로 사람들은 감정을 수습하려고 하지, 감정을 더 표현하라고 요청하지 않는다. 그래서인지 심리상담을 처음 접한 내담자들은 상담자의 표현 요청에 어색해하거나 어려워하기도 한다. 이때 친절한 설명이 도움이 될 것이다. 다음과 같이 설명해 줄 수 있을 것이다.

- "마음을 말로 표현하는 게 쉽지 않을 수 있어요. 표현해 봐야 아무 소용없을 것 같기도 하고요. 그래도 심리상담은 자기 마음을 보는 작업입니다. 어떤 생각도 좋고 감정도 좋으니, 떠오르는 대로 얘기하시면 됩니다."

또 어떤 사람들은 '생각'이나 '감정'과 같은 단어의 의미를 정확히 이해하지 못해서 부가적인 설명이 필요할 수 있다. 사람들은 생각과 감정을 혼동하기도 하고, 자기 내면을 탐색해야 하는데 타인을 원망하는 데서 벗어나지 못하기도 한다. 그럴 땐 다음과 같이 설명해 준다.

> **상담자:** 당신의 감정을 느껴 보고 말해 보세요.
>
> **내담자:** 그 사람이 참 너무 이기적인 것 같아요.
>
> **상담자:** 그것은 감정이 아니라 생각이네요. 그 사람에 대한 생각, 판단이죠. 그것보다 자신의 감정에 집중해 보세요.
>
> **내담자:** 음…… 나는 참 어리숙하고 자기 것을 잘 챙기지 못해요……. 정말 비참하군요.

4. 탐색을 위한 질문하기

이번에는 질문하기다. 사실 요청하기와 질문하기는 심리상담적 대화에서는 특정 기법으로 명명할 필요가 없을 정도로 아주 보편적인 것이다. 앞 장에서 탐색 준비 기법을 소개할 때도 '말하기 요청'이 있었는데, 탐색기법에서도 '요청하기'는 기본 중의 기본이고 핵심적인 기법이라고 할 수 있다. '질문하기' 역시 마찬가지로, 예는 앞에서 자주 소개한 바 있다. 다음과 같이 하면 된다.

- "지금 무엇이 떠오르나요?"
- "무엇이 느껴지나요?"
- "그땐 어떤 마음이 들었나요?"
- "그때 심정은 어땠나요?"
- "그것에 대해 어떻게 생각하나요?"
- "그것이 당신에겐 어떤 의미인가요?"

이 예시에서 보면 알 수 있듯이, 본질적으로는 앞에서 소개한 표현 요청과 똑같다. 다만 문장의 끝에 물음표를 붙여 질문 형식으로 만든 것이다. 다음 예를 보자.

내담자: 딸아이가 면접에 떨어져서 속상해요.

상담자 A: (표현 요청) 그 심정(또는 마음)을 좀 더 표현해 보세요.

상담자 B: (질문하기) 그 소식을 들으니 어떤 마음이 들었나요?

심리상담에서 상담자와 내담자는 외부 환경이나 사건에 대해서보다는 마음속 생각이나 감정에 대해 탐색한다. 이때 질문을 던지면 대답을 해야 하기에 마음을 한 번 들여다봐야 하고, 이 과정에서 내면탐색이 촉진된다. 여기서 '내면탐색을 촉진'한다는 의미를 이해할 수 있을 것이다. 즉, 질문을 던지는 것은 상담자가 궁금한 점을 알고 싶어서라기보다는 내담자가 자기 마음을 탐색하도록 촉진하기 위함인 것이다. 이 점은 중요하므로 다시 한번 다음과 같이 강조하겠다.

* 심리상담에서는 묻고 답하는 과정에서 내면탐색이 촉진된다.

이때 질문 형식은 폐쇄형이 아니라 개방형임에 주목하자. 개방형으로 질문을 던져야 내담자가 자유롭게 응답할 수 있다. 그리고 간혹 내면이 아니라 외부 상황에 대해 질문할 수도 있지만, 이 경우에도 바로 당시 상황에서의 생각과 감정에 대한 탐색으로 이어질 수 있도록 안내해야 할 것이다. 앞의 예를 다시 구성해 보자.

내담자: 딸아이가 면접에 떨어져서 속상해요.

상담자: 무슨 면접이었나요?

내담자: 그토록 고대했던 취직 면접이었어요. 떨어지고 나서 펑펑 울더군요. 이번이 벌써 세 번째거든요.

상담자: 아유 저런, 그 모습을 보니 어떤 마음이 들었나요?

■ 기초 정보에 대한 질문

참고로, 어떤 경우 외부 상황이나 조건에 대한 확인이 꼭 필요할 수 있다. 심리상담에서 마음 내면의 탐색을 강조하지만, 마음 내면으로 들어가기 위해 기초 정보를 모르거나 오해하면 안 될 것이다.[1] 어떤 내담자는 고민을 호소하면서도 두루뭉술하게 말하며, 기본적인 정보나 사실관계를 제대로 설명하지 않을 수도 있다. 또 어떤 상담자는 내담자에게 꼬치꼬치 캐묻는 듯한 인상을 줄까 봐 꼭 필요한 정보를 확인하지 않고 지나칠 수도 있다. 그러나 탐색을 깊고도 넓게 시도하려면 내담자의 마음과 외부 현실 사이에 균형을 잡는 것이 중요하며, 따라서 만일 상담자가 이해가 안 되는 사항이 있다면 물어서 확인하는 것이 필요할 것이다. 한 사례가 생각나는데, 친구들과 사이가 좋지 않아 속상하다는 청소년에게 친한 친구는 몇 명 있느냐고 물었더니, 실은 대부분의 친구와 친하며 사이가 좋지 않은 친구는 한 명이라고 하였다. 이 사례에서 만일 모두와 사이가 좋지 않은 것으로 오해했다면 대화는 엉뚱한 방향으로 흘러갔을 것이다.

정보나 사실 확인을 위한 질문의 경우, 너무 남발하면 자칫 부작용이 생길 수도 있다. 부작용이라 하면, 대화가 '상담자 질문 → 내담자 대답' 패턴으로 고착될 수 있다는 점이며, 내담자가 은근히 상담자에게 의지하거나 해결책을 얻기를 기대하는 마음이 생긴다는 것도 있다. 물어보는 것을 보니 뭔가 해결책을 찾아 주려나 보다 하고 기대하게 되는 것이다. 이렇게 되면 스스로 내면을 들여다보는 심리상담보다는 상담자가 제시한 해결책을 받는 자문식 상담으로 변질될 수 있다.

5. 탐색기법 활용의 요령

탐색기법을 얼마나 잘 활용하느냐에 따라 심리상담 분야의 전문가냐 아니냐를 결정할 수 있을 정도로 심리상담에서 탐색기법은 중요하다. 그런데 탐색기법은 앞에서 소개한 멘트를 기계적으로 사용하는 것만으론 충분하지 않다. 내담자와의 대화 도중 적절한 때에 사용해야 하며, 이 적절한 때를 알아야 전문가 수준이 될 것이다. 그렇다면 과연 언제가 적절한 때일까? 전문가의 감(感, sense)에 해당하는 부분이라 글로 설명하긴 쉽지 않지만, 간단히 말하자면 내담자에게 개인적 의미가 있는 부분이라 할 수 있다. 예를 들면, 앞에서 딸아이가 치마를 입고 다녀서 걱정이라는 내담자의 호소가 있었는데, 치마를 입고 다녀서 걱정하는 부모도 있지만 그렇지 않은 부모도 있을 것이다. 이때의 걱정은 내담자에게 개인적으로 의미가 있을 수 있다. 즉, 내담자의 고유한 생각, 감정, 갈등, 욕구, 상처 등이 묻어 있을 수 있다.

다시 강조하면, 내담자로 하여금 내면탐색을 촉진시키는 기법 자체는 단순하나 실제로

---

1) 일상생활에서 기초적인 정보에 대해 알아보는 것도 '탐색한다.'라고 표현할 수는 있다. 그런데 심리상담에서의 '탐색'은 영어 'exploration'을 번역한 말로 마음을 탐구한다는 의미에 가깝고, 기초 정보를 탐색한다는 것은 영어 'investigation', 즉 조사한다는 의미에 가깝다.

활용하려면 충분히 숙달되어야 할 것이다. 몇 가지 도움이 될 만한 요령들을 소개하니 반복적으로 연습해 보자.

1) 구체적 상황에서의 내면탐색

사람들은 단지 생각만 할 때보다 말로 표현할 때, 그리고 말로 표현하더라도 줄거리를 요약할 때보다 사건을 세부적으로 기술할 때 내면을 더 잘 체험할 수 있게 된다. 다음의 두 문장을 비교해 보자.

A: 친구들이 나를 놀렸어요.
B: 친구들이 나를 뚱뚱하다고 놀리면서 돼지라고 했어요.

만일 당신이 이런 일을 겪었다면, A라고 말할 때와 B라고 말할 때 둘 중 어떤 경우에 속상하고 화난 마음이 더 생생하게 느껴지겠는가? 당연히 대사 A에 비해 대사 B의 경우에 훨씬 더 생생하게 느껴질 것이다. 이처럼 내면의 어떤 감정을 생생하게 체험하기 위해서는 관련된 사건이나 상황을 좀 더 구체적이고 세부적으로 표현하도록 하면 도움이 된다. 따라서 상담자는 내면탐색을 할 수 있도록 구체적인 상황에 대해 말해 보라고 요청하는 것이 필요하다. 다음과 같이 자연스럽게 하면 좋겠다.

내담자: 친구들이 나를 놀렸어요.
상담자: 아유 속상하겠네. 그래 무슨 일이 있었어?
내담자: 친구들이 나를 뚱뚱하다고 놀리면서 돼지라고 했어요.
상담자: 그래? 그래서?
내담자: 저는 아무 대꾸도 못하고 울기만 했어요. 아니라고 말하고 싶었는데, 말은 안 나오고 울기만 했어요.
상담자: 아유 그랬구나. 그때 어떤 마음이었어?
내담자: 제가 바보같고, 겁쟁이에…… 제 자신이 너무 싫었어요.

여기서의 요점은, 어떤 사건이나 상황에 대해 구체적으로 얘기할 수 있도록 도와주라는 것이다. 다음과 같은 대사들을 활용할 수 있다.

- "무슨 일이 있었어?"
- "말씀하신 것에 대해 사례를 하나 들어 주실까요?"
- "최근에 있었던 일 하나를 얘기해 보세요."

2) 두루뭉술한 표현에 주목하기

구체적인 상황을 얘기하는 것과 유사한 맥락에서, 어떤 내담자들은 '갑자기' '아무 이유 없이' '그냥' '다들 그래요.'와 같은 두루뭉술한 표현을 사용한다. 이런 두루뭉술한 표현은 내담자가 충분히 내면에 접촉하지 않고 대충 덮어 두고 있음을 시사하며, 따라서 이때 상담자는 요청하기나 질문하기로 그 표현에 대한 개인적 의미를 탐색해 보도록 할 수 있다.

- "조금 전에 다들 그렇다고 말씀하셨는데, 그에 대해 좀 더 자세히 말씀해 주시겠어요?"

3) 평가적 표현이나 감정 단어에 주목하기

어떤 내담자들은 자발적으로 표현을 잘하는데, 이때 평가적인 표현이나 감정 단어를 사용한다. 평가적인 표현이라는 것은 중립적인 표현의 반대말로, '좋다-나쁘다' '옳다-그르다'는 식의 평가가 들어가 있는 것이다. 이때 본인은 그런 평가가 중립적이라고 생각할 수 있지만 본질적으로는 자기본위적인 것이어서 자기만의 고유한 신념이나 논리를 내포하고 있을 수 있다. 따라서 평가적인 표현이 나오면 그에 대해 더 말하게 함으로써 그 안에 담긴 마음을 더 들여다볼 수 있다. 요청하기나 질문하기를 적절히 사용할 수 있고, 어떤 사건이나 상황과 연결시킬 수도 있다.

내담자: 선생님, 서울 사람들은 너무 이기적인 것 같아요.
상담자: 이기적이라고 하셨는데, 그것에 대해 좀 더 말씀해 보세요. / 이기적이라는 게 뭐예요? / 이기적이라…… 무슨 일이 있었나요?

감정 단어의 경우도 마찬가지다. 감정 역시 본질적으로 개인적인 것이므로, 내담자의 대사 중에 감정 단어가 나오면 그것에 주목하면 좋다. 감정은 어떤 사건에 대한 반응이자 생각과 욕구와 연결되어 있으므로, 감정 단어들에 초점을 맞추면 내담자는 마음속 신념,

기억, 욕구, 상처 등을 더 많이 탐색할 수 있게 된다. 또한 하나의 감정은 다른 감정과 연결되며 감정을 탐색하다 보면 더 깊은 곳으로 들어갈 수도 있다. 다음 대화 예를 보자.

> **내담자:** 딸아이가 면접에 떨어졌을 때 정말 속상하더군요.
>
> **상담자:** 속상하다고 하시는데, 그에 대해 좀 더 말해 주세요.
>
> **내담자:** 실은 정말 애지중지 키운 딸이거든요. 아내가 죽고 나서 저는 딸아이에게 모든 것을 쏟아 부었지요……. (후략)

사람들은 깊은 감정을 인식하지 못한 채 표층의 감정에만 머무르는 경우가 있는데, 이럴 때 대부분 '속상하다' '짜증난다' 등의 감정 단어를 자주 사용한다. 따라서 이런 단어들이 나오면 그냥 넘기지 말고 좀 더 탐색할 수 있도록 도와주어야 한다. 그러다 보면 표층 감정 아래 마음속 깊은 곳의 절망이나 슬픔이 드러나기도 한다.

4) 반영기법과 연계하여 탐색하기

반영기법은 내담자의 대화에 담겨진 감정을 언급해 주는 것이라 하였다. 앞에서 감정 단어에 주목하며 탐색하는 것을 언급하였는데, 같은 맥락에서 반영기법과 탐색적 요청 및 질문을 적절히 섞어 사용하면 도움이 될 것이다. 다음에 예를 제시하였다.

> **내담자:** 아버지랑 전화를 했어요. 힘들어서 전화했는데, 전화를 받자마자 요새 사업이 어렵다는 얘기를 하시더군요.
>
> **상담자:** 아이구, 힘들어서 전화했는데……. (재진술)
>
> **내담자:** 항상 그러세요. 사업 얘기 하시다가 경제 얘기, 정치 얘기로 넘어가세요. 그러면 듣기가 싫고, 끊고 싶어져요.
>
> **상담자:** 아버지 얘기를 계속 듣는 게 지겹겠어요. (반영)
>
> **내담자:** 이젠 정말 지겨워요. 속에서 막 분노가 일어나요.
>
> **상담자:** 아유, 그럴 만도 하네요. 그런데 지겨운 정도가 아니라 분노가 일어나기까지 하나요? 어떤 마음인지 더 알고 싶어요. (탐색 요청하기)
>
> **내담자:** 너무 이기적이에요. 저도 힘들어서 전화한 건데, 저의 생활에는 아무런 관심도 없고, 자기만 챙겨 주길 바라는 거잖아요. 아버지잖아요!

상담자: 자식 얘기부터 들어 주셨으면 좋았을 텐데요. 정말 화가 치미나 봐요. (재진술과 반영)

5) 내담자에게 초점 맞추고 탐색하기

매우 기본적인 사항임에도 불구하고 초보 상담자들이 실수하는 것 중 하나는 내담자가 아닌 제3자의 마음에 초점을 맞추고 탐색하는 것이다. 다음 대화 예를 보자.

> **내담자:** 아버지랑 전화를 했어요. 힘들어서 전화했는데, 전화를 받자마자 요새 사업이 어렵다는 얘기를 하시더군요.
>
> **상담자:** 내 얘기부터 들어 주셨으면 좋았을 것을……
>
> **내담자:** 항상 그러세요. 사업 얘기 하시다가 경제 얘기, 정치 얘기로 넘어가세요. 그러면 듣기가 싫고, 끊고 싶어져요.
>
> **상담자:** 음…… 아버지 나름대로 이유가 있겠지요. 아버지는 어떤 마음으로 그렇게 하실까요?
>
> **내담자:** 글쎄요, 아마 저랑 얘기하는 게 싫으신 걸까요?

이 대화를 보면 내담자의 마음을 탐색하는 쪽이 아니라 아버지의 마음을 탐색하는 쪽으로 진행되고 있다. 이런 질문이 제3자의 생각이나 감정을 깨우쳐 주려는 의도에서 시도될 수는 있지만, 일반적으로 긍정적 효과보다는 내담자 자신의 내면탐색을 방해하는 역효과를 내기 쉽다. 흔히 내담자들은 갈등 대상에 대해 오해나 편견을 갖고 있고, 질문을 받을 때 새로운 깨달음보다는 기존의 부정적 생각이 활성화되고 부정적 감정에 젖어들기 때문이다.

6) 상황을 가정하고 탐색하기

내담자의 속마음이 드러날 수 있는 어떤 상황을 만들어 주는 것도 좋은 방법이 된다. 내담자가 바라는 소망이 이루어졌다고 가정하거나 현재 문제가 해결된 상황을 가정하고 속마음을 탐색할 수 있다. 앞의 대화를 이어 가 보자.

> **내담자:** 아버지랑 전화를 했어요. 힘들어서 전화했는데, 전화를 받자마자 요새 사업이 어렵다는 얘기를 하시더군요. 항상 그런 식이에요.

상담자: 아버지 얘기를 계속 듣는 게 지겹겠어요.

내담자: 이젠 정말 지겨워요. 속에서 막 분노가 일어나요.

상담자: 혹시 말이에요, 아버지에게 듣고 싶었던 말은 뭔가요?

내담자: 듣고 싶은 말도 없어요. 자식에게 아무런 관심도 없는 분이죠.

상담자: 그래도 만약에 ○○ 씨가 원하는 것이 모두 이루어졌다고 가정했을 때, ○○ 씨가 전화를 걸면 아버지가 뭐라고 말하면 좋을까요?

내담자: 음…… 별일 없냐? 밥은 챙겨 먹었냐? 이렇게라도 말해 주면 좋겠어요……. (울기 시작한다.)

7) 창의적으로 탐색하기

지금까지 소개한 요령 외에도 내면 깊은 곳으로 인도하는 창의적인 탐색 방법이 더 있을 수 있다. 저자가 소개하지 못했지만, 현장에서 상담자들이 내면을 탐색해 들어가는 자기만의 노하우(know-how)가 있을 것이다. 예를 들어, 어떤 상담자들은 게슈탈트 이론에서의 빈 의자(empty chair) 기법[2]이나 역할 바꾸기(role play)[3] 같은 것을 활용하여 미처 표현하거나 생각해 보지 못했던 깊은 감정과 욕구에 접촉하도록 돕는다. 내담자에게 초점을 맞추고 요청하기와 질문하기를 적절히 활용하여 내면으로 들어간다는 기본에 충실하면 구체적인 방법은 얼마든지 응용할 수 있는 것이다.

6. 깊은 탐색으로 나아가기

심리상담에서는 외부 대상에 대한 탐색보다는 자기 내부에 대한 탐색에 초점을 맞춘다. 심리상담에서 내면탐색을 강조하는 것은 심리적 문제의 해답이 자기 내부에 있다고 보기 때문이다. 그런데 초점을 외부에서 내부로 옮겼다고 다가 아니다. 이제 내면탐색의 깊이가 중요해진다. 즉, 표층의 탐색에만 머물지 않고 심층의 탐색으로 진행될 수 있어야 한다는 것이다. 그렇다면 어떻게 해야 심층의 탐색이 가능할까? 그에 대한 답을 단 몇 문

---

2) 내담자의 주요 관심 대상이나 사물 등에 실제로 마주하기가 어려울 때 빈 의자에 앉아 있다고 가정하고 내담자에게 마음을 열고 대화하도록 하는 기법

3) 내담자의 주요 관심 대상이나 사물에 대해 상담자가 그 역할을 맡고 내담자와 대화를 시도하는 기법. 대화 도중 상담자와 내담자가 역할을 교체하기도 한다.

장의 글로 제시하긴 어려우며, 전문가들이 현장에서 사용하는 자신들만의 방법도 다 다를 것이다. 그렇다고 너무 어렵게 생각할 필요는 없으며, '요청'하고 '질문'하는 작업을 꾸준히 하면 된다. 다음과 같이 하면 될 것이다.

- "마음을 더 깊이 느껴 보세요."
- "마음의 더 깊은 부분을 들여다보세요."
- "당신이 진정으로 바라는 것은 무엇인가요?"
- "당신 마음 깊이 원하는 것은 무엇인가요?"

깊은 내면탐색은 미처 주의를 기울이지 못했거나 생각해 보지 않았던 부분을 살펴보게 하며, 부끄럽거나 두려워 차마 보지 못했던 자신의 일부분을 살펴보게 돕고, 이를 언어로 표현하여 체험을 촉진하고 카타르시스를 유도하며, 궁극적으로 문제 및 자신에 대한 통찰에 이르도록 도울 것이다.

1) 라포를 기반으로 시의적절하게 탐색하기

깊은 탐색으로 나아갈 때 상담자와 내담자 간 적절한 친밀감과 신뢰, 즉 라포가 형성되어 있어야 한다. 아직 서로 어색한 상태에서 '마음을 깊이 들여다보라' '진정으로 바라는 것은 무엇이냐?'라고 요청하고 질문한다면 내담자는 당황하여 뒤로 물러설 수도 있을 것이다. 이러한 깊은 탐색은 서로 라포가 충분히 형성되고 서로에 대한 이해가 있을 때 시도될 수 있다. 이를 위해 시간이 필요하며, 대개 면담이 2~3회 진행되어 심리상담이 초기 단계를 지나가면 이런 깊은 탐색이 시도될 수 있을 것이다. 심리상담의 진행에 대해서는 이후에 자세히 설명할 것이다.

2) 과거와 연결하여 탐색하기

흔히 깊은 탐색을 시도할 때는 문제의 근원을 찾게 되는데, 시간적으로 과거의 경험과 현재를 연결시키게 된다. 어릴 적 성장 경험, 부모가 미친 영향, 충격적인 트라우마 등에 대한 탐색을 시도하는 것은 좀 더 깊은 탐색이 된다. 다음과 같이 질문해 볼 수 있다.

- "당신의 문제는 어디서 비롯된 것인가요?"
- "이 고통의 근원은 무엇일까요?"
- "당신 마음 깊은 곳의 불안과 공포가 느껴지는데, 이것들이 어떻게 생긴 걸까요?"
- "부모님이 이 문제에 어떤 영향을 주었을까요?"
- "당신의 고통은 과거의 경험과 어떻게 연결되어 있나요?"

이런 탐색 과정에서 내담자들은 과거의 경험에 대해 되돌아보고, 그 경험 안에 담겨 있던 개인적 소망 및 좌절에 대해 이야기한다. 이때 '개인적'이라는 표현이 중요하다. 사람들이 사는 겉모습은 별반 다르지 않지만, 상담자가 듣는 것은 한 개인의 이야기다. 상담자는 그 사람이 누구에게도 털어 놓지 못했던 개인적 이야기를 펼치도록 돕는다. 이야기가 펼쳐지면 그 안에 문제의 근원이 드러날 것이다.

다음에 깊은 탐색으로 나아가는 대화를 제시하였다. 실제 현장에서는 이렇게 매끄럽게 진행되지 않을 수 있으나, 탐색기법이 어떻게 활용되는지 감을 잡을 수는 있을 것이다.

내담자: 아이가 치마를 짧게 입고 다녀서 걱정이에요.

상담자: 아유 저런. 그런데 걱정되는 건 어떤 거예요?

내담자: 그렇게 입고 다니다가 험한 꼴을 당하기라도 하면 어떡해요? 요즘 세상이 무섭잖아요.

상담자: 그렇다면 ○○ 씨가 바라는 것은 뭔가요?

내담자: 당연히 아이가 치마를 짧지 않게 입는 것이지요.

상담자: 그렇지요. 그런데 그것은 자녀에게 바라는 것이고요. ○○ 씨가 원하는 것을 이루기 위해 자기 자신에게 바라는 것은 뭘까요?

내담자: 음…… 아이에게 단호하게 말할 수 있으면 좋겠어요.

상담자: 지금은 그렇지 못한다는 거군요. 단호하게 대하지 못하는 이유가 있나요?

내담자: 단호하게 말하면 아이가 상처받을 것 같아요. 만약 더 엇나가면 어떡해요?

상담자: 아이가 상처받길 원하지 않는다는 거네요. 제 생각엔, 아이가 조금 속상해하긴 할 것 같아요. 그래도 엄마 말을 들을 것 같지는 않은데요.

내담자: 그럼 어떻게 해야 하나요?

상담자: 어떻게 하고 싶으세요?

내담자: 더 단호하게 말해야 할까요?

상담자: 그것도 좋지요. 근데 그게 잘 안 된다는 말씀이잖아요. 단호하게 대하지 못하는 이유를 자

기 자신에게서 찾아볼 수 있을까요?

내담자: 음…… 어렸을 때부터 단호하게 말하는 것은 좀 주저했어요. 무섭기도 했고요.

상담자: 그 얘기를 좀 자세히 들을 수 있을까요? (후략)

7. 질문하기의 범용성과 한계

이번에는 질문하기의 한계에 대해 살펴보겠다. '질문하기'는 사실 일상 대화에서 누구나 활용하는 것이다. 이 장에서 '질문하기'는 심리상담의 핵심인 내면탐색에 가장 적합하다고 소개하고 있지만, 심리상담의 초보자는 엉터리 질문으로 오히려 내면탐색을 방해하기도 한다. 그래서 질문을 언제 어떻게 하느냐가 중요한데, 이것은 숙련된 상담자의 감에 대한 부분이기도 하다.

질문하기의 한계를 하나씩 설명해 보자면, 먼저 심리상담에서의 질문은 내담자의 자기탐색을 방해하지 않아야 하는데, 상담자의 개인적 궁금증으로 인한 질문은 자칫 탐색을 방해할 수 있다는 것이다. 예를 들어, 대화 도중 내담자의 옷차림이나 소지품에 대한 궁금증이 생겨 그에 관해 물어본다면, 내담자는 자신이 말하고 싶은 것을 뒤로하고 상담자의 질문에 먼저 대답하면서 대화가 다른 방향으로 흘러가게 될 것이다. 질문의 목적은 상담자의 궁금증을 해소하기 위해서가 아니라 내담자로 하여금 내면을 탐색하도록 하려는 것임을 명심해야 할 것이다.

또 상담자가 너무 자주 질문을 던지는 경우에 대해서도 생각해 볼 수 있다. 심리상담은 내담자가 자발적으로 자신에 대해 이야기하는 것으로 시작되는 것이 좋다고 하였다. 따라서 다음과 같이 간단하게 말하면서 대화를 시작할 수 있다.

● "오늘은 어떤 얘기를 하시겠어요?"

이것은 개방형 질문이며, 내담자에게 대화의 주제를 선택할 수 있도록 기회를 주는 것이다. 그런데 특정 주제에 대해 질문을 던지는 식으로 상담을 시작하거나 더 많이 질문함으로써 더 많은 답변을 얻겠다는 식으로 상담을 진행하는 것은 내담자의 자발성을 꺾고 의존성을 키우는 부작용을 초래할 수 있다. 특히 대답이 '예.' 또는 '아니요.'로 응답하거나 단답형으로 응답하게 되는 폐쇄형 질문에서 더욱 그렇다. 다시 말해서, 잦은 폐쇄형 질문

은 자칫 내담자에게 어떤 방도도 제시하지 못한 채, 상담자는 질문만 하고 내담자는 답변
만 하는 패턴을 만들 수 있다. 이후 내담자는 질문을 받으면 답변을 하고 상담자의 질문
이 없으면 입을 열지 않게 되는 상황이 전개될 것이다. 이렇게 되면 내담자의 마음이 열
리는 것이 아니라 반대로 닫혀 버리고 말 것이다. 또한 '상담자 질문 → 내담자 답변'의 형
식을 취함으로써 상담자는 보다 높은 위치에 있는 권위자라는 인식이 부지불식간에 생기
게 된다. 내담자가 이런 굴욕적인 대우를 달게 받는 이유가 있다면 그것은 단지 자신의
문제를 해결해 줄 사람이 상담자뿐이라고 믿기 때문일 것이다. 상담이 진행되어 가며 결
국 상담자가 문제를 해결해 주지 못한다는 것을 깨닫게 된다면 내담자는 실망감과 배신
감을 느끼게 될지도 모른다. 따라서 상담자는 '질문 → 답변' 형식으로 상담이 진행되는
것을 막기 위해서 다음과 같은 점을 꾸준히 점검해야 한다.

* 상담자는 우선 자신이 질문하고 있다는 사실을 의식하고 있어야 한다.
* 상담자는 자신이 자주 던지는 질문이 무엇인지, 즐겨 쓰는 질문의 유형이 무엇인지 알고
  있어야 한다.
* 상담자는 자신의 질문이 내담자에게 어떤 의미를 전달하는지를 파악하고 있어야 한다.
* 상담자는 이 시점에서 질문하는 것이 적절한지 판단할 수 있어야 한다.
* 상담자는 다양한 질문 방식을 연구해야 한다.

앞의 내용을 정리하면, 질문하기의 유용성은 내면탐색을 촉진시키는지 아니면 오히려
방해하는지에 달려 있다는 것이다. 좋은 질문을 받으면 내담자는 자신의 생각과 감정을
들여다보게 되고, 차츰 자신에 대해 더 깊이 깨닫게 된다. 이를 위해 상담자는 자신의 궁
금증이 아니라 내담자 입장에서 더 느끼고 생각해야 할 것들에 초점을 맞추어 질문을 던
져야 할 것이다.

그리고 깊은 탐색을 위해 질문을 던지다 보면 일시적으로 내담자들이 더 고통을 느끼
게 될 수도 있다. 이때 심리상담의 탐색 작업이 때론 고통스럽더라도 필요하고 소중한 작
업임을 내담자에게 설명해 줄 수 있다. 이와 관련하여 이해하고 탐구하려는 질문 태도가
몸에 배어 있는지가 중요하다. 상담자는 판단하거나 비난하기 위해 질문을 던지는 것이
아니라 개방적이고 탐구적인 자세로 진지하게 질문을 한다. 상담자의 이런 태도는 내담
자에게 모범이 되므로, 상담이 끝난 후에도 내담자는 스스로에게 질문하는 태도를 발전
시키게 될 것이다. 이것은 상담자를 모델로 삼아 질문하는 태도를 내면화하는 것이다. 내

담자는 다음과 같은 식으로 스스로에게 질문할 수 있다.

- '나는 무엇을 느끼고 있지?'
- '내가 진정으로 바라는 것은 무엇이지?'
- '그것은 나에게 어떤 의미가 있지?'

이후 내담자의 마음속에는 여태껏 살아온 타성으로 삶을 살아가려는 부분과 그것을 검토하고 변화시키려는 부분 간에 내적 대화가 이루어질 것이다.

1) 개방형 질문과 폐쇄형 질문

다음 주제로 넘어가기 전에 질문 형식에 대해 몇 가지 더 살펴보자. 먼저 개방형 질문과 폐쇄형 질문에 대해 좀 더 살펴보자. 폐쇄형 질문은 대답이 '예.' 또는 '아니요.'로 한정될 수밖에 없는 질문인데 반해 개방형 질문에서는 응답자가 자신의 의견을 자유롭게 이야기할 수 있다. 각각의 특징을 설명하자면, 개방형 질문은 보다 포괄적인 데 반해 폐쇄형 질문은 범위가 좁고 한정되어 있다. 개방형 질문은 내담자에게 모든 반응의 길을 터놓는 데 반해 폐쇄형 질문은 내담자에게 어떤 특정한 답변을 요구한다. 즉, 개방형 질문은 내담자의 시야를 보다 넓히는 데 반해 폐쇄형 질문은 그렇지 못하다. 개방형 질문은 내담자의 관점, 의견, 사고, 감정까지를 끌어내는 데 반해 폐쇄형 질문은 오로지 명백한 사실만을 요구한다. 간단히 말해서 전자는 바람직한 '촉진관계(促進關係)'를 열어 놓는 반면, 후자는 그것을 닫아 놓는 것이 보통이다.

초보 상담자는 폐쇄형 질문을 자신이 원하는 방향으로 답변을 유도하는 데 사용할 수 있다. 예를 들어 보면 다음과 같다.

- "그런 친구와 사귀지 않는 것이 좋을 거야. 누구나 그 학생들의 품행이 어떤지 알고 있을 정도니까, 안 그래?"
- "아버지에 대한 자네 이야기는 진심이 아니지. 자네도 아버지가 자네를 사랑하고 있다는 것을 잘 알고 있지, 안 그래?"
- "학생이 말은 그렇게 하지만 기성세대들을 다 싫어하는 것은 아니겠지. 그렇지 않나? 우리들은 연령의 차이가 있을 뿐이지 모두가 한 핏줄이니까, 그렇게 생각이 안 돼?"

이런 양식의 질문 방식은 매우 바람직하지 못한데, 내담자가 자신의 의견을 표현하지 못하게 할 뿐만 아니라 상담자의 눈치를 살피게 만들고, 결국 상담의 중심이 내담자에서 상담자로 이동하게 되기 때문이다. 만약 내담자 쪽에서 상담자의 권위나 감정에 맞설 준비가 되어 있지 않을 경우에는 별 수 없이 상담자의 유도질문에 동의할 수밖에 없을 것이다.

앞의 예와 같은 식으로 질문하는 것이 독자들에게는 우스꽝스럽게 들릴 것이다. 누가 저런 권위적인 방식으로 말할까 생각할지도 모른다. 그러나 우리는 은연중에 이런 식의 질문을 듣거나 하고 있다. 심지어 이런 질문이 바람직하지 못하다는 것을 아는 상담자까지도 때때로 자신도 모르게 이런 질문을 한다.

2) 직접 질문과 간접 질문

상담에서는 직접 질문과 간접 질문을 구분할 필요가 있다. 명칭에서 나타난 대로 간접 질문은 넌지시 물어보는 것임에 반하여 직접 질문은 직선적으로 물어보는 것이다. 간접 질문은 그 끝에 물음표가 없는 것이 보통이지만 그러면서도 분명히 질문을 하는 것이고, 내담자의 답변을 구하고 있다. 다음은 직접 질문이 간접 질문으로 바뀐 예다.

- "당신은 그런 상황에 대해 어떻게 생각하십니까?" (직접 질문)
- "당신이 그런 상황에 대해 어떻게 생각하시는지 궁금합니다." (간접 질문)
- "우리가 상담을 시작한 지 30분이 지났습니다. 지금까지 한 이야기 말고 하고 싶은 이야기가 더 있습니까?" (직접 질문)
- "우리가 상담을 시작한 지 30분이 지났군요. 그 밖에 다른 것에 관해 하고 싶은 이야기가 있을 것 같은데요." (간접 질문)

- "회사 측의 그런 방침에 대해서는 어떻게 생각하십니까?" (직접 질문)
- "회사 측의 그런 방침에 대하여 여러 가지 생각이 드실지도 모르겠군요." (간접 질문)

이 인용된 간접 질문의 일부 혹은 전부가 형식적인 측면에서 질문이라고 할 수 없을지도 모른다. 그러나 여기서는 형식이 중요한 것이 아니라, 이런 질문들을 통해 내담자에게 내면을 탐색하도록 요청한다는 본질이 중요한 것이다. 이런 의미에서 질문이 질문처럼 느껴지지 않을수록 더 좋은 질문이며, 간접 질문은 관심을 보여 주면서도 질문처럼 들리지 않는다는 점에서 가치가 있다.

3) 이중 질문과 질문 공세

이중 질문은 한 번에 두 가지 이상의 내용에 대해 질문하는 것을 말한다. 이중 질문은 심리상담에서뿐만 아니라 다른 일반적 대화에서도 결코 도움이 되지 않을 것이다. 이중 질문을 받은 내담자는 두 가지 질문 중에 한 가지만을 선택해서 응답하게 된다. 최악의 경우에는 두 가지 질문을 동시에 포함하고 있기 때문에 내담자 쪽에서 두 질문 중 어느 쪽에 답변을 해야 할지 모르게 된다. 그리고 상담자 쪽에서도 내담자의 답변이 어느 질문에 대한 반응인지 모르게 되는 경우가 생긴다. 다음에 이중 질문의 예를 들어 보기로 한다.

● "심리검사만 하시겠습니까, 아니면 상담을 받으시겠습니까? 그런데 비용은 어떻게 지불하실 건가요?"
● "오늘은 교우문제에 대해 얘기하시겠습니까? 그리고 아버지랑 다툰 것은 어떻게 되었습니까?"

내담자는 이중 질문을 받으면 어디에 초점을 맞추어야 할지 몰라 혼란을 느끼게 되고, 결국 엉뚱한 대답을 할 수도 있다. 다음의 예문이 이중 질문을 피해야 하는 이유를 잘 입증해 주고 있다.

사례 1

상담자: 너는 어젯밤 숙제를 끝내지 않고 다시 TV를 보았니? 그리고 어머니가 너에게 네 방에 돌아가 계속 공부하라고 야단쳤니?

내담자: 어머니는 어젯밤에 아버지와 외출했었습니다.

사례 2

상담자: 나와의 상담이 도움이 된다고 생각하니? 그리고 너 자신에 대해 더 많이 이해하게 되었다고 믿니?

내담자: 뭐라고 말씀드릴 수 없는데요.

사례 3

> **상담자:** 학생은 미국에 있을 때 영어를 많이 배웠니? 그리고 가끔 집안 식구끼리 영어로 말을 해 봤니?
>
> **내담자:** 제 아버지는 아직도 미국에서 근무하고 계십니다. 그리고 이번 여름에 잠시 귀국하시나 봐요.

앞의 예는 너무 극단적인 것인지도 모른다. 그러나 특히 상담자로서는 결코 두 개의 질문을 동시에 충족시키는 답변을 얻을 수 없음을 명심해야 한다. 따라서 두 가지 이상의 질문을 모두 물어볼 필요가 있으면 하나씩 따로따로 물어봐야 할 것이다. 그렇게 하지 않으면 내담자는 아무것도 대답하지 않거나 앞의 예에서 볼 수 있듯이 제멋대로 답변하게 될 것이다.

질문 공세는 앞에서 말한 이중 질문보다 더 불합리하고 면담의 진행을 그르치게 만든다. 때로는 상담자의 질문 공세가 내담자를 향해 휘두르는 흉기로 잘못 사용되기까지 한다. 설사 지나치게 사용되지 않는다 해도 상담의 신뢰관계나 서로 터놓고 문제를 검토할 수 있는 면담 분위기를 조성하지는 못할 것이다. 극히 드문 예이긴 하지만 내담자의 문제가 잘 파악되지 않음으로써 생긴 자신의 당혹감이나 불안을 감추기 위해서 질문 공세를 퍼붓는 상담자도 있었다.

● "좋아요. 왜 대답을 안 하지요? …… 생각할 시간이 더 필요한가요? 뭐라고 더 할 말이 없습니까? …… 나의 뜻을 분명하게 밝히지 않았던가요? …… 내가 지금 사태가 어떻게 돼 가는지 모른다고 생각하십니까? …… 물어보는 걸 그만둘까요? …… 잠시 혼자 있고 싶습니까?"

이런 경우 상담자는 자신이 불안해서가 아니라 내담자가 대답하게 도와주려는 것이라고 변명을 할지도 모른다. 그러나 이런 식의 질문 공세가 내담자를 도와주는 데는 별로 효과가 없음이 분명하다. 다음은 앞에서와 같이 한꺼번에 질문 공세를 편 것이 아니라 여러 번에 걸쳐 질문을 한 경우인데, 본질적으로 질문 공세란 점에서는 같다.

> **상담자:** 그래 졸업을 못하고 학교를 떠나게 됐다지. 앞으로 어떻게 할 작정인가?
>
> **내담자:** 잘은 모르겠습니다. 선생님도 짐작하시겠지만요.

상담자: 직업을 가져야 한다고 생각 안 해 봤나?

내담자: 글쎄요, 이것저것 생각해 봤습니다만 신통한 게 없어요.

상담자: 그래, 운전을 배우거나 자동차 기술학원 같은 데를 다녀 볼 생각은 해 봤나?

내담자: 저는 용접기술을 배워 볼까 생각한 적은 있습니다. 그런데……

상담자: 좋아. 그러면 지금 흥미를 갖고 있는 게 뭐지?

내담자: 장사를 하는 것이 어떨까 하고 생각 중입니다마는……

상담자: 지금 나이는 어떻게 되지?

내담자: 스물입니다.

상담자: 양친은 모두 살아 계시지. …… 부모님과 함께 지낼 작정인가?

내담자: 그래야겠어요. 왜냐하면 …… 처음에는 아무래도 혼자 떨어져 살기는 힘들 거예요.

상담자: 나중에 학교로 다시 돌아와 졸업장을 받고 싶은가?

내담자: 그랬으면 합니다. 그러나 가까운 시일 안에는……

상담자: 장사의 어떤 점이 마음에 들지?

내담자: 상품을 사고파는 것이라든가, 사람들을 접촉하는 것이 그리 어렵지 않게 생각됩니다.

상담자: 장사 말고는 무슨 일이 마음에 드는가?

내담자: 글쎄요, 아버지께선 삼촌의 농장에 가 있으면서 농장 일을 도왔으면 하십니다.

상담자: 삼촌은 어떤 농장을 가지고 있지?

내담자: 양돈장과 채소밭을 경영하시지요.

상담자: 그래, 큰 양돈장인가 보지. 그런가?

앞의 대화를 보면, 일견 상담자가 내담자의 진로를 함께 고민하기 위해 온 힘을 기울이고 있는 것같이 보인다. 즉, 상담자는 도우려 하고 있고, 내담자 역시 자기의 장래 문제에 대해 상담자의 도움을 받고자 하는 것처럼 보인다. 그러나 사실은 상담자의 너무 지나친 질문 공세로 아무런 도움도 주지 못하고 있다. 게다가 질문은 내면을 탐색하는 것이 아니라 상담자가 궁금한 사항을 일방적으로 물어보는 것들뿐이다. 다시 말해서, 상담자는 내담자의 생각과 감정을 탐색해 보기는커녕 내담자에게 자기를 충분히 표현할 수 있는 기회조차 준 적이 없다. 상담자는 내담자 스스로 해결책에 이르도록 안내하지도 못했고, 뭔가 잔뜩 기대만 부풀렸지 실상은 아무런 소득이 없는 대화를 나누었다.

4) '왜'로 시작하는 질문

질문할 때 가장 많이 쓰이고 또 질문을 가장 잘 상징하는 단어가 바로 '왜'라는 짤막한 단어일 것이다. 그런데 이 단어가 원래의 의미를 왜곡시킬 정도로 잘못 쓰이는 경우가 많다. 원래 '왜'라는 말은 정보를 구하거나 원인이나 이유를 탐색하는 데 사용되었으나 오늘날에는 불쾌감이나 불찬성의 뜻까지 함축되어 쓰이고 있다. 따라서 상담자가 그 말을 내담자에게 할 때 내담자는 자신이 '잘못'했거나 '나쁘게' 행동했다고 생각해서 상담자가 비난하려고 하는 말로 받아들이기 쉽다. 설령, 상담자가 그런 뜻으로 사용하지 않았다 해도 내담자에게는 그런 뜻으로 이해될 수 있다는 말이다. 왜냐하면 대부분의 내담자가 '왜'라는 말이 비난이나 힐책을 의미하는 환경에서 자라 왔을 것이기 때문이다.

어린이는 처음에 '왜'라는 말로써 미지의 세계를 이해하려 들고 호기심을 충족하려고 한다. 즉, 도덕적인 판단이나 찬성 혹은 반대한다는 생각 없이 다만 정보를 얻기 위하여 '왜'라는 말로써 묻는 것이다. 그러나 어린이는 점차 주위의 어른이 그 '왜'란 말을 다르게 사용하고 있음을 알게 된다. 즉, 잘못을 지적하거나 바람직하지 못하게 행동하였을 때 야단치는 의미로 사용하는 것이다.

- "왜 너는 맨발로 다니니?"
- "왜 너는 공부하기 싫어하니?"
- "왜 너는 알아듣지 못하지?"
- "왜 너는 대답을 안 하니?"

이런 환경에 노출된 어린이는 곧 자신도 그런 방식으로 대화하기 시작할 것이다. 다른 사람의 의견을 듣기 위해 '왜'라는 질문을 던지는 것이 아니라 속상한 마음을 표현하기 위해서 '왜'라고 말하는 것이다.

- "왜 너는 내 자전거를 만지니?"

이 질문은 자전거를 만진 이유나 정보를 얻기 위해서가 아니라 친구의 행동에 대한 불만을 보여 주기 위해서다. 또한 어머니에게 "왜 내가 심부름을 가야 돼요?" 하고 말을 할 때에는 굳이 이유를 알고 싶어서가 아니라 가고 싶지 않아서다. 즉, "가기 싫은데요."라는 대답을 그런 식으로 표현하는 것이다. '왜'라는 표현이 이런 방식으로 사용되므로, 대개의 내담자는 이 말을 들을 때마다 자신을 방어하거나 그 상황에서 회피하려 하거나 혹은 공격적으로 될 가능성이 있다. 이것이 상담에서 '왜'라는 말을 피해야 하는 가장 큰 이유다. 몇 가지 예를 들어 보자.

> **상담자:** 오늘 수업시간에 '왜' 장호에게 이야기를 했지?
>
> **내담자:** 전 하지 않는데…… . 저는 장호에게 이야기를 하지 않았어요.
>
> **상담자:** 하지만 나는 오늘 수학시간에 네가 그 애에게 말을 거는 것을 보았는데.
>
> **내담자:** 아무것도 아니에요. 다시는 안 그러겠어요. 나는 그저 그에게 좀 물어보려고…… .
>
> **상담자:** 아니야, 너를 야단치려는 뜻이 아니라 단지 왜 그랬는지 이유를 알려는 것뿐이야. 너도 알다시피 그 애가 우리 반으로 전학 온 후로 너희는 쭉 그 애를 무시해 왔잖니? 그래서 네가 그렇게 이야기를 건네는 것을 보고 기쁜 나머지…… .

앞의 예에서 보면 상담자의 의도는 좋았다. 그리고 상담자의 내용이 크게 잘못되지는 않았다. 그러나 '왜'라는 질문 대신 "장호에게 얘길 건네는 것을 보았는데, 너희 사이가 전과는 달라 혹 무슨 변화가 있는 것은 아닌지 궁금하구나."라고 처음부터 이야기를 했었더라면 이런 사태는 쉽게 피할 수 있었을 것이다.

> **상담자:** 미라야, 어제 저녁에 네 어머니께서 '왜' 너를 만나러 왔는지 이야기해 줄 수 있니?
>
> **내담자:** 사감 선생님, 죄송해요. 면회시간이 9시까지라는 건 저도 알고 있어요. 그런데 워낙 중요한 일이 있었어요.
>
> **상담자:** 미라야, 야단치려는 게 아니야. 나는 어머니께서 9시가 넘어서까지 계셨다는 것조차 모르고 있었어. 나는 네가 어머니와 함께 있는 모습이 퍽 심각해 보이기에 그래서…… .

역시 실제로는 아무 지장이 없었다. 그러나 이번의 오해 역시 쉽게 미리 피할 수 있었다. 두 대화에서 선생님들은 모두 학생을 책망하려는 의도가 없었는데도 '왜'로 시작된 질문이 내담자에게는 다른 각도로 받아들여졌던 것이다. 즉, '이런 식으로 묻는 걸 보니 뭔가 잘못되었구나.' 하고 내담자 쪽에서 과거의 경험으로 미루어 짐작해 버린 것이다.

분명히 '왜'로 시작하는 탐색이나 상담자의 강요는 무익한 경우가 많다. 설령, 내담자에게 한 가지 정도의 대답을 끌어낼 수 있을지라도 십중팔구는 상담자를 만족시키기 위하여 그저 지어낸 대답일 가능성이 많다. 다시 말해서, 내담자가 자기 이해를 위하여 내디딘 '진실하고 의미 있는 한 걸음'이라기보다는 내담자가 생각하기에 상담자가 듣고자 하는 대답일 것이다. 이렇게 해서는 설혹 상담자가 어떤 반응을 얻게 되었더라도 얻은 답변에 비해 잃은 것이 더 많아질 것이다. 즉, 내담자 마음을 열어젖히게 하기보다는 오히려 닫게 만들 것이다. 또 다른 예를 보기로 하자.

> **상담자:** 진경아, '왜' 너는 오늘 아침에 또 지각했지?
> **내담자:** 버스가 오늘도 정거장을 지나쳐 버렸어요. 너무 만원이 돼서요. 다시는 그러지 않을게요.

이 대답은 상담자를 만족시킬 수도 만족시키지 않을 수도 있다. 그러나 내담자의 마음속에는 이 대답에서 나타난 것보다 더 중요한 것이 있었을 수 있다. 가령, 오늘 아침 집에서 일어난 또 한 차례의 싸움, 즉 부모님 사이의 갈등이 그 내용일 수도 있다. 진경이는 그런 소란 속에서 잠에서 깨어 일어나고 싶은 생각이 없었던 것이다. 그러나 내담자는 그 사실을 상담자에게 이해시키려 하지 않았다. 내담자는 자기 자신조차도 그 사실을 받아들이고 싶지 않았기 때문이다. 다른 구실과 마찬가지로 만원 버스는 그럴듯한 구실에 불과했다. 내담자가 핑계를 대지 않고 솔직히 반응하게 하기 위해서는 상담자가 다음과 같은 말로 시작했다면 좋았을 것이다.

> **상담자:** 진경아, 내가 알기로는 네가 요 며칠간 계속 지각을 하는 모양인데 혹시 불편한 일이 있는 건 아닌지 궁금하구나. 내가 오늘 방과 후에 시간이 있는데 그때 같이 얘기 좀 할 수 있겠니?

또 다른 예로 의사와 환자 사이의 대화를 들어 보자.

> **상담자:** 왜 환자분은 제가 처방해 준 약을 복용하지 않았습니까? 당신이 그 약을 먹는 것이 얼마나 중요한지 제가 말씀을 드리지 않았던가요?

이 말을 들은 환자는 울지 않으려고 무척 애를 썼다. 환자는 의사의 말이 옳다는 것을 알고 있었다. 그러나 의사가 바쁜 사람이기 때문에 약을 먹지 않은 이유를 하나하나 설명하는 것을 귀찮아할 것이라는 생각도 들었다. 환자로서는 지시대로 약을 복용하는 것이나 자기의 건강이 당장 호전되는 것에는 별로 관심이 없었는지도 모른다. 그런데도 의사는 '왜' 환자가 약을 복용하지 않았는지에 대해서만 알고자 했던 것이다. 그래서 이 환자가 재빨리 생각해 낸 말은 다음과 같았다.

내담자: 박사님, 지금부터라도 계속 복용하겠어요. 이제 두고 보시면 아실 거예요.

의사는 이 대답에 만족하고 웃으며 진료를 마쳤다. 그로서는 사실 약을 복용하지 않은 이유를 캐어 보려는 것보다 그 환자가 약을 꼭 복용해야 한다는 사실만을 강조하고 싶었기 때문이다. 그는 의사로서의 주요 책임은 다하였는지는 모르나, 상담자로서 마음을 나눌 여유를 보여 주지 못했다. 또 다른 대화 예를 보자.

교사: 너는 '왜' 모의고사 성적이 그렇게 나쁘지? 너처럼 머리 좋은 학생이 말이야.
학생: 정말 모르겠어요. 어떻게 된 셈인지 통 알 수가 없어요.
교사: 하지만 너는 알아야 해. 적어도 짐작되는 바라도 있어야지. 결국 시험은 다른 사람이 아닌 네가 봤으니까. '왜' 그렇게 성적이 나빴지?
학생: …….

이 사례에서도 학생은 교사가 자기 때문에 골치를 썩고 있으며, 자신의 사정보다는 성적이 떨어진 데만 관심을 가진다는 생각이 들었다. 무슨 말을 해야 할지 몰랐으므로 더 이상 아무 말도 하지 않게 되었다. 여기서 주목할 부분은 '왜'라는 질문 때문에 내담자가 처음부터 방어적 태도를 취하고 있다는 점이다. 즉, 내담자로서는 상담자가 자기에게 관심을 갖고 있고, 자기를 존중하며 참으로 돕고자 한다는 것을 느끼지 못하고 있다.

그렇다면 '왜'란 단어를 사용해서는 절대로 안 된다는 것인가? '왜'란 질문은 쓰지 않으려고 애써도 뜻하지 않게 불쑥 튀어나오기 쉽다. 다시 말해, 상담자가 그 말을 의식적으로 피하려고 노력해도 종종 그 말을 쓰게 되는 것이다. 따라서 '왜'라는 표현이 비난조로 들리지 않도록 사용하는 것이 중요할 것이다. 그러려면 내담자와 충분히 라포를 형성하여, 내담자가 느끼기에 자신을 비난하는 것이 아니라 내면탐색을 위해 질문하는 것으로 받아들이도록 해야 할 것이다. 또한 신중을 기했는데도 '왜'라는 질문 후의 면담이 방어적으로 흐른다고 판단될 때에는, 최초 질문의 의도가 비난하려는 것이 아니었음을 잘 설명해 주어야 할 것이다. 그리고 만에 하나라도 비난의 마음이 있다면, 상담자는 상대를 비난하는 마음 아래 숨어 있는 자신의 실망과 좌절을 볼 수 있어야 할 것이다. 상대를 비난하기에 앞서 자신의 좌절을 표현하는 것이 훨씬 더 겉과 속이 일치하는 태도다.

5) 질문의 부작용 피하기

지금까지 질문에 대해 여러 각도에서 고찰하여 보았다. 질문은 상담에서 커다란 비중을 차지하고 있다. 신중하고 적절하게 쓰이는 질문은 상담의 훌륭한 소통 수단이 되지만, 불투명한 질문은 상담의 진행을 방해한다. 저자는 질문의 부작용을 피하기 위해서는 어떻게 해야 하는지, 그리고 '어떻게' '언제' 질문하는 것이 효과적인지를 보다 명확하게 요약해 보겠다.

첫째, 질문은 가능한 한 개방적이어야 한다. 그리고 그 질문은 단일 질문이어야 하며 한꺼번에 이중, 삼중으로 여러 가지를 묻는 질문이어서는 안 된다. 되도록 간결하고 명확하여 알아듣기 쉬워야 한다. 그리고 직접적인 질문보다는 간접적인 질문일수록 좋다. 직접적인 질문을 사용할 때 상담자는 질문하는 사람이고 내담자는 대답하는 사람이라는 인상을 주게 된다. 또 '왜'라는 질문은 가능한 한 피해야 한다. 그리고 일단 질문을 한 다음에는 잠시 멈추고 기다리면서 내담자에게 귀를 기울여야 한다.

둘째, 상담자의 개인적 궁금증을 해소하기 위한 질문에 그쳐서는 안 될 것이다. 심리상담에서는 내담자의 내면탐색을 촉진시키는 여러 기법을 동원하며, 질문도 그 용도로 사용되어야 한다. 즉, 질문에 대한 답변을 통해 상담자가 내담자를 이해하는 것도 중요하지만, 내담자가 스스로에 대해 다시 한번 생각해 보거나 느껴 보는 계기를 마련하는 것이 더 핵심이다. 따라서 평소에 어떤 질문이 내담자에게 도움이 될지를 생각해 보는 것이 좋다.

셋째, 물론 내면탐색의 용도 외에 질문을 활용할 수도 있으며, 이때는 상담자와 내담자의 관계를 촉진하도록 활용해야 할 것이다. 예를 들어, 질문은 상담자가 내담자의 말을 들을 수 없었거나 잘못 들었거나 이해할 수 없을 때 명료화 기법으로 시도할 수 있다. 이런 경우에는 상담자가 놓친 말들을 적당히 추측하여 짜 맞추기보다는 다시 묻는 것이 바람직하고 솔직한 태도일 것이다. 다음과 같이 부드럽고 솔직하게 말하면 된다.

- "미안합니다. 마지막 부분을 못 들었어요. 뭐라고 하셨지요?"
- "그 사람에 대해 물어보신 내용을 잘 못 들었어요. 다시 이야기해 줄 수 있어요?"
- "말씀 도중에 죄송합니다. 조금 전에 우리가 무슨 얘길 했었죠?"

이런 질문은 상담자의 실수같이 보일 수도 있지만 결코 내담자에게 거리감을 주지는 않을 것이다. 오히려 상담자의 염려 및 관심과 함께 인간적인 실수를 내담자에게 보이게 됨으로써 내담자가 상담자를 보다 편하게 느낄 가능성도 있다.

또 내담자가 상담자의 말을 이해했는지 알아보고 내담자의 견해를 들어 보려 할 때도 질문을 활용할 수 있다. 즉, 내담자의 피드백(feedback)을 얻는 것이다. 상담자는 간혹 의도했던 것 이상의 말을 하게 될 수도 있고, 혹은 서투르게 표현할 수도 있다. 이때 내담자가 과연 상담자의 의도를 제대로 이해했는지 궁금해진다. 상담자가 몇 마디의 말밖에 하지 않았을 경우에도 내담자가 바로 그 몇 마디의 뜻을 제대로 이해했는지 확인할 필요를 느끼기도 한다. 어떤 경우든 상담자는 미심적은 바를 그냥 넘기기보다는 확인하는 것이 바람직하다. 예컨대, 다음과 같은 질문으로 확인할 수 있을 것이다.

- "제가 횡설수설하지나 않았는지 걱정이 되는데요. 제가 한 말을 어떻게 들으셨습니까?"
- "이 부분은 제가 그다지 명확하게 이야기하지 못한 것은 아닌지요? 당신은 어떤 의미로 들었습니까?"
- "저는 요 몇 분간 우리가 서로 다른 이야기를 해 오지 않았나 하는 생각이 듭니다. 서로를 좀 더 잘 이해하기 위하여 지금까지의 이야기에 대한 당신의 의견을 좀 들었으면 하는데요."

지금까지 질문에 대해 여러 측면을 살펴보았다. 앞에서도 언급했지만, 질문은 형식이며 질문의 본질적 내용이 무엇이냐가 더 중요할 것이다. 이 장에서는 탐색을 강조하였다. 참고로 다음 장에서는 도전을 강조할 것인데, 이들 역시 질문 형식을 빌려 제시할 수도 있다.

8. 반영기법과 내면탐색

앞에서 탐색 유형의 기법으로 탐색을 위한 '요청하기'와 '질문하기' 두 가지를 소개하였다. 이 장을 마무리하기 전에 '반영' 기법이 내면탐색에서 중요함을 다시 한번 언급하고자 한다. 반영은 감정을 비춰 주는 기법으로 탐색 준비 유형으로 소개하였는데, 내담자에 따라 어떤 사람은 반영만으로도 충분히 내면탐색이 되고 통찰을 얻을 수 있다. 내담자들은 호소 문제만큼이나 서로 다르며, 어떤 내담자는 내면탐색을 할 수 있는 역량이 남보다 뛰어나 감정 반영만으로도 충분히 가능하다. 평소 감정을 되돌아보지 않다가 자신의 감정을 들여다보고는 문제에 대한 통찰을 얻는 것이다. 물론 내담자의 역량만으로 되는 것은 아니며, 상담자의 반영이 얼마나 깊게 들어가느냐가 관건이 될 것이다.

1) 깊은 감정에 대한 반영

흔히 내담자의 감정은 '큰 저류가 흐르고 있고 표면에는 잔물결을 지닌 강'에 비유된다. 즉, 내담자의 감정은 수면 위의 물결처럼 겉으로 보이는 표면감정(表面感情)이 있고, 강의 저류처럼 겉으로 보이지 않으나 중심을 타고 흐르는 내면감정(內面感情)이 있는 것이다. 이런 구별을 반영에 적용한다면, 어떤 경우 표면감정만 반영해 주는 경우도 있고 어떤 경우는 깊은 내면감정을 반영해 주는 경우도 있을 것이다. 표면감정만 반영하는 것은 본격적인 내면탐색에 앞선 준비 작업이라 할 수 있고, 이때 반영은 내담자의 대사를 단순히 따라가는 수준이 된다. 그러나 반영기법으로 내면의 깊은 감정을 비춰 준다면, 이때는 내면탐색의 언저리로 들어가는 것이 된다. 상담자가 적절하게 반영기법을 사용하면 내담자는 명확히 말로 표현하지 못했던 저류의 감정을 명료하게 체험하게 되는데, 이것은 일종의 간접 내면탐색이 되는 것이다.

만일 반영기법을 좋아하고 반영기법으로 내면탐색을 시도하고자 한다면, 상담자는 잔물결 속에 감추어져 있는 저류와 같은 '내면 감정'을 정확히 파악하여 내담자에게 비춰 주어야 할 것이다. 그러면 내담자는 표면감정에 머무르지 않고 내면감정을 찾아 들어갈 수 있을 것이다. 이런 수준의 반영은 다음과 같은 효과를 지닐 수 있다.

첫째, 상담자가 깊은 감정을 거울처럼 비춰 줄 때 내담자는 자신에 대해 더 절실하게 느낄 수 있다. 즉, 깊은 반영 반응은 내담자가 내면을 자각하고 체험할 수 있게 돕는다.

둘째, 반영에 의해 내담자가 자신의 감정을 명료하게 자각하고 체험하게 되면 이후 자신에 대해 보다 깊은 탐색을 시도하게 된다. 궁극적으로는 통찰과 수용으로 나아간다.

셋째, 상담자의 깊은 감정 반영은 내담자에게 감정 표현의 모델이 될 수 있다. 감정 표현이 서툴거나 표현을 억압하는 내담자의 경우 상담자가 감정을 반영해 줄 때 자신도 그렇게 따라 하게 된다.

넷째, 상담자의 깊은 반영으로 내담자가 자신의 감정을 충분히 경험하게 되므로 카타르시스를 느끼게 된다.

다섯째, 깊은 반영은 깊이 이해받는다는 느낌을 주기 때문에 촉진적 상담관계(라포, 작업동맹)를 형성하는 데 도움을 준다. 즉, 상담자와 내담자는 서로 더 신뢰하게 되고 안정감 있는 관계를 맺게 된다.

2) 반영과 탐색 기법의 조화로운 활용

깊은 감정의 반영은 앞에서 언급한 탐색 요청하기와 탐색을 위한 질문하기와도 잘 어울린다. 이에 대해서는 앞에서 '탐색기법의 활용의 요령' 중 '반영기법과 연계하여 탐색하기' 부분에서 이미 설명하였다. 내담자에게 내면탐색을 요청하거나 질문하면서, 적절한 반영은 필수다. 요청 또는 질문으로 계속 대화를 이어 가는 것은 자칫 내담자에게 압박감을 줄 수 있다. 상담자는 내담자의 내면탐색 과정에서 드러난 감정을 반영하며 공감을 전달해 주었다가, 다시 탐색을 요청하거나 질문하며, 내담자가 내면을 표현하면 또 이에 대해 반영하며 공감해 준다. 이런 식으로 내담자에 대한 공감과 후속탐색이 교차하며 이루어지는 것이다. 다음에서 실제 대화를 각색한 축어록 일부를 제시하였는데, 상담자가 반영과 질문을 조화롭게 활용하는 것을 생생하게 볼 수 있을 것이다.[4]

내담자 1: 지난주에 몇 년 만에 고등학교 친구들 만났는데, 또 좀 손이 떨리고 어색한 거예요. 오랜만에 본 거니까.

상담자 1: 처음엔 좀 어색하겠죠. 오래 안 봤으면.

내담자 2: 그리고 뭔가, 그렇게 제가 볼 때, 그 시절 20대 그럴 때 친구들한테 온 마음을 주지 않았다 해야 되나, 좀 내 위주였고, 좀 그래서 그런지 항상 미안한 마음이 여기 있는 거 같아요.

상담자 2: 마음을 안 주셨다는 것은 뭐예요?

내담자 3: 그 친구들은 나한테 진심으로 다가왔는데, 나는 괜히 조금 거리를 두고 그랬던 것 같아요.

---

4) 심리상담에서 축어록은 흔히 수련생 지도감독을 위해 활용된다. 이 축어록을 보면 대사를 있는 그대로 옮기다 보니 "어 그러니까" "조금 뭐라고 할까" 등 유창성이 떨어지는 부분이 보이는데, 이것은 실제 언어적 대화에서 나타나는 지극히 정상적인 현상이다. 축어록을 작성할 때는 깔끔하게 각색하지 않고 실제 대사를 있는 그대로 적는 것이 중요하다. 그리고 지도감독의 편의를 위해 내담자와 상담자의 대사가 몇 번째 대사인지 찾을 수 있도록 번호를 붙여 둔다.

상담자 3: 지금 생각해 보면 그랬던 거 같다는 거죠?

내담자 4: 예, 예, 그런 거 좀 잊어야 되는데, 제가 좀 예민한가 봐요.

상담자 4: 아, 좀 민감하시다는 거네요.

내담자 5: 예, 예, 그날도 어떻게 얘기하다가 엄마 얘기가 나오는데, 제가 20대 때, 어, 방황도 하고 공부를 더 해서 내가 대학을 가야 되나 뭐 그런 것도 있고 해서 나도 힘든 게 있고 하다 보니까, 나도 친구를 멀리하고, 그러다가 엄마가 돌아가신 거예요.

상담자 5: 아유 저런, 힘드셨겠네요.

내담자 6: 예, 예, 근데 성격상 아무리 친한 친구라도, 내가 연락도 안 하다가 갑자기 연락하기도 미안하고 하니까 연락을 안 했던 것 같아요. 근데 친구는 그 얘기가 뭐 나오는데, 그때도 자기가 너무 서운했다고, 엄마 돌아가신 얘기도 안 하고, 어쩌다가 몇 년 뒤에 우연히 알게 돼서, 어떻게 넌 그럴 수 있니 그러면서, 그러게 그때는 참 서운했다고 하는 거예요.

상담자 6: 갑자기 연락하기 미안해서 안 하신 건데.

내담자 7: 게다가 이제는 조금은, 조금 뭐라고 할까, 그 전에는 막 좀 소심하고 내가 말도 좀 느리고 한데, 그 친구들이 나왔어요. 둘 다 말도 빠르고 성격이 좀 급하고 빠르고, 좀 어떻게 보면 기도 좀 세고 그런 친구들이에요.

상담자 7: 아, 순발력도 있고 기도 센 친구들이구나.

내담자 8: 뭐 얘기하면, 어 빨리 말해! 결론이 뭐야! 그러고, 한 친구는 싫은 건 안 듣는 스타일이고. 어떻게 싫은 거야? 빨리 얘기 좀 해! 그래요. (기다려 주면 좋을 텐데.) 내가 천천히 얘기하니까, 결론은 뭐야? 어 그러니까, 제가 좀 주눅 들고⋯⋯.

상담자 8: 기분도 나빠졌겠네요.

내담자 9: 예, 그 당시에는 그랬어요. 옛날에는⋯⋯. 지금은 좀 나이가 드니까, 드라마 보면, 막 서로 심하게 말하면서, 말해 병신아! 아 뭐 어쩌라고, 그렇게 하잖아요. 아 친구는 저럴 수도 있구나. 나한테만 그랬던 게 아니었구나. 나만 특별히 구박한 게 아니었구나, 아 쟤가 성격이 원래 그런 거구나, 이렇게 받아들이게 되더라고요.

상담자 10: 좀 안심이 됐어요?

내담자 11: 네, 그날도 얘기 좀 하면서, 옛날에 네가 그러면 많이 서운했는데 이제는 좀 괜찮더라 하고 말했어요.

상담자 11: 오, 좋은데요. 말하고 나니 어떠셨어요?

내담자 12: 좋긴 한데요. 그래도 여전히 말이 느리니깐 저 자신이 답답하긴 해요.

* * * * *

지금까지 심리상담의 핵심인 내면탐색 및 탐색을 촉진하는 기법들에 대해 살펴보았다. 심리상담의 기법들을 탐색 준비 유형, 탐색 유형, 도전 유형으로 나눌 때, 탐색 준비 기법들은 상담자가 내담자의 말을 따라가며 아직 관여하지 않고 기다린다는 의미에서 최소 관여적(minimum involvement) 속성이 있다 할 것이다. 한편 다음 장에서 살펴볼 도전 기법의 경우, 반대로 내담자와의 대화를 이끌며 기존 사고방식이나 성격의 취약한 부분을 변화시켜야 한다고 강력하게 주장하는 최대 관여적(maximum involvement) 속성이 있다고 할 수 있다. 이 장의 탐색기법들을 사용할 때 상담자는 더 깊이 이해하고 싶다는 마음을 전달하며 내담자에게 중간 정도로 관여하면 좋을 것이다.

 생각해 보기

내담자의 내면탐색을 돕기 위해서는 먼저 상담자 자신부터 내면탐색에 능숙하고 자신을 수용해야 상대방의 마음도 제대로 바라볼 수 있고 내면탐색을 도울 수 있을 것이다. 쉽게 말하자면, 자신의 마음을 잘 알아차리는 상담자가 내담자의 마음도 제대로 알아차리고 도울 수 있다는 것이다. 흔히 상처 입은 치유자(wounded healer)라는 표현이 있는데, 진정 타인을 돕기 위해서는 자신의 상처로부터 충분히 회복되고 자유로워져야 할 것이다. 만일 여전히 과거의 상처에 묶여 있다면 내담자와의 상담에서 내담자의 마음탐색에 집중하지 못하고 자신의 마음속 상처를 찾아 헤맬지 모른다. 내담자에게 온전히 집중하지 못하고 자꾸만 자신의 상처와 관련된 부분만 걸러 듣고 그 부분에 대해서만 공감할 뿐, 진짜 필요한 탐색은 소홀히 하게 된다는 것이다. 이와 관련하여 상담자 수련 과정에서 교육분석의 필요성에 대해 생각해 봐야 할 것이다. 나 자신부터 내담자가 되어 보면 어떨까? 과연 얼마나 오랫동안 교육분석을 받는 게 좋을까? 누구에게 받는 게 좋을까? 등 동료와 함께 이야기를 나누어 보자.

제7장

심리상담의 면담기법 III - 도전

일반적으로, 탐색 준비에 이은 탐색 작업을 통해 상담자와 내담자는 깊은 내면을 마주하며, 궁극적으로 문제와 자신에 대한 통찰을 얻게 된다고 하였다. 그런데 어떤 사람들은 자발적 내면탐색을 어려워하기도 하는데, 아마도 내면의 취약성을 외면하고 싶은 무의식적인 방어 때문일 것이다. 이 경우에는 먼저 방어 그 자체를 다루어 주어야 그 너머로 깊은 탐색을 이어 갈 수 있다.

1. 도전 유형 기법

도전(challenge) 기법은 말 그대로 내담자가 기존에 가지고 있던 사고방식이나 행동방식에 도전하는 것이다. 기존의 것들이라면 성격도 포함되고 정신역동적 이론의 방어기제도 포함된다. 스포츠 경기에서 챔피언과 도전자가 있는데, 기존의 방식들은 챔피언의 위치에 있을 것이다. 그런데 이러한 기존의 방식들로 인해 문제가 생기고 있어 새로운 방식으로 바꾸어야 함에도 불구하고, 챔피언은 기존의 방식을 고집하고 있다. 이럴 때 상담자는 내담자를 위해 도전 기법을 사용하게 된다. 그러나 챔피언은 호락호락하지 않으며, 상담자의 도전에 완강하게 저항할 것이다. 그렇다면 어떻게 해야 하는가?

상담자는 챔피언을 깨부수려는 것이 아니다. 단지 변화를 도와주려는 것이다. 과거에 방어기제는 챔피언에게 도움이 되었지만, 이제는 너무 경직되어 문제를 초래하고 있다. 그런데 대부분의 내담자는 자신이 방어기제를 어떻게 사용하는지도 잘 모르기에, 상담자는 내담자에게 '지금 방어하고 있다'고 알려 주어야 한다. 또는 '당신은 ~을 방어하고 있다'고 해당 내용을 직접 말해 줄 수도 있다. 내담자가 자각하지 못하는 부분을 상담자가 대신 드러내 주는 것이다.

참고로 도전 기법을 공부하기에 앞서 '방어기제'와 '저항'의 개념을 제대로 구별할 필요가 있다. 방어기제(defense mechanism)는 정신분석적 전통에서 유래한 개념으로, 개인에게 기존에 자리 잡고 있는 방어 방식을 의미한다. 예를 들어, 뭐든 남 탓을 하는 방어기제를 가진 사람은 일이 잘못되면 어떤 이유를 대서라도 남 탓을 할 것이다. 자신이 잘못한 것을 인정할 수 없기 때문이다. 이렇게 남 탓을 하는 것은 일종의 성격으로 볼 수 있는데, 즉 방어기제는 개인의 성격 중 한 부분으로 이해하면 되는 것이다. 한편 저항(resistance)은 상담자와 내담자의 관계에서 발생하는 것으로, 상담작업이 진전되는 것을 반대하려는 내담자의 모든 시도를 의미한다. 앞서 남 탓을 하는 방어기제가 있는 내담자라면, 상담자에게도 남 탓을 하면서 저항할 것이다. 즉, 저항은 방어기제가 상담관계에서 발현되는 것이다. 저항은 의식적으로도 무의식적으로도 이루어지는데, 예를 들어 상담 시간에 지각하는 미묘한 방식으로 나타나거나 상담자에게 공개적으로 반발하며 화를 내는 직접적인 방식으로 나타나기도 한다.[1]

　방어기제와 저항을 구별하여 설명하는 것은, 도전과 관련하여 개념상 혼란을 덜기 위해서다. 도전은 내담자의 방어기제와 관련된 기법이며, 구체적으로는 내담자의 방어기제를 언급하는 방식 또는 방어기제의 흔적을 언급하는 식으로 이루어진다. 예를 들어, "당신은 습관적으로 남 탓을 하는군요."라고 방어기제 자체를 직면시킬 수 있다. 이때 만일 내담자가 이 점을 받아들인다면 내면의 방어기제를 더 자세히 탐색하게 되는데, 왜 그런 방어기제가 생겼는지, 언제부터인지, 굳이 방어할 필요가 있는지 등을 점검할 수 있고, 궁극적으로는 더 자유로워질 수 있다. 그러나 만일 상담자의 도전에 내담자가 거부감을 느낀다면, 이후 상담의 진전에 대해 저항하게 될 것이다.

■ 도전적 탐색

　사실 도전(challenge)은 내담자가 감추고자 하는 더 깊은 내면을 탐색하도록 촉구하는 것이다. 이런 의미에서 근본적으로 탐색 유형과 다르지 않다. 다만 탐색기법은 내담자가 자발적으로 내면탐색을 할 수 있도록 상담자가 요청하거나 질문하는 정도에 머무르는 반면, 도전 기법은 내담자가 드러내지 않으려고 방어하는 지점을 상담자가 대신 드러내 준다는 차이가 있다. 대개 내담자들은 자신의 방어기제를 잘 알지 못한다. 즉, 자신이 방어기제를 사용하고 있는지부터 문제를 어떤 식으로 악화시키는지, 문제 해결이 어떤 지점에서 막혀 있는지를 잘 알지 못하는 것이다. 내담자는 당사자이므로 그 지점을 보지 못하지만, 훈련받은 전문 상담자는 내담자가 어디에서 무엇 때문에 막혀 있는지를 볼 수 있다. 상담자는 내담자를 위해 간절한 마음으로 그 지점을 드러내 준다. 대표적인 도전 유형의 기법으로는 직면과 해석 그리고 즉시성이 있다.

　　* 직면(confrontation)
　　* 해석(interpretation)

---

1) 실생활에서는 방어와 저항이 혼용되어 쓰일 수 있다. 학문적으로는 방어기제를 성격의 한 부분으로, 저항을 상담관계에서 나타나는 현상으로 구별한다.

* 즉시성(immediate response)

2. 직면

1) 직면의 의미와 목적

먼저 직면(confrontation)부터 살펴보자. 면담기법으로서 직면을 정의하면, 직면은 내담자가 모르고 있거나 또는 인정하기를 거부하는 생각과 느낌에 대해서 주목하게 하는 상담자의 언급이라고 할 수 있다. 다소 좁은 의미로는, 내담자에게서 나타나는 모순과 불일치를 지적하는 것으로 정의할 수 있다. 내담자가 모르거나 인정하기를 거부하는 생각과 느낌은 모순과 불일치로 드러나기 때문이다.

쉬운 말로 표현하자면 '지적'하는 것 정도로 이해할 수 있다. 사람들이 기존에 가지고 있는 생각, 태도, 행동의 문제점에 대해 지적하는 것이다. 이론적 입장별로 구별해 본다면, 정신역동적 입장에서는 방어기제가 작동하고 있음을 지적하며, 인간중심적 접근이라면 자기 자신을 왜곡시키고 있음을 지적하고, 인지행동적 입장이라면 부정적 사고방식이나 부정적 행동방식이 있음을 지적하는 것이다.

그런데 직면은 탐색 준비 기법이나 탐색기법에 비해 좀 더 적극적으로 내담자에게 관여하는 방법으로, 단지 지적질만 하는 것이 아니라 내담자가 자신의 문제행동에 대해 그리고 내면의 생각과 감정에 대해서 더 자각할 수 있게 안내하는 과정의 일부다. 상담자는 탐색 준비 및 탐색의 과정을 거친 후 비로소 내담자와 다른 의견을 내기 시작한다. 그런데 여기서 '비로소'라고 한 것은 기존의 덜 관여적인 개입이 직면의 토대가 되었음을 의미한다. 즉, 상담자는 내담자의 말에 많은 시간 동안 경청하였고, 반영도 해 줬고, 요청과 질문을 통해 탐색 시도도 했으니까 이제는 내담자의 말에 대해서 반박할 수 있는 기회나 권리가 주어지는 셈이다.

직면은 내담자를 비판하거나 꾸짖기 위한 것이 아니다. 직면은 적극적으로 변화를 추구하려는 목적을 가진다. 상담자는 내담자의 방어기제, 비합리적이고 부정적인 사고방식, 생각과 행동 사이의 불일치와 모순 등을 직면시킨다. 미처 몰랐거나 또는 감추고 싶었던 것이 드러난 내담자는 더 이상 내면탐색을 미루거나 주저할 수 없게 된다. 내담자는 자신 안에 숨겨진 모습을 마주 보아야만 하는 것이다. 정리하자면, 직면은 상담자가 적극 개입

하여 내면에 감추어진 것을 드러내 주는 것으로, 이 작업이 효과적이라면 내담자는 불필
요한 저항을 멈추고 더 깊은 내면탐색을 시도하여 통찰로 나아갈 것이다.

참고로 직면의 단호하고 강력한 속성 때문에, 내담자가 주관적으로 꾸중 듣는다고 느
낄 수는 있다. 따라서 상담자는 직면 기법 사용 이전에 내담자와 충분히 라포를 형성해야
할 것이다. 한마디 효과적인 직면을 위해 백 마디를 아껴 보는 인내심이 필요할 것이다.

2) 모순과 불일치의 직면

좁은 의미로 직면은 내담자 편에서 나타나는 모순과 불일치를 지적하는 것이라 하였
다. 모순과 불일치는 내담자의 마음속에 갈등이 있거나 양가감정이 있다는 신호이며, 기
존의 방어기제가 효과적으로 작동하지 못하고 있다는 신호도 된다. 모순과 불일치에 몇
가지 유형이 있는데, 이들을 차례대로 살펴보자. 대개 상담 장면에서 다음과 같은 모순과
불일치들이 나타날 수 있다.

* 두 가지 언어적 진술의 모순
* 말과 행동의 불일치
* 두 감정의 불일치
* 가치관과 행동의 불일치
* 자기개념과 실제 대인관계 경험의 불일치
* 이상적인 자신과 실제적인 자신의 불일치
* 내담자의 견해와 상담자의 견해 사이의 불일치

모순과 불일치의 첫 번째 유형은 내담자의 두 가지 언어적 진술 사이의 모순이다. 이런
경우 상담자는 "당신은 아무런 문제가 없다고 하는데, 그 사람이 당신에게 좀 화가 났다
고 하지 않으셨나요? 아까 한 말은 이 말과는 좀 다른 것 같군요." "당신은 아무런 문제가
없다고 하는데, 그 사람은 왜 당신에게 화가 났다고 그랬죠?"라고 이야기할 수 있다. 앞말
과 뒷말이 다를 때 그에 관해 지적하는 것이다.

또 말과 행동 사이의 불일치를 직면시킬 수도 있다. "상담에 와서 좋은 성적을 내고 싶
다고 늘 말하면서도 대부분의 시간은 잠자는 데 쓰고 있으시군요." "당신은 대학원에 진
학하고 싶다고 말은 하면서도 전혀 공부를 하는 것 같지 않군요."라며 직면시킬 때 내담

자는 속이 뜨끔할 것이다. 또 두 가지 행동 사이에 모순이 존재할 수도 있다. "요즘 기분이 좋다고 하시는데, 표정은 쓸쓸해 보이시네요." "입 모양은 웃고 계시지만 이를 악물고 계시네요."라고 말하는 반응은 관심을 전달하면서 동시에 행동상의 불일치를 지적하는 직면이라고 볼 수 있다.

다음으로 두 가지 감정 사이의 불일치를 직면시킬 때도 있다. "당신은 당신 여동생에게 화가 났다고 말씀하시는데, 다른 사람이 여동생 칭찬을 하면 왜 그렇게 좋아하시나요?"라고 말할 수 있다. 이런 경우 내담자는 여동생에 대한 감정을 속이려고 하였거나 또는 양가감정이 있는 것이다.

가치관과 행동 사이에서 불일치가 있을 때가 있다. 예를 들어, "당신은 본인이 매우 점잖은 분이라고 말씀하셨는데, 다른 사람을 놀리는 것도 되게 좋아하시고 친구들을 많이 놀리시는 것 같은데요."라고 말할 수 있다.

자기 개념과 실제 대인관계에서의 경험 사이에 불일치가 있을 수 있다. 예를 들면, "○○ 씨는 아무도 자신을 좋아하지 않는다고 그러셨죠? 그런데 지난주에 누가 같이 점심 먹자고 했다고 그러시지 않으셨나요?"라고 직면시킬 수 있다.

이상적인 자기 자신과 실제적인 자기 자신 간에 불일치가 있을 수 있다. 꿈은 너무 높고 성취는 하고 싶은데 현실이 안 되는 것이다. 이럴 때 "늘 그 꿈을 이야기하시면서도 실제로는 그것을 이룰 자원이 없군요."라고 이야기할 수 있다.

내담자의 견해에 상담자가 동의하지 않는 불일치도 있을 수 있다. 이럴 때 "당신은 스스로 게으르다고 말씀하시는데, 제가 보기에 당신은 아주 훌륭하게 일을 잘하고 있다고 생각합니다."라고 말할 수 있다.

인간이기에 우리에게는 불일치나 모순이 존재할 수 있다. 어떤 상담자는 이런 것을 매우 잘 찾아내어 즉각 직면시키기도 한다. 그런데 앞에서 언급한 것처럼 직면을 위해서는 그전에 백 번 들어 주고 참아 주는 과정이 필요한 것이다. 직면을 받아들일 준비가 덜된 내담자는 상담자의 직면에 저항할 수 있고, 이것을 비난으로 받아들여 상처를 입거나, 또는 이것을 빌미로 상담관계를 종결하기도 한다.

3) 방어기제에 대한 직면

내담자에게서 나타나는 모순과 불일치를 지적하는 것은 아무래도 방어기제에 대해 넌지시 지적하는 셈이다. 다른 표현으로 하자면, 방어기제의 흔적을 직면시킨다고 할 수 있다. 이런 식으로 넌지시 직면시킬 때는 비언어적 요소에 주목하기도 한다. 예를 들어, "아버지 얘기를 하면서 주먹에 힘을 주고 있네요."라든지, "아버지 얘기를 하면서 다리를 떨고 있군요."라고 말하는 식이다. 힘이 들어간 주먹이나 떨리는 다리는 그 안에 뭔가를 담고 있을 텐데, 상담자의 직면 이후 내담자는 그 의미를 탐색하게 될 것이다.

한편 방어기제의 흔적을 넌지시 직면시키는 것도 가능하지만, 보다 직접적으로 특정 방어기제를 사용하고 있음을 직면시킬 수도 있다. 예를 들어, 아버지 얘기만 나오면 주제를 돌리는 내담자에게 "아버지 얘기는 외면하고 싶은가 보군요."라고 말하는 식이다. 또 앞에서 언급한 것처럼 "당신은 습관적으로 남 탓을 하는군요."와 같은 강한 멘트도 가능할 것이다. 그러나 이런 강력한 직면은 내담자를 당황스럽게 할 가능성이 높으며 부작용이 생길 수 있다. 따라서 직면기법을 사용할 때는 상담자와 내담자 간 라포가 충분히 형성된 후 조심스럽고 신중하며 예의바르게 시도해야 할 것이다.

4) 직면의 과정

이번에는 직면의 과정에 대해 살펴보자. 직면은 내담자에게 문제가 있음을 지적하는 것이기 때문에 자칫 비난조로 들릴 수 있고, 따라서 매우 신중하게 준비해야 한다. 그리고 던져 놓고 끝내는 것이 아니라 사후관리를 잘해야 한다. 즉, 내담자가 그 직면을 잘 수용할 때까지 부드럽게 후속 대응을 해 줘야 한다. 다음 절에서 설명하는 해석과 함께, 직면은 그 내용이 옳고 그른가도 중요하겠지만 그보다 내담자가 얼마나 받아들이느냐가 더 중요하다.

직면할 때는 첫 번째 단계로 내담자에 대한 자료를 수집하여 직면이 필요한 부분을 확인해야 한다. 내면탐색 작업을 함께하다 보면 내담자에게 어떤 모순과 불일치가 있는 부분이 발견될 것이다. 여기서 내담자가 보지 못하는 것, 인정할 수 없는 것, 방어하고 있는 것들이 무엇인지 종합적으로 파악한다. 그와 동시에 인내하며 기다려야 한다. 즉, 내담자를 직면시켜야 할 부분을 파악했으면서도 분위기가 무르익을 때까지 인내하며 기다리는 것이다.

두 번째 단계로 내담자의 준비 정도를 고려해서 과연 직면시키는 것이 적절할지 결정해야 한다. 직면을 위한 충분한 증거와 기초자료를 모은 후에도 내담자의 준비 정도를 점검하지 않으면 안 된다. 이때 고려해야 할 것은 라포와 내담자의 상태다. 상담자는 직면을 감당할 만큼 상담관계가 좋은지, 내담자가 상담자를 믿고 따르는지 등을 확인해야 한다. 그리고 내담자의 컨디션이 안 좋아 보이거나, 실제로 안 좋은 일이 있거나, 위기 상황에 처한 것은 아닌지 점검해야 한다. 한 가지 더 언급하자면, 직면을 제시하기 전 상담자는 자기 마음에 대해서도 살펴보아야 한다. 즉, 직면시키려고 하는 상담자의 마음을 먼저 봐야 한다는 말이다. 직면을 통해서 상담자는 무엇을 이루고자 하는지가 명확해야 한다. 직면이나 해석과 같은 적극적인 개입은 상담자 자신도 모르게 내담자를 공격하는 수단이 될 수 있다. 혹시 상담자 자신이 짜증나서 그런 것은 아닌지, 내담자에게 화가 났거나 기분이 나빠서 직면이라는 핑계로 내담자를 비난하려고 하는 것은 아닌지를 살펴보아야 한다.

세 번째 단계는 직면을 제시하는 것이다. 앞에서 언급한 것처럼 모순과 불일치를 지적하거나, 방어기제의 흔적을 넌지시 직면시키거나, 방어기제를 좀 과감하게 직면시킬 수도 있다. 그런데 치료적 직면은 내담자를 돕겠다는 분명한 의도를 가지고 하는 것이므로, 상담자가 예의 바르고 절제된 태도를 취하는 것이 중요하다. 중요한 것은 내담자가 수용하는 것이므로, 단호함과 부드러움을 동시에 전달할 수 있어야 할 것이다. 이것은 글로 설명하는 데 한계가 있으며, 전문가들이 현장 경험을 통해 습득할 수밖에 없을 것이다. 참고로 상담자의 직면을 내담자가 얼른 알아차리지 못하는 경우도 생길 수 있는데, 이런 경우에는 답답하다 여기지 말고 조금 다른 방식으로 재시도하여 내담자가 알아차릴 수 있게 해 줘야 한다.

마지막으로, 직면을 제시한 다음에는 후속 반응을 관찰하고, 필요한 경우 다시 탐색 작업으로 진입해야 한다. 적극적인 기법일수록 그 내용이 맞느냐 틀리느냐보다 내담자가 받아들일 수 있느냐 없느냐가 더 중요하므로, 직면시킨 후에 내담자가 그것을 얼마나 받아들이는지를 살펴보아야 한다. 내담자는 상담자의 직면을 곰곰이 생각해 볼 수도 있고, 수용을 하지 못하여 화를 낼 수도 있으며, 갑자기 감정이 북받쳐 올라 울음을 터뜨릴 수도 있다. 이때 상담자는 작정하고 직면시킨 것이기 때문에 내담자가 좀 강한 반응을 보이더라도 놀라지 말아야 할 것이다. 만일 내담자가 직면을 수용한다면 상담자로서는 한층 부드러운 태도로 내담자에게 내면 재탐색과 변화를 주문할 수 있다. 반면 내담자가 받아들이지 못한다면, 현재 어떤 느낌과 생각이 드는지 공감하려는 자세로 빠르게 전환하여야 한다. 실제로 직면에 대해 못 받아들이며 화를 내는 경우도 있고, 말로는 받아들인다고 하면서 속으로 언짢아하는 경우도 많다. 이런 반응이 나올 때 상담자는 당황하지 말고 지금 심정이 어떤지, 어떤 점이 언짢고 화가 나는지 등을 차분히 물어보며 후속 대화를 하는 것이 필요하다.

5) 직면의 타이밍

다시 한번 강조하지만, 직면과 같은 도전적 기법들은 내용뿐만 아니라 형식이나 절차도 중요하다. 즉, 그것이 옳으냐 그르냐가 아니라 내담자가 얼마나 받아들이는지가 중요하다는 것이다. 이를 위해 상담자는 예의 바르면서도 절도 있는 태도를 취해야 하며, 적절한 타이밍을 잡을 수 있어야 한다. 사실 이 점이 초보 상담자에게는 가장 어려울 것이다. 과연 언제가 적절한 타이밍인가? 내담자가 준비가 되어 있지 않다면 계속 직면을 미루어야 하는가?

일반적으로는 모순적인 행동을 보이면서도 그에 대한 인식이 어렴풋하게 생길 때가 직면의 타이밍이다. 구체적으로 예를 들면, 내담자가 자신의 입으로 양가감정이 있다거나 모순이 느껴진다거나 뭔가 있는데 잘 모르겠다고 말하는 순간이 바로 직면의 타이밍이 될 수 있다. 이때 상담자는 예의 바르면서도 절도 있게 직면을 전달한다. 상담자는 잘못된 것을 비꼬는 태도가 아니라 이런 부분은 당신을 위해 정말 검토해 봐야 할 것이라는 진지한 태도로 접근해야 한다.

초보 상담자의 경우, 내담자의 준비도뿐만 아니라 자신의 준비도가 부족해서 직면의 타이밍을 잡지 못할 수도 있다. 성격이 급한 초보자는 너무 이른 시점에 직면을 제시하는 반면, 내담자의 눈치를 보는 초보자는 직면을 너무 미루고 늦추는 것이 문제가 된다. 앞에서 신중하게 준비해서 직면을 제시하는 경우를 언급했으니, 이번에는 너무 미루고 늦추는 경우에 대해 살펴보자. 이들은 내담자가 화를 내거나 거부적인 태도를 보일까 봐 직면을 자꾸 미룬다. 또 겁이 나거나 미안한 마음에 완곡하게 말을 돌려서 직면을 제시하려고 한다. 그러나 결코 그럴 필요는 없다. 사람들은 누구라도 자기 생각과 다른 말을 받아들이려면 시간이 필요하다. 당장은 받아들이지 못하고 당황하거나 저항할 수 있다. 따라서 정말로 내담자를 위해 직면이 필요하다고 판단이 섰다면 너무 복잡하게 생각하지 말고 담백하게 직면을 전달하면 좋을 것이다. 라포가 충분히 형성되었다면, 한 번 직면시켰다고 해서 내담자가 상담자를 미워하거나 상담 장면에서 도망치지는 않을 것이다.

간혹 상담자 중에 재치 있고 유머러스하게 직면을 제시하는 사람도 있다. 유머가 있고 재치 넘치는 표현을 사용한 직면은 위협적이거나 비판적인 느낌을 상쇄시켜 줄 수 있다. 이 책을 읽는 독자 중에 유머가 풍부한 사람들은 자신의 장점을 잘 살려 상담에서 활용하는 것도 좋다고 생각한다. 그러나 한편으로 유머의 부작용도 있음을 명심해야 한다. 특히 우울한 내담자의 경우, 당장은 미소로 반응한다 하더라도 나중에는 기분이 더 가라앉을 수도 있다. '상담자가 내 문제를 하찮게 여기는구나.' '선생님은 저렇게 여유가 있는데 나는 뭔가…….'라고 생각하며 더 심하게 자신을 비난할 수 있다. 따라서 직면을 시켰다면 이후 어떤 마음이 드는지 내담자에게 충분히 말할 기회를 주도록 노력해야 할 것이다.

3. 해석

해석(interpretation)은 내담자가 의식하지 못하거나 자각하지 못하는 부분을 상담자가 직접 설명해 주는 것이다. 내담자는 미처 생각해 보지 못한 설명이므로, 심리상담에서의 해석은 내담자에게 새로운 가설을 제시하는 것이라 할 수 있다. 상담자의 해석을 들은 내담자는, 자신의 행동을 과거와는 다른 각도에서 살펴보거나, 사물을 이전과는 다른 관점으로 볼 수 있게 된다. 다음 대화를 보자.

상담자: 아버지 얘기를 할 때 손에 힘이 들어가는 것은 아버지를 때리고 싶은 마음일 수 있겠네요.

여기서 직면과의 차이점을 확인할 수 있는데, 직면할 때 상담자는 방어기제의 흔적을 언급하며 "아버지 얘기를 할 때 손에 힘이 들어가네요."라고 말할 수 있다. 그러나 손에 힘이 들어가는 이유가 아버지에 대한 분노 때문인지 아버지에 대한 그리움을 자제하느라 그러는 것인지는 내담자에 대해 충분히 이해한 후에야 알 수 있을 것이다. 즉, 내담자에 대해 충분히 이해한 후에 행동이나 심리적 증상의 무의식적 원인을 설명해 주는 것이 해석이다.

대개의 경우 전문 상담자는 심리학적 이론과 틀을 바탕으로 한 해석을 제시할 수 있다. 그러나 내담자 입장에서는 단순 정보제공 수준의 설명이 아니라 내면의 여러 측면을 연결시키는 고차원적 설명이므로 쉽게 이해하지 못할 수 있다. 심지어 내담자가 알지 못하거나 거부하는 무의식적 측면들에 대한 설명은 받아들이기도 어려울 수 있다. 따라서 직면을 제시할 때와 마찬가지로 해석을 제시할 때도 충분한 라포의 기반 위에서, 내담자의 준비도를 점검하고, 비난조가 아니라 신중하고 예의 바르게 제시해야 할 것이다.

1) 해석의 의미와 효과

통찰을 지향하는 심리상담에서, 해석은 내담자를 통찰로 이끄는 가장 직접적인 방법이라 할 수 있다. 해석 기법은 상담자가 내담자의 성격 및 문제의 배경을 파헤쳐 새로운 통찰(洞察)을 갖게 하는 신비적인 기술처럼 여겨져 왔다. 그것은 아마도 무의식적 행동의 의미를 강조하는 정신분석적 전통에서 비롯된 기법이기 때문일 것이다. 그러나 해석은 마법의 열쇠가 아니며, 단지 내담자의 이해 수준과 다른 새로운 참조체제로 문제 증상이나 행동을 설명하는 것으로 볼 수 있다. 쉽게 말하자면 개인이 기존에 가지고 있는 사고방식이나 관점이 있겠지만, 상담자가 그와 다른 새로운 이해의 틀을 적용하여 문제를 설명한다는 것이다. 앞의 내용으로 해석을 정의하면 다음과 같다.

* 해석은 문제 원인을 설명하는 기법이며, 대개 해석적 설명은 내담자의 인식 수준을 넘어선다.
* 해석은 새로운 이해의 틀(관점)을 적용하여 문제 증상이나 행동의 원인을 설명하는 것이다.

해석은 상담자의 이론적 입장이나 관심사에 따라 다른 양상이나 수준으로 제공할 수 있다. 어떤 이론적 입장에서 해석하든 간에 상담자가 해석을 통해 내담자에게 새로운 참조체제를 제공한다는 점은 동일하다. 다음의 예를 보자.

내담자: 오늘도 아무것도 하지 못했어요. 잠들기 전에 내일은 반드시 일찍 일어나야지 결심했는데, 일어나 보니 9시였어요. 너무 속상해서 하루 종일 누워만 있었어요. 쓰레기 같은 매일을 반복하고 있어요.

정신역동적 접근의 상담자 A: 아마 당신은 부모님에 대한 공격으로 불성실한 모습을 보여 주는 건지도 몰라요.

인지행동적 접근의 상담자 B: 9시에 일어나서 쓰레기라면, 매우 엄격한 기준을 자신에게 적용하는 것이군요. 마치 완벽하지 않으니 사랑받을 수 없다고 믿는 것 같아요.

예를 보면 알 수 있듯이, 여러 해석은 내담자 문제를 각기 다른 측면에서 설명하고 있다. 어느 하나를 정답이라 여길 필요는 없으며, 내담자가 자각하는 것 이상의 설명을 제공하는 것이 핵심이다. 참고로 이런 해석은 한두 번의 만남 후 바로 제시할 수 있는 것은 아니다. 기존에 충분한 탐색을 통해 관련 증거들을 모으고 연결시켜서 내담자의 행동을 통합적으로 이해한 후 제시할 수 있는 것이다.

해석의 궁극적인 목적은, 내담자가 문제 증상에 갇혀 있지 말고 자신의 문제를 좀 다른 시각, 좀 더 넓은 시각으로 바라보며(통찰) 문제에서 빠져나오도록 돕는 것이다. 내담자가 문제에서 헤어 나오지 못하는 것은 기존 관점에서는 돌파구가 보이지 않기 때문이다. 따라서 상담자가 새로운 관점을 제시했을 때, 내담자는 자신의 행동의 의미를 통찰하게 되고 감정의 정화 및 새로운 행동을 시도하며 돌파구를 찾게 된다.

해석의 효과에 대해 한 가지 더 언급하자면, 해석은 책임감과 자기통제를 촉진하는 효과가 있다. 즉, 통찰을 통해 내담자는 현재 문제에 대해서 다른 사람을 비난할 게 아니라 결국 자신의 한계에서 비롯된 것임을 알게 되어 자기 문제에 책임을 지게 된다. 자기에게 원인이 있음을 인정하면 변화도 자신이 이루어 내야 할 것임을 알게 될 것이다.

2) 해석의 방법

앞에서 해석은 내담자 인식 수준을 넘어선다고 하였는데, 흔히 상담자가 해석을 시도할 때는 내담자 문제의 기저에 깔려 있는 무의식적 소망, 방어기제, 억압된 과거의 영향 등을 언급하는 식으로 한다. 내담자의 행동이나 습관적 패턴을 이것들과 연결시켜 설명하면 된다. 하나씩 예를 들어 살펴보자면, 먼저 기저의 무의식적 소망에 대한 해석을 다음 대화 예에서 볼 수 있다.

내담자: 또 나쁜 남자를 만난 것 같아요. 지난번에도 그래서 헤어졌는데……. 제가 문제가 있는 걸까요?

상담자: 나쁜 남자라며 헤어지고 또 나쁜 남자와 만나는 것은 실은 그들에게 뭔가 바라는 게 있는 것 같아요. 지금까지 ○○ 씨와의 대화에서 추측해 본다면, ○○ 씨의 매력을 인정받으려는 게 아닐까요?

다음으로 방어기제에 대한 해석을 다음 대화 예에서 볼 수 있다.

내담자: 또 나쁜 남자를 만난 것 같아요. 지난번에도 그래서 헤어졌는데……. 제가 문제가 있는 걸

까요?

상담자: 자신이 유혹했다고 인정하기보다 상대가 나쁜 사람이라고 하면서 스스로를 순진한 사람으로 방어하는 것 같아요.

다음으로 억압된 과거의 영향에 대한 해석을 다음 대화 예에서 볼 수 있다.

내담자: 또 나쁜 남자를 만난 것 같아요. 지난번에도 그래서 헤어졌는데……. 제가 문제가 있는 걸까요?

상담자: 나쁜 남자와 연애하고 헤어지길 반복하는 것은 나쁜 남자와 헤어지고 자녀를 혼자 키운 어머니의 영향이 아닐까요?

3) 해석의 제시 형식

도전 기법들은 내용도 중요하지만 전달 형식이나 타이밍이 중요하다고 하였는데, 이는 해석도 마찬가지다. 해석의 제시 형식은 크게 세 가지로 나누어 볼 수 있다고 생각되는데, 각각 직접적인 진술, 가설적인 진술 그리고 질문을 통해서 전달하는 해석이다.

직접적인 형식 해석의 경우, "당신이 이런 증상을 느끼는 것은 아버지에 대한 죄책감 때문입니다."라고 말하는 것이다. 직접적인 해석은 굉장히 단호하고 강한 느낌을 주는 진술이다. 내담자가 미처 생각하지 못한 내용을 상담자가 단호하게 전할 때 내담자는 당황할 수 있다. 따라서 단호하면서도 동시에 관심을 부드럽게 전달할 수 있도록 노력해야 하는데, 상담자는 충분한 설명을 곁들여서 내담자를 위한 관심을 전달할 수 있을 것이다. 예를 들어, "결혼하는 것을 걱정하고 계시죠. 결혼에 대해서 굉장히 많이 불안해하시는데, 완벽한 결혼식이 되어야만 한다고 생각하기 때문이죠. 늘 완벽하게 살고자 하는 당신의 태도 때문에 이번 결혼에 대해서도 불안감이 많이 느껴지실 거예요." 하는 식으로 말이다.

가설적인 형식으로 해석을 제시할 수도 있다. 예를 들어, "당신은 늘 실패할까 봐 두렵다고 하셨는데, 이것은 어머니를 실망시키지 않고 기쁘게 해 드려야 하는 것과 어떤 관련이 있는 것 같은데요."와 같이 가설을 제시하듯이 말할 수 있다. 가설적인 방식으로 제시하는 것은 직접적인 방식보다 내담자에게 부담을 덜 줄 수 있다. 상담자가 새로운 참조체제를 강요한다는 느낌을 덜 주기 때문이다.

질문 형식의 제시 방식도 있다. 예를 들어, "실패에 대한 두려움은 어머니를 실망시키지 않으려는 소망과 관련 있는 건가요?"라는 식의 해석은 가설적인 형식의 제시와 마찬가지로 내담자에게 부담을 덜 주며, 상담자가 제기한 해석에 대해 내담자가 한 번 더 생각해 볼 수 있게 유도한다.

해석은 어떤 형식이든 간에 내담자에게 새로운 관점에서 바라보라고 주문하는 것이기 때문에 내담자가 부담을 많이 느낄 수 있다. 따라서 될 수 있으면 부드럽고 덜 위협적인 방식으로 제시하는 것이 좋겠다.

4) 해석의 시기

이번에는 해석의 시기에 대해 살펴보자. 앞에서 언급했듯이, 어떤 한 증상이나 행동에 대해 해석을 제시하려면 그것의 토대를 완벽하게 파악하고 있어야 한다. 여러 차례 면담을 거치며 충분히 라포를 형성하고, 현재의 증상이 과거의 성장 경험이나 가족관계와 어떻게 연결될지에 대해서도 이해해야 할 것이다. 상담자는 내담자와의 대화에서 비춰진 주요 감정, 신념, 핵심 욕구, 방어, 갈등 등의 자료를 수집하고 이를 통합하여 해석적 설명을 만들어 낸다. 만일 내담자에 대한 충분한 이해 없이 아무렇게나 해석적 가설을 제시하면 엉뚱한 소리처럼 들릴 것이지만, 사전에 충분히 내담자의 신념이나 욕구, 방어, 갈등 등을 관찰하였다면, 모든 정보를 통합하여 전체적 맥락에서 제시한 해석은 내담자의 행동의 의미를 설명해 줄 수 있을 것이다. 예를 들어, 어느 면담 회기에 내담자가 "제가 심은 나무가 아주 크게 자랐는데, 이상하게도 잘려 버리는 꿈을 꾸었어요."라고 할 때 상담자는 다음과 같은 다양한 해석을 제시할 수 있다.

- "당신이 공들여 왔던 어떤 것을 상실하였다는 의미이기도 하지요."
- "당신의 생활과정에서 또 하나의 실망을 겪는다는 뜻일지도 모르죠."
- "당신이 하는 일을 아마 잘하지 못할 것 같은 심정이 있는 모양입니다."
- "당신은 자신의 성기능(性機能)이 끝장나는 게 아닌가 두려워하고 있는 것 같습니다."

어떤 해석이 맞느냐 하는 것은 기존 면담 회기 동안 드러났던 자료들을 통합하여 판단해야 할 것이다. 다시 말해, 상담자는 즉흥적으로 해석을 제시하는 것이 아니라 기존 면담을 통해 정보들을 모아 내담자를 통합적으로 이해하고 그 맥락에 맞게 해석을 제시한다는 것이다.

도전 기법들이 다 그렇겠지만, 특히 해석에 대해서는 적절한 타이밍을 찾는 것이 매우 중요하다. 내담자가 해석을 긍정적으로 받아들이면 당연히 더 깊은 탐색으로 이어지고 호소 문제에 대해서도 새로운 시각으로 바라볼 수 있게 된다. 그러나 준비 안 된 내담자에게 권위적으로 해석을 제시한다면 선뜻 받아들이기 어렵고 당연히 부정적인 결과를 낳을 것이다. 상담자의 해석이나 직면을 너무 부담스럽게 느낄 때 내담자는 바로 다음 예약시간에 나타나지 않을 수도 있다. 그에 대한 충격이 있고 소화할 시간이 필요하기 때문이다.

해석이 너무 이른 시기에 제시된다면 어떻게 될지 예를 하나 들어 보자. 어떤 여성 내담자가 사람을 만나는 것이 두려워 집 밖에도 못 나가고, 아버지가 왔다 가면 아버지가 앉았던 자리나 아버지가 만졌던 물건을 빡빡 닦는 강박증상이 있었다. 그녀가 상담센터에 갔더니 상담자는 첫 면접에서 대뜸 그것은 아버지에 대한 성욕을 닦아 지우려는 행위라고 말했다. 내담자는 너무 당황하여 상담을 당장 그만두었다. 이 사례를 보면 그 해석이 정확한지 여부를 떠나서 해석 제시의 타이밍이나 내담자가 받아들일 준비가 되어 있느냐가 더 중요함을 알 수 있다. 비록 그 상담자가 연륜이 풍부하고 내담자 증상의 의미를 날카롭게 파악하였다 하더라도, 내담자가 준비되지 않은 상태에서 처음부터 너무 깊은 수준으로 해석을 시도하면 부작용이 생길 수밖에 없다. 그 내담자는 심리상담에 대한 부정적 인상을 갖게 될 것이고, 다시 용기를 내어 다른 상담자를 찾아갈 수는 없게 될 것이다.

5) 해석의 과정

이번에는 해석의 과정을 살펴보겠다. 해석의 과정은 직면의 과정과 거의 유사하다.

첫 번째 단계는 준비 단계로서 멍석을 까는 사전작업이다. 이 단계에선 해석을 위한 기초자료를 수집해야 하는데, 앞에서 언급했듯이 내담자와의 대화 속에서 드러난 주요 감정, 신념, 핵심 욕구, 방어, 갈등 등의 자료를 수집한다. 그리고 나서 이 자료들을 베 짜듯 엮어 문제행동의 원인에 대한 설명을 만들어 낸다. 이를 전문용어로 작업가설(working hypothesis)이라고도 부른다. 이제 해석을 제공할 준비가 된 것이다.

두 번째 단계로는 내담자를 예의 주시하면서 해석을 제공해도 되는 타이밍을 찾는다. 직면에서 타이밍을 결정할 때와 마찬가지로, 해석에서도 상담자와 내담자 간 라포가 충분한지 내담자의 컨디션이 좋고 비교적 안정되어 있는지 등 내담자의 준비 정도를 점검한다. 뿐만 아니라 상담자 자신의 마음도 점검해야 한다. 해석이라는 명목으로 내담자를 비난하거나 또는 자신의 전문성을 과시하려는 욕구가 있는 건 아닌지 점검하는 것이다. 구체적인 상황을 예로 들면, 내담자가 "선생님, 제가 왜 이럴까요? 뭐 때문에 이랬을까요?"라며 자신의 행동에 대해 궁금해한다든지 더 이해하고 싶은데 잘 안 된다는 느낌을 전달할 때가 바로 통찰 직전에서 막혀 있는 시기로 볼 수 있고, 이때가 해석의 적기로 볼 수 있다.

세 번째 단계는 해석을 제시하는 것이다. 협력적이고 부드러운 자세로 해석을 제시하는 것이 중요하며, 간혹 내담자에게 먼저 해석해 보라고 기회를 줄 수도 있다. 상담자가 느끼기에 내담자가 억압된 감정과 욕구를 자각하고 무의식적 방어와 공상도 열린 마음으로 받아들이는 모습이 보인다면 다음과 같이 말하며 기회를 줄 수 있다.

- "지금까지 상담을 해 왔는데, 당신 문제에 대해 미처 몰랐던 부분을 깨달은 게 있나요?"
- "당신 문제의 원인을 새로운 관점에서 해석해 볼 수 있겠어요?"
- "지금 혼란스럽다고 하셨는데, 뭔가 기존과 다른 식으로 볼 수 있는 건가요?"

마지막 단계는 해석 제시 후 후속 반응을 관찰하고 마음을 나누는 것이다. 해석이 잘 되었다면 내담자는 '아하!' 경험, 즉 통찰을 얻겠지만, 해석이 부정확했거나 타이밍이 안 맞았다면 부작용이 생길 수 있다. 따라서 부작용을 최소화하기 위해 후속 반응을 관찰하고 마음을 나누는 것이 반드시 필요하다. 다음과 같이 말할 수 있다.

- "제가 말씀드린 것을 어떻게 이해하셨는지 궁금하군요."
- "제 말씀을 듣고 나서 심정이 어떤가요?"
- "제 설명을 들으니 어떤 마음이 드나요?"

상담자가 제시한 해석의 반응으로 내담자는 거부적 태도를 보이면서 화를 내거나 못마땅해할 수도 있고, 표정의 변화 없이 침묵을 지킬 수도 있다. 상담자는 이런 반응에 당황하지 말고 열린 자세를 유지하며, 내담자가 그 해석에 대해 느끼는 감정이나 생각들을 더 이해하려고 노력해야 할 것이다.

4. 즉시성

즉시성(immediacy)은 '지금 즉시 또는 지금-여기에서 벌어지는 현상을 보여 준다.'라는 의미다. 즉시성 기법[2]에 대해서는 학자들마다 설명하는 방식이 조금씩 다르고 내용도 다소 복잡하고 어렵기에, 여기서는 최대한 기본적인 부분만 간략히 설명해 보겠다.[3]

1) 즉시성의 의미와 목적

상담실 내에서는 두 사람의 관계 속에서 대화가 진행되며, 그 대화에는 평소 내담자가 관계를 맺는 패턴이 함축되어 있을 것이다. 앞에서 언급했듯이, 즉시성은 '지금 여기'에서 무엇이 벌어지고 있는지를 내담자에게 보여 주는 것인데, 주로 상담자와 내담자 간 '관계'에서 어떤 현상이 벌어지는지 보여 주기 위해 이 기법을 사용한다. 예를 들어 설명하면, 상담자는 온화한 태도로 공감하려고 다가가지만 내담자는 딴지를 걸거나 회피하는 식으로 반응한다고 할 때 상담자가 이것을 보여 주는 것이다. 다음과 같이 할 수 있다.

● "제가 공감의 언어를 전달하려고 할 때마다 당신은 말을 돌리는 것 같아요."

상담자가 즉시성을 사용하는 이유는 내담자에게 부정적인 관계 패턴을 보여 주고 이에 도전하기 위해서다. 내담자는 자신이 타인과 어떻게 관계를 맺는지 의식하지 못한 채 부정적인 관계 패턴을 반복할 수 있다. 상담자는 즉시성 기법을 사용하여 내담자에게 부정적인 관계 패턴을 제대로 보라고 촉구한다. 이런 측면에서 즉시성 기법은 직면이나 해석 등 다른 도전 기법들과 같은 목적을 지닌다 할 것이다. 그리고 다른 도전 기법들과 마찬가지로 매우 강력한 기법이므로, 내담자가 자칫 당황하거나 자존심이 상할 수도 있으므로 적절한 타이밍에 신중하게 사용해야 할 것이다.

---

2) 저자의 견해로, 즉시성(immediacy)은 기법을 가리키는 용어라기보다는 상담자의 태도 또는 능력을 가리키는 용어다. 앞에서 관계원리를 설명할 때 일치성(솔직성)이란 표현을 썼는데, 그와 유사한 맥락으로 볼 수 있다. 여기서는 편의상 즉시성을 보여 주는 것을 즉시성 기법이라고 표현할 것이다.

3) 즉시성에 대해 더 공부하고자 한다면 힐(Hill, 2009)의 『상담의 기술』이나 이건(Egan, 2002)의 『유능한 상담자』를 참고하면 좋다.

2) 즉시성 기법의 구성 요소

다른 기법들과 달리 즉시성 기법은 높은 수준의 감수성과 용기, 신뢰 등을 필요로 하며, 따라서 매우 어려운 고난도의 기법이 된다. 대화법으로 구사할 때도, 하나의 요소가 아니라 여러 요소를 동시에 언급해 주어야 한다. 흔히 즉시성 기법을 구사하기 위해서는 다음의 세 가지 요소가 필요하다고 한다.

* 지금 이 순간 상담자가 자기 자신에 대해서 솔직하게 공개함.
* 지금 이 순간 내담자의 태도나 느낌을 감지하여 언급함.
* 내담자에게 지금 벌어지고 있는 일에 대해 주목하도록 촉구함.

예를 들어 설명하면 더 쉬울 것이다. 다음 상담자의 대사를 살펴보자.

● "○○ 씨, 당신은 나를 쳐다보지 않고 말을 하잖아요? 그래서 저는 좀 거부당하는 것 같아 속상했어요(상담자가 자신에 대해 솔직하게 공개함). 마치 ○○ 씨는 저와 가까워지고 싶어 하지 않는 것처럼 느껴져요(상담자가 내담자의 태도를 언급함). 당신도 같은 느낌인지 궁금하네요(지금 벌어지고 있는 관계 패턴에 주목하도록 촉구함)."

또 다른 예를 들어 보자.

● "○○ 씨, 저는 당신의 주장이 맞다고 생각하며 당신 말을 주의 깊게 잘 듣고 있어요(상담자가 자신에 대해 솔직하게 공개함). 그런데 ○○ 씨는 저에 대해 매우 방어적으로 반응하는 것 같아요(상담자가 내담자의 태도를 언급함). 왜 이렇게 서로 어긋나는지 궁금하네요(지금 벌어지고 있는 관계 패턴에 주목하도록 촉구함)."

저자가 즉시성 기법을 정형화시켜서 소개하였지만, 실제 면접 도중에는 좀 더 자연스럽게 축약하거나 변형할 수도 있을 것이다. 중요한 것은 지금 이 순간 둘 사이의 관계에서 벌어지는 일을 보여 줄 수 있으면 되는 것이다.

● "○○ 씨, 당신이 정말로 자신의 생각과 느낌을 얘기하는 것이 아니라 저 듣기 좋을 것

같은 얘기만 하는 것이 아닌가 궁금해요."

요약하면, 즉시성을 활용하기 위해서 상담자는 '지금 여기'에 머무를 수 있어야 하고, '상담자-내담자 관계'에 주목해야 한다. 그리고 상담자는 자신에 대한 고백만도 아니고 내담자에 대한 언급만도 아닌 두 가지를 적절히 조화시켜야 한다. 영어로 표현해 보자면 너에 대한 얘기(You message)와 나에 대한 얘기(I message)를 동시에 전달하는 것이다.[4]

3) 언제 즉시성을 사용하는가

즉시성, 직면이나 해석과 같은 기법들은 내담자의 기존 자아도식 및 관계 패턴에 도전할 때 활용되며, 따라서 상담 초기보다는 상담 중기에 이르러서야 이 기법들을 사용하는 경우가 많다. 이 기법들은 강력한 파장을 불러일으키므로, 만약 상담자와 내담자가 서로 신뢰하지 못한다면 내담자는 공격받은 것으로 여기고 상처를 입을 수도 있다. 그러므로 최소한의 라포가 형성되고 내면탐색에 익숙해지는 등 내담자가 충분한 준비가 되어 있는지 점검한 후에 즉시성 기법을 사용해야 할 것이다. 상담자 역시 즉시성 기법을 사용할 만큼 충분한 자료를 확보하고 자신의 마음을 점검한 후에 이 기법을 시도해야 할 것이다. 혹시라도 상담자가 속상한 마음에 넋두리를 하고 싶어도 자기 마음을 공개하는 것은 자제해야 할 것이다.

즉시성 기법을 언제 사용하느냐를 다른 측면에서 살펴보면, 즉시성 기법은 두 사람의 관계에 대한 언급이므로 관계에 대한 고비가 찾아올 때면 언제든지 즉시성 기법을 사용한다고 말할 수도 있다. 예를 들어, 최소한의 라포가 형성되었으나 어느 순간부터 신뢰나 유대감이 깊어지지 않고 의구심이 생기며 고비가 찾아올 때 즉시성 기법을 사용할 수 있다. 또 상담 중반부에 내면탐색 및 도전 작업을 본격적으로 시도할 때 저항이 발생할 수 있는데, 이러한 저항은 상담관계에 고비를 만들고 따라서 이러한 상황에서도 즉시성 기법을 사용할 수 있다. 이에 대해서는 제13장 저항 다루기 부분을 참고하기 바란다.

---

4) 이런 의미에서 스튜어트(Stewart, 2001)는 즉시성을 'you-me talk'라고 부르기도 하였다.

4) 즉시성 활용을 위한 상담자의 준비

즉시성 기법을 활용하기 위해서 준비할 것들이 몇 가지 있다.

첫째, 상담자는 자신의 내면에 잘 접촉하고 이를 진실하고 명료하게 표현할 수 있어야 한다. 이것은 말이나 글로 표현하기에는 간단하지만, 실제로는 매우 어려운 작업이다. 상담자도 자기 마음에 대해 잘 모르거나 솔직하게 인정하기를 거부할 수도 있다. 즉시성 기법을 사용할 때 상담자는 자신의 무능함이나 부족함을 언급해야 할 수도 있는데, 이것을 솔직하게 공개하기란 쉽지 않기 때문이다. 따라서 상담자부터 자신에 대한 깊은 이해가 필요하며, 순간순간 마음과 접촉하는 연습을 통해 자신이 느끼는 것이 무엇인지 정확히 알아차릴 수 있어야 할 것이다. 예를 들어 설명하면, 흔히 '짜증난다' '화가 난다'라는 느낌들의 기저에는 깊은 무력감이나 절망감이 있을 수 있다. 상담자는 표면감정보다 심층감정에 접촉하고 수용하며 이를 드러낼 수 있어야 한다.

둘째, 상담자가 자신의 내면에 잘 접촉함과 동시에 내담자의 행동이나 태도를 잘 포착할 수 있어야 할 것이다. 즉, 자신에 대한 감수성뿐만 아니라 타인에 대한 감수성이 동시에 필요하다. 내담자에게 관심을 기울이고, 내담자가 불편해하거나 고통스러워하는 신호를 잘 파악해야 한다. 그리고 내담자에 대해 느낀 것을 있는 그대로 담담하게 전달하는 것도 중요하다. 간혹 상담자가 잘못 이해했거나 다르게 느꼈을 수도 있으므로, 열린 마음으로 담담하게 전달해야 한다는 것이다. 이에 대해서는 앞의 예로 좀 더 설명해 보자.

- "○○ 씨, 당신은 나를 쳐다보지 않고 말을 하잖아요? 그래서 저는 좀 거부당하는 것 같아 속상했어요(① 상담자가 자신에 대해 솔직하게 공개함). 마치 ○○ 씨는 저와 가까워지고 싶어 하지 않는 것처럼 느껴져요(② 상담자가 내담자의 태도를 언급함)."

이 대사를 보면, ①은 상담자가 자신의 마음을 표현한 것이지만, ②는 내담자의 마음에 대해 느낀 바 또는 추측이라고 할 수 있다. 이때 실제로 내담자가 그렇게 느꼈을 수도 있지만, 상담자의 추측이 틀렸을 수도 있다. 상담자도 인간이기에 내담자의 반응을 자기중심적으로 해석했거나, 자신의 감정을 숨기고 내담자에게 옮기는 투사(projection) 방어를 무의식 중에 사용했을 수도 있다.[5] 따라서 추측보다는 좀 더 겉으로 드러나는 행동이나

---

5) 여기서 가까워지고 싶지 않은 것은 상담자의 마음인데, 내담자가 그렇다고 투사한다는 의미다.

태도에 초점을 맞추는 것이 좋다. 앞의 대사를 조금 바꾸어 보면 다음과 같이 할 수 있다.

- "○○ 씨, 저는 ○○ 씨와 가까워지고 싶은데 거부당하는 것 같아 속상해요(상담자가 자신에 대해 솔직하게 공개함). 마치 ○○ 씨는 저와 가까워지고 싶어 하지 않는 것처럼 저를 쳐다보지 않고 말을 하거든요(상담자가 내담자의 태도를 언급함). 당신도 같은 느낌인지 궁금하네요(지금 벌어지고 있는 관계 패턴에 주목하도록 촉구함)."

물론 순간적으로 대화가 이루어질 때 완벽한 대사를 구사하기는 어려울 것이다. 여기서 저자가 강조하는 것은 100% 정확하게 내담자의 생각과 감정을 추측해 내야 한다는 것은 아니며, 틀릴 수도 있지만 담담하게 전달하면 된다는 것이다. 내담자의 평소 대인관계 패턴이 상담자와 내담자의 관계에서도 드러나는 그 순간을 포착해 알려 주는 것이다.

마지막으로, 즉시성 기법을 활용할 타이밍을 정할 수 있어야 하며, 이 기법이 미칠 파급력에 대해 짐작하고 대비하는 것도 필요하다. 즉시성 기법 이후에 내담자가 어떤 반응을 보이더라도 열린 마음으로 받아들일 수 있도록 마음을 준비하는 것이다.

5. 탐색 준비, 탐색, 도전의 유기적 연결

탐색 준비, 탐색, 도전 기법들의 사용 시기는 상담의 진행에 따라 조금 차이가 있다. 상담 초반부에는 탐색 준비와 탐색기법을, 그리고 상담이 중반으로 넘어갈수록 탐색과 도전 기법을 더 많이 사용하게 된다. 그런데 일단 여기서는 기법들의 유기적 연결을 강조하고자 한다. 전문가는 지금까지 소개한 기법들을 실제 면담 상황에서 유기적으로 연결하여 사용한다.

다음의 대화 예를 보면서 설명해 보자. 과거 억울한 사건으로 인한 분노에서 벗어나지 못하고 있으며 평소 잔인하고 끔찍한 게임을 좋아하는 학생과의 대화다.[6] 상담자는 내담자의 억울함과 분노가 사그라들지 않는 점에 대해 설명하고 직면시킨다.

---

6) 심리상담에서는 내담자의 프라이버시를 보호하기 위해 사례를 있는 그대로 노출하는 것이 바람직하지 않다. 여기서는 이해를 돕기 위해 사례 및 대화를 각색하였다.

사례 1

(※사소한 일에도 불같이 화를 내고 잔인한 게임을 즐기는 내담자. 12회기 면담에서 과거에 겪은 억울한 사건 그리고 그때 자신을 부당하게 대한 인물에 대해 말하고 있다.)

내담자 1: 그때 그냥 넘어가지 말았어야 했어요. 지금이라도 만나면 복수를 하고 싶어요.

상담자 1: 억울함과 분노가 올라오나 보네요. (반영)

내담자 2: 네, 게임이라도 하지 않으면 미쳐 버릴 것 같아요. 아, 죽여 버릴걸······.

상담자 2: 벌써 10년 전의 일인데요. 보통 감정은 시간이 지나면 희미해지거나 사그라들게 마련이잖아요. (직면)

내담자 3: 전혀 그렇지 않아요. 다시 만나면 죽여 버리겠어요.

상담자 3: ○○ 씨가 그때 참 억울했나 봐요. 10년이나 지났는데도 분노가 생생하게 느껴져요. (반영)

내담자 4: 절대로요. 용서하지 않을 거예요.

상담자 4: 그런데 ○○ 씨, 그때 사건으로 화가 나는 것은 이해하겠지만, ○○ 씨가 그 화에 불을 지르는 것 같기도 해요. (직면)

내담자 5: 그게 무슨 말인가요?

상담자 5: 그때 바로 화를 못 낸 것은 무서워서 그랬을 수도 있고, 당황해서 그랬을 수도 있겠지요. 그런데 이렇게 마음을 달래는 것이 아니라 '그때 왜 그냥 넘어갔냐? 그렇게 그냥 넘어간 게 바보다.'라고 스스로에게 말하면서 분노를 키우는 것 같아요. 자신에게도 너무 가혹한 게 아닐까요? 다른 사람에게 화를 내는 것과 자신에게 화를 내는 것이 섞여 있는 것 같아요. (해석)

이 간략 축어록(verbatim)을 살펴보면, 상담자 1에서는 내담자의 감정에 대해 공감을 전하고 있고, 상담자 2에서는 다소 약하지만 10년이 지났음을 직면시키고 있으며, 상담자 3에서 다시 공감을 전한 후, 상담자 4와 5에서 새로운 관점을 제시하고 있다.

또 다른 사례의 대화 예를 살펴보자. 남편의 무능한 모습에 답답함을 토로하는 내담자와의 대화 예다. 공감, 탐색, 직면, 재탐색 등의 면담기법이 유기적으로 연결된다.

사례 2

(※무능한 남편으로 인해 괴로워하는 내담자. 10회기 면담에서 남편과 시아버지 사이에서 눈치 보는 것에 대

해 얘기하고 있다.)

내담자 1: 남편이 너무 가여워요.

상담자 1: 가여운 마음에 대해 좀 더 얘기해 주세요. (탐색 요청)

내담자 2: 지난번에도 말씀드렸지만, 어렸을 때 상처가 너무 커서 그렇지요. 어머니는 일찍 돌아가
셨고, 시아버지에게 학대를 당했다 하더라고요.

상담자 2: 네 맞아요, 여러 번 말씀하셨지요. 그런데 남편은 집 밖으로 나가지도 않고 돈도 벌지 않
으면서 ○○ 씨만 찾고 옴짝달싹 못 하게 만든다 하지 않으셨나요? (직면)

내담자 3: 그러니까요. 하아, 저도 어찌할 바를 모르겠어요. 이번에도 시아버님이 돈을 조금 주셨
는데, 그걸 하루 만에 다 써 버리더군요. 엄청 비싼 피규어 인형을 사 가지고 왔어요.

상담자 3: 그래서 어떤 마음이 드셨어요? (탐색 질문)

내담자 4: 답답하죠……. 시아버님께는 말을 못했어요. 근데 이제 생활비가 없어서…….

상담자 4: 정말 무기력감이 느껴지네요. (반영)

내담자 5: …….

상담자 5: 안타깝습니다. 그런데 ○○ 씨, 제가 느끼기엔 이 두 가지 마음, 짜증나는 마음과 가여
운 마음 사이에 뭔가 있는 것 같아요. (직면)

내담자 6: 뭐가 말인가요?

상담자 6: 생활비를 다 쓰도록 놔두는 게 ○○ 씨와 남편 모두에게 좋은 일이 아니잖아요. 그리
고 시아버지께 말씀을 드리지 않는 것도 그렇고요. (직면)

내담자 7: 어쩔 수 없어요. 제가 참아야죠, 뭘.

상담자 7: ○○ 씨의 마음을 보세요. 있는 대로 말하면 되는데, 뭐가 두려운가요? (탐색 요청과 질문)

내담자 8: …….

상담자 8: 현실적으로 볼 때, 생활비는 시아버지가 주시니깐 말씀을 드려야 되잖아요. 뭐가 두려
워서 말씀을 못 드리나요? (탐색 질문)

내담자 9: …… 제가 만약 …… 시아버님께 말씀을 드리면 두 사람은 크게 싸우게 될 거예요. 저는
그 두 사람이 소리를 지르며 싸우는 게 너무 보기 싫고 무서워요. 폭발하는 것 같고, 저는
기절해 버릴 것 같아요.

상담자 9: 아, 기절해 버릴 것 같을 정도라니…… 얼마나 무서웠을까……. (반영) ○○ 씨, 그 무서운
마음을 따라가 볼 수 있을까요? (탐색 요청)

이 간략 축어록을 살펴보면, 상담자 1과 3에서는 탐색을 시도하였고, 상담자 4에서는 공감을 전하였고, 상담자 2, 5, 6에서는 직면을 시켰고, 상담자 7과 8에서는 다시 좀 더 깊게 탐색하고 있으며, 상담자 9에서는 다시 공감 후 탐색 요청을 하고 있다.

6. 기법과 태도의 조화

이제 면담기법에 대한 설명을 마무리하고자 한다. 면담기법은 상담의 원리들을 실현하게 도와주는 구체적인 방법 또는 기술이라고 하였다. 따라서 상담자는 면담기법을 적용할 때 기계적으로 적용하는 것이 아니라 상담의 원리를 구현한다는 큰 뜻은 유지하되 세부적으로는 융통성 있게 적용해야 한다. 어떤 방법을 사용하든지 간에 내담자가 상담 과정에서 존중받는다고 느끼면서 동시에 자신에 대해 통찰을 얻고 정서적으로 편안해진다면 상담자는 면담기법을 제대로 적용하고 있는 것이라 할 수 있다.

마지막으로 언급하고 싶은 것은, 언어적 유창성을 발휘하여 기법을 능수능란하게 적용하는 것만이 다가 아니라는 것이다. 심리상담에서 대화기법보다 더 중요한 것은 상담자의 마음과 태도다. 내담자에 대한 존중, 지속적인 관심, 돌보려는 의지, 일치성(솔직성)과 같은 것들이 중요하다. 대화기법만을 강조한다면 말솜씨가 부족한 사람은 어떻게 상담자가 될 수 있겠는가? 비유하자면, 아동발달에 대한 고급 지식이나 교양이 있다 하더라도 본능적 사랑과 애착이 없을 때 부모-자녀 관계에 문제가 생기는 것과 같다. 상담자로서 갖추어야 할 마음과 태도 없이 기법만을 함부로 휘두르는 것은 만병통치약에만 집착하는 돌팔이 의사들의 특징과 다름없다 하겠다.

또 앞에서 면담기법의 특징으로 상담자의 성숙도가 기법의 활용에 영향을 줄 수 있다고 하였다. 따라서 상담자는 기법을 활용하기 위해 자신부터 부단히 노력하여 성장하여야 할 것이다. 상담자도 인간이므로 취약한 부분이 있을 수 있고, 이런 취약점이 기법의 효과적 활용에 걸림돌로 작용할 수 있다. 따라서 상담자는 먼저 자신이 잘할 수 있는 기법들을 익히고, 점차 어렵게 느껴지는 기법들도 활용할 수 있도록 노력해야 할 것이다. 수련 초반에는 자신에게 맞는 옷을 찾듯이 자신에게 맞는 면담기법을 찾아 그것을 중점적으로 연습하고 활용한다. 수련을 진행하면서 만일 자신에게 잘 맞지 않는 면담기법이 있다면 왜 그런지 자문하며 자신의 성격적 측면에 대해 깊은 이해를 하려고 노력해야 할 것이다. 필요한 경우 지도감독자로부터 교육분석(didactic analysis)[7]을 받으면서 자신을 점검해야 할 것이다. 그래야 상담자 자신의 취약성이 상담 과정에 장애물로 작용하는 것을 막을 수 있다.

생각해 보기

심리상담은 내담자가 스스로 문제에 대한 해결을 찾도록 돕는 작업이며, 내담자에게 새로운 정보를 제공하는 교육은 아니다. 그러나 이 둘을 명확히 구별할 수 있을까? 심리상담자가 내담자를 가르치는 식으로 대화하지는 않지만, 결과적으로 볼 때 내담자는 미처 생각해 보지 못했던 무언가를 깨닫게 되고 배우게 된다. 아마 교육과의 차이점이라면, 가르치는 내용과 타이밍일 것이다. 교육의 경우 학생에게 세상을 살아가는 데 필요한 지식을 전달하는 반면 심리상담의 경우 내면에 감추어지고 억압된 어떤 것들이 있음을 알려 준다. 또 교육의 경우 개별 학생들의 준비도를 고려하지 않지만, 심리상담은 개별 내담자의 내면탐색 및 수용 수준에 맞춰 알아야 할 내용을 직면 또는 해석을 통해 전달한다고 볼 수 있다. 여러분은 상담자가 되려 하는가 아니면 교육자가 되려 하는가? 상담자와 교육자의 태도를 결합할 수 있을까? 결합하는 것이 좋을까? 이에 대해 생각해 보고 동료들과도 의논해 보자.

---

7) 자기탐색과 성장을 위해 수련 과정에 있는 상담자가 전문 상담가로부터 상담을 받는 것을 일컬어 교육분석(didactic analysis)이라고 한다. 미래의 상담자로 훈련시키기 위한 분석이란 뜻이다.

제8장

상담면접을 위한 태도와
준비 사항 및 상담자 윤리

이 장에서는 면접기술을 효과적으로 구사하도록 돕는 상담자의 마음가짐과 준비사항에 대해 다룰 것이다. 심리상담에 관해 강의나 책을 통해 배우는 것과 상담의 실제와는 상당한 차이가 있게 마련이다. 심리상담은 정해진 틀은 있지만 실제 상황에서는 임기응변이 매우 많이 요구된다. 오랜 기간 개인을 괴롭혀 온 문제를 해결하고 사람을 변화시키는 작업이 결코 단순할 순 없을 것이다. 강의나 책을 통해 배울 때보다 실전에 들어가서 훨씬 어렵고 복잡하게 여겨지므로 초보 상담자는 좌절하기 쉽다. 따라서 너무 잘하려고 하지 말고 현실적으로 할 수 있는 만큼 하면 좋겠다. 너무 긴장하고 잘하려고 하다 보면 역효과가 날 수 있으므로, 미리 여유로운 마음가짐을 준비할 필요가 있다.

1. 심리상담자의 현실적 태도

상담을 처음 접하는 사람일수록 전문적인 상담의 내면탐색적 특징을 분명히 이해해야한다. 또 심리상담이 추구하는 바가 이상이 아니라 현실임을 이해하는 것도 좋다. 인간의 심리적 문제는 일종의 현실 적응 문제라 할 수 있다. 우리는 내담자가 현실에 발을 디딜수 있게 도와준다.

그런데 현실적인 것이 물질적인 것을 의미하는 것은 아니다. 심리상담은 물질보다 마음, 외적 조건보다 내면을 탐색하여 문제를 해결해 나가는 작업이다. 여기서 현실적이라하면 합리적인 태도, 너무 극단적이지 않고 균형잡힌 태도, 한계를 인정하고 존중하는 태도를 말하는 것이다. 그리고 이러한 현실의 바탕에서 꾸준히 노력하면 기회가 오기 마련이며, 사람들은 잠재력을 발휘하여 건강, 성공, 풍요로운 인간관계를 누릴 수 있게 된다.

다시 강조하자면, 심리상담은 현실에 발을 붙이는 특징이 있다. 초보 상담자는 이런 특징을 이해하고 본인부터 심리상담에 대한 합리적이고 현실적인 기대를 가지는 것도 좋겠다. 다음의 명제들은 얼핏 그럴듯하지만 다소 비현실적인 측면이 있다. 어떤 부분이 비합리적인지 살펴보고, 어떤 마음을 가지는 것이 도움이 될지 생각해 보자.

* 풍부한 인생경험이 중요하다.
* 격려나 지지가 항상 도움이 될 것이다.
* 도와주려는 마음가짐이면 충분하다.
* 동질성을 강조하면 라포가 형성될 것이다.
* 상담자는 주도적이어야 한다.
* 상담자는 항상 차분하고 침착한 모습을 보여야 한다.
* 상담은 성공적으로 마쳐야 한다.

* 유창하게 대화를 구사할 수 있어야 한다.

1) 풍부한 인생경험이 중요하다

흔히 심리상담을 처음 공부하려는 사람들은 풍부한 인생경험이 중요할 것이라고 착각한다. 그러나 지금까지 심리상담에서 내면탐색의 중요성을 공부했다면 이제 풍부한 인생경험은 그렇게 중요한 것이 아님을 알게 되었을 것이다. 초보자가 인생경험이 중요하다고 믿는 것은, 인생경험이 풍부할수록 내담자의 마음을 더 잘 공감할 수 있고 해결책도 건네줄 수 있다고 생각하기 때문이다. 물론 그런 측면도 있겠지만, 한 사람의 인생경험이 다른 사람의 인생에도 똑같이 적용되리란 보장이 없다. 심리상담은 한 개인이 자신만의 해결책을 스스로 찾아가는 과정임을 명심해야 할 것이다.

간혹 인생경험이 오히려 내면탐색을 방해하는 경우도 생길 수 있다. 초보 상담자는 자신이 과거에 경험한 사실이나 지식을 토대로 해서 내담자의 감정을 알고 있다고 미리 짐작하는 경우도 많은데, 이러한 짐작은 대부분 들어맞지 않는다. 사람은 다 다르며, 내담자의 주 호소(chief complaint)를 자신의 경험으로 미루어 일반화하는 것은 곤란하다. 예를 들어 설명해 보자. 중년의 상담자는 부모님이 돌아가시는 과정을 모두 극복했고, 주변의 친구들 부모님이 돌아가셨을 때도 친구들을 잘 위로하였다. 그런데 어떤 내담자가 부모님의 죽음을 받아들이지 못하고 계속 슬퍼할 때, 속으로 '대개 부모님 상실 후에 두 달 정도는 슬프겠지, 나도 그랬으니깐. 이제는 두 달이 넘어가니깐 곧 받아들이고 괜찮아질 거야.'라고 생각한다면 내담자를 제대로 공감하지 못하고 도움을 주지 못하게 될 것이다. 부모님 상실은 개인마다 다른 의미로 다가올 수 있으며, 그 의미를 탐색하고 공감해 주어야 하는데 그렇지 못한 것이다.

또 다른 예를 들어 보자. 정보력이 풍부하고 마당발인 상담자는 어려움이 생길 때마다 인맥을 활용하여 문제를 해결해 왔다. 그는 내담자의 고민을 듣고 고민 안에 담겨진 내면을 탐색하는 데 초점을 맞추기보다는 자꾸만 해결책에 초점을 맞추려고 했다. 군대에 가는 것이 두렵다고 하는 청년 내담자에게 아는 장교를 소개해서 잘 부탁한다고 말하는 식으로 말이다. 그러나 내담자의 주 호소는 남성적 정체감과 관련되었을 수 있으며, 남자들이 주로 모이는 군대에서 잘 적응할 수 있을지 두렵기 때문일 수 있다. 이런 식으로 풍부한 인생경험으로 해결책에만 초점을 맞추면 심리상담이 아닌 심리자문을 제공할 가능성이 높아지게 된다. 내담자에게 맞는 자문이면 다행이겠지만, 맞지 않을 경우 내담자는 상담에 실망하고 이를 중단할 수도 있다.

그런데 앞에서 언급한 사항들을 주의한다면, 풍부한 인생경험도 심리상담을 공부하는데 긍정적으로 작용할 수 있지 않을까? 사람들은 나이가 들고 인생경험이 쌓일수록 지혜롭게 되는 경향이 있다. 인생에 대해 긴 안목을 가지면 순간적인 좋은 일과 나쁜 일에 일희일비하지 않을 수 있고, 불행의 다른 면을 볼 수 있으며, 역경이 다가와도 지나갈 때까지 인내할 수 있다. 즉, 인생경험이 쌓인다는 것이 단순히 다방면에 경험이 많다는 것을 넘어서 지혜롭게 되는 것이라면, 이런 장점은 심리상담 장면에서 내담자를 대할 때도 충분히 발휘될 수 있을 것이다. 따라서 심리상담의 이론과 결합시킨다면 풍부한 인생경험이 없는 것보다 있는 것이 유리할 수 있다.

2) 격려나 지지가 항상 도움이 될 것이다

이번에는 격려나 지지가 항상 도움이 될 것이라는 기대에 대해 생각해 보자. 상담에 대해 공부하는 초보 상담자의 경우 외롭고 힘든 사람에게 격려나 지지를 해 주고 싶다는 마음이 많이 있을 수 있다. 우리는 흔히 다음과 같이 말할 수 있다.

- "다 괜찮아질 거야."
- "곧 좋아질 거야."
- "그럼, 당연히 네가 옳지."

물론, 상담자의 따뜻한 관심이 배어 있는 격려와 지지는 내담자에게 힘을 줄 것이다. 그러나 과잉 격려와 과잉 지지는 자칫 상담자에 대한 의존성을 증가시킬 수 있으며, 내담자는 자신이 노력하지 않아도 문제가 해결될 수 있을 거라고 막연히 기대하게 된다. 따라서 상담 초반에는 라포 형성을 위해 지지하고 격려한다 해도, 상담 중반 이후에는 현실적인 근거 없이 막연히 지지하는 것은 좋지 않다. 특히 성격장애 문제가[1] 있거나 망상이 있는 내담자의 경우 격려와 지지를 함부로 남발해서는 안 된다. 성격장애 문제가 있는 사람들은 상담자의 의도를 다르게 오해하며, 망상이 있는 내담자는 지지를 받으면 자신의 망상이 옳다고 믿게 된다.

---

1) 성격이 불안정하거나 왜곡되어 있어 타인과 공감하기 어렵거나 친밀감을 형성하지 못하는 경우를 성격장애

한편, 어떤 상담자는 반대로 격려와 지지에 너무 인색하기도 하다. 특히 상담 초반에 내담자를 격려하고 지지하는 것은 라포 형성에 도움이 되므로, 너무 인색하거나 조심스러운 것도 어쩌면 상담자의 문제일 수 있을 것이다. 정리하자면, 격려나 지지가 항상 도움이 된다거나 전혀 도움이 안 된다는 것 모두 비합리적인 명제일 것이다.

3) 도와주려는 마음가짐이면 충분하다

타인을 돌보고 도와주려는 마음은 예쁘고 가치 있는 마음이다. 초보 상담자가 일단 상담 실습을 시작하게 되면 힘든 얘기를 들어 준다는 사실에 기쁨과 보람을 느낄 수 있을지도 모른다. 그런데 어떻게 돕느냐에 있어 보통 사람들이 생각하는 것과 심리상담의 도움은 차이가 있다. 심리상담자는 해결책을 알려 주는 식으로 돕는 것이 아니라, 내담자의 마음을 이해하고 공감하는 식으로 돕는다. 잘 들어 주는 것은 해결책을 찾기 위한 것이 아니라 깊이 들어가 이해하기 위해서다. 따라서 상담자가 되어 타인을 도우려면 먼저 심리학적 이론에 대한 공부나 전문 상담기법의 연마가 필요하다. 상담을 배우려는 사람들은 타인의 복지(福祉)를 위하고 문제를 해결해 주려는 동기가 일반적으로 강한 편인데, 상담을 대화하는 것이나 얘기를 들어 주는 것 정도로 여기고 도와주려는 마음이면 충분하겠거니 생각한다면 큰 오산이다. 전문 작업을 시행할 실력을 쌓아야 할 것이다.

한편 도와주려는 마음가짐으로 충분하지 않을 뿐 아니라, 도와주려는 마음을 내담자에 맞게 조절하지 못한다면 오히려 역효과를 낼 수 있음도 알아야 한다. 실제로 문제를 해결해 주려는 마음이 지나치면 내면탐색을 방해하거나 내담자의 자율성을 침해하기도 한다. 이야기를 다 들어 보기도 전에 충고하거나 준비가 덜 된 내담자를 몰아붙일 수 있기 때문이다. 그리고 어떤 욕망이 강하면 그것이 좌절될 때의 실망도 큰 법이다. 만일 돕고자 하는 욕망이 강한데 내담자가 시큰둥하거나 고마워하지 않을 경우 또는 원하는 만큼 내담자가 호전되지 않을 경우 상담자는 크게 실망할 수 있다. 저자가 초보일 때 20회 정도 면담을 진행한 내담자가 "선생님, 제가 요즘 많이 우울해요. 왜 이런 상담을 하는지 잘 모르겠어요."라고 말했는데, 속으로 매우 뜨끔했던 기억이 있다. 당시 여러 가지 생각이 머릿속을 스쳐 지나갔는데, '이 사람이 지금 나보고 상담 잘못했다고 그러는 것인가?' 또는

(personality disorder)로 진단할 수 있다. 자세한 것은 최신판 『정신질환의 진단 및 통계 편람(DSM)』을 참고하기 바란다.

'내가 20여 회 동안 상담을 했는데, 이런 소리를 하다니 너무하는구만!' 하는 생각들이었다. 그러나 이 말은 상담자의 능력이라든지 상담자의 도움에 대한 불만을 표시하는 것이 아니었고 자신의 답답함을 표현하는 것이었다. 그럼에도 불구하고 도움이 안 된다는 식으로 내담자의 말을 잘못 이해하고 실망했던 것이다.

만일 상담을 하다가 내담자가 중도 하차라도 하면,[2] 이때 도와주려는 강한 마음이 자책으로 변하기도 한다. 내가 못해서 내담자가 상담을 중단했다고 믿기 때문이다. 그러나 내담자가 상담을 종결하는 데에는 여러 가지 현실적인 이유가 있을 수 있다. 즉, 집을 이사하여 거리가 너무 멀어졌을 수도 있고, 급박한 일이 생겨 더 이상 시간을 내지 못하는 경우도 가능하다. 유료 상담인 경우에는 재정적인 문제로 더 이상 계속하지 못할 수 있다. 또 어느 정도의 효과를 보았으므로 앞으로는 혼자 힘으로 문제를 해결해 보겠다는 결심에서 상담을 그만두는 등 여러 가지 경우가 있는 것이다. 이러한 것들은 다 현실 속에서 실제로 벌어질 수 있는 경우다. 그러나 타인을 도와주려는 욕망이 너무 강하면 이런 여러 가지 이유를 고려하지 못하고 자신의 능력을 의심하며 자책하게 된다. 심지어 자신의 도움을 거절하고 중도 하차하는 내담자에게 원망의 감정을 갖게 되는 경우도 있다.

4) 동질성을 강조하면 라포가 형성될 것이다

나도 당신과 같은 처지라는 것을 강조하는 것에는 몇 가지 이유가 있다. 초보 상담자라면 내담자의 입장을 지지하고, 이해하고, 공감한다는 것을 전달하기 위해 자신도 같은 경험을 했다고 말하고 싶을 것이다. 그러나 그런 이유라면 차라리 "나는 당신을 지지하고 싶습니다." "나는 당신을 이해하고 싶습니다." "나는 당신을 공감하고 싶습니다."라고 직접 말하는 것이 더 낫다. 그리고 반영과 같은 탐색 준비 기법들을 적절히 활용하여, 내담자의 말을 잘 따라가는 모습을 보여 주는 것이 더 낫다. 내담자는 자신의 문제에 매몰되어 있어, 상담자가 같은 경험을 했다고 해도 그것이 꼭 위로나 지지가 되지 않을 수 있다.

첫째, 만일 내담자가 매우 자기중심적이고 자신의 경험을 남들이 이해할 수 없는 특별한 것으로 믿고 싶어 한다면, 상담자가 똑같은 경험이 있다고 말할 때 오히려 싫어할 수도 있다. 속으로는 '과연 정말 그랬을까?' 하며 의구심이 생길 수도 있다. 저자의 경우에

---

2) 상담이 성과를 내기 전에 종결되는 것을 조기종결이라고 부른다.

도 내담자들의 아픔에 공감하며 같은 아픔을 고백한 적이 있는데, 그럴 때마다 "선생님도 그랬다고요? 믿을 수가 없네요."라는 대답을 듣기도 했다.

둘째, 부작용으로는 만일 내담자가 대인관계 갈등을 호소하는 경우라면 동질감을 강조하는 것이 오히려 갈등을 더 부추길 수 있다는 점이다. 이것은 자칫 편가르기로 이어지는 경우다. "나는 네 편이야."라고 말하는 것은 좋게 들릴지는 몰라도 깊은 내면탐색을 방해하는 역효과를 낸다. 내담자는 상담자가 자신의 편이라고 믿을 뿐만 아니라, 자신이 옳다고 확신하게 되기 때문이다. 그러면 자신이 혹시나 잘못한 점은 없는지, 자신에게 부족한 점은 무엇인지에 대해 돌아보지 않을 것이다. 따라서 편을 나누어 지지하는 것은 내담자가 극심한 괴로움으로 혼란스럽고 정신적으로 무너질 만한 상황에서 제한적으로 사용해야 할 것이다.

셋째, 내담자와 같은 처지 또는 같은 경험을 한 적이 있다는 것은 상담자 자기개방의 문제와도 연결되는데, 이것은 상담자가 자신에 대한 정보를 내담자에게 개방하는 것을 말한다. 나이나 결혼 여부와 같은 기초적인 정보를 개방하는 것에서부터, 과거의 아픈 경험이나 상처를 개방하는 깊은 수준의 개방까지 다양할 수 있다. 그러나 앞에서 언급한 것처럼 동질감을 강조하는 것이나 자신에 대한 정보를 개방하는 것이 반드시 좋은 효과를 낸다는 보장은 없다. 라포를 형성하는 데 도움이 되지 않을까 생각하지만 그것은 희망사항에 불과하며, 내담자가 어떻게 반응할지는 사람마다 다 다르다. 상담자가 자기개방을 하면 대화의 초점이 내담자에게서 상담자로 옮겨지는 부작용도 있다. 긍정적인 측면과 부정적인 측면이 상존하므로, 상담자는 자기개방에 대해 신중해야 할 것이다. 중요한 것은 자기개방을 하느냐 마느냐가 아니라, 어떻게 하느냐다. 앞에서 언급한 것처럼 내담자를 이해하고 지지한다는 것을 전달하고자 한다면 다른 방식을 취하는 것이 훨씬 나을 것이다. 그러나 상담자가 짧게 자기개방을 한 후에, 이에 대해 어떻게 생각하느냐고 묻는 식으로 후속탐색을 위한 자기개방을 활용한다면, 그것은 내담자를 안내하는 좋은 자기개방이 될 수 있다.

5) 상담자는 주도적이어야 한다

상담자가 상담에서 더 많은 책임감을 가져야 한다는 것은 당연한 말이다. 상담자는 전 과정이 잘 진행되도록 하는 책임이 있다. 상담자는 내담자가 내면탐색을 할 수 있도록 이끌어야 하고, 내담자가 좌절하더라도 견뎌 주고 희망을 고취시키며, 때로는 직면과 해석을 통해 피하고 싶었던 부분을 마주하도록 돕는다. 그렇다면 주도적이어야 한다는 명제는 참일까?

심리상담에서 상담자와 내담자는 자율성을 존중하고 경계를 지킨다. 그러다 보니 과도한 지시나 충고를 삼가며, 대화를 주도적으로 이끌거나 하지 않는다. 이것은 특히 상담 초반 몇 회기에 더욱 그러한데, 내담자가 상담 장면에 익숙해지고 라포가 생길 때까지 상담자는 경청하며 따라가는 입장을 취하는 것이다. 제6장의 축어록 대화 예를 보더라도 상담자가 주제를 선정하고 관련 질문을 던지면서 대화를 끌어가는 것이 아니라, 내담자가 먼저 말하도록 기다리고 내담자의 이야기를 따라가며 공감과 탐색을 번갈아 시도하는 것을 알 수 있다.

그러나 이 명제가 무조건 거짓이라고 할 수는 없다. 어느 정도 내면탐색이 진행되는 상담 중반부가 되면, 이때부터는 상담자가 좀 더 주도적인 역할을 취하는 것이 필요하게 된다. 내담자가 더 깊이 들어가지 못하고 표면에서 맴돌거나 부담스러워 저항을 한다면 상담자는 좀 더 주도적으로 활동하게 된다. 적절한 주제를 선정할 수도 있고, 좀 더 주도적으로 직면이나 해석과 같은 도전적 기법을 시도할 수도 있다. 이렇게 본다면 어떤 명제든 무조건 참이거나 거짓은 아닌 것 같다. 만일 상담자는 '항상' 주도적이어야 한다고 했다면 그때는 거짓이라고 할 수도 있을 것이다.

참고로 상담자의 태도를 좀 더 주도적으로 만드는 환경적 요인이 있을 수 있다. 이것은 회기가 정해졌을 경우인데, 공공기관 무료 상담의 경우 대부분 최대 회기가 10회 정도로 정해져 있다. 이 경우 정해진 회기 내에 어떻게든 효과를 내기 위해 상담자는 좀 더 주도적으로 개입하는 것 같다.

6) 상담자는 항상 차분하고 침착한 모습을 보여야 한다

면담기법에 대해 강의할 때 어떤 학생이 상담자의 고유한 말투가 있냐고 물었던 기억이 난다. 단조로우면서도 침착하게 할 말은 다 하는 그런 말투라나……. 또 흥분하거나 긴장하지 않고 포커페이스를 유지하는 것이 중요하냐고도 물었다. 일견 맞는 부분이 있다. 전문 상담자는 비교적 차분하고 침착한 태도와 말투로 상담에 임한다. 어떤 사람들은 (특히 청소년은) 너무 단조롭고 재미없다고 여길 수도 있지만, 괴로워하며 도움을 호소하는 사람들에게 침착한 태도와 말투는 안정감과 신뢰감을 줄 것이다.

이에 반해 초보 상담자는 면접에 임할 때 상당한 긴장과 불안을 갖게 된다. 이 긴장과 불안은 대부분 내담자에게 어떻게 반응해야 할지 막연하기 때문에 생긴다. 앞에서도 언급했지만 너무 주도적으로 해결책을 찾아 주려는 상담자일수록 긴장과 불안을 더 많이 느낄 것이다. 이것은 책임감의 역설이다. 마찬가지로 항상 차분하고 침착한 태도를 보여야 한다고 믿는 상담자일수록 긴장과 불안을 더 많이 느낄 수 있다. 상담을 하다 보면 돌발 상황이나 당황하는 순간이 생길 수 있는데, 차분하고 의젓한 모습을 보이려고 애쓸수록 긴장은 증폭되고 더욱 당황하게 될 수 있다.

이럴 때 필요한 것은 상담자의 일치성이다. 즉, 솔직하고 겸손하게 당황했음을 인정하는 것이다. 상담자라고 해서 모든 상황에서 반드시 완전한 능력을 보일 수는 없고 내담자에게 어떻게 보여야 한다는 일반적인 법칙이나 모형 같은 것은 더욱 없다. 그저 겉과 속이 일치하게 말하고 행동하는 것이다. 특히 내담자 탓을 하지 않고, 자신의 부족한 점만 담담하게 인정한다. 이렇게 하면 상담자가 당황한 모습을 감추기 위해 더 에너지를 쓸 필요가 없어서 오히려 편안해질 수 있다. 예를 들어 다음과 같이 말할 수 있다.

- "제가 아직 실습 수련 중이라서 부족합니다. 공감을 잘 전달하지 못한 것 같아 미안합니다."
- "제가 문제를 한 번에 파악하지 못하였습니다. 다시 한번 말해 주시겠어요?"
- "그렇게 말씀하시니 부끄럽네요. 뭐라고 말해야 할지 모르겠어요."

또 강의할 때 상담자가 감정에 북받쳐 울어도 되느냐는 질문도 자주 받는다. 이러한 질문들은 아마 '감정적'이라는 특성과 관련된 질문일 것이다. 상담자는 대체로 차분하고 침착한 태도를 유지하는데, 너무 감정적으로 반응하면 안 좋을 것이라는 선입견 때문이 아닐까?

이에 대해 우리는 상담자도 인간이라는 점을 되돌아봐야 할 것이다. 인간이라는 것은 말 그대로, 상담자도 약점이 있고, 한계가 있고, 울 때도 있고, 당황할 때도 있다는 것이다. 상담자는 신적인 존재나 로봇이 아니며, 인간적인 한계를 지니고 있다. 그리고 그 인간적인 한계를 바탕으로 내담자를 돕는 것이다. 우리가 인간적인 한계가 없다면 어떻게 내담자의 한계를 공감하고 이해할 수 있겠는가? 상담자가 인간적인 한계를 인정하면서도 자존감을 유지하고 행복할 수 있다면 내담자에게 더없이 좋은 모델이 될 것이다. 내담자들은 그런 모습을 보고 배울 것이다.

따라서 상담자가 침착하고 차분한 모습을 보이는 것은 필요하지만, 그보다 더 핵심적인 것은 자기 감정을 인정하고 존중하는 모습을 보이는 것이다. 어떤 상황에서도 당황하지 않고 표정에 감정 변화가 드러나지 않는 포커페이스 상담자를 기대한다면 그것이 오히려 비합리적일 것이다. 그리고 상담자가 솔직하게 자신을 보여 준 후에는 다시 내담자에게 상담의 초점을 되돌리는 것이 중요하다. 다음과 같이 할 수 있다.

- "제가 좀 부족하지만, ○○ 씨의 얘기를 계속 들어 보고 싶네요. 다시 아까 그 부분에 대해 말씀해 주시겠어요?"
- "제가 당황해하는 모습을 보였는데 어떻게 느껴지세요? 실망스럽지 않으세요?"

여기서 제시한 대사가 정답은 아닐 수 있지만 방향은 제시할 수 있다. 핵심은 상담자의 한계를 빨리 인정하고 다시 내담자의 한계로 대화의 초점을 넘길 수 있어야 한다는 것이다. 초보 상담자들은 실수를 저지르면 거기서 헤어 나오지 못하는데, 중요한 것은 실수를 했다는 사실이 아니라 뒷수습을 어떻게 하느냐다. 다시 말해서, 상담자가 다시 내담자에게 집중할 수만 있다면 잠시 당황한 것은 큰 문제가 아닐 수 있다는 것이다.

정리하자면, 상담자가 차분하고 침착한 모습을 보이는 것은 대체로 내담자에게 긍정적인 영향을 미친다. 상담자가 몹시 당황하면, 내담자는 상담자가 인간적이라고 느끼기보다는 오히려 신뢰가 떨어지고 불안이 더 심해질 것이다. 나의 문제를 해결하는 데 도움을 줄 것이라 믿고 기대했던 상담자가 흔들리는 모습을 보일 때 내담자는 나침반을 잃어버린 느낌이 들 것이다. 그러나 상담자도 인간이기에 항상 차분할 수만은 없다. 당황할 때가 생길 수 있으며, 이때는 당황했음을 차분하게 말로 표현하는 것이 좋겠다. 핵심은 상담자가 내담자에게 어떤 모습을 보여야 하는지가 아니라, 항상 내담자의 입장에서 생각하고 행동할 수 있어야 한다는 것이다. 대개 내담자는 상담자가 당황하였다는 것을 잘 모르며, 정작 상담자 혼자서 자신이 당황하고 있다는 사실에 대해 더 불안해한다. 이런 때 상담자는 차분히 침묵의 시간을 가지는 것도 좋을 것이다. 내담자가 제시한 문제에 대해 상담자가 어느 정도 생각할 여유를 가지는 것은 당연하기 때문에 내담자는 상담자가 침묵할 때 차분히 기다리는 것이 보통이다.

7) 상담은 성공적으로 마쳐야 한다

이전에 조기종결의 문제를 여러 차례 얘기한 바 있다. 그만큼 조기종결의 문제는 상담 장면에서 흔하게 나타난다. 내담자가 심리상담을 통해 정신적으로 성장하고 자신의 문제를 스스로 해결할 수 있을 때에 상담은 성공적으로 종결하게 된다. 그러나 목표를 이루지 못하고 상담을 종결하는 내담자들도 많으며,[3] 한두 번의 면담 후에 상담을 그만두는 내담자도 많다. 앞에서 언급한 바, 심리상담의 종결은 상담자의 역량 외에도 여러 가지 변수가 개입할 수 있다. 따라서 초보 상담자는 실망하고 자책에만 빠져 있지 말고 여유를 되찾을 수 있으면 좋겠다. 만일 돌발상황 때문에 조기종결한 경우라면 내담자는 훗날 다시 상담자를 찾아올 수 있을 것이다.

초보자 입장에서 상상하기로는, 전문가가 되면 내담자가 소문을 듣고 자발적으로 찾아오며 한 번 찾아온 내담자는 목표를 이룰 때까지 계속 상담을 할 것 같다. 그러나 전문 상담자라도 생업을 위해서는 자신을 홍보해야 하며,[4] 내담자가 상담을 지속하도록 여러 가지 노력을 기울여야 한다. 내담자에게 희망을 고취시키고 상담에 대한 동기를 진작시키며 상담이 얼마나 진전되었는지 친절하게 알려 주기도 한다. 또 비용을 선지급받아 내담자가 일정 회기 동안 상담에 올 수밖에 없게 만들기도 한다. 이런 노력들은 내담자가 상담에 머무르게 하여 궁극적으로 목표 달성의 기회를 제공한다는 점에서 가치 있는 노력일 것이다. 요약하면, 상담이 항상 성공적으로 종결되는 것은 아니며, 현실적으로 내담자가 상담에 계속 올 수 있도록 관리해야 최종 목표를 달성할 기회를 마련할 수 있는 것이다.

8) 유창하게 대화를 구사할 수 있어야 한다

상담은 대화로 이루어지는 것이기에 말을 잘하는 것은 중요하다. 그러다 보니 초보 상담자들 중에 말이 유창하지 않은 사람들은 걱정을 하기도 한다. 그러나 이 장에서 설명하는 바의 취지를 기억해 보자. 면접기법을 유창하게 구사하는 것은 필요하지만, 그렇다고 결코 화려한 언변이 필요한 것은 아니다. 그것에만 집착하면 오히려 진심을 담아 전달하지 못하는 부작용이 생길 수도 있다.

이와 관련하여 어떤 면접기법을 구사했을 때 그 효과가 바로 나타나길 바라는 비합리적 기대에 대해서도 살펴볼 필요가 있다. 우리가 어떤 기법을 구사하면 그 효과가 나타

---

3) 조기종결을 어떻게 정의하느냐에 따라 차이가 있지만, 기존 연구에 의하면 최종 목표 달성 이전에 조기종결되는 비율 평균이 대략 40%대 전후라고 한다(Sharf, 2008; Wierzbicki & Pekarik, 1993).
4) 상담센터에 고용된 경우가 아니라 개업 상담자의 경우에 해당한다.

나기까지 시간이 걸린다. 내담자가 바로 반응할 수도 있지만 그렇지 않고 시간이 걸릴 수도 있다. 따라서 상담자는 정성을 다하면서도 가급적 담담하게 면접기법을 구사할 필요가 있다. 활기차거나 강한 어조가 아니더라도 괜찮다. 진심을 담아 담담하게 전달하면 될 것이다.

지금까지 초보 상담자를 위한 현실적·합리적 태도에 대해 간단히 살펴보았다. 이론과 실제는 다르기에 상담을 하다 보면 다양한 돌발 상황을 만나게 될 것이다. 그런 상황들이 생길까 봐 미리 두려워하는 것도 그런 상황이 아예 안 생기면 좋겠다는 바람도 비합리적이고 비현실적일 것이다. 언젠가는 만나게 될 수 있으나, 지금 당장은 내담자에게 최선을 다해 집중하면 될 것이다.

2. 면담 전의 실무적인 준비 사항

이번에는 실무적인 준비 사항들에 대해 살펴보자. 앞에서 언급한 현실적·합리적 태도 외에 상담자가 이론적 지식 및 풍부한 경험을 쌓아야 함은 당연할 것이다. 또한 심리상담에 도움이 되는 개방적이고 유연한 성품을 갖추는 인간적 준비도 필요할 것이다. 그러나 여기서 말하는 것은 상담자의 자질에 대한 것이라기보다는 면담에 임하기 전에 준비해야 할 사항에 대한 것이다. 여기에는 외모와 복장 같은 첫인상에 영향을 주는 요소나 면접자료의 검토와 같은 것이 있다.

1) 외모와 복장

내담자가 상담자에 대해 갖는 첫인상은 매우 중요하다. 내담자는 상담자의 모습에 대해 어떤 기대를 가질 수 있는데, 이런 기대가 충족된다면 비교적 무리 없이 상담 장면에 적응할 것이다. 상담자에 대한 첫인상은 흔히 상담자의 외모나 복장, 상담실의 분위기 등의 요인에 의해 결정될 수 있다. 미국 같은 사회에서는 굳이 정장을 입지 않고 오히려 활동적인 복장을 하는 편이 내담자에게 보다 편안한 기분을 준다고 볼 수 있다. 한편 동양 문화권에서 상담자는 비교적 보수적인 복장을 하는 것이 바람직한데, 여기서 말하는 보수적인 복장이란 넥타이를 맨다든가 정장을 입는 것을 말한다. 우리나라도 동양 문화권이므로 보수적인 복장의 상담자를 내담자 쪽에서 기대하는 것이 보통이며, 상담자가 자유롭고 가벼운 복장으로 차려입고 있다면 내담자 입장에서는 상담자가 무성의하거나 전문성이 없다고 의심할 수 있다.

첫인상에서 상담자의 외모, 특히 얼굴이 영향을 주는 경우가 있으므로 이에 대해 살펴보자. 이는 얼굴이 잘나고 못나고의 이야기가 아니라 얼마나 나이가 들어 보이느냐 하는 문제다. 일반적으로 전문 상담자라고 한다면 나이가 지긋해 보이는 중년 상담자를 기대할 수 있다. 대개 의지하고 싶고 조언을 얻고 싶을 정도로 연륜 있어 보이는 상담자상을 기대하기 마련이다. 그런데 상담자가 예상보다 어리다거나, 여자 상담자를 기대했는데 남자라거나 또는 그 반대일 경우에 내담자는 다소 당황할 수 있다. 저자의 제자 가운데 한 여성 상담자가 겪은 일을 소개하면, 내담자가 상담실에 들어오자마자 "카운슬러 선생님이 어디 계시느냐?"라고 물었는데, 그 이유는 상담자가 자기 예상보다 젊어 보이는 여성이었다는 점을 납득하지 못했기 때문이었다고 한다.

이럴 때 상담자는 내담자에게 자신을 분명히 소개하고 내담자가 만나야 할 사람을 만나고 있다는 확신을 가지게 해야 한다. 때로는 젊어 보이는 상담자가 분명한 태도로 말을 하고 충분히 내담자를 다룰 수 있음을 보여 줄 때, 내담자는 상담자에게 더 큰 신뢰를 갖게 되기도 한다. 따라서 담담하게 자신에 대해 소개하고 경력을 설명해 줄 수 있어야 한다. 그러나 단순히 말로 자신의 경력을 강조하는 것이 아니라 행동으로 보여 주는 것이 중요할 것이다. 이 과정에서 핵심은 내담자가 받은 첫인상을 활용해서 내담자의 기대를 확인하는 것이다. 다음과 같이 말할 수 있다.

> "젊어 보여서 당황하셨군요. 저는 올해 △△살이고, 석사학위를 취득한 후 □□기관 수련 과정 중에 있습니다. 그런데 젊어 보이는 점이 ○○ 씨에게는 어떻게 느껴지시나요?"

젊은 상담자라도 당황하지 않고 내담자의 의아함을 자연스럽게 받아들이며 이와 같이 질문한다면 내담자는 상담자의 여유로움에 안심하게 될 것이다. 내담자는 아마도 "젊으면 아무래도 경험이 부족하고 그래서 제 문제의 해결법을 잘 모르실 수 있지요."라고 대답할 수 있을 것이다. 이럴 때 상담자는 "그럴 수 있겠네요. 그런데 당신이 솔직하게 말해 주니까 좋군요. 당신이 말을 안 했으면 그런 생각을 가지고 있는지 몰랐을 텐데요."라고 가볍게 응수할 수 있다. 이런 식으로, 상담자는 내담자의 말이 거북하거나 마음이 상하지 않았다는 것을 전달해 준 다음, 자신의 능력과 경험에 대해 간략하게 이야기해 주는 것이 좋다. 단, 너무 장황하게 설명하는 것은 오히려 역효과를 낼 수 있으므로 가급적 짧게 얘기하고 대화의 초점을 다시 내담자에게 맞춰야 할 것이다. 이렇게 차분하게 응수하는 상담자 앞에서 내담자는 젊어 보이는 외모는 크게 문제가 되지 않는다고 느낄 것이다.

때로 어떤 내담자는 상담자의 경력이나 나이를 직접적으로 묻기도 한다. 이때도 상담자가 당황하거나 화를 낼 필요는 없다. 내담자 입장에선 상담자의 경력이 궁금할 수 있고 제대로 된 상담을 받을 수 있을까 염려할 수도 있다. 앞에서 소개한 것처럼 솔직하고 담담하게 대응하면 될 것이다. 직접적으로 말하는 내담자를 다루기는 오히려 쉬우며, 그보다 속마음을 잘 드러내지 않는 경우가 어려운 법임을 기억하자. 상담자는 내담자의 호기심이나 염려를 존중하되, 그 주제에 계속 머무르지 말고 내담자가 상담센터에 방문한 주 호소로 대화의 방향을 돌리면 된다. 그러다 보면 면담 도중 자신의 경력과 능력을 전달할 기회가 올 것이다. 다시 말하지만, 입으로 전달하는 내용보다 몸에 밴 태도가 더 중요하다. 석사학위나 박사학위가 있다는 것보다, 내담자의 의구심에 대해 "많은 사람이 저를 처음 보면 그러기도 합니다."라면서 여유 있게 받아들이는 모습을 보여 주면 내담자의 의아함이나 의구심은 자연스럽게 사라질 수 있다.

2) 자료의 사전 검토

이번에는 내담자 자료를 사전에 검토하는 것에 대해 설명하겠다. 대개 상담센터에는 상담 신청 서식이 있어 내담자들은 상담센터에 방문했을 때 이 서식을 작성한다. 면담 시작 전에 상담자는 잠깐의 여유를 갖고 신청서에 적힌 정보를 검토하는 것이다. 물론 경우에 따라서는 내담자의 이름만 적혀 있을 수도 있고, 인적 사항뿐 아니라 과거의 생활 배경까지 자세히 적혀 있는 경우도 있을 것이다. 어떠한 경우이건, 상담을 시작하기 전 내담자의 자료를 검토하는 것이야말로 상담자로서 책임을 다하려는 자세일 것이다.

(1) 상담신청서 활용하기

상담신청서는 내담자가 상담센터에 와서 처음 작성하는 것으로서 자신의 문제(주 호소)에 대한 간략한 설명을 적게 되어 있다. 상담센터마다 알맞은 형식으로 작성된 상담신청서를 비치하고 있다. 대개 상담신청서에는 주 호소 문제뿐 아니라 내담자의 연령, 교육 수준, 경제적 수준, 직장 및 지위, 결혼의 유무, 가족사항 그리고 상담의뢰자나 소개자 등의 정보도 기록하게 되어 있다.[5] 이런 정보를 잘 이용하면 상담자는 상담을 시작하기 전에 내담자에 대한 밑그림을 어느 정도 그릴 수 있다. 학력이나 직장 정보를 바탕으로 내담자의 잠재력을 추측할 수 있고, 가족사항이나 형제 순위 같은 데서 내담자의 성격을 짐작해 볼 수도 있다. 특히, 내담자의 행적 중에 서로 모순되거나 일관되지 않는 내용이 발견될 때엔 내담자의 문제를 어느 정도 미리 짐작할 수도 있다. 예를 들어, 학력은 좋은데 직업이 없다거나 직장을 여러 군데 옮겼다거나 하는 경우다. 그리고 부모가 일찍 사망한 사실이나 형제관계 등 현재 생활여건에 관한 여러 가지 자료가 내담자 이해에 매우 유용한 경우가 많다.

여러 정보 중 가장 집중해야 할 것은 내담자의 주 호소(chief complaint)일 것이다. 주 호소 문제에 집중하며 상담은 진행되고 주 호소 문제가 해결되면 상담은 종결된다. 그런데 상담신청서에 내담자가 기록한 문제가 실제의 문제와 차이가 있을 수 있다. 다시 말해서, 내담자가 기록한 문제 외에 좀 더 심각하거나 은밀한 문제가 있을 수도 있다는 것이다. 예를 들어, '학교 공부에 집중할 수 없다.' '기억력이 감퇴되었다.' 등 비교적 누구에게나 있을 법한 문제를 적었는데, 실제로 상담을 진행하다 보면 성 문제로 갈등한다든가 거듭된 실패로 우울하다거나 자해행동과 같은 문제가 있는 것이다. 또 다른 예로는 자녀의 게임중독 문제로 상담을 신청한 부모의 경우 부부관계에 갈등이 있을 수 있고, 친구들이 놀린다며 찾아온 학생은 실제로는 조현병적 망상 증상 문제를 보일 수 있는 것이다. 따라서 상담자는 내담자가 기록한 문제나 증상을 곧이곧대로 받아들이기보다는 "이것에 대해 좀 더 자세히 얘기해 주세요."라고 요청하며 더 많은 정보를 얻어 내야 할 것이다.

이 밖에 신청서에 응답한 내용뿐 아니라 응답 양상도 살펴보면 내담자 이해에 도움이 되는 정보를 얻을 수도 있다. 예를 들어, 간략하게 기입하였으나 중요한 자료를 충분히 내포하는 경우도 있고, 많은 것을 기입하긴 하였으나 중요하거나 필요한 자료는 생략된 경우도 있다. 전자는 자신의 생활환경이나 문제에 대해 공개적인 태도를 가지고 있긴 하지만 과묵한 성격의 내담자에게서 흔히 나타나고, 후자는 비교적 표현을 많이 하지만 핵심적인 문제에 대해서는 회피적이고, 특히 지성화(知性化)된 내담자에게서 흔히 발견된다. 내담자의 혼란된 심리상태인 경우에는 불필요한 내용을 이것저것 적어 놓아 이해하기가 쉽지 않을 때도 있다.

---

5) 이 밖에 만일의 상황에 대비한 비상연락 수단을 기입해야 한다. 신청서에 심리상담에 대한 동의서와 자살방지서약서와 같은 부가서류가 딸려 있는 것이 보통이다. 독자가 활용할 수 있도록 심리상담 신청 관련 서식을 [부록 1]에 제시하였다.

상담신청서에서 특정 항목을 제외한 경우도 면접에 중요한 자료나 단서를 제공할 수 있다. 예를 들어, 부모의 생사 여부나 학력 및 현재의 직장 등을 기입해야 하는 경우인데도 이를 기입하지 않았거나 모호하게 기입하였을 경우에는, 바로 이러한 측면에 대한 질문을 하며 상담을 시작할 수 있다. 기입을 피한 데에는 이유가 있을 것인데, 내담자가 해당 영역에 대해 노출하기를 겁내거나 상담자가 이해하지 못할 것이라고 지레짐작했기 때문일 수 있다. 다시 말해서, 정보가 노출되었을 때 자기에게 해로운 방향으로 이용될지도 모른다는 의심이 들거나 또는 개인정보를 노출하려고 하지 않는 보수적 태도 등이 작용하는 것이다. 따라서 상담을 시작하려고 할 때는 이러한 것에 대한 조심스럽고도 자연스러운 접근이 필요하다.

(2) 내담자의 이전 상담 경험

대개 상담신청서에는 이전에 다른 상담자에게 상담을 받은 적이 있는지를 물어보게 되어 있다. 이것은 내담자가 자신의 호소 문제 해결을 위해 얼마나 노력해 왔는지를 파악하려는 것이다. 만일 이전 상담자 및 상담기관에 대해 구체적으로 기록하였다면, 해당 기관이나 상담자에게 연락하여 미리 내담자에 대한 정보를 얻을 수도 있다. 내담자의 성격이나 개략적인 문제의 내용에 대해 정보를 얻을 뿐만 아니라 이전 상담에서 어느 정도 문제 해결이 이루어졌는지, 상담이 어떻게 종결되었는지, 상담자에 대한 태도나 상담에 대한 만족도 등은 어떠했는지 등에 대해서도 물어볼 수 있다. 물론 내담자들이 이전 상담 여부를 '예/아니요'로 기록하지만, 상담기관 및 상담자에 대해 구체적으로 알려 주지 않는 것이 보통의 경우이긴 하다.

그런데 이전 상담자에게 내담자에 대한 정보를 듣는다면 내담자에 대한 편견이나 선입견이 생길 수 있으므로 그렇게 하지 않는 상담자도 많다. 그들은 내담자를 먼저 만나 인상을 파악하고, 필요하다고 판단된 경우에 한해 이전 상담기관이나 상담자에게 연락을 취한다. 저자의 경험으로는 반드시 이전 상담자와 접촉할 필요는 없으며, 그보다는 내담자에게 상담이나 정신과 치료 경력이 있는지 확인하는 것 자체가 중요하다. 어떤 내담자들은 이 항목을 빼먹기도 하며, 대수롭지 않다는 식으로 가볍게 말하기도 한다. 그러나 여러 상담자를 거치거나 많은 상담센터에 다녀 본 내담자는 상담자가 쉽게 해결할 수 없는 대인관계 문제나 신뢰 문제를 가지고 있는 경우가 많다.

3) 접수 과정에서 내담자 행동을 관찰하기

앞에서 내담자에 관한 정보를 사전에 수집하고 활용하는 것에 대해 살펴보았다. 이러한 사전 정보를 앞으로의 상담에 어떻게 활용할 것인가를 미리 생각해 보는 것이 중요할 것이다. 이번에는 내담자의 행동을 관찰하는 것에 대해 살펴보자. 내담자가 상담을 신청하는 과정에서 보이는 태도나 행동에서 상당히 중요한 자료를 얻을 수 있다. 즉, 내담자의 복장이나 도착시간, 상담 접수 직원에 대한 태도, 대기실에서 기다리는 동안의 태도 등이 상담자에게 중요한 자료가 되는 것이다. 만약 상담 신청을 위한 접수실이 따로 있는 경우에는 상담 접수원이 내담자의 행동에 대한 관찰 자료를 상담자에게 전달하는 것이 바람직하다. 어떤 내담자는 대기실에서 안절부절못하고 불안한 모습을 보일 수도 있다. 한편, 자신의 비밀이 노출될 것을 걱정하는 내담자는 상담 접수 도중 사적인 정보의 보장에 대해 질문하거나 의구심을 표시하는 경우가 있을 수 있다. 또한 내담자가 상담 약속 시간을 지키지 않고 늦게 왔거나 취소한 경우도 주목할 필요가 있다.

첫 상담 약속을 취소하거나 자주 변경하는 내담자는 갈등이 많고 우유부단한 성격의 소유자로 볼 수 있다. 예약을 해 놓고도 당일에 오지 않는 경우도 있는데, 이들은 활력 수준이 낮고 우울한 경우일 수 있다. 어떤 경우라도 상담자는 내담자를 상담 장면으로 끌어들이기 위해 꼭 오라고 격려하거나 상담이 도움이 될 것이라는 희망적 메시지를 전달할 수 있다. 그러나 이런 내담자는 막상 상담센터에 찾아온 후에도 상담하기가 매우 힘들다. 활력이 부족하고 의존성이 강한 내담자는 상담자에게 감정적 부담을 많이 준다.

단, 상담 접수 과정에서의 행동은 일시적인 것일 수 있으며 여러 의미로 해석할 수 있으므로 신중해야 할 것이다. 가설을 세우는 정보 정도로만 활용하며, 본 상담을 시작하여 대화를 나누면서 사전에 추측한 바들을 실제로 확인해야 할 것이다.

4) 시간 관리

만일 본격적으로 심리상담자로서 직업 활동을 해 나간다면, 하루에 여러 명의 내담자를 상대하게 될 것이다. 이때 상담자가 각 면담 직전에 마음을 가다듬을 잠깐의 시간적 여유를 갖는 것은 중요하다. 별것 아닌 것 같지만 이것은 아주 중요하다. 전문가급 상담자가 되면 하루에 7~8건의 상담을 하는 경우가 있다. 상담은 1회 50분 정도로 진행되는데, 하루에 7~8건 상담을 하는 경우 하루 대부분을 소비하게 된다. 상담자는 내담자를 연달아 맞이하게 되고, 이때 만약 한 회기를 제시간에 끝내지 못하면 이후 상담이 계속 지연될 것이고 상담자는 다음 상담을 준비할 수 없게 된다. 예를 들어, 3시에 상담을 시작한 내담자를 4시에도 끝내지 못한다면 4시 약속은 뒤로 미뤄지게 되고, 그 여파가 5시, 6시로 계속 밀려갈 것이다.

정해진 시간은 상담의 기본 틀과 규칙 중 하나다. 틀을 세우는 것은 내담자에게 도움을 주기 위해서다.[6] 그런데 어떤 상담자는 마감시간을 정확히 지키지 못하며 시간배분에 실패하기도 한다. 아마 내담자에게 너무 권위적이거나 강요하는 인상을 줄까 봐 염려해서 시간을 넉넉하게 주려다 보니 그럴 수도 있다. 그러나 이것은 결론적으로 말하면 내담자를 위해 도움이 안 되는 행동이다. 시간이라는 틀을 지키는 것은 내담자를 위한 것임을 명심해야 할 것이다. 내담자가 상담 시간을 효율적으로 쓸 수 있도록, 현재 몇 분 정도가 경과되었고 몇 분 정도가 남아 있는지를 내담자에게 중간에 한 번 정도 알려 주는 것도 좋다. 특히 면담 시간이 끝나 갈 즈음에 내담자가 새로운 주제를 꺼내면 면담이 늘어질 가능성이 크므로 이때 시간 관리를 잘 해야 한다.

초보 상담자들은 단호한 태도를 보이지 못하고 면담 시간을 제대로 관리하지 못하는 경우가 많다. 이것은 의외로 많은 초보 상담자가 겪는 어려움이다. 아마도 책임감이나 내담자를 배려하려는 마음이 너무 강해서 그런 것 같다. 그러나 시간을 늘려 주는 것보다는 내담자에게 자신의 모습을 되돌아보게 해 줄 수 있는 것이 상담자가 할 일이다. 시간이 늘어지지 않도록, "오늘은 일단 시간이 다 됐으니까 다음 시간에 이어서 이야기합시다." 와 같이 마무리할 수 있다.

보통의 경우 1회 면담은 50분 정도지만, 실제로는 50분 이내로 마치는 것이 좋다. 다음 상담 이전에 최소한 10분 정도 여유를 찾을 시간이 있어야 하기 때문이다. 앞 상담의 내용을 간략하게 기록해 두어야 하고, 새로 맞을 내담자를 위해서 이전 내담자와 나누었던 이야기와 감정을 비워 내야 한다. 그러지 못한 채 다음 내담자를 만나면 앞 내담자와 나누었던 내용들이 중복되고, 앞 시간에 느꼈던 감정이 아직도 남아 있어서 다음 내담자에게 집중할 수 없게 될 것이다.

---

6) 시간이나 장소 등 심리상담의 틀은 상담자와 내담자를 보호하기 위해 꼭 필요하다. 틀을 설정하는 이유 및 작업에 대해서는 다음 장에서 자세히 다룬다.

3. 면접기록 준비

대부분의 상담자는 상담면접의 내용을 기록으로 남긴다. 따라서 면접을 기록할 준비가 필요하다. 면접기록에 대해서는 내용이 다소 많으므로 따로 살펴보자.

1) 면접기록의 의의

면접기록은 대체로 상담자가 소속된 기관의 보관 자료의 의미뿐만 아니라 내담자를 보다 잘 이해하기 위해서 그리고 상담 경과 검토를 위해서 꼭 필요하다. 어떤 상담자는 너무 많은 시간이 소모되기 때문에 기록하는 것에 저항감을 느끼기도 하지만, 대강 요약을 하든 자세히 적든 간에 기록을 남기는 것이 바람직하다. 초보자의 경우 내담자와 상담자의 반응 모두를 구체적으로 기록하려다가 시간을 많이 소모하는 경우가 있다. 그러면서도 정작 중요한 표현이나 핵심적인 내용을 빠뜨리기도 한다. 수련 과정에서, 면접 회기의 핵심 대화 내용을 담고 있으면서도 간결한 자기만의 기록 방식을 개발하면 좋을 것이다.

면접기록을 보관하는 이유는 세부적으로 상담의 촉진, 훈련 및 연구의 목적, 선배 전문가와의 협의 및 검토자료 그리고 행정 및 법률적 이유 등으로 나눌 수 있다. 각 이유에 대해 간단히 설명해 보자.

(1) 상담의 촉진

직업적인 전문 상담자가 되면 여러 명의 내담자를 관리하게 된다. 따라서 기록을 남기지 않을 경우 각 내담자와 나눈 대화의 내용이나 상담의 진행 경과를 다 기억하지 못할 수 있다. 첫 면접으로 상담이 시작된 이후, 상담자는 매 회기 전에 이전 회기 기록을 읽음으로써 이전 면접에서 미처 다 끝내지 못한 화제, 내담자의 가장 큰 관심사, 상담자의 제안이나 권고 사항 등의 이행 여부를 알 수 있다. 만약 1주일에 10여 명 이상을 만난다면, 어떤 한 내담자와의 약속이나 특별한 관심사를 매번 정확히 기억하기가 힘들거나 다른 내담자의 것과 헷갈릴 수 있다. 기록과 보관은 이전 회기 내용의 회상을 위해서뿐만 아니라 다음 회기의 상담 방향을 위해서도 필요하다.

(2) 훈련 및 연구목적

상담수련 및 상담에 관련된 연구를 위해서도 면접기록이 필요하다. 예를 들어, 초보 상담자의 상담수련에서, 지도감독자가 상담자의 태도 및 기술을 지도해 주기 위해 면접기록이 필요할 수 있다.[7] 또 상담에 관련된 연구 중에는 내담자와 상담자의 언어적 상호작용을 분석하는 것이 있는데, 이때 기록이 필요하다. 즉, 상담자와 내담자가 대화한 구체적인 내용이 필요하며, 제3의 연구자가 상담자-내담자 간 대화를 분석하는 것이다.

(3) 전문가 의뢰용 자료

앞에서 언급한 상담 수련이나 연구 목적 외에도 면접 내용을 기록해야 하는 이유가 있다. 그것은 다른 전문가가 사례를 검토할 수 있게 기록을 남기는 것이다. 즉, 한 상담자가 소속되어 있는 기관을 떠나거나 건강상의 이유 등으로 상담을 못할 경우 다른 상담자가 계속해서 상담을 진행하는 경우가 간혹 있다. 이 경우에 다른 상담자가 이미 진행된 내용을 정확히 파악함으로써 내담자에게 도움을 줄 수 있다. 또 내담자가 상담을 할 때 시작부터 종결까지 한 번의 과정으로 완료하는 경우도 있지만, 상담 중반부에 여러 가지 이유로 상담을 쉬었다가 후에 다시 하는 경우도 있다. 그런데 그 사이 학교나 상담기관의 상담자가 바뀔 수 있다. 이때 이전 상담 내용을 자세히 기록해 놓을수록 다음의 상담자에게 도움이 되는 것은 두말할 나위가 없다. 반대로 이전의 기록이 충분치 않으면 내담자는 전에 이야기했던 내용을 반복해야 하므로 부담감을 느끼고, 이러한 부담감 때문에 상담관계가 촉진되지 않을 수 있다.

참고로, 어떤 내담자는 새로운 전문가를 만나러 갈 때 이전 상담기록을 전달하는 것을 원하지 않는 경우도 있다. 이런 경우 사례마다 다를 수 있지만, 흔히 내담자의 결정을 존중해 준다.

(4) 행정 및 법률적 이유

그 밖에 흔한 경우는 아니지만 다른 기관에서 상담기록을 요청해 오거나 내담자의 가족에게 상담 내용에 관해 자문의 형식으로 알려 주어야 할 경우가 있다. 우리나라에서는 상담자가 법정에서 내담자의 신상이나 심리적 과정에 대해 전문적인 진술을 하는 경우가 드물지만, 점차 미국이나 유럽처럼 다른 기관의 요청에 의해 전문적 의견을 진술하는 경우가 많아질 것으로 보인다. 이를 대비하기 위해 정확한 면접 내용의 기록이 준비되어 있

---

7) 지도감독자에게 면접기록만 제시하는 것은 아니며, 내담자에 관한 사항 및 상담 진행에 대한 것을 정리하여 보고서 형식으로 제출한다. [부록 2]에 사례발표용 서식을 제시하였으니 참고하길 바란다.

어야 한다. 이때 중요한 것은 면접기록을 날것으로, 즉 있는 그대로 제공해서는 안 된다는 것이다. 내담자에게 도움이 될 것이냐는 윤리적 판단을 거친 후,[8] 전문가의 의견을 새로 작성하여 제공해야 할 것이다. 내담자의 호소 문제 및 촉발 요인, 행동 특징, 정서 상태, 상담자의 조치 사항, 상담의 방법, 진행 내용 및 상담 결과 등에 관해 간결하게 기록하여 제공할 수 있다.

향후 이런 용도로 기록이 사용될 가능성이 높아지며, 따라서 심리상담 분야의 전문가들은 더욱 주의를 기울여야 할 것이다. 기록한 것을 내어 주면 되지 않느냐고 단순하게 생각할 수 있지만, 상담자의 입장, 내담자의 입장, 기관의 입장이 서로 복잡하게 얽혀 윤리적 판단을 어렵게 만들 수 있다. 만약에 기록된 내용 중에 내담자에게 부정적인 표현이 있어 법원이나 공공기관에서 내담자에게 불리한 판결을 내리면 어떡할 것인가? 또 그것에 대해 내담자나 그의 가족이 상담자의 잘못을 지적하며 소송을 제기하면 어떡할 것인가? 날것의 상담기록이 상담센터 캐비닛을 벗어나 밖으로 누출되어 어떻게 사용될지 모르는 위험한 상황에 놓이게 될 수도 있음을 명심하자. 만일 이러한 상황에 처하면 동료나 지도감독자에게 조언을 구하거나, 소속된 학회나 협회 윤리위원회의 자문을 받아 진행할 것을 권장한다.

2) 기록상의 유의점

(1) 면접기록의 일반적 지침

면접기록을 작성한다고 하면 가능한 한 자세히 내용을 기록하는 것이 좋겠지만, 현실에서는 원칙과 한계 속에서 타협해야 하는 경우가 많다. 내담자 수가 많지 않은 상담자라면 내담자와의 면접 내용을 자세히 기록할 시간이 있겠지만, 하루 5~6명 이상의 내담자를 돌보는 상담자라면 자세한 기록이 결코 쉽지 않을 것이다. 따라서 면접 내용을 기록할 때는 핵심 내용을 간결하게 기록하는 것이 중요하다. 너무 많은 내용을 기록하는 것은 훈련이나 그 밖의 특별한 목적을 제외하고는 별 의미가 없으므로 간결하면서도 핵심을 위주로 기록하는 것이다. 면접기록의 목적과 초점에 따라 기록의 내용이나 양이 달라질 수 있다. 일반적으로 다음과 같은 점을 유의하자.

---

8) 외부 기관의 요청에 의해 내담자에 대해 진술하게 되는 상황은 비밀보장의 윤리가 깨지는 윤리적 딜레마 상황이 된다. 내담자가 동의하더라도 내담자에게 해를 끼칠 가능성이 조금이라도 있다면 비해악성의 윤리를 저버리는 상황이 될 수도 있다.

* 정확하고 간결하게 기록한다.
* 가치판단적인 단어를 회피한다.
* 지시나 해석 내용보다는 내담자의 행동이나 사건 위주로 기록한다.

'핵심 정보를 간결하게' 기록하는 것 외에 가치판단적인 단어를 피하고 내담자의 행동이나 사건 위주로 기록해야 하는 가장 큰 이유는 다른 상담자나 전문가가 후일에 상담할 때 사실적으로 참고가 되어야 하기 때문이다. 내담자가 사용한 단어나 말한 대사를 간단하게 적어 놓을 수도 있다.

그 밖에 다른 지침을 소개하자면, 대체로 상담자나 전문가 외에는 기록 내용을 보는 경우가 드물지만 그렇다 하더라도 내담자에게 불리한 표현은 원칙적으로 삼가야 한다는 것이 있다. 내담자는 면접 내용과 관련하여 비밀을 보장받을 권리가 있는데, 불리한 표현의 기록으로 불이익을 당한다면 그것은 상담자의 책임이 될 수 있다. 예를 들면, 저자의 한 사례에서는 현직 고관이 가정부로 채용한 여성과 애정관계를 맺음으로써 가정부가 고민하는 경우가 있었다. 이 경우에 인간적인 측면에서 내담자를 이해하고 전문적인 노력을 통해 바람직한 상태로 상담이 종결되었다 하더라도 기록에서는 그러한 관계에 관해 자세히 기록하지 말아야 할 것이다. 또한 도벽을 가진 학생의 경우에도 물건을 훔치는 사례가 있었다는 것은 밝혀야 하지만 대상이나 장소를 밝힐 필요는 없다. 상담자는 자신의 전문성과 윤리원칙에 따라 판단하고 융통성 있게 기록을 남겨야 한다.

(2) 용도에 따라 다른 기록

면접기록의 일반 지침으로 간결한 것이 중요하지만 항시 그런 것은 아니며, 이것은 기록의 쓰임새에 따라 달라질 수 있다.

먼저 일반적인 상담기록에서는 내담자와 상담자 간 대화를 그대로 옮겨 적는다든가, 또는 내담자에게 벌어졌던 사건을 상세히 기술하는 것은 큰 의미가 없다. 상담자는 면접 내용을 간략히 요약할 수 있으며, 추가로 더 탐색해야 할 내담자의 감정이나 태도, 면접이 진행되는 동안 관찰 또는 주목되었던 내담자의 행동 단서, 추후 상담 계획 등을 적어 넣을 수 있다. 그런데 상담 연구 및 초보 상담자의 수련을 위해서 대화 중심의 자세한 기록이 필요한 경우도 있다. 이 경우 구체적인 면접기록을 중심으로 선배나 지도자와 협의함으로써 상담자의 태도 및 기술이 연마될 수 있다. 물론 초심자로서는 면접이 진행되는 동안 상담의 자세한 측면이나 미묘한 감정 차이를 알아차리기도 어렵고, 따라서 구체적인 기록을 남기기도 힘들 것이다. 이때 도움을 줄 수 있는 것이 녹음장치나 녹화장치의 사용이다. 면접 내용의 훈련을 위해서는 영상 녹화기가 가장 이상적이지만, 대부분의 경우 이런 장비를 갖추기는 어려우므로 녹음장비를 갖추는 경우가 많다. 영상 및 음성 녹음장비의 도움을 받는다면 상담자는 자세한 기록을 빨리 남겨야 한다는 부담에서 벗어날 수 있다. 일단 상담이 종결된 후에 핵심적인 내용과 상담자의 견해를 기록하고, 추후에 녹음된 내용을 들으면서 자세한 대화 내용을 기록할 수 있기 때문이다.

영상 및 음성 기록은 거의 완전한 면접의 진행 상황을 알려 줄 뿐만 아니라 언어 교환에서의 억양이나 침묵 등을 나타내 주기 때문에 선배나 지도감독자가 면접 과정을 훤히 파악할 수 있게 한다. 즉, 문자 기록만으로 충분히 파악되거나 이해되지 않았던 내담자의 감정과 태도 등을, 녹음된 내용을 들음으로써 알 수 있게 된다. 그러면 선배 상담자나 지도감독자는 초보 상담자에게 구체적인 부분까지 지적해 주거나 권고해 줄 수 있다. 이때 원활한 녹음을 위해서 잡음이 덜 생기는 최신 장비를 사용할 것을 권장한다. 과거에는 테이프를 이용하는 녹음기가 대부분이어서 녹음 시 테이프 돌아가는 소리가 함께 녹음되곤 하였으나, 요즘에는 반도체 메모리를 이용하는 기기가 많아져서 보다 깨끗한 음성 녹음을 얻을 수 있다.

(3) 기록 시기와 보관에 관한 문제

상담기록을 언제 작성하느냐에 대해 두 가지 견해가 있다. 일반적으로는 한 면담을 마친 후 작성하라는 것이지만, 면담 도중 작성하는 것도 큰 문제가 되지 않는다는 견해도 있다. 먼저 일반적인 견해를 살펴보면, 대개 면담 도중 기록하는 것은 면담장면에서 내담자에게 집중하지 못하게 하므로 권유하지 않는다는 것이다. 기록을 하다가 내담자의 표정이나 미묘한 자세의 변화 등을 놓칠 수 있다. 면담 도중에 기록하는 것은 상담자뿐 아니라 내담자 쪽에서도 신경을 쓰게 되는데, 내담자는 상담자가 어떤 내용을 적는 것인지 궁금해지기도 하고 자신에 대해 어떤 판단을 내리는가 싶어 예민해지게 되기 때문이다. 따라서 한 회기가 끝나 내담자가 나가고 다음번 내담자가 들어오기 전의 시간을 활용하여 간략하게 기록한다.

물론 매 면담 직후에 기록하는 것이 쉽지만은 않다. 시간에 쫓기거나 할 일이 많을 때는 그 시간 내에 기록이 어려울 수 있다. 다시 말해, 퇴근을 해야 하거나 내담자들이 연속으로 대기하여 기록할 시간이 없는 경우에는 면담 직후 제대로 기록할 수 없을 것이다. 이때는 하루 일과를 모두 끝내고 한꺼번에 기록할 수도 있다. 그러나 여러 내담자를 거치며 기억이 희미해질 수 있기 때문에 가급적 기록할 수 있는 시간적인 여유를 감안해서 면담을 끝내도록 하고, 다음 면담까지 시간적 여유가 충분하지 않다면 일단 가능한 데까지 기록해 두는 것도 좋을 것이다.

한편 면접 도중 기록하는 것이 큰 문제가 되지 않는다는 입장도 있다. 편리할 뿐 아니라, 기록이 상담자와 내담자의 집중에 큰 영향을 끼치지 않는다는 것이다. 내담자가 대화에 집중하다 보면 상담자가 기록할 때 별로 개의치 않으며, 상담자가 기록하는 것을 오히려 관심의 표현으로 좋게 볼 여지도 있다는 것이다. 저자의 경험으로도, 면담 도중에 기록하는 것에 내담자들은 별로 신경을 쓰지 않았다. 다만 앞에서 언급한 것처럼 예민하고 의심이 많은 내담자의 경우 무엇을 기록하는지 신경 쓰기도 하며, 따라서 이러한 경우는 융통성 있게 대처해야 할 것이다. 다만, 초심자로서 면접을 진행하는 데 심한 불안을 가지고 있는 상담자라면 기록하면서 마음의 안정을 얻는 경우가 있는데, 이런 경우라면 기록을 권장할 수 있다.

만일 녹음장비를 사용하였다면 면접기록을 추후 작성하는 데 문제가 없을 것이다. 나중에 여유가 있을 때 녹음기기를 들으면서 천천히 기록하면 될 것이기 때문이다. 참고로 녹음기기를 사용할 때에는 원칙적으로 내담자의 양해하에 녹음하도록 한다. 저자의 경험에 비추어 볼 때 첫 면담에서 다짜고짜 녹음에 대해 동의를 요구하면 다소 부정적인 응답이 있었지만, 첫 면담을 마치면서 다음 시간부터 녹음할 수 있겠냐고 물으면 내담자의 양해를 받기가 수월했다. 녹음이나 면접기록에 관해 내담자에게 양해를 얻을 때에는 기록의 필요성을 내담자가 이해할 수 있게 충분히 설명하고, 그 기록들은 철저히 보관하여 외부에 노출되지 않는다는 것을 정확히 인식시켜야 한다. 경우에 따라서는 수회에 걸쳐 다짐을 받아야만 안심하는 경우도 있다. 초보 상담자의 경우에는 기록이 노출되지 않는다는 사실을 당연한 것으로 여겨 내담자에게 알려 주지 않는 수가 있는데, 반드시 내담자의 이해 여부를 확인해야만 한다.

마지막으로 기록 보관의 중요성에 대해 설명하면, 대체로 상담기록은 잠금장치가 달린 서랍 속에 안전하게 보관해 두는 것이 원칙이다. 녹음기록은 암호화로 보안된 컴퓨터에 보관해야 할 것이며, 상담센터에서 정한 기간이 지나면 파기한다. 그리고 내담자 앞에서 다른 내담자의 서류철을 보이거나 간수를 소홀히 하고 있다는 인상을 주어서는 안 된다. 이것은 비단 내담자에 대한 인상을 의식해서라기보다는 상담자 자신의 전문적 · 윤리적 책임의 문제일 것이다. 최근에는 상담기록을 컴퓨터로 작성하여 온라인 저장소에 보관하는 경우도 있는데, 이때 역시 보안에 각별히 신경 써야 한다. 기록을 컴퓨터로 작성할 때 다른 이가 볼 수 없도록 신경 쓰고, 작성 후에는 반드시 접속을 해제(로그아웃)하여 실수로라도 다른 사람이 보지 않도록 주의해야 할 것이다.

참고로 문서기록의 문제는 아니지만, 내담자가 개인적으로 녹음기록을 원할 때가 있으며 이때 역시 상담자의 윤리적 판단이 중요해진다. 어떤 내담자는 녹음을 들어 보며 마음을 정리하고 싶다고 말하는데, 면담 중에 충분히 생각하거나 느끼지 못했던 감정적인 측면이나 의식의 흐름을 집에서 혼자 들으면서 확인하고 정리한다는 것이다. 저자의 경험으로는 실제로 그런 용도로 사용하는 내담자들이 있었다. 그런데 목소리가 녹음된 파일의 제공을 꺼리는 상담자도 있으며, 이것은 녹음 파일이 어떤 용도로 사용될지 알 수 없기에 상담자와 내담자를 모두 지키려는 보수적인 시도다. 그러나 이 문제는 복잡한 측면이 있는데, 상담자가 허락하지 않더라도 내담자가 몰래 상담 내용을 녹음한다면 막을 수 없기 때문이다. 따라서 녹음이 필요하다면 첫 면담에서 녹음의 의의와 필요성을 충분히 설명해야 하고, 녹음기록을 활용할 때는 상담자와 내담자의 신뢰를 무너뜨리지 않도록 충분히 협의하며 의사결정을 해야 할 것이다.

3) 면접기록의 종류

면접기록에도 종류가 있다. 접수기록, 진행과정의 기록, 종결 내용의 기록, 축어록으로 분류하여 생각할 수 있다. 이러한 분류는 대체적인 것이고, 상담자의 활동 상황과 기록 목적에 따라 상담자 자신이 적절히 융통성 있게 기록할 수 있다.

(1) 접수 내용의 기록

'접수(intake)'라 함은 상담센터에 처음 방문한 내담자를 맞이하는 것을 말하며, 이때 내담자의 호소 문제 및 기본 사항을 기록하는 것이 접수기록이다.[9] 접수면접자가 따로 있는 경우가 아니라면, 대개 첫 면접의 내용이 접수기록이 될 것이다. 접수기록을 따로 구분하는 이유는, 큰 규모의 상담센터에는 접수면접자가 따로 있기 때문이다. 대개 접수면접자는 상담센터의 선임상담자가 그 역할을 담당하며, 내담자들은 접수면접을 거친 후 본 상담자에게 배정된다. 즉, 접수면접자의 역할은 접수면접을 통해 내담자 문제를 파악

---

9) 내담자가 직접 작성하는 상담신청서와 접수면접자가 작성하는 접수기록을 구별해야 한다. 즉, 접수기록은 전문가 내담자와 면담한 후에 작성하는 것이다.

하고 그에게 알맞은 상담자를 배정하는 것이다. 한편 접수면접자가 따로 없는 소규모 상담센터에서는 접수면접자와 본 상담자가 같으므로, 본 상담자의 첫 면접은 접수면접이 된다.

접수기록의 주요 내용은 내담자가 상담을 신청한 경위, 내담자가 가지고 있는 문제, 내담자의 행동발달의 수준, 가족력과 생활 배경 및 경우에 따라서는 임상적 진단과 상담 계획까지 포함하는 등 광범위할 수 있다. 상담 계획 및 조치에 포함되는 내용은 내담자의 기대 사항, 상담의 우선적 목표, 절차, 한계점, 상담관계에서의 참고사항, 상담의 예정기간 등이다. 처음 내담자를 접수하는 상황에서 이렇게까지 광범위하게 파악하려면 경험이 풍부한 전문가여야 가능할 것이다. 이렇게 작성된 접수기록은 상담이 시작되는 출발점을 나타내는 것이며, 후일 상담이 진행되는 동안 그리고 종결될 때 비교할 수 있는 근거를 제시하는 것이기도 하다.

접수기록은 다양한 정보를 담고 있으며, 따라서 상담 중반부에 접수기록을 다시 참고하면 도움이 될 때가 많다. 저자의 경험에서도 몇 회의 상담이 진행된 후에 미심쩍은 점이 있어 처음의 접수기록을 다시 확인함으로써 놓친 부분을 파악하거나 상담방법을 수정하기도 하였다.

(2) 진행과정의 기록

일반적으로 '진행과정의 기록'은 정규 면접의 내용을 기록하는 것이다. 면접기록은 매회 면접이 끝나고 가급적 빨리 작성하는 것이 바람직하다. 주요 내용은 면담일시, 내담자와의 대화 내용, 내담자가 겪은 사건의 정황, 상담자의 제안, 조치 사항, 내담자 태도의 변화 등이 될 것이다. 그 밖에 내담자의 복장, 약속 시간 엄수의 여부, 생활여건의 변동상황, 내담자 가족의 방문이나 전화를 받았는지의 여부도 적으면 좋다. 앞에서도 언급하였지만 진행과정의 기록은 면접기록의 용도에 따라 다른 방식을 취할 수 있다.

(3) 종결 내용의 기록

종결기록은 상담을 종결하면서 남기는 것으로, 상담의 효과 및 한계에 대한 평가 작업의 성격이 강하다. 종결기록은 접수기록과 같이 상세히, 체계적으로 기록하는 것이 중요한데, 여기에는 전체 상담의 횟수, 누가 종결을 제안하였는가, 상담을 함으로써 어떤 점이 달라졌는가, 내담자는 상담에 대해 얼마나 만족하는가, 아직 미해결된 과제는 무엇인가, 추수면접의 계획은 어떠한가 등을 기록할 수 있다.

(4) 축어록

상담면접의 기록 중에서 상담자와 내담자가 나눈 대화를 있는 그대로 문자로 옮겨 놓은 것을 축어록(verbatim)이라고 한다. 축어록은 일반적인 경우에는 필요하지 않으나, 초보 상담자의 수련이나 상담사례 지도를 위해 작성된다. 대개 축어록을 작성할 때는 녹음기기를 활용하며, 녹음기기에 나온 대화의 내용을 토씨 하나 틀리지 않고 꼼꼼하게 옮겨 적는 것이 중요하다. 축어록에서는 대화 내용뿐 아니라 침묵의 빈도나 시간까지도 기록될 수 있다. 일부 초보 상담자는 지도감독자에게 잘 보이거나 자신의 상담사례에 대해 호의적인 평가를 받고 싶은 마음에 대화 내용을 재단하기도 하는데, 꼭 그럴 필요는 없고 그래서도 안 될 것이다. 보다 정확한 기록이 있을 경우 지도감독자는 더 세심하게 사례를 검토해 줄 수 있으며, 그것이 결국 초보 상담자의 상담 역량을 키우는 결과로 돌아올 것이기 때문이다. 최근에는 디지털 녹음을 자동으로 문서로 만들어 주는 기술도 발달하여 수련생들이 편리하게 사용할 수 있다. 다음 축어록의 예를 소개하겠다.

(전략)

내담자 25: 대학에 들어와서 많이 피해를 본 것 같아요. 뭐 술 같이 먹자고, 사 주겠다고 한 사람 불러내면 다른 사람을 꼭 달고 나온다거나, 그런 적이 되게 많았어요. (저런!) 선배나 동기를 개인적으로 불러내면 막 사람을 계속 달고 나와서 모임이 커지고.

상담자 26: 그게 별로 기분이 안 좋았군요.

내담자 26: 한두 번은 괜찮죠. 하지만 맨날 그런 것밖에 없으면……

상담자 27: 그런 것이 ○○ 씨에게, 저 사람에겐 내가 덜 중요한 사람이구나 하는 생각을 갖게 만들었을까?

내담자 27: 그런 것 때문에 그런 건지는 잘 모르겠어요. ………………… (18초) 참 많이 서운했어요.

상담자 28: 사람이 많이 늘어나고 술자리가 커지면 또 그렇겠죠.

내담자 28: 공식적인 모든 모임자리, 웬만한 술자리, 웬만한 모임 다 똑같이 그런 분위기에서 조용히 누구와 개인적인 이야기를 한다거나, 내가 그런 모임이 싫다고 얘기한다거나, 그럴 기회가 거의 없었던 것 같아요. (음) 그런 기회도 없고. 그럴 자리는 있었는데, 내가 계속 긴장한 상태여서 그런 자리에서……

상담자 29: 긴장한 상태?

(후략)

앞의 예에서 보면 먼저 상담자와 내담자의 대화 내용을 기록할 때 번호를 붙여 가며 기록하고 있음을 알 수 있다. 이는 사례 검토 시에 원활한 의사소통을 위해서다. 다음으로 내담자의 대화 중간에서 상담자의 짧은 멘트가 괄호 안에 처리되어 있는 것을 볼 수 있다. 이를 독립적으로 한 행으로 처리할 수도 있으나, 축어록이 너무 길어질 것을 염려해서 괄호 안에 처리한 것이다. 상담자에 따라 "으흠." "그래 그래." 하는 식으로 맞장구치는 반응이 많을 수 있는데, 이럴 때 괄호를 활용하면 좋다. 상담자의 긴 대사 중간에 내담자가 짧게 응답하는 경우도 마찬가지다. 한 사람의 대화 중간에 나오는 상대방의 대화를 괄호 안에 처리하는 것이 반드시 원칙은 아니며, 상담수련생이 융통성 있게 바꿀 수 있다. 그러나 대사를 임의로 삭제하는 것은 바람직하지 않다.

또 대화 내용 외에 침묵이 말줄임표로 표시된 것을 관찰할 수 있다. 이 역시 상담수련생이 융통성 있게 표시할 수 있는 사항이라 생각된다. 침묵을 표시할 때는 침묵의 시간을 알려 주는 것도 중요한데, 앞의 사례를 잘 보면 말줄임표에서 점의 개수가 어떤 것은 적지만, 어떤 것은 많은 것을 알 수 있다. 즉, 이 축어록에서는 점의 개수로 침묵의 길이를 표시한 것이다. 점 한 개에 1초를 의미한다면, 내담자 27번 반응에서는 18초간 침묵이 있는 셈이다. 꼭 이런 방식을 고집하지 않아도 좋으며, 괄호 안의 숫자로 침묵의 시간을 표시할 수도 있다. 실제 상담 축어록의 예가 부록에 제시되어 있으니 참고하기 바란다.

4. 상담자 윤리

이 장을 마치기 전에 심리상담자의 직업윤리에 대해 살펴보자. 어떤 직업에도 직업윤리가 있게 마련이다. 이 내용이 다소 전문적이어서 어렵게 느껴질 수도 있지만, 만일 심리상담을 직업으로 삼으려면 반드시 숙지해야 할 것이다. 상담자는 면접에 임하면서 늘 자신이 윤리적으로 행동하고 있는지 점검해 볼 필요가 있다. 여기에는 몇 가지 주제가 포함된다.

전문가로서의 윤리적 책임 중 가장 먼저 거론할 수 있는 것은 당연히 상담자로서 내담자에게 도움이 되는 상담을 제공하고 있느냐 하는 것이다. 물론, 내담자에게 도움이 된다는 것이 어떤 것인지 쉽게 단정할 수는 없다. 당장 내담자에게 도움이 되지 않을 것만 같은 행동도 장기적으로 보면 도움이 될 수 있다. 그런데 여기서 말하고자 하는 것은 상담자로서 내담자에게 도움이 되려고 늘 노력해야 한다는 책임의식이다. 상담자는 내담자를 효과적으로 도와줄 수 있는 충분한 이론적 지식과 풍부한 경험을 쌓아야 한다. 현재 자신의 역량이 부족하다면 계속 더 노력해야 할 것이다. 특히, 내담자에게서 상담관계의 대가로 비용을 받는 개업 상담가의 경우 비용에 걸맞은 전문성을 확보하려고 꾸준히 노력해야 한다. 상담관계는 친구관계처럼 인정으로 맺어지는 관계가 아니다. 상담은 내담자의 문제 해결을 위해서 각자의 역할을 정하고, 내담자가 대가를 지불함으로써 시작되는 계약관계다. 비용을 지불하는 만큼 내담자는 도움을 받을 권리가 있는 것이다.

그리고 상담자는 내담자의 권익을 보호하고 내담자를 존중해야 하는 책임이 있다. 내담자의 권익 중에서 가장 중요한 것으로 비밀보장이 있고, 상담의 시작과 종결에 대한 권리를 들 수 있다. 먼저, 상담자는 내담자의 이야기를 동의 없이 절대로 노출하지 않겠다고 일러 주어야 한다. 그래야 내담자는 더 자유롭게 자신의 이야기를 할 수 있고, 소극적인 상담이 아닌 주도적이고 주체적인 상담을 할 수 있을 것이다. 그리고 상담의 시작과 종결을 상담자가 일방적으로 결정하는 것이 아니라 내담자와 협의하여 결정할 것임을 알려 준다. 이 역시 내담자가 자신의 상담을 주체적으로 결정할 권리가 있음을 인정하는 것이다.

이 밖에 이중관계의 회피가 있다. 이중관계는 상담자가 내담자와 상담자-내담자로서의 관계 이외의 다른 관계를 맺게 되는 것을 말한다. 이중관계의 예로는 애정관계, 판매자-소비자 관계 등이 있을 수 있다. 예를 들어, 상담자가 필요한 물건이 있는데 마침 그 물건 판매를 직업으로 하는 내담자에게 부탁을 하게 된다면 이것은 이중관계를 맺는 것이다. 이런 판매자-소비자의 관계에서는 만족스럽지 않은 잡음이 일어나기 마련이고, 그렇게 되었을 때 기존의 상담관계 때문에 내담자나 상담자가 서로 눈치를 보게 될지도 모른다. 또는 판매자-소비자 관계 때문에 상담자와 내담자가 상담 시간에 집중할 수 없게 될 수도 있다.

상담관계에서 이중관계의 회피는 상담자와 내담자 모두를 보호하는 높은 윤리적 기준이다. 이중관계 회피가 필요한 것은, 상담자가 도움을 준다는 점에서 일종의 권력자 위치에 있을 수 있기 때문이다. 권력이 강한 자가 취약한 자를 착취하지 않도록 예방하는 것이 중요하다. 내담자의 권익을 존중하는 전문 상담자라면 자기도 모르게 내담자를 착취하지 않기 위해 이중관계를 피하는 것이 일반적이다.

이성의 상담자와 내담자가 서로 연모의 감정을 갖게 되는 경우는 매우 파괴적인 이중관계로 발전할 가능성이 있다. 내담자는 대개 상담자에게 의지하고 싶으면서 기존에 맺었던 인간관계와 다른 인간적인 면모를 상담자에게서 발견하는 경우가 많다. 마찬가지로 상담자도 인간이기에 아주 매력적인 내담자가 있을 경우에 특별한 감정을 가질 수 있다. 그런데 상담자와 내담자가 둘 사이의 감정을 주체하지 못하고 성적 관계를 맺게 될 때, 아무리 상담자가 진심이라고 주장한다 하더라도 본인이 의식하지 못하는 사이 권력을 이용하여 내담자를 성적으로 착취하였을 수 있다. 따라서 전문 상담자라면 상담 기간 동안 내담자를 성적으로 착취하지 않도록 조심해야 하며, 특별한 감정을 유발하는 내담자를 다른 상담자에게 의뢰하는 등의 예방조치를 취하는 것이 바람직할 것이다.

■ 윤리적 딜레마와 의사결정

흔히 공신력 있는 학회나 협회에서는 상담자의 윤리를 규정으로 명시하면서도 윤리위원회 조직을 운영한다. 이것은 윤리적 딜레마 상황이 발생할 때, 규정만으로 충분하지 않을 수가 있어서 전문가들이 의견을 모아 대처하기 위해서다. 한 사람의 이익을 추구하면 다른 사람에게 해를 초래하게 될 때 이를 딜레마 상황이라고 한다. 원칙을 지킬 것인지 예외를 허용할 것인지 결정하는 것은 쉽지 않다. 어느 쪽으로 결정하더라도 만족스럽지 않을 수 있다.

윤리적 딜레마 상황은 꽤 자주 발생한다. 예를 들어, 내담자의 이야기는 어떤 경우에도 무조건 비밀을 보장해야 하는가? 내담자가 누군가를 해칠 계획을 실토했는데도? 또 부모에게 학대당하는 사실을 알게 되었을 때도 가만있어야 하는가? 상담자도 인간이라 내담자와 사랑에 빠질 수도 있는데 이들의 인연은 결코 성사될 수 없는가? 이런 질문을 던지는 것은 현실적으로 애매한 상황이 발생하기 때문이다.

윤리적 의사결정이란 윤리적 딜레마 상황에서 원칙을 지킬 것인지, 아니면 예외로 허용할 것인지를 결정하는 작업이다. 전문 상담자가 되기 위해서는 윤리적 의사결정 능력을 키워야 한다. 상담자는 스스로 공부를 통해 그리고 학회나 협회에서 제공하는 윤리교육을 받으면서 의사결정 능력을 키워야 할 것이다. 딜레마라는 게 명확하지 않고 애매한 경우이므로 일반적인 모범답안이 있을 순 없으며, 상황에 따라 사안에 따라 의사결정 내용은 달라질 수 있다. 그럼에도 불구하고 윤리적 의사결정을 위해 참고해야 할 가치들을 배울 수 있는데, 다음의 가치들이 흔히 언급된다(Beauchamp & Childress, 2001; Kitchener, 1984).

* **자율성(autonomy):** 내담자가 자신의 삶을 스스로 선택하고 자발적으로 의사결정을 할 수 있게 도와야 한다.

* **선행(beneficence)**: 상담자는 내담자의 이익을 증진시키는 방향으로 행동해야 한다.
* **비해악성(nonmaleficence)**: 내담자에게 해를 끼치지 않는 방향으로 행동해야 한다.
* **정의(justice)**: 내담자의 나이, 성별, 인종, 종교 등에 차별을 두지 않고 정의롭게 대해야 한다.
* **충실성(fidelity)**: 정확한 근거에 입각하여 상담을 제공하고 정직하고 믿을 수 있는 관계를 형성해야 한다.

이러한 가치들을 활용해 윤리적 의사결정을 내리는 구체적 예를 들어 보자. 먼저 비밀 보장의 문제부터 살펴보자. 앞에서 언급했듯이 비밀보장의 일반적 원칙은, 내담자가 성인이라면 특별한 경우를 제외하곤 내담자의 부모, 배우자, 동료 등 누구를 막론하고 면접의 내용을 공개하지 않는다는 것이다. 그런데 때로 합리적 판단력이 부족한 내담자의 복리를 위해 비밀보장의 원칙에서 벗어날 수 있다. 예를 들어, 학대받는 아동을 상담하는 경우 아동의 복리를 위해서 그 내용을 관계기관에 알려야 할 것이다. 또 타살 계획이 있는 내담자가 있다면, 관련 인물들을 보호하기 위해 비밀보장의 원칙을 깨는 것이 필요하다. 대표적인 사례가 미국의 타라소프 사례다. 이를 잠깐 소개하면, 1969년 캘리포니아 대학교 남학생인 포다가 타라소프라는 여학생을 해칠 것이라고 상담자에게 말하였는데, 상담자는 피해자 본인과 그의 가족에게는 위험을 알리지 못하여 결국 타라소프는 살해되고 말았다. 상담자는 학교 보안관에게 그 사실을 알리긴 했지만, 더 적극적인 조치는 취하지 못한 것이다. 이후 피해자로부터 소송이 있었고, 5년간에 걸친 소송 끝에 대법원에서는 상담자에게 '경고할 의무'가 있다고 판결하였다. 이 사례는 내담자가 타인을 해치려는 계획을 보고했을 때, 피해를 막기 위해 상담자가 얼마만큼의 적극적 조치를 취해야 하느냐의 윤리적 딜레마를 생각해 보게 하였다.

윤리적 의사결정은 모범답안이 있는 것이 아니어서 모두가 만족하지 못할 수도 있다. 때로는 이 가치들이 서로 충돌할 수도 있다. 하나의 선택이 하나의 가치를 만족시키지만 다른 가치에는 위배될 수도 있다. 예를 들어, 내담자의 비도덕적이고 불법적인 행동을 상담자가 알게 된 경우를 보자. 내담자가 마약을 한다고 할 때, 자율성의 원칙에 따라 내담자가 스스로 선택할 수 있도록 도와줄 것인가, 아니면 내담자의 해로운 행동을 막기 위해 이를 관계기관에 신고할 것인가? 비록 마약이 불법이지만 타인에게 위해를 끼칠 위험성은 낮고, 만일 신고하였다간 비밀보장의 원칙과 신뢰관계를 깨뜨리는 일이 될 테니 과연 어떻게 해야 할지 판단을 못 내릴 수 있다. 이렇듯 애매하고 어려울 때는 혼자 고민하기보다는 동료 상담자나 지도감독자에게 자문을 구하는 것이 좋다. 만일 비밀보장의 원칙을 깰 수밖에 없는 경우라 하더라도, 내담자 및 상담자 모두를 위해 현명한 조언을 구할 필요는 있다.

윤리적 판단에서 조언을 구하는 것은 상담자가 자신의 한계에 대해 인식하는 것과 관련이 있다. 심리상담을 공부할 때 흔히 상담자 자신의 한계를 알아야 내담자를 보호할 수 있다고 한다. 즉, 상담자는 자신의 성격이나 경험 부족이 내담자와의 상담에 어떤 영향을 미치는지를 알고 있어야 한다는 것이다. 만약 모른다면 내담자에게 더 큰 상처를 주게 될 것이다. 그래서 보통의 경우 상담자는 수련 과정 중에 자신의 한계에 대해 인식하기 위해서 교육분석을 받는다. 자신의 행동이나 반응 스타일이 상담에 어떤 영향을 미치는지, 개선해야 할 점은 없는지 등을 몸소 상담을 받으면서 배우는 것이다. 상담자는 자신의 한계 때문에 더 이상 도움을 줄 수 없다고 판단될 때, 더 경험이 풍부한 상담자에게 내담자를 의뢰할 수 있다.

마지막으로, 상담자 윤리와 관련하여 여러 전문가 단체의 윤리규정을 부록에 소개하였으니 참고하기 바란다.[10]

💡 생각해 보기

이 책에서 상담이라 언급하는 것은 치료적 상담으로, 특히 대화를 통한 대화치료를 의미한다. 한편 '치료'라는 표현에 부담을 느끼는 사람들이 있을 수 있는데, 검증된 치료적 원리를 적용하고 효과도 검증된 근거기반 치료법을 사용할 수 있도록 충실히 수련해야 할 것이다. 아울러 전문가 윤리를 준수하고 윤리적 의사결정을 내릴 수 있도록 역량을 키우는 것도 중요하다. 타 분야에 비해 심리상담 분야에서는 전문가 윤리가 특히 엄격한데, 이에 대해 생각해 볼 필요가 있다. 심리상담 분야에서 윤리란 무엇인가? 왜 심리상담 분야는 윤리를 지키는 것이 중요한가? 엄격하게 윤리를 적용하는 것의 장단점은 무엇일까? 엄격한 윤리가 전문가를 위축시키지는 않을까? 등에 대해 자유롭게 생각해 보고 동료들과도 의견을 나누어 보자.

---

10) 이 밖에 상담자 윤리와 관련된 전문적인 내용을 공부할 때는 김현아 등(2013)의 『상담철학과 윤리』, 최해림 등(2010)의 『전문적 상담 현장의 윤리』, 금명자 등(2022)의 『심리상담 현장의 행정 실무』를 참고할 수 있다.

제9장

상담 초기와 첫 면접

이 장부터는 심리상담의 진행 단계를 초기, 중기, 종결기로 구분하여 각 단계에서 어떤 작업을 해야 하며 면접기술을 어떻게 구사해야 하는지 살펴볼 것이다. 초기, 중기, 종결기를 칼로 자르듯 명확하게 구분할 순 없을 것이다. 그러나 대체로 내담자가 문제를 호소하고 내면탐색에 들어가기까지의 단계를 상담의 초기로 볼 수 있고, 본격적으로 내면을 탐색하면서 통찰을 얻고 문제행동이나 증상을 줄이며 새롭고 바람직한 행동을 연습하는 단계를 상담의 중기, 그리고 상담에서 이뤄 낸 성과를 점검하며 상담을 마무리하는 단계를 상담의 종결기로 볼 수 있다. 이 장에서는 상담 초기의 작업에 대해 살펴보고, 아울러 첫 면접에서 유의할 점들도 살펴볼 것이다.

1. 심리상담의 진행 단계 구분

　일반적으로 심리상담은 먼저 내담자가 문제를 호소하고, 상담자와 함께 내면을 탐색하며, 자신 및 문제에 대해 통찰하고, 행동의 변화가 나타나는 식으로 진행된다. 이 과정을 간략히 정리하면 다음과 같다.

　단계를 더 세분화한 경우도 있는데, 칼 로저스는 심리상담이 12개 단계로 진행된다고 말한 적이 있다. 저자의 생각으로는, 이것은 단계 구분이라기보다는 심리상담의 작업 및 내담자의 변화를 순차적으로 설명한 것 같다. 다음과 같은 순서로 상담이 진행된다.

* **칼 로저스의 12단계:** ① 내담자가 도움을 받고자 해야 한다. ② 상담의 상황을 이해한다. ③ 상담자는 내담자가 자기의 문제나 감정을 자유롭게 표현할 수 있도록 돕는다. ④ 상담자는 내담자의 감정을 수용하고 인정해 주고 정리해 준다. ⑤ 부정적 감정을 표현한 뒤에 긍정적 감정이 표현된다. ⑥ 상담자는 내담자의 부정적 감정을 받아들인 것과 마찬가지로 긍정적 감정도 인정하고 받아들인다. ⑦ 부정적 감정과 긍정적 감정을 함께 경험하고 나면 자기이해와 자기수용, 즉 통찰이 일어난다. 그 결과 내담자는 감정적으로 흔들려 바르게 볼 수 없었던 현실 내지 진실을 볼 수 있게 된다. ⑧ 통찰과 동시에 문제를 해결할 수 있는 방법이 생각나게 된다. ⑨ 내담자는 긍정적 행동을 취하게 된다. ⑩ 보다 깊은 통찰과 성장이 이루어진다. ⑪ 내담자가 긍정적 행동을 점차 더 많이 하게 된다.

⑫ 상담자에게 도움받을 필요성을 덜 느끼게 되고, 내담자는 상담을 종결해야겠다는 생각을 하게 된다.

한편, 심리상담의 진행 단계를 초기, 중기, 종결기로 구별하기도 하는데, 대략 내담자가 상담 장면에 익숙해지고 상담자와 라포를 형성하는 데까지를 초기, 본격적인 내면탐색을 통해 통찰을 얻고 새로운 행동 변화가 나타나는 단계를 중기, 그리고 상담을 통한 성취를 공고화하며 종결을 준비하는 단계를 종결기로 본다. 다음 도식에서 심리상담의 초기, 중기, 종결기에 따른 상담자의 작업과 내담자의 작업을 포괄적으로 정리하여 제시해 보았다.

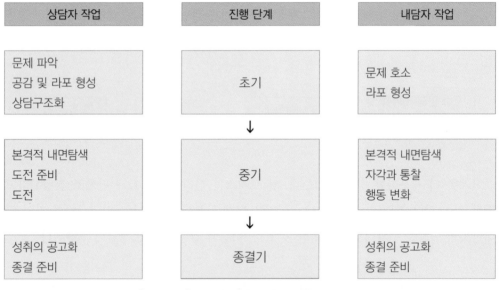

상담자 작업	진행 단계	내담자 작업
문제 파악 공감 및 라포 형성 상담구조화	초기	문제 호소 라포 형성
본격적 내면탐색 도전 준비 도전	중기	본격적 내면탐색 자각과 통찰 행동 변화
성취의 공고화 종결 준비	종결기	성취의 공고화 종결 준비

[그림 9-1] 상담자 작업에 따른 진행 단계 구분

간혹 몇 번째 만남까지를 초기로 보느냐는 식의 질문이 있는데, 내담자마다 호소 문제마다 다르기에 몇 회의 만남 후에 다음 단계로 이행된다고 분명히 말하기는 어렵다. 그리고 작업 구분도 분명하고 엄격한 것은 아니다. 상담 초기뿐 아니라 중기나 종결기에도 경청과 공감은 계속 필요하며, 내면탐색 또한 마찬가지다. 질문을 통한 탐색은 상담 초기에도 이루어질 수 있으며, 중기의 도전 작업 이후에도, 그리고 종결기에도 계속 이루어질 수 있다. 그러나 실제 상담 현장의 전문가들은 경험적으로 초기, 중기, 종결기를 어느 정도 구별할 수 있으며, 내담자에게 변화와 성장이 나타났음을 확인하고 종결을 준비할 수 있다.

2. 상담 초기의 작업과 첫 면접(접수면접)

이제부터 앞의 도식에서 언급한 작업들을 차례로 살펴볼 것이다. 심리상담의 초기라 하면 대략적으로 내담자가 상담 장면에 편안하게 적응하고 상담자와 내담자 간 라포가 형성되면 그때까지가 상담 초기라고 볼 수 있다. 앞에서도 언급했듯이 상담 초기가 몇 번째 회기까지인지 단적으로 말할 순 없으며, 만일 내담자가 상담 장면을 계속 불편해하고 상담자와 내담자 간 라포 형성이 이뤄지지 않는다면 10여 회를 만났다 해도 여전히 상담 초기라 할 것이다. 성격장애 문제가 있는 내담자들의 경우 상담자에게 의심과 경계심을 갖고 있기에 신뢰관계를 맺기가 쉽지는 않다. 이들과의 작업은 상담 초기를 벗어나지 못한 채 조기종결되는 경우가 많다.

상담 초기의 작업을 요약하면 다음과 같다. 심리상담을 처음 경험하는 내담자는 상담에서 무엇을 해야 하는지, 상담자와 내담자의 역할은 무엇인지를 잘 모르는 경우도 있어 이를 이해시키는 구조화 작업도 필요하다. 구조화를 포함해서 다음과 같은 작업들을 시도한다.

* 내담자 문제의 파악
* 공감 및 라포의 형성
* 상담계약 및 상담 구조화

상담자와 내담자가 처음 만나게 되는 첫 면접(first interview)은 흔히 접수면접(intake interview)이라고도 한다. 첫 면접은 상담 초기의 주요 작업들을 직접 실행하는 첫 번째 기회가 된다. 첫 단추를 잘 꿰어야 모든 일이 잘 이루어지듯이 첫 면접을 잘 진행해야 상담 초기의 작업들이 원활하게 이루어질 것이다. 첫 면접은 상담 초기의 축소판이다. 50여 분 정도밖에 안 되는 짧은 시간 동안 이 작업들을 모두 완벽하게 마무리 지을 수는 없을 것이다. 따라서 상담자는 각 작업에 시간을 적절히 배분해야 한다. 이제부터 첫 면접에서 상담자가 어떻게 반응할 수 있는지 구체적으로 살펴보자.

1) 첫 면접의 중요성 및 진행 순서

내담자 문제의 파악, 공감 및 라포의 형성, 상담 구조화는 상담 초기의 주요 작업이긴 하지만 상담을 진행하는 기간 내내 계속 신경 써야 한다. 상담을 진행하다 보면 새로운 문제가 생길 수도 있고, 공감 및 라포 형성은 상담 종결 시점까지 지속적으로 노력해야 할 부분이다. 그럼에도 불구하고 상담 초기에 이 작업들에 특별히 초점을 맞추어야 하는데, 그것은 이후 상담의 진행에 밑거름이 되기 때문이다.

특히 상담 초기 중 내담자와의 첫 번째 만남, 즉 첫 면접에서 이 작업들을 압축적으로 진행하는 것은 중요하다.[1] 앞에서 언급했듯이, 접수면접자가 따로 있는 대규모 상담센터가 아니라면 상담자는 내담자를 처음 만나서 접수면접 형식으로 첫 회기를 진행하게 된다. 병원의 예를 떠올려 보면, 처음 병원에 방문했을 때 이것저것 물어보느라 시간이 많이 소요되듯이, 심리상담에서도 첫 면접은 물어보거나 안내할 것이 많아 시간이 빠듯하다. 이 짧은 시간 동안에 내담자의 문제도 파악하고, 라포도 형성하고, 상담 구조화도 진행해야 하므로 상담자는 많은 부담을 느낄 수 있다.

따라서 초보 상담자들의 부담을 덜어 주기 위해 저자는 첫 면접의 일반적 진행 순서를 소개하고자 한다. 다음과 같은 순서로 진행할 것을 권장한다.

① 소개 및 인사
② 최초 대사: "어떻게 오셨습니까?" "어떤 도움이 필요하십니까?"
③ 내담자 호소 문제 경청 및 공감: 계속 말하기 요청, 재진술, 반영
④ '왜 지금인가?'에 대한 탐색
⑤ 호소 문제 확인 이후 성장배경 및 가족관계 탐색 (※여기까지 절반 정도 시간을 사용하고, 이후에 나머지 절반의 시간을 사용할 것을 추천함)
⑥ 상담 구조화: 시간과 비용에 대한 안내, 향후 상담 계획 설명, 녹음에 대한 동의, 상담계약 작성(자살방지 서약서 포함), 비밀보장에 대한 안내, 예약 방법 안내, 제한사항 안내 등
⑦ 동기 및 상담에 대한 기대 확인
⑧ 기타 내담자 궁금증에 대한 간략 질의응답
⑨ 다음 면접 스케줄 정하고 마침

---

1) 첫 면접은 내담자 문제에 대해 개략적으로 파악하고 주의사항을 전달하는 접수면접으로, 용어는 '첫 면접'이라고 하되 의미는 접수면접으로 이해하는 것이 좋겠다.

2) 첫 면접의 시간적 한계

앞에서 상담은 대략 50분 이내로 이루어진다고 하였다. 여러 가지 작업이 동시다발적으로 진행되는 첫 면접은 시간이 빠듯하다는 현실적 한계가 있다.[2] 따라서 첫 면접에는 한 가지 영역을 깊게 건드리기보다는 여러 영역을 넓게 건드리는 것이 필요하다. 내담자의 문제를 파악할 때도 전후 사정을 자세히 파악하기보다는 단지 문제 목록을 파악하는 수준으로만 해도 충분하다. 너무 자세히 파악하려고 하면 내담자의 호소를 들어 주다가 끝나게 되는데, 이때 내담자가 돌아가면서 첫 면접 후 얻은 것이 아무것도 없다며 불만족스러워하게 되고 상담을 1회 만에 조기종결하는 경우도 생긴다.

따라서 시간 관리가 특히 중요할 것이다. 저자의 견해로는 문제 파악보다는 라포와 구조화에 더 많은 시간을 할애해야 할 것 같다. 문제 파악은 다음 면접 시간에도 이어서 할 수 있다. 그보다 첫 면접 시간에는 내담자의 불안을 어루만져 주거나, 내담자의 동기나 기대치를 파악하는 것이 더 중요하다. 상담을 처음 해 보는 많은 내담자는 불안한 마음이나 궁금한 점 등도 많을 것이다. 또 어떤 이들은 상담에 대해 오해를 가진 채 너무 많은 것을 기대할 수도 있다. 첫 면접 때 이런 부분을 다뤄 주는 것이 내담자와의 라포 형성 및 상담 구조화에 도움이 된다.

3) 접수상담자가 따로 있는 경우

여러 명의 상담자가 근무하는 대규모 상담센터에서는 내담자의 접수면접을 선임상담자가 담당하고, 이후 전담 상담자에게 배정한다. 따라서 만일 자신이 선임상담자로 접수면접을 담당한다면, 앞에서 언급한 작업들 외에 접수상담자의 역할에 대한 소개 및 향후 전담 상담자에게 새로 배정됨을 알려 주는 것이 필요하다. 내담자에 따라 자신의 얘기를 반복하는 것을 싫어하며 접수상담자에게 본 상담을 맡아 달라고 요구하는 경우도 있으므로, 접수상담자는 자신의 역할이 접수에 그친다는 점을 잘 설명하고 양해를 구해야 할 것이다. 따라서 너무 자세하게 고민을 들어 주기보다는, 향후 배정된 전담 상담자와 고민을 나누고 해결해 나가도록 격려하는 선에서 첫 면접을 마친다.

---

2) 필요하다면 첫 면접만 특별히 긴 시간을 할애하고, 이후부터 50분의 시간을 약속하고 적용할 수도 있을 것이다. 그러나 시간을 늘리는 것이 근본적인 해결책은 아니며, 정해진 시간에 필요한 작업을 해낼 수 있는 능력이 중요하다.

접수상담자가 따로 있는 경우, 내담자 입장에서는 두 번의 첫 면접을 거치는 셈이다. 전담 상담자를 만났을 때, 첫 면접은 처음부터 다시 이루어진다. 대개 내담자들은 접수면접에서 했던 얘기를 다시 해야 하지만, 정해진 절차를 따르므로 큰 문제는 없다.

3. 내담자 문제를 파악하기

첫 면접 및 상담 초기에 해야 하는 작업 및 진행 요령을 앞에서 제안한 순서에 따라 살펴보자. 첫 면접은 중요하므로 특히 자세히 살펴보도록 하겠다. 먼저 내담자 문제 파악부터 살펴보자.

1) 첫 면접의 문제 파악

첫 면접의 주요 목표 중의 하나는 내담자의 문제를 파악하는 것이다. 상담자는 다음과 같이 대화를 시작할 수 있다.

- "어떻게 해서 오시게 됐습니까?"
- "어떻게 도와드릴 수 있을까요?"

가용한 시간을 알려 주는 것도 상담의 구조화에 도움이 되므로 다음과 같이 시간을 덧붙여 언급할 수도 있다.

- "우리에게 50분간의 상담 시간이 있습니다. 어떤 얘기를 하시겠어요?"
- "우리가 함께할 시간이 50분 정도 있습니다. 준비가 되면 어떤 얘기든지 시작해 보세요."

앞의 대사들은 상담자와 내담자가 서로 만나서 간략한 자기소개 및 인사를 한 후 이어지는 거의 최초의 대사라고 할 수 있다. 이때 생각해 볼 만한 점이 두 가지가 있다.

첫째, 앞의 표현들을 보면 '문제'라는 용어를 사용하지 않는다는 점이다. 내담자의 문제에 대해 알아볼 때 "어떤 문제로 오셨습니까?" "어떤 문제를 도와드릴까요?" "당신의 문제는 무엇인가요?"라고 말하지 않는 것은 이 표현 자체가 내담자에게 '나는 문제 있는 사람이다.'라는 인식을 심어 줄 위험성이 있기 때문이다. 즉, 문제에 대해 탐색하되 '문제'란 표현을 가급적이면 쓰지 않는 것이 중요하다는 입장을 반영한 것이다. 저자도 이 입장에 동의하기에 이와 같은 대사를 소개하였다. 하지만 보다 중요한 것은 상담자와 내담자가 서로 협력하고 합의하는 것이라 생각하며, 만일 두 참여자가 합의한다면 '문제'란 표현을 쓰는 것도 가능하다고 본다.

둘째, 매 면접 시간을 시작할 때 첫 대사를 어떻게 해야 하느냐는 점이다. 저자의 견해로는 두 번째 이후 면접 시간에도 "오늘은 어떤 얘기를 하시겠어요?" "준비가 되면 시작해 보세요." 정도면 충분하다고 생각한다. 자유롭고 주도적으로 얘기할 수 있음을 강조하면서 다음과 같이 말할 수도 있다.

- "마음속에 떠오르는 것들을 자유롭게 얘기해 보세요. 검열하거나 편집하지 말고 무엇이든 얘기해 보세요."
- "마음속에 떠오르는 것들을 자유롭게 얘기해 보세요. 제가 물어보면 대답하는 것이 아니라 스스로 자기 마음을 보고 얘기하는 것입니다. 저는 ○○ 씨가 주제를 정하고 시작할 때까지 기다리고 있겠습니다."

면접이 몇 차례 진행된 후에는 "오늘도 시작해 봅시다." 정도로 더 간략히 얘기할 수 있다. 내담자가 익숙해졌다면, 어떤 상담자는 침묵하며 내담자가 말을 꺼낼 때까지 기다리기도 한다.

2) 말하기 요청 기법의 사용

이렇게 면접이 시작되면 내담자는 자신의 호소 문제에 대해서 이야기를 시작하는 것이 보통이다. 상담자는 말의 흐름을 끊지 않고 내담자가 원하는 이야기를 할 수 있도록 경청하는 것이 필요하다. 이야기하는 도중 자주 개입하거나 질문하는 것은 좋지 않다. 상담자가 잘 들어 주면 은연중에 공감이 전달되고 라포가 형성되는 효과가 있다.

그런데 실제로는 모든 내담자가 말을 술술 잘하는 것은 아니며, 잠깐 이야기를 한 후 상담자의 눈치를 보기도 한다. 이때 상담자는 억지로 대화를 끌어내려고 애쓰지 말고 말하기 요청 기법을 사용하며 내담자가 문제에 대해 구체적으로 이야기하도록 부드럽게 유

도하면 된다. 다음 대화 예를 살펴보자.[3]

상담자 1: 우리에게 50분간의 상담 시간이 있습니다. 어떤 얘기를 하시겠어요?

내담자 1: 제가 좀 우울증이 있는 것 같아서요…….

상담자 2: 좀 더 얘기해 보세요.

내담자 2: 자꾸만 제가 못났다는 생각이 들어요. 외모도 그렇고, 능력도 그렇고…….

상담자 3: 으흠, 으흠.

내담자 3: 다른 사람들은 일도 참 열심히 재밌게 하는데, 저는 그냥 대충대충인 것 같아요.

상담자 4: 계속 말씀하세요.

내담자 4: 음…… 회사에 저보다 두 살 어린 후배가 있는데, 걔는 얼굴도 예쁘고 성격도 쾌활해요. 간혹 상사들이 짓궂게 농담을 해도 잘 받아치더라고요.

3) 구체적 사례의 요청

혹자는 '계속 말씀해 달라'는 표현 대신에 '예를 하나 들어 달라'거나 '좀 더 구체적으로 얘기해 달라'거나 '최근에 겪었던 일을 하나 들려 달라'는 식의 대사를 선호한다. 구체적 사례는 내담자 문제가 일상생활에서 어떻게 드러나는지 압축적으로 보여 주기 때문에 문제를 파악하는 데 좋은 방법이다. 내담자가 제시하는 생활 경험에는 문제점이 정서 상태와 행동 차원에서 분명하게 드러나 있다.

4) 재진술과 반영기법의 사용

일단 내담자가 자신의 얘기를 시작하면, 상담자는 내담자의 마음에 공명할 수 있도록 집중한다. 재진술과 반영기법을 활용하여 내담자와 공명하고 있음을 보여 주면, 내담자는 자신이 이해받는 느낌을 갖게 되며 은연중에 라포가 형성된다. 특히 말의 내용 자체보다는 말에 묻어 있는 감정에 초점을 맞추어 공명하는 것이 중요하다. 감정을 나타내는 정확한 단어를 사용할 수 있다면 금상첨화일 것이다.

---

3) 이 대화 예는 창작된 것이다.

내담자 4: 음…… 회사에 저보다 두 살 어린 후배가 있는데, 걔는 얼굴도 예쁘고 성격도 쾌활해요. 간혹 상사들이 짓궂게 농담을 해도 잘 받아치더라고요.

상담자 5: 아, 받아치길 잘하는군요.

내담자 5: 네, 근데 저는 그런 상황에서는 아무런 말도 못해요.

상담자 6: 아유 저런…….

내담자 6: 저는…… 그냥…… 말문이 막혀요. 멍해져요.

상담자 7: 그런 경우가 최근에 있었나요?

내담자 7: 거의 매일 있지요. 오늘 아침에는 대리님이 출근하면서 저를 보더니 왜 그리 맥아리가 없냐고, 바깥 날씨는 좋은데 ○○ 얼굴은 오늘도 저기압이네 이러시더군요.

상담자 8: 그래서요?

내담자 8: 당연히 아무 말도 못했지요.

상담자 9: 아이고…….

내담자 9: 그때부터 점심시간 때까지 아무 말도 하지 않았어요. 컴퓨터에 시선을 고정시켰어요. 문서를 작성하면서도 마음속으로 아까 그 장면이 계속 떠올랐어요. 바보같이, 한마디 대꾸도 못 하고…… 바보, 바보…….

상담자 10: 아유 안타깝네요.

내담자 10: 점심시간이 되어 주위를 둘러보니 아무도 없더군요. 다들 점심 먹으러 나간 거예요. 저만 남겨 두고…….

상담자 11: 비참한 심정이었겠네요.

내담자 11: 네…… 흑흑. (울기 시작한다.)

앞의 대화에서 상담자 11의 대사를 보면 '비참한'이란 감정 단어를 사용하였다. 내담자의 마음을 공감하여 가장 적합한 단어를 골라내는 것은 상담자의 중요한 능력 중 하나다. 이 단어가 내담자의 마음을 정확히 반영했는지는 내담자의 후속 반응을 보면 알 수 있을 것이다.

5) 상담신청서를 활용한 문제 탐색

첫 면접에서 최초 대사 이후 내담자의 이야기를 들으며 문제를 파악하고 있다. 그런데 내담자가 사전에 상담신청서를 작성한 경우 신청서를 보며 확인할 수도 있다. 예를 들어,

내담자가 주 호소 문제를 '우울증'이라고 적어 두었다면 다음과 같이 말할 수 있다.

- "여기 우울증이라고 적어 주셨는데, 이에 대해 좀 더 말해 주세요."

이런 식으로 좀 더 말해 달라고 요청하는 것은 문제를 파악하는 데 도움이 될 뿐 아니라 상담자가 내담자에게 관심이 있음을 전달하는 효과가 있다. 만일 신청서에 적어 둔 문제가 여러 개일 경우, 각각에 대해 모두 조금씩 더 말해 주기를 요청하면 된다.

6) 두서없이 말하는 경우의 통제

앞에서 언급했듯이 첫 면접은 제한된 시간에 많은 작업을 해내야 하는데, 어떤 내담자는 혼란스러운 나머지 횡설수설하며 자기의 생활사를 지나치게 자세히 이야기한다든지, 핵심문제와는 관계없는 이야기를 이것저것 늘어놓으며 시간을 지연시키는 경우도 있다. 이런 경우 내담자가 자신의 문제 영역을 벗어나지 않도록 상담자는 다소간의 통제력을 행사하여 대화를 이끌어 나가야 한다.

물론 심리상담에서는 될 수 있는 한 내담자가 스스로 주제를 선택하도록 기회를 주는 것이 중요하다고 하였다. 그러나 첫 면접의 상황은 이후 면접들과는 조금 다르며, 첫 면접부터 정해진 시간을 지키는 것은 중요하다.[4] 따라서 이런 경우는 상담자가 약간의 통제력을 행사하는 게 필요한데, 이때에도 가능한 한 부드러운 태도로 최소한으로 지시를 전달해야 할 것이다. 이런 경우 사용하는 지시적인 말의 예를 들면 다음과 같다.[4]

- "시간 관계상, 처음에 이야기한 문제에 대해 우선 초점을 맞추어 이야기하시는 것이 필요합니다."
- "당신이 자라 온 생활 배경에 대해 알고도 싶지만, 우선은 ～에 대해서 말해 주세요."
- "아까 이야기로 다시 되돌아갔으면 좋겠습니다."

상담자는 이와 같이 말한 후 다시 수용적인 자세로 전환하여 내담자의 이야기를 들어

---

4) 일단 시간을 안내한 후에는 면접 시간을 임의적으로 늘리거나 줄이지 않고 안내한 대로 지키는 것이 중요하다. 이러한 규칙과 틀에 대해서는 상담의 구조화 부분에서 자세히 다룬다.

주어야 한다. 상담자의 지시가 반복되면 내담자는 수동적인 태도를 보이기 쉽기 때문이다. 참고로 대화가 너무 길어지면 일단 맺는 것이 필요할 수도 있다.

- "시간 관계상 일단은 이 정도로만 듣고, 다음 시간부터 자세히 듣도록 하겠습니다."

7) 비자발적 내담자의 경우

비자발적인 내담자의 경우, 즉 부모나 보호자에 이끌려 억지로 상담센터에 온 경우는 부모나 보호자가 호소하는 문제가 내담자가 고민하는 문제와 다를 수도 있다. 따라서 상담자는 상담신청서를 확인하는 것과 함께 내담자에게 도움이 필요한 문제가 무엇인지 직접 물어봐야 할 것이다. 다음과 같이 말할 수 있다.

- "부모님이 염려하시는 내용들은 알겠네요. 그런데, 당신 입장에서 중요한 문제는 뭔가요?"

8) 발달력 및 가족 배경 확인

첫 면접에서는 질문이나 상담신청서를 통해 내담자의 기본 정보, 즉 나이, 학력, 직업, 결혼 여부 등 기본정보를 확인하는 것이 일반적이다. 면접 중간중간에 궁금한 점을 질문해도 좋겠다. 그리고 첫 면접에서 호소 문제를 대략적으로 파악하고 나서는 내담자의 발달력과 가족력도 간략히 확인한다. 발달력과 가족력이 호소 문제의 배경정보가 될 수 있기 때문이다. 그리고 성장 과정과 가족에 대한 정보는 내담자 문제에 대한 큰 그림을 그릴 수 있게 도와준다. 다음과 같이 말할 수 있다.

상담자: (면접 시작 후 20여 분 동안 호소 문제에 대해 대략적으로 파악한 후) 지금까지 말씀하신 내용들을 잘 들었습니다. 오늘은 첫 시간이니 ○○ 씨에 대해 몇 가지 정보를 알아 둘 필요가 있습니다. 이번에는 가족관계에 대해 여쭤보겠습니다. 가족관계는 어떻게 되나요?

상담자: 이번에는 발달 과정을 간략히 파악하겠습니다. 청소년기는 어떻게 보냈나요?

상담자는 내담자의 응답을 경청하고 주요 내용은 기록해 둘 수 있다. 앞에서도 언급했듯이, 가족 배경이나 과거 성장 경험의 모든 내용을 확인하기보다는 부모나 보호자의 직업, 나이, 성격, 내담자와의 관계 등에 대해 간략하게 확인해야 첫 면접을 안정되게 끌고 갈 수 있을 것이다. 가족관계에 대해 파악할 때는 가계도[5]를 그릴 수 있다.

> **상담자:** 가족관계는 어떻게 되나요?
> **내담자:** 부모님 계시고, 2남 1녀 중 막내예요.
> **상담자:** (가계도를 그리며) 아버지부터 간단히 여쭤볼게요. 아버지의 나이와 직업을 말씀해 주세요.
> **내담자:** 올해 61세예요. ☆☆ 하시다가, 작년에 은퇴하셔서 지금은 쉬고 계세요.
> **상담자:** ○○ 씨와 아버지의 관계는 어떤가요?

참고로 이런 대사들이 질문 형식을 띠고 있지만 실은 정보를 알려 달라는 요청임을 기억하자. 아울러 이것은 문제 및 관련 정보들을 탐색하는 것이지 마음을 탐색하는 작업, 즉 내면탐색 작업과는 다름도 기억하자. 첫 면접 때는 너무 깊은 내면탐색으로 바로 들어가기보다는 내담자의 문제를 간략히 파악하고 이후 상담을 준비하는 것에 좀 더 초점을 맞추어야 한다. 첫 면접이 끝나고 이후 면담이 진행될수록 정보탐색뿐 아니라 내면탐색이 같이 이루어지게 될 것이다.

이와 관련하여, 만일 첫 면접에서 시간이 너무 부족하면 발달력이나 가족관계에 대해서 파악하는 것은 생략할 수 있다고 본다. 어린 시절의 경험이나 부모와 관련된 주제는 복합적인 감정을 촉발하여 자칫 면접 시간을 늘어지게 만든다. 상담자에 따라 그리고 심리상담 학파에 따라 가족관계나 어린 시절의 경험은 첫 면접보다는 두 번째 면접 이후에 차근차근 탐색하기도 한다.

9) 왜 지금인가

상담자는 문제의 내용을 파악할 때, 왜 하필 지금 시점에 상담센터에 찾아왔는지 물어보는 것은 새로운 문제 파악에 도움이 될 때가 있다. 다음과 같이 질문할 수 있다.

---

5) 가계도(genogram)는 가족 간의 관계 및 관계 특징을 빠르게 알아보기 위해 그리는 도식이다. 흔히 남성은 사각형, 여성은 원으로 표시하며, 수평으로 이어진 실선은 결혼관계, 수직으로 이어진 실선은 부모자녀 관계를 의미한다. 이 밖에도 다양한 기호와 선을 사용하여 관계 특성을 나타낸다.

상담자: 지금까지 차분하게 말씀 잘해 주셨어요. ○○ 씨를 이해하는 데 도움이 됩니다. 그런데 궁금한 점이 하나 있어요. 말주변이 부족하고 잘 받아치지 못하는 문제가 언제부터 시작되었나요?

내담자: 원래부터 말이 많지는 않은데, 학교 다닐 때까지는 그래도 친구들과 대화에 낄 수 있었어요. 그러다가 입사하면서부터 부쩍 그렇게 되었어요. 한 3년 된 것 같아요.

상담자: 아, 그렇군요. 그렇다면 그동안에는 도움을 청하지 않다가 지금 시점에서 상담센터를 찾게 된 것은 무엇 때문일까요?

내담자: 음…… 실은 최근에 밤에 잠을 잘 못 자는데, 문득 이렇게 살면 뭐하나 싶은 생각이 들었어요.

앞의 대화 예에서도 알 수 있듯이, 내담자의 문제가 최근에 시작된 것은 아니지만 상담센터를 찾아오게 만든 데는 최근의 어떤 요인이 개입되어 있을 수 있다. 그것을 파악하는 것은 호소 문제 이면의 또 다른 문제를 드러내 줄 수 있다.

10) 이 밖에

첫 면접은 상담자와 내담자 모두에게 긴장되는 시간이며, 내담자들은 미리 준비한 내용을 충분히 전달하지 못하기도 한다. 따라서 상담자는 문제를 파악하고 발달력과 가족력을 확인한 후에 다음과 같이 질문하여, 추가 정보를 얻을 수도 있다.

● "저에게 ○○ 씨와 관련하여 또 말씀해 주실 것이 있을까요?"

만일 내담자가 추가로 어떤 내용을 전달하면, 그것에 대해 간략히 기록해 둔다. 그리고 일단은 중요한 것들을 다 말했다고 하면 문제파악 작업을 마무리하고 구조화 작업으로 들어간다.

4. 구조화

구조화(構造化, structuring)는 구조를 만들어 간다는 뜻이다. 구조를 잡아 주는 작업이라고도 볼 수 있다. 구조화를 이해하기 위해 먼저 구조에 대한 설명이 필요하다. '경계'나 '전이'와 같은 전문 개념이 동원될 필요도 있는데, 초심자를 위해 너무 전문적인 내용은 배제하고 가급적 쉽게 설명해 보도록 하겠다.

1) 구조 및 구조화

앞에서 집의 비유로 자아 구조를 설명한 적이 있는데, 심리상담의 구조는 이와는 약간 다르다. 심리상담의 구조라고 하면 심리상담의 기본 형식을 의미한다. 운동 경기로 치면 경기장이나 경기 규칙을 의미한다. 예약된 시간에 정해진 장소에서 50분간 면접을 진행하는 것이 심리상담의 기본 구조다. 이런 기본 구조가 필요한 이유는 내면탐색이라는 전문적 작업을 수행하기 위해서다. 내면탐색은 마음속 깊은 곳을 드러내는 작업인데, 이것을 계획 없이 아무 곳에서 아무 때나 할 수는 없지 않겠는가? 마치 운동 경기를 정해진 해당 경기장에서 약속된 시간에 하는 것처럼, 심리상담은 예약된 시간에 정해진 장소에서 50분간 진행한다.

상담자들은 이런 구조를 이론서에서 배웠기 때문에 익숙하겠지만, 내담자에게는 익숙하지 않을 수도 있다. 심리적으로 괴롭고 혼란스럽기 때문에 미처 생각해 볼 겨를도 없었을 수 있다. 따라서 상담자가 이 부분을 알려 주어야 한다. 상담을 아무 때나 아무 곳에서 원하는 만큼 할 수 있는 것이 아니라 정해진 형식을 따라야 한다고 말이다. 이렇게 알려 주면 내담자는 상담 장면에 적응하게 될 것이다. 이렇게 내담자에게 상담의 형식을 알려 주고 상담 장면에 적응하도록 도와주는 작업을 상담의 구조화라고 한다.

구조 및 구조화에 대해 배울 때 유사 및 관련 용어들을 알아 두는 것도 도움이 된다. 다음과 같이 정리해 보겠다.

* 틀은 구조와 유사한 용어다. 예약된 시간에 정해진 장소에서 50분간 면접을 진행하는 것은 심리상담의 기본 틀이다.
* 규칙은 개인이 어떻게 행동해야 한다는 것을 정한 것이다. 예를 들어, '상담자와 내담자는 상담실 이외의 장소에서 따로 만나 식사를 하지 않는다.'와 같은 것이 규칙이다.
* '경계를 벗어난다.' '경계 없이 군다.' 이런 표현들이 있는데, '심리상담의 정해진 틀(구조)과 규칙을 따르지 않는다.' 정도의 의미다.

틀에 대해 한 가지 더 언급하면, 틀에는 강하고 딱딱한 틀도 있고 부드럽고 유연한 틀도 있을 것이다. 어떤 내담자에게는 엄격한 틀이 도움이 될 수도 있고, 다른 내담자에게는 유연한 틀이 도움이 될 수 있다. 그럼에도 불구하고 틀은 없으면 안 된다. 기본 틀이 있어야 그 안에서 작업을 할 수 있는 것이다. 만일 틀이 너무 꽉 끼면 상담자와 내담자가 서로 합의하여 조금 느슨하게 수정할 수 있다. 즉, 구조화의 원칙 중 하나는 구조와 규칙을 만들 때 상담자와 내담자의 합의가 중요하다는 것이다.

이제 구조화에 대한 내용을 세부적으로 하나씩 살펴보자.

2) 구조화의 기본 요령과 내용

상담센터에 처음 찾아온 내담자는 상담자가 자신의 이야기를 듣고 문제를 해결하는 데 도움을 줄 수 있을 것이라는 막연한 기대를 가지고 찾아올 뿐, 실제 상담이 어떻게 진행되며 자신이 상담 장면에서 어떤 역할을 해야 하는가를 명확하게 인식하지 못하기도 한다. 이것은 상담자가 내담자를 위해 설명해 주고 가르쳐 주어야 할 부분이다. 즉, 구조화의 기본 요령은 언어로 설명한다는 것이다. 첫 면접에서 어느 정도 내담자의 호소 문제를 파악한 후, 다음과 같은 말로 구조화 작업에 들어갈 수 있다.

● "지금까지 차분하게 말씀 잘해 주셨습니다. 이제부터는 제가 몇 가지 안내사항을 말씀 드리겠습니다. 먼저 상담에 대해서, 그리고 ○○ 씨의 역할과 저의 역할에 대해 말씀드리겠습니다."

구조화 작업을 위해 상담자는 친절하게 다양한 내용을 설명하고 내담자는 배워 나간다. 내담자는 그저 문제를 호소하고 어서 해결하고 싶은 마음뿐이겠지만, 문제를 심리상담으로 해결하기 위해서는 심리상담 구조 내에서 작업하는 것이 필수적이다. 구조화를 위해 상담자는 다양한 내용을 설명하는데, 여기에는 상담자와 내담자의 역할 외에도 상담의 시간, 상담비, 녹음에 대한 동의, 상담계약 작성, 예약 방법 안내, 비밀보장에 대한 안내, 제한사항 안내 등이 포함된다.

3) 내면탐색 원리와 각자 역할에 대한 설명

그럼 구조화 작업을 내용별로 차근차근 더 살펴보자. 순서상 먼저 심리상담에서 문제가 해결되는 원리에 대한 설명 및 상담자와 내담자의 역할에 대한 설명이 올 수 있다. 다음의 예를 보자.

> **상담자:** 지금까지 차분하게 말씀 잘해 주셨습니다. 이제부터는 제가 몇 가지 안내사항을 말씀드리겠습니다. 먼저 상담의 원리에 대해서, 그리고 ○○ 씨의 역할과 저의 역할에 대해 말씀드리겠습니다. 사람들이 괴로움을 겪는 데는 외부적인 원인도 있겠지만, 그것을 해결하는 열쇠는 자기 마음속에 있습니다. 우리는 마음 어딘가에 있는 열쇠를 찾는 작업을 할 것입니다. 그런데 마음속 어딘지 정확히 알 수는 없기에, ○○ 씨가 마음속에 떠오르는 것들을 먼저 이야기해 주셔야 합니다. 마음 안을 들여다보고 감정을 따라가면서 떠오르는 것들은 무엇이든지 자유롭게 이야기해 주세요. 그러면 저는 ○○ 씨의 이야기를 경청하며 함께 마음탐색의 방향을 잡아 가겠습니다. 마치 우리 둘이 배를 타고 갈 때, 당신이 노를 열심히 저으면 저는 방향키를 잡고 가는 것처럼요. 이해하시겠습니까?

참고로 여기에 소개한 대사들은 정답이 아니라 예시일 뿐이다. 여기에 소개한 대로 똑같이 따라 할 필요는 없으며, 실제 상담 경력이 쌓이면 자기만의 대사를 개발해도 좋을 것이다.

4) 규칙과 틀에 대한 설명

심리상담에서 강조하는 규칙과 틀이 몇 가지 있다. 정해진 시간에 정해진 장소에서 상담을 한다는 것, 면담은 50분간 진행되며 비용을 내야 한다는 것 등은 기본적인 틀이다.[6] 규칙들의 예를 들면, 예약을 변경하거나 취소하고 싶으면 예약일 이전에 알려 주어야 한다는 것, 미리 알려 주지 않을 경우 예약 시간에 나타나지 않더라도 비용을 지불해야 한다는 것, 폭력적이거나 파괴적인 행동은 허용되지 않는다는 것 등이 있고, 상담이 진행되

---

6) 면담 시간 50분은 프로이트 이후 관습적으로 정해져 내려온 것이다. 정신역동적 상담자들은 매주 2회 이상을 선호하며, 다른 접근의 상담자들은 주 1회를 선호한다. 만일 내담자가 심하게 불안하여 빠른 안정이 필요한 경우라면 주 2회 이상 진행할 수도 있다.

는 기간 동안에는 자살하지 않는다는 약속도 중요하다. 이 밖에 정해진 비용 외에 선물을 받지 않는다는 규칙도 있다. 앞에서 내면탐색 원리와 역할에 대한 설명에 이어 다음과 같이 말할 수 있다.

> **상담자:** 이번에는 몇 가지 규칙에 대해 말씀드리겠습니다. 시간에 대한 것이 중요한데, 우리는 사전에 정해진 날짜와 시간을 예약하여 상담을 진행할 것입니다. 매번 만났을 때 면접 시간은 50분입니다. 당분간은 매주 2회 만나도록 하겠습니다.[7] 만약 예약을 변경하거나 취소하고 싶다면 예약일 이틀 전까진 알려 주셔야 합니다. 그렇지 않고 예약 당일에 갑자기 못 온다고 하거나 또는 나타나지 않으면 제가 곤란을 겪게 됩니다. 이해하시겠습니까?

시간 및 예약에 대한 안내가 끝나면 다른 것들을 차례차례 안내하면 된다. 과격한 행동이나 자살시도를 제한하는 것은 안전한 상담을 위해 필요한 것이다.

> **상담자:** 또 중요한 것이 있는데, 우리가 상담을 안전하게 진행하기 위해서 ○○ 씨가 약속해 주어야 할 것이 있습니다. 파괴적인 행동에 대한 것인데, 저에 대한 것뿐만 아니라 자신에 대한 것 모두 해당됩니다. 예를 들어, 저에게 미운 마음이 들면 꼭 말로 표현해 주세요. 그것은 상담에 도움이 됩니다. 그러나 말하지 않고 쌓아 두었다가 갑자기 물건을 깨거나 주먹질을 한다면 상담관계가 깨질 위험이 있습니다. 죽고 싶은 마음이 들 때도 마찬가지입니다. 저에게 먼저 얘기해 주세요. 얘기해 주시면 함께 다룰 수 있습니다. 그러지 않고 갑자기 자살을 시도한다면 상담관계가 위태로워집니다. 이 점은 특히 중요해서 학회 차원에서 자살방지 서약서를 작성하도록 권장하고 있습니다.

5) 설명을 통한 구조화와 행동을 통한 구조화

상담자는 설명을 통해 내담자에게 심리상담의 내면탐색적 특징, 상담의 틀과 제한 등에 대하여 알려 주게 된다. 내담자는 괴로움을 호소하기만 하면 해결책이 마법처럼 나타나는 것이 아님을 이해하고, 상담이 이론적 원리 및 합리적인 절차와 규칙에 따라 진행됨을 알게

---

7) 만일 내담자가 장거리를 이동해서 상담센터로 와야 한다면, 주 1회로 하고 두 배의 시간을 할애하여 면접하는 것도 효율적일 것이다. 회기나 시간 등 세부사항은 상담자와 내담자가 서로 협의할 수 있다.

된다. 이러한 의미에서 상담이 하나의 여행이라면, 자유여행이 아니라 정해진 계획을 따르는 여행에 더 가까움을 알 수 있다.

앞으로 살펴보겠지만, 상담관계는 상담자와 내담자가 각각 맡은 바 역할을 다할 때 목표를 달성할 수 있는 협력적 관계라 할 수 있다. 내담자가 어린아이처럼 원하면 상담자가 해결책을 가져다주는 관계는 아니다. 내담자가 자신을 공개하고 마음을 탐색하는 역할을 적극적으로 해 주어야 한다. 그런데 특히, 비자발적이거나 두려움이 많은 내담자는 방어적인 태도를 취하기 쉬우며, 면접에서 자기공개나 내면탐색 등의 역할을 맡지 않으려 한다. 이때 상담자 쪽에서 심리상담의 형식이나 규칙을 말해 준다. 즉, 내담자가 이러저러한 역할을 충실히 해 주셔야 한다고 설명하는 것이다. 만일 그렇게 하지 않으면 내담자는 상담자에게 책임을 떠맡기고, 자신의 역할을 하지 않았으면서 오히려 상담자가 문제 해결에 소극적이라고 원망할 수도 있다. 그러면서 다음번 약속을 어기고 더 이상 나타나지 않을 수도 있다. 상담자는 적절한 구조화를 통해 상담이 마술적인 치료라거나, 즉각적인 도움을 주고 부드럽게만 진행되는 대화라거나, 진단과 처방을 줄 것이라는 식의 오해를 시정해 주고, 내담자도 역할이 있음을 알려 주어야만 한다.

그런데 이런 구조화 작업이 단지 말로 설명하면 되는가에 대해 의문을 제기할 수 있다. 말과 함께 행동으로 보여 주는 것이 중요할 것이다. 심리상담이 해결책 정보를 전달하는 것이 아니므로 행동으로 보여 주는 것은 특히 더 의미가 있다. 예를 들어, 내담자의 이야기를 경청하고 비판하지 않겠다고 말했다면, 실제로 면담 도중에 그렇게 행동해야 할 것이다. 말로는 경청하고 섣불리 판단하지 않겠다고 하면서 실제 면담 도중에 자꾸만 끼어들거나 판단적인 태도를 보인다면 어떡할 것인가? 내면탐색이 중요하다고 설명했으면서, 정작 질문 공세를 펴면서 내담자가 내면을 탐색할 기회를 주지 않는다면 어떻게 될까?

구조화 작업에 대해 저자의 견해를 말하자면, 대개 상담자가 언어로 설명하는 측면만을 강조하지만, 실제로는 말이 아니라 행동으로 보여 주면서 내담자에게 상담이 어떤 것인지를 느끼게 해 주는 것이 훨씬 중요하다고 본다. 특히 "심리상담에서는 내면탐색이 중요하기에 당신이 자발적으로 마음을 들여다봐야 합니다."라는 설명은 이해하기가 어렵다. 저자의 경험으로, 상담을 10여 회 진행하고 난 후 내담자에게 "이제 상담에서 당신의 역할을 알겠나요?"라고 물어보면 아직 잘 모르겠다라는 답이 나오는 경우도 있었다.

요약하면, 상담 구조화는 내담자가 상담의 원리나 규칙, 각자의 역할 등을 설명하며 내담자가 장면에 적응하게 도와주는 작업이다. 이를 위해 언어로 설명해 줄 수도 있지만, 매 순간 상담자의 역할을 몸소 보여 주고 내담자가 제대로 반응할 수 있도록 안내해 주는 것이 더 중요할 것이다. 예를 들어, 내담자 말의 흐름을 끊지 않고 들어 주는 상담자는 은연중에 상담자의 역할과 내담자의 역할을 전달하고 있는 것이다. 다시 말해서, 내담자는 말하는 역할을, 상담자는 듣는 역할을 맡는 것을 몸소 보여 준 것이다. 행동으로 솔선수범하는 것은 "상담에서는 자발성이 중요하며, 자발적으로 당신이 많이 말씀해 주셔야 합니다."라고 설명하는 것보다 훨씬 더 효과가 클 것이다. 내담자는 머리로만 이해하는 것이 아니라 이미 경험을 하였기 때문이다.

6) 규칙을 지키기

앞에서 시간 규칙이나 예약 시 주의사항, 파괴적이거나 폭력적인 행동의 제한 등의 규칙을 알려 주어야 한다고 했는데, 이런 규칙들은 상담관계의 안전 및 유지를 담보하기 위해 존재한다. 즉, 상담이 안정적으로 진행될 수 있도록 돕기 위한 것이다. 반대로 말하자면, 규칙을 지키지 않을 때 상담관계가 불안정해져서 조기종결의 가능성이 높아진다. 또한 가지 중요한 점이 있는데, 규칙들을 내담자가 당연히 지켜 줄 것으로 기대하면 안 된다는 것이다. 어떤 규칙들은 내담자가 의미를 잘 모르고 지키지 못할 수도 있다. 예를 들어, 내담자가 선물이나 음식을 사 가지고 오는 경우가 있는데, 내담자는 사소하게 여길지 몰라도 미묘한 부담이 생겨 상담관계의 안정성을 해칠 수도 있다. 선물은 받지 않는 것이 규칙이며, 그 이유를 내담자에게 설명하고 상담 구조를 잘 지켜야 할 것이다.

규칙과 관련하여, 내담자가 규칙을 지키지 못할 때 단발성이냐 상습적이냐의 차이가 있다. 내담자가 어쩌다 한 번 피치 못할 사정으로 인해 규칙을 깰 수도 있지 않겠는가? 예를 들어, 대중교통 사정으로 인해 상담센터에 예약된 시간보다 15분 늦게 도착할 수도 있고, 갑작스러운 돌발 상황이 발생하여 상담 예약을 당일에 취소하게 될 수도 있다. 이런 경우가 한 번이라면 상담자와 내담자 간 신뢰관계에 별 영향을 미치지는 않을 것이다. 그러나 만약 두 번 이상 반복해서 발생한다면, 이때는 상담자가 좀 더 적극적인 조치를 취할 필요가 있다. 반복되는 행동에 대해 가볍게 직면시키고 그 이유를 탐색해야 할 것이다. 그렇지 않고 넘어간다면, 내담자에게는 사소할지 몰라도 상담자는 속으로 미운 마음이 들고 상담관계의 안정성을 해칠 수 있다.

내담자가 규칙을 깰 때 상담자가 어떻게 대처하는가에 대해서 좀 더 자세한 설명이 필요할 것 같다. 내담자들은 누구나 또는 언젠가 한 번쯤은 규칙을 깬다. 이때 상담자는 먼저 그것이 단발성인지 상습적인지 판단해야 할 것이다. 그리고 평소 자신의 대응 방식을 점검하여, 상담관계에 해를 끼치지 않는 방식으로 대응해야 할 것이다. 앞의 예에서 대중교통 사정으로 예약된 시간보다 15분 늦게 내담자가 도착한 경우, 엄격한 상담자는 15분 늦게 시작했지만 끝나는 시간을 맞추기 위해 상담을 35분간만 진행할 수 있다. 반면 마치는 시간을 15분 더 뒤로 연장해 주는 상담자도 있을 것이다. 후자의 경우 너그러운 태도를 보인 것으로 좋게 이해할 수도 있으나, 만일 이것이 반복된다면 상담관계에 미묘한 영향을 미치게 된다. 불안정한 상황이 반복될 때 인간의 약한 부분이 드러나게 되기 때문이다. 여러 가지 부정적 영향이 생겨날 수 있는데, 다음과 같은 것들을 생각해 볼 수 있다.

* 상담자는 다른 규칙들에 있어서도 내담자에게 양보를 하게 될 것이다.
* 상담자 입장에서는 무의식적으로 내담자가 떠날 것이라 여겨 불안이 증가하거나 화가 날 것이다.
* 내담자는 무의식적으로 상담자가 전문적이지 않다고 여기거나 자신에게 관심이 없다고 여기게 될 것이다.
* 내담자는 상담자와 함께 문제를 해결할 수 있을지에 대해 회의감을 갖게 될 것이다.

이 부정적 영향들을 이해하려면 인간의 무의식과 정신역동을 다루는 수준 높은 전문서를 공부하는 것이 필요하다.[8] 반복적인 규칙 위반과 묵인은 전이(transference)와 역전이(counter-transference)가 생기는 신호일 수 있다. 일단 여기서는 부정적 영향이 있다는 것과, 따라서 내담자가 규칙을 지키지 않을 경우 그것에 대해 지적하는 것이 상담자의 책임이라는 것을 강조하는 선에서 마칠 것이다. 다만 규칙을 지키라고 강압적으로 명령하는 것이 아니라, 규칙이 지켜지지 않고 있음을 지적하며 그것과 관련된 생각과 감정, 즉 내면탐색을 진행하는 식으로 다루면 된다. 대개 규칙을 지키지 않아서 불안정성이 증가하는 것은 첫 면접의 상황은 아니므로, 이에 대해서는 추후에 다시 살펴보겠다.

7) 서류 작업 및 권리와 의무 설명

구조화를 위한 언어적 설명을 마치면서 몇 가지 서류작업을 요청할 수 있다. 과거에는

---

8) 낸시 맥윌리엄스(Nancy McWilliams)의 서적들이 도움이 될 것이다. 국내에 번역된 책들로는 『정신분석적 심리치료』『정신분석적 사례이해』『정신분석적 진단』 등이 있다.

서류작업을 생략하는 것이 일반적이었으나, 점점 서류작업의 중요성이 인정되는 추세다. 앞에서 언급한 자살방지 서약서도 있고, 최근 개인정보의 수집과 보관에 관련된 법률이 강화되는 추세이므로 이와 관련된 이용동의 서식이 필요할 수도 있다. 이 서류들을 포함하여 상담동의서를 만들어서 내담자에게 서명을 받는다. 동의서 양식은 한국상담심리학회 홈페이지(www.krcpa.or.kr)에서 구할 수 있다. 상담자는 자신이 속한 기관이나 상황에 맞게 동의서를 수정, 보완하여 활용하면 된다.[9]

이때 주의할 점으로, 상담자는 서류를 던져 주며 서명만 하라는 식으로 무성의하게 접근해서는 안 될 것이다. 내담자가 서류를 검토할 시간을 충분히 보장해 주고, 서류의 내용들에 대해 소개하거나 질문에 응답하는 과정이 필요할 것이다. 대개 서류에는 상담자 윤리와 관련된 내용이 포함되어 있게 마련이다. 상담 내용의 비밀을 보장하는 윤리나 이중관계를 맺지 않는 윤리 등의 내용이 담겨져 있다. 이에 대한 설명을 통해 내담자는 안전하고 전문적인 환경에서 상담을 받게 될 것임을 기대할 수 있다.

8) 기록 및 녹음 자료의 활용에 대한 동의

상담동의서를 작성할 때 기록 및 녹음에 대한 부분도 동의를 구할 필요가 있다. 상담동의서에 이 부분을 항목으로 만들어 체크할 수 있도록 준비하면 좋다. 일반적으로 상담 수련생이 아니라면 문서기록을 만드는 것에 대해서 내담자의 동의를 구할 필요는 없다.[10] 그런데 상담 수련생의 경우, 전문가에게 지도감독을 받기 위한 목적으로 기록을 활용할 수 있다고 동의받는 것은 필요하다. 녹음자료에 대해서는 특히 더 그러하다. 문서기록이 아니라 녹음에 대해서는 상담자와 내담자 모두에게 다소 감정적인 부담이 있는 것 같다. 어떤 수련생들은 녹음에 대한 동의를 구할 때 내담자가 불편해할까 봐 말을 꺼내지 못하기도 한다. 그러나 그것은 내담자의 불편함이 아니라 상담자의 불편함을 내담자에게 투사한 것일 수 있다. 저자의 경험으로는 녹음자료 활용 목적을 솔직히 말하면 대부분의 내담자가 동의해 주었다.

---

9) 각종 상담 신청 서식을 [부록 1]에 제시하였으니 참고하기 바란다.

10) 상담기록은 상담자의 의무사항이기도 하다. 내담자에게 전문적인 서비스를 제공하기 위해 이전 상담 내용들을 기록하여 기억하고 있어야 할 것이다.

5. 첫 면접의 마무리 및 이후 상담 스케줄 정하기

상담의 틀과 규칙까지 설명했다면 대략적으로 첫 면접을 마칠 시간이 될 것이다. 마칠 시간을 앞두고 상담자는 다음과 같은 작업들을 할 수 있다.

* 첫 면접에 대한 내담자의 피드백 얻기
* 상담에서 기대하는 바 파악하기
* 이후 상담 스케줄 잡기

1) 첫 면접에 대한 내담자의 피드백 얻기

심리상담은 상담자가 내담자를 일방적으로 훈육하는 작업이 아니라, 내담자가 주체가 되어 내면을 탐색하는 작업이다. 따라서 상담자는 본인의 경험이나 의견을 말하기보다는 내담자의 소감이나 의견을 물어보는 경우가 많다. 첫 면접을 마칠 때도 마찬가지다. 내담자에게 첫 시간의 소감을 물어보며 자신의 생각과 느낌을 자유롭게 이야기할 수 있도록 돕는다. 다음과 같이 말할 수 있다.

상담자: 이제 첫 면접을 곧 마칠 것입니다. 심리상담에서는 내면의 생각과 감정을 따라가는 것이 중요합니다. 그래서 ○○ 씨가 소감을 말씀해 주면 좋겠습니다. 오늘 어떠셨어요?

이 대사의 핵심은 내담자에게 자신의 생각과 느낌을 따라가면서 있는 그대로 말해 주도록 요청하는 것이다. 내담자가 전해 주는 피드백은 이후 상담에 도움이 될 수 있다. 대부분의 내담자는 처음이라 잘 모르겠다고 말하기도 하고, 자신의 속마음을 털어놓을 수 있어서 좋았다고 말하기도 한다. 이런 피드백은 첫 면접이 무리 없이 진행되었음을 확인해 준다.

어떤 내담자는 상담자를 어렵게 여기거나 또는 부정적인 내용이나 비판적인 내용을 말하면 안 된다고 여겨 솔직한 소감을 피력하지 못할 수 있다. 이를 방지하기 위해 상담자는 피드백을 요청할 때 다음과 같이 덧붙일 수 있다.

상담자: 상담을 마친 소감으로는 어떤 것이든 괜찮습니다. 만일 불만이나 섭섭함이 있다면, 그런

것을 이야기하는 것도 좋습니다. 말을 안 하면 모르고 넘기게 되지만, 알게 된다면 우리가 함께 다룰 수 있으니까요.

　만일 내담자가 부정적인 소감을 얘기한다 해도 초보 상담자들은 당황할 필요가 없다. 말하지 않고 그냥 가는 것보다 말하고 가는 것이 훨씬 낫다. 앞의 대사에서 언급한 것처럼, 부정적인 속마음을 터놓으면 그것을 다룰 기회를 얻는 것이다. 첫 면접 시간이 거의 다 진행되었을 경우 다음과 같이 간략하게 반응할 수 있다.

상담자: 이제 첫 면접을 곧 마칠 것입니다. 심리상담에서는 내면의 생각과 감정을 따라가는 것이 중요합니다. 그래서 ○○ 씨가 소감을 말씀해 주면 좋겠습니다. 오늘 어떠셨어요?
내담자: 음, 잘 모르겠어요. 속마음을 터놓으니 시원하다 이런 것보다는 얘기하고 나니 더 답답하고 마음이 무거워지는 것 같아요.
상담자: 아 네, 말씀 잘해 주셨습니다. 솔직하게 얘기해 주셔서 오히려 다행이에요. 말해 주지 않으면 모르고 넘어갈 수 있거든요. 앞으로도 소감을 있는 그대로 말씀해 주세요. 좋았다는 말을 듣고 싶은 게 아니라, ○○ 씨의 피드백으로 추후 상담의 방향을 잡고 싶은 것이거든요. 제가 제대로 하고 있는지 아닌지를 알 수 있게 해 줍니다.

　간혹 내담자들이 전달하는 소감에 피해의식이나 왜곡된 평가가 포함된 경우가 있다. 다음과 같은 식이다.

● "제가 너무 이상하지요? 선생님이 아마 저를 이상하다고 생각하실 것 같아요."
● "이렇게 말하고 나니 제가 정신병자 같아요."

　피해의식이나 왜곡된 평가는 그 자체가 문제가 될 수 있다. 상담자는 앞에서 소개한 방식으로 "솔직하게 얘기해 주어서 다행이다." 정도로 반응하고 첫 면접을 마칠 수 있으나, 이 경우 비교적 난이도가 높은 상담 사례가 될 것임을 각오할 필요가 있다.

2) 상담에서 기대하는 바 파악하기

　첫 면접을 마치기 전 상담에서 기대하는 바를 확인해 볼 수 있다. 다음과 같이 다소 두루뭉술하게 말할 수 있다.

> **상담자:** 오늘 저랑 이야기를 나누셨는데요, 이제 마치기 전에 이 상담에서 기대하는 바를 말씀해 주시면 기록해 두겠습니다.

상담에서 기대하는 바를 말해 달라고 할 때, 어떤 내담자들은 말 그대로 자신의 기대 또는 희망사항을 얘기할 수 있다. 이것은 막연하지만 내담자가 스스로 상담 목표를 세우는 것으로 볼 수 있다. 즉, 내담자의 상담 목표를 알 수 있다.

> **내담자:** 기분이 좀 더 좋아지면 좋겠고, 제가 자신감이 더 생긴다면 좋겠어요.
> **상담자:** 네, 그런 목표를 갖고 계신 거네요. 이 상담을 통해 ○○ 씨의 목표에 다가갈 수 있다면 좋겠습니다.

또 어떤 내담자들은 기대하는 바가 없다거나 잘 모르겠다고 응답할 수 있다. 특히 비자발적으로 상담센터에 오게 된 내담자들이 이렇게 반응할 수 있다. 상담자는 이 반응을 존중하고, 심리상담에서 문제를 해결할 수 있는 기대나 희망을 갖는 것은 중요하다고 가볍게 설명하거나 격려할 수 있다.

> **내담자:** 글쎄요…… 뭘 기대할 수 있을지 잘 모르겠어요.
> **상담자:** 네, 이제 막 첫 면접을 마쳤는데 어떤 기대를 하기엔 좀 섣부를 수 있지요. 그래도 이 상담을 통해 내가 얻을 수 있는 게 무엇일까를 한 번 생각해 보시기 바랍니다. 그러한 목표나 기대가 상담의 동력이 되니까요.

3) 이 밖에

첫 면접에서 내담자들은 문제를 호소하느라 다른 데 신경을 쓸 겨를이 없었을 것인데, 면접을 마칠 때 즈음이면 상담이나 상담자에게 궁금한 점이 생길 수도 있다. 상담자는 "이 밖에 상담에 대해서 그리고 저에 대해서 궁금한 점이 있나요?"라고 말하며, 궁금한 것을 질문할 기회를 줄 수 있다. 이때 질문이 없다면 다음번 스케줄 예약을 하고 첫 면접을 마치면 된다. 만일 질문이 있다면, 그 질문을 통해 내담자에 대해 좀 더 파악할 수 있다.

내담자들은 상담자의 역할에 대해서, 경력에 대해서, 상담 성공 가능성에 대해서 등 다양한 질문을 던질 수 있는데, 이것들은 상당 부분 내담자의 불안과 염려를 반영한다. 이런 불안을 잘 처리하는 것은 라포 형성과도 밀접하게 관련되므로 다음 장에서 자세히 다룰 것이다. 남은 시간이 거의 없는 시점이기에, 대개는 간략히 응답하고 자세한 것은 다음 시간에 다루자고 설명하고 마치면 된다.

참고로 내담자들은 상담을 몇 회기나 받아야 되는지, 비용은 얼마인지, 비용 결제는 어떤 방식으로 할 수 있는지 등을 궁금해하기도 한다. 비용이나 비용 결제에 대해서는 정해진 대로 안내해 주면 되지만, 상담을 몇 회기나 받아야 하는지에 대한 것은 내담자의 호소 문제의 심각도나 지속 기간 등에 따라 달라지기에 정확하게 몇 회기로 진행한다고 확답하기는 어렵다.

4) 이후 상담 스케줄 잡기

첫 면담은 다음번 약속을 잡는 것으로 마무리될 것이다. 대부분의 심리상담자는 스케줄을 직접 관리하므로, 접수 데스크의 직원이 약속을 잡기보다는 상담자가 직접 스케줄을 확인하며 약속을 잡을 것이다. 그런데 이때 다음번 약속을 잡는 중요한 의미와 절차가 있다. 그것은 다음번 한 번의 약속으로 끝나는 것이 아니라 향후 정기적이고 지속적인 참여를 약속받는다는 의미다.

심리상담의 진행에 대해 충분히 숙지하고 온 내담자와 그렇지 않은 내담자와는 차이가 있다. 미리 마음의 준비 및 심리상담 진행 절차를 파악하고 온 내담자의 경우 심리상담을 10회 이상 해 보자고 제안할 때 선뜻 수락하겠지만, 그렇지 못한 내담자는 정기적인 상담 약속을 결정하지 못할 수도 있다. 따라서 향후 상담 스케줄을 잡을 때, 먼저 정기적으로 상담할 것인지 상호 약속하는 것은 중요하며, 이때 대략 몇 회기까지 상담이 지속되어야 하는지 또는 몇 회기 정도의 상담을 할 것인지 안내해 준다. 물론 첫 만남에 이것을 정확히 예측할 수 없지만 대략적으로나마 알려 주고, 향후 상담을 더 연장할 필요가 있다면 그때 다시 협의할 수 있다고 말해 준다.

이 모든 과정에서 상담자가 일방적으로 결정하는 것이 아니라 내담자와 협의하는 자세가 중요하다. 비용 결제에 대한 내용까지 충분한 설명이 다 끝나면, 다음번 약속 날짜를 잡고 마치게 된다.

지금까지 첫 면접과 관련된 내용들을 대략적으로 살펴보았다. 상담의 초기, 특히 첫 면접은 내담자가 자신의 문제를 드러내는 최초의 기회이며, 첫 면접에서 내담자가 받은 인상은 이후 상담 참여에 중대한 영향을 주게 될 것이다. 첫 면접에서 내담자는 자신의 어려움을 제대로 전달하였는지, 상담자의 도움을 받을 수 있는지, 면접과정에서 무엇이 어떻게 전개될 것인지 등에 대해 알고 싶어 한다. 따라서 자신의 문제나 걱정거리를 비교적 충분히 털어놓았고, 상담자의 역할에 대해 이해했으며, 의문점이나 긴장감이 어느 정도 풀렸다면 첫 면접이 성공적이라고 할 수 있을 것이다.

생각해 보기

　심리상담은 질문에 대답하거나 조언해 주는 일회성 작업이 아니라 수십 회 만나면서 내면을 함께 탐색하는 작업이다. 근육훈련으로 비유하자면, 근육을 키우는 방법을 말로 가르쳐 주기만 하는 것이 아니라 함께 근육훈련 과정을 수십 회 이상 진행하는 것이라 하겠다. 이런 이유에서 심리상담의 내용뿐 아니라 형식적 특징도 중요하다고 하였다. 즉, 시간 약속, 장소, 횟수, 비밀보장 규칙 등이 중요한 것이다. 그렇다면 과연 몇 차례나 만나야 할까? 얼마 동안 만나야 할지 판단을 어떻게 내릴 수 있을까? 이에 대해 생각해 보고 동료들과도 의견을 나누어 보자. 그리고 상호 약속과 비밀보장 규칙 외에도 내담자와의 면담을 장기로 이끌어 가기 위해 무엇이 필요할지 생각해 보자.

제10장
초기불안의 처리와 라포 형성

앞 장에서 첫 면접의 진행 및 작업들에 대해 설명해 보았다. 이 장에서는 첫 면접을 포함하여 상담 초기에 내담자가 가질 수 있는 초기불안들에 대해 이야기할 것이다. 내담자가 상담에 대해 가지는 불안과 염려를 잘 처리하면 상담자에 대한 신뢰감이 형성될 수 있을 것이다. 이때 공감적 이해라는 개념이 중요하다. 내담자를 공감적으로 이해하는 것이 라포 형성과 어떻게 연결되는지 살펴보자. 그리고 내담자뿐 아니라 상담자에게도 불안이나 염려가 있을 수 있는데, 이에 대해서도 살펴볼 것이다.

1. 초기불안[1] 다루기

앞 장에서 첫 면접의 마무리 부분을 기억해 보자. 내담자에게 소감이나 기대하는 바를 물어보았을 때, 내담자는 다음과 같은 불안과 염려를 얘기할 수 있다.

- "선생님이 저를 이상하게 생각할까 봐 걱정이 돼요."
- "과연 제 문제가 해결될 수 있을까요?"

겉으로 드러내 놓고 말은 하지 않지만 다음과 같은 다양한 불안과 염려를 가질 수도 있다.

- '이곳(상담 장소)은 안전한가?'
- '상담자는 전문적일까? 나와 같은 문제를 다뤄 본 경험이 많을까?'
- '내 문제는 종교적인 문제인데, 종교가 없는 상담자가 내 문제를 이해할 수 있을까?'
- '상담자가 나를 싫어하지 않을까?'
- '울어도 될까?'
- '솔직하게 말하면 화내지 않을까?'
- '내가 말한 내용의 비밀보장이 될까?'

이처럼 초기불안에는 비밀보장과 안전에 대한 불안이나 상담자의 전문성에 대한 염려,

---

1) 초기불안이란 용어는 내담자가 호소하는 불안증상(예: 공황장애나 사회불안장애 등) 문제와는 별개로, 낯선 곳에서 낯선 상담자를 처음 만났을 때 갖게 되는 염려들을 의미한다.

상담 결과에 대한 염려 등이 담겨 있다. 그렇다면 이러한 불안과 염려를 어떻게 다루어야 하는가? 물론 상담 중반이라면 탐색기법을 사용해야 하겠지만, 상담 초기라면 탐색 준비 기법들을 적용하는 것이 가장 적합할 것이다. 즉, 내담자의 불안과 염려를 말로 충분히 표현하도록 허용하고, 이를 경청하고 인정하고 격려하며, 재진술과 반영을 통해 공감해 주는 것이다.

1) 두 번째 면담에서의 긴장과 불안 다루기

아마 내담자에게는 첫 면접이 상담의 전체 기간 중 가장 불안하고 두려운 시간일 것이다. 자신의 문제를 어떻게 이야기해야 할지 막연할 뿐만 아니라 상담자에게 도움을 청한다는 것에 대해서도 결코 편안할 수가 없는 것이다. 또 상담자가 어떤 사람이며 자신을 어떻게 생각하고 있는지에 대해 큰 관심을 갖는다. 가령, 상담자가 자신을 '미친 사람'으로 생각하거나 '약한 사람' 또는 '의존적인 사람'으로 판단할까 봐 두려워하는 것이다. 또한 상담자를 처음 보거나 상담 자체에 대해 아직 안심하지 못하기 때문에 자신의 개인적인 비밀을 이야기하기 힘들고, 상담의 내용이 남에게 알려질지 모른다는 불안이 있을 수 있다. 더구나 상담자가 젊은 사람이거나 수련생임을 알면 문제를 해결하지 못할 것 같은 의구심도 생기게 된다.

유능한 상담자는 내담자 입장에서 불편하다거나 불안을 시사하는 말과 행동을 민감하게 파악할 것이다. 그리고 이런 불안을 첫 면접 때 바로 다룰 수 있을 것이다. 그러나 앞에서 언급했듯이 첫 면접 때는 이를 다룰 시간이 충분하지 않을 수 있으며, 또 내담자들도 속마음을 드러내기에는 시간이 걸린다. 따라서 첫 시간에 불안을 다루지 못한다 하더라도 두 번째 면담 시간에 다루면 된다.

상담 초기가 언제까지냐 혹은 몇 회 만남부터 본격적인 상담 중기가 시작되느냐는 질문에 명확하게 답할 수는 없지만, 적어도 두 번째 면담이 상담 초기라는 데는 큰 이견이 없을 것이다. 즉, 두 번째 면접에서도 상담자는 문제를 더 자세히 파악하고 공감하며 상담의 틀과 규칙을 설명하는 구조화 작업을 할 필요가 있다는 것이다. 그것은 한 번의 만남으로는 내담자가 상담 장면에 편안하게 적응하기 쉽지 않기 때문이다. 내담자 입장에서는 아직 상담의 원리나 자신의 역할에 대해 충분히 이해하지 못하고 있을 수 있다. 내담자는 첫 면접 때 궁금했거나 이해하지 못했거나 염려했던 바를 두 번째 시간에 좀 더 적극적으로 다루려는 마음이 있을 것이다. 따라서 두 번째 면접은 흔히 첫 면접 이후의 소감을 다시 물어보는 대사로 시작할 수 있다.

> 상담자: 안녕하세요. 다시 만났네요. 지난번 상담을 마치고 어떠셨어요? (또는 "지난 상담 후 어떻게
> 지내셨어요?")

물론 정확히 이 대사를 사용할 필요는 없을 것이다. 저자가 강조하는 바는, 첫 면접에서 다루지 못한 부분이 있다면 두 번째 면접에서 이를 보완할 수 있다는 것이다.

2) 초기불안을 인정하고 격려하기

면접기법 중 인정하고 격려하기를 떠올려 보자. 인정하기(reassurance)는 내담자의 감정이나 행동이 불필요하거나 쓸데없지 않고 중요한 것임을 인정한다는 의미라고 하였다. 격려하기(encouragement)는 지금 잘하고 있다고 말해 주며 응원해 주는 것이라 하였다. 상담자는 내담자의 감정을 인정해 주고, 솔직하게 자신을 개방하는 점을 격려한다.

인정과 격려를 제공하는 시기에 대해 언급하자면 첫 면접 때 기회가 생기면 인정해 주고 격려해 줄 수 있고, 이후 면접에서도 기회가 생길 때마다 해 줄 수 있을 것이다. 다만 면접이 몇 차례 진행된 후에는 인정과 격려를 줄이면서 대신 내면탐색을 더 촉구할 수 있다. 다음 예를 보자.

첫 면접

상담자: 이제 첫 면접을 곧 마칠 것입니다. 마치기 전에 ○○ 씨가 소감을 말씀해 주면 좋겠습니다. 오늘 어떠셨어요?

내담자: 제가 너무 못난 모습을 보인 것만 같아요. 부모님에게도 그런 말을 많이 들었거든요. 멘탈이 약하다고. 선생님도 실망하셨지요?

상담자: 그렇게 생각하실 수도 있습니다만, 저에게는 이런 부분을 솔직하게 말씀해 주신 것이 오히려 인간적이고 용기 있게 보였습니다.

두 번째 면접

상담자: 안녕하세요. 다시 만났네요. 지난번 상담을 마치고 어떠셨어요?

내담자: 기분이 우울했어요. 스스로 문제를 해결하지 못하고 도움을 청하다니…… 창피한 모습을

보였다고 생각했어요. 선생님도 실망하셨지요?

상담자: 어려움에 처했을 때 전문가의 도움을 받으려는 사람은 용기도 있고 현명하다고 생각합니다.

이와 같은 표현들에서 내담자의 감정이 자연스러우며 이해할 만하다는 상담자의 생각과 태도가 내담자에게 전달될 수 있다. 한편 상담 중기에는 질문을 통한 탐색을 시도할 수 있다.

상담 중기의 어느 회기

상담자: 안녕하세요, 한 주간 어떻게 지내셨어요?

내담자: 지난주 상담 마치고 집에 가서 많이 후회했어요. 조금씩 나아진다고 생각했는데, 지난주에는 다 원래대로 되돌아가 버린 것 같았어요. 선생님도 실망하셨지요?

상담자: 본인도 괴로웠을 텐데, 제가 실망하는 것에도 신경 쓰셨나 봐요. 그 마음에 대해 좀 더 얘기해 보시겠어요?

3) 초기불안 표현을 허용하고 공감하기

앞에서 내담자의 불안을 다루는 방법은 그것을 말로 충분히 표현하도록 허용하고, 이를 인정하고 격려하며, 재진술과 반영을 통해 공감해 주는 것이라 하였다. 첫 한두 회기 동안 내담자가 불안을 말로 표현한다면, 섣불리 진정시키려고 하기보다는 충분히 표현하도록 허용하는 것이 중요하다. 초보 상담자는 빨리 진정시키려고 할 테지만, 말로 표현한다면 언제든 다룰 수 있는 여지가 있는 셈이다. 그보다는 내담자가 겉으로 불안하고 긴장되어 보이는데 충분히 표현하지 못한다면, 오히려 그것이 문제일 수 있다. 이럴 때는 다음과 같이 말할 수 있다.

- "표정이 조금 불편해 보이는데, 혹시 염려되는 게 있으세요? 그것을 말로 해 주시면 우리가 함께 다룰 수 있습니다."
- "제가 대학원생이라고 말씀드렸는데, 혹시 당신은 저의 경력에 대해 염려하시나요? 일단 염려하는 바를 충분히 말로 표현해 주세요."

이때 상담자의 관찰력이 필요한데, 내담자의 표정이나 손발이 경직되었음을 통해 긴장하고 있는지 알 수 있다. 불편해 보이는 긴장된 자세로 앉아 있거나 안절부절못하고 계속 시선을 이리저리 피하면 불안이 고조되어 있어서 그런 것이라고 볼 수 있다. 이럴 때는 관찰한 바를 그대로 표현하면 좋을 것이다. 내담자에게 "말하기가 힘들고 조금은 불안해하는 것 같군요." 또는 "당신은 지금 긴장하고 있는 것 같군요." 등의 말을 할 수 있다. 이런 상담자의 대사는 내담자에게 불안한 것에 대해 말할 기회를 주고, 상담자가 자신에게 관심을 갖고 있다고 느끼도록 만들며 차츰 안도감을 갖게 도와준다.

참고로, 내담자가 불안을 표현하면서 어느 정도 진정되는 모습을 보인다면 비록 상담 초기라도 좀 더 내면을 탐색하도록 요청할 수 있을 것이다.

상담자: 표정이 조금 불편해 보이는데, 혹시 염려되는 게 있으세요?

내담자: 선생님이 종교가 없다고 하시니깐, 조금 염려가 되었나 봐요.

상담자: 아, 종교적인 갈등인데, 제가 종교가 없다니 염려하실 수 있겠네요. 그런데 그 염려가 어떤 마음인지 좀 더 말씀해 주시겠어요?

4) 초기불안 다루기에서 주의사항

초기불안을 다룰 때 주의할 점을 몇 가지 언급하자면, 먼저 내담자가 충분히 말로 표현하기도 전에 '아무 염려하지 마라'는 식으로 장담하거나, 내담자를 안심시키기 위해 무조건 '다 잘될 거다'는 식으로 반응하는 것은 좋지 않다는 것이 있다. 호방한 태도로 장담하는 것은 오래가지 못하며, 정말로 내담자의 입장에서 그의 불안을 이해하고 공감할 때에야 불안은 서서히 줄어들게 될 것이다.

그리고 심리상담에서는 침묵이 생기는 것이 흔한 일이지만, 상담 초기에 침묵이 생길 때 내담자는 어찌할 바를 몰라서 불안해할 수 있다. 만일 상담 중기라면 침묵도 함께 나눈다는 의미에서 내담자가 말을 꺼낼 때까지 기다릴 수도 있지만, 상담 초기인 경우에는 아무런 말도 하지 않은 채 침묵이 지속되면 불안이 더욱 커질 수 있으므로 상담자가 간략히 개입하는 것이 좋다. 침묵이 자연스러운 것이고 내담자가 자발적으로 자기 이야기를 하는 것이 중요하다고 간략히 설명을 해 주면 충분할 것이다.

2. 내담자의 다양한 초기불안

상담 초기 내담자의 불안 및 상담에 대한 염려들을 어떻게 다룰 것인가를 개략적으로 살펴보았다. 이제 내담자의 초기불안을 몇 가지 경우로 나누어 살펴보자.

1) 자신을 이상하게 볼까 봐 염려하는 경우

사람들은 상대가 자신을 어떻게 평가할지에 당연히 관심을 갖는다. 상대가 자신을 좋게 봐 주기를 바라는 마음은 누구에게나 있다. 그런데 심리적 문제로 상담센터를 찾아온 내담자의 경우, 상담 초기에는 자신의 문제에 매몰되어 고통을 호소하기에 급급할 것이다. 따라서 상담자가 자신을 이상하게 볼까 봐 염려하는 것은 단지 잘 보이고 싶은 마음을 넘어서는 경우가 있다. 만일 상담자에게 "선생님이 저를 미친 사람으로 보실 것 같아요."라고 말한다면 이 내담자는 단지 좋게 보이려는 수준을 넘어서 내면이 혼란된 상태이고, 도움을 청하러 왔음에도 불구하고 상담자에게서 막연한 비난적 태도를 느끼며 두려워하고 있는 상태일 수 있다.[2] 상담 초반부에 깊은 탐색을 시도하긴 어려우므로, 내담자의 염려를 충분히 존중하고 이해할 것이라는 태도를 보여 주고 넘어갈 수 있으면 좋겠다. 다음 대화 예를 보자.

> **상담자:** 오늘 마치기 전에 소감을 들어 보고 싶어요.
> **내담자:** 제 얘기를 듣고 선생님이 저를 미친 사람으로 보실 것 같아요.
> **상담자:** 저는 그렇게 보지는 않습니다만, 그런 염려가 들 수는 있겠네요. 제가 그렇게 보는지 아닌지는 차차 알게 되실 거예요.

2) 상담자 전문성을 염려하는 경우

자신을 대하는 상담자가 경력이 풍부한 전문가이길 바라는 마음은 누구나 가질 수 있다. 이런 경우 내담자의 질문에 자극받을 필요는 없으며, 의구심을 자연스럽게 받아들이는 태도가 필요하다.

---

2) 이것은 내담자가 자신의 공격성이나 공포를 상담자에게 투사한 것일 가능성이 높다.

내담자: 선생님, 혹시 치료 경력이 오래 되셨나요?

상담자: ○○ 씨 입장에서 상담자의 경력을 궁금해할 수 있습니다. 저는 석사학위를 취득한 후 수련 과정 3년 차에 있습니다. 혹시 염려되는 점이 있으세요?

내담자: 너무 젊으신 것 같은데, 혹시 저와 같은 사람을 많이 상담해 보셨을까? 제 문제를 이해할 수 있을까? 그런 게 염려되었어요.

상담자: 그렇게 말씀해 주시니 오히려 좋군요. 말씀 안 하셨으면 모를 번했네요. 제가 부족하지만 나름대로 충실히 수련을 받고 있습니다. ○○ 씨의 문제를 이해할 수 있을지는 겪어 보면 차차 느낄 수 있으실 겁니다. 저는 최선을 다하겠습니다.

이 예를 보면, 젊은 상담자라도 당황하지 않고 내담자의 의구심을 자연스럽게 받아들이며 반응하였다. 최선을 다하겠다는 표현을 통해 내담자에게 존중을 전달하고 있다.

3) 상담 결과에 대해 염려하는 경우

내담자들은 자신의 문제가 해결될 수 있고 상담이 성공할 수 있을지에 대한 약속을 받고 싶을 수 있다.

내담자: 선생님, 제 문제가 해결될 수 있을까요?

상담자: 최선을 다하겠습니다. 우리가 협력하면 해결책을 찾을 수 있을 것입니다.

그러나 문제가 해결될 수 있을지는 미래의 일이며, 미래는 알 수 없는 것이다. 따라서 상담자는 최선을 다할 것이고, 함께 협력하면 해결할 수 있다며 희망을 고취시킬 수 있다. "아무리 어려운 상황에서도 희망은 있지요."라는 식으로 단순한 진리를 언급해 줄 수도 있다. 비교적 중립적인 태도를 취하고 싶다면, "잘 모르겠습니다. 쉽진 않겠지만, 최선을 다해 보겠습니다."라고 응답할 수 있다.

4) 녹음의 누출에 대해 염려하는 경우

상담 수련생의 경우, 지도감독을 위해서라도 상담 내용을 녹음하는 것이 필요하다. 대부분의 내담자는 필요성을 설명하면 녹음에 동의해 주지만, 어떤 내담자는 그럼에도 불구하고 불편감이나 위협감을 보고할 수 있다. 이 경우는 질문을 통한 탐색으로 내면을 더이해하는 시도를 할 필요도 있다. 그리고 나서 정중히 다시 한번 부탁하고, 그때도 거절한다면 녹음하지 않는 것이 옳다.

> **상담자:** (두 번째 면접 시작 때 녹음장치를 보여 주며) 제가 면접 내용을 녹음하고 싶은데, 괜찮으세요? 지난번 첫 시간에는 동의를 구하지 않아서 녹음하지 않았습니다. 지금 동의해 주시면 녹음하도록 하겠습니다.
>
> **내담자:** 선생님, 기록을 하시는 데 녹음도 꼭 필요할까요?
>
> **상담자:** 제가 많은 상담을 하다 보면 나중에 내용을 기억하지 못할 때가 있어 그때 들어 보려고 보조 수단으로 녹음하는 것입니다. (※만약 수련생의 경우, 지도감독을 받기 위해 필요하다고 설명해 준다.)
>
> **내담자:** 그건 알겠어요. 그래도 녹음하는 것은 좀 찜찜하네요.
>
> **상담자:** 그럴 수 있지요. 녹음에 대해서는 저 혼자 결정하지 않고 ○○ 씨와 협의하여 결정할 것입니다. 그런데 결정하기에 앞서 먼저 어떤 점이 찜찜한지 알려 주시겠어요?
>
> **내담자:** 그냥 제 목소리를 담은 자료가 어딘가에 남아 있다는 것이 편치 않네요.
>
> **상담자:** 어딘가라…… 좀 더 얘기해 주세요.
>
> **내담자:** 그건 마치 제가 위험에 노출되어 있는 느낌이에요.

5) 감정을 주체하지 못할까 봐 염려하는 경우

심리상담은 막힌 감정의 통로를 열어 주고 풀어 주는 작업이라 할 수 있다. 감정을 공유하는 것은 라포 형성에도 도움이 된다. 그럼에도 어떤 내담자는 감정을 주체하지 못하고 폭발할까 봐 염려할 수 있다. 또 어떤 내담자는 첫 면접을 시작하자마자 눈물을 흘리고 나서 상담자의 반응을 살피며 창피해하기도 한다. 이것은 상담자가 자신을 약한 사람으로 볼까 염려하는 것일 수도 있다. 상담자는 이런 것을 염려할 필요가 없음을 설명해 주고, 감정 표현을 부드럽게 권장해 준다.

> **내담자:** 선생님, 눈물이 나올 것 같아요. 어떡하죠?
>
> **상담자:** 슬플 때 우는 것은 자연스러운 것이에요. 마음 안의 감정이 밖으로 나오는 것이니까요.

내담자가 주체하지 못할 감정이 슬픔이 아니라 분노인 경우도 있다. 내담자는 자신을 주체하지 못하고 과격하게 행동하거나 욕을 할까 봐 염려할 수도 있다. 이 경우도 마찬가지로 상담자는 과격한 행동을 예상하고 지레 겁먹을 필요가 없고, 억압된 감정이 표출되는 것은 자연스러운 것임을 설명하고 충분히 표현하도록 허용할 수 있다. 다만, 감정을 주체하지 못할까 염려하는 경우와 평소 공격적인 성향을 자주 보인 경우는 구별해야 할 것이다. 후자의 경우는 상담실 내에서 공격적 행동의 금지에 대해 설명해야 할 것이다.

만일 내담자가 갑작스럽고 심하게 감정을 터뜨린다면, 이때 상담자의 할 일은 기다리는 것이다. 억압된 감정이 갑자기 분출되면 억지로 막기란 어려울 것이다. 침착하게 내담자가 진정되기를 기다린다. 내담자 입장에서 상담자가 기다려 준다면, 감당하기 어려운 감정적 분출을 함께 견뎌 준 셈이어서 라포 형성에 긍정적으로 작용할 것이다. 다만 이 경우 시간이 많이 소요될 수 있어, 감정 반영이나 내면탐색 등 다른 작업은 추후로 연기해야 할 수도 있다. 특히 상담 초반 첫 면접 같은 경우에는 문제 확인이나 구조화 등 많은 작업을 해야 하는데, 강한 감정적 분출이 있는 경우 이런 작업들을 완료할 시간이 부족해질 수 있어 주의해야 한다.

6) 면접 도중 생기는 침묵에 불안해지는 경우

간혹, 상담자가 말을 삼가고 기다리는 것이 오히려 내담자의 불안을 유발할 때가 있다. 특히 상담자에게 의존하고 싶은 내담자에게 이런 현상이 발생할 수 있다. 이 경우 먼저 "침묵이 길어지는군요."라고 말하며 상황을 있는 그대로 보여 준 후, 침착하게 내담자 역할에 대해 다시 설명해 주는 구조화 작업을 할 수 있다.

내담자: (대화가 끊긴 후 상담자가 침묵하며 기다리니 점점 안절부절못하고 긴장한 듯 보인다.)

상담자: 침묵이 꽤 길어지고 있지요?

내담자: 네 맞아요, 완전 어색해요. 선생님, 원래 이렇게 말씀을 안 하셔요? 침묵이 생기니깐 너무 어색한데, 뭐라도 말씀 좀 해 주세요.

상담자: 그렇죠, 좀 어색하죠. 하지만 심리상담에서는 ○○ 씨가 마음을 탐색하는 것이 중요하기에, 제가 기다리고 있었던 거예요. 제가 섣부르게 끼어들면 ○○ 씨가 하고 싶은 말을 못하게 될 수도 있거든요. ○○ 씨가 바라는 것, 두려워하는 것, 그리고 ○○ 씨의 감정들을 허심탄회하게 얘기해 주세요. 저는 ○○ 씨가 준비가 될 때까지 기다리고 있겠습니다.

7) 말을 꺼내는 것에 대한 주저함과 불편함

이번에는 불안이라고 할 정도는 아니지만, 상담 초기 내담자가 말을 꺼내지 못하고 주저하거나 불편해하는 것에 대해 살펴보자.

> **내담자:** 제가 말하는 것이 중요하다고 해도 지나간 이야기를 반복하는 것뿐인데, 이것이 무슨 의미가 있는지 잘 모르겠어요. 남들을 험담하고 싶지도 않고요.

이런 말을 들은 초보 상담자는 난감해지는데, 내담자의 자율성을 존중해야 할 것 같기도 하고 그렇다고 동조하자니 상담 진행이 안 될 것 같기도 하는 염려가 들기 때문이다. 그런데 이때 내담자가 불편해하는 지점은 단지 지나간 이야기를 반복하는 것 때문이 아니라 말을 하면서 겪게 될 감정이 불편하기 때문일 수 있다. 즉, 자신의 이야기 이면에 존재하는 감정들과 경험들을 마주하게 되는 것이 불편한 것이다. 따라서 상담자는 이 불편한 마음을 알아주면서 동시에 부드럽게 심리상담의 원리나 내담자의 역할에 대해 다시 구조화해 줄 수 있을 것이다. 이는 다음과 같이 할 수 있다.

> **상담자:** 지나간 이야기를 반복하는 것이 의미 없게 느껴지고 남들 험담하는 것이 불편하게 느껴질 수도 있습니다. 그런데 앞서 저와 ○○ 씨의 역할에 대해서 말씀드렸을 때, 우리가 마음을 탐색하는 의미를 알려드렸지요. 저는 ○○ 씨의 뻔한 이야기를 들으려는 게 아닙니다. 그 이야기에 담기지 못한 무언가를 찾고 보살피려고 하는 것이에요. 우리가 함께 작업한다면 미처 발견하지 못한 부분들을 발견할 수 있을 것입니다.

앞에서 주의사항에서 언급한 것처럼, '일단 말을 꺼내면 다 잘된다'는 식으로 무조건 안심시키려 하거나 '저를 믿고 다 말해 보라'는 식으로 압박하는 것은 바람직하지 않을 것이다. 내담자가 불편해하는 지점을 정확히 공감해 주어야 불안이 해소되고 라포가 형성되는 것이다. 만일 그럼에도 불구하고 여전히 부담스럽다고 한다면, 말을 꺼냈을 때 어떤 점이 불편한지 탐색해 볼 수도 있을 것이다.

3. 해결책에 대한 조급한 요구 다루기

이번에는 상담 초기에 다뤄야 할 다른 주제를 살펴볼 것인데, 그것은 상담에서 빠른 해결책을 찾으려는 조급한 마음에 대한 것이다. 초기불안과 마찬가지로, 상담 초기부터 이 조급한 마음을 다뤄 준다면 이후 상담은 안정감 있게 진행될 수 있을 것이다.

앞에서도 언급했듯이, 심리상담에서는 해결책을 찾기보다는 그에 이르는 내면탐색의 과정을 더 강조한다. 따라서 빠른 해결책을 찾으려는 조급한 마음은 심리상담에 대해 잘 이해하지 못했기 때문일 수 있다. 이 경우 상담 초기에 구조화를 통해 다룰 수 있다. 다시 말해서, 심리상담의 진행이나 규칙, 각자의 역할 등에 대한 설명을 다시 해 줌으로써 다룰 수 있다는 것이다. 분명 첫 면접에서 설명하긴 하였으나 내담자들은 한 번의 설명으로는 잘 이해하지 못하였을 수 있다. 따라서 내담자가 이해할 때까지 반복하여 구조화해 준다. 다음의 예를 보자.

내담자: 선생님, 제가 바로 취업을 하는 게 나을까요, 아니면 대학을 준비해야 할까요?

만일 상담 초기에 이 질문이 나왔다면,[3] 그것은 심리상담의 본질 및 각자의 역할을 제대로 인식하지 못하고 있음을 시사한다. 심리상담에서 문제 해결의 주체는 내담자다. 심리상담에서 상담자는 내담자가 내면을 탐색할 수 있도록 안내하는 역할을 맡는다. 상담자는 다음과 같이 구조화해 줄 수 있다.

내담자: 선생님, 제가 바로 취업을 하는 게 나을까요, 아니면 대학을 준비해야 할까요?
상담자: 음…… ○○ 씨 인생의 중요한 결정인 것 같은데, 제가 그것을 대신해 줄 수는 없겠지요.
내담자: 네, 그건 저도 알아요. 저는 단지 어떤 것이 좋은지 선생님의 조언을 들어 보고 싶어서요.
상담자: 아, 그렇군요. 그런 조언을 기대할 수도 있겠어요. 그런데 제가 좀 설명을 해야 할 것이 있습니다. 심리상담에서 각자의 역할에 대해서 말이죠. 지난 시간에도 말씀드렸듯이, 사람들의 고민을 해결하는 열쇠는 자기 마음속에 있답니다. 그러므로 취업을 하는 것과 대학을 준비하는 것 사이의 갈등에 대해 ○○ 씨가 더 많이 이야기를 해 주세요. ○○ 씨가

---

3) 만약 이 질문이 상담 중반부에 나온다면 그것은 내담자의 주체성 부족, 확신감 부족, 의존성 등을 시사할 것이다.

바라는 것, 두려워하는 것, 그리고 ○○ 씨의 감정들을 허심탄회하게 얘기해 주세요. 저는 ○○ 씨의 이야기를 듣고, 공감하고, 질문하며 방향키를 잡는 역할을 합니다.

이런 식으로 자문식 상담과 심리상담의 차이점을 설명하고, 심리상담에서 내담자의 주체적 역할을 강조하며 구조화한다. 이와 관련하여, 저자는 상담 초기 구조화를 통해 내담자에게 알려 주어야 하는 네 가지 상담면접의 과정적 가치(過程的 價値) 또는 바람직한 자세를 다음과 같이 정리한다.

* 내담자가 스스로 자신의 습관, 생각, 감정 세계에 대해 탐색하는 것이 좋다.
* 자신의 감정은 현실적이고 중요한 것이며, 감정의 자유로운 표현은 결코 자신이 약하다는 표시가 아니다.
* 평가보다 내면탐색이 중요하다. 어떤 인물 전체를 비난하기보다 그 인물의 구체적인 행동 부분에 대한 불편한 감정이나 자신의 생각을 탐구하는 것이 바람직하다.
* 내담자의 현재를 이해하기 위해서는 과거에 대한 탐색이 필요하다.

때로 어떤 내담자는 몹시 강하게 요구하여 상담자를 곤혹스럽게 할 수 있다. 마치 상담자가 해답을 숨기고 있는 것처럼 말하는데, 이 역시 상담 및 상담자의 역할에 대해 잘 알지 못하거나 비합리적인 기대를 가지고 있음을 보여 준다. 상담자는 침착하게 반복하여 설명해 줄 수 있다. 다음의 예를 보자.

내담자: 선생님, 그러지 말고 해결책을 제시해 주십시오. 요즘 같아서는 속상해서 못 견디겠어요. 선생님은 제가 어떻게 해야 할지 말해 주실 수 있잖아요?

상담자: 지금 상당히 불안하고 어찌할 바를 모르는 심정인 것 같구나. 그러나 해결방안은 당사자만이 찾을 수 있는 경우가 많아. 우리가 같이 더 생각해 보고 이야기하는 가운데 어떤 결론에 도달할 수 있을 것으로 난 믿고 있어.

대화 예에서 상담자는 내담자의 입장에서 그의 조급함을 충분히 이해하고 있다. 그리고 짜증이나 화를 내지 않고 정성을 들여서 상담자와 내담자가 할 일에 대해 설명하고 있다.

때로 어떤 내담자는 상담자가 해결해 줄 것이라는 식으로 소개를 받고 오는 경우도 있는데, 이 경우에도 설명을 통해 오해를 교정해 주어야 할 것이다. 다음의 예를 보자.

상담자: 나는 왜 자네가 여기에 오게 되었는지 잘 모르겠는데, 교장 선생님이 언젠가 자네 이야기를 한 번 했던 것 같기도 하고.

내담자: 그래요. 교장 선생님과 저희 담임 선생님이 선생님을 만나 보는 게 좋겠다고 말씀하셨습니다. 그분들은 선생님을 훌륭한 상담 선생님이라고 하시면서, 선생님께서 저의 부적응 문제를 진단해 주실 수 있을 거라고 말씀하시더군요. 그분들은 제가 지금은 잘못하고 있지만, 선생님께서 저의 문제가 무엇인지 진단을 하고 저를 도와주실 수 있을 거라고 말씀하셨어요.

상담자: 그러니까 그분들은 자네에게 도움이 필요하다고 생각하고 계시고, 자네는 그분들이 권하신 대로 나를 찾아왔다는 말인가?

내담자: 글쎄요. 그분들은 제 능력으로 할 수 있는 만큼을 제가 못하고 있다고 그러시더군요. 그리고 선생님께서 저를 연구하신다면 어째서 그런지 알 수 있을 거라는 겁니다.

상담자: 그렇다면 이 말을 해야겠는데, 나는 지금까지 교장 선생님이나 다른 선생님이 소개한 학생들에게 직접적인 충고를 해 준 적이 별로 없었어. 만약 자네 자신이 문제가 있다고 느끼는 경우라면 같이 이야기하는 가운데 도움이 될지 모르겠지만 말이야. 나는 사람들이 해답을 추구하는 것도 중요하지만, 그 해답을 찾기까지 다른 사람과 함께 이야기를 나누는 시간들도 매우 중요하다고 생각하네. 나는 자네가 나와 함께 그런 시간을 가졌으면 좋겠네.

이 대화에서 역시 상담자는 정성을 들여 상담자의 역할 및 상담의 과정에 대해 설명하고 있다. 짜증을 내거나 비난하는 식이 아니라, 내담자가 오해할 수도 있음을 그의 입장에서 이해하고 차근차근 설명하는 것이다.

4. 초보 상담자의 불안 다루기

초기불안은 내담자에게도 존재하겠지만 상담자에게도 존재할 수 있다. 이번에는 상담자의 초기불안에 대해 살펴보자. 초보 상담자의 경우 내담자의 기대치가 너무 높거나, 내담자의 증상이 심각하거나, 내담자가 자기주장이 강하고 요구적인 경우 당황하고 불안이 올라올 수 있다. 그런데 내담자의 실제 행동 및 태도와 별개로 상담자 자신에게 불안이 내재되어서 그렇게 보일 수도 있다. 즉, 일종의 투사(projection) 현상으로, 상담자 자신의 염려와 불안이 내담자에게 옮겨져 기대치가 너무 높고 증상이 심각하며, 자기주장이 강하고 요구적인 것처럼 보인다는 것이다. 따라서 만일 실제 내담자의 기대치가 높은 것인지, 아니면 상담자 자신의 마음에서 비롯된 것인지를 분별하지 못한다면 상담자는 내담자의 기대에 맞추어 빨리 문제를 해결해야 한다는 압박감에 효과 없는 위로나 충고를 남발하기 쉬울 것이다. 자신의 마음을 먼저 보고 다스려야 하는데도 말이다.

요컨대, 초보자는 상담 초기에 다음과 같은 개인적 염려와 불안을 점검해야 할 것이다.

* 내담자에게 능력이 부족한 상담자로 보이지 않을까 하는 염려
* 면접을 주도적으로 이끌어 나가지 못할 것 같은 불안
* 내담자가 비협조적이거나 거부적이면 어떡하나 하는 염려
* 내담자가 적대적인 태도를 보이지 않을까 하는 염려
* 내담자가 내놓은 문제를 해결하지 못할 것 같은 불안
* 내담자가 자기주장이 강하고 요구적이면 어쩌나 하는 염려 등

초보자의 경우에는 내담자의 실제 태도나 행동과는 관계없이 자기 내면의 불안과 긴장감으로 첫 면접을 망치기 쉽다. 따라서 스스로에게 비합리적이거나 비현실적인 기대가 있는지 점검하고 자신의 불안과 긴장감을 조절할 수 있도록 노력해야 할 것이다. 만일 혼자서 긴장과 불안을 다스리기 어렵다면 선배 상담자의 경험담을 참조하거나 지도감독자로부터 정기적으로 지도를 받는 것이 도움이 될 것이다.

참고로, 면담 도중 생기는 긴장을 다스리는 데 도움을 줄 만한 요령들을 소개하면 다음과 같다.

* 상담실의 좌석을 스스로 고안, 배치하여 상담실의 구조적 환경에 친숙해진다. 낯선 상담실에 처음 들어가면서 면접을 하거나 남의 방을 빌려서 내담자를 대할 때에는 비교적 마음이 편치 않고 긴장되기 때문이다.
* 내담자를 상담실로 직접 안내하고 격의 없이 자신의 신분을 밝히며 내담자가 앉을 좌석을 정해 주는 등의 적극적인 태도를 취한다. 이렇게 하면 상담자가 면접의 진행을 통제할 수 있다는 자신감을 가지게 되고, 동시에 긴장감을 많이 해소할 수 있다.
* 면담 도중에 중요한 내용을 메모하거나 기록하는 것이 불안을 덜어 줄 수 있을 것이다. 기록하는 것이 상담에 도움이 되려면 내담자가 말하는 내용 중 중요한 말을 놓치지 않을 정도로 경청하면서 동시에 기록해야 한다. 특히 초보자로서는 기록함으로써 긴장을 덜

수 있을지 모르나, 반대로 기록에 정신이 팔려 문제에의 탐색 및 내담자 행동 관찰을 소홀히 하기 쉬움에 유의해야 한다.[4]

* 자기 나름대로 자유롭게 이끌어 나간다는 태도를 취하면 마음이 상당히 편해질 수 있다. 예를 들면, 내담자가 묻는 질문마다 모두 대답해 줄 필요는 없고, 이미 대답했거나 말한 것을 나중에 얼마든지 수정할 수 있다는 마음가짐이면 긴장을 덜 느끼게 된다. 또한 물어보려고 했다가 잊어버렸던 질문은 나중이라도 할 수 있으며, 분명하지 않은 이야기를 명확히 이해하기 위해 얼마든지 물어볼 수 있다는 생각을 가진다.

* 내담자의 침묵을 겁내지 말아야 한다. 내담자가 말을 안 하고 있다고 해서 반드시 면담이 실패로 가고 있다고 볼 수는 없다. 왜냐하면 침묵 속에서 내담자는 과거를 돌이켜 보거나 자신의 문제를 깊이 생각해 보고 있을지도 모르기 때문이다. 또 내담자의 침묵을 도전이나 저항의 의미로 받아들여서는 안 된다. 상담자의 능력이나 경력에 대한 의심으로 받아들일 필요도 없다. 내담자의 침묵은 대개 스스로의 갈등 때문에 생긴다.

* 면담을 어떤 방향으로 이끌어 나가야 할지 잘 모를 경우에는 내담자에게 좀 더 이야기하도록 요청하면서 마음을 가다듬을 수 있다. 지금 현재의 심정이 어떤지를 물어보는 것도 잠깐의 여유를 되찾을 수 있는 좋은 방법이다.

* 내담자가 불만을 얘기하는 것은 말하지 않고 속으로 간직하고 있는 것보다 훨씬 낫다고 여긴다.

* 만일 상담을 잘해야 한다는 압박감이 심하다면, 이 압박감이 어디서 왔는지 잠깐 생각해 본다. 본래 나 자신이 완벽주의적이라면 스스로 압박감을 줄이도록 노력해야 할 것이다. 만일 내담자에게서 은연중에 전달되어 온 것이라면 내담자를 내면탐색으로 이끌면 된다.

* 긴급한 상황(예: 과격한 행동이나 자해 시도)이 발생한다면 당황하게 되는 것은 당연하다. 혼자서 처리해야 하는 법은 없으며, 다른 사람에게 도움을 받는 것은 얼마든지 가능하다. 긴급한 상황에서는 상담실을 벗어나 다른 상담자나 직원의 도움을 청하는 것도 가능하다.

물론, 시간이 지나고 상담 경험이 쌓여야 상담자로서 자신감과 능력을 확고하게 느끼게

---

4) 기록에 대해서는 면담 도중에 기록하느냐 면담을 마친 후 기록하느냐에 이견이 있다. 여기서는 면담 도중 기록하는 것이 초보 상담자의 불안을 줄이는 한 방법으로 사용될 수 있다는 것이다.

될 것이다. 그러나 여기서 언급한 것들만 명심해도 초보자는 보다 편안한 느낌을 갖게 될 것이다. 그리고 내담자의 호소 문제가 이제껏 경험해 본 적이 없는 문제라 하더라도 두려워할 필요는 없다. 동료 및 선배 상담자와 의논하면 해결의 길을 찾을 수 있을 것이다.

1) 자살 위험성에 대한 부담

이번에는 초보 상담자에게 실제로 부담스러울 수 있는 상황 몇 가지를 언급해 보겠다. 첫째는 우울이 심해 자살 가능성이 있는 내담자를 맞이하는 상황이다. 첫 면접 동안 상담자는 혹시 자살 위험이 높으면 과연 상담이 가능할까 염려할 수 있다. 내담자의 잠재적 자살 가능성은 내담자에게뿐만 아니라 상담자의 안정감을 위협할 수 있다. 따라서 이런 염려가 생긴다면 상담자는 바로 확인을 하는 것이 좋다. '자살'이나 '죽는다'는 표현을 사용하는 것을 꺼림칙하게 여길 수도 있지만, 드러내지 않고 불안해하는 것보다 드러내 놓고 다루는 것이 훨씬 더 낫다는 것을 명심하자.

> **상담자:** (첫 면접 도중 내담자의 우울한 기분을 공감하며) 지금 이야기를 들어 보니 며칠 동안 기분이 너무 우울하고 잠도 제대로 자지 못한 것 같군요. 그렇다면 혹시 죽고 싶은 마음도 들었나요?
> **내담자:** 조금 그런 것 같아요.
> **상담자:** 안타깝네요……. 혹시 그럼 시도를 하셨나요?

이때 내담자의 응답에 따라 상담자는 후속 대처를 결정할 수 있다. 만일 죽고 싶은 마음은 있지만 별다른 계획을 세우지 않았거나 자살을 시도하지 않았다면 실제 가능성은 높지 않으므로 그 마음을 공감해 주면 될 것이다. 그러나 내담자가 구체적인 계획을 세웠다거나 혹은 기존에 자살을 시도한 경력이 있다면 상담자는 이번 상담 기간 동안 자살을 하지 않을 것임을 분명히 다짐받아야 하고, 기록으로 남겨야 한다. 상담자가 불안한 상태로 내담자를 돌볼 수는 없을 것이다. 상담자가 본인의 불안을 감당하기 어렵다면 지도감독자에게 보고하거나 다른 전문 상담자에게 의뢰하는 방안도 고려해 볼 수 있다.

2) 정신증 내담자에 대한 부담

초보 상담자가 부담스러워하는 둘째 상황은 내담자가 정신증상을 겪고 있을 때다. 대표적인 정신증상으로는 환청과 망상이 있다. 이런 증상을 조절하기 위해서는 일차적으로 대화를 통한 심리상담보다는 약물처방이 도움이 될 수 있다. 따라서 초보 상담자들은 약물 처방을 받을 수 있는 병원으로 의뢰해야 할 것 같은 압박감을 느낀다. 정신증 내담자가 위험한 행동을 충동적으로 저지르지 않을까 하는 불안감도 한몫한다.

그런데 여기서 중요한 것은 내담자에게 약물 처방의 효과에 대해 안내하는 것과 내담자를 포기하는 것은 별개라는 것이다. 초보 상담자들은 내담자를 병원으로 의뢰하면 문제가 해결될 것이라 기대할 수 있는데, 약물 처방은 환청이나 망상과 같은 양성증상을 조절해 주지만 내담자가 겪는 심리적 고통이나 대인관계 부적응을 직접 해결해 주지는 않는다. 게다가 상담자가 내담자를 다른 곳으로 의뢰한 후 더 이상 관심을 기울이지 않는다면, 이것은 내담자 입장에선 버려지는 것과 유사할 수 있다. 상담자의 책임은 약물 처방을 적극 권유함과 동시에, 내담자가 원할 경우 지속적으로 상담을 제공하며 돕는 것이다.

한편, 내담자가 약물 처방이나 의뢰를 거절한다면 이에 대한 내면탐색도 시도해 볼 수 있다.

상담자: 지금 이야기를 들어 보니 환청 증상이 있는 것 같아요. 알고 있었어요?
내담자: 예, 그런 것 같기도 하고 아닌 것 같기도 하고…… 근데 나를 욕하는 소리가 계속 들려 괴롭긴 해요.
상담자: 환청 증상은 약을 먹으면 좋아질 수 있어요. 약물 처방을 시도해 보셨나요?
내담자: 아 그게…… 약을 먹는다는 게 좀 꺼려져요.
상담자: 어떤 점에서 꺼려지는지 좀 더 말해 주세요.

앞서 자살 가능성이 있는 경우와 마찬가지로, 상담자 혼자 판단이 서지 않을 때는 동료나 지도감독자에게 상의하여 도움을 받을 수 있다. 그리고 내담자의 증상 및 약물 처방 권유에 대해서는 기록으로 남겨 둔다.

3) 위기상담 처리에 대한 부담

심리상담에 오는 내담자들 중에서는 당장 특별한 위기상황으로 긴급 조치가 필요한 경우가 있다. 이런 사람들을 상담하는 경우를 위기상담이라고 하며, 대표적인 것이 자살 위기에 처한 사람의 상담이다. 앞에서 자살 위험성에 대한 부담을 언급하였는데, 상담자가 판단하기에 내담자의 자살 충동이 상당한 수준이라면 이것을 위기로 판단하고 추가 조치를 취해야 할 것이다. 갑작스러운 자살 충동이 생긴 사람들을 위해 24시간 운영하는 자살예방 전화상담 서비스 같은 것을 이용하도록 권고할 수 있다. 자살 위기 외에도 다양한 위기 상황이 있을 수 있는데, 가정폭력이나 성폭력 피해 같은 경우가 있다.

이 책은 비교적 자발적인 내담자가 예약을 한 후 1:1로 진행하는 개인 심리상담에 대한 내용을 다룬다. 그러므로 상대적으로 위기 상황을 처리해야 할 부담은 적지만, 그럼에도 불구하고 위기 상황 발생 가능성은 초보 상담자에게는 부담이 될 것이다. 예를 들어, 가출 청소년이나 성폭력 피해자 상담의 경우 당장 거처를 마련해 주거나 의료적, 법률적 조치가 필요할 수 있는데, 이런 조치에 익숙하지 않은 상담자들은 당황스럽고 부담이 될 수 있다. 상담자가 부담을 심하게 느끼는 경우 본인의 한계를 인정하고 다른 전문가에게 의뢰하는 것이 바람직할 것이다. 청소년 상담센터나 성폭력 피해자 상담센터와 같은 곳에서 이들을 훨씬 더 잘 도울 수 있다.

저자가 여기서 강조하는 바는, 초보 상담자가 다양한 위기 상황 발생에 대한 부담을 느끼는 것은 당연할 수 있으며,[5] 이 경우 주변의 전문가나 전문기관에서 적절한 도움을 청할 수 있다는 것이다. 일단 내담자의 위기 상황을 기록하고, 상급 상담자나 지도감독자에게 보고하며, 다른 전문기관으로 의뢰한다. 그리고 앞에서도 언급했듯이, 다른 기관으로 의뢰하고 관심을 끊는 것보다 내담자가 원할 경우 상담을 지속하는 것도 필요하다.

이 밖에 초보 상담자가 부담스러워할 만한 상황으로 비자발적이고 비협조적인 내담자를 만나는 상황도 있다. 이는 숙련된 상담자라도 충분히 어려워할 상황이며, 다소 복잡한 측면이 있으므로 다음 절에서 별도로 다루어 보겠다.

5. 라포(촉진적 관계)의 형성

앞의 작업들은 모두 상담 초기 촉진적 관계, 즉 라포를 형성하기 위한 밑 작업들이라 할 수 있다. 이 시점에서 라포에 대해 다시 살펴보자.

---

5) 심리상담 영역 내에 위기 상황을 다루는 독자적인 위기상담 영역이 있다. 위기상담은 정해진 장소에서 정기적으로 진행하기 어렵기에, 이 책에서 다루는 치료적 심리상담과는 다소 차별점이 있다. 위기상담에 대해 더 공부하고 싶다면 해당 전문서적을 참고해야 할 것이다.

1) 라포 형성의 의미와 중요성

우리는 어떤 사람에게 믿음이 생기는가? 언제 그를 신뢰하게 되는가? 내담자 문제의 파악, 상담구조화와 함께 상담 초반부 핵심 과제 중의 하나가 바로 상담자와 내담자 간 라포(rapport) 형성이다. 또는 촉진적(협력적) 관계를 형성한다고도 말하며, 쉽게 말해 온화하고 수용적인 분위기를 만드는 것으로 이해하면 된다. 사람들은 온화하고 수용적인 분위기에서는 자신을 잘 드러낼 수 있지만 딱딱하고 경직된 분위기에서는 자신을 드러내기가 어렵다. 만일 상담자가 내담자에게 온화하고 수용적인 분위기를 제공할 수 있다면 내담자는 경계심을 풀고 자신을 더 깊이 개방할 것이다.

상담자와 내담자가 맺는 촉진적 관계가 중요한 것은 이후 모든 상담 진행의 바탕이 되기 때문이다. 내담자가 상담센터에 나타나지 않으면 아무리 유능한 상담자나 효과적인 상담 이론도 무용지물이 된다. 즉, 내담자와 연결된 바탕 위에서 심리학적 원리가 작동할 수 있는 것이다. 예를 들어, 라포가 잘 형성되어 있다면, 상담자가 생각 점검을 시도해 보자는 권유를 내담자들은 선뜻 받아들일 것이다. 또 상담자가 기존 관점에 도전하거나 새로운 관점을 제시할 때도 마찬가지다. 라포가 잘 형성되어 있다면, 상담자의 도전에 내담자는 덜 상처받을 수 있다. 비록 일시적으로 저항할 수도 있지만, 상담을 그만두기까지 하지는 않을 것이다. 반면 라포 형성이 잘되지 않은 상태라면, 비록 이론적으로는 타당한 해석이나 직면이라 해도 내담자는 상처받을 수 있으며 결국 상담을 그만둘 수 있다.

* 상담이 지속되지 않으면 아무리 유능한 상담자나 효과적인 상담 이론도 무용지물이다.

상담자는 이를 위해 상담 초반에 여러 가지 노력을 기울인다. 특히 첫 면접에서 외모나 첫인상에 신경을 써야 하며, 부드럽고 따스한 관심과 태도를 보여 주어야 한다. 또한 전문가로서 전문성과 여유로움도 전달할 수 있으면 좋다. 이런 상담자의 모습이 내담자에게 느껴지고 전달될 때 내담자는 편안하게 자기를 드러낼 수 있고, 효과적으로 상담자와 교류하게 될 것이다.

2) 라포와 관계 원리

앞에서 관계 원리에 대해 설명한 적이 있다. 관계 원리란 일치성(진실성), 비판단적 존중, 공감적 이해의 세 가지 태도를 상담자가 보여 줄 때 상담자와 내담자 간 촉진적 관계 (라포)가 형성되고, 이 관계가 내담자 문제 해결에 도움이 된다는 원리다. 상담자의 이런 태도나 자세가 내담자에게 전달될 때 내담자는 '상담자는 내가 어떻게 느끼는지를 알고 있구나(공감적 이해).' '상담자는 나를 판단하지 않고 있는 그대로 받아들이고 있구나(비판단적 존중).' '상담자는 위선적이 아니고 항상 순수하게 나를 대하는구나(일치성).'라고 느끼게 된다. 이 세 가지 기본 태도에 더하여 상담자의 전문성을 보여 줄 수 있다면 내담자는 '상담자가 내 문제를 도와줄 수 있는 능력과 방법을 갖추고 있구나.'라고 느끼게 되며 상담자를 믿는 마음이 생기게 된다고 한다. 촉진적 관계는 어떤 특정 멘트로 형성되는 것이 아니며, 좋은 관계를 맺으려는 마음을 담은 모든 대화 속에서 자연스럽게 형성된다.

3) 라포 형성과 공감적 대화

저자의 견해로, 일치성, 비판단적 존중, 공감적 이해 모두가 중요하지만, 이 중에서 특히 공감적 이해가 실질적으로 상담 초기 라포 형성에 기여한다고 본다. 상담은 언어적 대화를 통해 진행되며, 공감이 정확한지는 내담자가 확인할 수 있다. 앞에서 내담자의 초기불안에 대해 설명하였는데, 초기불안을 다루는 것도 허황된 장담이 아니라 정확한 공감적 대화에 기초하였기에 내담자는 안심하게 되고 상담자에게 신뢰를 갖게 되는 것이다. 즉, 내담자의 초기불안에 대해 '그럴 수 있다.' '그것은 자연스럽다.'라고 인정해 주는 것도 중요하지만 궁극적으로 내담자의 불안에 대한 이해와 공감을 말로 전달하는 부분에서 신뢰감이 생긴다는 것이다.

다음 대화의 예를 보자. 전문 상담자가 첫 면접에서 내담자의 초기불안을 다루려 하고 있다. 상담자가 공감적 대화를 나누고 있는지 살펴보자.

상담자 1: 이제 첫 면접을 곧 마칠 것입니다. 오늘 소감을 말씀해 주시겠어요?

내담자 1: 음, 솔직하게 말해도 되나요?

상담자 2: 네, 저 듣기 좋으라고 말씀하시는 것보다 솔직하게 말씀해 주시는 것이 앞으로의 상담 방향을 잡을 수 있어 도움이 됩니다.

내담자 2: 말해 놓고 나니 조금 후회가 되기도 해요. 아마 선생님이 저를 이상하다고 생각하실 것 같아요.

상담자 3: 좀 더 자세히 말해 보시겠어요?

내담자 3: 제 얘기를 듣고 속으로 찌질하다고 생각하실 것 같아요.

상담자 4: 음…… 그렇다면 상담이 끝나고 집에 가서도 맘이 편하지 않겠네요. 계속 생각이 나겠어요.

내담자 4: 맞아요. 집에 가서도 계속 찝찝할 것 같아요.

상담자 5: 그 마음이 좀 더 잘 느껴지네요. 그런 염려에도 불구하고 오늘은 참 솔직하게 말씀해 주신 거네요. 애쓰셨습니다. 이 마음에 대해서는 다음번 만남에서 또 얘기하기로 하고 오늘은 일단 마칠 거예요. ○○ 씨가 예상한 대로 정말 집에 가서도 후회스런 맘이 드는지, 아니면 다른 새로운 마음이 드는지 관찰해 보세요. 그리고 다음번에 저를 만날 때 그 얘기를 해 주세요.

앞의 대화에서 상담자 4의 대사는 내담자의 입장을 정확히 이해하고 공감하였기에 나올 수 있는 것이다. 즉, 그의 입장에서 생각하고 느낀 대로 말한 것이다. 이런 공감적인 반응을 해 줄 때 내담자는 '상담 선생님이 내 마음을 잘 알고 있구나.'라고 느끼며 조금씩 마음을 더 열게 되고, 상담은 단발성으로 끝나지 않고 정기적으로 이어질 것이다.

공감적 대화에서 '공감'에 대해 다시 생각해 보게 된다. 공감에는 '상대방의 입장을 헤아린다'는 측면과 '감정에 반응한다'는 측면이 공존한다. 정확한 공감을 위해서는 상대방이 느끼는 감정과 내 감정이 일치해야 할 것이다. 내담자의 느낌을 지레짐작하여 자신이 느끼는 것과 같다고 착각하면 안 될 것이다. 예를 들어, 내담자가 "어머니가 때리셨어요." 라고 말했는데 상담자도 같은 경험이 있기에 억울하고 분한 마음이 들었지만, 내담자는 어머니가 오죽하면 그랬을까 싶어 자신을 반성하게 되었을 수 있다. 이때 상담자가 자신의 감정을 내세운다면 제대로 된 공감이 되지 못하고 단지 자신만의 동감(sympathy)에 그칠 것이다.[6]

심리상담이 자문식 상담이나 일상 대화와 다른 특징 중 하나는 항상 감정에 주목한다는 것이다. 심리적 문제는 객관적 상황이나 손익관계를 따지는 것만으로는 해결하기 어려우며, 모순적이고 복잡하게 구성되어 있는 정신 내면을 탐색하여 스스로에 대한 자각을 얻고 통찰에 이르러야만 해결될 수 있을 것이다. 내면탐색 여행을 위해 우리는 나침반

---

6) 동감(sympathy)은 상대방의 감정을 자신의 입장에서 이해하는 것을 의미한다. 반면 공감(empathy)은 상대방의 감정을 상대방의 입장에서 이해하는 것을 의미한다.

을 따라가게 되는데, 흔히 감정이 그 역할을 한다. 따라서 상담자는 내담자의 얘기 속에 묻어 있는 감정에 주목하고 그 감정을 함께 느껴 보려고 노력하는 것이다. 내담자의 입장에서 생각하고 행동하다 보면 그 감정도 느껴질 것이다. 물론 처음부터 잘되지는 않을 수 있다. 그러나 악기를 조율하듯이 내담자의 감정에 천천히 조율하다 보면 내담자의 감정과 공명하게 될 것이다.

한편 공감의 효과는 공감하고 있음을 상대방에게 전달할 때 나타날 것이다. 아무 말 없이 이심전심으로 공감하는 것도 가능하겠지만 대개 상담에서는 공감을 상대방에게 언어로 표현해서 전달해 주는데, 전문적 공감은 단순히 맞장구치는 것이 아니기 때문에 결코 만만한 작업은 아니다. 기법적으로 볼 때, 상담자는 반영기법을 활용하여 공감을 가장 잘 전달할 수 있다. 앞에서 설명했듯이, 반영기법은 내담자의 대화 속에 묻어 있는 감정에 주목하고 이를 언어로 되돌려 주는 것이다. 그리고 반영기법을 활용할 때도 기계적으로만 하면 충분하지 않을 것이다. 타인의 감정을 살펴서 "속상했구나." "섭섭했구나." 등 "~했구나."라는 식의 대사를 해 주는 것은 어렵지 않다. 그러나 인간에게는 표면적으로 느끼는 표층감정 외에도 본인 자신도 잘 인식하지 못하는 심층감정이 있는데, 이 심층감정을 공감해 주는 것이 핵심일 것이다. 상담자가 심층감정을 공감해 줄 때 내담자는 깊이 위로받게 될 것이며, 스스로의 내면을 자각하여 힘을 되찾을 수 있을 것이다.

다음 대화 예를 보면서 표층감정과 심층감정의 공감에 대해 생각해 보자.

내담자: 돈 문제로 남편이랑 또 싸웠어요.

상담자: 아유 저런, 무슨 일인지 좀 더 자세히 말해 보세요.

내담자: 시부모님 칠순 잔치 비용을 얼마 내기로 계획했었는데, 막상 잔칫날이 되니 남편은 계획했던 것보다 돈을 좀 더 내더군요. 가뜩이나 생활비가 부족한데, 그렇게 합의 없이 돈을 내 버리면 나는 살림을 어떻게 꾸리겠어요.

상담자: 음…… 남편이 막무가내로 행동해서 못마땅한 것인가요?

내담자: 꼭 그렇지는 않아요. 이게 나쁜 일은 아니잖아요. 그리고 큰돈도 아니었어요. 어찌 보면 사소하긴 한데…….

상담자: 사소한 일인데도 찝찝함이 남은 거군요.

내담자: 네 그래요. 계속 마음에 남아 있어요. 제가 어쩌다 이렇게 되었을까 그런 마음이 들어요.

상담자: 음…… 남편을 원망하는 것 같기도 하지만 자신을 비난하는 마음도 있는 것 같아요.

내담자: (눈시울이 붉어지며) 네 맞아요. 예전의 저라면 돈도 잘 쓰고 정말 잘나갔거든요…….

여기에 글로 적힌 대사의 예가 조금 어렵게 느껴질 수 있는데, 자세히 살펴보면 남편이 못마땅하다는 표층감정 이면에 초라해진 자신에 대한 비난이 숨어 있다. 초보 상담자라면 심층감정을 포착하기 어려울 수 있다. 여기서 초보자와 전문가의 차이가 드러난다. 초보자는 내담자가 속마음을 제대로 표현하지 않기 때문에 공감이 어렵다고 하지만, 실은 내담자는 나름 심층감정을 표현하였음에도 불구하고 초보 상담자가 이를 잘 포착하지 못한 것이다. 따라서 전문 상담자가 되려면 심층감정을 공감할 수 있도록 수련해야 하며, 이를 위해 먼저 자기 자신의 심층감정부터 자각해야 할 것이다. 혼자서 하기 어렵다면 교육분석을 통해 도움을 받아야 할 것이다.

앞에서 잠깐 공감과 동감의 구별을 설명하였는데, 동감은 상대방의 감정에 공감하지 못하고 그것과 유사한 듯 보이는 자신의 감정에 빠져 버리게 되는 것이다. 이렇게 되면 심층감정의 포착은 더 어렵게 된다. 앞의 대화로 예를 들어 보자.

공감이 아닌 동감

내담자: 돈 문제로 남편이랑 또 싸웠어요.

상담자: 아유 저런, 무슨 일인지 좀 더 자세히 말해 보세요.

내담자: 시부모님 칠순 잔치 비용을 얼마 내기로 계획했었는데, 막상 잔칫날이 되니 남편은 계획했던 것보다 돈을 좀 더 내더군요. 가뜩이나 생활비가 부족한데, 그렇게 합의 없이 돈을 내 버리면 나는 살림을 어떻게 꾸리겠어요.

상담자: (상담자 자신의 남편을 떠올리며) 정말 너무하네요. 그렇게 막무가내로 행동하면 ○○ 씨는 뭐가 되겠어요. 정말 내편이 아니라 남의 편이네요.

이 대화 예에서 알 수 있듯이, 상담자가 내담자의 문제에 감정이입이 되면 오히려 정확한 공감을 방해할 수도 있게 된다. 내담자 편을 들어 주는 효과가 있기는 하지만, 본래 내담자가 말하고 싶었던 내용이 아닌 다른 방향으로 흘러갈 가능성도 있다.

6. 라포 형성의 평가

첫 면접 및 초기 몇 차례의 면담을 마치면, 상담자는 촉진적 관계가 얼마나 형성되었는지를 평가하며 반성해 볼 필요가 있다. 많은 연구에서 확인된 바에 의하면, 촉진적 관계에서 중요한 것은 상담자의 태도 자체가 아니라 상담자의 태도에 대한 내담자의 지각이다. 즉, 내담자가 상담자를 부드럽고 따뜻하게 지각할 때에만 촉진적 관계의 효과가 나타날 수 있다는 것이다. 촉진적 관계를 평가할 때는 다음의 기준에 따라 검토하는 것이 바람직하다.

① 나는 내담자가 말한 것을 이해했는가?

② 내가 이해했다는 것을 내담자가 알았는가?

③ 나는 내담자의 문제를 내담자의 관점에서 보았는가?

④ 내담자는 내가 수용적으로 대하고 있었음을 아는가?

⑤ 나는 내담자에게 따뜻하고 관심 있게 대했으며 그것을 행동으로 나타냈는가?

⑥ 내담자는 내가 따뜻한 관심을 나타낸 것을 전달받았는가?

⑦ 내담자가 나에게 말하기를 주저하거나 꺼리는 것이 있는가? 있다면 그것이 상담관계에서 무엇을 의미하는가?

⑧ 내담자의 가치관, 신념, 의견 등이 나와 다른가? 그러한 차이 때문에 내가 수용적으로 대하는 데에 지장이 있었는가?

⑨ 면담 동안 나 자신에게 솔직했고 내담자를 성실하게 대했다고 볼 수 있는가?

⑩ 나는 적절한 때에 전문적인 태도로 내담자에게 도움을 주었는가? 그리고 자기를 도울 수 있는 전문적인 상담자로서 내담자가 나를 받아들였는가?

이 질문들에 스스로 응답하며 내담자와 맺은 관계를 점검해 볼 필요가 있다. 참고로 일곱 번째 항목과 관련하여 하나 더 언급하자면, 상담자는 내담자가 어떤 것을 말하기 꺼릴 때 이를 상담자 자신의 능력이나 특성과 섣불리 결부시켜 과민하게 반응할 필요가 없다는 것이다. 많은 경우 내담자가 자신의 이야기를 꺼리는 것은 상담자가 못 미덥거나 상담자를 불신해서가 아니라 자신의 문제에 매몰되어 있기 때문이다. 침묵이 생기거나 내담자의 표정이 어두워질 때 초보 상담자는 나 때문이 아닌가 지레짐작하여 불안해질 수 있다. 그러나 숙련된 상담자는 이런 불안을 견딜 수 있고, 내담자의 마음이 드러날 때까지 침착하게 면접을 이끌어 갈 수 있다.

7. 비자발적인 내담자의 경우

앞에서 언급했듯이 이 책에서는 1:1로 만나 내면을 탐색하고, 자아를 성장시키는 치료적 심리상담에 대해 다루고 있다. 심리상담에서 성공적인 문제 해결을 위해서는 내담자의 적극적인 참여와 협조가 필수적이며, 치료적 심리상담 장면에서 내담자들은 비교적 자발적으로 찾아온다. 패터슨(Patterson, 1990)은 심리상담에서 내담자(client)가 된다는 것은 자발성을 포함하고 있기에, '비자발적 내담자'란 것은 없다고도 하였다. 로저스(Rgers, 1957)도 치료적 상담이 되기 위해서는 '어느 정도의 갈등과 내적 불일치나 염려를 표현하는 내담자'가 와야 한다고 하였다.

그런데 현실적으로 모든 내담자가 스스로의 의지로 상담센터에 찾아오는 것은 아니다. 부모나 교사, 배우자에게 이끌려 상담 장면에 들어온 사람도 있으며, 이런 사람들을 '비자발적 내담자'라고 한다. 이들은 심리상담에 대한 동기가 약할 수밖에 없고, 따라서 내면탐색 같은 심리상담의 작업이 이루어지는 것이 매우 어렵다. 이들을 대하는 것은 복잡하고 어려워서 이 책의 범위를 벗어나며, 다만 여기서는 상담 초기에 비자발적 내담자를 만났을 때 상담자의 불안이나 부담을 어떻게 다룰 수 있을지에 초점을 맞춰 설명해 보겠다.

1) 비자발적 내담자를 대하는 상담자의 부담

비자발적인 내담자는 다양할 수 있다. 법원의 명령 등으로 선택의 여지가 없어서 어쩔 수 없이 상담센터에 온 사람, 상담에 오기는 하지만 전혀 열의가 없는 사람, 자신이 상담받아야 할 필요가 있다는 것을 인정할 수 없는 사람 그리고 상담 경험이 어떤 가치가 있을 것이라는 것을 믿지 않는 사람 등 모두가 비자발적이라 할 수 있다. 어떤 사람들은 비자발적이면서 거부적인 태도를 공공연하게 드러내고, 어떤 사람들은 소극적이고 회피적인 태도로 상담에 임한다.

앞에서 초보 상담자의 부담을 설명할 때, 비자발적 내담자를 대하는 경우의 부담을 언급하였다. 비자발적 내담자 중에서 부당하고 억울함을 토로하는 사람은 그나마 나을 것이다. 오히려 비협조적이고 거부적으로 상담에 임하면서 질문에 짧게 답하거나, 자신에 대해서는 잘 드러내지 않으려는 내담자가 더 어렵다. 상담에서 이런 내담자를 만나게 되면 답답하고 압박감을 느끼게 된다. 어떻게든 대화를 이끌어 가 보려고 노력하지만, 그럴

수록 내담자는 더욱 말이 없어지게 된다. 대화를 통해 진행하는 심리상담에서 말이 없는 것은 치명적일 것이다. 아마도 상담이 순조롭게 진행되지 않을 것이고, 상담자가 애를 많이 써야 할 것이며, 애썼음에도 불구하고 보람이 없을 것으로 예상된다. 안타깝지만 이런 예상이 대체로 맞다.

내담자가 비자발적인 경우, 내담자는 심리상담이 무엇인지 사전 지식이나 경험도 없고 관심도 부족할 것이다. 심리상담의 원리나 자신의 역할에 대해서도 무지할 것이다. 이들은 상담에 대해 설명해도 관심을 두지 않을 것이며, 특히 거부적이고 반항적인 내담자는 상담자에게 적대감을 드러내기도 한다. 초보 상담자는 이런 태도를 보고 당황하게 되며, 상담자는 도움을 원하지 않는 내담자의 태도에 실망하거나 맥이 빠질 수도 있고, 자신을 거부하였다고 느껴 분개할 수도 있다. 비자발적 태도를 타개하기 위해 평소와 달리 과도하게 적극적으로 대했다가 아무것도 달라지지 않아 소진될 수도 있다. 그러다 보면 상담자에게는 골치 아픈 상담을 빨리 종결함으로써 고민에서 벗어나자는 마음이 은연중에 생길 수 있다. 상담이 본격적으로 전개되기도 전에 벌써 종결의 조짐이 보이는 것이다. 조기종결이 예상될 때 마음이 편할 상담자는 없을 것이다.

어쩌면 비자발적 내담자를 대하는 부담은 초심자뿐 아니라 수련을 마친 전문가에게도 마찬가지다. 다만 전문가는 비자발적 내담자의 특성을 알기에 너무 많이 기대하지 않고, 과하게 대하는 것을 삼가며, 감정적 소진으로부터 자신을 보호하는 것이다. 비자발적 내담자를 대할 때 누구나 무력감을 느끼게 되는데, 이 무력감을 효과적으로 다룰 수 있어야 전문가일 것이다. 열심히 노력해도 달라지거나 돌아오는 것이 없을 때 느끼는 무력감은 매우 강력한 고통이다. 특히 사람에게 정성을 쏟았는데 상대방이 반응이 없을 경우 우리는 환영받지 못하는 느낌을 받게 되고, 이러한 감정적 동요는 비합리적 판단이나 행동으로 이어질 수 있다. 즉, 이런 상황에서는 상담자의 취약성이 드러날 수 있는 것이다. 많은 초보 상담자는 내담자가 비협조적으로 나올 때 무능감과 함께 자신이 상담자로 부적합하다고 여기며 자신감이 떨어진다. 상담자로서 자부심과 권위에 집착하는 경우에는 내담자가 비협조적일 때 좌절감에 분노를 표현할 수도 있다.

* 비자발적 내담자는 누구에게나 어렵다. 비자발적 내담자와의 상담은 무력감을 불러일으킨다.

2) 타인의 강요에 의해 상담센터로 온 경우

비자발적 내담자를 대할 때의 부담을 좀 더 생생하게 설명하기 위해 두 가지 대표적인 경우만 다루어 보겠다. 두 가지 경우란, 타인의 강요로 상담센터에 온 경우와 권위자나 기관에 의해 처벌이나 징계의 의미로 상담 명령을 받은 경우다.

먼저 타인의 강요에 이끌려 온 경우다. 부모의 강요로 상담센터에 오게 된 청소년의 경우가 대표적이다. 여기서 말하는 것은 권유의 수준을 넘어 강압적인 요구에 의해 상담센터로 이끌려 온 경우를 말한다. 꼭 청소년의 경우가 아니더라도 주변 사람들의 강요에 못 이겨 상담센터에 오게 되는 경우는 많다. 이들의 특징을 정리하면 다음과 같다.

첫째, 병식(病識, insight)이 부족한 특징이 있다. 주변 사람들의 권유에 마지못해 상담센터에 찾아오긴 하였지만 본인에게는 아무런 심리적 문제가 없다고 여기는 것이다. 병식이란 자신에게 문제가 있다는 사실을 이해하고 인식하는 정도를 말한다. 병식이 부족한 내담자는 자신이 왜 상담을 받아야 하는지 이해하지 못하며 동의하지 않는다. 주변 사람의 요구나 강요에 못 이겨 상담센터로 오긴 했지만, 이들은 상담을 받아야만 할 아무런 문제도 없다고 믿기 때문에 상담자의 설명을 들으려고 하지도 않고 내담자가 되었다는 사실 자체를 받아들이려고 하지 않는다. 내담자가 된다는 것이 자신에게 문제가 있음을 인정하는 셈이 되기 때문이다. 아마 다소 억울한 심정이거나 불쾌해할 수도 있다.

둘째, 병식이 부족하므로 심리상담을 통해 도움받고자 하는 동기도 부족하다. 그래서인지 이들은 이전에 심리상담에 관심도 없었고, 따라서 심리상담이 무엇인지 잘 모르거나 오해하고 있는 경우가 많다. 심리상담을 자문식 상담으로 혼동하기도 하고, 심지어 최면술 같은 것으로 오해하기도 한다. 상담자를 자신의 이야기를 듣고 공감해 주는 사람이라기보다는 훈계를 하거나 잘잘못을 판단하는 사람 정도로 여기는 경향이 있다.

따라서 타인의 강요에 의해 이끌려 상담센터에 온 내담자를 대할 때는 가장 먼저 그들에게 상담을 통해 무엇을 할 수 있고, 상담이 그들 자신에게 어떤 도움이 될 수 있는지, 그리고 상담을 활용해서 해결하고 싶은 문제는 없는지에 관한 이야기를 충분히 나누는 것이 필요하다. 꼭 문제가 심각한 사람만이 상담센터에 오는 것은 아니며, 상담에 오게 된 과정은 비자발적이었지만 지금부터 나눌 대화는 스스로 선택할 수 있다고 설득할 수도 있을 것이다. 다음과 같이 할 수 있다.

상담자: 나는 정신이 이상하고 문제가 심각한 환자들만 만나는 것이 아니야. 물론 여기 오는 것을

스스로 선택하지 못했기 때문에 억울한 마음이 들 수는 있겠다. 하지만 나와 이야기를 나
눈다면 어떤 주제든지 ○○가 원하는 주제로 얘기할 수 있어. 나는 부모님이 바라는 바가
아니라 ○○가 바라는 것들, 고민하는 것들에 대해 알고 싶어.

셋째, 내담자에게 상담을 강요한 사람과 갈등이 있을 수 있다는 것이다. 예를 들어, 보
호자의 강요로 상담센터에 온 청소년 내담자는 보호자와 갈등 관계인 경우가 많다. 이 경
우 보호자와 청소년 둘 다 상담을 받을 필요가 있는데, 보호자가 어른이고 권위나 사회적
지위가 있다는 이유로 인해 자녀가 먼저 상담 대상이 되는 것이다. 즉, 보호자와 비자발
적 내담자 양쪽 모두에 문제가 있어 갈등이 생긴 것인데, 정작 상담센터에는 자녀가 내담
자로 오게 된 것이다. 이 경우, 자녀들은 상담자를 자신을 돕는 이로 여기지 않고 무의식
적으로 부모의 편에 서서 자신을 비난하는 이로 여길 수 있다. 따라서 이들을 대할 때는
다음과 같이 얘기해 줄 수 있다.

상담자: 미리 알려 준다면, 나는 부모님의 대리인은 아니야. 너에게 도움이 필요한 것 같아 너를 만
나지만, 부모님이 시키는 대로 하지는 않아. 나는 내 방식이 있단다. 나는 부모님과 대화를
나누기 전에 ○○와 먼저 대화하고 싶었어. 부모님도 편견이 있을 수 있는데, 너를 있는 그
대로 보는 것은 중요하다고 생각해.

3) 공공기관이나 권위자에 의해 상담 명령을 받은 경우

공공기관이나 권위자에 의해 상담 명령을 받은 경우 내담자는 비협조적인 태도를 보일
수 있다. 예를 들면, 판결에 의해 심리상담을 받도록 되어 있는 죄수나 상담을 조건으로
집행유예를 받은 사람들, 보호관찰 중에 있는 사람들, 또는 가정법원에서 이혼 판결 전에
우선 상담자를 만나라고 권유받은 부부 등이 이에 속할 것이다. 또 다른 예로 무단결석,
또래 폭력, 도벽, 술이나 담배 등 비행 행위나 규칙 위반 행위로 학교에서 징계를 받아 상
담센터에 오는 청소년 내담자들도 있다. 이들 역시 타인의 강요로 상담센터에 오게 된 내
담자와 비슷한 특징을 보이는데, 병식이 부족하고, 심리상담을 통해 도움받고자 하는 동
기도 부족하며, 권위와 갈등이 있다는 것이다. 권위적 공공기관이 이들에게 심리상담을
명령하는 이유는, 단지 법적 처벌만이 능사가 아니며 심리상담을 통해 도움을 주려고 하
는 취지에서일 것이다. 그러나 정작 내담자들은 심리상담을 도움보다는 처벌로 여기는

경향이 있으며, 심리상담이 제공하려는 도움에는 관심이 없고 자신들이 상담 명령을 이행함으로써 얻게 되는 이득에만 관심이 있다. 따라서 상담자는 상담이 처벌이 아니라 도움을 주기 위한 것임을 잘 설명해야 할 것이나, 실제로 그 과정이 쉽지만은 않다. 상담 명령을 받은 내담자의 비협조적인 태도를 다음 대화 예를 통해 느껴 보자.

상담자: 오늘 이 시간에 함께 나눌 중요한 얘기가 있을까?

내담자: 여기 있고 싶지 않다는 거요. 여기 온 유일한 이유라면, 거기 있는 것보단 나으니까요.

상담자: 오, 더 싫은 것을 피하려고 덜 싫은 것을 하고 있다는 말이네. 그럼 거기 있는 것과 달리 여기에서 함께 나눌 만한 얘기는 있을까?

내담자: 법원 명령으로 만난 전문가라는 사람들이 내 인생에서 사라졌으면 좋겠어요. 누가 이래라 저래라 하는 게 싫어요.

상담자: 그래, 너에게는 자유와 독립이 중요하단 말이지. 그럼 너에게 자유와 독립을 가져다주는 데 도움이 되는 것들을 생각해 볼래?

내담자: 당신들이 원하는 대로 한다고 되지는 않더군요. 하라는 것을 해 줘도 또 다른 것을 하라고 하고. 관둬요.

상담자: 아, 네가 시도를 해 보았구나. 근데 그들은 그것을 몰라준 모양이네.

내담자: 맨날 내가 제대로 안 한다고 뭐라 그래. 달라질 게 없지요.

상담자: 여기서도 똑같을 거라 생각하는구나.

내담자: 뭐 여기라고 별반 다르겠어요? 당신도 뭔가 트집을 잡아 법원에 보고할 테고, 나는 다시 보호소로 되돌아가겠지요.

상담자: 그러지 않기를 바란다. 그리고 이왕 왔으니깐, 내가 어떤 도움이 된다면 좋겠다.

내담자: 그러시든지요.

상담자: 좋아, 그럼 어떻게 도와주면 좋겠어?

내담자: 그럼, 내가 아무런 문제가 없고, 여기에 다시 올 필요도 없다고 보고서를 써 주세요.

타인의 강요나 공적 명령으로 상담센터에 오게 된 내담자와 치료적 내면탐색을 하기란 쉽지 않을 것이다. 특히 청소년 내담자의 경우는 성인에 비해 훨씬 어려운데, 아직 내면탐색의 역량이 충분하지 않을 수 있고 상담자가 성인이기에 라포 형성이 쉽지 않기 때문이다. 청소년들은 어른의 권위에 저항하고픈 마음과 어른이 이끌어 주고 보살펴 주기를 바라는 마음을 동시에 가지고 있어서, 이 두 마음을 골고루 알아주어야 라포 형성이 가능

할 것이다. 그리고 전문적 내면탐색 기법보다는 무한한 애정으로 지지해 주고 공감해 주
는 것이 효과를 더욱 발휘할 수 있다. 잠재력을 믿어 주고 실수를 참아 주며, 좋은 길로
이끌어 주는 교육적 접근도 염두에 두어야 할 것이다.

4) 인사관리 상담에서의 비자발성

이 책에서 '상담'이라는 표현은 내면탐색을 시도하는 치료적 심리상담을 의미한다. 즉,
이 책에서는 심리적 문제를 호소하며 상담센터에 자발적으로 찾아오는 내담자를 위한 치
료적 심리상담의 경우를 다루는 것이다. 그런데 '상담'이란 용어가 대중적으로 널리 쓰이
다 보니, 치료적 상담 외에 회사와 군대 같은 조직 사회에서 조직 구성원의 적응을 돕고
애로 사항을 해결하는 시도를 상담으로 부르기도 한다. 특히 이런 상담은 상사가 부하 직
원을 대상으로 실시하게 되는데, 같은 조직 내에서 매일 얼굴을 맞대며 일하는 두 사람
이, 한 사람은 상담자 역할을 맡고 다른 사람은 내담자 역할을 맡는다는 것에 한계가 있
을 수밖에 없다. 이것은 이중관계의 문제다. 자신의 인사고과를 평가할 수 있는 위치에
있는 사람에게 부하 직원이 마음을 열고 자발적으로 고민을 호소한다는 것은 기대하기
어려울 것이다. 따라서 만일 인사관리 장면에서 상담을 하게 된다면 어느 정도의 비자발
성을 감안해야 할 것이다. 부하 직원은 혹시라도 고민을 호소했다가 오히려 불이익을 당
할 수도 있다고 믿는데, 이것은 비밀보장의 원칙이 지켜지지 않을 수 있기 때문이다.

그럼에도 불구하고 인사관리 차원에서 상사들은 "부하 직원들의 마음을 열 수 있는 상
담 기법이 있나요?" "어떻게 해야 그들의 속마음을 털어놓게 할 수 있나요?"라는 질문을
던지는 경우가 있다. 여기에 대해 답하자면, "현장 실무를 오래 담당한 인사관리자에게
물어보시는 게 낫겠어요. 제가 답할 수 있는 영역을 벗어납니다."라고 하겠다. 저자의 생
각으로, 준비가 되지 않은 사람의 마음을 억지로 열어젖히는 면접기법은 없다. 우리가 공
부하는 면접기법은 마법이 아니다. 최면술처럼 속마음을 술술 얘기하도록 만드는 기법이
아니라는 것이다.

8. 비자발적 내담자를 대하는 부담에서 벗어나기

앞에서도 언급했듯이 비자발적 내담자를 대하는 것은 복잡하고 어려우며, 이 책의 범

위를 벗어난다. 여기서는 상담 초기 비자발적 내담자를 만났을 때 불안이나 부담에서 벗어나는 것에 초점을 맞춘다. 비자발적 내담자를 대하는 부담에서 벗어나려면 동기가 부족하고 준비되지 않은 사람을 내담자로 받아들이지 않는 것이 최선일 것이다. 준비가 된 다음에 오도록 안내하는 것이다. 예를 들어, 청소년 내담자를 의뢰하려는 부모의 전화를 받는다면, 심리상담센터 방문을 자녀와 합의한 것인지 아니면 부모가 혼자 결정하였는지 확인하고, 자녀를 억지로 상담센터로 데려오는 것이 도움이 안 될 것임을 알려 주는 것이다. 또 법원 등 교정기관에서 상담 명령을 받은 내담자를 받아들일지에 대해 신중하게 선택하는 것도 필요할 것이다.

그럼에도 불구하고 현실적으로 비자발적 내담자를 만나게 되는 상황이 생길 수 있다. 이런 상황에 도움이 될 만한 몇 가지 마음가짐과 태도를 소개해 보겠다.

1) 비자발적 내담자를 거절하지 못하는 자신의 마음 들여다보기

가장 먼저 비자발적 내담자를 거절하지 못하는 상담자 자신의 마음부터 들여다보자. 앞에서 언급한 것처럼 준비되지 않은 내담자에게 좀 더 준비된 후에 찾아오라고 말하며 추후를 기약할 수 있는데, 이렇게 말을 전달하지 못하는 것이다. 몇 가지 이유가 있을 수 있다.

첫째, 과도한 책임감으로 내담자의 몫을 떠안는 것이다. 심리상담센터에 찾아와 도움을 요청하고 상담에 적극 참여하는 것은 내담자가 담당해야 할 몫이다. 도움을 갈구하는 사람에게 책임감을 느끼는 것은 당연할 것이다. 그런데 상담자로서 너무 과한 책임감을 갖는 경우, 내담자가 도움을 요청하지 않고 상담 참여에 비협조적임에도 불구하고 상담자로서의 책임을 다하기 위해 상담을 이끌어 가야 한다고 믿는 것이다. 어떤 상담자는 거부적이거나 무책임한 사람에게 더욱 끌리게 되고, 그들이 도움이 필요 없다고 할 때조차 죄책감으로 조바심을 낸다. 상담자는 자신의 몫과 내담자의 몫을 분별할 수 있어야 할 것이다. 우리는 상담 수련을 시작할 때부터 상담자가 되기를 바라는 자신의 욕구를 살피고, 누군가를 도움으로써 좋은 사람이 되고 싶거나 구원자가 되고 싶은 욕구가 너무 강한 것은 아닌지, 즉 조바심의 원천이 자기 마음속에 있는 것은 아닌지 성찰해야 할 것이다.

둘째, 비자발적 내담자를 거절할 선택권이 있음을 자각하지 못하는 것이다. 법원 등 공공기관의 상담 명령이라 하더라도 상담자의 독립성을 침해하지는 못한다. 내담자를 받아들이느냐는 상담자의 선택이므로, 불필요하거나 예후가 부정적이라면 얼마든지 거절할 수 있을 것이다. 한편 비자발적 청소년을 데리고 온 부모가 간절하게 부탁하는 경우 상담자는 부모의 부탁을 차마 거절하지 못하는데, 이 역시 거절할 선택권을 제대로 발휘하지 못하게 만드는 요인이 된다. 상담자는 부모의 부탁이 실질적으로 압력으로 작용하고 있음을 파악하고, 이에 대해서도 얼마든지 거절할 선택권이 있음을 알아차려야 할 것이다. 참고로, 이 경우 준비 안 된 청소년보다 자녀의 변화를 간절히 원하는 부모님이 심리상담의 내담자로 더 적합하다 할 수 있다.

셋째, 비자발적 내담자를 대할 때의 어려움을 간과하는 것이다. 아마 여기에는 상담자가 경제적으로 간절한 배경 상황이 있을 수도 있고, 비자발적 내담자라도 상담을 진행하다 보면 좋아질 거라는 막연한 환상이 개입하고 있을 수도 있다. 그러나 앞에서도 언급했듯이, 비협조적이고 거부적인 태도는 상담자에게 무력감을 유발하고 라포가 형성되는 것을 방해한다. 물론 상담자가 내담자의 비협조적이고 거부적인 태도에서 영향을 덜 받는다면 다행일 것이다.

2) 상담에 대한 거부와 상담자에 대한 거부 분별하기

마음가짐 부분에 있어 하나 더 언급할 것이 있다. 거부적인 내담자를 만날 경우, 초보 상담자는 내담자의 거부를 개인적으로 받아들이고 감정적으로 동요될 수 있다. 즉, 흥분하거나 화를 낼 수 있다는 말이다. 이때 건강한 자아기능 중 하나로 분별력이 필요할 것이다. 내담자는 상담을 억지로 받아야 하는 상황에 거부하는 것이지 상담자를 인간적으로 거부하는 것은 아니다.

인간의 마음은 외부 현실을 마음의 틀로 걸러서 전달해 주는데, 이때 다소간 왜곡이나 불일치가 발생할 수 있다. 상담자에게도 이런 현상은 발생하게 마련이며, 상담자도 인간이기에 간혹 스트레스가 쌓였거나 컨디션이 좋지 않은 경우에는 부정적인 왜곡이 심해질 수 있다. 예를 들어, 상담자의 기분이 좋지 않을 때에 비자발적이고 거부적인 내담자를 만났다고 해 보자. 비자발성이 극단적인 거부의 형태로 나타나는 내담자와는 상담관계가 아예 시작되지 못할 수도 있기 때문에 상담자는 긴장할 수밖에 없을 것이다. 거부적인 내담자들은 아예 대화하려는 시도 자체를 하지 않고 침묵을 지킬 수도 있다. 이때 상담자가 다음과 같은 내면적 논리를 전개하면 어떻게 될까?

● '나의 내담자는 비협조적이다. 나를 거부하고 있으며, 나를 좋아하지 않는다. 나는 그를
　돕고 싶은데, 그는 나의 마음을 받아들이려 하지 않는다. 아마도 나는 그에게 적합한 상
　담자가 아닌 것 같다. 그는 나 말고 다른 스타일의 상담자를 원하는 것 같다.'

이러한 논리 전개엔 오류가 가득하다. 내담자는 상담자를 개인적으로 거부하는 것이
아니다. 어떤 다른 전문가가 상담자로 왔어도 마찬가지였을 것이다. 그럼에도 불구하고
마치 나에게는 마음을 열지 않지만 다른 사람에게는 마음을 열지도 모른다는 식으로 왜
곡하는 것이다. 어쩌면 처음부터 그렇게 생각한 것은 아닐 수 있다. 상담에 끌어들이기
위해 기울인 여러 가지 노력이 거부당하다 보니 그런 생각이 더 커진 것이다.

따라서 거부적인 내담자를 대할 때 긍정적인 호응이 없다면 너무 무리하지 않는 것이
좋겠다. 반응이 부정적이라 하더라도 너무 자신의 능력 탓으로 돌릴 것은 아니다. 상황들
이 내담자를 비자발적으로 만드는 측면이 있다. 이런 상황 요건들을 잘 파악하고 마음을
다스리면 좋겠다.

참고로, 겉으로는 비협조적인 것처럼 보이지만 실제로는 그렇지 않은 경우도 있으니
유의해야 한다. 예를 들어, 내담자가 질문에 대답도 없고 먼저 말을 하지도 않을 때 비협
조적이라고 오해할 수 있다. 그러나 다음번 상담에도 그 다음번에도 계속 나타난다면, 그
것은 겉모습은 비협조적이지만 실제로 상담을 거부하는 것은 아니다. 내담자는 마음을
보여 줄 기회를 기다리고 있을 수 있다. 상담자는 겉모습이 비협조적이라 해서 긴장하거
나 조바심을 낼 필요가 없으며, 자신의 감정적 동요를 진정시키고 내담자에게 초점을 맞
추면서 내담자가 무엇에 관심이 있는지를 탐색해야 할 것이다. 일반적으로 치료적 심리
상담에서 음식을 나누는 것은 상담자와 내담자 간 경계를 넘는 일이지만, 청소년 내담자
의 경우 가벼운 간식과 음료를 준비하며 내담자가 어떤 주제로든 얘기를 꺼낼 기회를 주
는 것은 괜찮다고 생각한다.

3) 과도한 노력 대신 여유롭게 대응하기

심리상담 전문가로서 내담자에게 도움되는 상담을 진행해야 하는 책임은 분명 필요하
다. 그러나 내담자가 준비가 안 되어 있음에도 불구하고, 어서 빨리 그를 준비시키고 문
제를 해결해야 한다고 조바심을 내면 역효과가 날 수 있다. 이것은 내담자가 평소 겪었
던 일상 상황을 그대로 재연하는 셈이 된다. 내담자는 비협조적인데 주변 사람들은 답답

해하며 내담자를 압박하면 내담자는 더욱 거부적이 되는 것이다. 이 상황을 상담센터에서 똑같이 재연하지 않도록 하는 것이 중요하다. 내담자의 주변 사람들은 내담자의 문제에 과도하게 책임감을 가지고 그를 통제하려고 하였을 것이다. 따라서 사람들에게는 저마다 해야 할 몫이 있음을 기억하며, 내담자의 문제에 과도하게 개입하고 통제하려는 대신 그가 자신의 몫을 하는 것이 필요함을 담담하게 전달해 주는 것으로 족할 것이다.

다시 말하자면, 거부적인 내담자에게는 너무 친근하게 다가가려고 하는 것보다는 적당히 거리를 유지하는 것이 중요하다 하겠다. 그리고 비자발성이나 거부적인 태도를 인정해 주는 것은 언제나 중요할 것이다. 다음과 같이 말할 수 있다.

- "이런 곳에서 별로 말을 안 하고 싶은가 보구나. 기분이 썩 좋지는 않겠지. 하지만 이런 상담이 너에게 아무 도움이 안 된다고 너무 성급하게 생각하지 않았으면 좋겠구나. 많은 사람이 상담이 유익하다고 인정하고 있단다."

그리고 무엇이든지 억지로 누르면 튀어 오른다는 원리를 기억하면 좋겠다. 비자발적인 내담자에게 상담에 충실할 것을 강요하면 더욱 거부적이 될 것이다. 내담자의 비자발성을 인정하는 것이 먼저일 것이다. 상담자가 내담자를 존중하고 공감하며 진실하게 대하면, 당장은 아니더라도 내담자가 자발성을 보일 때가 올 것이다. 다음과 같이 말하며 비자발성을 인정해 주자.

- "부모님이 시켜서 온 거지? 그럼 특별히 하고 싶은 말도 없겠구나."
- "담임 선생님이 가 보라고 한 거야? 그럼 여기서 뭘 하는지 잘 모를 수도 있겠네. 그럴 수 있지. 뭘 할지 모른 채 왔으면 좀 긴장되겠다."
- "부모님은 네가 문제라고 말씀하셨지만, 너는 다르게 생각할 수도 있겠지. 나는 너의 이야기를 듣고 싶구나."

요약하면, 초보 상담자의 경우 비자발적 내담자 때문에 생기는 긴장, 조바심, 좌절감 등을 피하기 위해 무리수를 둘 수 있으나, 그보다는 여유를 갖고 적절히 거리를 유지하는 것이 더 나을 것이다. 만약 무리해도 내담자가 반응이 없다면 상담자는 내담자를 대할 때 자신감이 떨어지고, 다른 상담자에게 보내 버리고 싶은 마음이 점점 커질 수 있다.

4) 보호자 참여시키기

만약 내담자와 보호자 간 갈등이 있는데 내담자만 상담에 참여하게 되었다면, 상담자는 양측 모두 상담에 참여하도록 권유하는 것이 좋다. 특히 청소년 내담자의 경우 겉으로 드러나는 문제 증상 이면에 가족 내 갈등이나 부모와의 갈등이 자리 잡고 있을 수 있다. 따라서 부모를 상담에 참여시키면서 근본적인 원인에 접근해 나가는 것이 훨씬 더 효과적일 것이다.

어떤 부모님들은 상담을 거부하며 자녀만 상담해 주기를 바라는데, 이 경우 부모는 상담자에게 은근한 압력을 행사하는 것이다. 이런 은근한 압력 행사는 부모의 습관적 태도이며, 자녀에게도 작용하던 것이 상담자에게도 작용하는 것이다. 상담자는 압력을 견디면서 보호자가 상담에 참여하도록 안내하면 좋겠다. 다음과 같이 할 수 있다.

> **상담자**: 이 학생의 문제는 학생 본인의 상담만으로는 해결되기 어려울 수 있습니다. 부모가 상담 과정에 함께 참여해 주시면 좋아요. 그러면 호전 가능성이 높아집니다. 흔히 부모가 달라지면 자녀가 달라진다고도 하잖아요.

이때 만일 보호자가 동의하고 상담에 참여한다면, 그 상담의 예후는 조금이나마 희망적일 것이다. 반면 자녀에게 문제가 있고 자신에겐 문제가 없다며 상담 참여를 거부하거나 다른 핑계를 대며 피하는 경우의 예후는 부정적일 것이다.

이 장에서 마지막으로 강조하고 싶은 것은 비자발적 내담자의 비협조적이고 거부적인 태도로 겪게 되는 상담자의 고통을 가볍게 여기지 말고, 필요한 경우 동료나 지도감독자에게 도움을 청해야 한다는 것이다. 비협조적인 태도는 상담자에게 환영받지 못하는 느낌을 불러일으키며, 이런 감정적 동요는 비합리적인 판단이나 행동으로 이어질 수 있다. 동료나 지도감독자의 공감 및 현명한 조언을 받으면 혼란스러운 감정을 진정시키고 상황을 바로 볼 수 있게 될 것이다.

생각해 보기

　심리상담을 공부하려는 학생들 중에는 비자발적 내담자를 어떻게 대할지 염려하는 경우가 많다. 저자가 받은 질문 중에 가장 많았던 것은 "비협조적이고 거부적인 내담자의 마음을 어떻게 열 수 있나요?"와 같은 것이었다. 분명 비자발적 내담자가 많은 상담 환경이 존재하며, 그런 환경에서 근무하는 상담자들에게는 절실한 질문일 것이다. 이 장에서 다룬 내용이 도움이 되었으면 좋겠으나, 너무 간략해서 아쉬울 것 같기도 하다. 그런데 비자발적 내담자를 어떻게 다룰 것인가에 앞서, 왜 비자발적 내담자를 맡으려고 했는지 그 마음을 먼저 보면 좋겠다. 왜 비자발적 내담자를 거절하지 않았는가? 비자발적 내담자에게 나는 무엇을 기대하고 있는가? 스스로 생각해 보고 동료들과도 의견을 나누어 보자.

제11장

사례개념화와 상담 목표의 설정

이 장에서는 사례를 통합적으로 이해하는 작업, 즉 사례개념화에 대해 설명할 것이다. 이 책은 면접기법에 초점을 맞추지만, 10여 회기 이상 면접을 끌고 가기 위해서는 기법 외에 다른 능력들이 필요하다. 사례개념화도 그중 하나로, 내담자를 체계적이고 깊이 이해하는 작업이다. 아울러 이 장에서는 내담자 상담 목표를 어떻게 설정하는지에 대해서도 다룰 것이다. 목표 설정에 있어 상담자의 입장과 내담자의 입장은 다를 수 있다. 이 장에서는 내담자 입장에서 목표를 효율적으로 설정하는 것을 다룰 것이다.

1. 사례개념화는 무엇인가

개인의 정신건강을 심리적으로 지원하는 응용심리 분야에서는 도움을 청하는 개인을 흔히 내담자(client)로 부르지만 사례(case)라고 부르기도 한다. 사례개념화(case conceptualization)는 쉽게 말하자면 사례를 이해하는 작업을 의미한다. 어떤 이는 사례의 현재 상태를 이해하고, 문제의 원인을 파악하며, 치료계획을 세우는 것까지 포함시켜 이모든 작업을 사례개념화라고 부르기도 한다. 동일한 의미로 혼용되는 용어로 사례공식화(case formulation)가 있다.

실제 현장에서 상담을 하다 보면 정말 다양한 내담자의 천차만별 호소 문제가 존재한다. 각 문제가 시작된 배경이나 문제에 영향을 미치는 요인들 역시 천차만별일 것이다. 따라서 내담자의 대화 속에서 이런 요인들을 찾아 엮어 내는 사례개념화 작업은 결코 쉽지 않을 것이다. 사례개념화를 배우기 위해서는 전문서를 공부해야 할 뿐 아니라, 사례발표회에 참가하여 전문가가 어떻게 사례를 이해하고 상담방향을 설정하는지 들어 보며 공부하는 것이 필요할 것이다. 사례개념화의 구체적 방법이나 실제 예를 보여 주는 것은 이책의 범위를 벗어나므로 여기서는 개략적으로 다룰 것이다.

그런데 사례개념화가 사례를 이해하는 작업이라 하였는데, 임의적으로 이해하는 것이아니라 특정 이론이나 개념을 사용하여 사례를 체계적으로 이해하는 작업을 의미한다. 즉 이론적 근거를 갖추는 것이 필요하고, 전문가 사이에 의사소통이 가능하도록 심리학적 개념을 사용하는 것이다. 정리하면 다음과 같다.

＊ 사례개념화는 특정 이론이나 개념을 동원하여 사례를 체계적으로 이해하는 작업이다.

사례개념화를 정의함에 있어 두 가지 점을 강조하고 싶다.

첫째, 사례개념화가 특정 이론이나 개념을 동원한다고 하였는데, 이에 의하면 여러 이론적 접근에 따라 다른 사례개념화가 가능하다는 것이다. 즉, 한 내담자에 대한 사례개념화는 한 가지만 존재하는 것이 아니라, 상담자에 따라 그리고 이론적 접근에 따라 다양하게 존재할 수 있다. 예를 들어, 정신분석적 사례개념화, 인지행동적 사례개념화, 인간중심적 사례개념화 등이 가능한 것이다.

둘째, 사례개념화를 쉽게 이해시키기 위해 '사례를 이해하는 작업'이라고 하였으나, 사례개념화의 학문적 정의는 학자마다 조금씩 다르다. 따라서 사례개념화를 단순히 '사례를 이해하는 작업' 정도로 정의하면 전문적이지 않게 여겨질 수도 있고, 여러 학자의 정의를 폭넓게 공부해야 할 필요성도 있을 것이다. 그러나 저자는 이 책을 전문용어가 난무하는 책이 아니라 쉽고 가볍게 읽을 수 있는 책이 되도록 만들려는 취지에서 가급적 간결하게 소개한 것이다. 전문성을 보완하고 싶다면 독자는 사례개념화 관련 전문서적을 읽어 보기를 추천한다.[1]

1) 사례개념화를 언제 그리고 왜 하는가

이번에는 사례개념화를 언제 그리고 왜 하는가에 대해 생각해 보자. 우리는 상담 및 심리치료 현장에서 내담자를 돕는다. 흔히 상담의 진행을 초기, 중기, 종결기로 나눌 때, 초기부터 내담자의 문제를 이해하고 어떻게 치료할 것인가에 대한 대략적인 계획을 짜 놓는 것이 중요하다. 이런 의미에서 사례개념화는 상담 초기에 시작한다고 볼 수 있다. 여기서 시작이라고 한 것은 사례개념화가 단발적으로 완료되는 작업이 아니라 상담이 진행되는 내내 지속돼야 하기 때문이다.

그런데 내담자에 대해 아무것도 모르는 상황에서 사례개념화를 할 수는 없을 것이다. 내담자의 이야기를 들으면서 그 안에 담겨진 정보들을 찾아내 엮어야 사례개념화가 가능할 것이다. 따라서 상담자는 2~3회 정도의 초기 면접을 진행하면서 내담자에 대한 정보를 어느 정도 얻어 낸 후에 사례개념화를 시도한다고 할 수 있다. 그리고 이것도 전문가의 역량에 따라 다를 수 있다. 전문가라면 2~3회 정도의 면담을 진행하면서 내담자 문제에 영향을 미치는 여러 요인을 찾아 연결시킬 수 있겠지만, 초보 상담자라면 4~5회가 지

---

1) 최근 학회나 현장 전문가들은 사례개념화의 중요성을 강조하고 있으며, 이런 추세에 따라 사례개념화와 관련된 외국 서적의 번역 및 국내 서적의 출판이 증가하고 있다. 금명자(2021)의 『상담 사례개념화 연습하기』, 이명우(2022)가 번역한 『상담실무자를 위한 사례개념화 이해와 실제』 등을 참고하기 바란다.

나도록 전혀 연결하지 못하고 면담을 진행하기에만 급급할 수 있다. 사례개념화 작업은 시도조차 하지 못하는 것이다. 따라서 사례개념화가 특정 시점에서 완료된다기보다, 상담 초반부에 시작해서 상담이 진행되는 내내 해 나가는 것으로 이해하면 좋겠다.

그리고 사례개념화를 그림으로 비유할 때, 밑그림을 그렸다가 점점 완성된 그림으로 나아가는 과정이라고 볼 수 있다. 상담 초반부에 시도한 사례개념화는 완성본이라기보다는 밑그림, 즉 가설에 가까울 것이다. 따라서 상담을 진행하면서 내담자에 대해 알게 된 새로운 정보가 나올 때마다 사례개념화를 조금씩 수정, 보완하면서 완성시켜 나갈 수 있다.

사례개념화의 목적이라면 궁극적으로 내담자에 대한 상담 및 치료계획을 세우기 위해서일 것이다. 이런 이유로 혹자는 사례개념화 작업을 나침반이나 지도에 비유하기도 한다. 심리상담을 내면탐색 여행으로 비유할 때, 지도가 있으면 어느 방향으로 가야 할지 알게 된다. 이것이 상담 초반부터 사례개념화를 시도하는 이유다. 간혹 상담 과정 중에 돌발 상황이 생기거나 방향을 잃고 헤맬 수 있는데, 이때 나침반을 활용하면 방향을 되찾을 수 있다.

2. 사례개념화 작업의 요령

초보 상담자뿐 아니라 어느 정도 숙련된 상담 수련생에게도 사례개념화 작업을 하는 것은 어렵게 느껴진다. 상담 초기 몇 번의 면담을 통해 얻은 정보를 서로 연결시켜 사례에 대한 밑그림을 그린다는 것이 말이 쉽지 실제로는 풍부한 현장 경험과 전문성이 필요한 작업이다. 저자는 초보 상담자를 위해 특별한 요령을 소개하고자 한다. 저자가 제안하는 사례개념화 작업의 요령은, 다음에 소개하는 네 가지 세부 작업을 차근차근 진행하는 것이다.

첫째, 호소 문제 확인 작업이다. 대개 첫 면접 및 두 번째 면접에서 내담자 호소 문제를 확인하는 작업이 어느 정도 이루어진다. 이때 호소 문제를 전후 사정을 포함하여 좀 더 자세히 확인하면 좋다. 첫 면접 때는 시간이 부족할 수 있으므로, 이후 두세 차례의 면담 동안 호소 문제를 충분히 확인하는 것이다. 예를 들어, '우울함'이 호소 문제라면 우울했던 에피소드를 하나 들려 달라 요청해서, 우울감을 느끼기 전에 어떤 상황이 전개되었는지, 그때 어떤 생각을 했었는지, 그래서 어떻게 우울감이 생겨났는지를 자세히 확인하는 것이다. 또 '대인관계 스트레스'가 주 호소 문제라면, 누구와 무슨 일을 할 때 그랬는지, 상대방이 뭐라고 말했는지, 그때 어떤 생각과 감정이 들었는지, 이후 어떤 생각들이 꼬리에 꼬리를 물고 일어났는지 등을 자세히 확인하는 것이다.

둘째, 문제를 이론의 틀에서 재정의하고 설명하는 작업이 필요하다. 앞에서 상담심리학의 주요 이론들로는 정신분석이론, 인간중심이론, 인지행동이론이 있다고 하였다. 이밖에도 강조하는 바에 따라 해결중심이론, 게슈탈트이론, 수용전념치료 등 조금씩 다른 이론들이 존재한다. 상담자마다 자신이 선호하는 이론적 입장 및 그 이론에서 사용하는 전문 개념들이 편안하고 익숙할 것이다. 상담자는 자신이 알고 있는 이론적 개념을 적용시켜 내담자의 호소 문제에 적용시킨다. 예를 들어 설명하면, 내담자가 "나는 쓸모없는 인간인 것 같아요."라고 말하면 '부정적 사고방식이 만성화된 상태'나 '기저에 부정적 핵심신념이 존재한다'는 식으로 설명을 시도하는 것이다. 다음에 몇 가지 예를 제시하였다.

사례 1

내담자: 또 실수를 했지 뭐예요……

상담자: 그때 스쳐 간 생각은 뭔가요?

내담자: 나는 왜 맨날 이 모양이냐는 말이 먼저 튀어 나오더라고요.

→ [인지행동이론 개념을 동원하여 다음과 같이 설명한다.] 내담자에게는 '왜 나는 맨날 이 모양이냐'는 식의 부정적인 자기말(self-talk)이 많다. 이런 부정적 자동적 사고가 우울증으로 발전한 것으로 보인다.

사례 2

상담자: 어머니에게 싫다고 말해 보면 어떨까요? 하고 싶지 않은 거잖아요.

내담자: 그러면 어머니가 화내실 것 같아요. 그 표정을 차마 볼 수 없어요.

→ [인간중심이론 개념을 동원하여 다음과 같이 설명한다.] 내담자가 거절이 어려운 것은 부모님과의 관계에서도 나타난다. 싫으면서도 말을 못하고 있는 자기-경험 불일치 상태다. 어머니와 밀착되어 있고 인정받고 싶은 욕구가 강하여 오히려 자신을 억압하고 있고, 이것이 우울증으로 표현되고 있는 것으로 보인다.

저자는 이 책의 앞부분에서 자아기능에 대해 강조한 바 있다. 따라서 호소 문제를 재정의할 때 자아기능의 개념들을 동원할 수도 있다. 앞의 우울증의 예뿐만 아니라 자해 행동이 호소 문제인 경우도 살펴보자.

* **[호소 문제가 우울증인 경우]**

내담자의 자아는 자기위로 능력이 부족하다. 실패나 좌절을 겪었을 때 스스로를 위로하는 대신에 자신을 강하게 비난하고 있다. 이것이 우울한 기분으로 이어진다.

* **[호소 문제가 자해행동인 경우]**

내담자는 내면의 슬픔이나 소외감, 외로움 등을 충분히 자각하는 능력이 부족하다. 내면의 감정들은 위협적으로 느껴지고, 내담자는 감정을 조절하는 능력도 부족하므로 내면에서 뭔가 올라온다고 느낄 때 어찌할 바를 모르게 되고, 몸에 상처를 냄으로써 긴장을 해소하려고 한다.

내담자의 말과 행동에 심리상담 주요 이론의 개념을 접목하는 작업에는 상당한 분석력과 구성력이 필요하다. 어떤 상담자들은 내담자와의 면담 진행 능력은 뛰어나면서도 이론 개념 적용은 어려워하는데, 아마 성격적으로 잘 맞지 않는 측면도 있는 것 같다. 그럴수록 더 많은 노력을 기울여야 할 것이다.

이렇게 문제를 이론으로 설명한 후 세 번째 작업을 하면 된다. 세 번째 작업은 현재 상태와 과거의 경험을 연결하는 작업이다. 왜 내담자의 자아는 이렇게 발달했는가? 왜 내담자의 성격이 이렇게 형성되었는가? 등의 질문에 대한 해답을 과거의 경험에서 찾아보고 연결하는 것이다. 과거의 경험이라 하면, 부모의 양육태도나 충격적인 사건 경험 등 모두가 해당될 것이다. 이렇게 현재와 과거를 연결하는 이유는 호소 문제의 기원을 찾으려는 것도 있지만, 어떤 상황에서 내담자의 문제가 재연되는지 그 연결성을 확인한다는 의미도 있다.

마지막 작업은 이전 작업들의 결과물을 토대로 치료계획을 세우는 것이다. 구체적인 상담 목표를 세울 수 있고, 상담자가 어떻게 접근할지 또는 무엇을 주의해야 할지 등에 대한 계획을 세울 수 있다.

앞의 작업 순서를 살펴보면, 내담자가 호소하는 문제를 파악하는 것으로 시작해 궁극적으로는 한 인간을 이해하는 작업으로 진행됨을 알 수 있다. 즉, 우리는 문제를 통해 그 사람을 이해하고자 하는 것이다. 앞에서의 작업을 문서로 정리해 놓는 것이 바람직하다.

참고로 사례개념화를 어렵게 여기는 초보 상담자들을 위해 조언하자면, 사례개념화 작업이 완벽해야 한다고 생각하지 말라는 것이다. 틀려도 좋으니 일단 엉성하게라도 시작해 보는 것이 좋다. 저자가 제안한 틀에 따라 연습하면 숙달될 수 있을 것이다. 그리고 만일 틀렸다면, 다시 말해 내담자 문제를 잘못 이해하였다 하더라도 상담을 진행하면서 보완하면 된다. 사례개념화 작업은 한 번으로 마치는 것이 아니라 호소 문제가 해결될 때까지 조금씩 완성시켜 나가는 것이라 볼 수 있다.

1) 사례개념화 기록

그런데 한 가지 현실 상황을 점검할 필요가 있다. 심리상담 분야의 전문가라면 누구라도 사례개념화 작업의 중요성을 부인하지 못할 것이다. 그럼에도 불구하고 사례개념화를 기록지에 글로 적어 남겨 놓는 경우가 많은가? 아마 대부분 그렇지 않을 것이다. 심리상담 분야의 초보자라면 지도감독자에게 사례에 대한 자문과 검토를 받기 위해 기록으로 남기는 경우가 있다. 그러나 전문 상담자로서 자격을 획득한 후 대부분의 사례개념화는 상담자의 머릿속에서만 이루어질 뿐 문자를 통해 기록으로 남겨지지 않는다. 이것은 다소 안타까운 현상이다. 전문가이므로 사례개념화 능력을 갖추었음을 의심하는 것은 아니지만, 앞에서 언급한 사례개념화의 세부 작업 내용을 간략히 몇 줄이라도 글로 적어 남겨 두면 상담을 방향성 있게 이끌어 가는 데 큰 도움이 될 것이다. 너무 번거롭게 여길 필요 없이, 상담기록지에 한 장 정도를 추가하여 문제를 이론으로 설명한 것, 현재 상황과 과거의 연결 양상, 그리고 앞으로의 계획에 대한 상담자의 생각을 간략히 적어 놓는 것을 추천한다.

2) 문제의 이해에서 문제의 해결로

앞에서 사례개념화는 궁극적으로 어떻게 치료할 것인가로 이어진다고 하였다. 즉, 문제를 이해하는 것에서 출발하여 문제를 해결하는 쪽으로 방향을 잡는 것이라는 의의가 있다. 앞에서 문제를 이론적으로 설명한다든지, 현재 상태와 과거를 연결하는 작업 등은 내담자를 통합적으로 이해하는 데 도움을 주며, 궁극적으로 내담자에게 맞는 상담 계획을 수립하는 데 도움을 줄 것이다.

예를 들어 설명해 보자. 앞에서 우울증을 호소하는 내담자의 예를 들었다. 상담 초반부에 상담자는 내담자의 호소 문제에 대해 경청하며, 내담자에게 호소 문제와 관련된 내면의 생각과 느낌을 탐색하도록 요청할 것이다. 이러한 작업들은 내담자를 이해하기 위한 작업이 된다. 그런데 사례개념화를 통해 호소 문제의 원인을 '습관적 자기비난'이라고 가설을 세웠다. 그렇다면 이후부터는 어떤 부분에 초점을 맞춰 대화가 이뤄질 것인가? 바로 습관적 자기비난과 관련된 내용을 집중적으로 다루게 될 것이다. 추후 면접에서는 내담자가 얼마나 자신을 비난하는지, 어떤 식으로 비난하는지, 왜 스스로를 격려하지 못하는지 등에 대해 초점을 맞춰 본격적 내면탐색이 진행될 것이다. 가능한 대화 주제의 예를 들면 다음과 같다.

* [상담 초기의 대화 주제]
  – 우울한 기분이나 자살사고
  – 낮은 자존감, 무기력감

* [문제를 이론적으로 설명]
  – 내담자의 우울증은 습관적 자기비난의 결과다.

* [상담 중기의 대화 주제]
  – 속상한 일을 겪을 때 어떤 식으로 자기비난을 하는가?
  – 언제부터 자기비난을 하게 되었는가?
  – 자기비난 습관에 부모님은 어떤 영향을 주었는가?
  – 자신을 위로하거나 격려하는 데 장애물은 무엇인가?
  – 습관적 자기비난을 바꾸기 위해서 어떤 노력을 기울여야 하는가?

이런 식으로 사례개념화 후 대화는 더 밀도 있게 진행된다. 상담 초반부에는 내담자가 호소하는 바를 자유롭게 이야기했다면, 사례개념화 작업을 시도한 후부터는 이런 식으로 문제 해결에 초점을 맞추어 대화가 이뤄질 것이다. 상담자의 역할도 초반부에는 내담자의 호소를 경청하고 공감하며 비지시적 역할에 머물렀다면, 중반 이후부터는 좀 더 적극적으로 내담자의 기존 습관이나 고착된 관점에 개입하려고 시도하게 된다.

3. 내담자 상담 목표의 설정

내담자 입장에서 볼 때, 상담은 처음에 가져온 주 호소 문제가 해결될 때 종결될 것이다. 따라서 일반적이고 최종적인 상담 목표는 호소 문제를 해결하는 것이다. 그러나 호소 문제를 해결한다는 말은 추상적일 수 있으며, 최종 목표를 달성하기 위해 실제 상담에서는 구체적인 행동 목표를 설정하는 것이 일반적이다. 예를 들면 다음과 같다.

* **[일반적 목표]** "우울하지 않게 되기!"
  ⇒ **[구체적 행동 목표]** "기분이 가라앉아도 일주일에 3번은 친구들을 만나기"

이렇게 구체적 행동 목표를 설정하면, 이 목표가 구심점이 되어 그와 관련된 상황이나 행동에 초점을 맞추며 내면탐색을 진행할 수 있고, 목표 달성 정도를 파악하여 종결 여부를 결정할 수도 있다. 목표가 뚜렷하기에 내담자는 상담에 적극적으로 참여할 것이고 방향성 있는 상담이 가능할 것이다.

따라서 상담자는 내담자가 구체적인 행동 목표를 설정할 수 있도록 도와야 할 것이다. 만일 구체적 행동 목표가 없이 추상적 목표에만 집착한다면 상담을 진행하는 데 도움이 되기는커녕 오히려 방해가 될 수도 있다. 예를 들어, 막연히 기분이 나아졌다고 상담을 그만둘 수도 있을 것이다. 구체적인 행동 변화는 전혀 없음에도 말이다. 간혹 상담을 시작하며 관심을 받는 것만으로도 증상이 호전되기도 하지만, 그렇다고 구체적 행동 변화 없이 상담을 그만두면 언제든 증상은 재발될 수 있다.

이 절에서는 내담자를 도와 구체적인 행동 목표를 설정하는 것에 대해 설명할 것이다. 먼저 기본적인 구별부터 시작해 보자.

1) 상담 목표의 구별

상담은 일련의 목표를 설정하고 그것을 이루어 가는 과정이라고 할 수 있다. 그런데 상담 목표라고 하면 의미하는 바가 매우 다양하여 구별이 필요할 수 있다.

(1) 상담자의 목표와 내담자의 목표

상담의 목표는 일반적으로 문제를 해결하는 것이지만, 상담자 측에서는 내담자가 생각하는 것과 다른 목표를 지닐 수도 있다. 예를 들어, 자신감이 부족한 내담자는 상담 목표를 자신감 향상으로 잡을 수 있다. 그런데 상담자가 보기에 자신감 부족은 근본적으로 부모로부터 심리적으로 독립되지 못한 것에 기인하는 것 같았다. 그럴 때 상담자는 부모로부터의 심리적 독립을 상담 목표로 잡을 수 있다. 이렇듯 상담 목표에 대해 언급할 때, 상담자의 목표인지 내담자의 목표인지 등을 구별하는 것이 필요하다.

(2) 과정 목표와 성과 목표

과정 목표(process goal)와 성과 목표(결과 목표, outcome goal)의 구별은 상담자 목표와 내담자 목표의 구별과 맥락이 통하는 데가 있다. 앞에서 우울한 내담자의 예를 들었는데, 내담자에겐 우울증을 개선하는 것이 최종 성과가 될 것이다. 즉, 성과 목표는 상담이 종결되었을 때 내담자 입장에서 성취할 수 있는 구체적인 결과 상태를 말한다. 한편 과정 목표는 최종 성과를 달성하는 과정에서 필요하다고 여겨지는 목표를 말하는데, 흔히 내담자는 잘 인식하지 못하며 상담자 측면에서 생각해 보는 것들이다. 예를 들어, 우울증을 개선하기 위해 먼저 상담자와 내담자 간의 라포를 형성하고, 내담자의 습관적 자기비난 패턴을 확인하고, 자기비난을 초래한 과거 경험을 확인하고, 변화에 대한 두려움을 극복하고, 새로운 시도로 자기비난을 자기격려로 대체하는 것 등이다. 다음과 같이 정리하였다.

* [성과 목표] 상담의 결과로 추구할 수 있는 문제 해결 또는 정신적 성장
* [과정 목표] 최종 목표를 달성하는 과정에서 이루어져야 할 작업들(예: 상담자와 내담자가 신뢰할 수 있는 상담관계를 구축하는 것, 습관적 패턴을 확인하는 것, 변화에 대한 두려움을 극복하는 것, 새로운 행동 실험을 시도하는 것 등)

(3) 일차적 목표와 이차적 목표

상담 목표를 일차적 목표와 이차적 목표로 구분하기도 한다. 흔히 일차적 목표는 현재 내담자가 호소하는 문제를 해결하는 것을 말한다. 그래서 이를 문제 해결적 목표라고 칭하기도 한다. 그런데 심리상담에서는 호소 문제 해결을 넘어서 인격적으로 성숙해지고 유연해지는 등 자아성장을 추구한다고 하였다. 이것을 이차적 목표 또는 궁극적 목표라고 한다.

흔히, 내담자는 정신적 성장을 위해 상담센터에 찾아오기보다는 당장 급한 문제의 해결을 위해 찾아온다. 예를 들어, 공황증상, 약물남용, 우울증과 자살사고, 부부갈등 등 내담자가 급하게 호소하는 문제를 해결하기 위해서 온다는 것이다. 그런데 이런 표면적 증상이나 행동 문제를 근본적으로 해결하려면 자신에 대한 통찰 및 정신적 성장이 반드시

필요하다. 심리적인 문제는 속성상 문제 자체만 해결되는 것이 불가능하거나, 아무런 의미가 없는 경우가 많다. 자살사고나 약물남용 등 여러 심리적 문제는 도움을 통해 일시적으로 사그라질지 몰라도, 내담자 자신이 성장하지 않는다면 스트레스를 받을 때 분명 다시 반복되어 발생하기 마련이다. 게다가 조금씩 나아지기는커녕 자꾸 반복되고 악화되어 내담자는 더 절망하게 될 수 있다.

상담의 일차적 목표와 이차적 목표는 서로 밀접하게 관련되어 있으며, 일차적 목표를 이루고 나서 순차적으로 이차적 목표를 향해 가는 경우도 있지만, 때로는 이 두 가지를 동시에 추구하기도 한다. 중요한 것은 여러 목표에 대해 상담자와 내담자가 서로 분명한 인식의 합의를 이루고 있어야 한다는 것이다. 만일 어떤 내담자가 호소 문제 해결에 급급하다면, 상담자는 그것에 너무 집착하기보다는 정신적으로 성장하는 것이 문제를 근본적으로 해결하는 길임을 설명해 주어야 할 것이다.

2) 상담 목표 설정의 의미와 필요성

앞에서 구체적 행동 목표를 설정하면, 이 목표가 구심점이 되어 방향성 있는 상담이 가능할 것이라 하였다. 심리상담은 아무런 목적 없는 대화가 아니다. 수다를 떨거나 맞장구를 쳐 주는 것을 넘어 목표를 설정하고 이루어 가는 과정이라 할 수 있다. 이 점은 매우 중요하므로 다시 한번 강조하자.

* 상담은 목표를 설정하고 이루어 가는 과정이다.

이때 언급한 목표는 추상적이거나 비현실적인 것보다는 가급적 구체적이고 현실적인 성과 목표가 좋을 것이다. 다음 우울한 내담자가 말한 바를 바탕으로 구체성과 현실성을 살펴보자.

* [추상적이고 비현실적 목표]
  – "우울하지 않고 항상 즐겁게 생활하기!"
  – "남들이 나를 비판해도 아무렇지 않을 수 있을 정도로 강해졌으면 좋겠어요."
  – "시험을 만점 받았으면 좋겠어요."

* **[구체적이고 현실적 목표]**
  - "기분이 가라앉아도 일주일에 3번은 걷기운동을 할 수 있으면 좋겠어요."
  - "남들이 비판할 때, 스스로 속상한 마음을 위로할 수 있으면 좋겠어요."
  - "시험을 80점 이상 받으면 좋겠어요."

이 목표들을 보면 느낌이 다를 것이다. '우울하지 않고 항상 즐겁게 생활하기'라는 목표는 얼핏 내담자 입장에선 당연한 목표처럼 들리지만, 실은 '항상'이라는 단서가 붙어서 오히려 자연스럽지 않은 목표다. 즉, 누구에게나 기분은 좋았다가 나빴다가 하는 것이 자연스러운 것이기에, '항상'을 바란다면 오히려 달성이 쉽지 않은 목표다. 이런 상담 목표는 비현실적일 뿐만 아니라 내담자가 자신의 문제 해결에 진지하게 참여하지 못함을 보여 주는 증거이기도 하다. 그보다는 '기분이 가라앉아도 일주일에 3번은 걷기 운동하기'가 훨씬 현실적이며, 달성 여부를 구체적으로 확인할 수 있는 목표가 된다. 다른 예들도 마찬가지다. 구체적이고 현실성이 있는 목표가 상담의 추진력이 될 것이다.

내담자가 구체적인 목표를 설정하면, 단지 좋아졌으면 하는 막연한 소망을 구체적인 행동으로 전환해 준다는 의미가 있다. 또 막연할 때는 과연 이 문제가 해결될 수 있을까 의구심이 생기는 반면, 분명한 행동 목표를 세울 경우 해결이 가능할 것으로 지각하고 희망을 갖게 할 수 있다. 즉, 문제를 해결이 어려운 것으로 보는 대신 해결이 가능한 것으로 볼 수 있게 한다는 것이다.

정신적으로 건강하고 행복해지기를 바라는 내담자의 기대 및 동기는 상담의 원동력이다. 목표는 원동력을 어디로 발산시켜야 하는지 안내자 역할을 할 것이다. 뚜렷하고 구체적인 목표는 상담 과정에 강력한 추진력을 제공할 것이다. 아울러 분명한 목표가 있으면 달성 정도를 점검할 수 있기에 상담 목표 설정은 꼭 필요하다 하겠다. 반복 정리하자면, 목표 설정은 내담자의 동기를 진작시키고, 어떤 부분에 노력을 집중해야 하는지 안내해 주며, 상담이 효과적으로 진행되고 있는지의 여부를 확인하도록 돕고, 치료의 성과와 종결에 대해 판단할 수 있게 해 준다.

4. 내담자 목표 설정의 요령

이번에는 내담자가 목표를 설정하도록 돕는 요령을 살펴보자. 흔히 내담자는 자신이 해결하기에 벅찬 문제 증상을 호소하는데, 상담자는 이 문제 증상을 잘 듣고 이해하며 내담자가 구체적으로 어떤 목표를 세우고 달성할 수 있을지 생각하도록 유도한다. 이때 다음의 몇 가지 요령을 명심해야 한다.

첫째, 상담의 목표는 암묵적으로 합의될 수는 있지만, 대개는 언어적으로 명백히 드러나게 하는 것이 더 좋다. 상담자는 상담 초기에 내담자에게 "이 상담에서 우리가 달성해야 할 목표를 무엇으로 정할까요?"라고 물을 수 있다. 내담자가 대답한다면 상담자는 이를 기록해 놓을 수 있다. 내담자가 목표를 분명하게 말하기 어려워한다면 상담자와 협의하여 목표를 구체화할 수 있다. 앞의 대사 외에도 다음과 같이 할 수 있다.

- "자신의 행동에서 무엇이 달라졌으면 합니까?"
- "만일 문제가 해결되었다면 당신은 어떻게 변화했을까요?"
- "당신이 간절하게 바라는 변화는 무엇인가요?"

둘째, 앞에서도 언급했듯이 상담의 목표가 분명하고 구체적이며 현실적일수록 상담은 추진력 있게 진행될 수 있다. 대개 분명하고 구체적인 목표는 행동적인 용어로 기술된다. 가령, 내담자가 상담의 목표로 "기분이 좋아지고 자신감이 생기며 자신과 세계에 대해 더 잘 이해하게 되었으면 좋겠어요."라고 말했다고 하자. 실제로 이런 변화가 일어날 수 있지만, 상담자와 내담자는 이런 변화를 확인할 구체적인 행동이 없다면 목표가 달성되었는지, 달성되었다면 얼마만큼 달성되었는지를 알지 못할 수 있다. 반면에 어떤 내담자가 다음과 같이 말했다고 하자.

- "저는 상담의 결과로 대인관계에서 자신감을 얻었으면 좋겠습니다. 사람과 적어도 5분 이상 오랫동안 대화를 할 수 있으면 좋겠어요. 또, 다른 사람이 반대할 만한 문제에도 내 의견을 표시할 수 있으면 좋겠고, 말할 때 상대방을 똑바로 쳐다볼 수 있었으면 좋겠습니다."

이 대화에서 내담자는 상담에서 성취하고자 하는 행동을 보고했다고 볼 수 있다. 내담자가 바라는 행동의 변화는 매우 구체적이고 분명하다. 목표가 구체적이면, 상담자와 내담자는 이 목표를 향해 무엇을 해야 할지를 심도 깊게 논의할 수 있고, 상담이 얼마나 효과적으로 진행되어 가는지를 이 목표를 기준으로 점검할 수 있다. 또한 목표와 관련이 없는 주제의 대화를 차단할 수 있고, 목표 달성 여부로 상담을 종결할 것인지 아니면 새로운 목표를 설정하여 상담을 계속 진행할 것인지를 결정할 수 있다.

참고로, 구체적인 목표는 목표를 수행하는 상황적 조건과 같이 제시되는 경우가 많다. '항상' '언제나'가 아니라 '~할 때' '~하는 경우' 등 상황이 명시되어 있는 것이다. 앞의 예시에서 보면 '다른 사람이 반대하는 경우'를 명시하고 있다. '부모님이 화를 내더라도' '시험 점수가 낮아도' '친구들이 호응해 주지 않을 때' 등의 상황을 명시할 수 있다.

셋째, 상담자는 내담자와 함께 상담 목표를 설정할 때 구체적인 행동으로 드러날 수 있는 목표뿐 아니라 현실적인 목표를 세울 수 있게 조력해야 한다. 현실적이지 않고 달성이 불가능한 목표는 내담자에게 또 다른 좌절을 줄 수 있다. 예를 들면, 어떤 학생이 "반에서 꼭 3등 안에 들어 보고 싶다!"라고 하는데, 이 학생이 3등은커녕 반에서 바닥권을 맴돌고 있는 학생이라면 이러한 비현실적인 목표는 내담자에게 또 다른 심리적인 좌절을 겪게 만들 것이다. 이때 상담자는 비현실적인 목표 달성을 위해 노력할 것이 아니라 내담자가 먼저 목표의 비현실성을 깨닫게 유도하고, 현실적인 목표를 설정하도록 조력해야 한다.

넷째, 현실적이라는 점과 연결되는데, 타인의 행동과 관련된 목표가 아니라 자신의 행동과 관련된 목표를 세운다는 것이다. 앞에서 "자신의 행동에서 무엇이 달라졌으면 합니까?"와 같이 질문할 수 있다 하였는데, 이것은 자기 자신의 행동 변화가 중요함을 강조한 것이다. 어떤 내담자들은 "남편이 변했으면 좋겠다." "부모님이 내 맘을 이해해 주면 좋겠다." 등의 소망을 말하지만, 이것은 자신이 할 수 있는 범위를 벗어나므로 오히려 비현실적인 목표라 할 수 있다. 심리상담은 변화시킬 수 있는 현실에 주목하며, 지나간 과거나 아직 오지 않은 미래 그리고 내가 아닌 타인의 변화에 초점을 맞추는 것이 아니다.

이 밖에도 '긍정적으로 기술한다' '수치를 이용한다' '문제 축약 목표를 세운다' 등의 요령이 있다. 이런 요령들은 반드시 지켜야 할 것이라기보다는 상황에 따라 융통성 있게 적용해야 할 것이다. 긍정적으로 기술한다는 것은 부정적인 행동의 감소보다 긍정적인 행동의 증가를 목표로 설정한다는 뜻이다. 수치를 이용하여 횟수를 명확히 표시하는 것도 가능하다. 예를 들어, 대인기피증이 있는 내담자의 경우 다음과 같이 목표를 설정할 수 있다.

* 친구들과 잘 지내기 ⇒ 일주일에 한 번은 밖에 나가 친구들과 어울리기

마지막으로, 문제 축약 목표라는 것은 내담자가 호소하는 문제나 증상이 다양할 때 가장 절실하고 중요하며, 다른 문제들에 영향을 줄 수 있는 한두 가지 문제에 집중한다는 뜻이다.

5. 단계적 목표 달성에 따라 상담 진행하기

앞에서도 언급하였지만 상담의 목표는 상담에 추진력을 제공하며, 분명하고 구체적인 목표일수록 추진력은 커진다. 또한 목표는 골인 지점에 서 있는 깃발과 같아 목표가 달성되면 상담은 종결될 수 있다. 그런데 상담에는 한 가지의 목표만 있는 것이 아니며, 최종 목표를 달성하기 위해 거쳐 가야 하는 수많은 하위 목표가 있을 수 있다. 또 목표를 한 가지로 정했다 하더라도, 그것은 한 번에 달성되는 것이 아니라 단계적으로 달성된다. 우울한 내담자의 예를 들면 다음과 같다.

* **[우울한 내담자의 상담 목표]** 우울한 기분에서 회복하기
* **[단계적 목표 달성]** 우울한 기분과 자살사고에서 일시적 회복 ⇒ 부정적 사고 줄이기 ⇒ 우울한 기분에서 상당히 많이 회복 ⇒ 객관적이고 긍정적인 사고 강화 ⇒ 우울감이 다시 찾아와도 기분을 조절할 수 있음

그런데 어떤 내담자의 경우, 우울한 기분과 자살사고에서 일시적으로 회복한 단계에서 문제가 해결되었다고 판단하고 상담을 종결하려고 할 수 있다. 그러나 문제 증상이 사라졌다고 해서 상담을 종결시키면 곤란하다. 근본적인 변화가 없다면 증상은 언제든지 재발할 수 있기 때문이다. 내담자 측면에서 상담 종결을 희망하더라도, 상담자가 보기에 자아나 성격의 근본적인 성장이 없다고 판단하면 상담 종결을 미루는 것이 필요하다.

이처럼 상담 목표가 단계적으로 달성된다면, 상담자는 하위 목표가 달성될 때마다 내담자를 격려하고 다음 단계의 목표로 나아가자고 새롭게 합의할 필요가 있다. 그런데 초보 상담자의 경우 이런 적극적인 점검이나 합의 과정이 없어도 상담이 자연스럽게 흘러갈 것이라고 막연히 기대할 수 있다. 그러나 상담자가 아무 역할을 하지 않아도 자연스럽게 진행될 것이라고 생각한다면 오산이다. 내담자들은 다음 단계의 목표가 있는지 모르고, 어느 정도 좋아졌으니까 상담을 그만두고 싶은 마음이 생길 수 있다.

한 사례의 예를 들어 설명해 보자. 시험 준비로 책상 앞에 앉을 때마다 입술 안쪽 부분을 물어뜯는 강박행동으로 공부를 할 수 없다고 호소하는 내담자가 있다. 상담자는 초기 몇 차례의 면접을 통해, 내담자의 강박행동이 아니라 시험에 합격해야 한다는 압박감과 스트레스가 오히려 공부를 방해한다는 가설을 세웠다. 강박행동을 공부 방해의 원인이 아니라 압박감과 스트레스의 결과로 본 것이다. 따라서 강박행동보다는 압박감과 스트레스에 초점을 맞추도록 안내하였고, 내담자는 압박감과 스트레스를 충분히 표현하며 긴장을 조금씩 풀어냈다. 그런 식으로 4~5회 정도의 면접이 진행된 후, 내담자는 입술을 물어뜯는 강박행동이 사라지지는 않았지만 그것에 별로 신경 쓰지 않으면서 공부를 원하는 시간만큼 할 수 있게 되었다. 6~7회가 진행되었을 때는 입술을 물어뜯는 강박행동도 조금씩 줄어들었다. 그런데 내담자가 6회 이후에는 그전과 다소 다른 모습을 보였다. 그전까지는 강박행동에 대해 그리고 압박감과 스트레스에 대해 잘 이야기하였는데, 그것이 좋아지니까 이제는 상담 시간에 무슨 이야기를 할 것인지를 잘 모르겠다고 말하거나, 자신이 정말 완치가 된 건지 궁금하다는 질문을 반복적으로 하였다.

이러한 내담자의 반응 변화는 무엇을 의미하는 것인가? 초보 상담자는 이런 변화에 당황하기 쉽고, 내담자에게 완치가 되었다고 대답하거나 또는 이제 상담을 종결할 때가 되었다고 판단할 수도 있다. 그러나 내담자의 반응은 일종의 국면 전환기가 왔음을 의미한다. 내담자는 자신의 증상 문제에 대해서는 어느 정도 목표를 달성을 하였기 때문에 이제 어떤 목표를 가지고 상담을 계속해야 할지 모른 채 있는 것이다. 이를 비유하자면 상담의 여행 중에 한 목적지에 도착한 이후 새로운 이정표를 찾지 못해 길을 잃어버린 상태와 같다. 상담자는 이를 직감하고 완치 여부에 대한 대답 대신 현재 상황을 있는 그대로 반영해 주었다. 다음과 같이 할 수 있다.

상담자: 이젠 어느 정도 자신의 증상을 조절할 수 있게 되었는데 앞으로는 무슨 이야기를 해야 할지 몰라 길을 잃어버렸다는 느낌이 드는군요.

상담자의 말에 내담자는 "네, 제 증상이 제 성격과 관련이 있는 걸까요? 관련이 있는지 확실하지 않은데, 성격에 대한 얘기를 계속해야 되는 건가요? 또 저는 제 성격이 좋은 점도 많고, 이것을 고쳐야 한다고 생각하지는 않아요."라고 응답하였다. 즉, 내담자도 국면이 전환됨을 느끼고 있었으며, 추후 어떤 주제로 상담을 이어 가야 할지 고민하고 있었던 것이다. 이후 상담 주제는 내담자의 완벽주의적 성격으로 옮겨졌고, 내담자는 자신의 성격 및 성격 형성에 영향을 미친 가족 배경에 대해 이야기하기 시작했으며, 자신과 타인에 대한 너무 높은 기대를 내려놓는 연습을 시작하였다.

이 예에서는 하나의 목표가 달성된 후 새로운 목표로 전환해 나가는 과정이 나타나 있다. 상담자는 "증상에 대해 조절할 수 있게 되었으니 이젠 성격이나 부모님에 대해 이야기해 봅시다."라고 직접적으로 제안하지 않았지만, 내담자와 함께 새로운 주제를 이야기하기로 암묵적으로 합의하게 되었고, 상담은 새로운 추진력을 얻게 되었다. 이 예를 통해 알 수 있는 바는 상담은 흐름이라는 것이다. 흐름이 정체된다는 느낌이 올 때 이를 간과하고 내버려 두어서는 안 되며, 이에 대해 적극적으로 대처할 필요가 있다. 상담자가 현재 상황을 정리해 주지 않으면 내담자는 다음 주제를 찾는 것이 아니라 상담을 종결할 가능성이 높다. 내담자 혼자서 새로운 이정표를 찾기란 결코 쉽지 않기 때문이다.

상담자는 목표가 일부 달성되었다고 느끼는 시점에서 긴장해야 한다. 그리고 하나의 목표가 달성되었다고 서둘러 상담을 종결하지 말고 다음 목표는 무엇이 있는지, 다음 목표가 얼마나 중요한지, 그 목표를 향해 내담자를 어떻게 안내하고 내담자와 합의할 수 있을지를 항상 염두에 두어야 한다. 결국, 이것은 상담자의 섬세한 감수성과 직결된다. 새로운 목표에 합의하지 못하고 다소 어색하게 상담이 연장된다는 것을 느끼면서도 아무런 조치도 취하지 않을 때 상담은 찝찝한 느낌을 남기며 조기종결되기 쉽다. 심리상담은 언어로 진행되는 것이므로, 상담 과정 중에 느껴지는 어떤 어색함이나 긴장감도 언어로 표현하며 공개적으로 다룰 수 있어야 할 것이다. 여기서 상담자의 일치성이 중요하게 작용할 것이다.

■ 융통성을 발휘하면서 목표 달성 점검하기

상담은 목표를 향해 가는 일련의 과정이나, 모든 상담이 똑같은 방식으로 진행되는 것은 아니다. 상담자마다 스타일이 달라서 실제 면담은 개성 있게 진행되기 마련이다. 어떤 상담자는 설명을 많이 하고, 어떤 상담자는 질문을 많이 하며, 강하게 직면시키는 스타일도 있고, 항상 너그럽고 허용적인 스타일도 있다. 그리고 상담자처럼 내담자도 저마다 다를 것이다. 따라서 내담자에 맞춰 융통성 있게 면담 방식을 변화시킬 수도 있을 것이다.

상담자가 내담자에 맞춰 융통성 있게 면담 방식을 변화시킬 때, 중요한 것은 상담자의 진행 방식이 융통성 있게 변하더라도 내담자와 합의한 목표를 향해 잘 나아가고 있는가 하는 것이다. 상담 목표로의 여행이 제대로 이루어지고만 있다면 상담방식은 조금씩 달라도 큰 문제는 아닐 수 있다. 따라서 상담자는 스스로 다음과 같은 질문을 제기하며 목표가 제대로 달성되고 있는지를 점검해야 할 것이다.

* 내담자와 합의된 성과 목표를 최대한도로 성취하려면 면담을 어떻게 진행해야 하는가?
* 어떤 방식이나 노력으로 이런 결과적 목표를 가장 효과적으로 성취할 것인가?
* 나의 어떤 행동이 목표의 달성 과정을 방해할 것인가?
* 상담의 최종 성과를 위해 우선 성취해야 할 일, 즉 과정 목표가 무엇인가?
* 상담의 최종 목적(성과 목표)을 달성하기 위해 활용될 수단과 전문적인 노력(과정 목표)은 무엇인가?

마지막으로, 상담의 목표 설정 작업이 효과적이었는지를 검토하는 참고기준을 제시하면 다음과 같다.

* 내담자가 구체적으로 이야기하게(용어의 정의, 구체적인 생활경험, 주요 생활경험에 수반하는 감정적 반응 및 여러 생활 장면에서의 행동 비교 등) 도와주었는가?
* 내담자가 자기가 생각하는 상담의 목표를 말하게 하였는가?
* 이러한 목표가 행동적 용어로 표현되었는가?
* 상담의 목표를 달성하는 데 장애가 될 만한 요소(내담자의 신체적 장애, 무감각 등)가 없다고 확신되는가?
* 내담자가 바라는 목표가 현실적이며 성취 가능한 것이었는가? 그렇지 않다고 생각되었을 경우 그에 따른 적절한 조치를 취하였는가?
* 능력의 한계 때문에 당초의 목표를 달성하지 못한 것으로 생각되는가? 그렇게 생각되었을 경우 다른 전문가에게 의뢰하거나 목표를 재조정하는 등의 필요한 조치를 취하였는가, 아니면 단순히 지지적인 상담관계를 유지하였는가?
* 상담자의 전문적 · 윤리적 차원에서 내담자가 바라는 목표에 도달할 수 있게 도왔는가? 그렇지 않았을 경우 상담자로서 적절한 행동 및 조치를 취하였는가?
* 선택된 접근방식이 적절하고 상담자 자신의 능력으로 가능한 것이었는가?
* 내담자 쪽에서 상담의 접근방식과 절차를 충분히 이해하였는가?
* 내담자가 상담의 방식과 절차에 참여의식과 책임감을 가지게 하였는가?

6. 사례개념화를 바탕으로 목표 설정 안내하기

상담 목표를 설정하는 의의는 '행복해지고 싶다' '문제를 해결하고 싶다'는 막연한 소망을 보다 구체적이고 현실적인 행동으로 전환하는 것이다. 내담자가 상담센터에 올 때는 '내가 좋아질 수 있을까?' '내 문제가 해결될 수 있을까?'라는 식의 의구심을 가질 수 있다. 그러나 상담자와 함께 구체적이고 실현 가능한 행동 목표들을 세우면서 내담자는 이런 의구심에서 조금씩 탈피하게 된다. 이것은 문제를 '해결될지 확신이 안서는 것'에서 '해결 가능한 것'으로 재정의할 수 있기 때문이다. 그런 의미에서 목표를 잘 설정하기만 해도 절반은 성공한 것이라 하겠다.

그리고 앞에서 내담자의 목표와 상담자의 목표가 다를 수 있어서 목표를 합의해 나가는 과정이 중요하다고 언급한 적이 있다. 이 말이 시사하는 바는 다음과 같다.

✽ 대개 내담자가 스스로 적절한 상담 목표를 정하기는 어렵다.

아마도 내담자에게는 구체적 행동 목표를 정하는 것부터가 어려울 것이다. "당신의 목표는 무엇인가요?"와 같은 질문에 내담자들이 명료하게 응답하는 것 자체가 어렵다는 것이다. 설령 목표에 대해 언급한다고 해도, 내담자들은 고통스럽고 혼란스럽기에 현실적이고 실현 가능한 목표를 정하지 못할 수도 있다. 반면, 전문 상담자는 주 1회 50분이라는 면담 시간의 틀 속에서 현실적으로 실현 가능한 목표를 추구할 것이다. 뿐만 아니라 전문 상담자는 사례개념화 능력을 갖추고 있어서 내담자에게 적합한 목표를 좀 더 체계적으로 찾아낼 수 있다.

따라서 상담자는 내담자가 자신에게 알맞은 목표를 설정할 수 있도록 안내자 역할을 해 주어야 한다. 상담자는 초기 몇 차례의 면담을 통해 내담자에 대해 파악하고(사례개념화), 이를 바탕으로 그에게 필요하고 적절한 목표를 찾아내며, 이를 내담자에게 제안하고 협의한다.

■ 사례개념화와 상담 목표 설정의 관계

사례개념화는 내담자에 대한 통합적 이해를 추구하는 작업이라 할 수 있다. 그런데 좀 더 자세하게 살펴보면 이 통합적 작업은 호소 문제를 확인하고, 문제를 이론의 틀에서 설명하고, 현재와 과거를 연결하고, 치료계획을 세우는 일련의 세부작업들로 구성되어 있다. 즉, 한 가지 작업이 아니라 여러 작업의 유기적 복합체인 것이며, 내담자와 호소 문제를 이해하는 것에서 치료계획을 세우는 쪽으로 전개되고 있음을 알 수 있다.

상담 초기에 몇 번의 면접을 통해 문제를 파악하고 내담자를 이해하려는 것은 궁극적으로 상담 중반부의 문제 해결 및 성장 작업을 위해서일 것이다. 상담 초기에 호소 문제와 내담자를 제대로 이해하면 이후 면담의 방향성이 생길 것이다. 그러나 제대로 사례개념화를 하지 못하면 이후 면담에서 갈팡질팡하게 될 수 있고, 목표를 향해 나아가지 못한 채 수다를 떨다가 50분간의 대화를 마치는 치료자 표류(therapist drift) 현상이 벌어질 수 있다.[2] 앞에서의 내용을 다음과 같이 2단계로 다시 정리해 보자.

* 상담 초기의 사례개념화 ⇒ 상담 중반부의 방향성 확립

사례개념화를 치료계획까지 포함한 복합적 작업이라고 한다면, 상담 목표 설정 역시 사례개념화에 포함될 것이다. 저자의 견해로는, 문제를 파악하고 이론의 틀에서 설명했다면 자연스럽게 치료계획을 세우고 상담 목표를 설정하는 작업으로 이어질 수 있다. 다음과 같이 할 수 있다.

* **[문제를 이론적으로 설명하기]** 내담자의 부정적 자동적 사고가 우울증을 초래하였다. ⇒ **[상담 목표]** 부정적 자동적 사고를 점검하고 객관적이고 긍정적인 사고로 대체하기

사례개념화를 통해 상담자는 큰 틀에서 내담자의 상담 목표를 설정하고 제시할 수 있다. 그런데 아마도 내담자는 '부정적 자동적 사고(negative automatic thought)'란 용어를 모를 수도 있고, 객관적이고 긍정적인 사고로 대체하는 방법도 모를 수 있다. 따라서 상담자는 이를 설명하고 내담자와 협의하면서 내담자의 언어로 그에게 적합한 목표를 설정하도록 안내할 것이다. 다음 대화의 예를 보자.

상담자: 평소 습관적으로 '망했다'는 말을 하는 것 같아요. '나는 왜 이 모양일까'라는 식의 자기비하도 많고요.

---

2) 치료자 표류라는 용어는 명확한 이론적 근거와 효과성을 강조하는 분위기에서 등장하였다. 목표 달성과 무관한 수다와 목표 달성을 향한 치료적 대화를 구별하려는 시도다.

내담자: 저도 알아요, 근데 안 고쳐지네요.

상담자: 그것은 단지 언어습관이 아니라 생각하는 스타일이겠지요. 잘한 것은 가볍게 넘기고 실수
한 것을 부풀려 생각하는 사고방식 말이에요.

내담자: 그럼 제가 어떻게 해야 하죠?

상담자: 일단 '망했다'는 말 대신 다른 언어습관을 만들어 보면 어때요?

내담자: 그럴듯하네요. 그런데 어떻게 해야 할지……

상담자: 음, 같이 생각해 봅시다. 실수했을 때 자신에게 어떻게 말해 주면 좋겠어요?

또 다른 사례를 들어 설명해 보자. 의처증이 심한 남자가 괴로워하며 상담센터를 찾아
왔다. 자발적으로 찾아온 것은 아니었으며, 배우자가 이혼을 선언하고 남편에게 심리상
담을 받아보자고 제안하였기 때문에 오게 된 상황이다. 초기 몇 번의 면담에서 남편은 이
상황을 아내의 탓으로 돌렸고, 아내를 의심할 수밖에 없는 증거들에 대해 장황하게 설명
하느라 면접 시간을 다 소모하였다.

이 사례는 몇 가지 측면에서 매우 어려운 사례다. 첫째, 대개 배우자에 대한 의심이 심
하여 망상 수준으로 발달하고 고착된 경우, 어떠한 설명이나 설득으로도 망상임을 증명
할 수가 없다. 상담자가 증거 불충분함을 지적해도 내담자는 또 다른 증거들을 찾기 시작
할 것이다. 즉, 망상을 없애는 목표를 세운다면 실패하기 쉽다는 것이다. 둘째, 이들은 상
담자에 대한 의심도 있을 수 있어 라포 형성이 어렵다. 만일 상담자가 망상의 내용에 대
해 따지거나 부정하기 시작하면 신뢰관계의 형성은 더욱 어려워질 것이다. 셋째, 내담자
가 생각하는 문제 해결의 방향과 상담자가 생각하는 문제 해결의 방향이 다를 수 있다.
내담자는 자신의 변화가 아닌 배우자의 변화를 강조할 수 있다. 즉, 배우자가 잘못을 인
정하고 사과하기를 바라는 식이다. 반면 상담자는 내담자 자신의 변화를 촉구할 것이다.
이처럼 상담 목표 설정에서 상담자와 내담자 간 차이가 있을 수 있으며, 따라서 목표 설
정에 합의를 이루기 어렵다. 넷째, 이런 여러 가지 이유로 인해 망상이 있는 내담자를 상
담하기 위해서는 수십 회 이상의 면접이 필요할 수 있는데, 이런 장기간 면접을 지속하기
위한 시간 및 비용적 투자를 현실적으로 감당하기 어려울 수 있다.

이런 여러 가지 어려움에도 불구하고, 사례개념화 작업을 통해 내담자의 문제가 열등
감에서 비롯되었다고 가설을 세워 보자. 상담자는 열등감에 관련된 목표를 세우도록 도
울 수 있다.

상담자: 몇 차례 만남을 통해 무엇이 괴로운지 잘 이야기해 주셨어요. 그럼 이제 앞으로 상담을 진행하면서 목표로 삼을 것을 정하면 좋겠는데요.

내담자: 아내가 자신의 잘못을 인정한다면 좋겠어요. 그럼 다 용서해 줄 수 있어요.

상담자: 음…… 그것 말고 다른 목표를 잡아야 할 것 같아요.

내담자: 왜죠?

상담자: 아내가 잘못을 인정하는 것은 아내의 변화이지 ○○ 씨의 변화는 아니잖아요. 만일 아내가 잘못을 인정하고 ○○ 씨가 용서해 준다 해도, 시간이 지나면 다시 의심이 생길 거예요. 그러니깐 ○○ 씨 자신이 변화하는 것을 목표로 삼는 게 중요해요.

내담자: 그건 생각해 보지 않았어요.

상담자: 그럼 지금부터라도 같이 생각해 봐요.

내담자: 그럼 의심하지 않는 것을 목표로 해야 하나요?

상담자: 그것은 좋군요. 그런 의심이 어디서 오는 건지 함께 찾아봐요.

내담자: 아내가 의심스러운 행동을 하니깐 그런 거지요.

상담자: 그럴 수도 있지만, ○○ 씨의 마음속에도 이유가 있을 거예요.

내담자: 아내가 저로 만족하지 않을 것 같아요. 그런 자격지심 같은 것이 저에게 있긴 해요.

상담자: 그럼 자격지심과 관련해서 뭐든 목표를 정해 놓으면 좋겠어요.

7. 내담자 특성을 고려하여 목표 설정하기

이번에는 목표 설정에서 내담자의 능력이나 특성을 고려하는 것에 대해 살펴보자. 상담센터에 오는 내담자들의 호소 문제는 다양하고, 상담자는 다양한 호소 문제에 맞춰 목표를 설정하고 상담을 진행하게 된다. 그런데 같은 호소 문제가 있더라도 내담자마다 특성이 다를 수가 있다. 예를 들어, 표면적으로는 똑같은 우울증을 호소하더라도, 감정이 풍부한 내담자가 우울하다고 하는 것과 평소 무심하고 둔감한 내담자가 우울하다고 하는 것은 전혀 다를 수 있다. 또 다른 예로 대인관계 갈등을 호소하더라도, 지적 능력이 우수한 내담자가 호소하는 갈등과 지적 능력이 부족한 내담자가 호소하는 갈등은 서로 다를 수 있다.

이런 경우, 상담 목표 설정에서도 내담자의 특성을 고려하여 진행해야 할 것이다. 어쩌면 내담자의 상이한 특성에 따라 맞춤 상담을 하는 것은 당연할 것이다. 그런데 연륜이 풍부한 상담자라면 한두 가지의 단서로 내담자의 많은 측면을 파악할 수 있겠지만, 초보 상담자의 경우 그렇지 못하므로 내담자의 특성을 파악하는 훈련을 해야 할 것이다. 흔히 임상심리학 분야에선 행동관찰이나 심리검사 자료를 바탕으로 내담자 특성을 평가하는데, 이를 심리평가(psychological evaluation)라고 한다. 심리평가는 이 책의 범위를 벗어나지만, 일반적으로 내담자의 특성을 다섯 가지 차원에서 종합적으로 평가할 수 있다. 다섯 가지 차원은 다음과 같다.

* 지적 잠재력 차원
* 현실검증력 차원
* 정서적 차원
* 대인관계 능력 차원
* 자존감 차원

1) 지적 잠재력의 평가

상담은 주로 언어적 상호작용을 통해 이루어지는 측면이 많다. 따라서 적절한 언어를 구사할 수 있고, 이를 이해할 수 있을 만한 능력은 필수적이다. 여기에 영향을 주는 것이 지능인데, 상담 장면에서는 내담자가 쓰는 어휘, 문법의 정확성, 개념적 사고능력 등을 기초로 하여 내담자의 지적 발달 수준을 추론할 수 있다.

상담의 방법이 대화에 기초를 둔다는 점에서 어떤 상담자는 내담자의 지적 발달 수준을 평가하는 것이 필수적이라고 믿는다. 어떤 이들은 지적 잠재력이 부족한 내담자들을 대할 때와 정상 잠재력의 내담자를 대할 때, 또는 아동을 다룰 때와 성인을 다룰 때의 기법에 차이가 있어야 한다고 믿는다. 반면에 어떤 상담자는 내담자의 지적 발달 수준이 상담의 방법에는 큰 영향이 없으므로 지적 발달 수준의 평가는 필요 없거나 중요하지 않다고 보기도 한다.

저자의 견해로는 내담자의 지적 기능을 제대로 평가하는 것은 매우 중요하다고 본다. 특히, 지능이 아주 지체 수준은 아니지만 정상보다 다소 낮은 경우, 또는 내담자가 말수가 적어 지능을 제대로 판단하기 어려운 경우 지능 수준을 간과했다가는 낭패를 보기 십상이다. 예를 들어, 대인관계가 거의 없고 화가 날 때 동생을 괴롭히는 여자 중학생이 상담센터에 왔다고 해 보자. 이 학생은 거의 말을 안 했고 목소리도 아주 작았다. 상담자의 말을 잘 이해하지 못할 것 같으면 다시 물어보라고 이야기하였는데도 잘 물어보지 않았다. 몇 차례의 만남 후 내담자는 상담자에게 이렇게 말했다. "학교에서도요, 선생님이 하는 얘기가 무슨 말인지 모를 때가 많이 있어요." 이 여학생의 경우 지능검사를 해 봤는데 지능지수(Fullscale IQ)가 90점을 넘지 못했다. 이렇게 지능검사를 해 보면 분명히 알 수가 있겠지만, 그렇지 못할 경우 내담자가 사용하는 어휘를 잘 관찰하면 알 수 있다. 어휘 사용이 미숙하거나, 말을 잘 하지 않거나, 말할 때 매우 자신 없어 하는 경우 섣불리 '반항적이다, 거부적이다, 수줍어한다'고만 생각하지 말고 내담자의 지적 능력을 점검해 보아야 하며, 내담자에게 말을 할 때는 쉬운 용어를 사용하고 천천히 말해야 할 것이다.

지적 잠재력의 평가 결과와 상담 목표 설정을 연결시켜 보자면, 안타깝지만 유전적 요인이 강하게 작용하는 지적장애의 경우 내면탐색 위주의 심리상담으로 도움받는 것이 한계가 있다. 다만 스트레스 해소를 도와주는 지지적 접근은 충분히 시도해 볼 수 있을 것이다.

2) 현실검증력의 평가

이번에는 현실판단력의 평가에 대해 설명해 보자. 현실검증력은 현실판단력이라고도 하는데, 쉽게 말해서 현실과 상상을 구분할 수 있는 능력이다. 사람은 누구나 다 상상을 하지만, 상상은 상상일 뿐 현실과 다름을 알 수 있다. 하지만 일부 정신증 증상을 가진 내담자는 현실과 상상을 구별하지 못하고 자신만의 망상을 키워 간다. 이들은 객관적인 증거를 무시하며 자기가 보고 싶은 것만 보고, 믿고 싶은 것만 믿는다. 예를 들면, 과대망상, 피해망상, 애정망상, 의처증, 의부증 등의 증상을 가지고 있는 내담자는 어떠한 설명이나 설득에도 자신의 망상을 포기하지 않는 것이다. 이런 내담자들을 상담하는 것은 매우 어렵고 수고로운 일이 될 것이다.

상담자는 내담자의 언어 표현이나 이야기의 타당성 등을 검토하면서 내담자의 현실판단력을 평가한다. 그런데 망상이 심하면 금방 드러나겠지만, 어느 정도 세련되게 자신을 포장할 능력이 있는 사람이라면 망상을 쉽게 확인하기 어려울 수 있다. 어떤 내담자는 너무나 진지하고 그럴듯하게 이야기하므로 그것이 망상인지 쉽게 판단을 하지 못할 수도 있다. 따라서 망상이 의심될 때 상담자는 내담자의 보고만을 믿지 말고 내담자 주변 인물에게서 추가 정보를 얻거나, 또는 내담자가 두루뭉술하게 전달하는 이야기의 구체적 세부 사항을 물어보며 현실검증력을 판단해 볼 수 있다. 예를 들면, 남자친구를 사귀었는데 마음을 터놓기가 힘들고 어렵다고 호소하는 여자 내담자가 있다고 해 보자. 남자친구에 대한 부분이 명확하지 않아 구체적으로 질문을 하니, 회사 모임에서 만나서 인사만 하고 안면만 있는 사람을 남자친구라고 말하고 있었다. 이처럼 구체적인 사항을 확인해 보면 도움이 된다. 그 사람하고 어디서 만났고 뭘 했는지 물어보면 보고의 타당성을 확인할 수 있다.

현실검증력이 손상된 내담자의 경우 몇 가지 이유 때문에 상담이 쉽지 않다. 첫째, 자기만의 망상에 빠져 있는 사람은 객관적인 현실을 무시하므로 공감이 쉽지 않다는 점이 있다. 내담자는 심리적인 고통을 호소하지만 상담자는 그의 심리적 고통이 잘 이해되지 않으며, 따라서 공감을 선뜻 전하기가 어렵다. 둘째, 상담자는 내담자의 망상을 지지해야 할 것인지 반대해야 할 것인지 딜레마에 빠진다. 예를 들면, 피해망상을 가진 내담자가 주변 사람들이 자꾸 자신을 감시하고 미워한다고 하는데 상담자가 정황을 들어 보니 이것이 망상임이 분명하였다. 그렇다면 상담자는 내담자의 고통에 동조해야 할 것인가, 아니면 그것이 망상이라고 직면시켜야 할 것인가. 내담자의 고통을 수용해 주면 내담자의 왜곡된 시각을 더욱 견고하게 만들 위험이 있고, 반대로 수용하지 않는다면 상담관계에 악영향을 미칠 수 있기 때문이다.

현실검증력 평가 결과와 관련하여, 초보 상담자들은 내담자가 현실을 왜곡하고 망상이 있는 것처럼 보이면 지레 겁을 먹고 상담이 어려울 것으로 예상한다. 그러나 환청과 망상 같은 외현적 증상은 약으로 조절 가능하며, 따라서 만약 내담자가 정신과 약물을 복용하며 증상을 조절하고 있다면 심리상담적 접근을 충분히 시도해 볼 만할 것이다. 다만 고차원적 목표 설정보다는 일단 현실검증을 회복하는 데 초점을 맞춰야 할 것이다.

3) 정서적 평가

정서는 인간 행동의 중요한 요인이며, 상담 과정에서도 문제 해결의 주요 원리(카타르시스의 원리)나 기법(예: 감정 반영)에서 핵심역할을 차지하고 있다. 감정을 좀 더 충실히 체험하고 자각하는 것은 필수적인 과정적 목표일 때가 많다. 따라서 내담자가 표현하는 주된 감정, 내담자가 강한 감정을 느끼는 상황 등을 예민하게 파악하는 것이 중요하다. 상담자가 특히 예민하게 파악해야 하는 중요한 감정은 불안 및 공포, 분노, 적개심, 증오, 공격심, 우울, 슬픔, 죄의식 그리고 행복감 또는 기쁨 등이다.

그런데 어떤 내담자는 정서적으로 둔감하며, 따라서 정서를 잘 표현하지 못하기도 한다. 타고난 기질이 둔감한 사람이 그런 편에 속할 것이다. 그리고 정서를 억압하는 사람의 경우도 중요한데, 대개 상담에 오는 사람은 후자인 경우가 많다. 이들의 표정은 대개 어둡고 변화가 없다. 이들에게는 내면의 감정을 드러내면 안 된다는 가치관이 있을 수 있다. 정서를 자유롭게 표현하기보다는 안으로 꾹꾹 삼키고, 너무 도덕적이어서 자신의 욕구를 부정하기도 한다. 상담자는 내담자가 감정 표현에 대해 어떤 태도를 가지고 있는지 살펴봐야 한다. 몇 차례의 면담 후 어떤 내담자는 감정 표현을 자연스럽게 잘한다는 느낌을 받을 수 있고, 또 어떤 내담자는 감정 표현을 어색해하고 감정이 아니라 생각만 이야기한다는 느낌을 받을 수 있다.

내담자의 정서를 평가하기 위해 상담자는 다음과 같은 점들을 살펴볼 수 있다.

* 내담자의 생활과정에서 가장 지배적인 특별한 감정은 무엇인가? 분노인가? 우울인가? 불안이나 긴장감인가?
* 내담자는 감정기복이 심한 편인가?
* 내담자는 감정 표현을 자유롭게 하는 편인가? 아니면 감정을 억압하거나 감정 표현에 죄책감을 가지고 있는가? 아니면 감정 표현이 서투르고 오히려 신체증상, 즉 배가 아프거나 두통을 느끼는 식으로 대체하여 표현하는가? 아니면 감정을 너무 화려하게 표현해서 진실성이 없어 보이는가?
* 정서는 약한 강도에서 강한 강도까지 수준 차이가 있을 수 있다. 예를 들면, 비슷한 좌절 상황에서 다른 사람은 약간 난처해하는 정도인데 내담자는 심각하게 절망하는가? 감정을 조절하는 능력은 어느 정도인가?

정서 평가 결과와 상담 목표 설정을 연결시켜 보자면, 타고난 유쾌함이나 둔감함을 변화시키기는 어려울 것이다. 다만 감정을 섬세하게 알아차린다든지, 충동적인 정서 표현을 조절한다든지, 자신이 느낀 감정을 솔직하게 전달한다든지 하는 것들이 그 자체로 충분히 상담 목표가 될 수 있다.

4) 대인관계 능력 평가

내담자의 대인관계를 평가하는 것은 내담자 문제의 이해에 도움이 될 뿐 아니라 면담 중에 내담자에게 어떤 식으로 접근할 수 있는지, 어떤 행동을 주목하거나 주의해야 하는지를 알 수 있게 도와준다. 대개 대인관계 평가에서 중요한 측면은 내담자가 대인관계에서 자연스럽고 이완되어 있는지, 아니면 소극적이고 위축되어 있는지 하는 것이다. 또한 타인에 대해 기본적으로 불신감을 가지고 있는지, 아니면 신뢰감을 가질 수 있는지 하는 것도 있다.

흔히들 대인관계를 외향형이다 내향형이다 하는 식으로 표현하는데, 어느 쪽은 더 좋고 어느 쪽은 나쁘다는 가치판단은 바람직하지 않다. 많은 사람과 적극적으로 관계를 맺는 외향적인 사람도 좋겠지만, 내향적인 것을 인간적으로 약점이 있다고 볼 순 없다. 인간관계가 넓진 않지만 그래도 진지하게 인간관계를 맺을 수 있고 신중하게 사람을 사귈 수 있는 사람이라면, 대인관계 기능이 적절하다고 판단할 수 있다. 중요한 것은 사람을 사귈 마음이 있느냐 하는 것이다. 사람을 좋아할 수 있는 것 자체를 능력으로 볼 수 있다. 내담자의 과거력에서 누군가를 사랑해 본 적이 있는 사람이라면 대인관계 잠재력이 있다고 볼 수 있다.

대인관계 능력에서 또 다른 핵심은 인간관계의 넓고 좁음이 아니라 관계의 지각에서 얼마나 객관성을 유지하는가다. 어떤 이는 사람들에게 따돌림을 받는데도 자신이 대인관계가 원만하다고 주장한다. 또는 사람들에게 긍정적인 평가를 받은 적이 많이 있는데도 너무 소극적이고 자신감이 부족한 사람들도 있다. 상담자는 내담자의 외향성-내향성 외에도 이런 점들을 정확히 평가해야 한다.

대인관계 차원을 평가할 때는 내담자가 주변 타인에 대해 어떤 태도를 가지고 있는지를 평가해 보는 것도 중요하다. 어떤 이들은 항상 대인관계에서 남을 탓하고 타인을 의심하며 사람에게 불신감을 가지고 있는 경우가 있다. 이들은 책임감도 부족하여, 문제가 생기면 자신을 되돌아보기보다는 타인을 비난하고 원망한다. 이들은 면담 도중 자신의 이야기보다는 타인을 비난하거나 원망하는 이야기로 시간을 다 보낼 것이다. 이들은 상담을 통해 자신이 어느 정도 책임을 져야 한다는 것을 배울 필요가 있다. 그러나 이것은 결코 쉽지 않을 것이다. 만일 상담자가 "그것은 누군가에게 미룰 문제가 아니라 당신이 스스로 해결해야 될 문제가 아닐까요? 당신이 책임감을 가져야 될 문제가 아닐까요?"라고 말한다면 내담자는 상담자도 자신을 비난한다고 여길 수 있기 때문이다.

반대로 어떤 이들은 대인관계에서 항상 자신을 탓하며 늘 위축되어 사는 경우도 있다. 이들은 상대방의 책임까지 떠맡으려고 한다. 이들의 이야기를 들어 보면 결국 '내가 좀 더 잘했어야 했는데.' '그러지 말았어야 했는데.' '내가 좀 더 잘했으면 안 그랬을 텐데.'라는 식의 자책하는 내용이 대부분이다. 이런 내담자의 경우 먼저 부담감과 책임감을 덜 수 있게 유도해야 하고, 사람 간의 문제에는 각자의 책임이 있다는 점, 자기 책임과 타인 책임을 분별하는 것이 중요하다는 점을 깨닫도록 도와주어야 할 것이다. 좀 더 자기중심적으로 살아도 오히려 서로 더 편해질 수 있음을 배우면 좋겠다.

어떤 내담자는 이 두 유형의 극단을 왕복한다. 다른 사람을 원망하면서 동시에 자신을 한없이 책망한다. 이렇게 극단적인 대인관계 패턴을 보이는 사람을 경계선(boderline) 성격장애를 지녔다고 하는데, 드라마나 영화에서 그 예를 종종 볼 수 있다. 이들은 상대방이 밉다고 충동적으로 행동하거나 자해도 한다. 이런 사람은 사랑받고 싶은 마음과 버림받을지도 모른다는 두려움 사이에서 극단적인 행동을 하고, 결국 극심한 고통에 시달린다. 그런데 이런 내담자의 이야기를 들을 때는 고통스럽다는 점에 대해 공감해 주는 것도 중요하지만, 극단적인 성격 때문에 상담에 부정적인 영향을 미치는 것에 대해 특히 조심해야 한다. 왜냐하면 상담자와의 관계에서도 같은 양상을 재연하기 때문이다. 즉, 조금만 공감해 주면 상담자가 최고라며 이상화하지만, 상담자가 조금만 비판을 하면 "어떻게 선생님이 저한테 그러실 수가 있어요."라며 상처받거나 상담자를 비난할 수 있다. 경계선 성격문제가 있는지를 파악하고 싶다면 상담 초기에 내담자의 과거 대인관계 경험을 잘 탐색하면 된다. 극단적인 감정기복과 고통으로 인해 이들의 대인관계는 짧고 불안정하며, 반복적인 자해 · 자살 시도의 과거력이 있는 경우가 많다.

대인관계 평가 결과와 상담 목표 설정을 연결시켜 보자면, 만일 성격장애를 의심할 정도로 대인관계 갈등이 반복되고 심각하다면 그 양상이 상담자-내담자 관계에서도 재연될 가능성이 높다는 것이다. 상담 목표를 설정할 때 이 점을 반드시 고려해야 할 것이다.

5) 자존감 및 자기개념 평가

내담자 평가에서 중요한 또 다른 측면으로 자신에 대해 무엇을 어떻게 믿고 있느냐 하는 신념, 즉 자기개념이 있다. 그리고 내담자가 자신을 얼마나 존중하느냐 하는 자존감 영역도 있다. 이 영역을 파악하기 위해 다음과 같은 질문을 던져 볼 수 있다.

* 우선 자신에 대한 믿음이 긍정적인가 혹은 부정적인가?
* 내담자가 자신을 칭찬할 수 있는가? 자기비난이 심한가?
* 내담자의 자기개념이 현실적인가 혹은 현실적 기대를 벗어났는가?
* 내담자가 이상적으로 바라는 것이 자신에 관한 현실적인 믿음과 어느 정도로 차이가 있

는가?

 * 내담자의 적응능력과 자기개념 간의 차이가 어떤 의미를 갖고 있는가?

대개 사람은 긍정적이고 현실적인 자기상을 가지고 있다. 그리고 자기(self)라는 것은 전체적이고 포괄적인 개념으로, 개인에겐 다양한 측면이 있지만 이들이 파편화되지 않고 '나'라는 정체성으로 통합된다. 또 개인에겐 잘난 면도 있고 못난 면도 있으므로, 못난 면이 조금 있더라도 전반적으로 자존감을 유지할 수 있다면 그 사람은 현실적이고 긍정적인 자기상을 가지고 있다고 할 수 있다. 이런 자존감은 실패나 거절의 상황에서 자신을 지켜 주는 역할을 한다.

그런데 어떤 내담자는 자기의 다양한 측면을 받아들이지 않고 한쪽 시각만을 너무 고집한다. 특히, 우울증이 심한 사람의 경우 부정적인 시각으로만 자신을 바라본다. 상담자는 내담자의 자기개념이 왜곡되거나 편향되어 있는지를 살피며, 내담자에게 좀 더 긍정적이고 바람직한 부분이 있음을 상기시켜 주어야 한다. 내담자의 자기비판적 태도를 지적할 때는 내담자가 위축되지 않게 배려하고, 직면 후에 내담자의 소감을 반드시 들어 본다. 어떤 직면이든 간에 내담자를 비난하고 야단치는 것이 아니라, 긍정적이고 현실적인 자기 개념을 확립하게 도와주려는 의도임을 전달할 수 있어야 할 것이다.

자존감 평가 결과와 상담 목표 설정을 연결시켜 보자면, 낮은 자존감의 소유자는 타인의 눈치를 보며 위축되기 쉽고, 따라서 상담 목표를 설정할 때도 상담자가 정해 준 목표를 그대로 받아들일 수 있다. 어떤 목표든 스스로 목표를 설정한다면 상담자는 환영할 것임을 알려 주는 것이 필요하다.

8. 내담자 평가에서 심리검사 활용하기

지금까지 내담자를 평가할 때 고려하는 다양한 특성 차원에 대해 알아보았다. 이번에는 심리검사의 활용에 대해 간략하게 살펴보겠다. 상담 초기의 고려사항 중 하나로 심리검사의 활용이 있다. 대부분의 상담자는 면담을 통해 내담자의 특성을 파악하기도 하지만 심리검사를 활용하는 것도 도움이 된다. 심리검사를 실시할 때는 상담자가 직접 심리검사를 실시할 수도 있고, 자기보고식 지필검사를 나눠 주어 내담자가 집에서 작성해 오라고 할 수도 있으며, 심리검사를 담당하는 전문가에게 의뢰할 수도 있다.

1) 다양한 심리검사의 활용 및 필요성

심리검사는 개인의 심리적 특성을 조사하거나 진단하기 위한 목적으로 만들어졌다. 심심풀이식 심리검사와 달리 심리상담 현장에서 활용되는 심리검사는 신뢰도와 타당도를 확보하며, 표준화된 방식으로 제작, 실시, 채점, 해석된다. 측정 특성이 무엇이냐에 따라 지능검사, 성격검사, 흥미검사, 성취도검사 등 다양한 검사가 있다. 수백 문항으로 구성된 복잡한 심리검사가 있는 반면, 특정 증상만을 확인하는 간단한 체크리스트도 많다. 심리상담 현장에서는 간단한 체크리스트를 사용할 때도 있지만, 개인을 전체적으로 이해하기 위해서 여러 검사를 묶음으로 실시하는 종합심리검사를 실시하는 것이 일반적이다. 이렇게 여러 검사를 묶음으로 실시하는 방식을 배터리(battery) 방식이라고 한다.

앞에서도 언급했듯이 심리검사를 활용하는 심리평가 영역은 별개의 전문 영역이다. 따라서 상담 전문가들이 심리검사를 모두 잘 다루지는 못할 수 있다. 이런 경우 임상심리분야 전문가에게 내담자를 의뢰하여 종합심리검사를 실시할 수도 있다. 그러나 만일 번거롭다거나 추가적인 비용이 발생하는 부담이 있거나 내담자가 원하지 않을 때는 간단한 심리검사로 대체할 수 있다. 초보 상담자들도 쉽게 다룰 수 있는 집-나무-사람 그리기 검사(House-Tree-Person Test)나 내담자가 스스로 작성할 수 있는 지필검사인 문장완성검사(Sentence Completion Test), 그리고 역시 지필검사이면서 성격의 여러 측면 및 부적응 증상을 측정하는 567개의 문항으로 구성된 다면적 인성검사(Minnesota Multiphasic Personality Inventory: MMPI)와 같은 검사가 활용될 수 있다.

상담 장면에서 심리검사를 활용하는 것은 당연히 내담자를 이해하는 데 필요하기 때문일 것이다. 성격검사나 적응문제 체크리스트 등은 내담자가 자기 문제를 탐색하게 하는 데 도움을 줄 수 있으며, 내담자는 검사 결과를 살펴보면서 자신의 능력 및 특성에 대해 객관적으로 알 수 있게 될 뿐만 아니라 자기의 흥미와 가치체계를 발견할 수 있을 것이다. 여기서 객관적이라는 것은 타인과 비교하여 어느 정도 수준인지 파악할 수 있다는 뜻이다. 내담자가 일반적으로 자신의 능력과 관심사에 대해 알고는 있지만 자기가 속한 집단에서 타인과 비교하여 어느 정도인지는 잘 모를 수 있다. 심리검사는 처음에 여러 사람에게 자료를 추출하여 만들었으므로, 그 자료들과 비교하면 자신이 어느 정도 위치에 있는지 확인할 수 있는 것이다. 심리검사를 통해 비교집단 속에서의 상대적인 위치를 알려 준다는 것은 내담자에게 구체적 이해와 현실감을 제공한다는 의의가 있다.

또 심리검사 활용은 내담자가 상담에 참여하도록 동기를 유발하는 기능도 가지고 있다. 흔히 내담자들은 심리검사에 대해 호기심을 가지며, 검사 결과가 자신의 특성을 잘 설명해 주는지 관심을 갖는다. 따라서 초보 상담자라도 심리검사에 대한 기초적인 내용은 숙지해 둬야 할 것이다. 심리검사의 종류, 심리검사 제작의 원리, 채점 방법, 결과 해석 방법 등을 알아 두어야 할 것이다.

2) 심리검사의 시기

심리검사를 실시하는 시기에 대해서는 두 가지 입장이 가능하다. 먼저, 상담자와 내담자가 어떤 결정을 내리기 위해서 좀 더 자세한 자료를 필요로 할 때 심리검사를 제안하는 것이 바람직하다는 입장이 있다. 예를 들면, 내담자가 대학에서 공부해 나갈 수 있는 능력을 알고자 하거나 가장 만족할 수 있는 전공이 무엇인지 알아보고자 할 때 적성검사나 흥미검사를 실시할 수 있다. 또 다른 예를 들면, 내담자의 부적응이 지적능력이 부족하기 때문인지 확인하고 싶을 때 지능검사를 실시하여 결과를 참고할 수 있다. 반면, 처음 상담을 시작할 때 내담자에 대한 전반적 자료를 수집한다는 의미에서 심리검사를 실시해야 한다는 입장도 가능할 것이다. 마치 처음 병원에 갔을 때 여러 가지 검사를 한꺼번에 실시하는 것처럼 말이다.

저자의 견해로는, 상담 도입부에 전반적으로 검사를 실시하는 것은 상당한 이점이 있다. 심리검사는 대량의 정보를 생산해 내며, 이것을 대화를 통해 얻을 수 있는 정보들과 합치면 내담자에 대한 이해가 넓어지고 깊어질 수 있다. 그러나 반드시 처음에 실시해야만 하는 것은 아니며, 내담자 사정에 따라 융통성 있게 대응하면 될 것이다.

3) 검사의 선정과 내담자의 참여

심리상담 장면에서는 내담자의 주체적 참여가 필요하고, 어떤 의사결정을 내릴 때 상담자 혼자 내리는 것이 아니라 내담자와의 협의가 중요하다. 이런 점에서 환자가 잘 알지 못하는 여러 검사를 시키는 병원 장면과는 다른 점이 있다. 상담자는 상담관계와 결과에 대해서 직업적인 책임감을 갖지만, 내담자가 원하지 않음에도 불구하고 심리검사를 하라고 강요하지 않는다. 다만 상담자는 심리검사의 필요성을 설명하고 설득할 수는 있다. 따라서 상담 과정에서는 내담자의 이해와 문제 해결을 촉진하는 데에 필요한 참고자료를 심리검사에서 얻을 수 있다는 점을 처음부터 내담자에게 말해 주는 것이 좋다. 그리고 어떤 검사를 실시할 것인지 결정할 때도 상담자 혼자서 심리검사를 선택하는 것보다는 내담자와 함께 의논하여 결정하는 것이 바람직할 것이다.

이것은 '내담자를 상담 과정의 여러 국면에 적극적으로 참여시키는 것이 내담자 스스로의 자기관리와 자아실현을 촉진한다.'라는 상담의 일반 원리와도 부합하는 것이다. 또한 검사 선정에 참여시킴으로써 내담자가 검사에 대하여 어떤 의구심이나 부정적인 느낌을 갖지 않게 하는 것이다. 심리검사 선정에 내담자를 참여시킬 때에는 우선 문제 해결을 위해 어떤 자료가 필요한지를 내담자와 함께 의논해야 한다. 그리고 가능한 검사의 종류가 무엇이고, 각 검사의 제한점 및 가치 등에 관해 내담자에게 알려 주어야 한다.

앞에서 심리검사에 대해 간략히 살펴보았다. 심리검사에 대해 더 자세히 공부하고자 한다면 전문서적을 참고해야 할 것이다. 심리검사와 관련하여 상담자의 활동 원칙 몇 가지를 요약해 보면서 마무리하자.

* 상담자가 우선 심리검사를 철저하게 아는 것이 중요하다. 검사요강을 아는 것만으로는 부족하고, 상담자 자신이 직접 검사를 받아 보고 관련 전문 서적 등을 통해 검사의 장단점, 제한점 등을 자세히 알고 있어야 한다.
* 내담자가 검사를 원하는 이유를 탐색하고, 과거에 검사를 받은 경험이 있는지를 알아본다. 검사에 대한 내담자의 기대도 중요한 참고자료다. 내담자가 혹시 검사가 제공해 줄 수 없는 것을 기대하는지를 확인한다.
* 내담자가 알고자 하는 정보와 관련하여 검사의 가치와 제한점에 대해서 설명하고, 어느 정도 이해하고 있는지를 확인한다. 검사 결과가 어떤 해결책을 마련해 주는 것이 아니라 성격 및 행동 특성에 관한 이해에 도움을 주는 자료임을 먼저 강조한다. 즉, 검사점수가 무엇을 의미하는 것인지, 예컨대 흥미, 적성, 성취, 성격 중 어떤 것을 측정하는지를 명확하게 알려 주어야 한다.
* 점수로서 검사 결과의 의미를 너무 강조하지 말아야 한다. 점수라는 것은 단순히 전문가들이 사용하는 기술적인 상징에 지나지 않기 때문이다. 가령, "당신의 학업점수가 90점인데~"라고 말하는 것보다는 "당신의 언어 사용과 언어 추리력은 높은 수준이며~"라는 표현을 사용하는 것이 바람직하다. 대부분의 검사점수란 가능한 점수의 범위를 시사해 주는 것이다.
* 검사 결과를 입증하기 위하여 더 많은 자료가 수집될 때까지는 시험적인 태도로 조심스럽게 제시해야 한다. 예컨대, 학업적성 검사 점수와 실제 학업성적을 비교해 보면 검사

결과의 신뢰성을 더 확보할 수 있을 것이다. 흥미검사 점수는 내담자의 취미, 독서 그리고 습관적 행동 등에 관한 관찰 자료로 입증될 수 있다. 검사 결과가 의심스러울 때에는 추가 검사를 실시하는 것도 바람직하다.

* 검사 결과를 전할 때 상담자는 평가적인 말투를 사용해서는 안 되며, 항상 중립성을 지켜야 한다. 평가적인 말투의 예로는 "당신은 이 검사에서 매우 좋게 나왔습니다." "결과가 상당히 좋은 것 같습니다." "당신이 기뻐할 것으로 생각합니다." 등을 들 수 있다. 또한 상담자 개인의 가치관이 투사되지 않도록 결과 자체만을 말해야 하며, 내담자 스스로 구체적으로 평가를 하게 하는 것이 바람직하다.

* 부정적인 결과도 가급적 담담하게 전달한다. 상담자가 검사 결과를 염려스러운 표정으로 전달하면 내담자가 매우 불안해하며, 결국 그 결과를 왜곡하는 수가 있다. 그러므로 있는 그대로 담담하게 전달하는 것이 중요하다. 결과를 전달하고 그것에 대한 내담자의 생각과 느낌을 나누는 것이 더 핵심 작업이다.

* 상담자는 의미 있고 명확한 해석을 시도해야 한다. 내담자에게 점수나 도표와 같은 원자료만을 주어서는 안 되고, 애매모호한 말로 검사 결과를 이야기해서도 안 될 것이다. 중립성을 지킨다는 것이 애매모호하게 해석해도 된다는 것으로 오해하면 안 된다. 간결하면서 분명한 해석을 시도하고, 다음엔 내담자의 의견을 물어볼 수 있다.

* 적성검사 결과는 확률적 표현으로 예언해 줄 수 있다. 일반적으로 타당도가 높은 검사라도 정확한 확률계수를 제시하기는 어렵다. 그러나 "이런 결과를 가진 학생 4명 중에서 3명은 법학 공부를 잘한다고 볼 수 있습니다." "이러한 결과를 보인 사람은 공학 분야에서 성공할 확률이 60% 정도 됩니다."와 같이 말할 수는 있다. 또한 "이 검사 결과로는 당신이 예술 계통에서 잘해 나갈 수 있는 확률이 높다고 볼 수 있습니다."라고 말할 수도 있다.

* 검사 결과의 해석에 내담자가 참여하게 한다. 내담자에게 가끔 질문을 던지거나 질문이 있는지 물어보는 것은 상담자 혼자서 검사 결과에 대해 설교식으로 이야기하는 것을 방지해 준다. 또한 내담자에게 의견을 말하거나 반응할 기회를 줌으로써 검사 결과에 대한 충분한 이해를 증진시킬 수 있다. 상담자는 내담자가 선택적으로 들으려 하거나 내용을 왜곡하는 경향이 있다는 것에 주의해야 하며, 내담자가 결과를 정확하게 지각할 수 있게 도와주어야 한다.

* 내담자에게 낮은 점수의 검사 결과를 해석해 주는 경우에는 특히 조심스럽게 해야 한다. 우선, 높은 점수부터 해석해 나가면서 내담자가 낮은 점수를 받아들일 수 있도록 여유를

주는 것이 바람직하다. 또는 내담자에게 자기의 상대적인 등급이 어느 정도 될 것이라고 예측하는지 물음으로써 낮은 점수의 수용 태세를 알아볼 수 있다. 대체로 내담자는 자기가 어떤 등급에 해당될 것인지를 짐작하고 있기 때문이다. 내담자가 자신의 해당 등급에 대해 정확하게 예측하지는 못하지만 결과를 받아들일 마음의 준비가 되어 있을 경우에는 사실대로 결과를 제시하고 내담자의 반응을 기다린다. 상담자는 내담자의 놀라움, 실망, 기쁨 등의 감정적 측면을 반영해 주고, 그것을 소화할 수 있게 도와주어야 한다.

* 다른 자료와 비교하여 예상 외로 낮은 점수가 나왔다면 내담자에게 질문 등을 통해 그 원인을 알아보아야 한다. 즉, 내담자가 과로나 검사에 대한 불만, 지시의 오해 혹은 미흡한 준비 등에 의해 그런 결과가 나왔는지 알아보아야 한다. 만일 다른 원인이 없음이 확인되었다면, 이 낮은 점수는 내담자를 이해하는 데 중요한 단서가 될 것이다.

지금까지 사례개념화, 상담 목표 설정 및 내담자 요인의 평가에 대해 살펴보았다. 상담자가 문제의 원인에 대한 가설을 세우고 내담자와 함께 목표를 설정할 수 있게 되면 상담 초기는 마무리될 것이다. 이제부터는 본격적으로 상담 중기로 접어든다.

생각해 보기

현대 심리상담 분야에서 심리검사는 내담자를 이해하기 위한 또 다른 도구로 널리 활용된다. 심리검사와 관련하여 생각해 볼 주제는 매우 다양할 수 있다. 당신이 전문가라면 내담자에게 심리검사를 의무화할 것인가? 또는 내담자의 선택에 맡길 것인가? 직접 실시할 것인가? 아니면 심리검사 전문가에게 의뢰할 것인가? 심리검사를 실시한다면 어떤 검사를 실시할 것인가? 왜 그 검사를 선택하였는가? 심리검사 중에서도 상담자가 특히 잘 활용하는 검사가 있을 수 있다. 여러분은 어떤 검사를 좋아하는가? 그 이유에 대해 생각해 보고, 동료들과도 의견을 나누어 보자.

제12장

상담 중반부의 탐색과 도전

이 장에서는 심리상담 중반부의 문제 해결 과정을 살펴볼 것이다. 사람들은 자아기능이 저마다 다르며, 자신과 타인 그리고 세상을 바라보는 자기만의 관점을 가지고 있다. 저마다 다른 자아도식에 따라 삶을 살아간다고 할 수 있다. 상담 초기에는 자아도식을 건드리지 않고 최소한도로 관여했다면, 상담 중반부에는 관여 수준을 점점 올려 자아도식을 건드리게 된다. 이 장에서는 적극적 내면탐색과 도전 작업으로 자아도식에 최대로 관여하는 수준까지 살펴볼 것이다.

1. 상담 중기로의 전환

심리상담은 한 번의 면담으로 완결되는 것이 아니라 수차례의 면담이 모여서 이루어진 다고 하였다. 몇 번째 면담부터 상담의 중기로 넘어갈지에 대해서는 기계적으로 자를 수는 없다고 하였다. 호소 문제마다 다를 것이며, 내담자와 상담자가 간 라포가 형성되는 데 소요되는 시간도 저마다 다를 것이기 때문이다.

따라서 몇 회부터라고 말하는 대신 특정 작업이 이루어지 것을 살펴 단계를 구분하는 것이 일반적이다. 앞에서 언급한 심리상담의 진행을 다음과 같이 순서화해 보았다.

내담자가 자신의 역할을 이해하고 상담자와 라포를 형성하게 되며, 상담자는 호소 문제를 파악하여 원인에 대한 가설을 세우고, 앞으로 상담 방향을 어느 정도 잡았을 때 본격적으로 상담 중반부에 접어든다고 할 것이다. 상담 중반부에는 문제를 해결하기 위해 더 적극적으로 내면을 탐색하고, 저항에 도전하며 내담자를 통찰로 이끌게 된다. 통찰은 행동변화로 이어질 것이다.

참고로, 상담 중기에는 내담자가 이미 자신의 역할이나 목표를 알고 있으므로, 상담자는 면담을 시작할 때마다 어떻게 시작해야 하나 고민할 필요는 없을 것이다. "자, 오늘도 시작해 볼까요?" 정도의 간단한 말만으로 충분할 수 있다. 굳이 자세히 질문하지 않아도, 내담자는 지난 상담 이후 자신의 문제에 대해 어떤 생각을 했으며, 그 문제와 관련하여 한 주간 발생한 사건이나 과거 경험에 대한 이야기를 하게 된다. 상담자는 이 이야기를 잘 들으면서 특정 사건이나 상황에 대한 감정을 더 느껴 보도록 요청하고, 묻혀 있거나 외면했던 감정과 욕구에 접촉하도록 촉구하며, 비합리적이거나 왜곡된 생각을 점검하게 하는 등 내담자가 성장하도록 조력할 것이다.

1) 상담 중기 내면탐색 작업의 역동성

상담 중기는 본격적으로 문제의 원인에 대해 탐색하며 해결책을 모색하는 단계다. 그렇다면 상담 중기에는 구체적으로 어떤 작업이 이루어지는가? 먼저 내담자의 입장을 정리하면, 이 단계에서 내면의 감정과 욕구에 대해 더 많이 탐색하게 된다. 이미 알고 있는 부분보다는, 묻어 두었거나 외면하려 했던 부분을 탐색하여 접촉하게 될 것이다. 또 탐색 과정에서 무의식적 갈등과 방어기제를 깨닫게 될 것이며, 자각이 증진되면 통찰로 이어질 것이다. 또 내담자는 가급적 자기 자신을 있는 그대로 수용하려고 노력할 것이며, 생각을 점검하여 오류를 교정하고 새로운 행동을 시도할 것이다.

상담자의 작업이라면 이와 같은 내담자의 작업을 촉진시키는 것이라 할 수 있다. 즉, 더 깊은 내면탐색을 촉구하고, 정서적 압력을 해소하도록 도와주며, 억압했던 감정과 욕구를 수용해 주고, 왜곡된 생각을 함께 점검하며 통찰로 안내하는 것이다. 대개 내담자들은 최근의 사건이나 과거의 사건에 대한 이야기를 수다처럼 전할 것이다. 이때 상담자는 사건의 전개보다는 내담자의 마음에 초점을 맞추어 "그래서 어떤 마음이 들었나요?" "당신의 마음을 좀 더 들어 보고 싶어요."라는 식으로 반응하며 공감과 동시에 묻혀 있던 부분을 탐색할 수 있도록 안내한다.

그런데 내면탐색은 상담 초기에도 이루어질 수 있고, 상담 중기만의 고유한 작업은 아니라고 할 것이다. 다만 상담 중기의 내면탐색 작업은 상담 초기의 작업에 비해 훨씬 더 집중적이고 역동적으로 이루어진다는 것이 특징이다. 먼저 상담자는 감수성을 총동원하고 사례개념화에서 세운 가설을 기반으로 하여 내담자의 심층으로 더 깊이 들어간다. 내담자는 여러 가지 이야기를 할 것이지만, 그중에서 가장 감정이 많이 묻어 있는 부분에 초점을 맞춘다. 그리고 내담자에게 더 집중하고 자신의 내면을 들여다보길 요청한다. 이 작업을 글로 설명하긴 어렵지만, 예를 들어 설명하면 다음과 같다.

평소엔 조용하지만 간혹 분노를 폭발하는 남편의 5회기 면담

상담자 1: 오늘은 어떤 얘기를 하시겠어요?

내담자 1: 어제 저녁에 아내가 힘들어하는 것 같아서 식사를 밖에서 하자고 했어요. 그런데 아내는 그냥 집에서 먹자고 하는 거예요. 나는 신경 써 주려고 일부러 밖에서 먹자고 한 건데…….

상담자 2: 아유 저런, 계속 말씀해 보세요.

내담자 2: 그래서 다른 때 같았으면 그냥 '알았어~'라고 말할 것을, 요즘에 선생님과 얘기하면서 내가 좀 더 적극적으로 주장을 할 필요가 있겠다 싶어서 한 번 더 말했어요. 당신 힘드니깐 밖에 가서 먹자고. 그랬더니 또 그냥 집에서 먹자고 하는 거예요. 지금 막 애들 다 씻겨서 도로 챙겨 나가기가 번거롭다면서요.

상담자 3: 음, 이번에는 좀 더 자기주장을 하셨네요. 근데도 아내가 ○○ 씨의 요청을 들어 주지 않았고요.

내담자 3: 네, 그래서 갑자기 입맛도 뚝 떨어지고 해서 방에 들어가서 컴퓨터를 켰어요. 한참 이것저것 보는데, 아내가 밖에서 밥 차려 놨다고 나오라지 뭐예요. 기분도 좀 안 좋고 그래서 밥 먹을 동안 아무 말도 안 했어요. 근데 아내와 애들도 조용한 거예요. 내 눈치를 보는 것 같기도 하고, 기분이 나쁜 것 같기도 하고 그랬어요. '아 짜증, 왜 분위기가 이렇게 된 거지? 아까 그냥 밖에 나가서 밥 먹었으면 좋았잖아!' 이런 생각이 계속 들었어요.

상담자 4: 아, 저녁 식사 분위기가 엉망이었겠어요.

내담자 5: 네…….

상담자 5: 그때 심정을 좀 더 말씀해 주세요.

내담자 5: 아 짜증난다. 또 이러네. 왜 내 말을 안 들어 주지? 그런 생각이 계속 들었어요. 그래서 밥만 얼른 다 먹고 방으로 들어가 버렸어요. 아내랑 애들은 밖에서 TV를 보고요. 그나마 다행인 것은, 그 이후로 아내와 말을 안 섞어서 그런지 화를 내지는 않았어요. 그냥 자 버렸어요.

상담자 6: 그건 다행이네요. 화가 폭발하는 상황을 만들지 않으신 거네요.

내담자 6: 그렇긴 하죠.

상담자 7: 다행이죠. 음, 그러면 제가 제안을 하나 해 볼게요. 그 상황을 다시 검토해 봐요, 우리. 그런데 여기서 생각보다는 감정에 좀 더 집중해 봅시다. 그리고 아내에게 짜증나는 것 말고 자신의 감정을 느껴 봅시다. 지금 그 얘기를 하면서 어떤 기분이 들었습니까?

내담자 7: 아내가 내 말을 안 들어 준다? 그게 다시 떠올라요.

상담자 8: 그랬을 때의 감정은요? 아내에 대한 것 말고 자신에 대한 감정이요.

내담자 8: 음…… 맥이 빠지고요. 그리고 비참해요…….

상담자 9: 계속해 보세요.

내담자 9: 음…… 비참하고 슬퍼요. 내 맘대로 되는 것이 아무것도 없는 것 같아요. 제가 무슨 말을 해도 아무것도 달라지지 않는 것 같아요.

상담자 10: 세상에 아무런 영향력이 없는 존재같이 느껴지겠어요.

내담자 10: 네……, 비참하고, 슬프고, 무기력해요.

상담자 11: 이 기분을 따라가 봅시다. 더 연상되는 것이 있으면 말해 주세요.

내담자 11: 음…… 어렸을 때가 떠올라요. (후략)

이 대화 예를 자세히 살펴보자. 먼저 상담자는 상담자 2에서 계속 말하기 요청을, 상담자 3에서는 바꿔 말하기와 요약을, 상담자 4에서는 반영을 하면서 내담자를 따라가고 있다. 상담자 5에서는 내면탐색을 요청하였고, 내담자가 부정적인 생각과 그나마 다행이었던 점을 둘 다 얘기하자 상담자 6에서는 일단 다행이었음을 재확인해 주었다. 그런데 상담자 7에서는 좀 더 적극적이고 주도적인 모습을 보여 준다. 내담자가 자기 감정보다는 상황이나 아내에 대한 생각에 초점을 맞추고 있어서 상담자 7에서 감정에 집중해 줄 것을 설명하고 내면탐색을 요청하였으며, 상담자 8에서도 한 번 더 내면탐색을 요청한 것이다. 이후 내담자는 자신의 감정에 접촉할 수 있었고, 그 감정을 연결고리로 하여 과거를 탐색하는 쪽으로 이동할 수 있게 되었다.

이 대화 예는 상담 중기 대화의 역동성을 보여 주기 위한 것인데, 상담자는 내면탐색 대신 직면과 같은 도전 작업을 선택하여 다르게 반응할 수도 있다. 예를 들어, 상담자 7에서 내담자에게 감정에 좀 더 집중해 볼 것을 요청하였지만, 만일 다른 선택을 한다면 내담자의 생각에 오류가 있는 것은 아닌지 점검해 보거나 내담자의 오류를 직면시킬 수도 있었을 것이다. 예를 들면 이런 식이다.

내담자 6: 그렇긴 하죠.

상담자 7: 다행이죠. 음, 그러면 제가 제안을 하나 해 볼게요. 그때 들었던 생각을 함께 점검해 봅시다. 아내가 내 말을 안 들어 준다고 했는데, 아내가 내 말을 들어 준 적이 한 번도 없나요? 항상 안 들어 주냐는 거예요.

내담자 7: 음…… 그렇지는 않겠죠. 아내가 제 말을 들어 줄 때도 있어요. 그렇지만 제 말은 한 번 말했을 때 바로 안 들어 준다는 거예요.

상담자 8: 네 좋아요. ○○ 씨가 바라는 것이 그것이군요. 내가 한 번 딱 말하면, 아내가 딱 호응해 주는 것 말이에요.

내담자 8: 네 그러면 좋겠어요.

상담자 9: 자, 그렇다면 그것에 대해 살펴봅시다. 아내가 한 번에 호응해 주지 않았기에 '아내는 항상 내 말을 안 들어 준다.'는 생각이 든다는 거군요.

이 내담자는 아내가 한 번에 호응해 주지 않아 속상한 마음에 '아내는 항상 내 말을 안 들어 준다.'라고 과잉일반화하고 있다. 우리는 이 가상 사례의 내담자가 어른이면서도 다소 미성숙하고 유치한 소망을 가지고 있음을 짐작할 수 있다. 아마 소망의 기원은 어린 시절이나 부모와의 관계에서 찾을 수 있을 것이다. 아무튼 이런 식으로 상담 중기의 작업은 상담자에 따라 그리고 내담자에 따라 다른 방식으로 진행될 수 있다. 매 순간 상담자는 내담자의 상태를 관찰하며 좀 더 내면으로 진입할 것인지, 진입한다면 감정에 초점을 맞출 것인지 생각에 초점을 맞출 것인지 아니면 직면을 시도할 것인지 등을 역동적으로 결정한다.

2) 라포를 토대로 작업하기

상담 중기의 작업은 결코 단순하지 않으며, 매우 길고 힘든 과정이 될 것이다. 10회(주 1회로 만난다면 대략 3개월) 정도의 면담으로 이런 작업들이 만족스럽게 이루어지기는 어려우며, 대부분의 전문적 상담은 대략 6개월에서 1년 정도 진행된다. 깊은 무의식을 탐색하는 데 주력하는 정신분석적 상담의 경우 수년이 걸리기도 한다.[1]

이런 긴 여정 속에서 상담이 언제나 매끄럽게 진행될 거라는 기대는 오히려 비합리적일 것이다. 어떤 때는 내담자가 지치기도 할 것이고, 어떤 때는 상담자가 피곤할 때도 있을 것이다. 내담자는 문제를 해결하는 과정에서 문득 두려움을 느껴 변화에 저항할 수도 있다. 혹은 주변의 경조사가 생겼다든지 하는 현실적 이유로 면접을 거르게 될 수도 있으며, 상담비가 부담되어 상담에 더 이상 오지 않을 수도 있다. 이 외에도 효과적인 문제 해

---

1) 최근에는 면접 횟수를 줄이면서 동시에 효과를 높이는 것을 강조하는 추세다. 이런 추세는 상담비용을 세금이나 보험급여에서 보전하는 상황 전개와 관련이 있는 것 같다. 아직 국내에서는 치료적 심리상담이 보험급여항목이 아니지만, 추후 미래에 이런 상황이 전개된다면 제한된 횟수에 최대의 성과를 강조하는 추세는 더 강화될 것으로 예상한다.

결과 목표 달성을 방해하는 다양한 장애물이 있을 수 있다.

이 장에서는 상담 중반부의 문제 해결 작업에 초점을 맞출 것이지만, 저자는 이 시점에서 상담자와 내담자 간 신뢰관계가 가장 기본이 됨을 다시 한번 강조하고 싶다. 서로 믿는 관계가 형성되어 있다면, 내면탐색을 요청하거나 내담자의 기존 관점에 도전하는 상담자의 시도를 거부하지 않고 협력적으로 문제 해결 작업을 진행할 것이기 때문이다.

2. 상담자의 선도적 반응과 태도

선도(先導)한다는 것은 앞에서 이끈다는 의미다. 상담 수련생들을 가르칠 때 저자는 선도 반응을, '내담자가 자신에 대해 좀 더 명료하게 생각하고 구체적인 목표를 세울 수 있게 이끌어 주는 상담자의 반응'이라고 정의하였었다. 여기서 이끌어 준다는 것이 중요하다. 상담 초기에는 내담자의 이야기를 따라가는 것이 중요하지만, 상담 중기에서부터는 조금씩 문제 해결의 방향으로 이끌어 주는 것이 필요하기 때문이다.

1) 선도적 반응이란 무엇인가

상담자가 선도적 반응을 시도하는 것은 목표 달성 방향으로 내담자를 이끌기 위해서다. 대개 내담자들은 문제의 호소에만 급급할 뿐 목표를 정확히 설정하지 못하며, 설령 목표를 설정한다 해도 어떻게 그 방향으로 나아갈지 알지 못한다. 감정적으로 혼란되어 있기 때문이기도 하고, 마음속에 모순이나 갈등이 있기 때문이기도 하다. 따라서 내담자를 그대로 내버려 두면 계속 혼란과 갈등 속에서 쳇바퀴 돌듯 헤맬 수 있다. 이때 상담자가 선도적으로 개입하여 내담자가 자기 내면을, 즉 갈등이나 모순 또는 묻혀 있거나 외면된 감정과 욕구 등을 뚜렷이 인식할 수 있게 도와주는 것이다.

따라서 선도적으로 반응한다는 것은 대화를 문제의 호소에서 문제의 해결로, 애매함에서 명료함으로, 추상적인 주제에서 구체적인 주제로 이끌어 감을 의미할 것이다. 애매하고 모호한 부분, 내담자의 방어기제가 덮어 두고 회피하는 부분을 좀 더 적극적으로 찾아내고 명료화해 나가는 것이다. 내담자가 자신의 문제를 차분하게 정리할 수 있고 상담의 목표를 구체적으로 말하거나 인식할 수 있게 된다면 그 자체가 내담자에게는 커다란 진전이 될 것이다. 상담자는 내담자가 두루뭉술하게 말할 때 어떤 특정한 상황에서 벌어진

일을 자세하게 언급하거나 원하는 바를 구체적으로 말할 수 있게 도와주어야 한다. 예를 들어 보자.

> **내담자:** 어제 이사하느라 힘들었어요.
>
> **상담자:** 아, 이사했구나. 근데 무엇이 힘들었단 말이죠?
>
> **내담자:** 이사하고 나서 짐을 정리해야 하는데, 남편은 그냥 대충 해 놓고 쉬자는 거예요. 그 모습이 너무 게으른 것 같고, 나만 혼자 일해야 하나 싶었어요.

이 대화 예에서 보면 내담자가 "힘들었다."라고 할 때, 상담자는 "힘들었구나." 하고 받아 줄 수도 있었을 것이다. 그러나 내면탐색을 위해서 질문 형식으로 내담자를 선도하였고, 내담자가 힘든 것은 신체적으로 힘든 것만이 아니라 남편과의 갈등이 포함되어 있음을 알게 되었다.

또 다른 예를 들어 보자. 어떤 내담자가 "언제나 우울하다."라고 말했다면 '우울하다'는 말의 의미와 '언제나', 즉 가장 우울하게 느끼는 상황이 규명되어야 한다. 상담자는 "어떤 상황에서 가장 우울하다고 느끼는가?"라고 물으며 구체적으로 탐색하고, 목표 달성과 관련된 주제로 대화를 이끌어야 할 것이다. 예를 들면, 다음과 같이 상담자의 선도 반응이 이어질 수 있다.

> **내담자:** 요즘도 우울하고 답답합니다.
>
> **상담자:** 어떤 상황에서 가장 우울하고 답답하다고 느낍니까?
>
> **내담자:** 어른들에게서 이해를 받지 못하고 거부당할 때죠.
>
> **상담자:** 최근에 있었던 그런 상황을 좀 자세히 말해 볼 수 있겠습니까?
>
> **내담자:** 여름방학 중에 시골 삼촌 댁에 가 있겠다고 말했는데, 아버지가 허락하지 않았어요.
>
> **상담자:** 아, 아버지 얘기가 또 나왔네요. 아버지에 대한 생각과 감정을 좀 더 탐색해 봐야 할 것 같아요.

이 대화 예에서는 세 차례의 선도 반응을 통해서 내담자의 욕구가 특히 아버지에 의해 좌절당함으로써 우울과 답답함을 느끼고 있음이 드러났다. 따라서 상담의 목표 및 방향은 아버지와의 의사소통 개선 및 정서 반응의 처리라는 것이 보다 명확해졌다.

참고로, 다음에 상담자의 선도 반응과 비선도적 반응의 양상을 비교하여 제시해 보았다. 앞에서 면담기법을 비지시적 유형과 지시적 유형으로 나눌 수 있다고 소개하였는데, 이 구분에 의하면 선도 반응은 지시적 방법에 속할 것이다. 비지시적 반응은 내담자의 대화를 공감하며 따라가는 데 초점을 맞춘 반면, 지시적 반응은 특정 주제를 더 철저히 탐색하도록 이끌 것이다.

사례 1

내담자: 저는 정신집중이 안 돼요. 그래서 학교 공부에 영향을 받아요. 한 과목에서 낙제를 했어요. 아무리 열심히 책을 읽으려고 해도 머리에 들어오지 않아요.

① 비선도적 반응

상담자: 정신집중이 안 돼서 공부가 잘 되지 않았구나.

내담자: 그래요. 수학과목에서 낙제점을 받았어요.

② 선도적 반응

상담자: 공부에 집중이 안 되고 있다는 것이 구체적으로 무엇을 의미하는 것인지 말해 줄 수 있을까?

내담자: 글쎄요……. 주의력이 없고 잡념이 많이 들어요.

상담자: 어떤 잡념인가?

내담자: 어느 대학에 진학하면 좋겠다든가, 독서실에서 만난 남학생과의 이야기 등이지요. 휴우~

상담자: 지금 그 얘기를 하면서 한숨을 쉬었어.

내담자: 제 모습이 너무 한심해서요.

상담자: 한심하다는 것은 무얼 말하는 거지?

내담자: 실은 지금 아버지가 아프셔서 직장을 쉬고 계시거든요. 이럴 때 제가 뭐라도 해야 될 텐데, 아직 학생이라 공부밖에 할 수 없잖아요. 근데 공부도 제대로 안 하고 있으니, 뭔가 죄를 짓고 있는 것 같기도 하고요.

①에서는 내담자가 낙제점을 받았다는 이야기에 그쳤다. 그러나 ②에서는 잡념의 내용에 관해 더 이야기하다가 내면의 감정을 좀 더 탐색하고 접촉하기 시작했다.

사례 2

내담자: 제가 아무리 열심히 노력해 봐도 다른 사람이 보기에는 충분하지 않은가 봐요. 언제나 누군가가 나를 비판합니다. 아무도 내가 힘들게 노력했다는 것을 이해해 주지 않아요.

① 비선도적 반응

상담자: 주위에서 당신의 노력을 인정하지 않는군요.

내담자: 네, 그래서 어떤 일도 마음대로 할 수 없어요.

② 선도적 반응

상담자: 최근에 누가 당신의 행동을 비판한 경우를 한 가지 말해 보세요.

내담자: 어제 집에 돌아가서 집 안을 정돈했는데, 어머니가 집에 돌아오셔서 보시고는 트집을 잡으셨어요. 어머니는 내가 하는 일은 무엇이든지 못마땅해하는 것 같아요.

①의 경우는 아무도 인정해 주지 않아 속상하다는 심정을 이야기하게 했다. 이에 비해 ②의 경우에는 누가 인정해 주지 않는지를 구체적인 상황과 함께 이야기하게 한 것이다. 내담자가 원하는 것을 얻게 하려면 그것을 달성할 수 있는 상황과 조건이 무엇인지를 논의하는 것이 중요하다. 구체적으로 논의할수록 구체적인 목표를 세울 수 있고 달성 가능성은 높아질 것이다.

사례 3

내담자: 나는 항상 긴장감을 느낍니다. 무엇인지 모르겠지만 항상 신경이 쓰입니다. 특히 이름 정도만 아는 같은 반 학생을 대할 때에는 더 그렇습니다.

① 비선도적 반응

상담자: 긴장감이 너를 걱정시키는군.

내담자: 그렇습니다. 나는 이 정도로 소심하고 싶지 않습니다.

② 선도적 반응

상담자: 너와 친하지 않은 동급생을 대할 때 마음속으로 어떻게 느끼는지 말해 보겠나?

내담자: 상대방이 나를 어떻게 생각하는지 항상 신경을 씁니다. 나를 좀 애정결핍이랄까 관심종자

로 보는 것 같이 느껴져요. 그래서 선뜻 말을 건네기가 어렵구요…… 제가 정말 그런 것 같기도 하고요.

①처럼 공감적 이해를 표시하는 반응도 좋다. 그런데 ②에서는 동급생을 대할 때 어떤 생각이 떠오르는지가 구체적으로 드러나 있다. 이것은 추후 생각의 오류를 점검하는 데 도움이 될 수 있다.

사례 4

내담자: 저는 승강기를 탈 수 없습니다. 제 사무실이 6층에 있습니다만, 한 달에 한 번도 타지 않습니다. 다른 사람이 모두 타고 갈 때에도 저는 혼자서 계단을 이용해요. 얼마 전에 모 호텔에서 동창회가 있었는데 장소가 맨 위층에 있는 레스토랑이라서 저는 가지 않았습니다.

① 비선도적 반응
상담자: 승강기를 대할 때마다 괴롭겠군요.
내담자: 아휴, 죽을 지경이에요.

② 선도적 반응
상담자: 승강기 탈 때만 그런 건가요?
내담자: 아니요. 시내버스나 지하철 타는 것도 무서워요. 고속버스나 기차 속에 있을 때에도 불편한 것 같아요. 음, 그러네요. 그러니까 내가 원할 때 마음대로 내릴 수 없는 움직이는 물체 속에 있는 것이 무서운 것 같아요.

'사례 4' 중 ②의 예에서 상담자의 질문은 상황을 구체적으로 점검하도록 하였으며, 그 결과 내담자는 자신이 무엇을 두려워하는지 명료하게 알게 되었다. 아마도 이후 상담에서는 '마음대로 내릴 수 없는 공포'에 대해 더 이야기하고 근원을 탐색하는 대화가 이루어질 수 있을 것이다. 이런 대화가 문제 해결을 촉진시킬 것이다.

한편 선도 반응은 타이밍이 중요한데, 여기서는 짤막한 대화 예를 제시하여 설명했기에 쉬워 보이지만, 실제 50여 분 가량의 면접에서는 대화의 양이 많기 때문에 언제 어떤 주제에서 선도적으로 치고 들어가야 하는지 애매할 수 있다. 상담자는 때로는 비지시적으로 공감을 해 주다가, 내담자에게 중요한 내용이 나왔는데 내담자가 그 의미를 충분히 모르거나 회피하고 있다고 판단하면 좀 더 구체적으로 탐색해 들어갈 것이다. 전문가가 될수록 이론과 실무 경험이 풍부하기 때문에 내담자의 표정, 행동, 사용하는 단어 등을 관찰하면서 좋은 타이밍을 잡을 수 있을 것이다.

2) 선도적 반응을 통한 명료화[2]

앞의 예에서 나타난 선도적 반응은 내면탐색을 위한 요청하기나 질문하기로 이루어져 있다. 선도 반응은 상담 초기보다는 상담 중기로 갈수록 점점 더 중요해질 것이다. 상담 중기에 이르러 내담자의 두루뭉술한 표현을 흘려보내지 않고 의미를 구체적으로 묻거나 상황의 예를 들어 달라거나 하는 경우가 많아지는데, 그러면 내담자의 마음이 점점 더 명료하게 드러난다. 상담자의 선도 반응이 내담자와의 대화에 미치는 영향은 다음의 네 가지로 요약할 수 있다.

* 상담자나 내담자가 사용하는 용어를 명확히 하고 구체화한다.
* 구체적인 경험에서 내담자가 주로 어떤 행동을 하는지를 파악한다.
* 과거의 주요 경험을 언어화함으로써 내담자의 주요 행동뿐만 아니라 감정도 명료하게 이해시킨다.
* 내담자가 구체적인 반응을 하게 하고, 여러 생활 장면(또는 조건)에서 자신의 행동(또는 감정)을 비교, 검토하게 한다.

앞에서도 언급했듯이, 내담자에게 특별한 의미가 담긴 것을 포착해 적절한 타이밍에 선도하는 것이 중요하다. 대화를 이끌어야 한다는 압박감으로 아무것이나 마구잡이로 질문한다면, 결코 내담자의 마음이 명료해지는 기회를 잡지 못할 것이다.

3) 상담 중기의 선도적 태도

저자는 이번 개정판에서 단지 몇 가지 기법 또는 반응에 그치지 않고 상담자의 선도적

---

2) 여기서의 명료화는 마음 깊이 묻혀 있고 복잡하게 얽힌 것을 풀어 간다는 의미로, 상담 중반부의 과정 목표로 볼 수 있다. 제5장에서 언급한 탐색 준비 유형의 한 기법을 의미하는 것은 아니다.

태도로 확대하여 논의하고자 한다. 즉, 상담 진행 전반에서 선도적 태도를 보이는 것이 중요하다는 것이다. 예를 들어, 내담자의 상황을 공감할 때도 선도적으로 해 줄 수 있다.

> **내담자:** 저는 언니가 있고, 아래로 남동생 둘이 있어요.
> **상담자:** 아유, 형제 순위에서 불리한 위치네요.

이 대화 예를 보면, 내담자가 단순한 사실을 나열했을 뿐인데 상담자는 성장 과정에서 어려움이 있을 수 있음을 선도적으로 헤아려 주고 있다.

내면탐색 요청에 대해서도, 상담 초기와 달리 상담 중기에 이르러서는 특정 주제에 대해 탐색해 보자고 상담자가 먼저 제안할 수도 있다. 앞에서 아내가 호응해 주기를 바라는 남편 내담자의 예를 들었는데, 5회기까지의 면담을 통해 과거 해소되지 못한 감정과 욕구가 중요하다고 판단하였다면 6회기 때 그것에 대해 이야기해 보자고 먼저 제안하는 것이다.

이처럼 상담 중기에 접어들어 상담자가 선도적 자세를 취하는 것은 가능할 뿐만 아니라 꼭 필요한 일이다. 앞에서도 언급했듯이, 상담의 핵심 작업이라고 할 수 있는 내면탐색을 내담자에게만 맡겨 두면 내담자는 더 이상 구체적으로 탐색하거나 마음속 깊이 들어가지 못하고 제자리에서 빙빙 돌고 있을 수 있다. 이것은 내담자가 혼란스럽기 때문에 그렇게 못하는 것일 수도 있고, 한편으로는 무의식적 방어기제가 작동하기 때문이기도 할 것이다. 상담자의 역할은 내담자가 말한 내용에 공감해 주는 것뿐만 아니라 내담자가 말하지 못하는(의식적으로든 무의식적으로든) 내용도 알아차려 주고 표현할 기회를 주는 것이다. 내담자가 기억하고 있는 이야기 사이사이에는 많은 마음이 묻혀 있을 수 있는데, 내담자는 그것을 보지 못하지만 상담자는 볼 수 있다. 따라서 상담자는 내담자가 보려고 하지 않는 마음의 부분도 볼 수 있게 이끌어 주어야 한다.

그리고 다시 한번 강조하자면, 상담 초기는 비지시적으로 내담자의 이야기를 따라가는 태도를 취하고, 어느 정도 라포가 형성되고 내담자 문제에 대해 파악이 된 후에는 선도적 태도를 취하는 것이다. 초보 상담자의 경우 이 점을 명심해야 할 것이다. 흔히 초보자들은 상담 초기부터 선도적 태도를 취하려고 했다가 정작 상담 중기가 되면 방향을 잡지 못하고 갈팡질팡하게 된다. 호소 문제와 내담자에 대해 어서 빨리 파악하고 싶은 마음에 선도적 태도를 취하는 것을 이해하지 못하는 것은 아니다. 그러나 너무 서두르면 상담이 교육적 지도로 변질되기도 하고, 상담자는 질문하고 내담자는 답변하는 식의 패턴이 고착되어 자발적 내면탐색이 이루어지지 못할 수 있다.

4) 창의적으로 선도하기

상담 중기의 선도적 태도가 창의적인 다양한 시도로 나타난다면 좋겠다. 자신감 있게 자신만의 방식으로 내면탐색으로 이끌어 간다. 다음과 같은 요청들도 생각해 보자.

● "지금부터는 생각을 멈추고 감정에만 머물러 보세요."
● "잠깐 대화를 멈추고 1분 정도 침묵해 보면 어떨까요?"
● "당신의 아버지가 저 의자에 앉아 있다고 가정하고, 아버지에게 속마음을 말해 볼까요?"
● "지금 다리를 떨고 있잖아요. 만약 다리가 말을 할 수 있다면 뭐라고 말할 것 같아요?"

이런 창의적 요청에서 중요한 것은, 심리상담은 내담자가 스스로 자기 마음을 탐색하는 작업이 핵심이므로, 어떤 것이든지 간에 마음을 되돌아보거나 느낄 수 있게 하는 제안이나 요청이 필요하다는 것이다. 예를 들어, 게슈탈트 상담기법 중 하나인 역할 연기(role play)를 사용하는 상담자의 경우를 보자. 게슈탈트 이론은 내담자의 감정과 욕구를 지금 여기(here & now)에 직접 경험할 수 있도록 여러 기법을 사용하는데, 역할 연기도 그중 하나다. 다음 예에서 상담자는 역할 연기를 해 보자고 제안한다.

상담자: 지금 이야기한 것을 보면, 아버지에 대한 감정이 아직도 해결되지 않은 것 같아요.
내담자: 예, 맞아요. 아버지는 이미 돌아가셨는데, 여전히 아버지 생각만 하면 여러 가지 감정이 올라와요.
상담자: 자, 그렇다면 역할 연기를 한번 해 봅시다. 제가 아버지의 역할을 맡을 테니, 아버지에게 하고 싶은 말을 해 보세요. 일단 저는 아무 말도 하지 않고 듣고만 있겠습니다.
내담자: (중략-아버지에게 하고 싶은 말을 한다.)
상담자: 아버지에게 말하고 나니 지금 기분은 어떻습니까?

필요한 경우, 상담자가 자기개방도 선도적으로 할 수 있을 것이다. 자기개방은 상담자 자신의 경험을 내담자에게 들려주는 것을 의미한다. 인간중심적 접근에서는, 적절한 자기개방이 유대감을 형성하고 상담자의 지혜와 경험을 내담자에게 나눠 주는 효과가 있다고 본다.[3] 그런데 자기개방으로만 끝내서는 안 되며, 적절한 개방 후에 내담자와 생각과 느낌을 나누는 것이 더 중요할 것이다.

> **상담자:** 요즘 제대로 되는 것이 없다는 말을 들으니 내가 젊었을 때 생각이 나네. 나도 그렇게 생각했던 때가 있었거든······. 여기저기 원서를 냈는데도 취직이 안 되어서 말이야. ······ (중략) ······ 지금 내 얘기를 들었는데, 소감을 한 번 얘기해 줄래?

> **상담자:** 그런 일을 당했으니 얼마나 억울할까요? 아까 당해 보지 않은 사람은 그 심정을 모른다고 하셨는데, 솔직히 말하면 저도 5년 전에 똑같은 일을 당했거든요. 그때 생각이 나요. ······ (중략) ······ 지금 이 얘기를 들으니 어떤 마음이 드나요?

> **상담자:** 나도 사랑하는 사람이 떠나갔을 때 그 아픔을 어떻게 극복해야 할지 모르겠고 혼란스러웠지. 뭔가 나에게 문제가 있는 것이 아닌가 싶기도 했어. 이런 경험이 너와 비슷할지 궁금하구나.

자기개방이 어려움을 극복했다는 자기 자랑 위주로 흘러가면 안 될 것이다. 또 누구나 극복할 수 있다는 식으로 의기양양하게 말한다면, 내담자는 오히려 자신의 처지를 이해하지 못한다고 여길 수도 있다. 궁극적으로 상담자의 자기개방을 통해 내담자가 내면을 더 들여다볼 수 있느냐가 중요하다. 상담자가 자기개방을 하더라도 대화의 초점은 내담자의 생각과 감정에 맞추고 있어야 할 것이다. 자칫 자신의 생각과 감정에 젖어 들어 대화의 초점이 내담자에게서 상담자로 옮겨 오지 않도록 말이다. 내담자는 상담자의 이야기에 더 관심을 기울이며 부담스러운 내면탐색 작업을 피하려 할 수 있다.

이 밖에도 다양한 선도 반응을 시도할 수 있을 것이다. 과제를 내어 내담자가 시도해 보게 하고 그 소감을 함께 나눌 수도 있을 것이다. 도전 작업에 있어서도 비유를 사용하거나 유머를 섞어서 창의적으로 할 수 있다. 정답이 있는 것은 아니므로, 상담자는 자기 성격이나 스타일에 맞게 선도적으로 상담을 이끌어 가면 될 것이다.

참고로 선도적으로 상담을 이끌 때의 상담자 대사의 양적 증가에 대해 언급하고 싶다.

---

3) 모든 이론에서 자기개방을 찬성하는 것은 아니다. 전이 분석을 강조하는 정신분석적 입장에서는, 상담자의 자기개방이 내담자 전이 발생을 방해하기 때문에 자기개방을 권하지 않는다.

흔히 심리상담에서는 경청을 강조하므로, 상담자는 가급적 말을 삼가고 내담자가 말할 수 있도록 기다려 주는 것이 좋다고 하였다. 저자는 개인적으로 비지시적 태도를 선호하므로 내담자가 충분히 말할 때까지 기다려 준 후, "말하면서 자신에 대해 무엇을 알게 되었나요?" 정도로 되묻기도 한다. 그런데 상담 초반부를 지나 중기에 이르러서는 좀 더 적극성을 띠며 대사가 많아질 수 있다. 내담자가 더 깊이 탐색하거나 특정 주제에 대해 집중할 수 있도록 여러 가지 설명이나 요청을 곁들여야 하기 때문이다. 특히 도전 과정에서 내담자의 습관적 행동패턴이나 방어를 지적하고 새로운 관점을 포함한 해석을 제공할 때는 더욱 그럴 것이다.

3. 도전 준비와 도전하기

이제 도전(challenge)에 대해서 공부할 것이다. 기존에 공부했던 내용들에 비해 도전에 대한 내용은 좀 더 어려울 수 있다. 앞에서 배운 내용들을 통합하는 것이 필요하다.

1) 도전의 의미와 필요성

심리상담은 단지 문제행동이나 증상의 제거에만 목적을 두지 않고 인간의 변화를 추구한다. 인간이 변한다는 것은 겉으로 드러나는 행동만 달라진다는 것이 아니라 근본적으로 자신과 세상을 바라보는 관점이 변한다는 것을 의미한다. 기존의 자아도식이나 관점은 과거에는 유용했을지 몰라도, 이제는 상황이 바뀌어 오히려 심리적 문제를 일으키는 근원이 되고 있다. 따라서 내담자는 기존의 자아도식이나 관점을 새로운 것으로 변화시킬 필요가 있다. 그런데 상황이 바뀌었음에도 내담자는 기존의 자아도식이나 관점을 고집하고 있다. 사실 내담자는 자신이 어떻게 달라져야 하는지 모르고 있는 것이다. 그리고 심리상담센터에 찾아와 변하려고 노력하고 있으면서도 무의식적으로는 변화를 두려워하고 있다.

도전은 기존에 지니고 있는 자아도식이나 관점에 정면으로 맞부딪친다는 의미를 내포하고 있다. 심리상담에서 도전이 필요한 이유는 기존의 자아도식이나 관점이 강력하게 버티기 때문이다. 비유하자면, 기존의 도식이나 관점은 이 분야의 챔피언이다. 그동안 수많은 도전에도 불구하고 훌륭하게 방어전을 치렀다. 충동적이고 이기적이며 낭비벽이 심해 가족을 힘들게 하는 사람의 예를 들어 설명해 보자. 그는 낭비벽에 대한 반성은 커녕 오히려 가족이 자신을 이해해 주지 않는다고 여기고 있다. 그의 마음에는 자신이 미움받았고 형제들과 차별받았다는 억울함이 가득하다. 시간이 지날수록 그는 자신의 믿음을 점점 더 굳혀 간다. 이 사람에게 "부모가 차별한 것이 아니다, 네가 오해한 것이다."라고 말해 주면 그 말을 받아들일까? 내담자는 자신의 믿음과 다른 그런 식의 말에는 꿈쩍도 하지 않을 것이며, 그렇게 말하는 사람 또한 미워하게 될 것이다. 그렇다면 어떻게 해야 할까?

타인이 아니라 자기 자신을 비난하는 경우의 예도 들어 보자. 스스로를 못났거나 나쁜 사람으로 여기는 우울증 환자가 있다고 해 보자. 상담자는 그에게 "너는 못나지 않았어, 이렇게 예쁜걸!" "너는 나쁜 사람이 아니야, 사랑받기 위해 태어난 사람이야."라고 얘기해 줄 수 있다. 그러면 내담자는 이 말을 쉽게 받아들일까? 아마 쉽지 않을 것이다. 내담자의 일생 동안 주변의 많은 사람이 그렇게 말해 주었음에도 불구하고 내담자는 자신이 못난 사람이라는 믿음을 굳게 지키고 있다. 이때 상담자가 같은 식의 말을 한다면 내담자는 속으로, '당신은 나의 참 모습을 몰라서 그래.'라거나 '그냥 듣기 좋은 말을 하는군.'이라고 생각할지 모른다. 기존 도식 챔피언은 믿음에 반하는 말을 들을 때 그 말의 의미를 어떤 식으로든 왜곡하거나 깎아내릴 것이다. 그런 식으로 지금까지 챔피언 자리를 지켜 온 것이다.

하나 더 예를 들어 보자. 복잡한 가정사와 부모 간 다툼으로 힘겨웠을 수 있는데도 학업과 직업에서 끊임없이 노력하는 내담자가 있다. 그는 자신 안에 있는 나약함과 애착 욕구를 부정하며 감정에 둔한 편인데, 이런 것이 학업과 직업적 성취에는 도움이 되었지만 대인관계에서는 냉담하고 고집스럽게 비춰져 친구가 없었고 연애도 하지 못했다. 그의 자아도식은 나약한 모습을 보이거나 감정에 젖어 드는 것이 위험하다고 경고하였고, 아무리 힘들고 외로워도 울지 않았다. 면담 도중 상담자가 "감정을 드러내는 것은 자연스러운 일이야. 나쁜 일이 아니야."라고 말했을 때 그는 움찔하였지만, 왠지 상담자에게 의지하는 것이 위험하게 여겨져 결국 상담을 중단하였다. 상담자 앞에서 울고 싶었지만, 기존의 챔피언에게 감정은 위험한 것이었고 결코 용납할 수 없는 것이었기 때문이다.

이처럼 기존의 자아도식과 관점이 강하게 버티고 있을 때 심리상담자는 어떻게 해야 할까? 챔피언에게 도전하는 비유를 계속 활용하자면, 먼저 심리상담 분야에서 도전은 스포츠 경기에서 챔피언에게 도전하는 것과는 차이가 있음을 기억해야 할 것이다. 스포츠 경기에서의 도전은 챔피언을 꺾고 새 챔피언이 되기 위한 것이다. 그러나 심리상담 분야에서의 도전은 챔피언을 꺾기 위한 것이라기보다는 챔피언을 변화시켜 좀 더 자유롭고 유연하게 세상을 살도록 도와주기 위해서일 것이다. 즉, 심리상담자는 매니저의 입장에서 챔피언에게 기존의 방식에 문제가 있음을 알려 주고 이를 변화시키도록 촉구하는 것이다. 이때 최대한 공감적인 자세로 부드럽게 알려 주어야 한다. 물론 챔피언의 입장에선 따끔하겠지만 말이다.

2) 도전의 과정

도전의 과정에 대해 살펴보기 위해 먼저 앞에서 공부한 내용을 떠올려 보자. 제7장에서 도전 유형의 기법들에 대해 공부할 때, 도전의 대표적인 기법이 직면과 해석이라고 하였고, 이때 직면과 해석의 과정을 언급한 바 있다. 상당 부분 내용이 겹치므로, 이를 바탕으로 도전의 과정을 간단히 요약하면 다음과 같다.

* 0단계: 내담자에 대한 자료를 수집하고 라포를 형성한다.
* 1단계: 준비 정도를 점검한다.
* 2단계: 적절한 타이밍에 도전한다.
* 3단계: 도전 작업에 대해 소감을 나눈다.

■ 0단계. 내담자에 대한 자료를 수집하고 라포를 형성한다

첫 번째 단계를 0단계라고 한 이유는 내담자에 대한 자료 수집은 기본이기 때문이며, 본격적인 도전 이전에 상담 초기에 이뤄져야 할 작업이기 때문이다. 심리상담의 초기에서는 내담자의 입장에서 공감하는 것이 먼저이며, 내담자의 사고방식이나 관점에 도전하고 싶은 마음이 들더라도 인내하며 기다리는 것이 필요할 것이다. 도전 작업을 위해 먼저 라포 형성에 집중해야 하는데, 상담자는 챔피언이 신뢰할 만한 매니저가 되어야 할 것이다.

이때 라포에 대해 좀 더 언급하자면, 라포는 맹목적인 신뢰는 아님을 기억해야 할 것이다. 만일 내담자가 처음 만난 상담자를 철썩같이 믿고 무한한 신뢰를 보내 주면 좋을까? 그것은 어린 유아가 부모에게 갖는 것 같은 맹목적 신뢰일 것이다. 어느 정도 성장한 청소년이나 성인 내담자가 낯선 상담자를 맹목적으로 신뢰한다면 그것도 이상한 일일 것이다. 상담자는 낮은 수준의 맹목적 라포가 아니라 공감을 통해 발전되는 현실적인 라포를 기대해야 할 것이다.

■ 1단계. 준비 정도를 점검한다

실질적인 첫 단계는 준비 정도를 점검하는 것이다. 보다 정확히 말하면 내담자와 상담자 양측의 준비도를 모두 점검하는 것인데, 여기에는 몇 가지 고려 사항이 있다. 첫째, 라포 형성이 잘 되어 있는지 점검해야 할 것이다. 그리고 사례개념화를 통해 무엇을 어떻게 도전해야 할지 계획이 서 있어야 할 것이다. 둘째, 내담자가 상담에 적극적으로 참여하고 있는지, 뭔가 변화를 바라고 있는지를 점검해야 할 것이다. 셋째, 상담자 자신의 준비도도 점검해야 하는데, 혹시라도 내담자에 대한 불만이나 짜증의 마음으로 도전하려는 것은 아닌지 점검해야 할 것이다. 훈계하는 식의 도전은 내담자를 위한다기보다는 상담자 자신의 불만스러운 감정의 표출일 수 있기 때문이다.

■ 2단계. 적절한 타이밍에 도전한다

내담자에 대해 파악하고 상담자와 내담자 간 신뢰관계가 구축되었다고 판단하면 이제 도전을 전개한다. 적절한 타이밍을 찾는 것은 중요한데, 너무 빠른 도전은 내담자가 쳐낼 것이므로 가능하면 조금 기다렸다가 하는 것이 좋을 것이다. 앞에서 제7장에서도 언급했듯이, 내담자가 내면탐색을 하다가 어느 지점에서 막혀 더 이상 앞으로 나가지 못할 때를 찾으면 좋을 것이다.

■ 3단계. 도전 작업에 대해 소감을 나눈다

우리는 내담자에게 도전하는 것이 아니다. 내담자에게 심리적 고통을 초래하는 기존의 자아도식이나 관점에 도전하는 것이다. 챔피언 타이틀을 차지하기 위해 도전하는 것이 아니라 챔피언을 돕는 매니저로서 도전하는 것이다. 따라서 도전 작업을 마친 후에 함께 소감을 나누는 것은 중요할 것이다. 만일 도전 작업 덕분에 통찰을 얻고 더 깊은 탐색으로 이어진다면 함께 기뻐할 수 있다. 반대로 도전 작업에서 상처를 입고 화를 낸다면 그 또한 공감해 줄 수 있다. 도전받는 내담자의 입장에서 마음을 헤아려 주는 것은 내담자와의 동맹을 더욱 공고히 할 것이다.

4. 직면을 활용한 도전

이번에는 직면을 활용하여 도전하는 것을 구체적으로 살펴보자. 직면은 내담자의 말과 행동에 불일치가 있는 것을 넌지시 지적하는 식으로 이루어질 수도 있지만, 보다 직접적으로 방어기제를 언급하는 식으로도 가능하다. 이제부터는 사례를 도입하여 가상 대화를 제시하고 설명해 보겠다.

1) 습관적으로 자신을 비난하는 우울한 내담자

우울한 대학생 내담자가 기말고사를 치르고 좋은 성적을 받았기에 상담자가 칭찬을 하였는데, 내담자는 "다른 사람들도 다 하는 거예요."라고 말하였다. 상담자는 칭찬을 받아들이지 않는 점을 부정적 자아도식의 흔적으로 보고 직면시키고 싶었지만 기다렸다. 다음 면접에서 내담자는 아르바이트를 구했고, 상담자가 다시 칭찬을 하자, "저는 경험 삼아 하는 것인데, 등록금 때문에 아르바이트를 꼭 해야 되는 친구들이 있어요."라고 말하였다. 그다음 면접 때 내담자는 "아르바이트를 하느라 몸살이 났고, 그래서 아침에 늦잠을 자서 기분이 너무 안 좋아요."라고 말하였다. 상담자는 몸살 때문에 늦게 잔 것이니깐 너무 자책할 필요가 없고 오히려 푹 쉬는 게 좋다고 말했으나 내담자의 표정은 여전히 밝지 않았다. 상담자는 두 번 참았기 때문에, 이제 내담자의 자기비판적 태도에 도전하기로 하였다. 앞서 두 번 참은 것이 이후 도전의 밑거름이 된 셈이다. 다음의 대화 예를 보자.

> **상담자 1:** 음…… 그런데 ○○ 씨, 제가 좀 전에 몸살 때문이니까 너무 자책할 필요가 없다고 했는데, 그 말을 들으니 어떤 마음이 드나요?
>
> **내담자 1:** 선생님이 저를 위해서 좋은 쪽으로 말씀해 주시는 것 같아요.
>
> **상담자 2:** 좀 더 얘기해 주시겠어요?
>
> **내담자 2:** 제가 규칙적으로 생활하는 것을 목표로 삼고 있는데, 어쨌든 늦잠 잔 것은 변명의 여지가 없잖아요.
>
> **상담자 3:** 하지만 몸살이 났기 때문이잖아요. 스스로에게 좀 더 너그럽게 대할 수는 없나요? 늦잠은 잤지만, 잠을 자서 몸이 회복될 수 있으니 다행이다 이렇게 생각할 수는 없나요?

이 대화 예를 보면 도전의 타이밍을 알 수 있다. 내담자는 호소 문제와 관련된 행동 패턴을 매시간 보여 왔는데, 상담자는 첫 두 번의 기회는 인내하면서 흘러 보냈고, 드디어 세 번째 똑같은 행동패턴이 반복되자 이 타이밍을 놓치지 않았다. 참고로 반드시 두 번은 참고 세 번째에 도전해야 한다는 뜻은 아니며, 상담자마다 자신의 스타일대로 하면 될 것이다. 앞의 대화를 좀 더 이어 가 보자.

> 상담자 3: 하지만 몸살이 났기 때문이잖아요. 스스로에게 좀 더 너그럽게 대할 수는 없나요? 늦잠은 잤지만, 잠을 자서 몸이 회복될 수 있으니 다행이다 이렇게 생각할 수는 없나요?
>
> 내담자 3: …….
>
> 상담자 4: 스스로에게 그렇게 말해 본 적은 없나요?
>
> 내담자 4: 그건 합리화잖아요. 스스로 결심한 것을 지키지 못하고 나서 자기합리화를 한다는 생각이 들어요.

이 대화를 보면 내담자가 지니고 있는 기존의 도식이 얼마나 강력한 챔피언인지 알 수 있다. 상담자는 자아도식의 모순을 찾아내 그것을 지적하려 했지만, 자아도식은 자기 나름의 방어 논리가 있고 이유가 분명했다.

또 알 수 있는 것이 있는데, 그것은 내담자의 생각이나 논리의 모순을 지적하는 것만으로는 효과를 거두기 어렵다는 점이다. 단지 모순을 지적하다 보면 말싸움에 그칠 가능성이 있다. 물론 그런 작업을 강조하는 접근법도 있기는 하지만,[4] 일반적으로 그것만으로는 부족하다. 상담자는 내담자가 지니고 있는 기존 도식 자체에 전면적으로 도전해야 한다. 다음 예를 계속 보자.

> 내담자 4: 그건 합리화잖아요. 스스로 결심한 것을 지키지 못하고 나서 자기합리화를 한다는 생각이 들어요.
>
> 상담자 5: 아, ○○ 씨의 생각은 너무 가혹한 것 같아요. 그걸 목소리로 비유한다면, 정말 가혹한 목소리를 내고 있는 것 같아요.
>
> 내담자 5: 그러게요, 어쩌다 이렇게 되었는지……. 자꾸만 그런 식으로 생각하게 돼요.
>
> 상담자 6: 그리고 이런 생각도 들어요. '이 가혹한 목소리는 정말 ○○ 씨의 것일까?' 그 목소리가 정말 ○○ 씨 안에서 나온다면 자신에게 그런 식으로 가혹한 말을 할 리가 없잖아요.
>
> 내담자 6: 그게 무슨 말씀이신지…….

---

4) 심리치료 이론 중 내담자 생각의 논리적 모순과 비합리성을 강하게 논박하는 접근법인 합리적 정서행동치료(Rational Emotional Behaviour Therapy: REBT)가 있다.

상담자 7: 그게 무슨 뜻인지 진지하게 생각해 봐야 할 것 같아요.

이 대화에서 상담자는 여러 가지 시도를 동시에 하고 있다. 내담자에게는 과도하게 자기비판적인 자아도식이 존재하는데, 먼저 상담자는 그 도식이 반드시 옳은 것은 아님을 지적하며 도전하고 있다. 그리고 그와 동시에 도식과 내담자를 분리시키려 시도하고 있다. 도식은 개인이 발전시켜 온 신념의 체계일 뿐인데, 이 내담자의 경우 신념체계가 내담자를 압도하고 있다. 따라서 상담자는 도식과 내담자를 분리시키고 내담자로 하여금 참자아를 찾으라고 촉구할 계획이다. 요약하자면, 상담자는 단편적인 지적으로 끝내는 것이 아니라 여러 가지 방법을 총동원해야 한다는 것이다.

이 대화 이후 상담은 어떻게 전개될까? 습관적 자기 비난 패턴을 깨닫고 앞으로는 긍정적인 자세로 살 것이라고 결심하게 될까? 아니면 상담자의 단호한 태도에 상처를 받았을까? 이를 확인하기 위해 상담자는 내담자와 함께 도전 작업에 대한 소감을 나누기로 하였다. 다음과 같이 대화가 이어진다.

상담자 7: 그게 무슨 뜻인지 진지하게 생각해 봐야 할 것 같아요.
내담자 7: (침묵) ……
상담자 8: 지금 어떤 마음인지 말해 줄 수 있나요?
내담자 8: (침묵) ……
상담자 9: 상담자 말을 제대로 이해하지도 못하는 나는 정말 바보로구나 이런 생각이 들 수도 있겠어요.
내담자 9: 네, 그런 식의 생각에 빠져 있는 것 같아요.

이 대화를 보면 내담자가 극적인 통찰을 얻은 것은 아니지만, 그래도 상담자의 도전을 받아 자신을 좀 더 들여다보게 되었다. 상담자는 다시 내면탐색으로 이끌고, 도전하고, 또 탐색으로 이끈다.

상담자 7: 그게 무슨 뜻인지 진지하게 생각해 봐야 할 것 같아요.
내담자 7: (침묵) ……
상담자 8: 지금 어떤 마음인지 말해 줄 수 있나요?
내담자 8: 선생님 말씀이 제가 바보라는 건 아니죠?

상담자 9: 그럼요. 그건 아니에요. 그보다는 그 가혹한 목소리가 원래부터 내 것은 아니었을 수 있다는 거예요.

내담자 9: 맞아요, 언제부터인지 모르겠지만, 저는 스스로를 너그럽게 대하기보다는 항상 채찍질을 해 왔던 것 같아요. 아침에 일어날 때부터 '이렇게 늦잠을 자면서 다른 건 뭘 할 수 있겠어?' 이런 생각이 들어요. 그런데 채찍질을 해야만 발전할 수 있는 거잖아요.

상담자 10: 누가 그렇게 말해요?

내담자 10: 예? 누구냐고요? 제 생각이겠죠.

상담자 11: 아니요, 마치 누군가가 '네가 뭘 할 수 있겠어?'라고 말하면서 비꼬는 것처럼 들리는데요. 채찍질은 핑계고요.

내담자 11: 음…… 그러고 보니 아버지 말투랑 비슷해요. 어렸을 때 생각이 나요. (후략)

이 대화의 예를 보면 먼저 상담자 7, 상담자 10, 상담자 11 등 일련의 도전 이후 내담자는 일단 상담자의 말을 받아들였고, 내담자 11에서 드디어 자기비판적 목소리와 연결된 경험을 탐색하기 시작했다. 이 정도면 상담자의 최초 도전은 성공한 것으로 보인다. 물론 한 번의 도전으로 모든 것이 해결되지는 않을 것이다. 내담자의 도식은 뿌리가 깊어서 습관적인 말투나 행동에 넓고 깊게 관여하고 있을 것이다. 상담자와 내담자는 도식의 영향력을 간과하지 말고 꾸준히 반복 점검을 해야 할 것이다.

2) 미운 마음을 분노 폭발로 표현하는 내담자

이번에는 타인을 미워하고 분노를 폭발시키는 내담자와의 대화 예를 제시하겠다. 대개 분노 문제가 있는 내담자는 위협적으로 느껴지므로 상담자는 긴장할 수 있다. 상담자는 내담자의 표면적인 분노를 견디기 위해 더욱 침착해야 할 것이다.

4회기 예

(4회 면담에서 내담자는 직장 상사와의 갈등을 호소한다. 상담자는 그의 마음을 탐색하고 공감하려고 시도한다.)

내담자 1: 팀장을 죽여 버리고 싶어요. 회의 중에 나를 쳐다보는 눈빛이 너무 재수 없었어요. 나는 분명히 일을 제대로 마쳤는데, 자기가 오해를 한 거예요. 자기가 잘못해 놓고 나한테 덤터기를 씌우려 한 거죠.

상담자 1: 어떤 일이 있었는지 자세히 얘기해 주시겠어요?

내담자 2: 그제 서류 작업해서 팀장에게 갖다 줬는데, 그게 없어졌지 뭐예요. ……(중략)…… 그러더니 저한테 마구 욕설을 퍼붓더라고요. 간단한 것도 제대로 못한다고. 근데 그게 나중에 다른 책상에서 나온 거예요.

상담자 2: 그래서 ○○ 씨는 어떻게 하셨어요?

내담자 3: 짜증나요. 바로 벽을 주먹으로 쳤어요.

상담자 3: 아, 그래서 손에 상처가 있구나.

7회기 예

(7회 면접에서 상담자는 라포를 점검하며 도전을 시작한다.)

내담자 1: 회사를 그만둘까 봐요. 엊그제 야근하면서 야식을 시켜 먹었는데, 팀장이 나한테만 뭐라 하는 거예요. 일도 못하면서 먹기는 많이 먹는다고. 아 정말 짜증나요. 저녁을 못 먹어서 그러는 거라고 정색하고 말했어요. 그러니깐, 표정이 그게 뭐냐고, 아니꼬우면 나가라고 하더군요. 정말 회사 관두고 확 죽여 버릴까 봐요.

상담자 1: 팀장이 또 ○○ 씨를 화나게 만들었네요. 그래서 ○○ 씨는 어떻게 했어요?

내담자 2: 저녁을 못 먹어서 그렇다고 다시 말하고 무시했어요. 전혀 씨알도 안 먹혔겠지만요.

상담자 2: 아뇨, 아뇨. 상대방에게 먹히지 않는다 해도 자기표현을 한 건 잘한 거예요. 지난번처럼 바로 벽을 치는 것보단 훨씬 잘했죠. 자신을 존중하는 거죠.

내담자 3: 그런가요?

상담자 3: 그래서 말인데요, 저는 앞으로도 ○○ 씨가 주먹으로 벽을 치지 말고, 물건을 집어던지지도 말고, 조금씩이라도 자기표현을 했으면 좋겠어요. 그리고 회사도 그만두지 말고요.

내담자 4: 하지만 팀장은 정말 또라이 같은 놈이에요.

상담자 4: 그놈이 또라이라 하더라도 다른 직원들처럼 참을 수는 있잖아요. 물건을 집어던지지 않을 수는 있잖아요.

내담자 5: …… 선생님도 제가 문제가 있다는 말씀이신가요? 엄마랑 똑같은 얘기를 하시네요.

상담자 4: 저는 ○○ 씨의 엄마랑은 달라요. ○○ 씨가 잘못했다는 것이 아니라, 과격한 행동을 덜했으면 좋겠다는 말이에요.

내담자 5: …….

상담자 5: 제 얘기를 들은 지금 이 순간 어떤 마음이 드나요?

내담자 6: 선생님은 제 편이라고 생각했는데, 아닌 것 같기도 하고, 잘 모르겠어요.

상담자 6: 솔직하게 얘기해 줘서 다행이에요. 저도 ○○ 씨에게 솔직하게 얘기한 거예요. 서로에게 솔직할 수 있다는 것이 좋은 관계라 믿거든요.

내담자 7: ······.

상담자 7: 지금 이 순간 마음을 다시 한번 느껴 보세요.

내담자 8: 좀 전에 순간 두려웠던 것 같아요. 선생님이 나를 탓하는 것 같았어요.

상담자 8: 천만에요. ○○ 씨가 좀 전에 '제가 문제가 있다는 말씀인가요?'라고 말한 것도 자기표현을 잘했다고 대견해하고 있는데요.

이 대화 예를 차근차근 살펴보자. 4회기의 대화 예와 달리 7회기에서 상담자는 도전을 시작한다. 상담자가 도전하는 것은 내담자의 기존 자아도식이라고 하였는데, 이 사례의 내담자는 자신이 억울한 피해자이고 타인은 악하고 위험한 존재로 여기는 것 같다. 내담자 5의 대사로 미루어 볼 때 어머니와의 관계가 영향을 주었을 수 있고, 사람들을 적과 아군으로 이분법적으로 구분하는 것처럼 보인다. 위협을 느낄 때 피하기보다는 맞서 싸우는 방식으로 반응하며, 감정적으로 흥분된 상태에서 과격한 행동을 드러내고 있다. 이에 상담자 3에서 바람직한 행동에 대해 언급한 후, 상담자 4에서 적에 맞서 과격하게 싸우려고 하는 행동패턴에 도전을 시작하였다. 그러자 내담자의 이분법적 사고는 상담자가 아군인지 아닌지를 점검하려고 시도한다(내담자 6). 상담자 6에서 의구심을 수용해 주었기에 내담자가 안정을 유지할 수 있었고, 상담자 7에서는 지금 여기의 마음에 대해 다시 탐색할 수 있도록 도와주었다.

11회기 예

(11회 면접에서 상담자는 본격적으로 도전한다. 상담자가 먼저 대화를 시작한다.)

상담자 1: 아, 기분이 안 좋아 보여요. 무슨 일이에요? (붕대를 감은 손을 보며) 손은 또 왜 이래요?

내담자 1: 정말 다 죽여 버리고 싶어요. 며칠 전에 엄마가 홈쇼핑에서 물건을 사면서 제 카드를 빌려 가셨는데, 어제 카드값이 300만 원이 나와서 엄마한테 물었는데, 저보고 불효막심한 놈이라고 그러셨어요. 자기가 언제 저한테 사랑을 베풀었다고 불효를 따지는지······ 아이 씨······.

상담자 2: 어유 안타깝네요.

내담자 2: 저한테 고맙고 미안하다고 말하지는 못할망정, 어떻게 적반하장으로 이럴 수가 있죠?

그 순간 너무 너무 화가 나서 방으로 들어가서 물건을 다 집어던졌어요. 거울을 주먹으로 마구 쳤는데, 깨진 거울 때문에 손이 다쳤어요. 그 길로 집을 나와서 찜질방에서 잤어요. ……(중략)……

상담자 3: 아 ○○ 씨, 그런 일이 있었구나. 너무 속상했겠다. 손도 손이지만 마음이 얼마나 아팠을까…….

내담자 3: …….

상담자 4: 그래서 지금 심정은 어때요?

내담자 4: 엄마를 안 보니까 지금은 괜찮아요.

상담자 5: 다행이네. 좀 진정이 됐구나. 제가 좀 전에 손도 손이지만 마음이 얼마나 아팠을까라고 했을 때 어떤 마음이 들었어요?

내담자 5: 선생님처럼 엄마도 그렇게 말해 주면 얼마나 좋을까요? 하지만 엄마는 그런 적이 한 번도 없었어요. 왜 그럴까요? 제가 어떻게 해야 엄마가 달라질까요?

상담자 6: 엄마가 달라졌으면 좋겠구나……. 그런데 ○○ 씨, 그것도 중요하겠지만, 더 중요한 게 있어요.

내담자 6: 네?

상담자 7: 더 중요한 건 ○○ 씨가 자기 마음부터 보는 거죠. 그것이 모든 변화의 시작일 거예요. ○○ 씨는 항상 엄마가 어쨌다, 팀장이 어쨌다 하며 그들에게 화를 내는데, 그보다는 자기 마음부터 보는 게 중요해요. ○○ 씨가 무엇을 원하는지, 무엇이 두려운지, 어떻게 마음을 달랠지 등등, 자기 마음을 보는 거요.

내담자 8: …….

상담자 8: 아마 ○○ 씨에게는 자기 마음부터 본다는 것이 쉽진 않겠지요? 일단 저는 여기까지 말하고, ○○ 씨가 지금 이 순간 어떤 마음이 드는지 말해 보시겠어요?

이 회기에서 내담자는 엄마와의 갈등을 호소하였다. 엄마의 이기적인 행동과 냉정한 말은 부정적 자아도식을 활성화시켰고, 내담자는 마음의 상처를 과격한 행동으로 표현하였다. 이에 상담자는 세 번째 반응까지 내담자의 상처를 공감해 주었다. 그리고 상담자 5에서 탐색을 다시 시도하였을 때 내담자는 엄마가 달라졌으면 좋겠다고 말하는데, 이것은 겉으로는 과격하지만 실은 문제 해결의 열쇠를 찾지 못하고 있고 자신을 무력한 존재로 느끼고 있음을 드러내는 것이다. 상담자 6과 7에서는 이를 직면시켰고, 상담자 8에서는 직면 후 후속 탐색을 시도하고 있다.

이 대화 예를 보면서 몇 가지 더 점검해 보자. 먼저 도전의 요령을 복습해 보자면, 도전하기 전에는 높은 수준의 라포가 필수적이며, 도전할 때는 내담자가 틀렸다고 지적하는 데 그치지 말고 내담자가 미처 보지 못했거나 생각하지 못했던 부분을 같이 해 보자고 권유하는 식이 되어야 할 것이다. 그리고 도전한 후에는 내담자가 어떻게 받아들이는지 다시 그의 이야기를 들어 보아야 할 것이다. 도전에 대한 내면의 생각과 감정의 탐색으로 물 흐르듯 연결되는 것이다.

그리고 기존의 부정적 자아도식에 대해 언급해 보자면, 내담자는 겉으로 과격한 것과는 달리 무의식적으로 스스로를 약하고 무력한 존재로 여길 수 있다. 내담자에게는 '어른은 매우 강한 존재이고 자신은 약하고 어린 존재다.'라는 암묵적인 믿음이 있을 수 있다. 내담자는 자신을 괴롭히는 엄마나 타인에게 분개하고 그들이 변하기를 바라지만, 그것은 오히려 그들에게 휘둘린다는 증거일 뿐이다. 내담자는 그들의 판단(예: '일을 못한다' '불효막심하다' 등)이 단지 그들의 주장일 뿐임을 알아야 할 것이다.

한편, 이 대화에서 상담자는 휘두르는 상대방이 아니라 휘둘리는 자신이 문제임을 직면시키는 것으로 볼 수 있다. 이때 직면의 전달을 "휘두르는 상대방이 아니라 휘둘리는 당신이 문제예요."라고 단도직입적으로 할 수도 있었을 것이다. 그러나 상담자에 따라 단정적인 표현보다는 부드럽게 설득하는 것을 선호할 수도 있다. 어떤 방식의 직면이든 간에, 이후 상담자와 내담자는 기저의 부정적 자아도식을 변화시키도록 협력 작업을 시도해야 할 것이다.

3) 상담자 앞에서 아이처럼 구는 내담자

이번에는 상담자 앞에서 아이처럼 구는 내담자의 사례인데, 전이 현상의 직면을 설명하기 위해 도입하였다. 전이(transference)는 인생 초기의 의미 있는 대상(주로 부모)과의 관계에서 발생했으나 억압하여 무의식에 묻어 두었던 감정, 신념, 욕망 등을 자기도 모르게 치료자에게 투사하는 현상이다. 즉, 본질적으로는 무의식적인 투사(projection) 현상인데, 상담자와의 관계에서 이 현상이 나타날 때를 특별히 '전이'라고 명명한 것이다. 내담자는 과거의 중요한 대상(주로 부모)과 현재의 상담자를 무의식적으로 혼동하여, 상담자에게 과도하게 친하게 굴거나, 더 많은 관심을 요구하거나, 과도하게 원망하는 등 다양한 전이 행동을 나타낸다.

훈련된 상담자는 전이 발생을 포착하면 이를 내담자에게 되돌려 준다. 전이는 상담자-

내담자 관계에서 나타나는 것이지만, 일상의 다른 대인관계 패턴에서도 재연될 수 있다. 전이의 직면과 해석을 통해 내담자는 자신의 습관적인 관계 패턴과 그런 관계에 집착하는 의미에 대해 깨달을 수 있다. 다음 대화에서 전이를 직면시키는 예를 살펴보자.

내담자: 선생님, 제가 음식을 가져왔는데, 먹으면서 상담해도 되나요? 배가 너무 고파서요. 밥을 못 먹고 왔거든요.

상담자: (전이를 포착하며) 아, 지난번에 배가 고프다 해서 한 번 그런 적이 있었지요.

내담자: 네, 오늘도 밥을 못 먹고 왔어요. 그래서 김밥을 좀 사 왔거든요.

상담자: 아유 배고픈 것은 참기 힘들죠. 그런데 제가 그때도 말했지만, 상담할 때 음식을 먹는 것은 조금 어린아이 같이 느껴져요.

내담자: 너무하시네요. 배가 고프다고 하는데, 그런 것도 이해 못하세요?

상담자: 음, 혹시 제가 너무 엄격한 것 같나요?

내담자: 네, 저희 어머니랑 똑같아요.

상담자: 아, 그렇군요. 그러고 보니, 어머니가 과연 너그럽게 허락할지 테스트해 보는 것 같기도 하네요.

이처럼 전이의 신호는 "우리 아버지랑 좀 비슷하세요." "어머니랑 비슷한 말을 하시네요."라는 식의 말을 하는 것으로 드러날 수 있다. 이때 상담자는 그것이 전이일 가능성을 직면시키고, 반복되는 패턴에 대해 더 탐색해 보자고 격려할 수 있다. 다음과 같이 할 수 있다.

상담자: 음, 제가 좀 더 이해하고 싶은데, ○○ 씨가 어머니에게 가지고 있던 생각과 느낌이 저와의 관계에서도 영향을 미치는 것 같아요. 저는 그 생각과 느낌에 대해 ○○ 씨와 더 이야기를 나누고 싶어요. ○○ 씨를 더 잘 이해할 수 있는 기회가 될 것 같네요.

이처럼 전이의 포착, 직면, 후속탐색을 통해 내담자는 더 깊은 생각과 감정에 접촉할 기회를 갖게 될 것이다.

또 다른 예를 들어 보자. 이번에는 상담자를 좋아한다는 내담자의 예인데, 연애에 실패하고 상처 입은 내담자가 자신에게 따뜻하게 대해 주는 상담자에게 점점 호감을 느끼게 되었고, 어느 날 드디어 상담자에게 좋아한다고 말했다고 해 보자. 이때 상담자가 가장 먼저 할 일은 침착함을 유지하고 자연스럽게 반응하는 것이다. 숙련된 상담자라면 이미 어느 정도 예상하고 있었을 것이다. 당황하지 않고 이때를 오히려 직면의 기회로 삼을 것이다. 대화는 다음과 같이 진행될 수 있다.

내담자: 선생님에게 고백할 게 있는데, 저 선생님을 좋아하는 것 같아요.

상담자: 안 그래도 그런 낌새가 있어서 언제 말씀하시나 기다리고 있었습니다.

내담자: 선생님은 저를 어떻게 생각하세요?

상담자: 저는 당연히 ○○ 씨를 좋은 내담자라고 생각하죠. 그런데 전문가로서 저는 내담자가 왜 저를 좋아하게 되었는지 그게 더 궁금하고, 그걸 내담자와 함께 탐색하는 걸 더 좋아하지요. 말이 나온 김에, ○○ 씨는 제가 어떤 점이 좋았는지 직접 한 번 얘기해 주시겠어요?

내담자: 글쎄요, 그냥 좋은 건데요.

상담자: 그럴 수 있지요. 그래도 좀 더 자세히 한 번 마음을 들여다봅시다.

내담자: 선생님은 부드럽고 따뜻하고…….

상담자: 네, 심리상담자들은 그런 모습이 있지요. 제 생각엔 ○○ 씨는 제가 아니라 따뜻하고 부드러운 어떤 존재를 갈망하는 것 같아요.

상담자에게 신뢰를 넘어 이성적 호감이나 사랑의 감정을 느끼는 것은 특히 어려운 전이가 되는데, 그 이유는 이런 감정이 상당히 강력하여 쉽게 진정되기 어렵기 때문이다. 또 상담자와 내담자는 내면탐색 작업을 위해 만난 것인데, 내면탐색이 아닌 다른 작업을 함께하자고 하면 상담관계가 깨질 수 있다. 상담자는 자신도 모르게 내담자를 착취하지 않도록 주의해야 하며, 전이를 포착하여 직면시키고 이후 더 깊은 내면탐색으로 이끌어 가야 할 것이다.

5. 해석을 활용한 도전

이번에는 해석 기법을 활용한 도전을 살펴보자. 앞에서 도전의 대표적인 기법으로 직면과 해석이 있다고 하였기에 이 두 가지를 비교하면 해석의 의미를 더 명료하게 알 수 있을 것이다.

해석(interpretation)에서는 표면적인 증상이나 행동 이면에 숨겨진 의미를 설명한다. 이때 '이면에 숨겨진 의미'라는 것도 내담자가 모르고 있거나 인정하기를 거부하는 것일 수 있으므로 이 점은 직면과 별반 다르지 않다. 해석이 직면과 구별되는 것은 무의식적인 의도나 욕구에 초점을 맞추는 동시에 그것이 증상과 연결되는 원리를 설명해 준다는 점이다. 내담자는 미처 그렇게 생각해 보지 못했지만, 상담자가 제시한 새로운 관점으로 증상을 바라볼 수 있게 된다. 다음 해석 작업의 사례 몇 개를 예로 제시해 보았다.

1) 죄책감으로 책상을 청소하는 내담자

겉으로 성실하고 순하지만 공부 도중 책상 위의 물건을 정리하거나 책상을 닦는 데 오랜 시간을 허비하는 학생 내담자가 있다. 몇 차례의 면담을 통해 상담자가 알아낸 바는, 부모님이 싸워 분위기가 냉랭한 상황에서 그런 행동이 더 증가한다는 것이었다. 해석 기법을 활용한 가상의 대화 예를 살펴보자.

상담자 1: 그런데, 말이야. 아버지가 죽어 버렸으면 하고 바라지는 않아?

내담자 1: 에? ……

상담자 2: 나 같으면 그랬을 것 같아서…… 엄마랑 너한테 심하게 하셨는데…….

내담자 2: 잘 모르겠어요. (갑자기 울기 시작한다.)

상담자 3: (내담자가 진정하기를 기다린 후) 지금 내가 한 말에 대해 어떻게 생각해?

내담자 3: 그건 너무 심한 것 같아요. 너무 끔찍한 생각이에요.

상담자 4: 그래서 네가 매일 책상을 1시간씩 닦는 것은 아닐까? 그런 생각을 지우려고 말이야.

내담자 4: …….

상담자 5: 우리는 모두 나쁜 생각을 해…… 하지만 나쁜 생각을 한다고 해서 나쁜 사람은 아니란다.

내담자 5: (엉엉 소리 내어 운다.) (후략)

이 예를 보면, 상담 중기에 내담자의 기존 도식에 도전하는 작업에서 해석 기법을 어떻게 활용하는지 알 수 있다. 아버지가 죽고 어머니와 둘이서만 살았으면 하는 무의식적 환상을 해석하면서, 그로 인한 죄책감을 중심으로 자아도식이 구성되어 있음을 드러내 주었다. 참고로, 아버지가 죽어 버렸으면 좋겠다는 마음과 아버지를 죽이고 싶다는 마음에는 다소간 차이가 있다. 상담자는 두 가지 모두를 준비해두었지만, 준비 과정에서 더 적합한 것을 찾았을 것이다.

한 번의 해석으로 충분하지 않을 수 있으므로, 아마 이 대화로 상담이 끝나지는 않을 것이다. 이 대화 이후로도 다시 해석, 탐색, 공감의 작업이 유기적으로 진행될 것이다. 그리고 중간중간에 가벼운 직면적 설명도 곁들일 수 있다. 흔히 다음과 같이 설명해 줄 수 있다.

* 사람들은 마음속으로 나쁜 생각을 할 수 있다.
* 나쁜 생각을 감추기 위해 방어기제가 작동할 수 있다.
* 나쁜 생각을 인정하는 것과 나쁘게 행동하는 것은 다르다.

이런 설명들은 내담자의 경직된 자아도식(나쁜 생각을 하면 안 된다. 나쁜 생각을 하는 것은 나쁘게 행동하는 것과 같다.)보다 훨씬 더 유연한 모습을 담고 있다. 상담자의 도움으로 내담자는 자신에게도 나쁜 면이 있음을 인정할 수 있을 것이다. 물론, 나쁜 마음을 인정한다는 것은 나쁘게 행동해도 좋다는 뜻이 아니다. 나쁜 마음을 인정하면서도 겉으로 행동을 절제할 수 있는 것이 성숙한 인간이다. 어떤 마음이든 강하게 억압하면, 오히려 해로운 행동을 하게 될 가능성이 더 높아진다. 내담자에게는 그동안 나쁘게 행동하지 않은 것만으로도 충분히 대견함을 전달하고, 앞으로는 경직된 태도가 부작용을 일으킬 수 있으므로 좀 더 자연스럽고 유연한 태도(예: 부모를 미워할 수 있다, 미움도 인간의 감정 중 하나다)를 가질 것을 촉구해야 할 것이다.

2) 상담자에게 안마해 주겠다는 내담자

이번에는 권위적인 남자나 상사에게 자기주장을 하지 못하고 과도하게 순종하면서 스트레스를 받는 여자 내담자의 사례다. 남자 상담자에게 보이는 행동을 일종의 전이로 보고 해석을 시도한다. 다음 대화를 살펴보자.

내담자: 선생님, 피곤해 보이세요. 제가 안마라도 해 드리고 싶네요.

상담자: 음, 어렸을 때 아버지에게 안마를 해 드리곤 했다고 했지요? 그러고 보면 제가 ○○ 씨의 아버지가 된 것 같이 느껴지네요.

내담자: 피곤해 보여서 마음이 쓰여요.

상담자: 아 네, 맞아요. 피곤해하시는 아버지가 ○○ 씨에게 관심을 보이지 않다가 마사지를 해 드

리니 좋아하셨다고 했던 것 같아요.

내담자: 네, 그랬지요.

상담자: 그렇다면 지금 제가 ○○ 씨에게 관심을 보이지 않고 있고, ○○ 씨는 저에게 관심을 바란다는 표현을 그렇게 한 것이군요.

　이 대화를 살펴보면 상담자의 해석은 즉흥적으로 이뤄진 것이 아님을 알 수 있다. 해석을 제시하기 위해 상담자는 기존에 내담자의 언어나 행동에 대한 자료를 충분히 모았을 것이고, 그것들을 분석하고 엮어 내는 데 공을 들였을 것이다.

　참고로 이 대화의 해석은 정확할 수도 있지만 그렇지 않을 수도 있다. 따라서 해석을 제시하는 것으로 끝이 아니라, 이후 내담자와 함께 더 깊은 내면탐색으로 들어가는 것이 중요할 것이다.

3) 엉뚱한 사람에게 전화를 거는 내담자

　마지막으로, 엉뚱한 사람에게 전화를 거는 내담자의 사례로 건망증이나 실수의 해석에 대해 살펴보겠다. 정신분석에서는 실언, 건망증, 꿈 등에서 무의식적 내용이 누출된다고 보고 중요하게 다룬다. 이 책은 정신분석의 전문서가 아니어서 간단히 소개하는 정도에 그칠 것이다.

내담자: 어제는 전화번호 끝자리 하나를 잘못 눌러 또 엉뚱한 사람에게 전화를 걸었어요. 목소리를 듣고 잘못 걸었다는 것을 알고 또 미안하다고 했지 뭐예요. 하하하.

상담자: 아유 민망했겠네요. 그런데 ○○ 씨가 그게 이상하다고 할 정도라고 한다면, 뭔가 이유에 대해서도 생각해 보셨나요?

내담자: 제가 매번 그런 것은 아니고요. 회사 거래처 사람들에게 전화를 하려고 할 때 주로 그러더군요.

상담자: 음, 그럼 혹시 회사 일을 망치고 싶었던 것은 아닐까요?

내담자: 잘 모르겠어요, 저는 우리 회사를 좋아하는데요.

상담자: 네, 제 해석이 정확하지 않을 수 있어요. 가설이거든요. 하지만 뭐든 완벽하고 꼼꼼한 ○○ 씨가 회사 일로 전화할 때만 실수한다는 것은 뭔가 의미가 있지 않을까요? 혹시 더 떠오르거나 연상되는 것이 있으면 뭐든지 말해 주세요.

6. 과거와 작업하기

상담 중반부에 내면탐색 및 도전을 전개하다 보면 문제의 기원을 찾는 과정에서 과거의 이야기가 나오는 경우가 많다. 문제 상황에서의 생각과 느낌을 따라가다 보면 과거의 비슷한 사건을 떠올리거나 관련된 과거 경험을 찾아내면서 과거사 이야기가 자연스레 나오는 것이다. 현재 벌어지는 사건들과 과거의 사건들을 연결하는 작업을 통해 내담자는 자신의 성격 패턴에 대해 더 잘 이해하게 될 것이다.

물론, 과거력과 가족력을 탐색하는 것은 상담 초기에도 이루어진다. 그러나 상담 초기에는 과거력과 가족력을 간단히 탐문하는 정도이며, 이것은 상담 중기의 작업과 속성상 크게 다르다. 상담 초기에서는 과거력이나 가족력을 탐색하는 것 자체가 일차적인 관심사가 아니며, 내담자의 현재 증상을 이해하기 위해서 참고적으로 과거력을 간략히 물어본 것이다. 상담 초반, 특히 첫 면접의 경우 짧은 시간의 한계가 있으므로 가족 구성이 어떠한지, 어떻게 성장하였는지에 대해 '개략적으로' 물어본다. 내담자의 입장에서도 아직 낯선 상담자에게 심각한 과거 경험을 자발적으로 털어놓기는 어려울 것이다. 라포가 형성되고 상담 중반으로 접어들면 내담자는 훨씬 더 자발적으로 과거로 진입할 것이다. 내담자들은 특정 사건이나 상황 또는 특정 인물에 대한 기억들을 꺼내 놓는다. 이때 상담자는 좀 더 '구체적으로' 접근하여, 그 당시의 생각과 느낌을 충분히 탐색하도록 요청한다.

내담자가 자신의 과거에 대해 되돌아보는 것은 여러 가지 이유로 치료적인 효과를 지닌다. 만일 아무에게도 털어놓지 못했던 이야기를 처음 꺼낸다면 그것은 긴 세월 동안 눌러 왔던 것을 놓아주는 것이므로 감정의 카타르시스 효과를 지닌다. 버림받은 기억, 죽으려고 했던 기억, 학대받은 경험, 수치스러운 성희롱이나 성폭력 피해 경험 등에는 엄청난 감정들이 묻혀 있는데, 이것들이 봇물 터지듯 나오는 것이다. 이때 상담자는 더 구체적인 내면탐색을 할 필요 없이 그냥 들어만 주어도 충분할 것이다. 응축되어 있던 감정들이 흘러나오기만 해도 내담자는 마음이 후련해지는 경험을 할 것이다. 또 내담자는 누구와도 나누지 않고 혼자 가지고 있던 것을 상담자에게 나눠 주었으니, 이는 소중한 것을 함께 나눈 사람이 생긴 셈이다. 내담자 입장에서는 무거운 짐을 나눠 가진 믿을 만한 사람이 생긴 것이며, 이런 신뢰와 유대 경험 자체가 정신적 안정에 큰 도움이 된다.

그런데 영화나 드라마에서는 내담자가 묻어 두었던 경험을 꺼내는 것만으로도 문제가 다 해결되고 사람이 달라지는 것 같지만, 현실에서는 그것만으로는 충분하지 않으며 그때의 상처나 감정을 충분히 소화시킬 때까지 반복 작업이 필요하다. 예를 들어, 학대나 성폭력 피해 등 강력한 트라우마는 털어놓는다고 그 영향이 없어지는 것은 아니며, 내담자의 정신에 흔적이 남겨진 과정에 대한 충분한 이해가 필요하다. 이를 위해 면담 도중 심리상담자는 생각과 느낌을 좀 더 구체적으로 탐색할 것을 요청하고, 이 과정에서 내담자는 고통의 이유를 더 깊이 느끼고 이해하게 된다. 묻혀 있던 과거의 경험들을 꺼내 들여다보는 것이 쉬운 일이 아니지만, 신뢰할 수 있는 상담자와 함께 차근차근 탐색하다 보면 내담자는 자신의 과거와 현재 문제행동이나 증상의 연관성을 깨달으면서 통찰과 성장으로 나아갈 것이다.

이런 식으로 상담 중반에 과거의 일을 다루는 것은 문제 해결과 인간적 성장을 위한 작업의 일환으로 이루어진다. 그런데 문제의 뿌리를 찾기 위해 과거 경험에 대해 작업하는 것이 즐겁고 편한 일은 아니기에 상담자의 인내심과 신뢰가 꼭 필요할 것이다. 쉽지 않은 이유 중에는 과거의 경험이 잘 기억나지 않을 수 있다는 점도 있다. 어떤 내담자들은 "어린 시절의 경험은 별로 생각나는 게 없어요."라고 말하기도 한다. 그러나 과거의 경험들을 다 자세히 기억해 내라는 것은 아니며, 내담자 입장에서 기억나는 대로만 얘기해도 좋다. 상담자는 현재와 과거를 연결시키는 작업이 가치 있고 소중한 일임을 계속 설명하고 격려해야 할 것이다. 내담자가 단편적인 기억이라도 소환해 낼 수 있다면 일은 점점 수월해질 것이다. 내담자가 과거와 작업하는 것의 중요성을 깨닫고 집중적으로 과거의 경험을 탐색하기 시작하면 곧 더 많은 과거 경험을 기억해 내곤 한다. 마치 많은 사람이 평소에는 꿈을 잘 기억하지 못하는데, 매일 아침 꿈을 노트에 기록하고 기억하는 연습을 시작하면 많은 꿈을 기억해 낼 수 있는 것과 같다.

■ 재체험과 재양육

심리상담의 중반부에 과거 경험에 대해 작업하는 의미는 크게 두 가지로 볼 수 있다. 첫째는 과거를 재경험하면서 생각과 느낌을 생생하게 재체험하려는 의미다. 이것이 중요한 이유는 현재의 생각 및 느낌과 연결되기 때문이다. 과거를 재경험한다는 것은 단지 과거 사건의 내용을 기억하는 것만이 아니라, 내담자가 당시의 생각과 감정을 생생하게 체험하는 것이 핵심이다. 따라서 생생하게 떠올릴수록 상담자와 내담자는 더 많은 것을 연결시킬 수 있을 것이고, 내담자는 현재의 증상과 과거의 사건을 연결하면서 '아, 현재 나의 ~한 행동은 그때와 연결이 되는구나!' '내가 현재 ~을 불편해하는 것이 그때의 느낌과 같구나!' 하는 식으로 통찰을 얻게 될 것이다.

따라서 무작정 말 못한 것이 있으면 다 얘기하라거나 과거 기억을 떠올려 보라고 요구하는 것이 아니라, 면접 상황에서 이루어지는 대화를 따라 자연스럽게 과거의 기억으로 연결되어 가는 것이 중요하다. 상담자는 내담자가 느낌을 자연스럽게 따라갈 수 있게 유도해 주어야 한다. 예를 들어, 어떤 내담자가 회사에서 화를 내고 싶어도 화를 내지 못했다고 이야기할 때 상담자는 다음과 같이 질문할 수 있다.

- "혹시 예전에도 그런 적이 있었나요?"
- "그와 비슷한 느낌을 받았던 때를 떠올릴 수 있나요?"
- "그런 느낌은 어디에서 오는 것일까요?"

이런 질문을 통해 상담자와 내담자는 과거의 사건으로 거슬러 올라갈 수가 있다. 아마도 내담자는 과거의 비슷한 경우를 떠올릴 것이다. 과거의 경험을 떠올린 후에는 당시의 생각과 느낌을 체험하도록 도와주면 된다. 다음과 같이 말할 수 있다.

- "그때 어떤 마음이었나요?"
- "그때 어떤 생각을 했나요?"
- "그때의 감정을 느껴 볼 수 있나요?"
- "그때 하지 못했던 말을 해 볼 수 있나요?"

이런 식으로 자연스럽게 유도하면, 내담자는 과거의 생각과 감정을 현재와 연결하면서 자신이 여전히 과거에 머무르고 있음을 통찰하게 될 것이고, 결국 과거를 벗어나 현재로 옮겨 올 수 있게 될 것이다. 참고로 체험을 강조하는 게슈탈트 접근법의 상담자라면 빈 의자 기법을 활용하거나 자신이 직접 부모 역할을 하면서 내담자에게 부모에게 생각과 느낌을 표현해 보도록 요청할 수도 있을 것이다.

둘째는 재양육이다. 재양육은 다시 키운다는 의미다. 대개 내담자들은 과거 특정 상황 또는 특정 인물과의 관계에서 상처를 입고 부정적인 사고방식이나 태도, 가치관 등을 형성하게 된 경우가 많다. '상처 입은 어린아이'라는 표현은 마음속에 어른으로 자라지 못한 어린아이(부정적인 사고방식이나 태도)가 있다는 은유적인 표현이다. 그렇다면 '상처 입은 어린아이'를 내담자로 맞아들인 상담자는 그를 다시 키워 주는 역할, 즉 재양육의 역할을 담당한 것으로 볼 수 있다.

사실 어릴 적 받은 상처는 누구의 잘못이 아니라, 상황과 사람의 한계 때문이기도 하다. 즉, 당시 상황이 어쩔 수 없었다거나, 당시 인물이 지혜가 부족했기 때문일 수 있다. 예를 들어 설명하면, 우리가 어렸을 때는 부모의 나이도 젊은 편이어서 인간적으로 미성숙하고 지혜가 부족했을 수 있다. 그런데 성인이 되면서 머리로는 이해가 되지만 가슴으로는 여전히 누군가의 탓을 하고 싶어 한다. 누구의 탓도 아니라면 너무 억울하기 때문이다.

심리상담에서 과거 경험을 다시 다루는 것은 재양육의 장이 된다. 이번에는 누군가를 원망하기보다 자기 자신에 집중하며 자신을 사랑하려고 노력한다. 아이러니하게도, 내담자가 자신을 사랑하게 되고 스스로 상처를 치유하게 되면 더 이상 부모를 원망하지 않고 그들의 부족한 모습을 있는 그대로 보게 된다. 어릴 적에는 엄청 크고 대단해 보였지만 이제는 개인적 약점을 지닌 평범한 인간으로 볼 수 있게 되는 것이다.

요약하면, 과거 경험에 대해 작업하는 것은 재체험과 재양육의 의미를 내포하고 있다. 흔히 과거를 다루는 것은 현재 증상의 뿌리가 과거에 있다고 보기 때문이다. 그리고 증상이 생긴 시작점으로 잠깐 되돌아가 보는 것이다. 이미 굳어져 버린 태도나 사고방식을 변화시키려고 도전하는 것은 매우 어려우며, 굳기 전의 상태로 잠깐 되돌리는 것이 필요할 것이다. 과거의 생각과 느낌을 생생하게 재체험하는 것은 굳어 있는 것을 말랑말랑한 상태로 되돌리는 효과가 있다. 비유하자면, 딱딱하게 굳어 버린 철에 열을 가해 다루기 쉽도록 하는 것이다. 과거로 돌아가면 당시에 무엇이 잘못되었고, 왜 잘못되었는지에 대해 더 쉽게 접근할 수 있으므로 성격의 재구성(또는 성격기능의 유연화)이 보다 용이할 것이다. 이때 중요한 것은 전문가와 함께한다는 것이다. 과거의 생각과 느낌을 생생하게 재체험하면서 동시에 그것들에 압도되지 않고 새로운 관점으로 바라볼 수 있게 전문 심리상담자가 도와줄 수 있다.

7. 통찰과 행동의 변화

상담 중반부에 과거를 다루면서 내면을 탐색하고 방어의 흔적에 도전하는 것은 최초 의뢰사유를 해소하려는 시도에서 비롯된 것임을 잊지 말자. 예를 들어, 알코올이나 도박, 인터넷 중독을 호소하며 심리상담센터에 찾아온 이들에게는 이 의뢰사유를 해소해 주는 것이 전문가의 일일 것이다. 그런데 단순하게 알코올 혐오를 유발하는 약물을 투여하거나, 도박장에 가지 못하게 하거나, 인터넷을 끊어 버리는 식의 조치를 취하는 대신, 과거를 다루고 내면을 탐색하며 기존 방어기제에 도전하는 어려운 작업을 한다. 이것은 근본적인 통찰을 추구하는 것인데, 의뢰사유를 뿌리로부터 해소하기 위해서다. 뿌리를 치료하지 않고 표면적인 문제 증상만 해소한다면 일시적으로 증상이 개선되더라도 시간이 지나면서 다시 재발하게 된다. 통찰을 지향하며 뿌리부터 작업하는 것, 이것이야말로 심리상담이 다른 접근법들과 차이 나는 점이라 하겠다.

그런데 앞에서도 언급했듯이 심리상담에서 추구하는 통찰은 단순히 지적인 이해에 그치는 것이 아니라 감정, 감각, 행동 수준까지의 대오각성, 즉 다차원적이고 깊은 수준의 온마음 통찰이다. 물론 이것은 한 번에 달성하기 어려울 것이다. 그러나 만약 이러한 온전한 통찰을 달성한다면 자아는 내면으로부터 회복되고 힘을 얻어 자신의 문제를 스스로 해결할 수 있게 될 것이다. 구체적으로 말하자면, 최초 상담센터에 올 때 호소했던 문제 증상은 사라질 것이고 기존에 없었던 새롭고 건강한 행동을 시도할 수 있게 될 것이다. 여기서 핵심은 온전한 통찰은 행동의 변화로 드러난다는 것이다.

몇 가지 사례를 들어 설명해 보자. 어떤 중년 여성이 두통이 생겼는데 병원에 가도 특별한 의학적 원인을 찾을 수 없고 약으로도 증상이 가라앉지 않아 상담센터로 찾아왔다. 그녀의 괴로움을 공감해 주고 이야기를 듣는 과정에서, 거주지를 이사한 후에 두통이 발생한 것임을 확인하였다. 이사와 관련된 생각과 감정을 더 탐색하는 과정에서 그녀는 문득 새로 이사 온 동네가 마음에 들지 않았고 못마땅해하고 있었음을 깨달았다. 이사할 곳을 선택한 것은 자기 자신이었는데, 그 결과가 만족스럽지 않았던 것이다. 그녀가 자신의 선택이 틀렸음을 인정한 후 두통은 사라졌다.

어떤 여대생은 우울증과 자살사고로 상담센터에 찾아왔다. 사소한 일도 제대로 해내지 못해 기분이 매우 가라앉아 있었는데, 질문을 해 보니 사실 어려운 일도 잘하는 것이 많았다. 잘하는 것에는 가치부여하지 않음을 직면하고 나서 내담자는 자신의 기준이 매우 높고 엄격하며, 여기에 부모님의 냉정한 양육태도가 영향을 미쳤음을 깨달았다. 이후 내담자의 기분은 조금씩 나아졌고, 잘했을 때는 스스로를 칭찬하기 시작했다.

어떤 미혼 직장인은 대인관계에서 긴장이 심해 상담센터에 찾아왔다. 맡은 일은 잘하는 편이었지만 동료와 대화하려고 하면 긴장이 증가해서 제대로 자기표현을 하지 못했다. 그러다 보니 대화에 끼지 못하고 외롭게 일만 하는 악순환이 지속되었다. 상담은 오랜 기간 지속되었는데, 차근차근 자신의 내면에 쌓아 두었던 것을 조금씩 풀어냈다. 어느 면담 회기에서 버림받을지 모른다는 강렬한 공포를 얘기했고, 어느 면담에서는 부모님의 차별 대우로 서러움과 분노가 쌓여 있음을 얘기했으며, 또 어느 면담에서는 사람들에게 복수하고 싶은 마음도 꺼내 놓았다. 비록 느리지만 통찰과 수용이 꾸준히 진전되면서 내담자는 조금씩 덜 긴장하게 되었고, 직장 사람들과 친밀감을 나누기 시작하더니 드디어 사랑하는 사람을 만나 결혼하게 되었다.

1) 통찰과 행동실행의 관계

이처럼 통찰이 진전됨에 따라 행동의 변화가 나타나는 것이 일반적이지만, 어떤 경우에는 상담자가 새로운 행동실행을 권유할 수도 있다. 이것은 앞에서 인지행동적 접근을 소개할 때 설명한 적이 있는데, 인지행동적 접근에서는 새로운 행동을 실험(experiment)해 봄으로써 기존의 부정적 사고나 비합리적 신념의 타당성을 검증한다고 하였다. 물론 인지행동적 접근에만 해당되는 것은 아니며, 다른 접근법들에서도 내담자가 미처 생각해 보지 못했던 것을 경험하고 마음을 열 수 있도록 행동실행을 권유해 볼 수 있다. 라포의 기반 위에 탐색과 도전의 과정을 거치면서 상담자는 다음과 같이 행동실행을 권유해 볼 수 있을 것이다.

- "이제는 한 달간 절주해 봅시다."
- "~한 강박행동을 멈춘 후 불안이 강해지는지 아니면 누그러지는지 지켜봅시다."
- "이제는 두려워하지만 말고 ~을 한번 시도해 보면 어떨까요?"

어쩌면 누군가는 의구심을 가질 수도 있겠다. 이런 말들은 굳이 심리상담 전문가가 아니라도 할 수 있는 말이 아닌가? 처음에 만났을 때 왜 이렇게 말해 주지 않았을까? 처음부터 말해 주었더라면 훨씬 빨리 좋아질 수 있었을 텐데…….

물론 처음에 단도직입적으로 권유하고 내담자가 그것을 받아들인다면 더할 나위 없이 좋을 것이다. 그러나 심리상담소에 찾아온 내담자들의 문제는 자아와 얽혀 있어 상담자의 충고를 비난으로 받아들이기 쉽고 거부하거나 저항하기가 쉽다. 문제 증상이 뼛속 깊이 습관으로 박혀 있기에, 머리로는 받아들인다 해도 몸으로 고치기는 어려운 것이다. 따라서 상담자는 수십 회의 면담을 통해 내담자와 보조를 맞추면서(라포 형성), 새로운 행동실행을 권유할 준비를 하는 것이다. 내담자의 내면을 이해하기도 전에 처방부터 제시하는 것은 섣부르고 평가적인 태도로 전달되기 쉽다. 반면 수십 회의 만남을 통해 어려움을 이해해 주고 공감해 주면서 처방을 제시할 때는 상대를 진정으로 존중하는 태도로 전달될 것이다. 변화가 필요함을 이해시키고 저항을 인내하며 부드럽게 권유하고, 최종적으로 내담자가 행동을 시도할 때까지 기다려 주는 것이 중요하다.

아무튼 상담자가 새로운 행동을 권유할 때 내담자가 받아들인다고 하면 그것은 절반의 성공이 될 것이다. 상담자의 권유에 저항하기보다 권유를 받아들여 한번 시도해 본다고 하면 이미 변화가 시작되는 것이라 하겠다. 어쩌면 내담자에게서 이미 부분적인 통찰이 시작되었기에 상담자의 권유를 받아들였을 것이다. 아직은 통찰이 부분적이어서 새로운 행동을 자발적으로 시도하지 못하고 주저하고 있었던 차에 상담자가 새로운 행동을 권유한 것이다. 이처럼 새로운 행동실행은 통찰의 기회를 제공할 수 있고, 부분적인 통찰을 더욱 공고화하도록 도움을 준다. 참고로, 이처럼 통찰을 얻어 실제적인 변화로 이어 갈 수 있도록 꾸준히 연습하는 것을 훈습(working through, 薰習)이라고 한다.[5] 인내심을 갖고, 반복적으로, 꾸준히, 숙달될 때까지 노력한다는 뜻이다.

2) 새로운 행동실행 권유에서 주의할 점

상담 중기에서 새로운 행동실행을 권유할 때 주의할 점이라면, 앞에서 인지행동적 접근의 행동 실험과 과제 부분에서 이미 설명하였으므로 여기서는 간단하게만 언급할 것이다. 다음과 같이 정리할 수 있다.

* 새로운 행동실행을 권유할 때는 내담자가 그것이 중요한 것임을 인식해야 한다.
* 상담 목표 달성에서 새로운 행동의 시도가 중요하다고 인식해야 한다.
* 내담자가 새로운 행동을 실행했을 때 성공적으로 완수할 확률이 평균 이상이어야 한다.
* 부정적인 결과의 가능성도 사전에 염두에 두고 준비해야 한다.
* 새로운 행동실행을 권유할 타이밍을 고려해야 한다.
* 반드시 성공해야 한다고 압박감을 주기보다는 새로운 행동을 실행하는 것 자체에 대해 격려하고 응원해 준다.
* 상담자는 새로운 행동을 실행했는지의 여부나 성공 여부만을 확인하는 데 그치지 말고, 새로운 행동을 하면서 어떤 생각과 느낌을 경험하였는지 함께 나눈다.

---

5) 훈습(working through)은 정신분석적 전통에서 사용되는 용어로, 한자 '薰習'으로의 번역은 부단히 노력한 것이 좋은 향으로 배어들어 남는다는 의미다.

생각해 보기

이번 장에서는 상담 중반부의 탐색과 도전에 대해 다루었다. 상담 중반부를 효과적으로 진행해 나가기 위해서는 개략적이라도 사례개념화가 필수일 것이다. 즉, 내담자의 문제가 무엇이고 어떤 방향으로 이끌어야 하는지 대략적으로 감을 잡고 있어야 한다는 것이다. 비유로 설명하자면, 우물을 파기 위해 땅의 이곳저곳을 아무렇게나 찔러 보는 것이 아니라 도달해야 할 지점을 예측하고 채굴을 시도한다는 것이다. 그러나 이 과정이 항상 원활하고 부드럽게 진행되는 것은 아니다. 어떤 날은 대화가 전혀 진전 없이 맴돌기만 하고, 어떤 날은 아무리 설명을 해 줘도 내담자가 시큰둥하게 받아들이기도 한다. 이때 상담자들은 실망하거나 무기력감을 느끼며, 자신도 모르게 부정적 감정들을 내담자에게 투사하는 실수를 범할 수 있다. 정기적인 만남이 수회를 넘어가면서도 아무런 발전이 없다고 여겨질 때, 상담자는 어떻게 이런 부정적 감정들을 극복할 수 있을까? 이에 대해 생각해 보고 동료와 의견을 나누어 보자. 관련하여 다음과 같은 주제들도 생각해 보자. 내담자가 발전하는 모습을 상담 시간 내에서 어떻게 확인할 수 있을까? 내담자에게 아무런 변화나 발전이 없다고 느낀다면 상담자는 어떻게 해야 할까? 상담자도 소진될 수 있는데, 이런 부정적 감정에서 어떻게 벗어날 수 있을까?

제13장

상담 중반부의 저항 다루기

저항은 원래 정신분석에서 비롯한 개념으로, 무의식에 대한 통찰을 시도할 때 여기에 거부하는 내담자 측의 행동을 의미하였다. 방어기제로 무의식적 충동을 눌러놓았는데, 심리상담을 통해 의식화되려고 하니 이를 거부하는 것이다. 이 과정은 본질적으로는 무의식적으로 이루어진다. 그런데 무의식적인 차원에만 국한되지 않고 좀 더 넓게 볼 때, 저항은 변화의 시도에 거부하는 모든 움직임을 의미한다. 이 장에서는 저항의 의미 및 다양한 저항의 양상, 그리고 저항에 대해 상담자가 어떻게 대처해야 하는지에 대해서 살펴볼 것이다.

1. 저항의 개념과 범위

저항(抵抗, resistance)을 심리상담 도중 변화의 시도에 거부하여 나타나는 모든 움직임으로 정의하면 범위가 매우 넓고 다룰 내용이 많다. 개념과 범위를 정리해 보자.

1) 반작용으로서의 저항

작용과 반작용이란 말을 들어 보았을 것이다. 뉴턴의 작용-반작용 법칙은, 한 물체가 다른 물체에 힘을 작용하면 다른 물체도 크기는 같지만 방향은 반대인 힘을 낸다는 것이다. 심리상담에서 저항은 기존의 자아도식 챔피언에 기인할 것이다. 상담자와 내담자는 동맹을 맺고 기존의 자아도식을 변화시키려고 하지만, 기존의 자아도식은 쉽게 물러나지 않고 반작용의 힘을 낸다. 심리상담센터에 도움을 청하러 온 내담자는 심리상담의 도움으로 자신을 변화시키겠다는 의식적인 동기가 있지만, 방어기제는 무의식적으로 저항할 수 있다. 저항은 '저항감'과 같이 감정적 측면으로 느껴지기도 하지만, 대개는 다양한 행동으로 드러난다. 내면탐색을 시도할 때 내담자는 고집스레 침묵하기도 하고, 사소한 주제로 대화의 방향을 틀어 버리기도 하며, 심지어 지각을 하거나 몸이 아파서 못 온다고 예약 당일에 취소를 통보해 오기도 한다. 심리상담에서의 저항은 이러한 행동들을 가리키는 용어다.

작용과 반작용을 생각해 볼 때, 저항이 나타나는 것은 필연적이고 자연스러운 일이다. 어쩌면 상담자가 뭔가 중요한 것을 건드리고 있다는 신호일 것이다. 중요한 어떤 부분을 건드리고 있기에 저항이 나타나는 것이다. 따라서 상담자는 저항이 나타날 때 못마땅해 하기보다는 방어기제의 흔적을 찾을 좋은 기회로 보면 될 것이다.

한편, 의식적인 저항에 대해서도 알아 둘 필요가 있다. 대개 저항 행동은 방어기제의 작동으로 무의식적으로 나타나지만, 상담 예약을 미루거나 변경하는 행동을 보일 때 자신의 저항을 부분적으로 의식하는 경우도 있다.

2) 상담 중기의 도전과 탐색에 대한 저항

이번에는 저항을 상담의 단계와 관련지어 생각해 보자. 상담 초기에 내담자가 주저하거나 의구심을 보일 때가 있는데, 이것을 저항으로 볼 수 있을까? 상담 초기에 내담자는 낯선 곳에 와서 긴장하거나 자신의 문제가 고쳐질 수 있을지 또는 상담이 효과가 있을지에 대한 의구심을 가질 수 있는데, 이것을 저항으로 볼 수 있을까? 이런 질문을 통해 독자는 저항이 무엇인지에 대해 감을 잡을 수 있을 것이다. 상담 초기의 머뭇거리는 행동들은 낯설고 어색한 장면에서 나타나는 자연스러운 행동으로 볼 수 있으며, 내담자 입장에서 상담의 효과에 대해 의구심을 갖는 것도 충분히 그럴 수 있는 것이므로 이를 저항으로 보긴 어려울 것이다.

물론 심리상담 초기에 저항이라 생각할 수 있는 것으로는 내담자의 비자발성이 있다. 자신에게 문제가 없다고 여기지만 억지로 상담소에 끌려온 내담자들은 상담 및 상담자에게 거부적인 태도를 보일 수 있다. 다만 비자발성은 상담 중기에 나타나는 저항과는 차이가 있는데, 이것은 원하지 않는 것을 억지로 해야 할 때 드는 저항감으로 이해할 수 있다.

반면, 상담 중기의 경우는 어떠한가? 이미 어느 정도 라포를 형성한 이후에 상담자와 내담자는 본격적인 내면탐색 작업에 돌입할 것이다. 그리고 내담자의 왜곡되거나 편향된 사고 및 태도, 경직된 방어기제, 습관적인 부적응적 행동 및 패턴에 대해 적극적으로 도전하며 개입한다. 그런데 이때 내담자가 머뭇거리기도 하고 다른 주제로 대화를 돌리기도 하며 심지어는 약속 시간을 취소하기도 한다면, 이것은 저항이라 볼 수 있을 것이다. 여기서 저항 개념이 의미하는 바가 명료해진다. 저항은 상담 초기보다는 상담 중기와 더 관련되어 있고, 상담 중기에 통찰과 변화를 시도하려고 할 때 나타난다. 분명 심리상담 중기의 탐색 및 도전 작업과 관련이 깊을 것이다. 상담 초기에는 기존 자아도식을 건드리지 않는 최소개입을 시도하지만, 어느 정도 라포가 형성된 이후부터는 기존 자아도식에 개입하기 위해 취약성을 탐색하고 도전을 준비한다. 상담자와 내담자가 동맹을 맺고 탐색과 도전을 준비함에 따라 기존의 자아도식은 위협을 느끼게 될 것이고, 따라서 이때부터 나타나는 비협조적이고 거부적인 행동들은 저항이라 볼 수 있을 것이다.

3) 쉬운 저항과 어려운 저항

앞에서 언급했듯이 저항은 다양한 행동으로 드러날 수 있는데, 직접적으로 거부적인 태도를 보일 수도 있고, 본인이 의식하지 못한 상태에서 상담의 진전을 방해하는 행동으로 드러나기도 한다. 예를 들어, 침묵하기, 말을 많이 하거나 말을 돌리거나 엉뚱한 주제에 대해 질문하기, 특정 상황이나 인물에 대한 정보를 제공하지 않고 생략하기, 갑자기 증상에 집착하기, 약속 시간 변경하거나 지각하기 등 다양하다. 이때 직접적으로 거부적인 태도를 보이는 것이 당황스럽긴 하지만 오히려 다루기는 쉽다. 내담자가 거부감을 분명하게 표현한다면 이를 공감해 주고 더 깊이 탐색할 수가 있다. 반면 침묵하기나 말을 돌리는 것과 같은 회피적 행동이 오히려 더 어려운 저항이 된다. 특히 약속 시간 미루기나 변경하기는 가장 어려운 저항이다.

약속 시간 미루기나 변경하기가 가장 어렵다는 것은 이 행동들이 자칫 상담관계를 위태롭게 만들고 조기종결을 초래할 수 있기 때문이다. 여기에는 내담자 요인과 상담자 요인이 동시에 작용하게 된다. 내담자가 변화를 두려워하며 의식적, 무의식적으로 저항하게 되는 것은 당연하지만, 약속 시간 미루기는 상담자에게 영향을 미치기도 한다. 심리상담의 기본 틀은 정해진 시간에 정해진 장소에서 상담이 이루어진다는 것인데, 특히 약속 시간을 미루거나 변경하는 행동은 이러한 기본 틀을 위협하기에 상담자에게는 다양한 부정적 감정을 불러일으킨다. 상담자는 자신의 노력이 수포로 돌아가는 것 같아 무력감을 느낄 수도 있고, 약속 시간 변경이나 조기종결로 인한 경제적 수입 감소를 예상하면 마음이 불편해질 것이다. 저항을 적절히 다루지 못한다면, 이런 상황을 만드는 내담자에게 분노가 생길 수도 있다.

만일 저항을 상담자 개인에 대한 저항으로 받아들인다면 상황은 더욱 꼬이게 될 것이다. 저항을 대인관계 패턴 차원에서 접근해 볼 때, 변화를 촉구하는 주변 인물에게 저항하는 패턴이 상담관계에서도 나타난 것으로 볼 수 있다. 내담자 주변의 인물 중에도 내담자에게 변화를 촉구하는 인물이 있을 것이고 그에게 내담자는 어떤 저항 행동을 보였을 것인데, 이러한 관계 패턴이 상담자-내담자 관계에서도 재연된 것이다. 그런데 이 점을 인식하지 못한 채, 내담자의 저항을 개인적으로 받아들여 예민해지거나 위협감을 느낀다면 상담자가 저항을 더욱 어렵게 만드는 역할을 하는 셈이 된다. 따라서 전이의 경우와 마찬가지로, 상담자는 이러한 관계 패턴에 빠져들어 가지 말고 바깥에서 부드럽게 직면시켜야 할 것이다.

2. 저항 다루기의 요령

상담 중기에 본격적으로 문제를 해결하려고 시도하다 보면 자연스럽게 여러 가지 양상으로 저항이 나타나기 마련이다. 먼저 저항감이 들 수는 있지만, 만일 내담자가 상담의 규칙과 틀을 계속 따르면서 자기 마음을 허심탄회하게 얘기할 수 있다면 이것은 괜찮다. 대화 도중 침묵하거나 화제를 돌리더라도 충분히 다룰 수 있으며, 오히려 긍정적인 신호일 수 있다. 반면 상담의 규칙과 틀을 따르지 않는 경우도 있다. 예약 시간을 지키지 않거나 아예 나타나지 않는다면 좀 더 어려울 것이다. 그럼에도 불구하고 상담자들은 저항을 통해 내담자를 더 잘 이해할 수 있게 되며, 심지어는 저항을 새로운 도전의 기회로 삼기도 한다. 이제 저항에 대한 상담자의 자세 및 저항 다루기 요령을 살펴보자.

1) 저항에 대한 상담자의 자세

앞에서 언급했듯이 상담 중반부에 이르러 저항이 나타나는 것은 자연스러운 현상이며, 따라서 상담자의 과제는 저항이 나타나지 못하도록 사전에 차단하는 것이 아니라, 저항이 나타날 때 어떻게 슬기롭게 극복하느냐 하는 것이다. 먼저 저항에 대한 유연하고 긍정적인 태도들을 갖추는 것이 도움이 될 것이다.

첫째, 저항을 너무 두려워하며 저항이 생기지 않았으면 좋겠다고 바란다면 그것은 초보 상담자의 비합리적인 기대일 수 있다. 변화의 과정에서 저항은 필연적으로 생길 것이며, 따라서 저항이 생길 때 오히려 조만간 변화가 시작될 수 있다고 긍정적으로 생각하면 도움이 될 것이다.

둘째, 저항이 나타날 때 상담자는 속도를 조절할 기회로 삼는다. 즉, 신뢰 있는 관계를 바탕으로 내면탐색을 시도해야 하는데, 라포가 충분히 형성되기 전에 성급하게 접근하다 보니 저항이 생겨날 수 있는 것이다. 따라서 잠깐 여유를 갖고 안전하고 신뢰 있는 관계가 형성되었는지 먼저 점검할 수 있다.

셋째, 내담자의 저항이 상담자에 대한 비난이나 공격이 아님을 명심한다. 내담자는 변화가 두려워 저항하는 것이지, 상담자를 비난하는 것이 아니다. 그런데 어떤 상담자는 이를 개인적으로 받아들이고 감정적으로 상처를 입는다. 이것은 중요한 부분이므로 좀 자세히 설명해 보겠다.

내담자의 저항을 다루는 것은 앞에서 비자발적 내담자에 대해 설명한 것과 유사한 점이 있다. 이것은 저항이 상담자에게 긴장 또는 좌절을 유발하며, 이 때문에 상담자는 자신의 취약점에 휘말리게 된다는 것이다. 초보 상담자는 내담자의 저항을 느꼈을 때 먼저 자기가 뭘 잘못한 건 아닌지 염려하게 된다. 즉, 상담자 자신이 이 저항의 원인인 것처럼 느낄 것이다. 이때 상담자는 자기 비하의 과정을 겪게 되고, 다음과 같은 심리적 반응을 하게 될 수도 있다.

● '내담자는 나에게 동조해야 한다. 나에게 협조적이어야 하고, 내가 예상한 대로 변화하고 성장해야 한다. 근데 대체 뭐가 문제이길래 이런 행동을 보일까? 만약 내가 이 내담자를 바람직한 방향으로 변화시키지 못한다면 나는 실패하는 것이다. 이 내담자는 왜 나의 노력을 방해하는지 모르겠다.'

반면, 유능한 상담자라면 저항을 자연스럽게 받아들일 것이고, 내담자의 저항이 기존의 자아도식에서 비롯된 것임을 알아차릴 것이다. 그리고 내담자가 왜 저항하는지 분석해 볼 것이다. 즉, 이 내담자가 저항하면서 지키고자 하는 것이 무엇인가를 생각하는 것이다. 또 내담자의 저항에도 불구하고 어떻게 효과적으로 도움을 줄 수 있을까를 고민할 것이다. 요컨대, 유능한 상담자는 내담자의 저항에 좌절하여 성급히 내담자를 포기하는 함정에 빠지지 않는다.

2) 저항 다루기 일반 지침

저항을 자연스러운 것으로 받아들이고 오히려 기회로 삼는 긍정적인 태도를 갖춘다면 절반은 성공한 것이다. 이제 저항을 다루는 방법에 대해 살펴보자. 저자는 일반적인 지침 몇 가지를 언급하겠다.

(1) 저항을 포착하고 다룬다

너무도 당연한 말이지만 먼저 저항을 포착해야 한다. 저항을 포착하기 위해서는 상담자의 감수성과 경험이 필요할 것이다. 그다음에 저항을 다루어야 한다. 이때 다룬다는 말은 저항 현상과 관련된 내담자의 생각과 감정, 욕구, 갈등 등에 대해 얘기한다는 뜻이다. 이것은 상담의 시작부터 지금까지 해 왔던 작업을 저항 현상에 대해서도 그대로 하는 것이다. 전이가 생기면 전이와 관련된 내담자의 생각과 감정, 욕구, 갈등에 대해 얘기하듯이, 저항이 생길 때도 똑같다.

또 하나 중요한 점은 저항을 방치하지 말아야 한다는 것이다. 이것은 간단한 것 같으면서도 중요한 부분이다. 초보 상담자들은 저항을 포착해도 어찌할 줄 몰라서 그냥 방치하는 경우가 있다. 그럴 수 있다거나 어쩔 수 없다는 식으로 얼버무리고 넘어가는 것이다. 그러나 저항은 내담자 입장에서는 '뭔가 두렵고 피하고 싶다'는 것이며, 만일 저항을 그냥 방치하면 내담자는 '이렇게 끝내도 되나 보다.' '어쩔 수 없지 뭐.'라는 식으로 생각하게 될 것이다. 상담자와 내담자가 둘 다 이 주제를 회피하면 결국엔 조기종결로 이어질 수 있다. 따라서 상담자는 뭐든지 꺼림직한 것이 생긴다면 그것을 대화의 주제로 꺼내 놓고 다뤄야 한다. 다음과 같이 할 수 있다.

내담자가 뭔가 말하려다가 머뭇거리는 표정을 관찰했을 때

상담자: 그런데요, 지금 ○○ 씨 표정이 조금 마음에 걸려서 말인데요, 이것에 대해 이야기해도 될까요?

내담자: 네, 별로 아무렇지도 않은데요?

상담자: 사실은 오늘만 그런 게 아니라 지난 시간에도 그랬는데, 끝날 때가 다 되었을 때 뭔가 말하려다 머뭇거리는 것 같았어요. 그래서 말인데, 혹시 저한테 하고 싶었지만 못한 말이 있을까요?

내담자: ······.

상담자: 지금도 조금 머뭇거리는 것 같은데요? 그 머뭇거리는 느낌을 따라가 봐요. 저는 그것을 이해하고 싶어요.

이 밖에 다양한 대화 예를 제시하면 다음과 같다.

- "오늘은 침묵이 상당히 길어지고 있군요. 마치 무언가에 화가 나 있는 것 같아요"
- "지금이 중요한 지점인 것 같은데, 매번 수다를 떠는 것으로 시간을 보내는 것 같네요."
- "지난번에 아버지에 대해 이야기한 날 이후로 더 침묵이 많아지고 지각도 조금씩 하는 것 같아요. 혹시 제가 뭘 놓친 건 아닐까 걱정이 되네요."

(2) 감정적으로 반응하지 않고 제자리로 되돌려 놓는다

그런데 내담자의 저항 행동은 상담자를 감정적으로 자극하여 개인적으로 반응하도록 만들기 쉽다. 즉, 상담자는 속상하거나 짜증이 나게 되고 이를 내담자에게 풀고 싶은 마음이 생기게 된다. 앞에서 상담자에게 진실하고 겉과 속이 일치하는 태도가 중요하다고 하였는데, 속상하거나 짜증나는 마음을 감추는 것만이 능사는 아닐 것이다.

그러나 짜증을 상대방에게 푸는 것하고 짜증났음을 담담하게 고백하는 것은 크게 다르다. 이 둘은 감정을 담아 두는 마음 그릇의 차이에서 비롯된다. 만일 그릇이 작다면 짜증이 바로 넘쳐서 상대방을 향해 짜증을 쏟아 낼 것이다. 그러나 그릇이 충분히 크다면 짜증을 담아 둘 수 있고, 짜증을 표현하면서도 담담함을 유지할 수 있을 것이다. 앞에서 설명한 즉시성 기법을 떠올려 보면 쉽게 이해가 될 것이다. 상담자는 자신의 감정을 표현하면서도 담담함을 유지하였고, 내담자가 스스로 더 생각해 보도록 만들었다.

어쩌면 이러한 불편한 감정들은 내담자가 투사시킨 것이지만, 상담자는 예민하게 반응하지 않고 마음에 담아 두고 있다. 이를 정신분석적 용어로는 담아두기(containing)라고 한다. 담아두기가 가능하다면 상담자는 대화의 초점을 내담자에게 되돌려, 내담자가 자신을 되돌아보도록 만들 수 있다. 상담자는 감정적으로 반응하는 대신, 다시 내담자에게 집중해서 저항과 관련된 내담자의 생각과 감정을 탐색하고 도전할 수 있다.

(3) 그 밖의 필요한 조치

다시 강조하지만, 상담자는 저항에 대해 부드러우면서도 적극적으로 대처하는 자세를 취해야 한다. 저항을 다룰 때 적극적이어야 한다는 것은 상담의 조기종결을 방지하기 위해 꼭 필요하다. 이때 저항을 직면시키는 것 외에도 필요하다고 생각되는 조치를 미리 취해 놓는 것도 좋다. 내담자가 상담 약속을 자주 잊어버린다면 미리 안내 문자를 보내 상담예약을 잊어버리지 않도록 조치할 수 있다. 상담 비용을 몇 회기 앞서 미리 받아 놓는 조치를 취할 수도 있다. 만일 몇 주 쉬고 싶다는 식으로 이야기를 한다면 이것은 상담의 틀을 벗어나려는 시도이기 때문에 더 적극적으로 대처해야 한다.

만일 조기종결의 위협이 덜하다면 상담자는 좀 더 여유 있게 저항에 대처할 수 있을 것이다. 부드럽게 배려하는 자세를 취하면서 공감을 통해 내담자가 자신이 저항하고 있음을 거울처럼 보여 줄 수 있다. 간혹 어떤 상담자는 내담자가 저항을 보일 때 '너 왜 저항하니?'와 같은 식으로 직접적으로 이야기해서 내담자를 강하게 밀어붙이기도 하는데, 이는 상담자의 권위(authority)를 이용하여 내담자를 내면탐색으로 되돌리기 위해서다. 물론 이런 방식은 흔한 것이 아니며, 이때의 권위는 차갑고 비판적인 권위가 아니라 따뜻한 관심이 동반된 권위여야 할 것이다.

3. 침묵 다루기

이번에는 상담 장면에서 나타날 수 있는 다양한 저항의 모습 및 이를 다루는 예를 소개하겠다. 먼저 침묵 다루기부터 살펴보자. 침묵은 상담 과정 전반에 걸쳐 나타나며 반드시 저항의 표시는 아닐 수 있으나, 저항적인 침묵도 있으므로 여기서 설명해 보겠다.

1) 침묵의 의미와 유형

내담자가 침묵하는 이유와 의미는 다양하다. 침묵의 이유나 의미는 침묵이 언제 발생하였느냐 하는 점과 내담자와 상담자 중 누구에 의해서 시작되었느냐에 따라서 다를 수 있다. 침묵이 발생하는 상황을 몇 가지로 나누어 설명하면 다음과 같다.

첫째, 신뢰관계가 제대로 형성되기 전에 발생하는 침묵은 불확실감을 반영한다. 이것은 상담자가 자신을 어떻게 볼지 몰라 불안해하기 때문에 발생하는 것 같다. 내담자는 어떤 말을 꺼내야 할지 조심하게 되며, 자신이 온전히 이해받을 수 있을지에 대한 확신이 부족하기 때문에 침묵할 수밖에 없다. 이러한 침묵은 상담자의 따뜻한 관심과 정확한 공감을 통해 점차 줄어들 것이다.

둘째, 상담에 대한 거부감 때문에 생기는 침묵이 있다. 즉, 비자발적으로 상담실에 왔을 경우에 먼저 말을 하지 않고 비협조적인 태도를 보이는 것이다. 내담자는 상담자 쪽에서 먼저 말을 꺼내기를 기다리고, 말을 하더라도 상담자의 질문에 간단하게 대답하는 분위기가 되기 쉽다. 내담자는 '상담자가 먼저 질문을 하면 대답하면 된다.'라는 식으로 내담자 역할을 오해할 수 있고, '어떻게 돌아가는지 기다려 보자!'는 식의 방관적인 태도를 보일 수도 있다. 이러한 침묵이 생길 때, 내담자는 느긋한데 상담자가 안절부절못하게 되며 조바심이 나기 쉽다. 특히 보호자의 압력이 있거나 상담을 적극적으로 이끌어 가야 한다는 부담이 있을 경우 더욱 그렇다. 따라서 상담자는 비자발성에 대해 공감해 줌과 동시에 힘 있게 상담의 구조화를 시도해야 할 것이다. 내담자가 자신의 역할을 정확히 이해하고 받아들이지 않는 한 상담은 매우 어렵게 흘러갈 것이다.

셋째, 상담자와 내담자가 서로 빤히 쳐다보면서 마치 눈싸움을 하는 것 같은 침묵 장면이 생길 수도 있는데, 이는 상담자에 대한 도전이나 불만에 대한 분명한 표시다. 앞서 비협조적인 침묵의 경우와 마찬가지로, 이 경우에도 상담자는 매우 곤혹스러우며 감정적으로 동요되기 쉽다. 나에게 화를 내는 사람을 편하게 대하기는 어려운 법이다. 제3자에게 화가 난 사람을 공감하기는 어렵지 않지만, 나 자신을 원망하는 사람을 공감하긴 정말 어려울 것이다. 맞서 싸우거나 화를 내어 내담자를 자극하면 상황이 더 꼬이게 될 것이다. 따라서 상담자의 일치성과 공감적 이해의 태도를 최대한 끌어올려야 할 것이다. 침묵이 생긴 상황을 요약해 줄 수도 있고, 상담자가 지금 여기에서 자신의 감정을 있는 그대로 전달할 수도 있다. 다음의 예를 살펴보자.

- "좀 전에 제가 아버지 얘기를 꺼낸 후 긴장감이 감돌고 있군요."
- "당신은 지금 말하고 싶지 않은 기분인가 보군요."
- "저 또한 뭐라고 말해야 할지 모르겠네요. 제가 화나게 만든 것 같아서 미안한 마음이 듭니다."

넷째, 내담자가 이야기를 꺼낼 준비를 하는 과정에서 잠깐의 침묵이 생길 수 있다. 이런 침묵은 가벼운 마음으로 기다리는 것이 최선이다. 침묵을 잘 견딜 수 있는 상담자라면 내담자가 주제를 찾을 때까지 기다리는 것이 좋다. 그런데 만일 내담자가 말을 시작하지 못하는 것 때문에 수치스러워하거나 자존감이 떨어지는 것 같다고 여겨지면 상담자는 내담자를 배려하여 침묵을 깰 수도 있다. 이런 경우 상담자는 먼저 '심각한 말을 시작하는 것은 언제나 어렵지요.'라는 식으로 말하며 공감을 전한다. 그리고 대개는 대화의 주제를 상담자가 정하지 않지만, 특정 주제를 넌지시 주제를 제공하여 도와줄 수도 있다.

상담자: (상담을 시작하며) 자! 오늘 하고 싶은 이야기를 시작해 볼까요.

내담자: …… 하고 싶은 이야기를 잘 모르겠어요. (침묵이 시작된다.)

상담자: 음, 그럼 좀 기다릴 테니까 천천히 생각해 봅시다.

내담자: (잠깐 침묵한 후에 한 주 동안 뭘 했는지 보고한다.) 지난 월요일에는 ~했고요, 지난 화요일에는 ~했고, 지난 수요일에는 ~했고요…….

상담자: 계속 말씀하세요.

내담자: (다시 침묵하고 있다.)

상담자: 음…… 조금 전에 지난주 일을 점검하는 것 같더군요. 그것은 이번 시간에 어떤 이야기를 할 것인지 주제를 찾고 있는 것입니까?

내담자: (잠시 침묵 후에) 아! 그런 것 같아요.

상담자: 음, 그럼 지난주에 얘기했던 주제로 계속 이어 가 보면 어떨까요?

다섯째, 내담자가 자신의 느낌을 표현하려고 최대한의 노력을 하는데도 말이 잘 표현되지 않는 경우다. 이러한 때에는 "말로 표현할 수 있을 때까지 기다릴 테니까 안심하고 천천히 말하셔도 됩니다." "당신이 말하고 싶은 것을 표현하기 힘든 것 같은데 그렇습니까?"와 같은 말로 안심시켜 주는 것이 필요하다. 또는 "당신의 관심사에 대해 약간 힌트를 준다면 내가 말로 나타내기 쉽게 도와드리고 싶습니다."와 같이 적극적인 자세를 취할 수도 있다. 간혹 매우 적극적으로 내담자에게 종이와 연필을 건네줌으로써 글로써 표현하게 도와주는 방법도 가능하다.

여섯째, 내담자가 상담자에게 재확인(再確認)을 바라거나 상담자의 해석 등을 기대하여 침묵에 들어가는 경우다. 이러한 형태의 침묵은 상담자들이 쉽게 간파할 수 있고, 비교적 쉽게 적절한 반응을 해 줄 수 있다. 상담자는 "동의합니다." "맞아요, 저도 그렇게 생각했어요."와 같이 말하거나 자신의 견해를 전달하면 될 것이다. 그런데 이 패턴이 의존적이어서 변화시키는 것이 필요하다고 판단하면 이를 직면시킬 수도 있다. "매번 제가 동의한다고 말해 줄 것을 기다리고 있는 것 같군요."라는 식의 반응을 할 수 있다.

일곱째, 내담자가 방금 이야기했던 것에 관해서 생각을 계속하고 있는 경우다. 이런 경우에는 상담자가 원칙적으로 침묵을 방해하지 말아야 하며, 의도적으로 침묵의 시간을 길게 늘려 줄 필요도 있다. 그래야만 내담자의 탐색을 방해하지 않고 계속 진전해 나갈 수 있기 때문이다. 또한 침묵은 내담자가 이전에 표현했던 감정 상태에서 생긴 피로를 회복하고 있다는 것을 뜻하기도 한다. 상담자는 이때에도 침묵을 조용히 받아들이는 것이 바람직하다.

여덟째, 상담자의 공감이나 격려, 해석에 100% 동의하지 않을 때 내담자는 침묵할 수 있다. 즉, 분위기상 수용하는 태도를 보이기는 하지만 마음 깊이 받아들이지 못하는 것이다. 성숙한 내담자라면 "선생님이 말씀하신 것은 다 받아들이기 힘들군요." "제 생각은 조금 다릅니다."와 같은 식으로 반응할 수 있다. 그러나 권위적인 상담자 앞에서 자신의 의견을 피력하지 못하는 소심한 내담자도 있다. 또는 상담자가 도와주려는 것을 알기에 반대 의견을 제시하지 않고 침묵으로 넘기려 할 수도 있다. 어떤 경우든 간에 근본적인 문제는 서로의 의견을 허심탄회하게 전달할 수 있는 협력적 관계가 수립되지 못했다는 것이다. 이런 침묵을 감지할 때 상담자는 "무언가 이야기를 더 하고 싶은 게 있나 보군요. 그런데 이야기하기 어려운 이유도 있는 것 같군요."와 같이 반응하며, 내담자에게 자신의 의견을 말할 기회를 제공해 줄 수 있다.

내담자: (내담자가 긴 침묵 중)

상담자: 우리 사이에 침묵이 생겼군요.

내담자: (여전히 침묵 중. 상담자는 좀 더 기다린다.)

상담자: 침묵이 좀 길어지는군요.

내담자: 별로 하고 싶은 얘기가 없어요. (또는 "아무 생각도 떠오르지 않아요.")

상담자: 혹시 이야기하기 어려운 이유를 제가 만들었을까요?

내담자: (내담자가 고집스럽게 침묵한다.)

상담자: (내담자의 침묵에 화를 내는 대신) 나는 당신을 어떻게 도와야 할지 모르기 때문에 스스로 실망하고 있어요. 이 침묵에 대해 당신은 어떻게 느끼는지 궁금하군요.

2) 침묵을 깰 것인가 기다릴 것인가

앞에서 침묵에 개입하는 대사 예들을 살펴보긴 했지만, 침묵을 깰 것인가 기다릴 것인가의 판단은 쉽지 않다. 일반 원칙은 상담자가 먼저 침묵을 깨는 것보단 기다리는 것이 낫다는 것이다. 내담자는 준비가 되면 자신의 마음을 상담자와 나누려 할 것이므로, 이왕 기다리려면 마음 편하게 기다리면 좋겠다. 따라서 전문 상담자가 되기 위해서는 침묵에 대해 좀 더 익숙해지고 편해지는 것이 필요하다. 내담자는 대화 중간에 잠깐씩 침묵하며 쉬거나 생각을 정리할 수 있고, 따라서 조금만 기다려 준다면 다음 이야기로 이어갈 것이다.

침묵시간이 너무 길어지거나 무언가 개입이 필요하다고 판단될 경우에는 앞에서 언급한 식으로 융통성 있게 반응하면 좋겠다. 이때 명심할 것은 내담자의 침묵에 대해 당황하거나 화를 내면 상담은 걷잡을 수 없는 길로 가게 된다는 것이다. 물론 내담자의 침묵이 상담자에 대한 불만이나 저항의 표시일 수도 있다. 하지만 상담자는 항상 내담자의 입장에 서야 하며, 자신의 감정대로 행동하기보다는 내담자의 감정에 집중하고 그것을 이해하기 위해 노력해야 한다.

간혹 성격적으로 폐쇄적이어서 매 회기 거의 모든 시간에 침묵이 상습적으로 반복되는 경우가 있다. 이것은 말 그대로 내담자의 폐쇄적 성격이 원인으로, 상담자가 뭔가를 잘못해서 생긴 것도 아니고 상담자가 어떤 조치를 취해서 타개할 수 있는 것도 아니다. 안타깝지만 대화가 필요한 심리상담에는 어울리지 않는 내담자라 할 수 있다.

3) 침묵의 수용과 경청

상담자의 수용적 경청은 침묵을 다루는 가장 기본적인 기법이라 할 수 있다. 수용적 경청에는 기다림도 포함된다. 잘 듣는 과정에서 상담자는 말을 삼가고 기다리기 때문이다. 내담자의 침묵을 상담자가 있는 그대로 수용하는 칼 로저스의 사례를 소개해 보겠다.

> 나는 지금까지 경험했던 상담 중에서 가장 이상한 상담을 막 끝냈다. J라는 여학생은 내가 지방 고등학교에서 매주 한나절씩 상담을 시작했을 때 만난 내담자 중의 하나였다. 그녀는 자기의 지도교사에게 "저는 너무 수줍어서 저의 문제에 대해 이야기하지 못할 것 같으니, 선생님께서 말씀해 주실 수 없겠습니까?" 하고 청했고, 지도교사의 말에 의하면 J는 친구가 없어서 항상 고민하고 있다는 것이었다. 그리고 J는 항상 혼자인 것 같다고 덧붙였다. 내가 J를 처음 만났을 때 그녀는 자신의 문제에 대해서는 별로 이야기가 없었고, 주로 부모에 대한 이야기를 하였다. 그 후로 네 번을 더 만났는데, 그 네 번의 면담 중에 그녀가 한 말은 고작 종이 한 장에 다 옮겨 적을 수 있을 정도였고, 나머지 시간은 거의 침묵으로 일관하였다(상담자는 기다리며 침묵을 수용해 주었다). 그 뒤 J는 모든 게 잘 되어 간다고 말하고는 거기에 관한 설명도 하지 않았다. 그동안 지도교사는 J가 복도에서 선생님과 마주칠 때에도 정답게 웃으면서 인사를 나누더라는 이야기를 전해 주었는데, 이것은 그전에는 없었던 일이었다. 그리고 지도교사도 J를 잘 볼 수가 없어서 다른 학생과의 관계는 잘 알 수 없다고 이야기하였다. 그 후 다시 만났을 때 J는 비교적 자유롭게 이야기하였다. 그러나 다음의 두 달 반 동안은 예전같이 계속 침묵을 지켰다. 그때쯤 그녀가 그 고등학교 여학생들에 의해 '그달의 여왕'으로 뽑혔다는 소식을 들었다. 그 여왕의 선출은 동료들 사이의 인기를 근거로 한다는 것이었다. 그 일이 있은 후 나는 침묵의 가치를 재인식하였고, 내담자의 잠재력에 대한 나의 신념을 확고히 할 수 있었다.

이 예를 보면 언어적 교류가 많지 않더라도 자신을 수용해 주는 상담자와 만나는 것이 내담자의 문제 해결에 도움이 됨을 알 수 있다. 상담자가 수용해 주니 침묵 동안에 마음에 더 깊이 접촉하고 자각이 증진되며, 자신이 어떤 사람인지에 대한 확신감도 생겼던 것 같다. 저자의 경우도 30여 회 상담을 하는 동안 초기 15회 정도에 거의 말을 하지 않았던 내담자가 있었다. 그와 면접 시간 동안 나눈 대화가 별로 없었는데도 매번 다음 시간에 꼬박꼬박 나타나더니, 마침내는 자신의 속마음을 열어 보이며 조금씩 변화를 만들어 냈다. 지금 되돌아보니 저자가 그 여정에 함께했음이 영광이었다.

지금까지 침묵에 대해 설명하였다. 저항의 양상으로 볼 수 있는 침묵 외에도 다양한 침묵의 양상과 의미에 대해 설명하였는데, 이는 침묵이 그만큼 중요하고 상담에서 자주 나타나는 현상이기 때문이다. 이제 저항의 다른 양상들을 살펴보자.

4. 수다스러운 말 다루기

내담자가 말을 많이 하는 것을 반드시 저항으로 보기 어렵지만, 저항의 의미도 혼재되어 있다. 성격적으로 쾌활하고 수다스러운 사람도 있고, 기분이 붕 뜨는 증상의 일환으로 말이 많아지기도 한다. 그래도 상담 중반이 되었음에도 내면탐색이 아니라 일상의 수다나 타인에 대한 험담 등으로 대부분의 시간을 보낸다면, 이를 직면시키면서 도전할 필요가 있다.

저항하는 입장에서 말을 많이 함으로써 얻을 수 있는 효과는, 내면의 깊은 감정 접촉을 회피하고 상담자가 끼어들지 못하게 만드는 것이다. 따라서 내담자가 너무 말이 많아서 끼어들기가 어렵다고 느낄 정도라면 이것이 저항이 아닌지 의심해 볼 필요가 있고, 이때 상담자는 내담자의 말을 끊고 "지금 제가 이렇게 끼어들지 않으면 도저히 아무 말도 못할 것 같아요."라면서 저항을 직면시킬 수 있다.

그리고 쓸데없는 말을 많이 하는 것은 다른 부작용을 초래할 수 있는데, 그것은 면접 시간이 부족해지는 것과 관련이 있다. 예를 들면, 내담자가 상담센터에 오면서 우연히 목격하게 된 교통사고에 대해 대략 45분간 이야기를 늘어놓았다. 이제 거의 면접을 끝낼 시간이 되었을 때 내담자는 그제야 "그런데 제 고민에 대해서 말씀인데요……."라면서 중요한 이야기를 시작하였다. 이 경우 내담자는 정작 중요한 이야기를 할 수 있는 시간은 채 5분도 남지 않게 된다. 또 어떤 내담자는 상담자가 이제 그만 마칠 시간이라고 할 때야 비로소 "근데 선생님, 요즘에 제가 상담을 받아도 답답하고요……."라는 식으로 중요한 내용을 말하기도 한다. 이런 경우 상담자는 당황하게 되고 딜레마에 빠지게 된다. 면접 시간을 연장시켜 중요한 이야기를 마저 하게 할 것인가, 아니면 아쉽더라도 정해진 시간 내에 마칠 것인가를 결정해야 하는데, 어느 쪽도 만족스럽지 않을 수 있다. 만약 다음 예약이 기다리고 있는데 내담자가 계속 얘기하길 고집한다면 난처해질 수도 있다.

일반적인 지침은 상담의 기본 틀과 규칙을 지키라는 것이다. 즉, 중요한 이야기를 못해서 아쉽기는 하지만 미리 약속한 시간에 마치라는 것이다. 다음과 같이 얘기할 수 있다.

- "지금 말씀하신 부분은 상당히 중요한 부분인 것 같아요. 하지만 지금 약속한 시간이 다되었고, 그 주제를 더 얘기하다 보면 끝나는 시간을 못 지킬 것 같네요. 아쉽지만 이 주제는 다음번 만났을 때 나누면 좋겠어요. 제가 기록지에 기록을 남겨 놓도록 할게요."

물론 예외가 있을 수 있다. 눌러놓았던 감정이 터져 나와 내담자에게 진정할 시간이 필요하다면 끝나는 시간을 연장해 줄 수 있다. 만약 다음번 예약 내담자가 기다리고 있다면 그에게 잠깐 양해를 구하는 것도 필요할 것이다. 그러나 일반적으로 약속된 틀을 지키는 것은 상담자와 내담자 모두에게 도움이 된다. 약속된 틀을 벗어났을 때 생기는 부작용이 훨씬 더 크다.

만일 저항의 양상을 지적하고자 한다면 상담자는, "지난 시간에도 ○○ 씨가 이 이야기를 45분쯤에 꺼내서 자세히 이야기하지 못했습니다."라고 직면시키거나, 또는 즉시성을 발휘하여 "저는 더 듣고 싶은 마음이 있습니다만, 시간이 얼마 남지 않아 고민이 됩니다. 그런데 시간이 많이 남았을 때 이 이야기를 하지 않은 이유가 궁금하군요."라는 식으로 말할 수 있다. 상담자를 난처하게 만든다고 원망하거나, 강압적으로 시간 약속을 지키라고 하는 것은 좋지 않다. 이러한 저항을 활용하여 내담자로 하여금 자신의 행동을 되돌아볼 수 있게 해 주어야 할 것이다. 정해진 시간은 상담의 기본 틀 중 하나이며 이를 간과하는 것은 상담관계에도 영향을 줄 수 있으므로 즉시성을 발휘하면 도움이 될 것이다. "효과적으로 상담하기 위해서 저는 시간을 잘 관리하려고 노력하고 있습니다. 그런데 ○○ 씨는 시간에 별로 구애받으려 하지 않는 것 같아서 왜 그러는지 궁금합니다."라는 식으로 말할 수도 있을 것이다.

5. 내담자의 질문 다루기

이번에는 내담자의 질문에 대해 살펴보자. 내담자의 질문 역시 반드시 저항과 관련된 것은 아니다. 그러나 초보 상담자를 당혹스럽게 만들기도 하고, 저항의 일환으로 나타날 수도 있기 때문에 여기서 설명해 보겠다. 내담자의 질문은 반드시 상담 중기에 나타나는 현상은 아니다. 내담자는 상담 초기부터 상담에 대해 그리고 상담자에 대해 여러 가지 궁금한 점이 있을 수 있으며, 이를 질문할 수 있다. 내담자의 질문에 상담자가 어떻게 대처하느냐에 따라 상담은 좀 더 효과적이고 부드럽게 흘러갈 수도 있고, 반대로 불필요한 감정 소모로 상담관계가 삐걱거릴 수도 있다.

1) 내담자 질문의 의미와 유형

내담자는 상담자에게 다양한 질문을 던지지만, 상담자는 내담자의 질문에 모두 답변할 필요는 없다. 내담자의 질문은 때로는 핵심을 회피하려는 수단이기도 하고, 때로는 불필요한 전이(轉移)를 만드는 데 일조할 수 있기 때문이다. 그러나 일반적으로 상담자는 내담자가 던지는 질문에 성심성의껏 반응한다. 사실 모든 질문이 답변을 요구하는 것은 아니지만 존중은 하여야 한다. 상담자 자신은 마음대로 질문하면서 내담자의 질문은 받아들이지 못하거나 소극적으로 반응한다면 그것이 오히려 이상한 것이다. 상담자가 내담자의 질문을 두려워하지 않는다면 보다 유연한 상담이 될 수 있을 것이다. 또한 내담자의 질문을 일종의 자기표현으로 이해하면 좋을 것이다. 내담자가 질문하는 패턴을 파악하면 그를 더 잘 이해할 수 있는 것이다. 면담 도중 내담자가 질문하는 영역은 대체로 다음의 네 가지로 나누어 볼 수 있다.

* 자기 자신에 관한 것
* 타인(제3자)에 관한 것
* 상담자에 관한 것
* 알고 싶은 정보에 관한 것

먼저 자신에 관한 질문은 "선생님, 제가 과연 그것을 할 수 있을까요?"와 같은 형태로, 내담자가 자신에게 몰두되어 있거나 의존적이거나 확신이 부족한 점을 시사한다. 타인(제3자)에 대한 질문은 "그 친구는 도대체 나한테 왜 그랬을까요?"와 같은 형태로, 지지를 얻고 싶거나 객관적 의견을 듣고 싶거나 때론 내면탐색을 회피하고 싶은 숨은 의도의 산물일 수도 있다. 상담자에 관한 질문은 "선생님은 결혼하셨어요?"와 같은 형태로, 순수한 호기심의 반영일 수도 있겠으나 전이관계의 형성을 시사할 수도 있다.

한편, 네 번째 유형의 질문은 자기나 타인 또는 상담자에 관한 질문의 연장인 경우가 많다. 즉, 별도의 정보를 구해서라기보다 다른 세 영역의 것을 알려는 의도가 내포되어 있을 수도 있는 것이다. 가령, "몇 시나 되었지요?"라는 질문은 별 뜻 없이 들리는 말인 것 같지만 다음과 같은 여러 생각을 내포하고 있을 수 있다.

- '도대체 얼마나 더 계속해야 하나요?'
- '더 얘기하고 싶은데 시간이 어떨지 모르겠군요.'
- '더 이상 끌지 말았으면 하는데요. 이것 때문에 운동 시간을 모두 빼앗기고 있습니다.'

상담자는 질문의 표면적 내용에 반응하면서도 질문의 이면에 존재하는 생각이나 감정에도 주의를 기울여야 할 것이다. 만약 이와 같은 마음이 질문의 이면에 숨어 있을 때 상담자가 몇 시라는 정보만 알려 준다면, 이면 감정에 둔감함을 증명해 주는 것에 불과하다. 이 질문의 이면에 숨어 있는 감정에 대해 민감하게 반응한다면 다음과 같이 할 수 있을 것이다.

- "조금 전 우리가 이야기한 것에 대하여 어떻게 생각하시는지 궁금해요."
- "언제까지 상담이 계속될지 걱정이 되십니까? 지금 특별히 할 일이 있습니까?"

물론 내담자가 정보를 요구하는 질문을 하였을 때 단순하게 정보를 주고 답변을 마칠 수도 있을 것이다. 그러나 내담자가 비판받는다는 느낌을 받지 않도록 주의하면서, 다시 내담자에게 방향을 되돌려 내면탐색으로 이어 갈 수 있다면 좋겠다.

- "지금 3시 35분이군요. 그런데 당신은 시간을 물어보기보다는 다른 말을 하고 싶은 게 아닌지 궁금하네요."

요컨대, 상담자는 언제나 내담자에게 도움이 되는 방향을 고민해야 할 것이다. 대답을 할 경우에는 민감하고 정직해야 하며, 대답할 수 없을 경우에도 말머리를 질문하기 전의 상태로 연결해 주는 것(되돌려 주기)이 바람직한 것이다.

2) 곤란한 느낌을 주는 질문

앞에서 질문의 유형을 구분해 보았는데, 질문을 반드시 저항으로 볼 필요는 없지만 어떤 질문은 상담자에게 곤란함을 느끼게 한다. 어떤 질문이 곤란한 질문인가 생각해 볼 때 상담자마다 다를 수 있다. 어떤 상담자는 제3자에 대한 질문을 곤란하게 느낄 수 있고 다른 상담자는 상담자 개인정보에 대한 질문을 곤란하게 여길 수 있다. 저자의 견해로는, 앞에서 언급한 것처럼 질문의 유형이나 내용보다는 질문에 숨은 의도가 있느냐가 더 중요한 것 같다. 다음 예를 보자.

- "선생님은 어떤 학파를 따르시나요?"
- "선생님은 요즘 인기 있는 ◇◇◇에 대해 어떻게 생각하시나요?"

이런 질문들은 단순 호기심을 반영하기보다는 내담자의 불안이나 염려 또는 다른 어떤 의도가 담긴 질문일 수 있다. 이렇게 질문하는 것보다 다음과 같이 질문한다면 상담자는 부담을 훨씬 덜 느끼게 될 것이다.

- "선생님, 저는 인지행동치료가 저한테 효과적이라고 생각해요. 그런데 선생님은 어떤 학파를 따르시나요?"
- "저는 요새 인기 있는 ◇◇◇가 별로 맘에 들지 않더군요. 선생님은 요즘 인기 있는 ◇◇◇에 대해 어떻게 생각하시나요?"

상담자에 대해 질문하더라도 그 이유를 솔직하고 허심탄회하게 개방할 수 있다면 별 문제가 아닐 것이다. 그러나 저항이나 불신의 의미를 숨긴 질문은 곤란하다는 느낌을 유발하며, 따라서 상담자는 이 느낌을 소홀히 다루지 말고 적극적으로 대처해야 할 것이다.

또 한 가지 곤란한 느낌을 주는 경우는 너무 자주 질문하는 경우다. 질문을 너무 자주 하여 내면탐색의 시간이 방해받을 정도가 된다면 그것은 곤란하다. 뿐만 아니라 내담자가 질문을 자주 하는 것은 상담의 기본 규칙을 벗어나는 것이 될 수도 있다. 심리상담의 구조를 설명할 때, 내담자의 역할은 자신의 경험 및 생각과 느낌을 말하는 것이고, 상담자는 이것을 듣고 공감하거나 질문을 통해 탐색을 촉진시키는 것이라 하였다. 즉, 질문은 일반적으로 상담자의 역할인데, 내담자가 질문을 주로 하게 되면 상담자와 내담자의 역할이 뒤바뀌는 셈이 된다. 이것은 내담자의 역할을 무의식적으로 거부하는 것이라 할 수 있다. 이것은 일종의 저항이며, 상담자는 저항을 직면시키거나 즉시성을 발휘하여 현재 벌어지고 있는 관계 상황을 내담자가 볼 수 있도록 촉구해야 할 것이다.

요컨대, 내담자의 질문 패턴이 곤란한 느낌을 준다면 상담자는 적극 대처해야 한다. 상담자는 당황하지 말고 내담자의 평소 인간관계 패턴이 상담 장면에서 재연되고 있음을 알아차려야 할 것이다. 내담자는 솔직하지 않은 방식으로 의사소통하거나 정해진 틀과 규칙을 따르지 않고 자신의 틀과 규칙을 고집하고 있을 수 있다. 상담자는 진실하고 공감적인 직면을 통해 내담자에게 현재 재연되고 있는 대인관계 패턴을 보여 줄 수 있어야 할 것이다.

3) 질문 다루기 일반 지침

내담자의 질문에 대처하는 요령은 앞에서 소개한 저항 다루기 일반 지침을 따른다. 즉, 질문은 자연스러운 것이라는 태도로 여유롭게 대하며, 내담자의 질문을 반드시 상담자에 대한 비난이나 저항으로 볼 필요는 없다는 것이다. 내담자의 질문하는 패턴을 파악하면 내담자에 대해 더 잘 이해할 수 있는 기회도 될 것이다. 여기에 더하여 내담자가 질문하기 이전 상태로 말머리를 되돌려 주는 요령이 필요하다. 이것에 대해 복습해 보자.

앞에서 질문을 반복하는 것이 내면탐색을 회피하는 시도가 되어서는 안 될 것이라 하였다. 따라서 질문을 다룬다는 의미는 내담자가 내면탐색을 계속하도록 만든다는 것이다. 여기서 저자는 '질문을 되돌려 준다'는 표현을 사용하는데, 이것은 내담자가 어떤 질문을 던질 때(또는 요청할 때), 상담자는 바로 응답하지 않고 잠깐 뜸을 들인 후 내담자에게 역질문을 던진다는 것이다. 이렇게 하면 내담자는 자신의 질문(또는 요청)에 대해 한번 더 생각해 보게 된다. 따라서 타인의 질문이나 요청에 쉽게 응답하는 성격의 상담자라면 질문 되돌려 주기를 많이 연습해야 할 것이다. 질문 되돌려 주기 요령을 대화 예를 보면서 공부해 보자.

> **질문을 되돌려 주지 않고 본인이 들어 주는 반응**
>
> **내담자:** 선생님 상담을 2주일에 한 번씩 하면 안 돼요?
> **상담자:** (배려하며) 그래 2주일에 한 번씩 해도 좋겠구나.
>
>
> **내담자:** 선생님, 2주 후면 방학이 끝나고 새 학기가 시작되니까 상담을 종결했으면 좋겠어요.
> **상담자:** 그래? 학기가 시작된다면 어쩔 수 없지.

내담자: 선생님, 오늘은 어떤 이야기로 시작할까요?

상담자: 음. 우선 지난주에 어떻게 지냈는지 이야기하는 것으로 시작해 볼까?

앞의 예에서 나타나는 상담자의 반응은 반드시 틀린 것이 아니며, 보통 상담 장면에서 충분히 나타날 수 있는 반응들이다. 그러나 질문 되돌려 주기의 핵심은 내담자의 요구나 질문을 상담자가 떠맡기보다는 내담자가 스스로 답을 찾게 하라는 것이다. 상담자가 명심해야 할 것은, 습관적으로 내담자의 요구를 들어주는 것이 내담자를 위한 것이 아니라 상담자 자신을 위한 것일 수 있다는 것이다. 앞의 예는 내담자를 자기 자리로 되돌려 놓지 못하고 상담자 쪽에서 알아서 반응해 버렸다. 반면 다음의 대화 예에서 상담자는 역질문이나 뜸들이기를 통해 내담자가 자신의 요청이나 질문에 스스로 응답하도록 유도하고 있다. 이런 식의 질문 되돌려 주기는 내담자가 자기탐색을 계속할 수 있게 도와줄 것이다.

내담자에게 질문을 되돌려 주는 반응

내담자: 선생님, 상담을 2주일에 한 번씩 하면 안 돼요?

상담자: 음…… 상담은 1주일에 한 번씩 하는 것이 일반적이지. 상담을 2주일에 한 번씩 하고 싶은 이유라도 있니?

내담자: 선생님, 2주 후면 방학이 끝나고 새 학기가 시작되니까 상담을 종결했으면 좋겠어요.

상담자 A: 새 학기가 시작되면 상담을 계속하기가 어렵다는 말로 들리는구나. (왜 그럴지?)

상담자 B: (버티며) 음, 내 생각엔 상담이 아직은 더 필요한 것 같은데…….

내담자: 선생님, 오늘은 어떤 이야기로 시작할까요?

상담자: 네가 선택한 주제라면 어떤 것이든 좋지. 그런데 오늘은 주제를 고를 수 없는 것 같구나. 어떤 마음이 드니?

때로 일부 내담자는 상담자의 질문 되돌려 주기에 대해 부담을 표시할 수 있다. "선생님이 직접 정해 주면 더 좋을 것 같은데요."라는 식으로 말하거나 "선생님은 늘 그런 식으로 말씀하시는군요." 하며 불만을 표시할 수도 있다. 이런 경우에 불만스러운 마음을 더 들어 줄 수도 있지만, 이 경우에서조차 뜸들이기와 역질문을 통해 내담자를 내면탐색 작업으로 되돌려 놓아야 한다는 것을 잊어버리면 안 된다.

4) 자기 자신에 관한 질문

이번에는 질문 다루기를 질문의 유형에 따라 살펴보자. 앞에서 내담자의 질문 영역을 크게 네 가지로 나누어 볼 수 있다고 하였는데, 네 번째 영역의 경우는 다른 것과 중복될 수 있으므로 처음의 세 영역 위주로 설명하겠다. 먼저 자신에 대한 질문부터 살펴보자.

내담자가 자신에 관해 묻는 경우를 다음의 몇 가지 예에서 살펴보기로 한다. 상담자의 반응은 앞에서 설명한 질문 되돌려 주기 원칙에 따르는 것이 바람직하다. 그리고 진실한 태도를 견지하는 것은 항상 도움이 될 것이다.

내담자: 심리학과 정치학 중에서 어느 걸 전공으로 택해야 할까요?
상담자: 그것이 바로 우리가 함께 생각하고자 하는 문제였지. 네가 먼저 두 학문에 대한 의견이나 좋아하는 점들을 말해 보렴.

내담자: 오늘 제가 아파 보입니까?
상담자: 자네가 느끼기엔 어떤가? 어디가 좀 아픈 것 같나?

내담자: 이제 제가 어떤 성격의 사람인지를 판단하실 수 있습니까? 판단하신 것을 좀 알려 주세요.
상담자: 솔직히 말하자면 나는 다른 사람의 성격이 이렇다 저렇다 판단을 하지 않는데요. ○○ 씨는 성격을 판단하는 것이 중요하다고 여기는 것 같아요. 그래서 저 역시 판단하리라고 생각하시는 모양이죠?

내담자: 선생님, 저같이 피부가 안 좋고 못생긴 여자와 교제해 보려는 남자가 정말 있을까요?
상담자: 그 말은 당신에게도 남자친구가 생길지 혹은 어떤 남자가 당신과 결혼하고 싶어 할지를 묻고 있는 것 같은데, 솔직히 말해서 처음에는 당신 얼굴을 쳐다보는 것이 좀 민망스럽더군요. 그러나 이제는 아무렇지도 않아요. 의학적으로 얼굴의 피부가 어떻게 치료가 가능한지는 모르겠지만, 요즘은 당신을 쳐다보는 것이 훨씬 편해졌어요. 그런데 당신의 이야기를 들어 보면 상당히 회의적으로 생각하는 것처럼 들리는데요. 가령, 어떤 남자가 당신에게 접근하려 한다고 해도 당신과는 아무도 친하게 지내려 하지 않는다는 생각에 사로잡혀 오

히려 당신 쪽에서 그 사람을 밀쳐 버릴 것 같은 걱정이 들어요. ○○ 씨는 어떤가요?

간혹 어떤 내담자는 상담자가 명확하게 대답해 주지 않는다며 서운해하는데, 이때 상담자가 부담을 느낄 필요는 없다. 일단 서운함에 대해 공감해 준 후, 심리상담에서는 내면탐색을 통해 문제의 답을 찾아간다는 원리를 다시 설명해 주는 구조화 작업을 하면 좋을 것이다. 그럼에도 불구하고 상담자에게 계속 대답을 조른다면, 이것은 내담자의 평소 성격 패턴이 상담관계에서도 재연되는 것이므로 기회를 보아 직면시킬 필요가 있을 것이다.

5) 상담자에 관한 질문

이번엔 상담자에 관해 직접적으로 물어 오는 경우를 살펴보자. 내담자의 질문이 적절하다고 판단될 때는 일치성을 보여 주며 진술하게 대답하는 것이 바람직하다. 다만 대답하다가 신이 나서 이야기를 연장시키지 말고 짧게 마치면 좋겠다. 다음 예를 보자.

내담자: 선생님, 오늘 넥타이가 정말 멋져요. 새로 사셨어요?
상담자: 네, 새로 하나 장만했어요. 감사합니다.

한편, 개인적인 질문(예: 주말 스케줄을 물어보는 것 등)을 자주 던진다면 내면탐색을 회피하려는 시도로 볼 수 있으므로 내담자의 행동 패턴을 되돌려 보여 줄 수 있어야 한다. 상담자의 판단이나 동의를 구하려고 애쓰는 모습, 상담자의 견해나 가치관을 파악하려고 애쓰는 모습 등도 다시 되돌려 보여 준다.

내담자: 제 말을 잘 이해하시니까 선생님이 참 좋은 분이라는 생각이 듭니다. 그렇지만 선생님께서는 역시 저의 태도가 신경에 거슬리시지요?
상담자: 나를 좋게 생각한다니 반갑구나. 그리고 신경이 다소 쓰이는 것은 사실이야. 너는 그저께 교문 밖 골목에서 담배를 피우고 있었지. 그런 너의 모습을 보면 나도 다소 신경이 쓰이는 것 같아. 그런데 나한테 뭔가 하고 싶은 말이 있는데도 아직 말을 하기가 부담스러운 것은 아닌지 모르겠어.

내담자: 선생님은 오늘도 다른 옷을 입고 있군요. 옷을 몇 벌이나 갖고 계세요?

상담자: 사실은 그렇게 많이 갖고 있지는 않아. 그냥 갈아입을 만한 옷이 몇 벌 있지. 옷에 관심이 많은 것 같은데, 매번 다른 옷을 입고 오는 것을 어떻게 생각하는지 듣고 싶구나.

내담자: 선생님은 집안이 가난한 것에 대해서 어떻게 생각하세요?

상담자: 글쎄, 좋아한다고는 말할 수 없겠지. 그런데 우리가 이야기를 시작한 이래 너는 집안 형편이나 경제적인 부분에 대해 관심을 많이 보였던 것 같은데, 정작 너의 집안에 대해 자세하게 이야기한 적은 없었던 것 같아. 오늘은 좀 마음을 터놓고 이야기할 수 있는지 궁금하다.

6) 타인에 대한 질문

일반적으로 타인, 즉 제3자에 대한 질문은 곤란한 질문이라 할 수 있다. 이 질문에 곧이곧대로 답하면 대화의 초점이 외부로 이동하므로 내면탐색에는 바람직하지 않다. 따라서 타인에 대한 질문을 받으면 내면으로 되돌려 주어야 한다. 예를 들어 설명해 보자.

* [화를 참지 못하고 남자친구와 자꾸 싸워 이별하는 내담자] "어제 남자친구랑 음식점에 갔어요. 그런데 사소한 것으로 종업원과 실랑이를 하더군요. 제가 그걸 제일 싫어해요. 창피해 죽겠어요. 도대체 그 남자는 왜 그럴까요? 내가 싫다고 했는데도 자꾸 그러는 것은 나를 무시하는 거잖아요, 화가 나 죽겠어요. 밤에 전화로 싸울 때 욕을 마구 퍼부어 주었어요. 선생님은 이런 남자에 대해 어떻게 생각하세요?"

* [자녀가 꿈을 갖고 열심히 살도록 변화시켜 달라는 내담자] "선생님은 자꾸 제가 달라지는 게 중요하다고 하시지만, 저는 아이가 문제라고 생각해요. 대학교를 졸업하고도 아무것도 안 하고 게임만 하는데, 이건 문제가 있는 게 아닌가요?"

이런 질문을 받을 때 제3자가 문제 있는 사람이라고 동조하면 일시적으로 내담자의 기분은 좋아질 수 있을 것이다. 그러나 심리상담은 내담자의 자아기능과 자아도식에 초점을 맞추어 해답을 찾아가는 과정이고, 내담자의 갈등에 본인도 어느 정도 책임이 있을 것이다. 따라서 상담자는 내담자가 자신을 되돌아볼 수 있도록 부드럽게 직면시켜 주는 것이 필요하다. 다음과 같이 할 수 있다.

> **상담자:** (화를 참지 못하고 남자친구와 자꾸 싸워 이별하는 내담자에게) 남자친구가 ○○ 씨에게 더 신경을 써 주면 좋을 텐데 안타깝네요. 그런데 ○○ 씨, 남자친구가 좀 더 교양을 갖추고 공감적이 되는 것은 그의 몫이 아닐까요? 그것은 그에게 맡겨 둘 수밖에 없습니다. 제 생각에, 우리는 우리 자신에게 집중해야 해요. 그런데 ○○ 씨는 그의 문제에만 집중하고 있잖아요? 그러면 상황은 결코 달라지지 않을 거예요. 저는 그것이 걱정이 됩니다.

> **상담자:** (자녀가 꿈을 갖고 열심히 살도록 변화시켜 달라는 내담자에게) 물론 아이에게 문제가 있죠, 그걸 부정하는 것은 아니에요. 그런데 제가 궁금한 것은, ○○ 씨가 자녀를 위해서 무엇을 해야 할지 생각해 보셨냐 하는 거예요.

타인(제3자)에 대한 질문이 내면탐색을 회피할 뿐만 아니라 상담자의 신뢰성이나 라포를 의심하는 용도로 사용될 수도 있다. 또 편 가르기를 요구당해 상담자가 곤란해지는 경우도 있다. 다음 예를 보자.

> **내담자 A:** 제가 들어올 때 나간 학생은 아주 당황한 것처럼 보이던데요. 선생님이 그 학생에게 엄격하게 대하셨습니까?

이런 질문을 던지는 내담자는 단순 호기심이라기보다는 상담자가 자기에게도 엄격하게 대할지 모른다는 염려를 보이는 것이다. 또 다른 예를 보자.

> **내담자 B:** 방금 제 어머니를 만나셨지요. 어머니는 틀림없이 저에 대한 이야기를 많이 하셨을 겁니다. 뭐라고 하시던가요?

> **내담자 C:** 담임선생님이 저를 어떻게 대하시는지 지금 이야기했습니다만, 선생님은 그분을 어떻게 생각하십니까?

이 질문에는 상담자가 자기 편이 되지 않고 어머니나 담임선생님과 결탁하여 자신을 비난할지도 모른다는 두려움이 있을 수 있다. 이런 경우에 상담자는 내담자에게 충실하고 해를 끼치지 않을 것이며, 비밀과 중립성을 지킨다는 윤리 원칙들을 설명해 줄 수 있을 것이다. 아울러 솔직한 태도는 항상 도움이 될 것이다. 그러면서 질문 되돌려 주기를 통해 다시 내담자가 자기 마음을 접촉할 수 있도록 해 줄 수 있다.

> **상담자 A:** 그 학생과의 상담 장면에 관해서는 이야기할 수 없군요. 마치 내가 당신과의 상담에 대해 다른 사람들에게 이야기할 수 없는 것처럼 말입니다. 그러나 당신이 나의 태도에 대해 염려가 되는지는 궁금합니다. 내가 혹 당신에게 엄격한 태도를 보일 것 같습니까? 우리의 상담관계가 어떻게 될 것인지 당신이 궁금해하고 있다는 생각이 들어요.

> **상담자 B:** 너도 알다시피 너의 어머니가 이야기한 것을 너에게 이야기해 줄 수가 없어. 마치 그분에게 우리의 대화 내용을 말해 줄 수 없는 것처럼 말이다. 한 가지 해 두고 싶은 말은 어머니와의 대화로 나는 어머니에 대한 너의 입장이나 너에 대한 어머니의 입장을 보다 잘 이해하게 되었다고 생각한다.

> **상담자 C:** 나는 개인적으로는 그분과 친하기는 해요. 그러나 그 선생님이 학생을 공정하지 않은 방식으로 차갑게 대한다는 생각에 대해 더 듣고 싶군요.

앞의 내용을 요약하면, 상담자는 타인(제3자)에 대한 질문이 반복된다면 혹시 라포에 문제가 있는 것은 아닌지 또는 상담자에게 저항을 보이는 것은 아닌지에 대해 고민해 볼 필요가 있다. 상담자는 감수성을 최대로 키워 질문의 숨은 의미에 접촉하고, 직면이나 즉시성 기법을 활용해 이를 되돌려 주어야 할 것이다.

6. 저항 다루기를 어렵게 만드는 상담자 특성

저항을 다룬다는 것은 초보 상담자에게는 어렵게만 느껴진다. 내담자가 저항한다는 것 자체만으로도 부담감이 들 수 있다. 그런데 저항 다루기를 어렵게 만드는 상담자 특성도 있다. 저항에 둔감하거나, 주저하는 성격의 소유자이거나, 역전이를 해결하지 못했거나, 상담자가 소진된 경우 등에 대해서 생각해 보자.

1) 저항에 둔감한 상담자

앞에서 공감을 잘하기 위해 상담자의 감수성이 필요하다고 하였는데, 이와 마찬가지로 저항을 잘 다루기 위해서는 저항을 초반에 파악할 수 있는 섬세함이 필요할 것이다. 지금까지 비교적 흔하게 나타날 수 있는 침묵이나 말을 많이 하기, 질문하기, 과제 미루기 등의 저항에 대해 살펴보았다. 이 밖에도 깊은 감정 체험은 피하면서 머리로만 이해하는 주지화(主知化, intellectualization)나 내면탐색이나 도전을 피하려고 몸이 아픈 증상이 나타나는 신체화(身體化, somatization) 같은 것도 저항으로 볼 수 있다. 이 외에도 다양한 형태의 저항이 있을 수 있지만, 이들을 초반에 포착할 수만 있다면 다룰 기회가 있다. 어떤 양상으로 나타나든지 간에 저항을 다루는 일반적인 지침을 따르면 될 것이다. 저항을 예민하게 알아차리고, 이를 부드럽게 직면시키면서 더 깊은 탐색으로 이끌어 가면 된다.

그러나 초반에 알아차리지 못하고 어느 정도 진행이 된다면 내담자의 저항 양상은 상담 자체를 회피하는 쪽으로 발전할 수 있다. 약속을 해 놓고도 예약 당일 취소하거나 또는 아무런 통보 없이 나타나지 않는 경우가 있다. 정해진 시간에 정해진 장소에서 심리상담이 이루어진다는 것은 기본 틀이다. 그런데 내담자가 이 틀을 벗어나려고 하는 것이다. 이렇게 되면 다루기가 곤란하다. 만일 이런 행동이 일회성으로 끝나고 더 이상 반복되지 않는다면 다행이지만, 두 번 이상 반복된다면 상담은 위기를 맞기 쉽다. 내담자가 약속시간에 나타나지 않는 것은 상담자를 맥빠지게 하고 좌절감을 주며 무의식적으로 내담자를 미워하게 만들 것이다.

상담자 입장에서 볼 때 내담자가 불만이나 적대감을 직접 토로하는 것은 그나마 다룰 수가 있지만, 예약된 시간에 상담실에 나타나지 않는 경우는 전혀 다룰 수가 없게 되므로 이것이 훨씬 더 어려운 경우라 할 수 있다. 따라서 상담자는 가급적 신속하게 이런 행동의 의미를 다루어야 한다. 내담자를 다그치는 것만으로는 되지 않고, 상담이나 상담관계에서 불편함을 느낀 것은 없는지 점검하는 것이 중요하다. 만일 내담자가 다음부턴 예약을 취소하지 않겠다며 심각성을 부정하더라도, 상담자는 즉시성을 발휘하여 자신의 심정을 솔직하게 공개하고 라포에 대하여 심도 깊게 논의해야 할 것이다. 그렇지 않고 이 기회를 놓친다면 내담자는 겉으로는 협력하는 듯 보여도 얼마 가지 않아 일방적으로 종결을 통보하거나 또는 아무 통보 없이 연락을 끊을지도 모른다.

2) 저항 다루기를 주저하는 상담자

저항을 포착했다 하더라도 차마 이를 다루지 못하고 주저하며 방치하는 경우도 있다. 저항 다루기를 주저하는 상담자는 대체로 초보 상담자이거나 성격적으로 겁이 많고 소심한 상담자일 수 있다. 주저하는 근본적인 이유는 자기 자신에 대한 확신이 부족해서일 것이다. 자신이 저항을 다룰 수 있을지에 대한 확신이 부족하고, 자칫 너무 강하게 직면시킬 경우 내담자가 상처 입을까 봐 염려하여 이러지도 저러지도 못하는 것이다. 또는 내담자가 반발할 것이라고 지레짐작하며 겁을 먹기 때문일 수도 있다. 그러나 이렇게 주저하며 조치를 미루는 사이에 내담자는 상담의 틀을 벗어나게 된다.

바로 앞에서 즉시성 발휘에 대해 언급했지만, 일치성에 기반한 즉시성은 저항을 다루는 상담자와 내담자 모두를 지켜 줄 수 있다. 예를 들어, 약속 시간을 자꾸만 변경하며 상담을 미루는 내담자에게는 다음과 같이 말할 수 있다.

- "저는 시간을 변경하지 않았으면 좋겠는데요. 자꾸 시간을 바꾸니깐 상담에 집중하기 어려워서요. 그런데 혹시 ○○ 씨가 이랬다저랬다 하는 것이 저에게 뭔가 할 말이 있어 그러는 건 아닌지 궁금하네요."
- "당신이 약속을 취소했을 때 조금 실망스럽긴 했어요. 그리고 오고 싶어 하지 않는 마음은 어떤 마음일까 궁금했어요."
- "당신이 상담을 불편하게 여길 수 있다고 생각했어요. 우리가 앞으로 살펴보게 될 무언가를 피하고 싶어 했을 수도 있지요. 그것이 무엇인지 같이 살펴보면 어떨까요?"

3) 역전이를 해결하지 못한 경우

역전이(counter transference)는 전이와 대비되는 개념으로, 상담자 쪽에서 과거에 유래된 생각과 느낌을 현재 내담자에게 투사하는 것을 의미한다. 내담자의 저항 행동은 상담자를 자극하며, 이때 역전이가 발생할 수 있다. 상담자는 과거 중요한 인물에게 답답함이나 짜증, 두려움이나 공포를 느꼈던 것을 현재 내담자에게 투사하여 과하게 반응하게 된다. 예를 들어, 폭력적이고 제멋대로 굴었던 아버지와의 갈등을 해결하지 못한 상담자는, 성인 남자 내담자가 조금만 반발해도 아버지에 대한 감정이 무의식적으로 섞이면서 화가 나거나 무기력해질 것이다. 감정적으로 동요되면 내담자의 저항을 다룰 수 없게 된다. 따라서 내담자의 저항에 역전이를 일으키는 상담자라면 동료에게 도움을 청하거나, 지도감독자에게 교육분석을 받아 보기를 권한다.

4) 상담자가 소진된 경우

모든 에너지를 다 쏟아 남는 것이 없을 때 '소진되었다(exhausted)'는 표현을 쓴다. 번아웃 증후군(burn-out syndrome)이라는 표현도 있다. 흔히 상담심리 분야의 전문가들은 일상의 스트레스를 충분히 다룰 수 있다. 수련 과정에서부터 다양한 교육과 실무경험 그리고 1:1 교육분석을 통해 자기이해를 촉진시킨 결과, 내담자의 힘든 얘기를 들어 주면서도 감정적으로 자신을 지킬 수 있고 스트레스에서 유연하게 회복할 수 있게 된다. 그러나 내담자의 어둡고 무거운 사연에 전혀 영향받지 않는 것은 아니며, 간혹 비협조적이고 거부적인 내담자를 만나거나 제멋대로 굴며 상담자를 휘두르려는 성격장애 내담자들을 만날 때 과도한 스트레스로 소진될 수도 있다. 소진된 상담자는 저항에 효과적으로 대응하기 어려울 것이다. 전문 상담자는 자신의 소진 상태를 점검하여, 필요한 경우 휴식을 취해 회복하거나 적절하게 사례를 배분해야 할 것이다.

7. 상담 진행의 평가, 훈습 및 종결 준비

심리상담에서 여러 가지 문제 상황이 구체적으로 검토되고, 내면탐색과 도전을 통해 통찰을 얻으며, 저항이 생기더라도 유연하게 타고 넘고, 기존과 다른 새로운 행동을 시도하는 모습이 나타난다면, 이는 상담 중기의 작업이 잘 이루어지고 있는 것으로 볼 수 있다. 그런데 말로만 잘 이루어진다고 하는 것보다는 적절한 평가가 동반된다면 좋을 것이다. 평가 작업을 너무 어렵게 생각할 필요는 없다. 내담자에게 물어서 평가할 수도 있고("요즘 우울한 정도는 어떤가요? 달라지는 점이 있나요?"), 미리 정해 놓은 상담 목표의 달성 여부를 구체적인 수치로 체크해 볼 수 있다("우리가 세운 목표 달성 여부를 10점 만점 중에 몇 점 정도로 평가할 수 있을까요?"). 이 밖에도 상담자가 별도로 세운 과정적 목표나 중간 단계의 목표가 달성되고 있는지 주관적으로 판단해 볼 수도 있다.

상담 진행의 평가는 훈습(working through) 과정에서 특히 중요하다 하겠다. 훈습은 심리상담에서 통찰을 얻어 실제적인 변화로 이어 갈 수 있도록 꾸준히 연습하는 것을 의미한다. 이 과정에서 상담자가 알아 두면 좋을 것은, 먼저 상담의 진전은 반드시 규칙적이고 일정한 비율로 일어나는 것이 아니라는 점이다. 어떤 면담은 매우 지루할 수 있고, 어떤 면담은 매우 만족스러울 수 있다. 내담자의 발전 양상 역시 일직선이 아니다. 내담자가 통찰을 얻어 앞으로 발전하는 것처럼 느껴지다가도, 얼마 후 다시 뒤로 후퇴하는 것처럼 느껴질 때도 있을 것이다. 또 상담자가 통제할 수 없는 상황이 벌어지기도 한다. 내담자가 갑자기 아프게 된다거나 친구나 가족들 중 누군가 지지를 철회한다거나 하는 등 내담자의 삶에 예기치 못한 사건들이 벌어져 상담에 영향을 미칠 수도 있다. 그러면 상담이 잘 진행되는 것 같다가도 갑자기 내담자의 상태가 악화되기도 한다.

따라서 상담자는 각 면접 회기에 일희일비하지 말고 큰 틀을 보면 좋을 것이다. 적재적소에 상담 진행을 평가하여 그 결과에 따라 자신의 상담활동을 유연하게 조정하면 좋겠다. 예를 들어, 내담자의 발전이 더딘 것 같아 실망스럽거나 속상할 때 적절한 평가를 시도하면, 상담자의 기대만큼은 아니지만 내담자가 처음 상담센터에 오기 전보다는 발전하였음을 파악할 수 있을 것이다. 상담 중반부에 통찰을 얻었다고 생각했는데 내담자가 과거로 다시 회귀한다면 모두가 실망스럽고 지치게 되는데, 이때 적절한 평가가 상담에서 내담자의 변화를 재확인시켜 주고 상담자와 내담자 모두를 격려하는 동기부여로 작용할 수 있을 것이다.

한편, 평가를 통해 정말로 부정적인 전환이 확인된다면 상담자는 이런 부정적인 전환이 일어나게 된 요인이 무엇인지 생각해 보고, 이 문제를 완화하기 위해 어떠한 조치를 취해야 할지를 결정해야 할 것이다. 위기 상황이라고 생각되면 항상 적극적인 조치가 필요하다. 내담자의 자살 위협과 같은 급박한 상황이 감지되면 상담자는 좀 더 적극적인 지지와 격려를 시도할 수 있고, 상담의 회기를 더 빈번하게 가지면서 시간도 더 늘릴 수 있다. 또 필요한 경우 정신과 전문의나 다른 전문 상담자에게 의뢰나 도움을 청할 수 있다.

요컨대, 상담의 중반부에서는 문제 해결의 시도 및 평가 작업이 끊임없이 반복되어야만 한다. 상담 중반의 난관이 극복되고 내담자의 저항이 건설적인 방식으로 해결되어 가면 내담자에게 필요한 변화가 조금씩 나타날 것이며, 내담자 쪽에서도 이 변화의 가치를 알게 될 것이다. 상담의 평가가 점점 만족스럽게 될수록 내담자와 이별을 준비하는 상담의 종결 단계가 다가오게 된다.

생각해 보기

　저항하는 내담자의 모습은 상담자에게 무언가를 떠올리게 한다. 상담자에게는 여러 가지 생각이 떠오른다. '저 사람은 왜 내 말을 듣지 않는 거지?' 순수한 궁금증의 왜(why)가 아니라 못마땅해하는 왜(why)가 시작될 수도 있다. '내 말대로 하면 좋을 텐데 왜 안 하지?' '용기를 내서 마주하면 될 텐데, 왜 피하기만 할까?' 등등. 이런 생각들에는 안타까움 외에도 짜증, 답답함과 같은 부정적 감정이 동반된다. 심지어는 화가 날 수도 있다. 이러한 태도는 내담자를 존중하는 것이 아니다. 오히려 내담자를 자신의 틀로 판단하는 조건적 존중의 태도일 것이다. 실은 내담자가 내 말을 따르지 않는 것이 아니라 못하는 것일 수 있다. 변화하기엔 준비가 안 되어 있고, 마주하자니 여전히 무섭고 두려운 것이다. 그것을 알면서도 만약 이런 식의 부정적인 생각과 감정이 생긴다면, 이때는 상담자가 자신을 돌아볼 때다. 저항하는 내담자의 모습이 건드린 것은 무엇인가? 나의 과거와 현재에서 연상되는 인물이나 상황이 있는가? 이에 대해 생각해 보고 동료들과도 경험을 나누어 보자.

제14장

심리상담의 종결

내담자의 호소 문제가 해결되고 장래의 생활에서 그와 비슷한 문제가 발생하더라도 처리할 자신이 생겼을 때 심리상담은 자연스럽게 종결(終結)된다. 그러나 이론과 달리 현실에선 자연스럽고 만족할 만한 종결이 오히려 드문 일이다. 심리상담의 종결은 문제가 완전히 해결된 다음에 이루어질 수도 있지만, 처음에 기대했던 목표와 상담 진행 중에 도달한 한계와의 타협점에서 이루어지는 경우가 더 현실적이다. 이 장에서는 상담의 종결과 관련하여 종결의 기준, 종결을 제안하고 타협하는 과정, 종결에서 상담자가 해야 할 일 등에 대해 살펴보겠다.

1. 종결의 기준과 목표 달성 여부의 판단

상식적으로 내담자의 심리적 문제가 해결되거나 목표가 달성되면 종결된다고 할 수 있다. 그런데 심리적 문제의 경우 해결이나 목표 달성을 명료하게 확인하기 어려울 수 있다. 비유하자면, 다이어트를 시도할 때 목표 체중에 도달하면 목표가 달성되었다고 할 수 있지만, 심리적 증상은 좋아졌다가 다시 악화되기도 하고 내담자가 좋아졌다고 말해도 전문가가 보기에는 여전히 그대로일 수도 있다. 이것은 종결 기준을 어떻게 잡을 것인가에 대한 것이다. 이와 관련된 주제들을 차근차근 살펴보자.

1) 심리상담 주요 이론들과 내담자의 행동 변화

먼저 이론적 개념부터 살펴보자. 다양한 상담 이론적 접근법에서는 종결의 기준을 나름대로 제시하고 있다. 먼저 정신분석적 접근에서는 내담자가 무의식적인 갈등이나 충동이 현재 증상에 미치는 영향을 깨닫는다면 그때부터 종결을 고려할 시기로 볼 것이다. 인본주의 접근에서는 내담자가 자신의 경험, 즉 감정, 생각, 욕구 등을 억압하지 않고 자연스럽게 받아들일 수 있을 때 종결을 고려할 것이다. 행동주의적 접근에서는 부적응적인 행동이 소거되어 새로운 적응적인 행동으로 대체될 때 종결을 고려할 것이다. 인지주의적인 접근에서는 고지식하고 엄격하고 비합리적인 사고방식이, 좀 더 융통성 있고 유연하며 합리적인 사고방식으로 바뀔 때 종결을 고려할 것이다.

그런데 이 기준들은 개념상으로는 차이가 있으나 실제로는 '행동의 변화'라는 점에서 서로 연결된다. 내담자가 통찰을 얻고 자신을 있는 그대로 수용하며 유연하고 합리적인 관점을 취할 때 이에 동반하여 긍정적이고 유연한 행동이 나타난다. 이때 행동은 비슷한 부분이 많다. 면담 시간 내에서 내담자의 표정과 행동에서는 여유로움이 묻어날 것이다.

내담자의 일상 행동에서도 긍정적인 변화가 나타날 것이다. 심리적 문제를 해결하고 여유가 생긴 내담자는 일, 여가, 대인관계, 성 등의 인간사에서 즐겁고 만족스러움을 보고한다. 예를 들면 이런 식이다.

> **내담자**: 지난주 모처럼 시간을 내어 영화를 보고 왔어요. 마지막으로 영화관에 갔던 게 언제인지 기억도 가물가물해요. 예전에는 영화를 보러 가서도 걱정이 많아서 영화 내용에 집중을 못했는데, 이번에는 영화에 완전 몰입했지 뭐예요. 두 시간이 뚝딱 지나가더라고요. 하하.

그리고 자신의 한계와 약점을 인정하고, 속상한 것을 잘 떨쳐 버리기도 하고, 실패하더라도 좌절하지 않고 앞으로 나아가는 모습 등을 보여 준다. 또 다른 대화 예를 보자.

> **내담자**: 실은 지난주에 시험을 망쳤잖아요. 예전 같았으면 '네가 지금 영화나 볼 때냐, 시험도 망친 주제에……' 하는 식으로 저 자신을 힘들게 했을지 몰라요. 하지만 제가 그때 감기에 걸려 컨디션이 좋지 않은 상태에서도 그나마 최선을 다해 시험을 치렀던 것을 떠올렸어요. 시험 결과가 썩 좋지 않은 것은 인정하지만, 기다렸던 영화를 보고 기분 전환해서 다시 열심히 공부하자는 식으로 생각했지요.

또 대인관계에서의 변화도 분명하다. 협동하는 모습이 나타나고, 갈등이 생겨도 잘 타협한다. 대인관계를 심하게 회피하거나, 반대로 상대방을 지배하려고 하거나, 무조건 의지하고 예속당하려고 하거나, 또는 완벽한 사람처럼 행세하려고 하는 등의 특징은 줄어든다. 편안하게 관계를 맺으며, 원하는 대로 되지 않아도 덜 상처받는다. 상실이나 이별도 버텨 낼 수 있다. 대화 내에서 다음과 같이 나타날 수 있다.

> **내담자**: 그때 여자친구와 영화 같이 보자고 약속을 했어요. 근데 당일에 여자친구 어머니가 아프셔서 같이 영화관에 가지 못할 상황이 되었어요. 여자친구는 엄청 미안해하고…… 그때 '내가 얼마나 바보같이 보였으면 나랑 영화 보러 가는 것을 귀찮아할까?'라는 식의 생각이 잠깐 들었어요. 하지만 그런 생각에 빠져 있으면 나만 손해잖아요. 그래서 여자친구에게 말했어요. 약속이 어긋나서 조금 실망스럽다고, 하지만 꼭 보고 싶었던 영화니깐 혼자 보러 갔다 온다고요. 제가 그렇게 말할 수 있을지 몰랐어요. 은근 뿌듯하더라고요. 그랬더니 여자친구가, 엄마 병원 모시고 다녀온 후 저녁에 만나자고 하더군요. 그래서 영화는 혼자

봤지만, 끝나고 만나서 같이 차를 마셨어요.

내담자가 이런 식을 행동 변화를 보고한다면 상담자는 이제 종결할 때가 되었음을 알게 된다.

2) 통합적이고 분명한 변화

내담자의 변화는 인지, 정서, 행동, 감각적 측면에서 분명하게 나타나며, 상담자와 내담자가 이를 공유하면 이제 곧 종결해도 될 것 같은 느낌을 받게 된다. 변화는 어느 한 영역에서만 나타나는 것이 아니라 통합적으로 느껴진다. 다음 대화의 예를 보자.

자해 행동을 호소했던 청소년 내담자

내담자: 선생님, 어제는 자해를 하지 않았어요.

상담자: 와, 대단한데, 어떻게 그렇게 할 수 있었어?

내담자: 선생님이 말씀해 주신 것을 떠올려 봤어요. 자해하고 싶을 때 먼저 마음을 보라고, 내가 얼마나 화가 났는지, 속상한지, 외로운지 등을 느껴 보라고 하셨잖아요. 그래서 그렇게 해 봤어요. 스스로에게 '잠깐만!'이라고 속으로 말하고, 마음을 들여다봤어요.

상담자: 아유, 그랬구나. 그래서 어떻게 되었어?

내담자: 갑자기 아침에 친구들이 자기네끼리만 놀고 나를 끼워 주지 않아서 짜증이 났던 기억이 났어요. 그리고 제 마음이 느껴졌어요. '아, 내가 외롭구나!'라는 것을 느낄 수 있었어요. 그래서 화장실에 가서 한참을 울었어요. …… (중략) …… 그런데 나중에 보니 자해를 하지 않고 넘어간 거예요. 그래서 내일 선생님한테 만나면 꼭 이 얘기를 해야겠다고 생각했어요.

상담자: 그래, 안타까우면서도 대견하구나. 자해하고 싶을 때 잠깐 기다리고 마음을 들여다보기 쉽지 않았을 텐데…….

내담자: 자해하고 싶으면 언제든 할 수 있으니까요.

이 대화의 예를 보면, 자해 행동이 줄어들었을 뿐만 아니라 자신의 감정을 자각하고 스스로 위로할 수 있는 모습도 보이고, 또 좀 더 유연하게 생각하는 모습도 보이고 있다. 이런 변화가 진척됨에 따라 상담자와 내담자 간에 긍정적 교류도 증진된다. 두 사람은 더욱 신뢰하게 되고, 뿌듯함이나 대견함, 감사하는 마음 등을 느끼게 될 것이다.

그런데 간혹 내담자가 문제나 증상이 좋아졌다고 주장하는데 상담자는 그렇지 않게 느끼는 경우가 있다. 이것은 충분히 그럴 수 있는데, 심리적 문제나 증상은 기복이 있기 때문이다. 그날그날의 컨디션이나 일시적인 상황 변화로 인해 증상이 개선될 수 있다. 단지 만나서 대화를 나눌 상담자가 생겼다는 이유만으로도 증상이 호전되기도 한다. 그러나 겉으로 보이는 증상의 개선은 통합적인 변화가 아니어서, 상담자는 아직은 충분하지 않다고 보는 것이다. 심리상담에서 추구하는 성격적 변화, 즉 자아기능의 강화나 자아도식의 성숙은 충분한 내면탐색과 도전 작업을 거친 후 이루어진다. 그러면 상담자와 내담자 모두 인정할 만하고 체감할 수 있는 분명한 통합적 변화가 나타날 것이다.

3) 성숙한 자아로의 변화

앞에서 단지 증상의 개선만이 아니라 자아의 성장이 중요하다고 하였다. 자아의 성장이란 표현이 다소 두루뭉술하게 느껴질 수 있는데, 앞에서 언급한 자아기능들, 즉 자각, 자기위로와 진정, 충동조절, 인내심과 분별력, 자존감 유지 능력 등을 갖춘다고 보면 된다. 참고로 매스터슨(Masterson)은 참자기(true self)의 10가지 능력에 대해 언급한 적이 있는데, 심리적으로 성숙한 사람의 모습을 잘 보여 주고 있어 여기에서 소개하고자 한다. 이 10가지 능력은 종결의 기준으로 참고할 만하다.

첫째, 여러 가지 감정을 깊게 경험할 수 있는 능력이다. 감정을 외면하거나 부인하거나 회피하지 않고, 슬픔이나 기쁨 등의 감정을 깊게 경험할 수 있는 능력이다. 둘째, 자신의 적당한 권리를 기대할 수 있는 능력이다. 늘 책임감만 가지고 사는 것이 아니라 내가 이 정도는 받을 만하다는 권리를 기대할 수 있는 능력이다. 셋째, 실제로 자기 주장을 할 수 있는 능력이다. 넷째, 자존감을 인정할 수 있는 상태, 즉 자기를 존중하는 능력이다. '나는 이런 점은 못났지만 그래도 이런 점은 괜찮아.'라고 생각할 수 있는 능력이다. 다섯째, 고통스러운 감정을 달랠 수 있는 능력이다. 좌절하거나 이별했을 때 고통스러운 감정을 진정시키고 달랠 수 있는 것이다. 여섯째, 삶의 목표를 정해서 매진할 수 있는 능력이다. 일곱째, 새로운 것을 발견하고 개발하는 창조력이다. 여덟째, 친밀감을 가질 수 있는 능력이다. 대인관계에서 사람들이 자기를 좋아하는 감정을 보일 때 거부감을 갖지 않고 받아들일 수 있는 능력을 말하며, 여기엔 성적인 친밀감도 포함된다. 아홉째, 혼자 있을 수 있는 능력이다. 혼자 있을 수 있다는 것은 자신을 사랑하는 존재가 자신의 마음속에 있다는 것이고, 그렇기 때문에 밖에서 찾지 않아도 된다는 것이다. 열째, 자기의 연속성이다.

사람들은 상황에 따라 다른 모습이 나타날 수 있지만, '나는 왜 이렇게 왔다 갔다 할까?'라고 생각하지 않고 이것들을 모두 자신의 부분으로 인정할 수 있다는 것이다. 자기의 통합성이라고도 할 수 있다.

저자의 견해로는, 자아의 성숙을 총체적으로도 제시할 수 있다고 본다. 다소 추상적일 수 있지만, 심리상담을 통해 보다 주인인 나, 현존하는 나, 온나, 참나, 확장된 나로 성장한다고 본다. 먼저 주인인 나에 대해 설명하자면, 앞에서 인간의 심리작용을 감각, 인지, 동기, 정서, 행동으로 구별하여 제시하였는데, 간혹 인간의 심리작용이 과잉활성화되면 '나'가 주인이 되지 못하고 오히려 심리작용에 매몰되고 만다. 예를 들어, 부정적 생각이 너무 많은 사람은 그 생각에 빠져 자신을 잃어버리게 된다. 슬픔과 같은 감정에서 헤어 나오지 못하는 사람들도 있고, 인정받고 싶은 욕구가 과해 마음의 눈을 흐리게 만드는 경우도 많다. 이때 심리상담을 통해 '주인인 나'를 회복하여 과잉활성화된 인지나 감정 등 심리작용을 조절할 수 있게 되는 것이다. 둘째, '현존하는 나'는 지금 여기(here & now)에 존재하며 매 순간 충실하게 살아간다는 의미로, 반대로는 지나간 과거에 얽매여 살거나 아직 오지도 않은 미래에 대한 걱정으로 불안해하는 경우가 될 것이다. 셋째, '온나'는 전체적인 나를 의미하는데, 나의 강점과 약점을 모두 포용하여 전체적이고 균형 잡힌 나가 된다는 의미다. 심리상담 작업을 거치면서 무의식 속에 묻어 있는 부끄럽거나 외면하고 싶은 부분도 모두 포용하는 '온나'가 되는 것이다. 넷째, '참나'는 거짓이 아닌 나, 왜곡하지 않는 나라는 의미다. 다른 사람들이나 사회의 기대에 맞춰 나 자신을 왜곡할 필요 없이 자신을 있는 그대로 보여 줄 수 있다는 의미다. 마지막으로 '확장된 나'는 자신에 대한 긍정적 정체감과 자존감을 유지한 채 주변 사람들과 사회에 선한 영향력을 미칠 수 있게 된다는 의미다. 나는 혼자 사는 존재가 아니며, 따라서 나의 회복이 주변 환경에도 영향을 미치게 됨은 당연할 것이다.

2. 목표 달성 여부에 대한 현실적 판단

심리상담의 목표에서 내담자와 합의한 목표 외에 인간적 성숙이라는 목표를 생각해 본다면 목표 달성 여부에 대한 현실적인 판단이 필요할 수 있다. 왜냐하면 인간적 성숙이란 게 다소 모호할 수 있기 때문이다. 이것에 대해 좀 더 설명해 보자.

앞에서 상담 목표는 문제 증상을 해결하는 일차적인 목표와 궁극적으로 인간적인 성숙을 이루는 이차적인 목표로 나눌 수 있다고 하였다. 그런데 일차적 목표를 달성하는 일은 이차적 목표를 달성하는 일보다 좀 더 쉽다. 성격은 바뀌지 않더라도 당장의 증상이 좋아지거나 스트레스에 대처할 수 있게 되는 경우가 있다. 또 시간이 어느 정도 흐르면 고통스러웠던 감정이 완화되어 상담의 필요성을 덜 느끼게 될 수도 있다. 이런 경우에 상담을 종결하고자 하는 마음이 상담자 측에서나 내담자 측에서 생길 수 있다. 하지만 대개의 상담은 내담자가 호소했던 문제 증상이 좋아졌다 하더라도 조금 더 진행된다. 당장 호소 문제나 증상이 좋아졌다 해도 근본적으로 개선되었는지 확인하려면 시간이 필요하고, 성격이나 자아의 성숙을 위한 작업을 좀 더 진행하기 때문이다. 즉, 인간적인 성숙을 추구하지 않고 상담을 종결하는 경우는 드물다는 것이다.

여기서 생각해 볼 것은, 인간의 완전한 성숙은 불가능한데 과연 얼마까지 성숙해야 상담을 종결할 수 있느냐는 것이다. 즉, 상담으로 완벽한 인간을 만들 수 있는 것이 아니기 때문에 완벽한 인간이 된 다음에 상담을 마친다는 생각도 역시 타당하지 못하다. 따라서 상담자는 문제 증상의 해결과 인간적 성장의 중간 어느 지점에서 종결 여부를 고민하게 될 것이다.

궁극적인 성격의 재구성이나 인간의 성숙이 매우 어렵다는 것을 보여 주는 우화를 하나 소개하겠다. 종결할 때 상담자가 내담자에게 다음과 같이 물었다.

상담자: 당신은 왜 상담을 하려고 했지요?
내담자: 저는 예전에 제가 개라고 생각했었어요.
상담자: 그러면 우리의 심리치료가 성공적이었다고 볼 수 있습니까?
내담자: 네, 치료는 성공적이었어요. 확실히 느낄 수가 있어요. 제 코로 느낄 수가 있어요.

이 우화는 근본적인 변화가 얼마나 어려운지를 이야기해 준다. 내담자는 치료가 성공적이었다고 이야기하면서 여전히 자신의 코로 느끼고 있다고 말한다. 그것은 아직도 자신이 개라고 생각하고 있다는 것의 반증이다. 궁극적인 완성은 결코 도달할 수 있는 것이 아니며, 단지 끊임없이 추구해 가는 과정이 있을 뿐이다. 따라서 궁극적인 성격 변화나 성숙을 달성 목표로 삼는다고 한다면 그 상담은 결코 끝나지 않을 것이다.

그리고 상담 목표 달성 여부를 현실적으로 판단해야 하는 또 다른 이유로는, 상담을 무한정 지속시킬 수 없는 상황 요인들이 있기 때문이다. 달리 말하자면, 현실적인 이유로 상담을 정해진 회기 내에 마쳐야 한다는 것이다. 예를 들어, 내담자의 경제적 여건이 수십 회가 넘는 상담 비용을 허락하지 않는 경우가 있을 수 있다. 또 세금으로 운영되는 다수 공공 심리상담센터에서는 대략 10~12회 정도로 상담을 마칠 것을 권고한다. 이는 대기하고 있는 다른 내담자들에게 기회를 주기 위해서다. 이런 상황에서는 내담자의 완전한 성숙을 추구하기보다는 목표 달성의 현실적인 지점을 찾을 것이다. 제한된 상담 회기 내에서 모든 것을 해결하는 것은 불가능할 것이다. 이런 경우 어떤 한 문제를 해결하는 경험을 제공하고 나머지는 내담자가 스스로 할 수 있게 맡겨 두게 된다.

3. 상담 종결의 과정

이번에는 심리상담 종결의 과정에 대해 살펴보자. 종결에도 과정이 있다. 간단히 설명하자면, 먼저 호소 문제가 해소되고 내담자의 행동에 여러 가지 변화가 나타날 때 상담자 또는 내담자 측에서 종결하자고 제안하게 된다. 그런데 어느 한 측이 종결을 제안한다고 해서 바로 상담이 종결되는 것은 아니다. 제안이라고 표현한 것은 협의 과정이 필요하다는 뜻이다. 즉, 종결 제안 이후에는 종결에 대한 협의가 이루어진다. 그리고 종결 단계에서 작업해야 할 내용들도 있기에 단번에 종결되는 것이 아니라 몇 차례의 회기를 거치면서 부드럽게 종결된다. 이 과정을 도식화하면 다음과 같다.

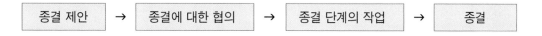

심리상담을 종결할 때는 항상 부드럽게 종결하는 것이 중요하다. 종결 제안이 나오자마자 즉시 종결하는 것은 마치 달리던 차가 급정거를 하는 것과 같다. 상담자는 내담자의 마음을 진정시키고 몇 차례의 회기 동안 종결을 천천히 준비해야 한다. 종결 제안이 있은 후에 2~3회 면접을 더 진행할 수도 있고, 1~2개월 정도를 더 진행할 수도 있다. 종결할 때 상담자는 목표 달성 여부, 종결의 후유증 등을 주제로 해서 내담자와 대화를 할 수 있다. 이 부분은 다음 절에서 자세히 다루겠다.

4. 상담자의 판단에 의한 종결

이 장에서는 상담의 종결을 결정하는 데 기초가 되는 지침과 실질적인 참고사항 등을 다루고 있다. 앞에서 종결 제안은 상담자 측이나 내담자 측 모두 가능하다고 하였는데, 먼저 상담자 측에서 종결을 제안하고 종결이 이루어지는 과정부터 살펴보자.

1) 상담자가 종결 여부를 판단하고 종결을 제안하기

일반적으로 처음에 설정했던 상담 목표가 달성되었다는 생각이 들거나 더 이상 진행하여도 진전이 없으리라는 판단이 설 때 상담자는 종결을 거론할 수 있다. 종결을 제안할 때, 상담자로서는 우선 종결 제안의 이유를 내담자에게 자세히 설명해 주는 것이 바람직하다. 앞에서도 언급한 바와 같이 처음에 설정했던 상담 목표와 관련지어 그 이유를 설명해야 할 것이다. 상담이 진행되는 동안 달성되었거나 달성되지 못한 것들을 정리해 주면서, 내담자의 변화가 어떻게 이루어졌는지 설명해 줄 수 있다. 이러한 설명은 언뜻 보기에는 쉽고 간단한 것 같지만 실제로는 어려울 수 있으며, 특히 내담자가 상담의 종결을 원하지 않을 때에는 더욱 복잡해진다. 상담자가 내담자에게 차분하게 종결을 제안하는 대화 사례를 살펴보자.

> **상담자:** 지금까지 우리는 긴 여행을 함께해 왔다고 생각이 됩니다. 벌써 만난 지 1년이나 되었지요? 그동안 우리는 정말로 많은 이야기를 함께 나누었지요. ○○ 씨가 처음 상담센터에 올 때가 기억나세요? ○○ 씨는 사람들의 얼굴을 쳐다보며 말하기가 어렵고, 사람들 앞에서는 얼굴이 붉어지고 목소리가 떨려서 중요한 발표를 하지 못한다고 상담센터에 찾아오셨지요. 우리는 소심하고 예민한 사람은 그럴 수도 있다는 데 동의하고 얼굴이 붉어지고 목소리가 떨리더라도 중간에 포기하지 말고 자신의 의견을 말할 수 있게 해 보자는 목표를 정했고, 실제로 그것을 실천하는 계획을 세웠습니다. 상담이 진행되면서 ○○ 씨는 점점 더 자신감을 갖게 된 듯 보였고, 급기야 최근에는 학교 조모임에서 발표자 역할을 성공적으로 수행했지요. 어떻습니까? 처음 상담센터에 올 때 바랐던 것들이 잘 이루어졌다고 보십니까?
>
> **내담자:** 선생님 말씀은 이제 상담을 그만둘 때가 되었다는 말씀 같군요!
>
> **상담자:** 일방적으로 통보하는 것은 아닙니다. 천천히 종결을 준비할 때는 된 것 같아서요. 저는

○○ 씨의 의견이 궁금해요.

상담자가 종결을 제안한다고 해서 내담자가 항상 동의하는 것은 아니다. 상담 목표가 어느 정도 달성되었다 하더라도 아직은 혼자 헤쳐 나갈 자신이 없어 상담을 계속하려는 내담자도 있고, 혹은 종결의 결정을 스스로 내리지 못하여 머뭇거리는 내담자도 있다. 언제나 그렇듯이 내담자가 자신의 마음을 들여다보고 결정할 수 있도록, 상담자는 종결을 결정한 게 아니라 제안하는 것임을 알려 주고 내담자의 의견을 들어야 할 것이다.

또 상담에 투입하는 노력에 비해 얻게 되는 효과가 크지 않을 때도 종결을 제안해 볼 수 있다. 즉, 상담이 내담자의 문제를 해결하거나 변화를 일으키는 데 더 이상 효과적이지 못하다는 판단이 들 때는 상담의 가치를 의문시하고 종결을 제안하는 것이다. 이런 경우는 의외로 많을 수 있는데, 한 예로 지적 잠재력이 부족한 사람이나 만성 조현병 환자의 경우를 들 수 있다. 스트레스가 심할 때 이들에게 심리적 지지를 제공할 수는 있으나, 근본적으로 내면탐색의 자질이 부족하다면 추가적인 노력의 가치가 떨어지는 것이다. 스트레스가 해소되고 어느 정도 안정된 후에는 내면탐색 작업보다는 약물치료나 사회복지적 지원을 통한 사례관리가 더 적합할 수 있다. 이때 상담자는 추후 상담이 필요할 때 다시 찾아올 수 있다는 전제하에 일단 종결을 제안하기도 한다.

내담자가 투여하는 시간과 비용에 비해 효과적인 서비스를 제공할 수 있느냐를 따지는 것은 심리상담 분야의 윤리적 판단과도 관련이 있다. 앞서 언급했던 자율성, 선행, 비해악성, 정의, 충실성의 원칙에 따라 적절하게 판단해야 할 것이다. 이 밖에 상담의 종결에 관련된 여러 가지 문제를 보다 전문적으로 토의하고 바람직하게 종결 여부를 결정하기 위해서는 지도감독자나 선배 전문가와 의논하는 것이 좋다.

2) 종결에 대해 내담자와 협의하기

초보 상담자는 종결의 화제를 꺼내기가 어렵게 느껴지고, 내담자가 거부 반응을 일으킬까 봐 불안해할 수도 있다. 그러므로 종결 제안에 대한 내담자의 생각과 느낌을 철저히 탐색하고 종결 여부를 협의하는 것이 중요하다. 상담관계에 따라서 내담자의 반응은 여러 가지로 다양하겠지만, 많은 내담자가 상담의 종결 제안을 예민하게 받아들이는 경향이 있다. 경우에 따라서는 상담자가 종결을 제안할 때 '버림받았다' '거부되었다'고 느끼기까지 한다. 그러므로 내담자가 거부 반응을 분명히 말로 표현하지 않더라도 이러한 감정을 충분히 가질 수 있다는 전제하에서 솔직하게 이야기하는 것이 중요하다. 상담을 종결하자는 제안에 대한 내담자의 의견이나 반응을 듣기 위해선 충분한 시간이 필요하다.

흔히 초보자가 범하기 쉬운 오류는 "저도 그렇게 생각했습니다." "그러시죠."라는 내담자의 간단한 대답만으로 상담 종결을 결정해 버린다는 것이다. 그러나 종결 제안 후 서로 마음을 나눌 수 있도록 충분한 시간을 마련해 두어야 한다. 경우에 따라서는 종결하자는 제안에 마치 기다렸다는 듯이 금방 찬성했다가도, 종결에 관한 의논이 시작되면서 생각을 바꾸는 내담자도 있다. 왜냐하면 내담자 쪽에서 미처 말하지 못했던 새로운 문제를 꺼냄으로써 상담이 다른 방향으로 지속될 수도 있기 때문이다.

요컨대, 상담자의 종결 제안 후 종결이냐 아니냐를 결정하는 것도 중요하지만, 더 중요한 것은 결정에 이르기까지의 과정이다. 즉, 내담자가 종결 제안을 어떻게 받아들이는지를 확인하고 종결의 여러 측면에 대해 충분히 논의하는 것이다. 따라서 한 번의 상담 시간 내에 종결을 제안하고 확정 짓는 것은 타당하지 않다. 짧게는 종결을 2~3회 앞두고 종결에 대한 이야기를 꺼낼 수도 있고, 정신분석과 같은 장기적인 상담에서는 수개월 전부터 이야기를 꺼낼 수도 있다.

3) 불필요하게 상담 연장을 원하는 내담자

상담자의 종결 제안에 내담자가 반대하며 상담 연장을 고집할 수는 있다. 아마도 당장 상담관계를 끊지 않고 계속 의지하고 싶다는 막연한 집착심이나 상담을 종결하는 데서 오는 허탈감 등이 원인일 것이다. 이런 경우라면 종결 제안에 대한 심정을 충분히 나누거나, 조금 더 상담을 연장할 수도 있을 것이다. 물론 종결이 끝이 아니라 언제든 다시 올 수 있고, 종결을 통해 자율성을 키울 기회를 가질 수 있음을 설득하며 종결로 유도할 수도 있다. 내담자가 원한다고 해서 2~3회를 초과하는 불필요한 면접을 계속해서는 안 되며, 종결의 의미와 필요성에 대해 분명히 설명하고 설득하는 것이 바람직하다.

그런데 간혹 명백하게 불필요함에도 불구하고 내담자가 상담 연장을 요구하는 경우가 있는데, 이때는 2차 이득이 있는 것은 아닌지 살펴봐야 한다. 즉, 심리상담을 통해 고민을 해결하는 것이 아니라, 심리상담을 받는다는 사실이나 기록 자체가 필요한지 살펴보는 것이다. 어려운 책무를 회피하려는 핑계로 심리상담을 활용하거나, 심리상담을 받는다고 주변에 이야기하면서 주목을 받으려는 숨은 동기가 있을 수 있다. 종결 제안 후 협의 과정에서 이러한 숨은 동기도 허심탄회하게 나눌 수 있다면 차근차근 종결로 나아갈 수 있을 것이다.

4) 마지막 면접에서 이야기하는 주제

내담자가 종결 제안에 동의하면 마지막으로 2~3회 정도 더 만나면서 부드럽게 종결한다. 특히 내담자와 장기간의 상담관계를 유지해 온 경우는 더욱 그렇다. 이때는 새로운 주제나 관심사보다는 기존의 상담 내용 및 성과를 요약하거나, 향후 발생할지도 모르는 증상의 재발 상황에서 어떻게 대처할 것인지 등에 대해 이야기하는 것이 좋다. 기존 상담 성과를 요약할 때는 처음에 기대했던 바가 무엇이고 어떻게 이루어졌는지, 상담자는 어떤 도움을 주었고, 내담자는 스스로 어떻게 노력했는지 등을 복기해 본다. 그리고 혹시라도 증상의 재발 상황이 되면 언제든지 다시 찾아올 수 있음을 알린다. 상담을 재개하더라도 지금껏 기울인 모든 노력의 실패를 의미하는 것은 아니며, 이미 성장한 상태에서도 새로운 주제로 상담을 재개할 수 있음을 알려 주어야 할 것이다.

또한 두 사람의 공동 작업이 종료되고 약속된 이별을 향해 걸어가는 과정이므로, 이 과정에서 느낄 수 있는 인간적 아쉬움을 나누는 것도 좋다. 현실 속 인간관계의 축소판을 경험하는 것이다. 상담 중반부까지는 내면탐색 작업에 집중했다면 종결기에는 인간적인 애정과 격려를 보여 주는 것도 충분히 가능하다. 이때 내담자 역시 그간 상담자에 대한 인간적 애정과 감사를 고백하기도 한다.

5. 내담자의 제안에 의한 종결

1) 내담자가 종결을 제안해 올 경우

이번에는 내담자의 제안에 의한 종결에 대해 설명해 보자. 이때 내담자가 상담의 종결을 제안하는 경우와 종결을 기정사실로 하고서 상담자에게 통고하는 경우 사이에는 커다란 차이가 있다. 어떤 내담자는 "이제는 더 이상 선생님의 도움이 없어도 될 것 같습니다."라는 식으로 말한 후 상담면접에 다시 나타나지 않는다. 유감이지만 이는 내담자 쪽에서 일방적으로 종결을 통고해 오는 경우다. 어쩌면 종결이 아니라 상담 중단이라고 할 수 있는데, 상담에 실망했거나 저항의 표현이라고도 할 수 있겠다. 여기서는 일방적 통고가 아니라 내담자 쪽에서 종결을 '제안'하는 경우를 살펴보겠다.

　대체로 상담자가 생각하는 상담 목표와 내담자가 생각하는 목표나 성과 사이에는 상당한 차이가 있기 마련이다. 즉, 상담자는 내담자의 인격적 성장이나 근본적 문제 해결을 원하는 경우가 많은 반면, 내담자는 특정 충고나 해결책 또는 자신의 판단에 대한 상담자의 확인을 원한다. 간혹 심리상담의 가치를 모른 채 속엣말을 하면서 스트레스를 해소하려는 목적으로 찾아오는 경우도 있다. 그래서 상담자 쪽에서 '이제 상담이 본격적으로 시작되는군.'이라고 생각할 때 내담자가 상담을 마치자고 제안해 오는 경우가 생긴다.

　이러한 내담자의 종결 제안에 대해 상담자의 반응은 여러 가지로 나타날 수 있다. 우선 열심히 노력하고 있는 도중에 그만하겠다고 하면 당황스럽고, 상담자의 전문적 노력이 성과를 거두지 못했다 여겨 좌절감을 느끼기도 한다. 그리고 내담자에게 이제까지 열심히 해 온 것에 대해 '배반당했다'는 식의 허탈감이나 분노를 느낄 수도 있다. 심지어 내담자가 공연히 미워지고 자신의 능력까지 의심하는 경우도 있다. 그러나 일방적인 통고가 아니라 종결을 제안하는 것이라면 얼마든지 협의할 수 있으므로, 너무 당황하지 말고 좀 더 익숙해질 필요는 있다. 한편, 문제가 복잡하여 어려웠거나 상담에서의 태도가 솔직하지 못했던 내담자의 종결 제안은 상담자에게 '짐을 덜었다'는 느낌이나 반가운 느낌을 줄 수도 있다.

2) 내담자의 종결 이유에 대한 탐색

　내담자가 상담 종결을 제안할 때 상담자는 그 이유에 대한 설명을 경청하는 것이 필요하다. 먼저 상담 성과에 대해 어느 정도 만족했을 때 내담자는 종결을 제안해 올 것이다. 여기서 '어느 정도'라고 하는 것은 문제가 완전히 해결되지 않았어도 현실적으로 '이 정도면 혼자서 버틸 수 있다.'라는 생각과 관련이 있다. 또 내담자는 시간이나 경제적 부담을 느낄 때, 면접 도중에 느끼는 감정적 부담을 감당하기 힘들 때, 생각보다 성과가 적다고 느낄 때 종결을 제안하기도 한다. 상담자는 내담자에게 종결 제안의 이유를 설명해 달라고 요청하고, 그 이유가 얼마나 합당한지를 평가해야 한다.

　앞에서 살펴본 바와 같이 상담자로서는 조금 더 상담을 진행해야 처음의 목표가 달성되리라고 보지만, 내담자는 일찍 종결짓고 싶어 하는 경우도 있다. 즉, 내담자 측에서는 그런대로 만족하지만 상담자 측에서 만족하지 않는 경우다. 그러나 이 경우에도 궁극적으로는 최종적인 마무리 작업이나 실생활 장면에서의 적응은 내담자에게 책임이 있다는 전제하에 억지로 상담을 더 진행하려고 해서는 안 된다. 대신 내담자가 상담 종결을 제안해 왔을 때 당황해서 바로 응하지 말고, 몇 회의 면접을 더 하자고 역제안하는 것이 중요하다. 이를 통해 보다 충실한 종결작업이 이루어질 수 있다.

> **내담자:** 선생님, 이제 혼자서도 버틸 수 있을 것 같아요. 종결해도 될 것 같은데, 선생님은 어떻게 생각하세요?
>
> **상담자:** 혼자서 해 보겠다는 마음을 저와 나누고 종결을 협의해 보겠다는 선택이 좋아 보입니다. 저도 생각해 보겠습니다. 보통 종결 제안 후에 바로 종결하지는 않고요, 2~3회 정도 더 만나며 종결에 대해 협의합니다. 그렇게 해 보시겠어요?
>
> **내담자:** 네, 좋아요. 합리적인 것 같아요.
>
> **상담자:** 그럼, 먼저 혼자서 버텨 보겠다는 것에 대해 더 자세히 말해 주시겠어요?

　내담자가 종결을 제안하는 데는 다양한 이유가 있을 수 있다. 내담자는 어느 정도 성과에 만족했을 수도 있고, 상담을 더 이상 지속할 수 없는 상황이 발생했을 수도 있다. 어쩌면 종결하고 싶다는 말이 괴롭다거나 힘들다는 말의 다른 표현일 수도 있다. 또는 무의식적인 저항의 발현일 수도 있다. 이때 내담자의 종결 제안에 당황하지 않으면, 차분하게 그 이유를 탐색해 볼 수 있을 것이다.

　그런데, 초보 상담자는 '그만둔다'는 말을 너무 예민하게 받아들이고 당황하기 쉽다. 중요한 것은 상담자가 자신의 감정에 휘말리지 말고 내담자의 입장에서 내담자의 마음을 이해해야 한다는 것이다. 아마도 성공에 대한 책임감과 실패에 대한 두려움이 너무 커서 그럴 수도 있는데, 심지어는 상담을 그만둔다는 명백한 표현이 아님에도 불구하고 당황하거나 과민하게 반응하기도 한다. 예를 들면, 내담자가 상담에 대한 답답함을 호소하면서 "상담을 오래 해도 별로 달라진 게 없네요." "상담에서 이야기하는 것이 별로 도움이 안 되는 것 같아요."라고만 말해도 상담 중단을 예단하는 것이다. 그러나 이 말은 상담에서 뭔가 회의를 느낀다는 의미이며, 이것은 일방적인 종결 통보보다는 덜 위협적이다. 상담자는 이런 말에 당황할 필요가 없으며, 이것을 오히려 기회로 삼을 수 있다. 내담자가 왜 그렇게 생각하는지를 차분히 물어보고, 이해하려고 노력하다 보면 내담자가 답답함을 토로한 것이 상담에 대한 회의 때문이 아니라 자기 자신이 변하지 않는 것에 대해 답답하기 때문임을 발견하게 된다. 그런데 이것을 너무 예민하게 받아들여 충격을 받고 '내가 실력이 부족하단 말인가?' '그럼 그만두자는 말인가?'라는 식으로 생각한다면 돌이킬 수 없는 다리를 건너게 될 것이다.

　요약하면 상담자는 내담자의 종결 제안에 너무 당황하지 말고 그렇게 말하게 된 경위를 차분하게 탐색한다. 머릿속으로 '이것이 정말 종결하고 싶다는 표현인가?' '혹시 주목을 받으려고 그러는 것인가?' '좀 더 성의 있게 해 달라는 표현인가?' '혹시 나를 흔들려는 시도인가?' 등 이런저런 생각이 들 수는 있다. 그러나 더 중요한 것은 내담자가 직접 자신의 생각과 느낌을 표현하도록 하는 것이다. 어떤 경우에도 상담자는 초점을 내담자에게 집중하면서 내담자를 이해하고 싶은 마음을 전달하는 것이 중요하다. 이렇게 대화를 나누다 보면 내담자의 복잡한 마음이 명료해지며 현명한 결정을 내릴 수 있게 된다. 다음 예는 1년 정도 상담을 하던 대학생 내담자가 어느 날 상담자와 나눈 대화의 한 토막이다.

내담자: 상담을 쉬고 싶어요. 상담을 해도 별로 나아지는 게 없는 것 같아요.

상담자: (순간적으로 당황했지만 표시를 내지 않으려고 노력하면서) 지금 굉장히 중요한 이야기가 나왔네. 솔직한 이야기를 해 주어서 고맙다. 왜 그런 마음이 들었을까?

내담자: 어렸을 때부터 뭐든지 항상 하기 싫은 일도 버티면서 했었어요. 버티면서 하다 보면 뭔가 결론이 나올 것 같아서요. 그래서 누가 저에게 뭘 시키면 별로 하고 싶지 않았지만 버티면서 끝까지 했어요. 그런데 상담이 길어지면서 제가 상담도 버티면서 하는 것이 아닌가 하는 회의를 갖게 되었어요.

상담자: 상담이 이전에 누가 시켰을 때 억지로 하던 일과 같다고 생각이 되었나 보구나.

내담자: 꼭 그렇지는 않아요. 하지만 상담을 오랫동안 했는데도 제가 변하지 못하고 좋아지지 않는 모습에 스스로 실망한 것 같아요. 그리고 선생님이 좀 더 도와줬으면 좋겠는데 항상 그러지는 않으시고 저 스스로 하길 바라셨죠. 저는 아직 힘이 없는데도요……

　이 사례에서 내담자의 종결 제안을 상담자가 차분하게 대처함으로써 내담자의 태도 한 가지를 발견했다. 내담자는 스스로 변하는 것에 대한 부담과 좀 더 의존하고 싶은 마음을 드러내고 있다. 종결 결정 자체보다 내담자의 마음을 이해하는 데 더 초점을 맞춘 결과다.

　또 다른 사례를 보자. 부모님께 자기주장을 못하던 내담자가 좀 더 자주적이 되고 이성 친구도 사귀게 되면서 상담의 종결을 제안하였다. 그런데 종결을 제안하는 말투에 주저함이 느껴져 상담자가 탐색을 시도한다.

내담자: 이제, 상담을 그만두면 안 될까요?

상담자: 상담은 언제든지 종결할 수 있지요. 어떻게 하고 싶어요?

내담자: 잘 모르겠어요.

상담자: 음…… 혹시 상담을 그만두자고 제안할 때 제가 반대할까 봐 염려했어요?

내담자: 아뇨. 선생님은 항상 제가 자기주장하도록 응원해 주셨지요. 그보다 최근 사귄 그 친구가 저에게 상담을 너무 오래 하는 거 아니냐고 말했거든요.

이 사례 역시 상담자의 차분한 태도로 인해 내담자는 내면탐색을 더 시도할 수 있었고, 자신에게 남아 있는 수동적이고 의존적인 모습을 다시 발견할 수 있었다. 내담자는 통찰을 향해 또 한걸음 전진하였고, 이후 상담자와 회기를 좀 더 연장하기로 하였다. 물론 협의 여부에 따라 부드러운 종결로 진행할 수도 있을 것이다.

3) 내담자의 종결 제안에 대한 처리

내담자의 종결 제안이 타당하다고 여겨지면 상담자가 흔쾌히 동의하고 마지막 2~3회 면접을 거치면서 종결 절차를 진행할 수 있다. 그러나 상담자와 내담자 간 기대가 다르거나 그 밖의 외적 요인 때문에 어쩔 수 없이 그만두겠다고 하는 경우, 상담자는 상담을 좀 더 연장할 여지가 있을지 검토해 봐야 한다. 물론 상담자의 희망대로 되지 않을 수 있고 어려울 수 있다. 어떤 식으로든 그만두고 싶다는 내담자의 말을 뒤집어야 하기에 부담스러울 수도 있을 것이다. 이때 역시 종결 여부의 결정 자체보다는 서로 마음을 나눌 수 있느냐에 집중하면 좋을 것이다.

각각의 경우를 살펴보면, 먼저 내담자가 상담에 어느 정도 만족하여 종결을 제안하지만 상담자는 아직 부족하다고 여기는 경우가 있을 수 있다. 상담자는 내담자의 변화가 내담자 내부에서 온 것이 아니라 주변 상황의 변화에 기인한 것이라고 판단될 경우, "당신은 만족스러울 수 있으나 저는 조금 다르게 생각되는군요. 지금의 변화는 상황 변화로 인한 일시적인 것이라 판단하고 있습니다."라고 솔직하게 이야기하고 "당신 자신의 변화를 위해 상담을 조금 더 해 보는 것이 어떻겠습니까?"라고 권유해 볼 수 있다. 물론 강요하는 식이 아니라, 내담자와 충분히 협의하고 싶은 마음을 잘 전달해야 할 것이다. 만일 그럼에도 불구하고 종결하고자 한다면, 앞에서 언급한 마지막 2~3회의 종결 면접을 진행할 수 있다.

만일 내담자가 생각보다 성과가 적다고 느껴서 상담을 그만두려고 하는 경우라면, 내담자의 기대가 무엇이었고 어떤 것이 충족되지 못했는지를 파악하며 상담을 조금 더 연장하자고 권유할 수 있다. 다만 이때 상담자는 충분한 자기반성을 해야 할 것이다. 혹시 내담자의 말에 경청하지 못하고 훈계나 충고를 전달하기만 했는지, 내담자의 깊은 감정에 접촉하지 못했는지, 내담자가 실망하거나 저항하는 것을 제대로 다루지 못했는지 등을 점검해야 할 것이다. 필요하다면 지도감독자나 선배 상담자에게 도움을 요청해도 좋을 것이다.

내담자 쪽에서 다른 이유가 아니라 단지 시간이나 경제적 부담 때문에 상담을 그만두고 싶다고 할 수 있는데, 이 경우에도 상담을 조금 더 연장하자고 권유할 수 있다. 그러나 이것이 변명이나 핑계가 아니라면, 시간이나 경제적 부담은 충분히 현실적이고 타당한 종결 사유가 될 수 있기에 융통성 있게 대처해야 할 것이다. 예를 들어, 비용이 문제라면 먼저 비용을 절감할 수 있는 방법은 없을지에 대해 함께 논의할 수 있다. "상담을 1주에 한 번씩 하는 것보다 2주에 한 번 하면 비용이 좀 줄어들 텐데, 그것은 어떻겠나요?"라고 제안할 수도 있다. 대학생 내담자에게 당장은 무료로 진행할 테니 후에 취업이 되면 갚기로 하고, 상담을 계속하자고 제안하는 상담자도 있다. 물론 비용을 경감해 주는 의사결정은 흔하지 않고, 윤리적으로 올바른지 검토할 여지도 있다. 다만 여기서의 핵심은 상담자가 시간이나 경제적 부담 때문에 너무 쉽게 내담자를 포기해서는 안 된다는 것이다. 또 다른 예로, 고시나 공무원시험을 앞두고 있다고 할 때 상담자는 그 사정을 고려하여 잠시 상담을 중단하되, "시험이 끝나면 다시 한번 해 볼 수 있나요?"라고 물어볼 수 있다.

청소년을 상담하는 경우에는 내담자의 종결 제안이 좀 더 복잡하다. 내담자는 청소년이지만 상담에서 부모가 비용을 지불하는 특수한 상황을 고려해야 하기 때문이다. 즉, 부모가 상담의 시작이나 종결에 개입할 수 있어 더 복잡해지는 것이다. 이때는 종결을 위해 청소년 내담자뿐 아니라 부모의 입장을 들어 보는 것도 중요할 것이다.

앞의 내용을 요약하면, 내담자가 종결 제안을 하더라도 상담자는 상담 연장을 권유할 수 있다. 종결 제안의 이유를 탐색하여 이에 적절하게 대응하는 것이 필요하다. 그리고 종결에 합의하더라도 급작스런 종결은 바람직하지 않다. 상담자는 당황하지 말고, 종결 제안 후 2~3회의 면접을 더 진행한다는 규칙과 그 이유를 제시하여 동의를 얻는 것이 필요하다. 다만, 그럼에도 불구하고 더 이상 상담센터에 나타나지 않는 내담자를 어찌해 볼 도리는 없을 것이다.

6. 공공서비스 제공 횟수 마감으로 인한 종결

심리상담은 사설 상담센터 환경에서 이루어지는 경우도 있고 공공서비스로 제공되는 경우도 있다. 공공서비스로 제공하는 심리상담의 가장 큰 특징은 비용이 없거나, 있더라도 아주 저렴하다는 것이다. 세금으로 운영하는 공공 심리상담센터에서는 최대 면담 횟수를 10~12회 정도로 제한하는 경우가 많은데, 이것은 대기하고 있는 다른 사람들을 위해 최대 면담 횟수에 한계를 두는 것이다.

앞에서 언급했듯이, 심리상담을 통해 당장 스트레스를 낮추고 증상을 완화시킬 수는 있지만, 근본적인 자아의 성숙이나 변화를 위해서는 수십 회의 면담 횟수가 필요하다. 10회 정도의 면담 횟수로는 충분하지 않으며, 따라서 상담도 압축적으로 전개될 수밖에 없고 종결 과정도 마찬가지다. 그럼에도 불구하고 마지막 면담에서 종결 제안 및 종결이 일괄적으로 이루어지는 것은 곤란하며, 그 이전부터 종결에 대해 내담자를 준비시켜야 할 것이다. 마지막 두 회기 정도에 걸쳐 그간 내담자가 성취한 것과 아직 더 노력해야 할 것을 점검하고, 상담자와 이별하는 아쉬움을 나누면 좋겠다. 향후 서비스 재신청이 가능하다면 이에 대해서도 안내해 줄 수 있다.

7. 종결 시점에 논의하는 주제

이번에는 마지막 2~3회의 면담 동안 다룰 주제에 대해 설명해 보자. 상담관계를 종결하는 느낌은 아주 미묘하다. 내담자 측에서는 상담자의 도움 없이 자신이 혼자 자립할 수 있을지 불안해할 수도 있고, 상담자 측에서도 내담자를 떠나보내는 것이 뿌듯하기도 하지만 한편으로 아쉽고 허전할 수 있다. 상담을 종결할 때는 이런 여러 가지 감정을 어루만져 주어야 할 것이다.

1) 지난 상담 과정을 점검하고 성과 평가하기

종결할 때 가장 먼저 이야기하는 주제는 지난 상담 과정 점검 및 성과의 평가다. 그동안 함께해 온 과정을 되짚어 보면서 무엇을 배웠고 무엇이 변화되었는지를 꼼꼼하게 살펴본다. 이것은 내담자 스스로 상담에 처음 찾아왔을 때 가졌던 기대와 목표가 얼마나 달성되었는지를 확인하면서 이루어진다. 특히 본인이 어떻게 기여했는지 확인하는 것은 추후 상담자 없이 혼자서 헤쳐 나갈 때 도움이 된다.

참고로 성과를 평가할 때, 상담의 성공이 무엇인지 각자의 견해를 나누는 것도 도움이 된다. 내담자는 더 이상 증상이 재발하지 않고 문제가 완벽하게 사라지는 것을 성공이라고 여길 수 있다. 그러나 건강한 사람도 스트레스가 심하거나 주변 환경이 악화되면 일시적으로 문제 증상을 보일 수 있으므로, 아무런 증상이 나타나지 않는 것을 성공으로 여길 필요는 없다. 상담의 성공에 대해 현실적인 입장을 취할 수 있다면 좋겠다.

2) 증상의 재발 가능성에 대해 논의하기

앞에서 언급한 것과 연결하여, 종결 이후 증상이 재발할 수 있고 이때 어떻게 대처할 것인가에 대해 논의할 수 있다. 상담이나 심리치료가 아무리 잘되었다 하더라도 예전에 몸에 배어 있던 습관의 잔재는 남아 있기 마련이다. 자라 보고 놀란 가슴 솥뚜껑 보고 놀라지 않게 연습을 많이 했음에도, 다시 자라를 만나면 일시적으로 놀랄 수 있는 것이다. 그래서 이에 대해서 논의하고 마음의 준비를 해 둔다. 문제가 완전 없어지는 게 중요한 것이 아니라, 향후 그 문제를 내담자 스스로 다룰 수 있느냐가 중요하다는 것을 이야기해야 한다. 상담자는 "만약에 다시 증상이 나타난다면 어떨 것 같으세요?"라고 묻는다든지, "증상이 다시 나타날 수도 있는데 그러면 어떤 느낌이 들까요?"라고 질문하며 대화를 진행해 나가고 내담자와 마음을 나눌 수 있다. 증상이나 문제의 재발 때 다시 도움을 청하며 찾아올 수 있음은 물론이다.

3) 의존 욕구 다루기

의존 욕구를 다루는 것도 종결 시기에 논의해야 할 주제다. 원래 주체적이지 못하여 스스로 결정을 내리지 못하는 의존적인 내담자였다면, 종결 시점이 되어 가거나 종결에 대한 논의를 할 때 갑자기 불안해지고 공포, 분노, 절망감을 느끼는 경우가 있다. 상담에서 스스로 선택하고 결정하는 것이 중요하다는 것을 배웠고 또 그렇게 해 왔는데도 막판에 가면 이런 양상이 벌어지는 것이다. 이런 것은 어렸을 때 버림받았다거나 거절당한 경험, 학대받은 경험이 많은 사람이 특히 심하다고 한다. 내담자는 상담관계 속에서 안정감, 보호받는다는 느낌이 없어지는 것을 많이 두려워하는 것 같다. 비유하자면 편안한 어머니의 품속에서 재충전을 하면서 더 머물고 싶은데, 이제 그만 나가라고 하니까 불안해지는 것이다.

어쩌면 의존 욕구를 다루는 작업은 종결 시기에만 국한된 것은 아닐 것이다. 이것은 상담 중기에 꾸준히 이루어져 왔던 것이며, 따라서 최선의 방법은 상담자가 내담자의 불안과 공포에 대해서 다시 한번 이해하려고 노력하면서 내면탐색 작업을 이어 가는 것이다. 즉, 상담 중기의 작업을 종결기에서도 지속하는 일종의 훈습인 셈이다. "괜찮아. 잘될 거야! 넌 할 수 있어!"라며 무조건 종결을 강요할 필요는 없고, 종결하려던 참에 매달린다고 짜증을 낼 필요도 없다. 상담자는 내담자의 두려움과 공포에 대해서 다시 탐색하고 도전한다.

한편, 상담자가 보기에 비록 의존 욕구가 있으나 내담자가 충분히 다룰 수 있다고 판단한다면 굳이 상담을 연장할 필요는 없으며, 내담자에게 종결을 권유할 수 있다. '종결이라는 것을 통해서 우리가 또 배울 수 있다'는 메시지를 전달하면서 버텨 주는 것도 중요할 것이다.

4) 관계를 이어 갈 수 있음을 알리기

종결 시점에 논의할 수 있는 또 다른 주제는 상담자와의 관계를 어떻게 이어 갈 것인가에 대해서다. 내담자 입장에서는 상담 종결 후에도 관계를 지속시킬 수 있는지에 대해 궁금할 수 있다. 증상 재발의 경우가 아니라도 상담자와 내담자가 맺은 인연은 어떤 식으로든 이어질 수 있다. 새로운 주제로 상담을 시작하며 상담자-내담자 관계를 재개할 수도 있고, 또는 그냥 자연인으로서 관계를 이어 갈 수도 있을 것이다. 그래서 상담자는 내담자에게 어떤 방식으로든 도움을 줄 수 있다는 지속적 조력 의사를 전할 수 있다. 혹은 내담자 측에서 "상담이 끝났지만 나중에 다시 찾아와도 될까요?"라고 먼저 묻기도 한다. 이때 상담자 나름의 규칙이나 방식을 설명하며 내담자와 협의하면 좋겠다.

5) 자기분석을 격려하기

다음으로 자기분석(自己分析)의 격려가 있다. 즉, 그동안 상담자와 함께했던 작업을 상담이 종결되었다고 해서 그만두지 말고, 내담자 스스로 자신에 대한 탐색과 통찰을 계속하게 격려하는 것이다. 사람은 무언가에 집중하게 되면 점점 그 영역에 대한 깨달음과 이해가 깊어지게 된다. 상담의 경우 집중하는 대상이 자기 자신인 셈인데, 상담을 종결하고 나서도 자신의 행동이나 감정, 대인관계 패턴 또는 무의식적 측면 등에 대해 집중하면서 자신의 인생에 대한 통찰을 계속 시도할 수 있다. 이렇게 하면 증상이 재발하더라도 바로 상담자에게 다시 찾아오기보다 스스로 증상의 의미를 탐색하고 그것에 대처할 수 있게 된다. 요컨대, 자기분석을 시도해 보고 스스로 대처해 보게 격려하는 내용이 종결 시기에 언급될 수 있다.

6) 이별에 대해 이야기하기

이별의 섭섭함에 대해서도 이야기할 수 있다. 친밀한 관계가 종결될 때 허전하고 섭섭한 감정을 느끼는 것은 당연하다. 내담자도 섭섭할 수 있고, 상담자도 마찬가지다. 내담자가 더 이상 상담자에게 의존하지 않고 스스로 선택과 결정을 하며 혼자 살아갈 때가 되었다 하더라도, 막상 종결하는 시점이 되면 이별이 주는 섭섭함과 쓸쓸함이 있을 수밖에 없다. 그래서 종결의 아쉬움과 섭섭함을 한번 생각해 보면서 이별이라는 것이 우리에게 무엇을 남기는지 생각해 보는 것이다. "이별이라는 것은 당신에게 어떤 의미인가요?"라고 질문할 수도 있고, "저도 못 보게 된다니 많이 아쉽습니다."라고 고백할 수도 있다. 종결이 또 다른 새로운 여정의 시작이라는 의미를 내담자가 깨달으면 좋을 것이다. 이별은 뭔가를 잃어버리는 것만이 아니라 잃어버린 그 자리에 새로운 것을 채울 기회를 준다는 것을 알아야 한다.

이별과 관련하여 상실감을 느낄 수도 있는데, 상실은 무언가 자신에게 중요한 것을 잃어버리는 것이다. 종결이라는 것은 상담자와 내담자 모두에게 상실감을 준다. 비록 상징적이지만, 상담자는 내담자를 잃어버리게 되고, 내담자는 상담자를 잃어버리게 된다. 연구에 의하면, 과거에 상실의 경험이 있었던 사람이 종결을 더욱 힘들어한다고 한다. 상담에서의 친밀한 관계를 종결한다는 것은 특히 내담자에게 쉬운 일이 아니다. 상실에 대한 충분한 애도가 필요할 수 있다.

떠나간 사람을 애도하는 독특한 반응은 그 사람이 보였던 의미 있는 특징을 마음속에 내면화하는 것이라고 한다. 즉, 상실의 공백을 메우기 위해 떠나간 사람의 특징을 마음속에 담아 둔다는 것이다. 프로이트는 이 과정에서 우울감이 생긴다고 하였다. 따라서 이별 과정에서 우울감이 생긴다면 떠나간 사람을 마음속에 담아 두면서 생기는 자연스러운 것이고, 본질적으로 건강한 것이라 할 수 있다. 부모님이 돌아가셨을 때 우리는 부모님을 상실하지만 마음속에 부모님에 대한 추억을 다시 채워 넣지 않는가! 사랑하는 사람이 떠났을 때도 마찬가지다. 종결도 일종의 이별 과정이고 애도 과정이기 때문에 내면화를 동반하게 된다. 내담자는 상담자와 이별하면서 상담자가 했던 말과 상담자가 보여 주었던 따뜻한 감정을 마음속에 내면화할 것이다.

8. 부드러운 종결과 추수면접

장기간 이어 오던 상담을 종결할 때, 종결 제안이 나오자마자 즉시 종결하는 것은 마치 달리던 차가 급정거를 하는 것과 유사하다고 하였다. 상담자는 몇 차례의 회기 동안 내담자를 천천히 준비시키는 것이 바람직할 것이다. 앞에서 언급한 것처럼 종결 제안이 있은 후 2~3회 면접을 더 진행할 수 있는데, 상황에 따라 만남의 간격을 점점 늘려 매주 1회 만나던 것을 2주 1회로 만나면서 종결할 수도 있다.

그리고 종결 후 추수면접(follow-up interview)을 활용할 수 있다. 추수면접이라는 것은 상담이 종결된 후 일정한 시간이 흐른 뒤에 내담자를 다시 만나서 변화가 얼마나 유지되고 있는지를 점검하고 경과를 파악하는 활동이다. 종결한 후 한 달 혹은 3개월, 6개월 후에 다시 한번 만나자는 이야기를 할 수 있고, 사정이 여의치 않을 때는 편지나 전화를 할 수도 있다. 추수면접을 통해 상담자는 내담자가 잘 적응하고 있는지를 평가하고, 종결의 후유증을 다루는 기회를 가질 수 있다.

앞에서 상담의 종결에 대한 제반 사항을 알아보았다. 이제 우리에게도 심리상담에 대한 공부를 마치고 이별할 때가 다가온다. 다음 마지막 장에서는 심리상담 수련 과정 및 실습훈련에 대해 살펴보겠다.

생각해 보기

길을 걷다 보면 어둡고 무서운 길을 만날 때가 있다. 심리상담자는 그 길을 함께 걸어 주는 동반자로 비유할 수 있다. 그러다 멀리 불빛이 보이면 안도감이 들고, 이제 상담자와 작별을 고한다. 그런데 대체 뭐가 무서웠던 것일까? 만약 눈이 보이지 않았다면 길이 어둡다고 무서워하지 않고 멀리 불빛이 보인다고 안도감이 들지도 않았을 것이다. 길이 어둡기에 무서웠던 것이 아니라 마음 안에 어두운 무언가가 있었기에 무서웠던 것이다. 마음이 평화로우면 어두운 길에서도 무섭지 않을 것이다. 심리상담에서 내담자는 이것을 통렬히 깨달아야 한다. 심리상담이 긴 여정인 것은 마음 안에 어두운 무언가를 탐구하고 밝혀내는 데 오랜 시간이 필요하기 때문이다. 심리상담자는 어두운 길을 단지 함께 걸을 뿐만 아니라 마음의 길을 밝혀 주는 작업을 해야 할 것이다. 그러고 나면 정말 내담자와 이별이다.

참고로, 현대사회에서 경제성이나 효율성을 강조하기에 심리상담의 전체 면담 횟수가 짧아지는 경향이 있다. 이와 함께 여러 명의 내담자를 모아 증상이나 치료원리를 가르치는 방식으로 심리치료를 진행하는 구조화된 집단 프로그램도 유행이다. 이런 식의 집단 프로그램은 10회기 이내로 짧게 진행되며, 온라인으로 진행되기도 한다. 미래의 심리상담은 어떤 모습으로 진행될까? 이 책에서 다룬 1:1 치료적 상담의 모습이 어떻게 변화할까? 자유롭게 생각해 보고, 동료들과도 의견을 나눠 보자.

제15장

심리상담 실습 및 수련 과정

전문 상담자가 되었음을 보증하기 위한 자격제도가 있다. 자격증을 얻기 위해서는 공신력 있는 기관의 수련 과정에 등록하여 정해진 실습수련을 거쳐야 한다. 이 장에서는 실습수련생이 어떤 실습수련을 얼마나 거쳐야 하는지, 그리고 실습 중에 어떤 점에 유념해야 하는지 등에 대해 소개하겠다. 그런데 자격제도를 실시하는 기관은 여러 군데가 있고, 전문가 수련 과정의 세부 내용은 해당 기관마다 조금씩 다르다. 따라서 저자는 특정 학회나 협회의 수련 요건에 국한되지 않고 일반적인 요건들을 소개하려고 하며, 개인적 제안도 제시해 보았다.

1. 상담실습의 목적

　흔히 상담실습이라고 하면 가상의 내담자와 연습하는 것으로 오해할 수 있는데, 상담실습은 역할연기가 아니다. 대개의 경우 수련생은 실제 내담자를 데리고 면담을 이끌어 가게 된다.[1] 다만, 실습수련이기 때문에 수련생은 매 회기 면담 내용을 정리하고 축어록을 첨부하여 이를 지도감독자에게 감수(슈퍼비전)받으며 상담을 진행한다.[2] 상담자 지망생에게 상담실습은 실제 내담자와 대면하는 기회를 제공한다는 점에서 극히 중요하다.

　내담자는 실습 동안 걱정, 기대, 설렘, 좌절, 희망, 자부심 등 다양한 감정을 경험하게 된다. 지도감독자의 평가는 때로 혹독하기도 하다. 이런 혹독한 수련 과정을 거치며 상담자는 자신에 대해 더 깊이 인식하게 되고, 다양한 상황에 대처할 수 있는 능력을 보유하게 된다. 이렇듯 상담실습의 목적은 바로 상담자의 전문적 역량을 키우기 위한 것이다. 상담실습의 목표를 좀 더 세분화하여 소개하면 다음과 같다.

* 수련생이 내담자 문제를 이해하고 공감하는 기본적 능력을 갖추고 있는지를 검증한다.
* 심리상담의 주요 이론, 기법, 절차와 상담자의 역할을 인식하도록 돕는다.
* 내담자와 공감적이고 협력적인 상담관계를 형성하는 능력을 훈련시킨다.
* 내담자의 저항이나 상담자 자신의 감정적 동요에 대처하는 방법을 배운다.
* 상담자 자신에 대한 이해 증진 및 성숙을 촉진시킨다.

---

1) 자격제도를 갖춘 공신력 있는 학회나 협회에 등록하면 수련생이 된다. 대개의 학회나 협회는 수련생이 되기 위해 해당 분야 전공 석사 과정의 학력을 요구한다. 수련 과정에 대한 자세한 사항들은 해당 학회나 협회의 홈페이지를 참고하면 알 수 있다. [부록 4]에 대표적인 학회 몇 군데의 링크를 담은 QR 코드를 제시해 놓았다.
2) 지도감독자의 상담 내용 감수는 수련생에게 상담 받는 내담자에 대한 윤리적 책임을 다하기 위해서도 필요한 절차다.

    * 전문적 상담에 대한 포괄적인 전망 또는 비전을 형성하도록 도와준다.

    * 주요 심리검사 결과의 해석을 통해 검사 결과와 내담자 행동 및 태도 간의 관련성을 파악할 수 있게 훈련시킨다.

2. 상담실습의 구조

대부분의 공신력 있는 심리상담 학회나 협회에서는 상담실습 요건을 엄격하게 제시하고 있다. 실습수련을 거치지 않고 자격을 취득할 수는 없다. 이 기관들에서는 상담실습의 목적을 달성하기 위한 실습 프로그램을 적절하게 구성하고 있는데, 세부적으로 실습자의 요건, 실습 과제, 실습 시간, 실습 장소 및 실습 도구, 실습 교육자의 지도지침 등을 명기하고 있다. 이들을 자세히 살펴보자.

1) 실습자의 요건

실습자의 요건이라 함은 어떤 사람이 상담실습 프로그램에 수련생으로 등록, 참여할 자격이 되느냐 하는 것이다. 자격 요건의 첫 번째는 상담의 기초 과목 및 관련 과목의 이수이고, 두 번째는 실습생이 속해 있는 교육기관장이나 지도교수의 추천 및 승인이 될 수 있다. 각각에 대해 살펴보자.

첫 번째 단계는 정규 상담실습에 임하기 위해서는 대학원 수준의 상담 이론 과목과 심리평가 과목을 반드시 이수해야 한다. 여기서 상담 이론이라 함은 심리적 문제가 발생하는 원리와 문제의 해결방법을 제시하는 이론적 접근법을 말하는데, 학자나 학파에 따라 다양한 상담 이론이 있다. 심리평가 과목에서는 개인의 행동 특성을 평가하는 원리 및 평가도구인 심리검사에 대해서 배운다. 그 밖에 기타 상담에 관련된 과목, 즉 성격심리학, 발달심리학, 이상심리학 또는 정신병리학, 학습심리학 등에서 적어도 3개 이상의 과목을 수강함이 바람직하다. 이미 각급 학교나 공공기관에 종사하고 있는 현역 상담자로서 상담실습 과정에 참여하고자 할 경우에는, 여기에 언급된 필수 및 관련 과목을 대학원에서 이수했음을 증명해야 한다. 만일 아직 이수하지 않은 부분의 과목에 대해서는 별도의 강습을 받은 후에 상담실습에 임해야 한다.

두 번째 단계는 전문 상담자의 교육을 위해 실습을 요한다는 지도교수 및 소속 기관장의 추천서를 받는 것이다. 그런데 이것은 현실적인 여건과 정책에 따라 달라지는 측면이 있다. 실습 과정에 참여할 때부터 추천서를 받는 것은 심리상담 전문가의 수준을 엄격하게 통제하려는 시도다. 소수의 사람을 실습 과정에 등록시켜 소수의 수준 높은 전문가를 배출하려는 것이다. 그러나 최근에 심리상담에 대한 관심이 증가하고 대중화되며 수많은 사람이 이 분야에 뛰어들어 공부를 시작하였다. 이에 전문적인 수련 기관도 있지만 전문성이 떨어지는 수련 기관도 우후죽순으로 생겨났다. 이처럼 현실적인 여건이 달라졌고, 이와 더불어 실습 과정에 참여할 때부터 통제하는 것이 아니라 실습 과정을 엄격하게 구성하고 철저히 감독하는 것으로 정책 방향이 바뀌고 있다. 즉, 실습 과정 참여 단계의 추천보다는 실습을 마친 후 자격 취득 단계에서 추천서를 받는 것이다. 대개 실습 과정에 등록하여 최종적으로 수련을 마친 후에 자격시험을 치러야 하는데, 이때 자격시험을 치를 수 있을 만큼 수련을 충실히 했음을 지도감독자가 추천서로 보증해 줄 수 있다.

실습자의 학력과 관련하여 한 가지 더 언급하고 싶은 부분이 있다. 앞에서 실습자는 대학원 수준의 상담 과목을 이수해야 한다고 하였는데, 그렇다면 대학원을 나오지 않은 경우는 상담 전문가가 될 수 없다는 말인가? 이에 대해서도 앞의 맥락과 같은 갑론을박이 있다. 대학원 이상의 학력을 요구하는 것은 심리상담 전문가의 수준을 엄격하게 통제하려는 취지이나, 현실적 여건의 변화에 따라 달라질 수 있다. 최근의 동향을 살펴보면 상담자의 자격을 1급과 2급으로 나누어, 대학원을 졸업하지 않은 사람이라도 2급 자격을 취득할 수 있는 길을 열어 두고 있다. 그리고 2급을 취득한 후 소정의 기간이 지난 후 1급으로 승급할 수 있는 방안을 마련하고 있어 반드시 대학원을 나온 사람에게만 전문 상담자의 길을 제한하지는 않는 듯 보인다.

2) 실습 내용

대개 전문가 교육기관의 실습 프로그램은 상담실습 외에도 다양한 것을 포함한다. 앞서 언급한 실습 목적을 달성하기 위해 상담자는 다양한 종류의 훈련을 경험해야 하기 때문이다. 다음에 일반적 수련 프로그램이 제시하는 주요 실습 내용을 소개하고, 저자의 견해를 제시해 보겠다.

* 개인상담 및 지도감독
* 집단상담 및 지도감독

* 심리검사 및 지도감독
* 각종 사례연구회나 공개사례발표 참가[3]
* 내담자 되어 보기 및 교육분석 경험
* 기타 업무 경험

첫째, 개인상담은 말 그대로 1:1로 진행하는 심리상담을 의미하며, 수련 기간 동안 몇 명의 사례를 만나는지는 중요한 수련 요건이 된다. 저자의 견해로는 아무리 못해도 10명 이상의 사례를 만나 상담해 보는 것이 필요하다고 생각한다. 이때 각 사례당 최소 10회 정도로 면담이 진행된다고 할 때, 실제 면담 횟수는 100회 이상이 될 것이다. 그리고 각 회차는 50분~1시간 정도로 진행되므로, 시간으로 치면 대략 100시간 정도가 된다. 이 정도는 최소의 요구가 될 것이다. 그런데 현실은 좀 다른 것 같다. 이 정도의 수련 기준을 충족시키지 못한 채 자격증을 수여하는 기관도 많이 있기 때문이다. 어떤 이는 자신이 몇 명 사례를 몇 회기 만났는지 구체적으로 얘기하지 않고 다만 심리상담을 100번 이상 했다고 자랑하기도 하는데, 만일 이것이 100번의 단발적 면담을 의미한다면 저자가 제시하는 기준으로 최소 기준을 갓 넘긴 수준에 불과할 것이다. 이처럼 개인상담 수련 요건에서는 사례 수, 면담 횟수, 시간의 합을 구별하여 제시할 필요가 있다.

둘째, 집단상담이라 하면 한 명의 상담자가 여러 명의 내담자를 동시에 참여시켜 진행하는 형식을 의미한다. 흔히 병원이나 기타 정신건강 현장에서, 시간과 비용을 절약하는 방법으로 여러 명의 내담자를 모아 교육을 제공하고 의견을 나누는 방식으로 진행된다. 심리상담 분야의 전문가가 되기 위해서는 집단상담 운영도 경험해 볼 필요가 있는데, 전문 집단상담자가 되려는 것이 아니라면, 1~2회 정도 리더 또는 보조리더로 경험을 쌓으면 충분하다고 생각한다.

셋째는 심리검사인데, 심리상담 현장에서는 내담자의 심리검사 자료를 활용할 경우가 많으므로 이에 대해서도 지식과 경험을 쌓는 것이 필요하다. 내담자가 다른 기관에서 실시한 심리검사 결과지를 가져오는 경우도 있고, 필요하면 간단한 심리검사 몇 가지를 직접 실시하여 활용할 수도 있다. 다만, 심리검사가 주 업무인 전문가가 되려는 경우가 아니라면, 이 역시 기초적인 심리검사를 실시하고 해석하는 경험을 쌓으면 충분하다고 생

---

3) 실습 기관 내 사례연구회는 지도감독자와 여러 실습생이 참가한 자리에서, 상담 수련생이 사례를 발표하고 지도감독을 받는 방식으로 이루어진다. 공개사례발표회는 대개 실습 기관 내에서 이루어지지 않고 실습 기관 외부의 수련생과 지도감독자를 초청하는 확장된 모임에서 사례를 발표하는 것을 의미한다.

각한다.

앞의 세 가지 실습 분야는 반드시 전문가 지도감독을 받아야 한다. 사례 발표자로 신청을 하면 지도감독을 받을 수 있다. 지도감독의 형식은 크게 두 가지가 있는데, 1:1로 지도감독하는 경우가 있고, 공개적인 장소에서 지도감독하는 경우가 있다. 두 가지 경우를 다 경험해 볼 필요가 있다. 1:1 지도감독은 내담자의 면담기법을 세세히 지도해 줄 수도 있고, 인간적인 지지와 격려도 가능하다. 반면 공개발표에서의 지도감독은 참가한 여러 수련생을 교육하려는 목적이 있으므로 다소 딱딱한 분위기에서 진행되며, 사례에 대한 간접체험 및 이해를 돕기 위해 사례개념화 훈련 위주로 진행될 수 있다. 그리고 수련 프로그램에서는 지도감독 횟수에 대한 최소 요구 기준을 제시할 필요가 있다.

넷째, 각종 사례연구회나 공개사례발표회에 참석하는 요건이 있다. 이때 본인이 '발표자'가 되어 지도감독을 받는 것은 앞에서 언급했으므로, 여기서는 타인의 발표회에 '참석'하는 것을 의미한다. 수련생들은 사례연구회나 공개사례발표회에 참석하여 다른 수련생의 사례를 간접체험하며 공부할 수 있다. 또 자격증 수여 기관 단체인 학회나 협회에서 주최하는 학술대회 참여가 수련으로 인정되는 경우도 있다.

다섯째, 수련생이 직접 내담자가 되어 보거나 교육분석을 받는 경험에 대해 설명해 보겠다. 이것은 상담실습 및 수련 프로그램에서 공식적으로 요구하는 수련 요건은 아니지만, 타인을 돕는 전문가가 되려는 준비로 자신의 심리적 성숙을 먼저 도모한다는 의미가 있다. 현장에서 활동하고 있는 상담자를 찾아가 내담자로 참여하는 경험을 할 수도 있고, 집단상담 프로그램을 신청하여 내담자로 참여해 볼 수도 있다. 대개 상담실습 프로그램에서는 수련생 자신의 감수성을 향상시키기 위해 소집단 인간관계 훈련 집단상담에 참여하는 것을 요건으로 지정한 경우도 있다. 그리고 교육분석은 조금 더 심도 깊은 훈련인데, 심리적 고민이나 문제의 해결을 위해서가 아니라 오로지 심리상담 전문가로 성장하기 위해 깊은 탐색 및 성찰을 시도하며 내담자로 참여하는 것이다. 흔히 명망 있는 전문상담자에게 수십 회 지속적으로 상담을 받는 식으로 진행된다.

여섯째, 공식 요구 요건은 아니지만, 심리상담센터에서 여러 가지 업무를 경험해 보는 것도 필요할 것이다. 마치 회사에 정식 직원이 되기 전 인턴 활동을 해 보는 것처럼, 심리상담센터에서 전화 접수 업무나 예약 업무, 스케줄 관리, 실습 기관 사례회의 준비, 상담 관련 자료의 분류 및 보관 등에 대해 배우고 경험해 보는 것이다. 한 가지 아쉬운 점은, 이런 경험 기회를 제공하는 심리상담센터가 많지는 않다는 점이다. 소규모 사설 상담센터에서 업무 경험을 하긴 어려우며, 대규모 공공 상담센터나 대학 내 상담센터에서는 가능한 편이다.

3) 실습 기간

최근 많은 사람이 심리상담이라는 분야에 흥미를 느끼고 있는데, 막상 전문가가 되기 위해 거쳐야 할 요건이 많고 기간이 오래 걸린다는 것을 알게 되면 주저하기도 한다. 전문가가 되기 위해 얼마나 걸리는지 묻는 경우가 있는데, 개인마다 실습 과정에 매진할 수 있는 정도가 다르기에 일반적으로 얼마의 기간이 소요된다고 말하기 어렵다. 일단 대학원 수준까지 공부하는 것을 권장하며, 본격적 실습 수련은 대학원 졸업자의 경우 1~2년 정도, 학부 졸업자의 경우 2~3년 정도의 기간 동안 수련할 것을 권장한다. 심리상담자가 되기 위해선 기법적인 부분만이 아니라 인간에 대한 폭넓은 이해와 대인관계 경험 등이 충분히 갖추어져야 하므로, 이 정도의 수련기간이 결코 길다고 생각되지는 않는다. 더군다나 대부분의 전문가 수련기관에서 요구하는 세부 실습 내용을 모두 이수하려면 2년 정도의 기간이 소요되는 것은 보통이다. 실습 내용에 대해서는 바로 앞 절을 참고하기 바란다.

4) 실습 도구 및 실습 장소

심리상담은 대화를 통해 모든 과정이 이루어지므로 특별한 기자재나 도구가 필요하지는 않다. 다만, 수련 과정에 있을 때는 몇 가지 교재나 도구가 필요할 수 있는데, 다음과 같은 것이 있다.

* 수련생이 참조할 수 있는 국내외 전문가의 사례 발표 및 연구 자료
* 실습 교육에 활용할 영상 자료
* 수련생이 사용할 녹음, 녹화, 통신 장비
* 각종 기록지 및 심리검사도구

실습 장소에 대해서도 살펴보면, 상기한 실습 기재와 수단이 마련되어 있고, 적어도 2명 이상의 심리검사 및 상담 전문가가 재직하고 있는 기관이라면 좋겠다. 실습수련생이 쾌적하게 상담할 수 있는 상담실이 구비되어 있어야 하며, 이때 지도감독자가 면접을 관찰

하고 감수할 수 있도록 상담실에 일방향 거울(one-way mirror)이 장착되어 있으면 좋다. 실습 기관에서는 매주 사례연구회나 사례발표회를 개최하여 실습생들을 지도하고 의욕을 고취시켜야 한다.

3. 지도감독자 지침

대개 상담실습과 관련해서 실습수련생의 자격 요건에 대해서만 언급하는 경우가 많은데, 실습지도를 맡은 지도감독자(supervisor, 슈퍼바이저)의 자격 요건 역시 중요한 부분임에 틀림없다. 지도감독자는 대체로 대학원에서 상담 관련 학문을 전공하여 석사 이상의 학위를 받고, 전문 학회 공인자격시험에 합격한 후 실습 기간을 포함하여 약 5년 이상의 상담경력 소지자가 바람직하리라 생각된다. 다시 말해서, 공인된 전문가 자격을 가지고 있을 뿐만 아니라 실무상담경력이 풍부한 상담자가 실습 지도감독자가 되어야 하는 것이다. 지도감독자는 실습수련기관의 사정과 시설 조건에 따라 적합하게 수련생을 지도 및 감독하여야 한다. 지도감독자는 실습자의 준비와 실습 진행의 효율성을 위해서 실습 과정에 대한 계획표를 작성하여 실습자에게 배부하고 안내해 주는 것이 바람직하다. 지도감독자는 실습자를 개인지도할 때 다음과 같은 일반적인 원칙을 따를 수 있다.

* 수련생이 실습 목적을 어느 정도 성취하고 있는지 정기적으로 확인한다.
* 수련생에게 '주간 실습활동보고서' 등을 제출하게 하여 활동현황을 점검 또는 지원해 준다. 실습 과제별(사례기록, 녹음, 사례회의 참가 등) 내용 및 결과를 꼼꼼히 점검한다.
* 수련생에게 어떤 특정 이론이나 역할에 편중되게 하는 영향을 주지 않는다.
* 수련생에게 보다 효과적인 협조자가 될 수 있게 자기 발전을 자극하고 격려한다.
* 수련생의 지도에서 수련생이 건설적인 비판 및 평가를 수용하도록 안내한다.
* 수련생에게 상담자 윤리강령의 중요성을 인식시키고 이를 준수케 한다.

지도감독자와 수련생 간의 관계는 상담자와 내담자 간의 관계와 비슷한 점이 있다. 지도감독자는 수련생을 대할 때 윤리적으로 대해야 하며, 수련생의 전문적, 인간적 성장에 초점을 맞춘다. 수련생의 부족한 측면을 지적하며 비난하기보다, 수련생의 잠재력을 끌어내 주는 방향으로 지도감독하면 좋을 것이다. 누구나 다 처음에는 실습수련생 시절이 있는 법이다. 수련생이 지도를 받아들일 수 있도록 먼저 라포를 형성하고, 준비가 되면 많은 교육적 자극을 통해 실습자의 역량을 향상시켜야 한다. 그리고 지도감독자는 수련생에 비해 권위와 권력을 지닌 존재이므로 이를 남용하지 않도록 조심해야 한다. 대개의 공인 자격기관에서는 지도감독자를 위한 윤리 지침도 제공하고 있으니 확인해 보면 좋겠다.

4. 실습 수련생을 위한 열 가지 조언

실습 기간을 거치며 수련생은 내담자를 이해하고 공감적으로 소통하는 법을 배우며, 심리상담자로서의 책임을 인식하고 자신감을 얻어 가며 점차 전문가로 변모해 간다. 전문가라고 하면 도와주려는 마음만 있는 사람이 아니며, 자신의 전문적 역량을 통해 내담자를 변화시킬 수 있어야 한다. 따라서 수련생은 실습 기간 동안 자신의 치료 역량을 계발하기 위해 끊임없이 노력해야 하며, 전문가로 성장하는 것의 책임이 어디까지나 자신의 노력에 달려 있음을 명심해야 할 것이다. 그리고 지도감독자의 감수 아래 사례개념화와 면담기법적 측면에서 발전할 뿐 아니라, 내면의 감정과 동기에 대해서도 통찰을 얻는 것이 중요하다. 즉, 자신의 깊은 부분을 이해하는 깊은 상담자가 되는 것이다. 상담자로서 자신에 대한 깊은 이해가 부족하다면, 상담의 초보적 수준까지는 도달하더라도 그 이상으로 성장하는 데는 한계가 있을 것이다. 따라서 단지 공식적인 실습 요건을 채우는 것만으로는 부족하며, 실제 삶의 현장에서 꾸준한 내면탐색과 그에 따른 인간적 성장의 노력도 있어야 할 것이다. 심리상담 전문가가 되기 위해서 반드시 인생의 진리에 통달해야 하는 것은 아니지만, 인간적으로 성숙한 사람이 내담자를 더 잘 도와줄 수 있는 것은 자명한 일이다.

지금까지 너무 무거운 이야기로 수련생 및 수련 지원자의 기를 꺾는 것이 아닌가 염려된다. 이에 저자가 상담실습 수련생들을 위해 조언을 몇 가지 제공하고자 한다. 마음의 여유를 찾고 내담자에게 좀 더 집중하는 데 도움이 될 만한 조언 열 가지를 골라 보았다.

1) 긴장과 불안은 자연스러운 것이다

내담자를 만날 때 초보 상담자로 느끼는 긴장과 불안은 자연스러운 것이다. '과연 이 내담자의 문제를 내가 해결해 줄 수 있을까?' 하는 의구심이 들 수도 있고, '빨리 문제를 해결해서 내담자를 도와야 한다.'라는 압박감이 들 수도 있다. 이때 내담자 문제 해결의 주체는 내담자 자신이며, 상담자는 내면을 탐색하고 정리하도록 돕는 역할을 한다는 점을 떠올려 보면 좋겠다. 상담의 흐름을 느리게 가져가며 내담자가 주도권을 가질 수 있도록 배려하면, 이 과정에서 상담자도 편해질 것이다.

2) 특정 상담 이론이나 기법에 매이지 말라

'어떤 이론에 따라서 상담을 할 것인가?'에 신경을 쓰다 보면 상담자의 자연스러운 기능이 구속되거나 둔화되기 마련이다. 어떤 이론이든 장점도 있지만 단점도 있다. 절충주의적 접근이 가능함을 기억하라. 그리고 기법에 있어서도, 처음에 기법을 배울 때는 정확한 형식으로 따라하는 것이 필요하지만, 어느 정도 숙달이 되면 자신의 자연스러운 대화 방식과 통합시키면 될 것이다. 사람은 본래 자신의 자연스러운 대화 방식이 있다. 자연스러운 대화 방식을 억누르며 면담기법을 기계적으로 구사한다면 어색하게 느껴지고 진심이 가려질 수 있다. 진심으로 내담자에게 관심을 가지고 도와주고 싶다는 태도를 전달한다면, 설령 기법상의 오류를 범한다 해도 '좋은 상담관계'를 유지할 수 있을 것이다.

3) 내담자를 경청하고 관찰하라

내담자의 말을 경청하고 행동을 세심하게 관찰하는 것이 상담자로서 훌륭한 출발임을 명심해야 한다. 겉으로 사소하게 보이는 한두 마디 말에 어떤 의미가 담겨 있을 수 있다. 내담자의 비언어적 행동도 마찬가지다. 상담자는 이를 놓치지 않고 내담자에게 되돌려 주면 좋다. 이렇게 하기 위해서는 상담자 자신에게 의식이 집중될 때마다 이를 알아차리고, 재빨리 내담자에게 초점을 되돌려 맞춰야 할 것이다.

4) 선택은 내담자에게 맡기라

어떤 내담자들은 어려운 선택이나 결정에 앞서 상담자에게 도움을 청한다. 이때 상담자는 공감 및 내면탐색을 통해 선택의 길로 이끌어 줄 수는 있지만 최종 선택은 내담자가 하는 것이다. 사실 내담자들도 상담자가 대신 선택해 주길 바라는 것이 아니며, 선택은 자신의 몫임을 잘 알고 있다. 따라서 문제를 해결해 줘야 한다는 압박감을 내려놓고, 차분하게 내담자와 어떤 점이 어려운지 대화하면 좋겠다. 예를 들어, 대학생 내담자가 두 가지 전공 선택의 갈등을 토로할 때 상담자는 자신이 생각하는 장단점을 장황하게 설명할 수 있는데, 이것은 상담자가 대신 선택해 주려고 애를 쓰는 꼴이다. 각각의 전공이 내담자에게 어떤 의미인지, 한 전공을 선택하고 다른 것을 포기하는 것의 장단점은 무엇인지 담담하게 물어본다면, 내담자는 결국 스스로 선택할 수 있게 될 것이다.

5) 내담자가 '현재의 자기'를 말할 때에는 방해하지 말고, 그렇지 않을 경우에는 중단시켜도 좋다

내담자가 자기에게 의미 있는 자료를 말해 주거나 주로 감정적인 자료를 이야기하고 있을 때에는 상담자가 방해하지 않는 것이 바람직하다. 상담자는 내담자의 자료를 받아들이고 이해하고 있음을 간단히 표현하기만 하면 족한 것이다. 그러나 내담자가 자기의 이야기가 아닌 시국담(時局談)이나 지나치게 지성화된 일반론을 펴고 있을 경우에는 내담자의 이야기 흐름을 중단시킬 수 있다. 흔히 처음 상담을 시작하는 입장에서는 내담자의 '모든 이야기'를 '무조건' 경청해야 하는 것으로 오해할 수 있다. 그러나 이런 '무한정한 무조건적 경청'은 결코 내담자를 위하는 것이 아니고 상담자의 의무를 다하는 것도 아니다.

6) 면담이 진행되는 도중에는 심리학적인 이해나 가설을 생각하지 말라

내담자를 정확히 이해하려는 나머지 면담 도중 마음속으로 '내담자의 행동의 원인은 ~때문이 아닐까?' 하는 식의 가설을 세우고 이를 검증하려 하거나, '음, 이것은 투사고, 저것은 접근-회피 갈등이군.'이라는 식으로 생각하다간 내담자의 대화를 놓치게 된다. 상담자가 마음속으로 가설을 생각하는 도중 내담자는 다시 새로운 주제로 넘어가서 감정의 색깔이 이미 변해 버렸을 수 있다. 상담자는 늘 '지금 여기'에 충실하면서 내담자를 이해하고 수용하는 것이 중요하다.

7) 내담자의 침묵을 인내하라

면접 중 내담자가 보이는 침묵에 초보 상담자는 당황하고 긴장하게 된다. 그 와중에

'어떡해야 하지? 뭔가 내가 말을 꺼내야 하나?' '저 내담자에게 내가 무엇을 잘못 말했나?' '이 내담자가 나에게 무슨 불평이 있거나 도전적인 심정이 있는 것이 아닐까?' 등의 온갖 추측과 걱정을 끊임없이 재생산한다. 그러나 내담자 침묵의 이유는 대개 내담자 측에 있다. 내담자 편에서 뭔가 더 생각하고 있거나, 마음의 흐름을 재정비해야 할 필요가 있기 때문에 침묵이 생긴 것이다. 따라서 상담자는 담담하게 기다리면 좋겠다. 침묵에 자연스럽게 대처하면서, 굳이 말을 꺼내고 싶다면 상담자 자신의 현재 심정을 자연스럽게 말하면 될 것이다. 즉, '당신의 침묵이 길어지니까 제가 좀 긴장이 됩니다.'와 같은 반응이면 충분하다.

8) 내담자가 이해할 수 있게 전달하라

상담자의 분석력과 내담자 스스로의 자기 이해는 어디까지나 별개의 것임을 명심해야 한다. 흔히 내담자는 정신적 고통과 혼란 속에서 상담자가 분석한 수준까지 도달하지 못하는 경우가 많다. 상담자는 항상 내담자의 수준을 고려하여 그가 이해할 수 있게 전달하는 것이 중요하다. 어려운 용어와 현학적인 표현을 써 가며 내담자가 이해할 수 없는 수준을 전달하려고 한다면, 내담자는 가슴이 아닌 머리로 받아들이기 시작하면서 주지화하기 시작할 것이다. 일상의 용어로 쉽게 전달할 수 있으면 좋겠다.

9) 자신에게 솔직하고 자신을 격려하라

상담실습에 임할 때 잘하고 싶은 욕심과 높은 포부가 있을 수 있다. 그러나 욕심과 포부 수준이 너무 높으면 실망도 클 것이다. 특히 지도감독자에게 혹독한 비평을 들으면 대부분의 수련생은 기가 꺾이게 된다. 이때가 중요하다. 초보자다운 당돌함과 솔직성을 지니는 것이 중요하다. 한계를 알아야 발전할 수 있으므로, 부족한 점에 대해서는 솔직하게 인정한다. 그럼에도 불구하고 열심히 노력하고 있는 자신의 모습 역시 인정해 주고 격려해 주면 좋겠다. 동료가 있다면 서로 격려하자.

10) 자신의 역량을 끊임없이 계발하라

다음엔 더 잘하자고 다짐하는 것도 중요하지만, 이후 추가적인 자기 계발 노력이 없다면 그 같은 다짐은 허무한 것이 될 것이다. 상담자는 자신의 역량을 계발하기 위해 끊임없이 노력해야 하며, 이를 위해서는 성실성, 꾸준함, 인내심 같은 덕목도 중요하다. 다양한 이론 교재나 사례집을 꾸준히 읽어 나가고, 사례를 직간접으로 체험할 수 있도록 각종 사례회의에 참석하며, 대인관계 감수성 훈련 프로그램에도 참가해 본다. 수련 기관 내에서뿐만 아니라 실제 인간관계 장면 속에서도 자기 성장의 노력은 계속 이루어져야 할 것이다.

지금까지 상담실습 수련에 관한 사항들을 점검하였다. 이 장을 마지막으로 상담면접에 대한 기초적인 내용은 다 전달한 셈이다. 독자께서 이 책을 펼쳐 들었을 때 기대했던 바가 조금이라도 충족되었다면 좋겠다. 혹시라도 아쉬운 부분이 있다면 전문서적을 찾아 더 공부하길 바란다.

🔖 생각해 보기

심리상담 분야에서 공신력 있는 기관의 자격증을 취득하는 것은 매우 중요하다. 자격증 취득 과정에서 충실한 실습수련을 통해 전문가로 발전할 수 있기 때문이다. 그렇다면 공신력 있는 기관은 어디이고, 어떤 자격증이 공신력 있는 자격증일까? 이에 대해 정보를 찾아보고 동료들과도 생각을 나누어 보자.

부록

[부록 1] 심리상담 각종 신청 서식(내담자용 서식)

심리상담에서는 상담자와 내담자 간 신뢰를 바탕으로 협의하에 의사결정을 한다는 것이 기본 원칙이지만, 형식적으로 여러 가지 서류 양식이 필요할 수 있다. 특히 처음 상담을 시작할 때는 신청서나 동의서 등 각종 서식을 활용하게 된다. 대개 상담 신청, 상담 계약 동의, 자살방지 서약, 개인정보 제공 및 활용 동의 등의 내담자용 서식이 필요하며, 상담센터마다 개별적인 맞춤형 서식을 개발하여 내담자에게 제공한다. 다음에 서식 샘플들을 제시하였다.

1. 개인상담 신청서(비구조화된 버전)

개인상담 신청서				신청일: 년 월 일	
성명		성별		생년월일	. . . (만 세)
주소			연락처	Tel. Email:	

본 기관에서 도움받고자 하는 바를 아래에 간략히 적어 주세요.

※ 기타 사항

개인상담 신청서(구조화된 버전)

신청일:　년　월　일

성명		성별		생년월일	.　　.　　. (만　　세)		
주소				연락처	Tel. Email:		
직업		학력			종교		
신청 경위	☐ 스스로　　☐ 가족의 권유로　　☐ 주변 사람의 권유로 (권유한 사람:　　　　) ☐ 상담자 의뢰 (기관명:　　　　, 상담자:　　　　)						
내방 목적	☐ 개인상담　　☐ 심리검사 (희망하는 심리검사:　　　　)						
상담 경험	☐ 없음 ☐ 있음 (기간:　　개월)		심리 검사 경험	☐ 없음 ☐ 있음 (종류:　　　)		약물 치료 경험	☐ 없음 ☐ 있음 (종류:　　　)
현재 건강 상태	☐ 매우 건강함　　☐ 대체로 건강함　　☐ 허약한 편　　☐ 매우 허약함 ☐ 현재 질병이 있는 상태 (병명:　　　　)						

가족 사항	관계	연령	직업	학력	종교	친밀도 (1: 매우 나쁨 ↔ 5: 매우 좋음)				
						①	②	③	④	⑤
						①	②	③	④	⑤
						①	②	③	④	⑤
						①	②	③	④	⑤
						①	②	③	④	⑤

상담 가능 시간	시간\요일	9:00	10:00	11:00	12:00	1:00	2:00	3:00	4:00	5:00	6:00
	월										
	화										
	수										
	목										
	금										
	토										

※ 아래 사항은 상담자가 직접 기재합니다.

접수면접 일정	20　.　.　. (시간:　　시)	접수상담자	선생님	개인상담자	선생님

〈계속〉

※ 다음 중에서 상담 받고 싶은 부분에 ✓표를 해 주십시오.

학업 및 진로문제	대인관계 문제
☐ 성적문제　☐ 진로문제 ☐ 학습습관　☐ 적성문제	☐ 친구/동료와의 관계 ☐ 선배/상사와의 관계 ☐ 기타

이성 및 성문제	성격문제
☐ 이성과의 관계(연인, 부부 등) ☐ 성 피해 관련(성희롱, 성폭행 등) ☐ 기타	☐ 자신의 성격에 대한 불만 ☐ 자신의 성격으로 인한 타인과의 갈등 ☐ 기타

가족문제	경제적 문제
☐ 가족과의 마찰 및 불화 ☐ 가정폭력 ☐ 기타	☐ 학비　☐ 생활비 ☐ 주거환경　☐ 학교환경 ☐ 기타

개인문제	행동 및 습관의 문제
☐ 삶에 대한 회의 및 혼란 ☐ 가치관 혼란 ☐ 기타	☐ 주의집중 곤란　☐ 완벽주의 ☐ 불면　☐ 우유부단 ☐ 음주문제　☐ 기타

정서적 문제

☐ 우울　☐ 불안/긴장　☐ 공포　☐ 외로움　☐ 자살충동
☐ 분노　☐ 절망감　☐ 열등감　☐ 혼란스러움　☐ 기타

※ 그 외 다른 어려움이 있다면 간단하게 적어 주십시오.

2. 상담 동의서

〈상담 / 심리평가 동의서〉

1. 비밀보장
내담자는 상담 중에 드러난 모든 정보는 비밀이 보장될 것을 알고 있습니다.
하지만 다음의 경우 예외적으로 상담 내용이 공개될 수 있습니다.
  (1) 내담자 자신이나 다른 사람들을 위해하려는 긴박한 위협을 표현하였을 때
  (2) 아동 학대나 혼자 움직일 수 없어 의존적인 성인 대상 학대에 대한 암시가 있을 때
  (3) 내담자가 중증 장애인이 되거나 중한 전염병에 걸렸을 때
  (4) 법원에 상담전문가 의견서를 제출할 때

2. 기록 및 녹음에 대한 동의
내담자는 받고 있는 상담 내용이 녹음되고 있음을 알고 있습니다. 녹음 내용은 비밀이 보장되고, 내담자의 안전을 우선으로 하여 활용되며, 내담자에 대한 질적 서비스와 상담자의 심층교육을 위한 목적 이외로는 사용되지 않습니다. (☞ 동의 시 ✔ 표시)
  ☐ 녹음 내용은 상담자가 상위전문가(supervisor)에게 지도감독을 받기 위해 쓰일 수 있습니다.
  ☐ 상담자의 심층교육을 위해 공개사례발표에서 다루어질 수 있습니다.
  ☐ 사례연구의 목적으로 사례집에 게재될 수 있습니다.

3. 위험 및 이점
내담자는 상담 중에 생길 수 있는 도움과 위험요소에 대해 이해했습니다. (상담 중에 원치 않는 기억을 되살려야 하는 위험이 있을 수 있고 강한 감정도 일어날 수 있습니다. 상담은 내담자의 주요한 사람들과의 관계에도 영향을 미칠 수 있습니다.)

4. 상담 시간
상담 시간에 관해 다음 사항을 안내받았습니다.
  (1) 상담은 50분 단위로 진행되고 개인적으로 만나지 않습니다.
  (2) 상담 시간 변경 시 24시간 전에 연락해야 합니다.
  (3) 상담 시간에 늦을 경우 상담 약속 시간 한에서 상담을 받을 수 있습니다.

5. 비용 1회 _____입니다.

6. 위탁
보다 전문적인 치료가 필요한 경우에는 각 분야의 전문가에게 위탁하겠습니다.

7. 상담 윤리 약속
상담자(검사자)는 제반 윤리규정을 준수하겠으며 내담자의 안녕을 우선적으로 도모하고 상담내용에 대해서 비밀을 보장하겠습니다. 약속 시간을 성실히 지키고 과정 중 필요시 슈퍼비전을 받겠습니다. 슈퍼비전이나 윤리규정의 목적 이외에 내담자 정보를 사용하지 않겠습니다.

         년   월   일   내담자 성명: 서명:
                       상담자 성명: 서명:

※ 이보다 훨씬 더 길고 많은 내용을 철저하게 담고 있는 버전도 있다. 한국상담심리학회의 '개인상담 사전 동의서'를 참고할 수 있다.

3. 자살방지 서약서

〈자살예방 서약서〉

1. 나 (   )는 절대로 자살하지 않을 것이며, 자해나 자살을 시도하지 않을 것을 서약합니다. 도움을 요청하기 전에는 절대로 아무런 행동을 하지 않을 것을 서약합니다.

2. 나는 조금이라도 기분이 이상하거나 위태롭게 느껴지면 반드시 (   )에게 전화를 걸거나, (☎   ), (☎   ) 어떠한 수단을 써서라도 알리겠습니다. 이 사실을 알리기 전에는 절대로 아무런 행동을 하지 않을 것을 서약합니다.

3. 나는 자살하고 싶은 생각이 들면 반드시 아래와 같은 생각(행동)을 하며 삶에 대한 희망을 가져 보도록 하겠습니다.
   ①
   ②
   ③

4. 상담자가 나를 보호하기 위해서 상담자 윤리 강령에 의거하여 자살 고위험일 경우 그 내용을 가족들에게 알린다는 것을 안내받았습니다.

일시: 년   월   일   내담자 성명: 서명:

　　　　　　　　　　　　상담자 성명: 서명:

(복사 후 원본은 상담센터가 보관하며, 1부는 내담자에게 드립니다.)

※ 자살충동 발생 시의 응급위기상담 연락처

생명의 전화	1588-9191 [사이버상담 www.lifeline.or.kr]
자살예방핫라인	1577-0199
희망의 전화	129
한국청소년상담복지개발원	1388

4. 개인정보 제공 및 활용 동의서

※ 일반적인 양식을 사용하면 된다. 다음은 한국상담심리학회에서 제공하는 양식이다.

개인정보 수집 · 이용 · 제3자 제공 동의서

상담자는 내담자의 개인정보보호를 중요시하며, 「**개인정보보호법」** 제15조, 제17조, 제22조, 제23조 및 제24조에 따라 아래와 같이 동의를 얻고자 합니다.

1. 수집 및 이용에 관한 사항

수집 · 이용 목적	위기 상황에 대한 개입 및 내담자의 심층상담
수집 개인정보 항목	이름, 나이(생년월일), 성별, 소속기관, 연락처, 보호자 연락처, 주소 등 내담자 관련정보, 상담 내용(기록)
보유 및 이용 기간	위 개인정보는 수집 · 이용에 관한 동의일로부터 동의 철회 시까지 보유 · 이용됩니다.
동의를 거부할 권리 및 미동의 시 불이익	위 개인정보의 수집 · 이용에 대한 동의를 거부할 권리가 있으나, 미동의 시 위기 상황에 대한 개입 및 내담자의 즉각적인 심층상담이 어려울 수 있습니다.

수집 · 이용 동의여부　　☐ **개인정보의 수집 및 이용목적에 동의합니다.**　　☐ **동의하지 않음**

2. 민감정보 수집 및 이용에 관한 사항

수집 · 이용 목적	위기 상황에 대한 개입 및 내담자의 심층상담
수집 개인정보 항목	사상 · 신념, 노동조합 · 정당의 가입 · 탈퇴, 정치적 견해, 건강, 성생활 등에 관한 정보, 유전정보, 범죄경력자료 등
보유 및 이용 기간	위 개인정보는 수집 · 이용에 관한 동의일로부터 동의 철회 시까지 보유 · 이용됩니다.
동의를 거부할 권리 및 미동의 시 불이익	위 개인정보의 수집 · 이용에 대한 동의를 거부할 권리가 있으나, 미동의 시 위기 상황에 대한 개입 및 내담자의 즉각적인 심층상담이 어려울 수 있습니다.

수집 · 이용 동의여부　　☐ **민감정보 수집에 동의합니다.**　　☐ **동의하지 않음**

〈계속〉

3. 녹음 및 녹화에 관한 사항

수집 · 이용 목적	- 슈퍼비전: 더 나은 상담성과를 위하여 슈퍼바이저(상담심리전문가)에게 슈퍼비전을 받음 - 공개사례발표: 더 나은 상담성과를 위하여 슈퍼바이저 2인, 동료 상담자 (　　　)인이 참가하는 공개사례발표를 진행
수집 개인정보 항목	상담내용의 음성 녹음 또는 영상 녹화
보유 및 이용 기간	위 개인정보는 수집 · 이용에 관한 동의일로부터 동의 철회 시까지 보유 · 이용됩니다.
동의를 거부할 권리 및 미동의 시 불이익	위 녹음 또는 녹화에 대한 동의를 거부할 권리가 있으나, 미동의 시 위기 상황에 대한 개입 및 내담자의 즉각적인 심층상담이 어려울 수 있습니다.

수집 · 이용 동의여부　　☐ 녹음 또는 녹화에 동의합니다.　　　☐ 동의하지 않음

4. 제3자 제공에 관한 사항(슈퍼비전)

제공받는 자	슈퍼바이저 한국상담심리학회 상담심리사 자격검정 심사위원
제공받는 자의 개인정보 이용 목적	한국상담심리학회 상담심리사 자격증취득 서류심사
제공 개인정보 항목	이름(가명), 나이(생년월일), 성별, 상담 내용(기록 및 녹음 또는 녹화 영상) 등
보유 및 이용 기간	위 개인정보는 공개사례발표 및 한국상담심리학회 상담심리사 자격증취득 서류심사 목적이 소멸되면 자동적으로 폐기합니다. 슈퍼비전은 대면 또는 화상으로 진행이 가능하며, 제공한 정보는 슈퍼비전 외의 용도로 사용하지 않습니다.
동의를 거부할 권리 및 미동의 시 불이익	위 개인정보의 수집 · 이용에 대한 동의를 거부할 권리가 있습니다.

제3자 제공 동의여부　　☐ 개인정보 제3자 제공에 동의합니다.　　　☐ 동의하지 않음

5. 제3자 제공에 관한 사항(공개사례발표)

제공받는 자	공개사례발표 슈퍼바이저 공개사례발표 참가자 한국상담심리학회 상담심리사 자격검정 심사위원
제공받는 자의 개인정보 이용 목적	공개사례발표 한국상담심리학회 상담심리사 자격증취득 서류심사

〈계속〉

제공 개인정보 항목	이름(가명), 나이(생년월일), 성별, 상담 내용(기록 및 녹음 또는 녹화 영상) 등
보유 및 이용 기간	위 개인정보는 공개사례발표 및 한국상담심리학회 상담심리사 자격증취득 서류 심사 목적이 소멸되면 자동적으로 폐기합니다. 공개상담사례발표는 대면 또는 화상으로 진행이 가능하며, 발표자료는 발표 종료 후 즉각 폐기됩니다.
동의를 거부할 권리 및 미동의 시 불이익	위 개인정보의 수집·이용에 대한 동의를 거부할 권리가 있습니다.

제3자 제공 동의여부　　□ 개인정보 제3자 제공에 동의합니다.　　□ 동의하지 않음

6. 내담자 서약에 대한 사항

내담자 서약	상대방의 동의 없이 대화 내용을 녹음하거나 녹화하여, 그것을 공개하거나 유출하지 않겠습니다.

서약 동의여부　　□ 위 서약 내용에 동의합니다.　　□ 동의하지 않음

7. 만 14세 미만 아동의 개인정보 수집·이용·제공 동의에 관한 사항(해당 시)

법정대리인 성명	
법정대리인과의 관계	

법정대리인 동의여부　　□ 동의합니다.　　□ 동의하지 않음

년　　　월　　　일

본인은 상기 동의서 내용을 인지하고, 동의여부에 대한 사항을 직접 작성하였습니다.

작성자:　　　　　　　（ 서명 ）

상담 및 자살방지 서약 동의서, 개인정보 제공 및 활용 동의서

■ 상담 및 자살방지 서약 동의서

본 상담자는 내담자(상담받는 사람)의 인적 사항과 상담 내용에 대하여 비밀을 지킬 것을 약속하며, 안전하고 원활한 상담 진행을 위하여 다음의 사항에 대해서 내담자의 동의를 받고자 합니다.

1. 상담의 내용은 비밀 보장이 되지만, 자살 및 자해 생각이나 시도, 타인에게 해를 끼칠 위험이 있다고 판단되는 경우에는 상담자 윤리 강령에 의하여 비밀을 지킬 수 없음을 사전에 알려 드립니다. [※위기 시 연락처: (관계:)]
2. 나(내담자)는 상담 기간 동안 자해, 자살 시도 등의 극단적인 행동을 하지 않을 것을 약속하며, 스스로 통제하기 어려운 경우에는 생명의 전화 1588-9191, 자살/위기 상담(서울시 정신보건센터) 1577-0199로 연락할 것을 약속하며, 이러한 사항이 발생한 후에 상담자에게 반드시 알릴 것을 약속합니다.

위의 내용을 충분히 이해하였으며, 이에 동의하고 상담을 진행합니다. (□ 동의함)

■ 개인정보 제공 및 활용 동의서

본 상담자는 내담자(상담받는 사람)의 인적 사항과 상담 내용에 대하여 비밀을 지킬 것을 약속하며, 개인정보 보호법에 의거하여 아래와 같이 개인의 정보 및 활용에 대한 동의를 받고자 합니다.

1. 내담자가 작성한 상담신청서, 상담 정보, 심리검사 결과 정보 등 수집된 정보는 상담 종결 후 최대 5년까지 보관될 수 있으며 그 이후는 파기합니다.
2. 위의 사항은 상담자와 논의하여 변경될 수 있으며, 내담자는 상담을 원하지 않는다면 위의 사항을 거절할 수 있습니다.

위의 내용을 충분히 이해하였으며, 위의 내용에 대하여 동의합니다. (□ 동의함)

나(내담자)는 위의 상담동의서 및 개인정보 제공 및 활용 동의서에
동의한 내용이 사실임을 확인합니다.

년   월   일

내담자: (서명)
상담자: (서명)

※ 상담계약, 자살예방 서약서, 개인정보 제공 및 활용 동의서를 하나로 묶은 간략 양식이다.

[부록 2] 상담사례 기록 서식

심리상담에서는 교육, 연구, 지도감독을 위해 상담자가 작성해야 할 기록도 많다. 특히 수련생 시절에는 사례보고서를 작성해서 발표하고 지도감독을 받는다. 이와 관련하여 사례보고서 작성 지침 및 서식을 소개해 보았다.

1. 슈퍼비전을 위한 상담사례 보고서 작성 지침

심리상담 분야에선 상담사례를 보고서로 정리하여 지도감독자에게 제출하고 1:1로 지도감독을 받는다. 이때 사례보고서는 다음과 같은 내용을 포함해야 한다.

상담사례 보고서에 포함될 주요 내용

- **내담자 인적사항**: 내담자 사례번호, 성별, 소속(학년), 거주지역, 입학(입사)연도, 결혼 여부, 남자의 경우 군필 여부
- **상담 신청 사유**: 내담상담신청서에 제시된 상담 신청 사유
- **상담 경험 유무**: 경험이 있을 경우 누구에 의해 몇 회, 그 성과에 대한 소감
- **첫 면접 시의 행동관찰자료**: 복장 자세, 표정, 행동 특성
- **첫 면접에서의 진행 내용**: 내담자 발언 내용의 요지, 상담자의 응답발언의 요지, 내담자와의 합의사항(목표 등), 상담에 대한 오리엔테이션 내용 등
- **접수면접(자)의 인상적 평가**: 접수면접 시의 주요 발견 사항, 접수면접 내용의 요지
- **가족관계**: 가족 구조표(또는 가계도) 및 주요 가족의 직업, 교육 수준, 내담자와의 관계
- **심리검사 실시 해석에 관한 것**: 특정 검사를 왜 실시했으며, 해석의 요지가 무엇이고, 그에 대한 내담자의 반응, 해석의 측면과 상담 계획과의 관련 부분 등
- **상담 목표**: 내담자가(신청서에) 제시한 내용과 상담자가 판단한 상담 목표의 차이, 목표 달성을 위한 수행계획, 내담의 이해 수용도 및 수행능력에 대한 판단 등
- **각 회기의 주요 내용 및 축어록 제시**: 개별 회기 내용을 요약하여 제시함. 필요한 경우 회기 내 모든 언어적 반응을 충실히 기록한 축어록 제시
- **상담자가 활용한 주요 면접 기법**: 초·중·종반별로 기록
- **상담자가 활용한 상담과제별 전문 기법 실시**: 절차, 반응, 성과
- **기존 지도감독 내용**: 날짜, 지도교수, 지도 형태를 밝히고, 지도교수 및 타 전문 상담자의 지적 논평 및 그에 대한 상담자의 응답 내용을 차례로 구체적으로 기술한다.
- **사례의 처리경과**: 종결, 탈락, 의뢰, 진행 중으로 구별하고, 해당 경우 어떻게(누구에게) 추수 또는 의뢰했는지를 기록한다.
- **상담 목표의 달성 정도의 판단**: 신청목적 또는 합의된 목표에 의거한 종합·구체적(행동, 사고, 감정 차원 및 스트레스 대처 수준) 평가, 7점 척도상의 평정 및 요목별로 기술한다.
- **사례처리(종결, 경과)에 대한 평가면접의 내용 평가**: 지도자와의 면담에서 지적된 사항, 면담에서의 시사점 등
- **사례에 대해 지도받고 싶은 점**: 사례를 진행할 때 어려운 점, 도움받고 싶은 점 등

---

2. 상담사례 보고서 양식

상담사례 보고서

상담자		소속 상담기관	
슈퍼바이저		슈퍼비전 일시 및 장소	

1. 내담자 인적사항

2. 내담경위, 주 호소 문제 및 내담자 첫인상 관찰

　　가. 내담경위

　　나. 주 호소 문제

　　다. 첫인상 또는 행동관찰

3. 이전 상담 경험

4. 가족관계(가계도, 가족의 특징)

관계	연령	직업	학력	종교	동거여부

　　※ 가계도
　　■ 부 (연령): 특징
　　■ 모 (연령): 특징
　　■ 그 밖에……

5. 심리검사 자료

6. 사례 개념화

　　※ 내담자가 호소하는 문제나 증상, 어려움의 원인에 대해 가설을 잘 세워 보세요.

7. 상담 목표와 전략

　　가. 내담자와 합의한 상담 목표

　　※ 내담자가 바라는 것을 기록하면 됩니다.

　　나. 상담자가 정한 임상 목표

　　※ 내담자가 바라는 수준이 아니라, 상담자가 필요하다고 생각하는 내담자의 변화, 발전에
　　　 대해 기록해 보세요.

　　다. 상담 전략

　　※ 상담을 어떻게 진행시켜 나갈지에 대한 전략을 기술하세요.

8. 슈퍼비전에서 지도받고 싶은 사항

　　※ 구체적이고 자세하게 적어 보세요.

9. 상담 과정 및 회기별 상담 내용

회기	일시	상담 대상	상담 장소	비고
1				
2				
3				
4				
5				

〈1회기 요약〉

〈2회기 요약〉

〈3회기 요약〉

〈4회기 요약〉

〈5회기 요약〉

10. 축어록

　　※ 회기 내 이루어진 대화 내용을 충실히 있는 그대로 옮겨 주세요.

※ 기관마다 고유한 사례보고서 서식이 있을 수 있다. 참고로 한국상담심리학회에서는 매우 자세한 사례보고서 서식을 제공하고 있는데, 한국상담심리학회 홈페이지에서 내려받아 사용하도록 제공하고 있다.

3. 상담회기 기록지

[기관명] 상담회기 기록지
• 일시: • 내담자: • 회기: (   )회 〈내용〉

※ 매 회기 면담 내용 기록은 특별한 양식이 있다기보다는 자유롭게 작성하면 됨.

[부록 3] 상담 축어록 작성 예

상담자 1: 그래요. 오늘은 어떤 이야기를 해 볼까요?

내담자 1: 음, 제가 여기 와 가지고, 그 많이 분노에 차서 많이 울고 말씀드리면서 그랬지요. 한 일 곱 번 면담을 하면서 제가 거의 다섯 번 정도는 집안일에 대해서 많이 말씀드린 것 같은데 요. 그것 다 말씀드리고 나서 마음속으로 어떻게 되었는지 모르겠는데, 어머니에 대한 분 노하고 형님에 대한 분노 같은 게 많이 줄어들었던 것 같아가지고, 저도 모르겠는데 가족 에 대한 얘기를 많이 안 하는 것 같더라고요. 그리고 최근에는 회사에서의 문제를 많이 말씀드리게 된 것 같아요.

상담자 2: 그렇죠. 지난번, 지지난번······.

내담자 2: 그러니까 제가 생각이 많은지 모르겠는데, 생각이 좀 많은 편이고, 욕심도 굉장히 많 고······. 하고 있는 일에 대한 욕심도 많고, 자신감도 있는데, 어 중요한 것은, 어떤 지금 경 험을 먼저 많이 해야 되느냐, 아니면 그냥 이 회사에서, 음 잘 맞춰서 맞춰 가서 어떻게 잘 하느냐 그런 생각을 요즘에 많이 하거든요. 근데 중요한 거는 또 제가 회사에 정이 없어 요. 그래 가지고 흐흐, 열심히 하고 싶은데 정이 없어서, 내가 월급 받고 할 일만 해 주고 있는 현실이라서, 지금 제가 사는 모습은 솔직히 저 자신한테는 마음에 들지는 않아요.

상담자 3: 그러니까 그 말은 회사에 정을 붙이고 어떤 주도적인 입장, 뭔가 기획하는 그런 일을 해 보고 싶단 말이죠.

내담자 3: 예, 그러고 싶은데 좀 상황도 굉장히 안 좋아가지고, 제가 받고 있는 연봉보다 더 좋게 받으면 좋은데, 딴 회사 가면은 일을 분명히 여기보다 몇 배는 더 열심히 해야 되고, 그 회 사에서 내 능력을 인정받기 위해서는 그만큼 더 열심히 일을 해야 되는데, 그 일한 만큼에 대한 대가를 받지 못하거든요. 지금 현실이. 지금 오라는 데가 두 군덴가 세 군데 있어요. 그런데 연봉이 전부 다 낮아요. 다 낮고, 또 해야 될 일은 어마어마하게 많고, 그렇기 때문 에, 경험상으로 보면 제가 경험을 쌓으려면 참 좋은 기회인 것 같은데, 또 생각을 해 보면 그 회사가 믿을 만한 회사인지도 잘 모르겠고, 그렇게 적은 돈을 받고 열심히 일한다고 해 서 저를 인정해 줄지 미지수고······. 저도 이 회사에서 처음에는 열심히 일하면 나를 인정해 줄 것이다 생각했는데, 전혀 안 그렇거든요. 그니까 사람을 써먹을 만큼 써먹다가 나이 들 면 쳐내고, 그런 걸 봐 왔기 때문에, 좀 그런 거에 대한 두려움도 있고요.

상담자 4: 음, 몇 군데 이직할 수 있는 기회가 있군요. 그런데 돈하고, 지금 가서 일을 해 봤자 일 만 엄청 시키고 과연 내가 원하는 것을 얻을 수 있을까 걱정이 되는 거네요.

내담자 4: 네, 그래서 지금 이 회사에서 해 줄 일만 딱딱 해 주고 나머지 시간은 쪼개가지고 자기 개발하는 데 노력을 많이 하거든요. 책도 읽고, 요번에 뭐 자격증도 한번 따 보려고 준비 중이고, 또 그렇게 하고 있어요. 하고 있는데, 썩 맘에 내키지 않지요. (침묵 10초)

상담자 5: 음…… 회사를 옮겨 보려고 하는 마음이 있긴 한데, 주저하게 되는군요.

내담자 5: 어, 회사를 옮기면 성장을 좀 더 빨리 할 수 있지 않을까 생각하거든요. 그러니까 이 회사에서는 제가 5년 가까이 일을 해도 저를 키워 준다는 생각이 전혀 안 들어요. 그러니까 뭐 일을 해도 옆에서 낚아채 가고…….

상담자 6: 낚아챈다고요?

내담자 6: 그러니까 내가 일을 했는데 윗사람이 자기 아이디어다…… 솔직히 윗사람이 나를 잘 부려 가지고 좋은 퀄리티를 냈다라는 것도 무시하지 못하겠지만, 저는 어떻게 서로 키워 주는, 같이 크는 그런 관계였으면 좋겠거든요.

상담자 7 음, ○○ 씨가 한 거를 가로챈 사람이 있었군요?

내담자 7: 지금 회사들이 다 그래요, 지금 상황이 그래요. 왜냐면요, 한번 상사가 아랫사람한테 그런 식으로 일처리를 해요. 그러니까 그걸 배워서 또 상사가 나간 후 위에 앉은 애들은 또 그 짓을 하는 거예요. 왜냐면 내가 당했기 때문에 너도 당해 봐라, 이 자리가 얼마나 어렵게 내가 얻은 자린데, 그거를 니네들 그렇게 쉽게 줄 것이냐라는 생각을 다 갖고 있는 거죠. 그러니까 그 뒷사람이 얘네들 안 키워 주고 계속 자기만 크려고 하다 보니까……. △△ 형이란 사람이 올라왔는데, 그 사람도 지금 서른 셋인데, 서른 셋에 겨우 팀장을 하고 있는 거예요. 보통 1, 2년이면 다 팀장을 다는데, 4, 5년인데도 팀장을 못 달다가 요번에 단 거예요. 그러니까 또 이 자리가 금방 뺏길 수가 없잖아요. 그리고 팀장이 되고 자기가 뭐 실장이 된다든지 이러면 좋은데, 또 그렇게 안 되잖아요. 그러니까 팀장을 뺏기면 자기가 공중에 떠 버리니까, 이 자리를 안 뺏기려고 제가 일을 하면은 그거에 대해서 막 브레이크를 걸어요. 제가 한 게 느낌이 좋으면 자기가 했다고 얘기를 해요.

상담자 8: 자기가 한 것도 아닌데?

내담자 8: 예, 근데 그게 중요한 거는 아랫사람들은 내가 한 걸 다 알고 있지만 윗사람들이 그걸 모른다는 거예요. 그러면 수고를 해도 우리가 일을 했는데, 말을 해도 팀장보고 "아, 너 수고했어."라고 얘기를 한단 말이죠. 그니까 모든 게 다 팀장의 몫으로 돌아간다는 거죠. 근데 팀장이 "아, 제가 한 것은 없고 그냥 팀원들이 열심히 해 줘서 그렇습니다."라고 한마디 해 주면 같이 다 돌아가잖아요, 그런데 입을 딱 다물고 있어요. "아, 수고했어." 그러면 "감사합니다." 그러고 딱 끝이에요, 그리고 자기는 일 하나도 안 하고…….

상담자 9: 결국은 뭐, 그 일을 아이디어를 내고 노력한 사람들에게 공은 전혀 돌아가지 않겠군요.

내담자 9: 예, 돌아가지 않아요. 그리고 뭐 주위 사람들한테 이런 얘기 저런 얘기 막 해 보면 딴 회사 가도 마찬가지라고 얘기해요. 딴 회사 가면은 안 그럴 것 같지만 거기도 위에 앉으면 다 그런 식으로 산다고. 딴 데 회사 가도 마찬가지다 뭐 이런 얘기 하고 그러니까, 아우 저도 그런 얘기 들으면 답답하고……

상담자 10: ○○ 씨는 자기가 노력한 그만큼 인정을 받고, 자기가 한 만큼 대우받는 그런 걸 원하는 거군요.

내담자 10: 예, 근데 뭐 자기가 직접 안 해도 말로 잘하는 사람들도 있더라구요. 뭐 실력도 재주도 없는데 정치를 잘해 가지고 금방금방 올라간 사람도 있긴 하겠지만…… 아유, 그런 사람 보면 내가 그런 걸 못하는 건지, 저렇게 하는 게 옳은 건지…… 그리고 뭐 요번에도 회식이 있었는데, 회식 자리에서 저번에 좀 늦게 들어온 사람이 있어요. 저보다 나이가 훨씬 많죠, 한 서른여섯 정도 되는 사람인데, 그 사람이 저한테 대뜸 술 취해 가지고 나이도 어린 동생인데, 형이라고 불러라 그러더라구요. 그래서 열받아 가지고 웃으면서 제가 그래도 회사 선밴데 무슨 얘기를 하는 거냐 하며 얘기를 했어요. 그러니까 자기가 말을 잘못한 거 같다고 딱 정신 차리고 얘기를 하더라구요. 그런 게 그 사람이 우리 회사에 들어오면서 원래는 실장으로 들어오기로 되었어요. 그런데 회사가 막 혼란스럽게 되면서 그냥 평사원이 된 거예요.

상담자 11: 그 회사 상황이 참 복잡하네.

내담자 11: 예, 참 복잡해요, 체계가 없어요……. 체계가 없고 그래요. 뭐 예전엔 그런 얘기 들으면 열받고 그랬는데, 아주 요즘은 태연해요, 흐흐, 예. (침묵 10초)

상담자 12: 음…… 잠깐 정리를 해 볼까요? 지난 시간과 그 전 몇 번…… 한 3주 전까지는 가족에 대한 속상함을 많이 이야기하고 나서 현재로는 회사에서의 일들을 주로 이야기하고 있지요. 그런데 정치나 말발이 아닌 능력으로 온전히 인정받고 싶다는 이야기, 또 그게 안 되니까 좌절을 하는 것 같은 느낌, 그리고 또 결국은 이 돈 받고 대충 하고 살지 뭐 이런 얘기인데…… 이 얘기가 오늘 처음은 아니죠? 계속 나오고 있단 말이에요, 그죠?

내담자 12: 예 맞습니다.

상담자 13: 반복되고 있죠, 이 얘기가 반복되고 있어요. ○○ 씨는 누군가에게 능력을 온전히 인정받는다, 본심을 있는 그대로 이해받는다 하는 것을 간절히 바라면서도 한편으로는 그것이 불가능하다고 여기는 것 같아요.

내담자 13: 네, 세상이 원래 그렇잖아요. 회사에서도 일을 하는 사람은 따로 있어요, 일을 하는 사람이 따로 있고 인정받는 사람이 따로 있어요.

상담자 14: 대우받는 것이 중요하지요? (예, 그렇죠.) 그런데 일을 해 놓고도 대우를 못 받는 거죠? (그렇죠.) 일을 해 놓고도 대우를 못 받는다…… 마치 그런 생각이 ○○ 씨 몸에 박혀 있는 것 같아요. 굉장히 강하게……

내담자 14: …… (침묵 10초)

상담자 15: ○○ 씨 인생이 늘 일을 해 놓고도 대우를 못 받았는가 봐요.

내담자 15: 음, 아무래도 제가 자라 온 환경의 영향이 없지 않겠지요.

상담자 16: 오케이, 오케이, 거기로 한 번 가 봅시다.

내담자 16: 음, 전 집에서 솔직히 희생만 한 것 같아요. 예를 들어서, 여기저기에서 많이 당했어요. 어머니, 형님 그리고 중간에 끼어서 아버지하고 어머니하고 그 다퉜을 때도 그 상황에 있었고, 항상 그 상황에 끼었어요. …… (중략)[1] …… 그니까 예전에 어렸을 때부터 어떻게 교육시켰냐면요, 너 결혼해 가지고 자기한테 잘못하면은 머리 끄댕이를 끊어 가지고 죽여 버리겠다 뭐 그런 얘기를 했어요. 뭐, 둘이서 자기를 갖다가 뭐 멸시하면은 니네를 어떻게 해 버리겠다 그런 얘기를 하고, 또 어느 날은 니네들이 결혼해 가지고 나한테 잘하겠니? 뭐 이렇게 얘기를 하고. 그 우리가 뭐 잘하겠습니다 이렇게 하면은, 니깟 것들이 하긴 뭘 잘해 이렇게 말하고……

상담자 17: 그냥 좋게 너희가 나한테 잘했으면 좋겠다 이런 식으로 말하면 얼마나 좋아.

내담자 17: 예, 그러니까 모르겠어요. 예, 그러니까 자식들도요, 다 꼬여 있어요, 현재 저도 그렇고 형도 그렇고……. 회사 나가도요 아랫사람들이 저한테 잘하려고 하잖아요, 그럼 그게 다 가식으로 보이는 거예요. …… (중략) …… 그런데 그런 상황에서도 화를 낼 수도 없어요, 그건 그 사람이 딴 사람들하고 친분이 있기 때문이죠. 근데 저는 친분이 없잖아요, 그러니까 그거에 대한 두려움이죠. 그러니까 이 사람은 정치를 잘하는 사람이고, 나는 못하는데, 내가 화를 내 버리면 이 사람 무리들이 저를 그렇게 할 거니까.

상담자 18: 그러면 내가 옳은 일로 화를 냄에도 불구하고, 저 사람들이 정치적으로 단합해서 나를 어떻게 할지도 모른다고 생각이 되는 거군요.

내담자 18: 예 그렇죠, 그래서 많이 힘들죠, 많이 힘들어요. 옳은 일로 화를 내더라도 회사에서 짤리지 않을까 그런 생각 들고…… 그러면 뭐 패배자 같은 생각이 들어요. 그 이상하게 어렸을 때 교육받은 것 때문에 그러는지, 부모님들이 계속 남하고 비교하고, 계속 깎고 저

---

1) 실제 축어록에서는 내용을 생략하지 않지만, 여기서는 지면 관계상 중략하였다.

를…….

상담자 19: (※ 50여 분이 지나서 상담을 마무리하려고 시도함) 아, 벌써 마칠 시간이 다 되었어요. 오늘 상담한 내용을 정리해 볼까요? 예, ○○ 씨는 누군가에게 정치적인 의도가 아닌 본 마음과 능력으로 인정을 받는 게 중요해요, 왜냐면 그런 적이 없었어요. 늘 가족에게서 특히 엄마한테, 싫은 소리를 들었지요. 마치 무슨 동네 북, 쓰레기통 같은 역할을 계속 해 왔죠. 그리고 다른 사람들한테 화를 낼 때 긴장되고 떨려요. 그것은 늘 내 편이 없고, 다른 사람들은 편이 돼서 그렇게 나를 어떻게 할지 모른다는 것 때문에 떨려요. 맞아요?

내담자 19: 예, 중요한 거는 제가 늘 제 편이 없다고 생각을 많이 하고 있었던 것 같아요. 집안에서라도 편이 있으면 좋은데, 집에도 없으니까……. 그리고 제가 만약에 회사를 그만둔다 해도 제가 그만둔 이유를 사람들이 이해하고, 뭐 잘 그만뒀다 그딴 회사 다닐 필요 없어. 그런 얘길 해 줄 사람이라도 있었으면 힘이 나고 좋을 것 같은데, 회사를 그만두더라도 "네가 얼마나 칠칠치 못했으면 회사를 그만두고, 너 같은 놈을 누가 또 데려다 쓸 것이냐." 이런 식의 말을 들을 게 뻔하다고 생각되거든요. 그러니까 이러지도 저러지도 못하는 것 같아요.

상담자 20: 그래요, 정리를 잘했네요. 그럼 다음 시간에 계속 이야기하죠.

내담자 20: 네.

[부록 4] 상담 진행 평가 서식

※ 이 서식은 상담을 얼마나 제대로 진행하고 있는지 평가하고 싶을 때 활용할 수 있다. 상담자용과 지도감독자용이 있다.

1. 상담에 대한 상담자의 평가지(예)

_____년 ___월 ___일

상담자: _____

〈내담자 인적사항〉

1. 내담자 번호: _____

내담자 성별 _____ 나이 _____ 직업 _____

2. 내담자의 상담 신청 목적(제시 문제)

(1)

(2)

3. 지도(슈퍼비전)사항

지도자명: _____ (회째)

지도자의 지도 요지(논평)

1회(년 월 일):

2회(년 월 일):

4. 상담의 진행ㆍ종결상태

진행 중: _____ 회

종결: 년 월 일

5. 기타

〈상담자의 평가 및 소견〉

1. 첫 면접과정에서 상담자가 판단한 내담자의 문제:

2. 내담자와 합의한 상담 목표
   (1)
   (2)

3. 내담자와의 상담관계(라포) 형성 정도

매우 나빴다   보통   매우 좋았다

① —— ② —— ③ —— ④ —— ⑤ —— ⑥ —— ⑦

보통 4점 이하인 경우 그 이유는:

4. 내담자에 대한 인상적 판단

(1) 상담에 대한 내담자의 성의, 동기의 정도

매우 낮음   보통   매우 높음

① —— ② —— ③ —— ④ —— ⑤ —— ⑥ —— ⑦

(2) 내담자의 자기 공개, 자기 탐색 능력의 정도

① —— ② —— ③ —— ④ —— ⑤ —— ⑥ —— ⑦

(3) 상담자의 지시(접근방법)에 대한 이해도, 수용능력

① —— ② —— ③ —— ④ —— ⑤ —— ⑥ —— ⑦

(4) 상담자에 대한 전문적 신뢰도

① —— ② —— ③ —— ④ —— ⑤ —— ⑥ —— ⑦

(5) 상담 결과에 대한 내담자의 만족도

① —— ② —— ③ —— ④ —— ⑤ —— ⑥ —— ⑦

(6) 기타

5. 상담자의 접근방법의 성과 등
(1) 내담자 문제에 대한 상담자의 이해, 파악의 정도(상담 과정 초기)

(2) 상담 과정에서 주로 바탕으로 한 이론적 입장은?
- 인간중심(내담자중심) _____
- 인지행동 _____
- 정신역동적 _____
- 절충식 _____
- 기 타 _____

(3) 상담 과정에서 활용한 상담기법(접근방법 등)은?
- 초기:
- 중반:
- 종반:

(4) 내담자의 주 문제를 해결하기 위해 사용한 상담치료적 전문 기법과 그 기법의 효과는?
_____ 기법

매우 비효과적   매우 효과적
①————②————③————④————⑤————⑥————⑦

(5) 다음의 기본 상담자 행동요인에 관해 7점 척도에 따라 체크하시오.

	매우 비효과적 매우 효과적
• 질문, 탐색, 문제 관련 자료의 추출	①——②——③——④——⑤——⑥——⑦
• 정보제공	①——②——③——④——⑤——⑥——⑦
• 상담자의 비언어적 면접행동	①——②——③——④——⑤——⑥——⑦
• 상담자의 목표 설정	①——②——③——④——⑤——⑥——⑦
• 재확인, 격려 및 지원	①——②——③——④——⑤——⑥——⑦
• 상담자료의 연결	①——②——③——④——⑤——⑥——⑦
• 반복적 표현	①——②——③——④——⑤——⑥——⑦
• 감정의 규명, 반영 및 명료화	①——②——③——④——⑤——⑥——⑦
• 현실 및 내담자 감정에의 직면	①——②——③——④——⑤——⑥——⑦
• 해석	①——②——③——④——⑤——⑥——⑦
• 주요 자료의 요약, 재검토	①——②——③——④——⑤——⑥——⑦

〈상담 결과에 대한 종합적 판단〉

매우 낮음   매우 높음

1. 상담 목적의 달성도
  (내담자 문제의 성취도)

①——②——③——④——⑤——⑥——⑦

2. 상담 결과 요인(진행 중인 경우 현재 시점에서)에 관한 다음 사항에 체크하시오.

- 내담자의 인지적 자기 이해 수준의
  변화 정도

  ①——②——③——④——⑤——⑥——⑦

- 내담자의 정서적 안정도의 변화

  ①——②——③——④——⑤——⑥——⑦

- 내담자의 자기 표현 능력의 향상도

  ①——②——③——④——⑤——⑥——⑦

- 타인에 대한 이해 수준 및 수용
  능력의 향상도

  ①——②——③——④——⑤——⑥——⑦

- 내담자의 문제 장면에 대한 대처
  능력의 향상도

  ①——②——③——④——⑤——⑥——⑦

- 기타

  ①——②——③——④——⑤——⑥——⑦

2. 상담에 대한 지도감독자(슈퍼바이저)의 평가지(예)

년 　월 　일

상담자: _____

내담자 사례번호: _____

지도감독자: _____

I. 내담자의 사례처리과정의 적절성 평가

1. 상담 목표 설정　　　　　　　　매우 비효과적　　　　　　　　매우 효과적
①——②——③——④——⑤——⑥——⑦

2. 상담관계 형성
①——②——③——④——⑤——⑥——⑦

3. 상담 기법 활용
①——②——③——④——⑤——⑥——⑦

4. 내담자에 대한 전문적 판단의 타당도
①——②——③——④——⑤——⑥——⑦

5. 종결면접의 진행 및 처리
①——②——③——④——⑤——⑥——⑦

6. 사례처리 기록상의 철저성
①——②——③——④——⑤——⑥——⑦

7. 기타 의견:

II. 상담자의 상담 결과 평가내용의 타당성 및 합리성 정도

매우 낮음　　　　　　　　　　보통　　　　　　　　　매우 높음
①———②———③———④———⑤———⑥———⑦

III. 이 사례처리에서 상담자가 미흡했거나 개선해야 할 사항
- 첫 면접의 운영 측면:
- 사례처리과정 측면:
- 종결면접과정 측면:
- 기타:

IV. 종합

  1. 본 사례평가–총평

      매우 낮음   매우 높음

      ① —————— ② —————— ③ —————— ④ —————— ⑤ —————— ⑥ —————— ⑦

  2. 본 평가면접과정에서 관찰된 상담자의 전문성(논의의 타당성, 전문적 판단 등)

      매우 낮음   매우 높음

      ① —————— ② —————— ③ —————— ④ —————— ⑤ —————— ⑥ —————— ⑦

  3. 종합 의견:

                            지도 감독자 서명 _____ (인)

[부록 5] 상담심리사 자격 규정 및 윤리 규정

※ 공신력 있는 자격기관은 자격규정 및 윤리규정을 일반인에게 공개하고 있다. 다음 QR코드로 해당 정보에 대한 접근이 가능하다.

한국상담심리학회 (www.krcpa.or.kr)	상담심리사 2급 자격 규정 (※ 1급 규정은 더 엄격함)	
	윤리규정	
한국임상심리학회 (www.kcp.or.kr)	임상심리전문가 자격 규정	
	윤리규정	
한국상담학회 (www.counselors.or.kr)	전문상담사 2급 자격 규정 (※ 1급 규정은 더 엄격함)	
	윤리규정	
대한신경정신의학회 (www.knpa.or.kr)	※ 회원 가입 필요	

📑 참고문헌

금명자(2021). 상담 사례개념화 연습하기. 학지사.

금명자, 권나윤, 김민종, 김정인, 박수진, 서숙희, 이미숙, 이정숙, 장혁란, 전정희, 정상화, 진보겸, 채강수, 천보경, 최희숙, 황정임(2022). 심리상담 현장의 행정 실무. 학지사.

김현아, 공윤정, 김봉환, 김옥진, 김요완, 노성숙, 방기연, 이장호, 임정선, 정성진, 정혜정, 황임란(2013). 상담철학과 윤리. 학지사.

이장호(2005). 상담심리학(4판). 박영사.

이장호, 금명자(2014). 상담연습교본. 법문사.

최해림, 이수용, 금명자, 유영권, 안현의(2010). 전문적 상담 현장의 윤리. 학지사.

Alexander, F., & French, T. M. (1946). *Psychoanalytic Therapy; Principles and Application*. Ronald Press.

Beauchamp, T. L., & Childress, J. F. (2001). *Principles of Biomedical Ethics*. Oxford University Press.

Beck, J. (2023). 인지행동치료: 이론과 실제 *(Cognitive Behavior Therapy)*. (최영희, 신승민, 최상유, 조소리 역). 하나의학사.

Bellak, L., & Goldsmith, L. A. (1984). *The Broad Scope of Ego Function Assessment*. Wiley.

Cabaniss, D. L., Cherry, S., Douglas, C. J., & Schwartz, A. R. (2015). 정신역동적 정신치료 *(PsychoDynamic Phychotherapy: A Clinical Manual)*. (박용천, 오대영 역). 학지사. (원저는 2010년에 출판).

Cabaniss, D. L., Cherry, S., Douglas, C. J., & Schwartz, A. R. (2016). *Psychodynamic Psychotherapy: A Clinical Manual, Second Edition*. Wiley.

Dollard, J., & Miller, N. E. (1950). *Personality and Psychotherapy: An Analysis in Terms of Learning, Thinking, and Culture*. New York: McGraw-Hill.

Egan, G. (1997). 유능한 상담자 *(The Skilled Helper)*. (제석봉 외 역; 3rd ed.). 학지사. (원저는 1994년에 출판).

Evans, D. R., Hearn, M. T., Uhlemann, M. R., & Ivey, A. E. (1992). *Essential Interviewing: A Programmed Approach to Effective Communication* (4th ed., Revised). Brooks/Cole Pub Co.

Eysenck, H. J. (1952). The effects of psychotherapy: An evaluation. *Journal of Consulting Psychology, 16*(5), 319-324. https://doi.org/10.1037/h0063633

Fiedler, F. E. (1950). A comparison of therapeutic relationships in psychoanalytic, nondirective and adlerian therapy. *Journal of Consulting Psychology, 14*, 436.

Frijda, N. H. (1988). The Laws of Emotion. *American Psychologist, 43*(5), 349-358.

Heine, R. W. (1953). A comparison of patients' reports on psychotherapeutic experience with psychoanalytic, nondirective and adlerian therapists. *American Journal of Psychotherapy, 7*, 16-23. https://doi.org/10.1176/appi.psychotherapy.1953.7.1.16

Hill, C. E. (2009). *Helping Skills: Facilitating, Exploration, Insight, and Action* (3rd ed.). American Psychological Association.

Hill, C. E. (2012). 상담의 기술 *(Helping Skills)*. (주은선 역). 학지사. (원저는 2009년에 출판).

Hill, E. L. (2004). Executive dysfunction in autism. *Trends in Cognitive Sciences, 8*, 26-32.

Kitchener, K. S. (1984). Intuition, Critical Evaluation and Ethical Principles: The Foundation for Ethical Decisions in Counseling Psychology. *Counseling Psychologist, 12*(3), 43-55.

Lazarus, R. S. (1991). *Emotion and Adaptation*. Oxford University Press.

Lipsey, M. W., & Wilson, D. B. (1993). The Efficacy of Psychological, Educational, and Behavioral Treatment: Confirmation from Meta-Analysis. *American Psychologist, 48*(12), 1181-1209.

Luborsky, L., Singer, B., & Luborsky, L. (1975). Comparative Studies of Psychotherapies. Is It True That "Everyone Has One and All Must Have Prizes"? *Archives of General Psychiatry, 32*(8), 995-1008.

McWilliams, N. (2005). 정신분석적 사례이해 *(Psychoanalytic Case Formulation)*. (권석만, 김윤희. 한수정, 김향숙, 김지영 역). 학지사.

McWilliams, N. (2007). 정신분석적 심리치료 *(Psychoanalytic Psychotherapy: A Practitioner's Guide)*. (권석만, 이한주, 이순희 역). 학지사.

McWilliams, N. (2008). 정신분석적 진단 *(Psychoanalytic Diagnosis)*. (정남운, 이기련 역). 학지사.

Patterson, C. H. (1990). Lu voluntary Clients. *Person-Centered Review, 5*, 316-320.

Pietrofesa, J. J., Leonard, G. E., & Van Hoose, W. (1978). *The Authentic Counselor* (2nd ed.). Rand McNally College Publishing Co.

Rogers, C. R. (1942). *Counseling and Psychotherapy: Newer Concepts in Practice*. Houghton Mifflin.

Rogers, C. R. (1951). *Client-Centered Therapy: Its Current Practice, Implications, and Theory*. Houghton Mifflin.

Rogers, C. R. (1957). The necessary and sufficient conditions of therapeutic personality change. *Journal of Consulting Psychology, 21*(2), 95-103. https://doi.org/10.1037/h0045357

Rogers, C. R. (1959). A theory of therapy, personality, and interpersonal relationships, as developed in the client-centered framework. *Psychology: A Study of a Science, 3*, 184-256.

Rosenzweig, S. (1936). Some implicit common factors in diverse methods of psychotherapy. *American Journal of Orthopsychiatry, 6*(3), 412-415. https://doi.org/10.1111/j.1939-0025.1936.tb05248.x

Sharf, J. (2008). *Psychotherapy Dropout: A Meta-analytic Review of Premature Termination* (Doctoral Dissertation, ProQuest Informaion & Learning).

Smith, M. L., & Glass, G. V. (1977). Meta-Analysis of Psychotherapy Outcome Studies. *American Psychologist, 32*(9), 752-760.

Sperry, L., & Sperry, J. (2022). 상담실무자를 위한 사례개념화 이해와 실제 *(Case Conceptualization)*. (이명우 역; 2nd ed.). 학지사. (원저는 2020년에 출판).

Stewart, W. (2001). *An A-Z of Counselling Theory and Practice* (3rd ed.). Cheltenham, Nelson Thornes.

Tyler, S. A. (1969). *Koya: An outline grammar*. University of California Press.

Wedding, D., & Corsini, R. J. (2017). 현대 심리치료 *(Current Psychotherapies)*. 박학사. (원저는 2013년에 출판).

Weinberger, D. R. (1993). A Connectionist Approach to the Prefrontal Cortex. *The Journal of Neuropsychiatry and Clinical Neurosciences, 5*(3), 241-253. https://doi.org/10.1176/jnp.5.3.241

Wierzbicki, M., & Pekarik, G. (1993). A Meta-Analysis of Psychotherapy Dropout. *Professional Psychology: Research and Practice, 24*(2), 190-195.

📑 찾아보기

■ 저자 소개

김환(Kim, Hwan)
서울대학교에서 학부와 대학원을 졸업하고 서울아산병원에서 임상심리전문가 수련을 마쳤다. 서울대학교 심리학 박사, 한국상담심리학회 상담심리사 1급, 한국임상심리학회 임상심리전문가, 여성가족부 청소년상담사 1급, 한국가족상담협회 가족상담전문가이다. 서울임상심리연구소(www.yesucan.co.kr) 공동대표를 거쳐, 현재 서울사이버대학교 상담심리학과 교수로 재직 중이고, 명상과 심리치료 이야기를 소개하는 유튜브 '감사당TV' 채널을 운영하고 있다. 『외상후 스트레스 장애』 『고객상담과 심리상담의 길잡이』 『모두가 행복해지는 공감연습』 등 다수 저서와 『인터넷기반 인지행동치료』 『인지행동치료를 활용한 불면증 극복하기』 『긍정심리치료』 등 다수 역서가 있다.

이장호(Lee, Chang-Ho)
서울대학교 문리과대학 심리학과 동 대학원 졸업 후 미국 텍사스대학교 교육심리학과 대학원에서 상담심리 전공으로 박사학위를 받았다. 1968년부터 서울대학교에서 재직하면서 한국심리학회장, 한국카운슬러협회장 등 상담 및 심리치료 분야에서 왕성한 활동을 하였으며, 2001년 퇴임 후에도 서울대학교 심리학과 명예교수, 서울사이버대학교 상담심리학과 명예교수로 활동하였다. 심리상담 분야 외에서도 남북의 평화, 이웃과 인류의 평화를 위해 한겨레 평화공동체를 운영하였고, 마음과 신체의 조화를 추구하는 통합상담연구회, 자아초월심리학회 등에서도 활발하게 활동하였다. 저 · 역서로는 『집단상담의 이론과 실제』 『현대심리치료이론』 『현장상담』 『상담심리학』 『상담의 연구방법』 『상담연습교본』 외 다수가 있다.

상담면접의 기초(2판)

-마음을 성장시키는 대화-

Introduction to Psychological Counseling Interview

2006년 2월 25일 1판 1쇄 발행
2023년 3월 20일 1판 24쇄 발행
2024년 7월 30일 2판 1쇄 발행

지은이 • 김환 · 이장호
펴낸이 • 김진환
펴낸곳 • ㈜ 학지사

04031 서울특별시 마포구 양화로 15길 20 마인드월드빌딩
대표전화 • 02)330-5114   팩스 • 02)324-2345
등록번호 • 제313-2006-000265호

홈페이지 • http://www.hakjisa.co.kr
인스타그램 • https://www.instagram.com/hakjisabook

ISBN 978-89-997-3168-6 93180

정가 26,000원

출판미디어기업 학지사

간호보건의학출판 **학지사메디컬** www.hakjisamd.co.kr
심리검사연구소 **인싸이트** www.inpsyt.co.kr
학술논문서비스 **뉴논문** www.newnonmun.com
교육연수원 **카운피아** www.counpia.com
대학교재전자책플랫폼 **캠퍼스북** www.campusbook.co.kr